엑셀 2021

한빛아카데미
Hanbit Academy, Inc.

지은이 **김지연** jykim629@daejin.ac.kr

인하대학교에서 공학박사 학위를 받았고 대우정보시스템㈜, LG전자㈜에 근무하면서 그룹전산화와 공정관리시스템, 이동통신시스템 개발 업무를 수행하였습니다. University of North Texas에서 방문 연구원으로 무선통신 분야를 연구하였고, 현재는 대진대학교에 재직하고 있습니다. 저서로는 『엑셀과 파워포인트 2021』, 『엑셀 2019』, 『파워포인트 2019』, 『액세스 2019로 배우는 데이터베이스 기초와 실습』, 『문제해결을 위한 컴퓨팅 사고와 파이썬』 등이 있습니다.

엑셀 2021

초판발행 2025년 12월 15일

지은이 김지연 / **펴낸이** 전태호
펴낸곳 한빛아카데미㈜ / **주소** 서울시 서대문구 연희로2길 62 한빛아카데미㈜ 2층
전화 02-336-7112 / **팩스** 02-336-7199
등록 2013년 1월 14일 제2017-000063호 / **ISBN** 979-11-7340-038-4 93000

총괄 박현진 / **기획** 안비단 / **편집** 정지윤
디자인 이아란 / **전산편집** 이소연 / **제작** 박성우, 김정우
영업 김성삼, 이정훈, 임현기, 이성훈, 김주성, 심지연

이 책에 대한 의견이나 오탈자 및 잘못된 내용은 출판사 홈페이지나 아래 이메일로 알려주십시오.
파본은 구매처에서 교환하실 수 있습니다. 책값은 뒤표지에 표시되어 있습니다.

홈페이지 www.hanbit.co.kr / 이메일 question@hanbit.co.kr

엑셀 2021

기초를 제대로 쌓고 실무 예제로 완성한다

김지연 지음

EXCEL 2021

한빛아카데미
Hanbit Academy, Inc.

제대로 익혀서 정확히 활용하는 엑셀 2021

현대 사회는 데이터가 곧 경쟁력이 되는 시대입니다. 컴퓨터를 능숙하게 다루며 데이터를 처리하고 분석하는 능력은 특정 직무를 넘어 모든 분야에서 필수적인 기본 소양이 되었습니다. 특히 엑셀(Excel)은 단순한 숫자 계산 도구를 넘어 방대한 데이터를 체계적으로 관리하고, 그 안에 숨겨진 의미를 찾아내 효과적으로 전달할 수 있는 강력하고 보편적인 도구입니다. 행과 열로 구성된 워크시트에 데이터를 입력하면 자동으로 계산을 수행하는 것은 물론이고, 다양한 통계 기능과 여러 함수를 활용해 업무 효율성을 획기적으로 높일 수 있습니다. 단순 계산과 보고서 작성부터 차트 제작까지 폭넓은 기능을 갖추고 있어 많은 기업과 개인의 업무 현장에서 필수적인 도구로 자리 잡았습니다.

엑셀 2021 버전은 최신 기술을 더해 사용자들이 데이터 관리와 분석에서 훨씬 더 강력한 도구를 경험할 수 있도록 발전했습니다. 주목할 만한 변화는 동적 배열 함수(Dynamic Array Functions)와 XLOOKUP 같은 새로운 기능과 함수들의 등장입니다. 이 새로운 기능은 과거 복잡했던 데이터 처리 과정을 단순한 수식 하나로 끝낼 수 있게 만들어, 계산과 검색 작업의 효율을 높여줍니다. 또한 Microsoft 365와 연동해 클라우드 환경에서 여러 사용자가 장소와 시간에 구애받지 않고 같은 문서를 실시간으로 편집하고 소통할 수 있습니다. 이는 변화하는 업무 환경 속에서 높은 유연성을 제공합니다.

엑셀은 기능이 다양해 처음 접하는 사용자에게는 다소 어렵게 느껴질 수 있습니다. 따라서 이 책은 기초부터 차근차근 학습할 수 있도록 구성했습니다. 워크시트 기본 조작과 서식 설정, 자주 사용하는 함수와 수식 작성부터 시작하여, 조건부 서식, 피벗 테이블과 같은 실무 중심 기능, 그리고 파워 쿼리와 매크로를 활용한 데이터 자동화까지 폭넓게 다룹니다. 이를 통해 단순 반복 작업을 자동화하고, 복잡한 데이터도 손쉽게 처리할 수 있는 능력을 키울 수 있습니다.

또한 단순한 기능 소개에 그치지 않고 실제 업무 상황에 바로 적용할 수 있는 다양한 예제와 실습 중심의 구성으로 학습자의 이해를 돕습니다. 기능별 기본예제를 통해 기초를 확실히 다진 후, 실제 업무에 즉시 활용할 수 있는 종합예제로 학습 내용을 정리하며 추가 기능까지 자연스럽게 익힐 수 있도록 설계했습니다. 더불어 각 장이 끝날 때마다 배치된 연습문제를 통해 독자 스스로 학습 성과를 점검하고 응용력을 강화할 수 있도록 하였습니다. 책에서 다루는 예제는 엑셀 2021 버전을 기반으로 하지만, 일부 최신 기능을 제외하면 이전 버전 사용자도 무리 없이 학습할 수 있으며, Microsoft 365 환경에서도 대부분의 실습이 가능합니다.

최근 인공지능(AI)이 업무 자동화를 빠르게 확장하고 있지만, AI가 만들어낸 결과를 해석하고 데이터의 맥락을 파악하며 해결책을 찾는 일은 여전히 인간의 역할입니다. 엑셀을 통해 데이터의 구조와 처리 방식을 이해하고 활용하는 과정은 AI 시대에 필요한 실질적인 데이터 활용 능력을 갖추는 데 도움이 됩니다. 따라서 단순한 기능 습득을 넘어, 데이터를 어떻게 분석하고 해결책을 찾아갈지에 초점을 맞춰 따라간다면 실무에서 바로 쓰이는 데이터 활용 역량을 갖출 수 있을 것입니다.

이 책이 독자 여러분의 엑셀 2021 학습 여정에 든든한 안내서가 되기를 바랍니다. 강력해진 엑셀의 다양한 기능을 능숙하게 활용하여 데이터 관리와 분석 능력을 한층 발전시키고, 업무 효율성을 크게 높여 목표한 바를 이루시길 기원합니다. 끝으로, 책의 완성에 많은 도움을 주신 한빛아카데미(주) 정지윤 님께 깊은 감사를 전합니다. 독자 여러분의 밝은 미래를 늘 응원합니다.

저자 **김지연**

실습 자료

실습에 필요한 자료는 다음 주소에서 내려받을 수 있습니다.

http://www.hanbit.co.kr/src/41038

연습문제 해답 안내

이 책은 대학 강의용 교재로 개발되었으므로 연습문제 해답을 제공하지 않습니다.

이 책의 구성요소

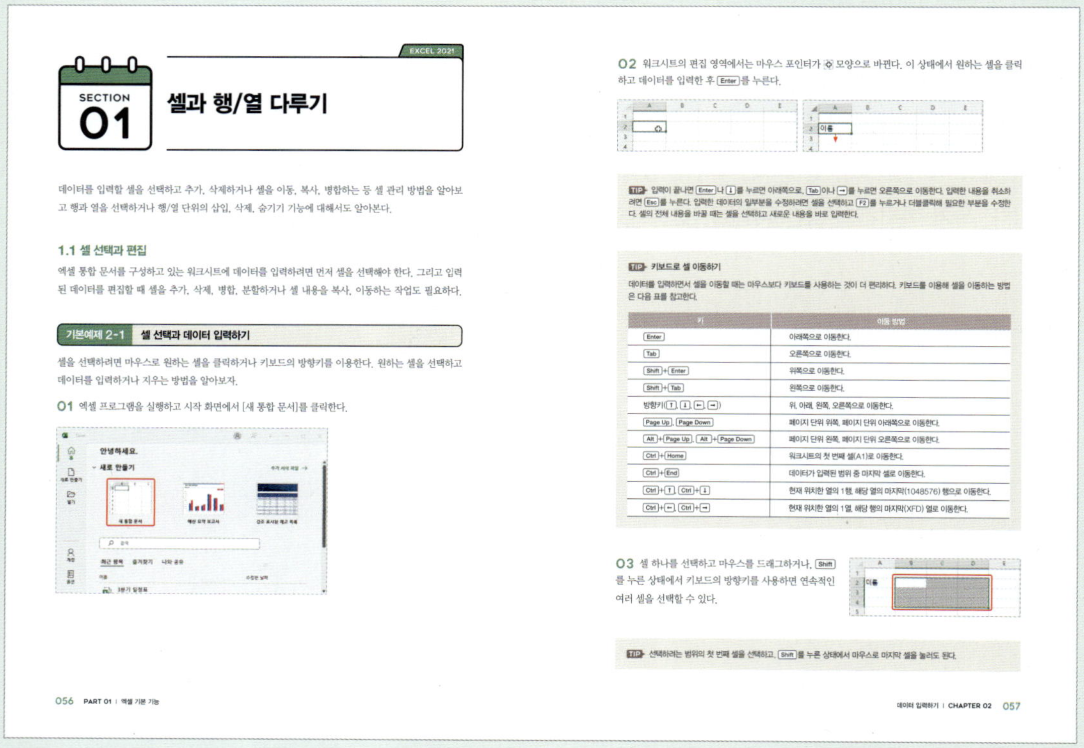

EXCEL 2021

SECTION 01 셀과 행/열 다루기

데이터를 입력할 셀을 선택하고 추가, 삭제하거나 셀을 이동, 복사, 병합하는 등 셀 관리 방법을 알아보고 행과 열을 선택하거나 행/열 단위의 삽입, 삭제, 숨기기 기능에 대해서도 알아본다.

1.1 셀 선택과 편집

엑셀 통합 문서를 구성하고 있는 워크시트에 데이터를 입력하려면 먼저 셀을 선택해야 한다. 그리고 입력된 데이터를 편집할 때 셀을 추가, 삭제, 병합, 분할하거나 셀 내용을 복사, 이동하는 작업도 필요하다.

기본예제 2-1 셀 선택과 데이터 입력하기

셀을 선택하려면 마우스로 원하는 셀을 클릭하거나 키보드의 방향키를 이용한다. 원하는 셀을 선택하고 데이터를 입력하거나 지우는 방법을 알아보자.

01 엑셀 프로그램을 실행하고 시작 화면에서 [새 통합 문서]를 클릭한다.

02 워크시트의 편집 영역에서는 마우스 포인터가 모양으로 바뀐다. 이 상태에서 원하는 셀을 클릭하고 데이터를 입력한 후 Enter를 누른다.

TIP 입력이 끝나면 Enter나 ↓를 누르면 아래쪽으로, Tab이나 →를 누르면 오른쪽으로 이동한다. 입력한 내용을 취소하려면 Esc를 누른다. 입력한 데이터의 일부분을 수정하려면 셀을 선택하고 F2를 누르거나 더블클릭해 필요한 부분을 수정한다. 셀의 전체 내용을 바꿀 때는 셀을 선택하고 새로운 내용을 바로 입력한다.

TIP 키보드로 셀 이동하기

데이터를 입력하면서 셀을 이동할 때는 마우스보다 키보드를 사용하는 것이 더 편리하다. 키보드를 이용해 셀을 이동하는 방법은 다음 표를 참고한다.

키	이동 방법
Enter	아래쪽으로 이동한다.
Tab	오른쪽으로 이동한다.
Shift+Enter	위쪽으로 이동한다.
Shift+Tab	왼쪽으로 이동한다.
방향키(↑, ↓, ←, →)	위, 아래, 왼쪽, 오른쪽으로 이동한다.
Page Up, Page Down	페이지 단위 위쪽, 페이지 단위 아래쪽으로 이동한다.
Alt+Page Up, Alt+Page Down	페이지 단위 왼쪽, 페이지 단위 오른쪽으로 이동한다.
Ctrl+Home	워크시트의 첫 번째 셀(A1)로 이동한다.
Ctrl+End	데이터가 입력된 범위 중 마지막 셀로 이동한다.
Ctrl+↑, Ctrl+↓	현재 위치한 열의 1행, 해당 열의 마지막(1048576) 행으로 이동한다.
Ctrl+←, Ctrl+→	현재 위치한 열의 1열, 해당 행의 마지막(XFD) 열로 이동한다.

03 셀 하나를 선택하고 마우스를 드래그하거나, Shift를 누른 상태에서 키보드의 방향키를 사용하면 연속적인 여러 셀을 선택할 수 있다.

TIP 선택하려는 범위의 첫 번째 셀을 선택하고, Shift를 누른 상태에서 마우스로 마지막 셀을 눌러도 된다.

056 PART 01 | 엑셀 기본 기능

데이터 입력하기 | CHAPTER 02 057

핵심 기능 소개

엑셀의 핵심 기능을 소개합니다. 예제를 통해 학습할 수 있는 내용이므로 가벼운 마음으로 읽어 보세요.

기본예제

엑셀의 기본 기능과 활용 방법을 학습할 수 있는 예제입니다. 설명과 그림을 보며 차근차근 따라해 보세요.

TIP

예제를 따라할 때 알아두면 좋은 내용입니다. 실무 활용 팁도 얻을 수 있으니 꼼꼼히 살펴보세요.

강의 보조 자료

한빛아카데미 홈페이지에서 '교수회원'으로 가입하신 분은 인증 후 교수용 강의 보조 자료를 제공받을 수 있습니다. 한빛아카데미 홈페이지 상단의 [교수전용공간] 메뉴를 클릭하세요.

http://www.hanbit.co.kr/academy

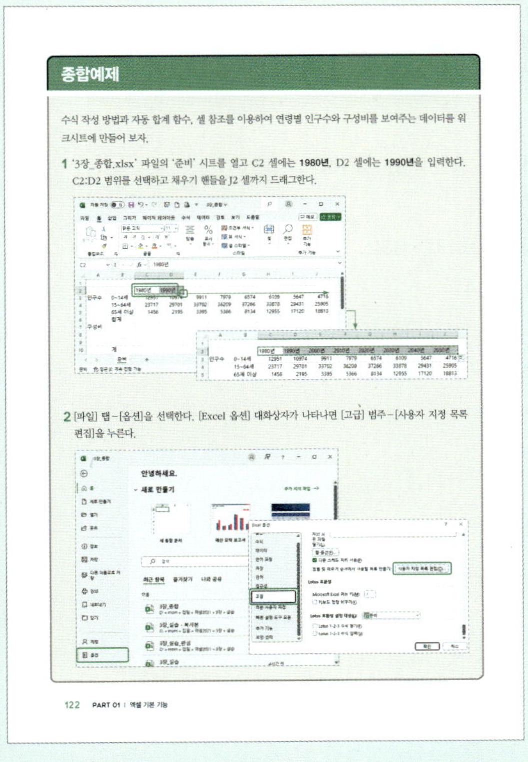

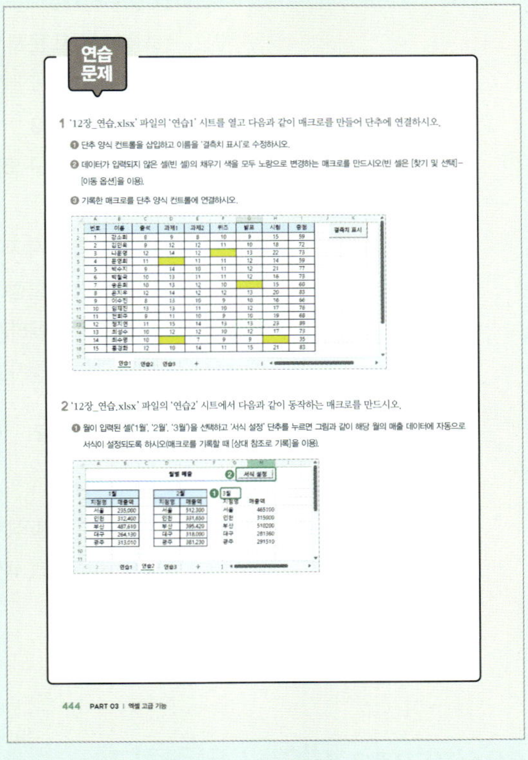

종합예제

각 장에서 배운 내용에 추가 기능을 적용해 만든 종합예제입니다. 엑셀의 기본 기능을 빠르게 공부하고 싶거나 배운 내용을 복습하려는 학습자, 수업 중 과제가 필요한 강의자에게 유용합니다.

연습문제

각 장의 핵심 내용을 제대로 이해했는지 확인할 수 있는 연습문제입니다. 예시 화면을 보고 어떻게 만들지 구상한 후 상세 항목을 따라 실습하면 활용 능력을 키울 수 있습니다.

PART

01 엑셀 기본 기능

PART 02 엑셀 핵심 기능

CHAPTER 05 기본 함수

CHAPTER 07 실무 함수

CHAPTER 08 데이터 관리

CHAPTER 12 매크로 활용

PART 01

엑셀 기본 기능

CHAPTER 01

엑셀 개요 및 기초

학습목표

- 함수의 형식과 함수의 종류를 설명할 수 있다.
- 수학/삼각 함수와 통계 함수를 사용할 수 있다.
- 텍스트 함수와 날짜/시간 함수를 활용할 수 있다.
- 조건을 선택하고 결합하는 논리 함수를 사용할 수 있다.

SECTION 01

엑셀 소개하기

엑셀(Excel)은 표 모양으로 된 계산용 프로그램인 스프레드시트(spreadsheet) 프로그램의 한 종류이다. 엑셀에서는 행과 열로 이루어진 워크시트라는 공간에 데이터를 입력하고, 입력된 값에 식을 적용해 계산하거나 분석 및 시각화 등 여러 작업을 할 수 있다. 구글 시트(Google Sheets), 애플의 넘버스(Numbers), 한글과컴퓨터의 한셀(Hancell), 아파치(Apache)의 오픈소스 소프트웨어인 오픈오피스(OpenOffice) 등 많은 종류의 스프레드시트 프로그램이 있다. 이 가운데 엑셀은 마이크로소프트(Microsoft)에서 개발한 스프레드시트 프로그램으로 오피스 제품에 포함되어 파워포인트나 워드 등의 프로그램과 손쉽게 연동되는 장점이 있다.

1.1 엑셀의 특징

엑셀에서는 셀(cell)이라는 데이터 입력 공간이 모여 하나의 작업 영역인 워크시트(worksheet)를 이룬다. 데이터나 수식을 입력할 수 있는 각 셀은 열과 행이 교차하는 곳에 위치하며, 열 번호와 행 번호를 조합하여 셀 주소로 사용한다.

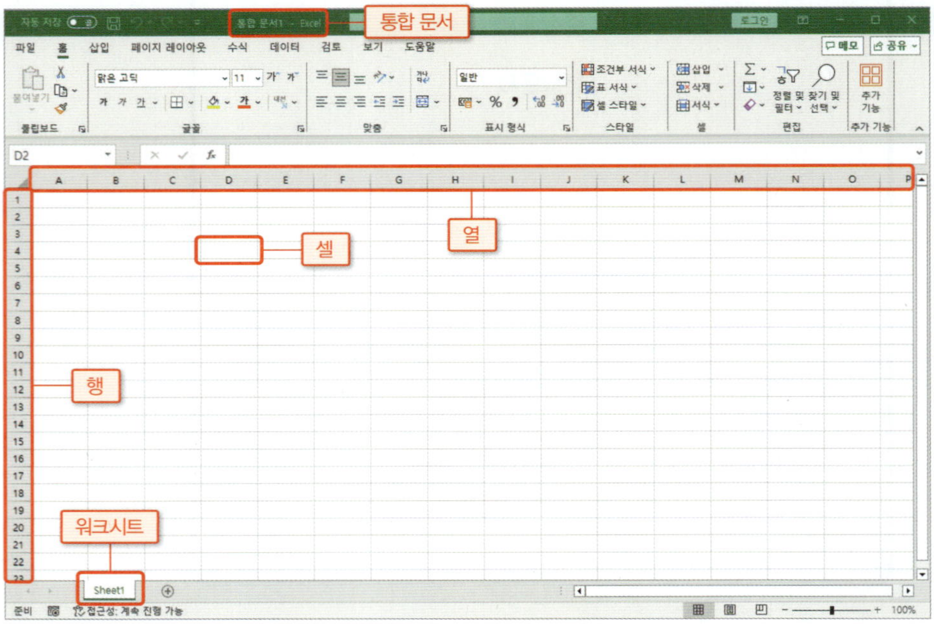

▲ 엑셀의 작업 단위 구성

1,048,576개의 행과 16,384개의 열을 조합한 1,048,576×16,384개의 셀이 모여 하나의 워크시트가 된다. 워크시트 개수에는 특별한 제한이 없고 컴퓨터의 메모리 용량이 허용하는 만큼 생성할 수 있다. 엑셀 파일은 통합 문서 단위로 저장되며, 통합 문서 안에 여러 개의 워크시트를 묶어 관리할 수 있어서 연관된 내용의 다른 시트를 참조하거나 비교·분석하기 편리하다. 엑셀의 주요 특징은 다음과 같다.

- 데이터를 입력하고 수식으로 자동 계산할 수 있다.
- 계산 외에도 도형이나 그림 등을 이용한 문서 작성에 사용할 수 있다.
- 셀에 입력된 데이터를 다양한 차트와 그래프로 시각화할 수 있다.
- 데이터 분석 도구를 활용하여 데이터를 정제하고 통계 분석에 활용할 수 있다.
- 데이터베이스나 웹에서 필요한 데이터를 가져와 처리하고 다양한 형식으로 저장할 수 있다.
- VBA(Visual Basic for Applications)를 사용하여 필요한 기능을 직접 작성하고 자동화할 수 있다.

1.2 엑셀 2021의 새 기능

엑셀에서는 수치 계산을 위한 기능뿐 아니라 서식이나 차트를 사용하여 데이터를 이해하기 쉽게 표시하는 기능, 데이터를 요약 및 분석하고 예측하는 데 유용한 기능을 제공한다. 특히, 엑셀 2021에서는 생산성을 높이는 데 중점을 두어 몇 가지 기능을 추가하거나 개선된 도구를 제공하고 있다. 새로 추가된 기능은 다음과 같다.

- **동적 배열(Dynamic Arrays):** 동적 배열은 엑셀 2021의 가장 큰 변화이다. 하나의 수식을 입력하면 여러 값으로 이루어진 배열을 반환하고, 결과가 여러 셀에 자동으로 확산된다. 엑셀 2021에서는 이전 버전에서 작성한 배열 함수나 영역에 대한 수식이 실행될 때 결과를 자동 확산할 뿐 아니라, 다음과 같이 동적 배열 관련 함수들을 추가로 제공하고 있다.

함수명	설명	구문
FILTER	조건에 맞는 데이터를 필터링	=FILTER(범위, 조건 검사 결과 범위, [결과가 없을 경우 반환할 값])
SORT	지정한 범위의 데이터를 오름차순이나 내림차순으로 정렬	=SORT(범위, [정렬 기준 행/열 번호], [정렬 순서], [정렬 방향])
SORTBY	대응되는 범위나 배열을 기준으로 값을 정렬	=SORTBY(범위, 정렬 기준 범위, [정렬 순서], [정렬 기준 범위2], [정렬 순서2])
UNIQUE	중복을 제거하고 유일한 값을 반환	=UNIQUE(범위, [비교 방법], [검사 옵션])
SEQUENCE	일련의 연속된 숫자 목록을 생성	=SEQUENCE(행, [열], [시작값], [증가값])
RANDARRAY	지정한 범위에 해당하는 난수를 생성	=RANDARRAY([행], [열], [최소값], [최대값], [반환값 종류])

• **새로운 함수의 추가와 기존 함수의 성능 향상:** XLOOKUP, LET, XMATCH 함수가 추가되어 기존 함수의 기능을 개선하였으며 SUMIF, COUNTIF 등 기존 함수의 계산 속도가 향상되었다. 새로 추가된 함수의 기능은 다음과 같다.

함수명	설명	구문
XLOOKUP	데이터를 원하는 방향으로 검색	=XLOOKUP(찾을 값, 검색 범위, 반환 배열, [찾을 값이 없는 경우], [일치 유형], [검색 모드])
LET	수식 내 변수를 정의하고 재사용	=LET(변수1, 값1, 변수2, 값2, ..., 계산식)
XMATCH	범위나 배열에서 지정된 항목의 상대적 위치를 반환	=XMATCH(찾을 값, 검색 범위, [일치 유형], [검색 모드])

• **워크시트 숨기기 기능 개선:** 필요에 따라 하나 이상의 워크시트를 빠르게 숨기거나 숨기기를 취소할 수 있다. 숨겨진 워크시트의 데이터는 표시되지 않아도 통합 문서의 다른 워크시트에서 계속 참조할 수 있다.

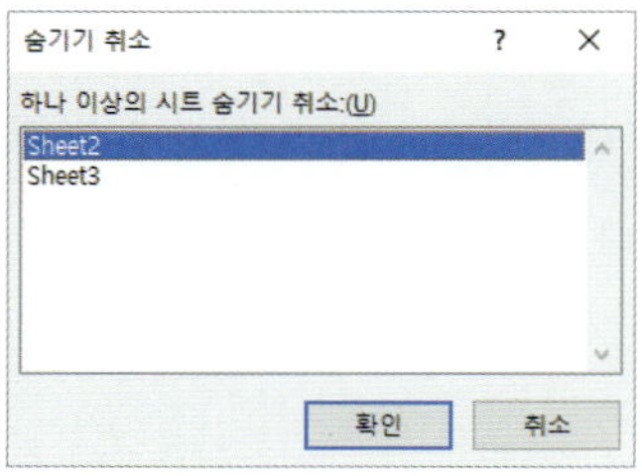

• **통합 문서 통계:** 검토 도구에서 제공하는 통합 문서 통계 기능을 이용하면 현재 통합 문서에 있는 워크시트의 개수나, 시트에 입력된 데이터와 수식 정보를 요약해서 볼 수 있다.

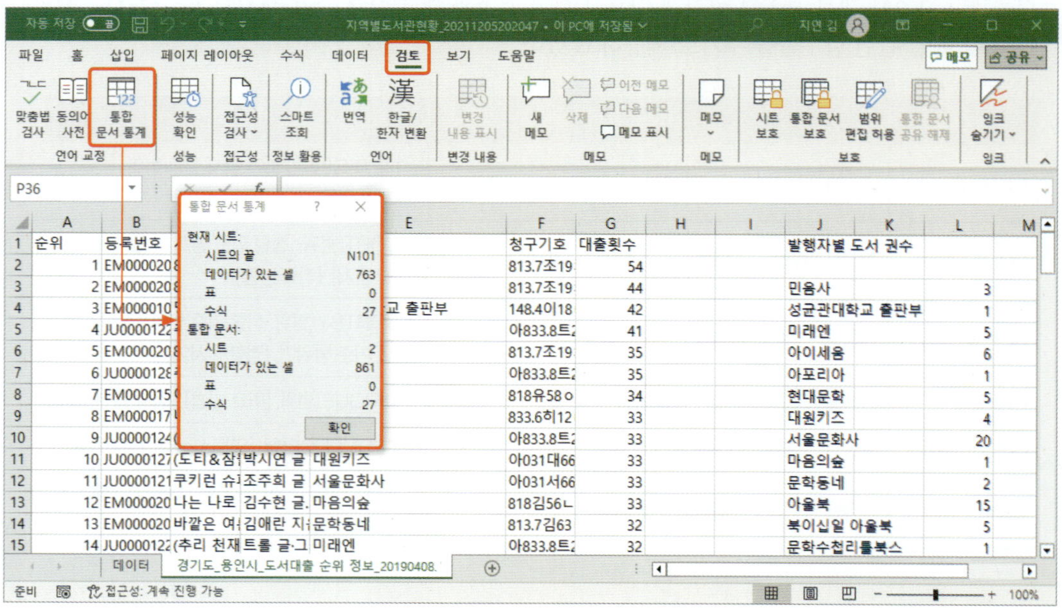

• **자동 저장과 공유 기능:** 하나의 엑셀 파일을 여러 사람이 공동으로 작성하며 협업할 수 있다. 원드라이브 폴더에 파일을 저장하고 변경 내용에 대한 자동 공유를 활성화하면, 특정 사용자 또는 여러 사용자와 실시간으로 문서를 공유할 수 있다.

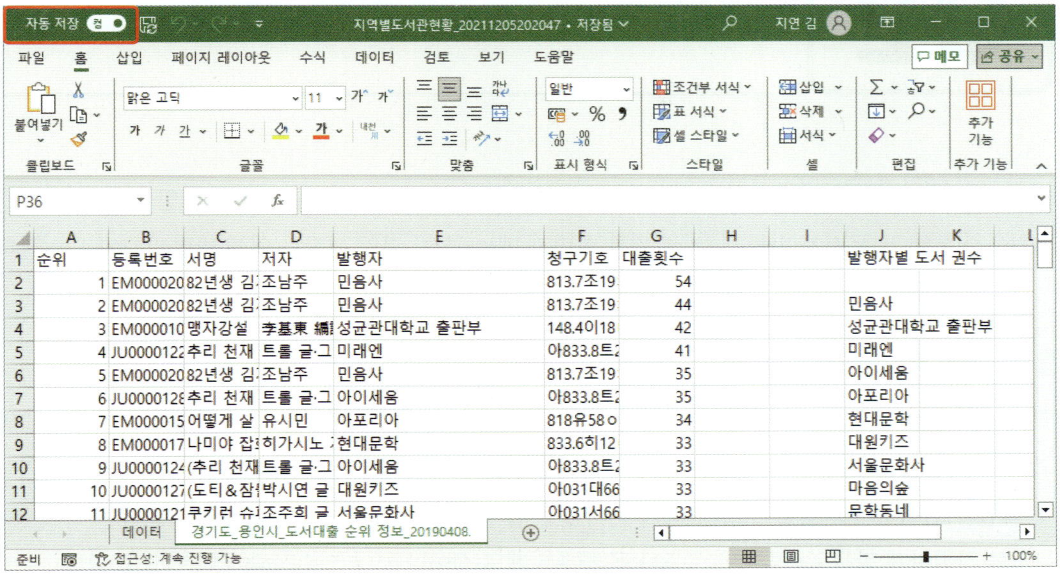

SECTION 02

엑셀 시작하기

미리 만들어 제공되는 다양한 종류의 서식 파일을 사용하면 엑셀 문서를 쉽고 빠르게 만들 수 있다. 서식 파일을 이용해 새 문서를 만들고, 엑셀 기본 화면과 메뉴 구성, 파일 저장과 인쇄 방법에 대해 알아본다.

2.1 서식 파일 활용

엑셀을 실행하면 일반적인 새 문서 작성에 이용하는 [새 통합 문서] 메뉴가 시작 화면에 나타난다. 그리고 최근 작업했던 항목과 서식 파일 목록도 표시되는데, 원하는 종류의 서식 파일을 선택하거나 추가 서식 파일을 검색하여 다양한 모양의 엑셀 문서를 손쉽게 만들 수 있다. 서식 파일을 사용하면 엑셀 통합 문서를 간편하게 만들 수 있지만, 용도나 목적에 맞게 수식이나 모양을 수정해야 할 필요도 있으므로 엑셀의 기본 기능을 먼저 학습해 두는 것이 더 좋다.

기본예제 1-1 서식 파일로 문서 만들기

원하는 종류의 서식 파일을 검색하여 엑셀 통합 문서를 만들어 보자.

01 엑셀 프로그램을 실행하고 시작 화면에서 [추가 서식 파일]을 누른다.

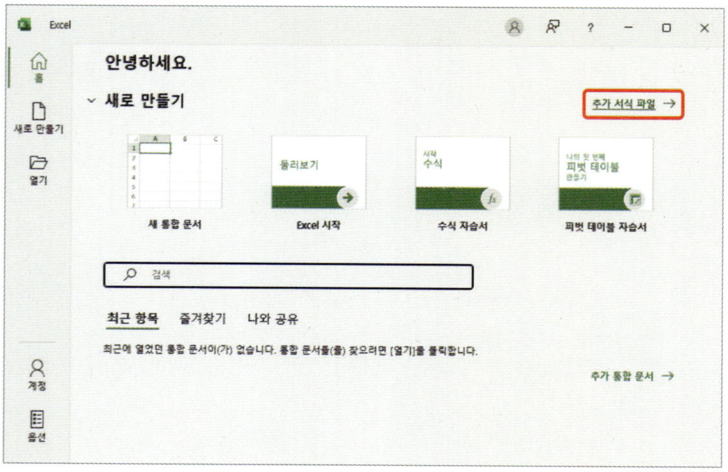

TIP 엑셀 2021은 Microsoft 365(가정용, 비즈니스용, 엔터프라이즈용 등) 외에 Office LTSC(Long-Term Servicing Channel) 2021 통해서도 사용할 수 있다. 구독형으로 서비스되는 Microsoft 365에서는 항상 최신 버전을 사용할 수 있고, Office LTSC 2021 라이선스는 일회성 구매로 영구 사용 가능하다는 특징이 있다. 사용하는 라이선스나 버전에 따라 화면 모양에 다소 차이가 있을 수 있지만, 기본적인 기능과 구성은 동일하다.

02 검색란에 **영업 보고서**라고 입력하고 [Enter]를 누른다.

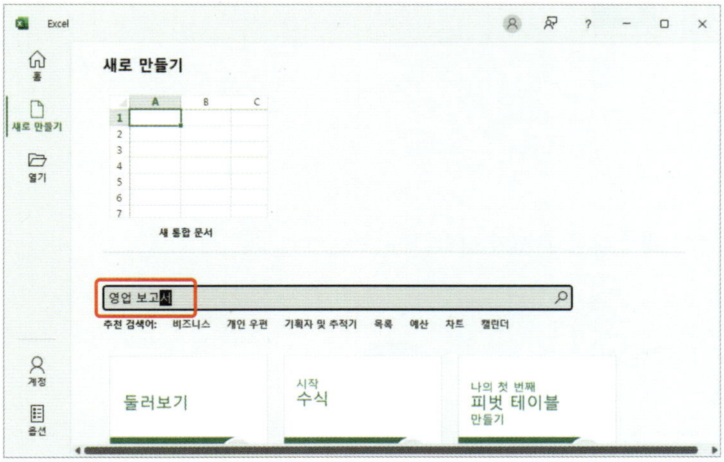

03 검색 결과가 나타나면 '월간 영업 보고서'를 선택한다.

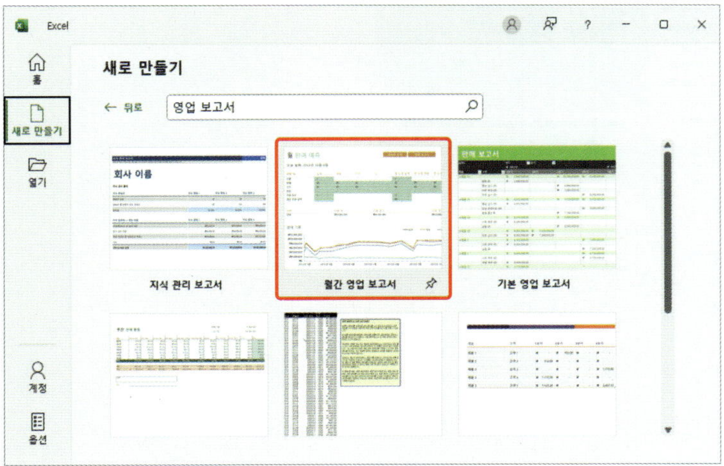

TIP 서식 파일이 검색되지 않는 경우, 예제 소스로 제공하는 파일(월간 영업 보고서.xlsx)을 다운로드하거나 다른 종류의 서식 파일을 이용해도 된다.

04 [만들기]를 누르면 새 문서가 만들어진다.

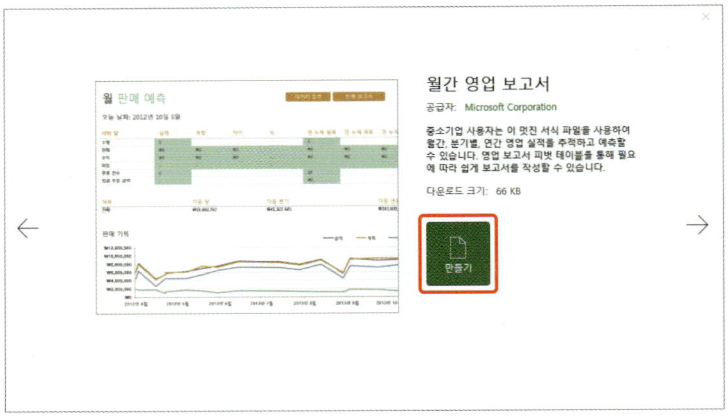

05 '월간 영업 보고서1'이라는 이름의 엑셀 통합 문서가 나타난다.

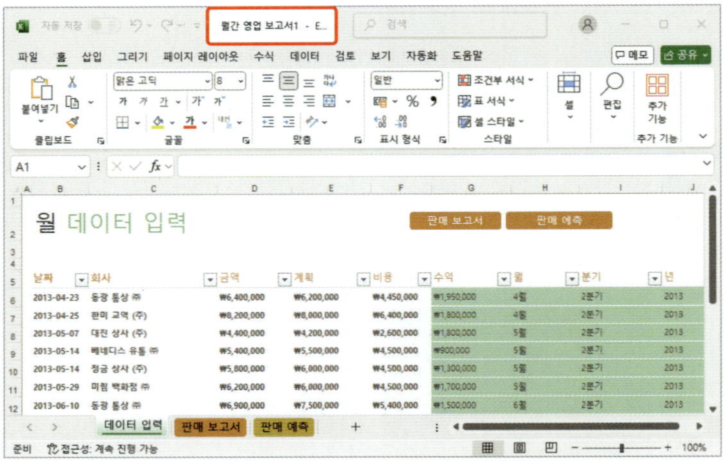

TIP 자주 사용하는 서식 파일 등록해 두기

자주 이용하는 서식 파일이라면 매번 검색할 필요 없이 컴퓨터에 다운로드해 개인 서식 파일로 등록해 두면 필요할 때마다 간편하게 사용할 수 있다. 예제 소스로 제공하는 '월간 영업 보고서.xlsx' 파일을 이용해 개인 서식 파일을 설정하는 방법을 알아보자.

① [파일] 탭–[옵션]을 선택해 [Excel 옵션] 대화상자를 연다. 목록에서 [저장]을 누르고 [통합 문서 저장] 그룹의 [기본 개인 서식 파일 위치]를 사용하는 컴퓨터에 알맞게 설정한다(예 C:\Users\Administrator\Documents\사용자 지정 Office 서식 파일).

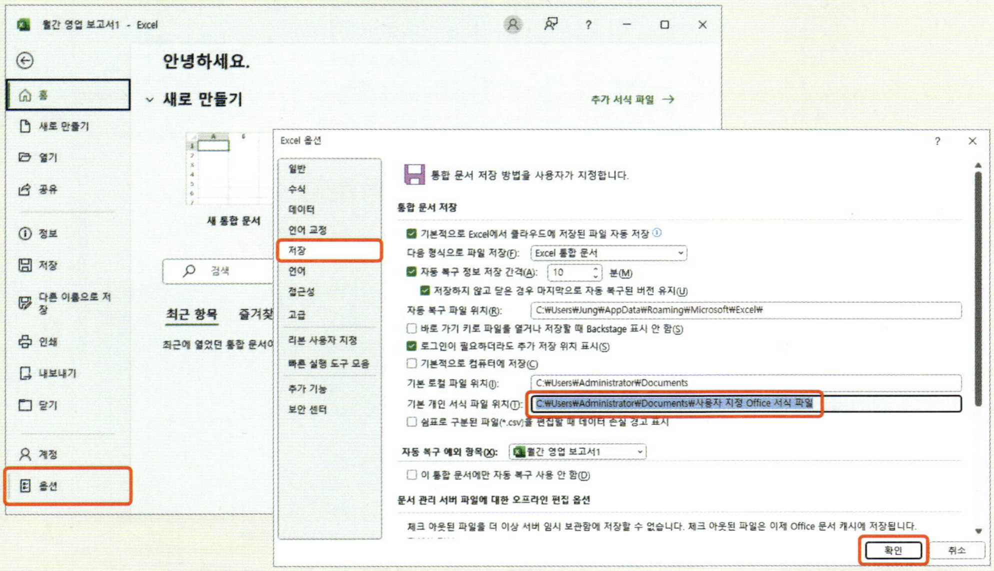

② 엑셀 프로그램의 [파일] 탭–[새로 만들기]에서 [개인]을 선택하면 개인 서식 파일로 새 엑셀 통합 문서를 만들 수 있다.

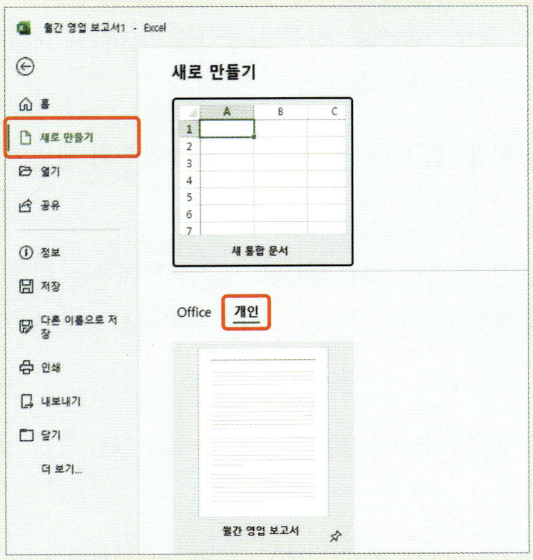

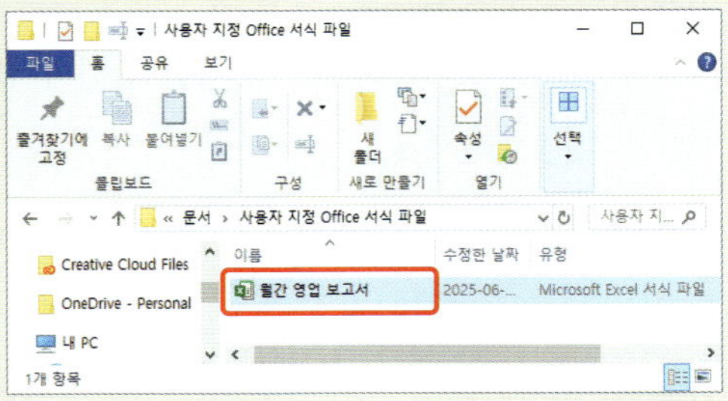

2.2 엑셀 기본 화면

엑셀 화면은 다음과 같이 ❶ 빠른 실행 도구 모음과 제목 표시줄, ❷ 메뉴, ❸ 이름 상자와 수식 입력줄, ❹ 작업 영역, ❺ 시트 탭, ❻ 상태 표시줄로 구분할 수 있다.

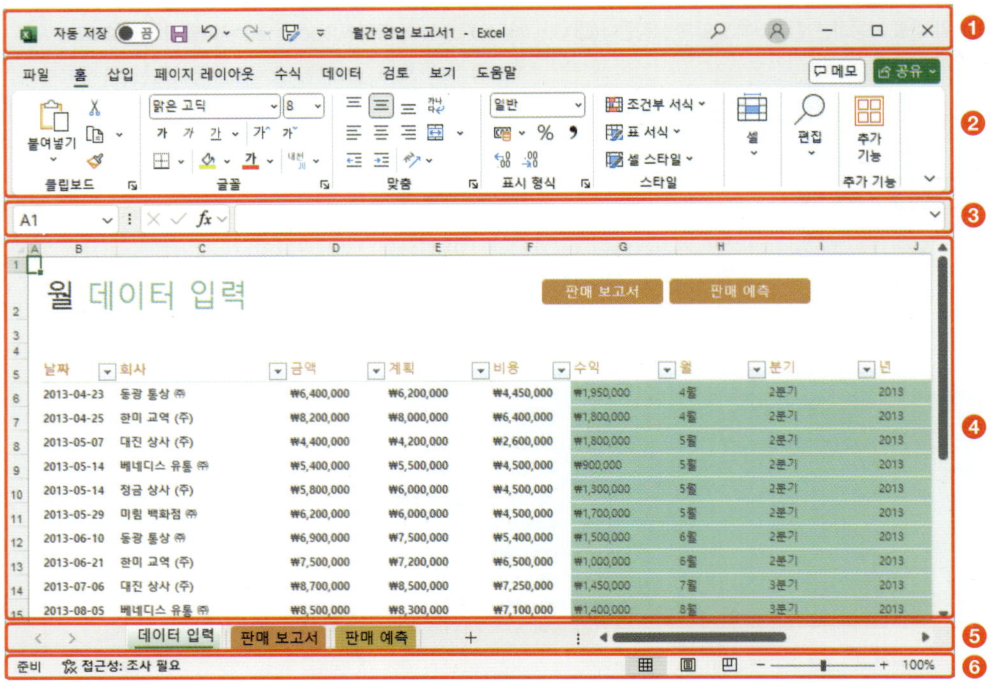

❶ **빠른 실행 도구 모음과 제목 표시줄:** 현재 작업 중인 엑셀 문서 이름이 표시되고, 빠른 실행 도구 모음, 검색과 로그인 정보가 각각 표시된다. 빠른 실행 도구 모음에는 자주 사용하는 기능들을 모아 놓을 수 있고, 검색 상자를 이용하면 필요한 명령이나 파일을 찾을 수 있다.

❷ **메뉴:** 기능별로 분류된 탭 메뉴와 명령들이 제공된다. 탭 메뉴를 클릭하면 해당 메뉴와 관련된 도구 아이콘들이 나타나는 리본 메뉴 형태이다.

❸ **이름 상자와 수식 입력줄:** 작업 영역에서 선택 중인 셀의 주소나 정의된 이름을 보여주는 이름 상자가 왼쪽에 있고, 오른쪽에는 수식을 입력하거나 선택한 셀에 적용된 수식을 표시하는 수식 입력줄이 있다.

❹ **작업 영역:** 화면 가운데에 위치한 작업 영역은 데이터나 수식을 입력하거나, 차트나 그림 등을 삽입할 수 있는 셀들로 이루어져 있다.

❺ **시트 탭:** 워크시트 이름이 표시되는 곳으로, 워크시트 삽입, 삭제, 이름 바꾸기, 이동/복사 등을 수행할 수 있다.

❻ **상태 표시줄:** 화면 가장 아래쪽의 상태 표시줄에는 접근성 권장 사항, 작업 중인 시트의 보기 형식, 확대/축소 비율을 지정하는 도구가 표시된다.

2.3 엑셀의 메뉴 구성

화면 상단에 보이는 메뉴 탭은 기능별로 분류되어 있다. 각 탭을 누르면 관련된 도구 아이콘들이 리본 메뉴로 나타나고, 아이콘을 누르면 원하는 명령이 실행된다. 메뉴 탭에는 작업 영역에서 선택한 개체를 편집하기 위한 확장 메뉴가 추가로 표시된다.

2.3.1 홈

[홈] 탭은 가장 자주 사용되는 서식 관련 도구로 구성되며, 붙여넣기와 복사, 글꼴과 맞춤 설정, 표시 형식 및 스타일, 삽입과 삭제 등을 수행할 수 있다.

2.3.2 삽입

[삽입] 탭은 피벗 테이블, 그림, 도형, 3D 모델, 차트, 수식, 기호와 같이 다양한 종류의 개체를 삽입하기 위한 도구로 구성되어 있다.

2.3.3 페이지 레이아웃

[페이지 레이아웃] 탭은 시트에 적용하는 테마, 페이지 설정, 인쇄 옵션, 시트의 보기 옵션, 개체의 정렬 방법 등을 설정하는 도구로 구성되어 있다.

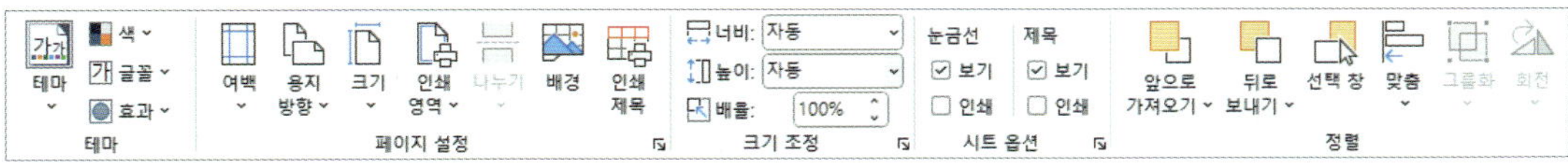

2.3.4 수식

[수식] 탭은 함수 마법사를 실행하거나 기능별로 분류된 함수 라이브러리 목록에서 함수를 선택하는 도구, 이름을 정의하고 관리하는 도구, 수식 분석이나 오류 검사 등으로 구성되어 있다.

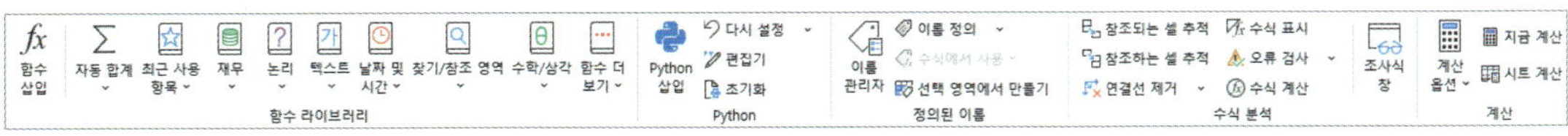

2.3.5 데이터

[데이터] 탭은 다른 엑셀 파일이나 텍스트 파일, 웹 페이지 등의 외부 데이터를 가져오거나 변환 또는 연결하는 도구, 시트에 표시된 데이터를 정렬하거나 필터링하는 도구, 데이터를 관리하고 분석 또는 예측하는 도구 등으로 구성되어 있다.

2.3.6 검토

[검토] 탭은 맞춤법 검사나 동의어 사전, 통합 문서 통계, 번역과 한자 변환, 검토용 메모와 시트 보호를 위한 암호 설정 도구 등으로 구성되어 있다.

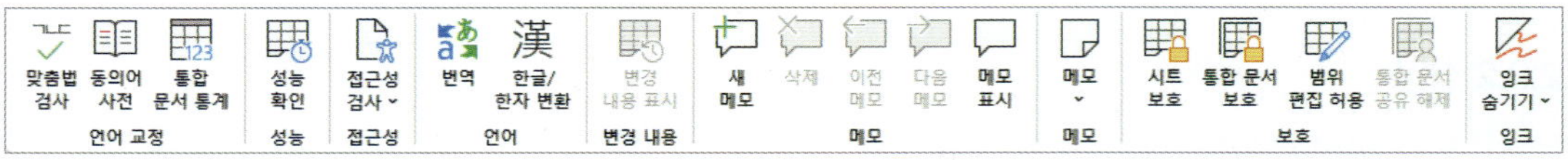

2.3.7 보기

[보기] 탭은 문서의 보기 형태를 선택하거나 확대/축소하는 도구, 창 정렬이나 창 전환 도구, 매크로 도구 등으로 구성되어 있다.

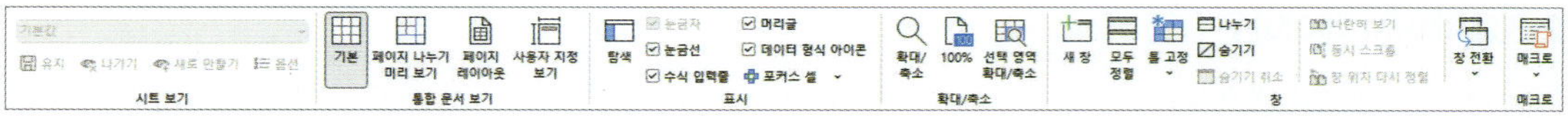

TIP 메뉴에서 [파일] 탭을 누르면 편집 화면에서 백스테이지(backstage) 화면으로 전환된다. 이 화면은 파일 저장, 인쇄, 공유 등의 작업에 필요한 도구와 계정, 옵션 등 엑셀 프로그램의 환경 설정에 필요한 도구 등으로 구성되어 있다.

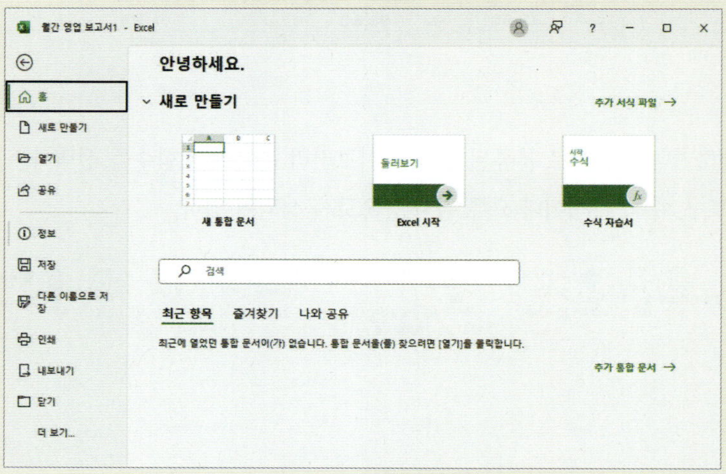

기본예제 1-2 빠른 실행 도구 모음에 자주 쓰는 메뉴 추가하기

엑셀에서 자주 사용하는 메뉴를 빠른 실행 도구 모음으로 설정하면 편리하고 효율적으로 작업할 수 있다. 빠른 실행 도구 모음에 자주 쓰는 메뉴를 추가해 보자.

01 엑셀 화면 상단에 있는 [빠른 실행 도구 모음 사용자 지정] 단추를 누르고 목록에서 [새로 만들기]를 선택한다.

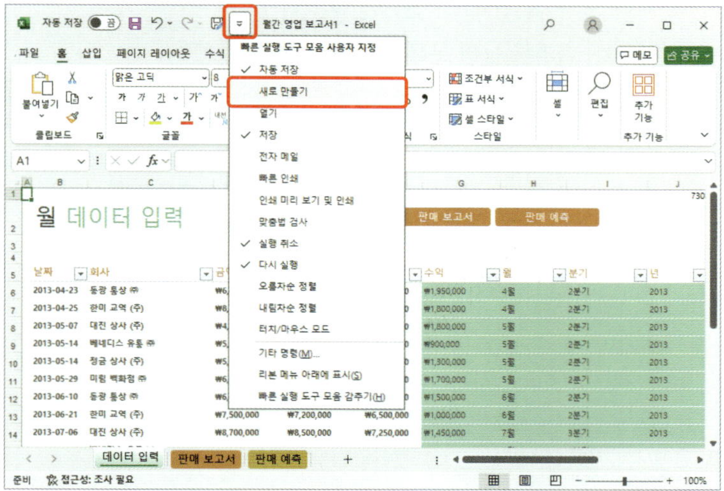

TIP 빠른 실행 도구 모음에 추가하려는 메뉴를 마우스 오른쪽 단추로 눌러서 [빠른 실행 도구 모음에 추가]를 선택해도 된다.

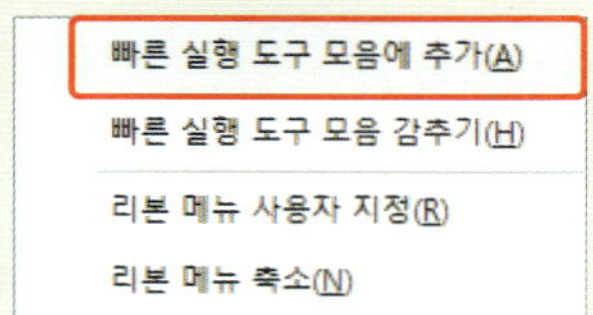

02 빠른 실행 도구 모음에 [새로 만들기] 단추가 추가된다. 목록에 표시되지 않은 메뉴를 추가하려면 [빠른 실행 도구 모음 사용자 지정] 단추를 누르고 [기타 명령]을 선택한다.

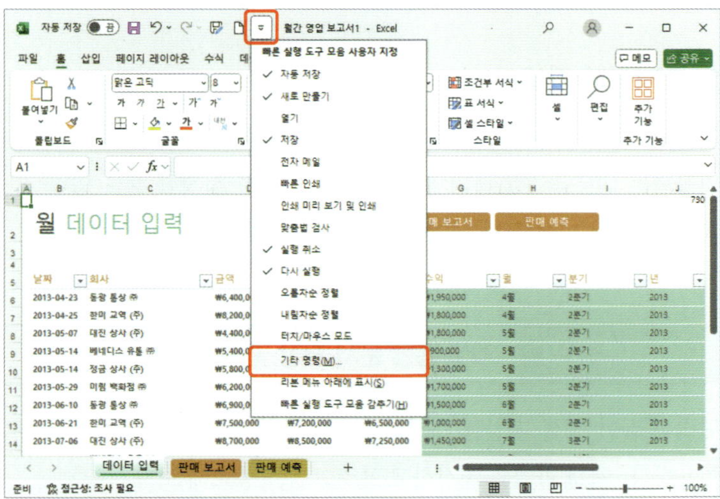

03 [Excel 옵션] 대화상자의 [빠른 실행 도구 모음] 범주 화면이 나타난다. 명령 선택 목록에서 [많이 사용하는 명령]-[인쇄 미리 보기 및 인쇄]를 선택하고 [추가] 단추를 눌러 목록에 추가되면 [확인]을 누른다.

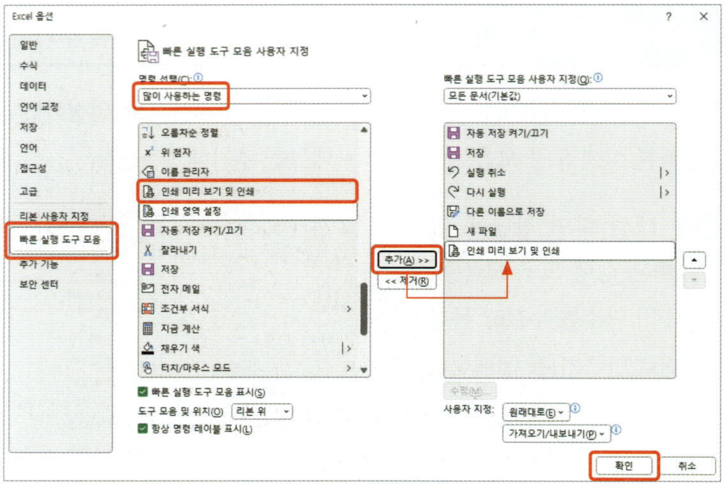

TIP 빠른 실행 도구 모음의 메뉴 제거하기

빠른 실행 도구 모음에 추가한 메뉴를 제거하려면 해당 단추를 마우스 오른쪽 단추로 누르고 단축 메뉴에서 [빠른 실행 도구 모음에서 제거]를 선택한다.

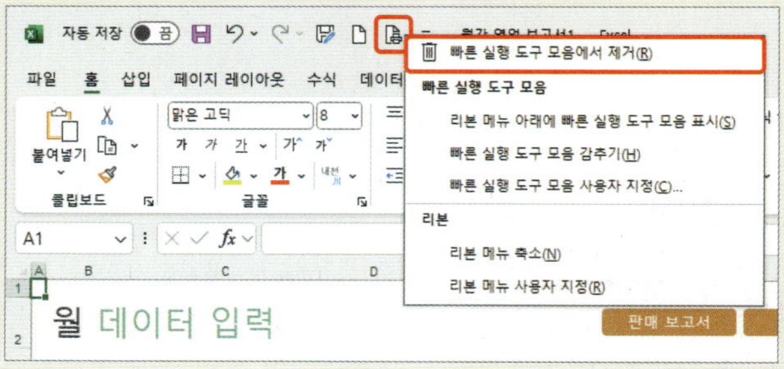

2.4 저장과 인쇄

엑셀 파일은 여러 시트가 하나로 묶여 저장되는 통합 문서이며, 파일 확장자는 '.xlsx'이다. 엑셀 파일에 저장되는 내용을 보호하기 위해 문서에 암호를 설정할 수도 있다. 다양한 파일 관리 및 저장 기능을 살펴보고, 문서 인쇄 옵션 설정에 대해서도 알아보자.

기본예제 1-3 엑셀 통합 문서 저장 및 종료하기

편집이 끝난 엑셀 파일을 저장하거나 종료할 때는 빠른 실행 도구 모음이나 백스테이지 화면의 메뉴를 이용한다. 엑셀 파일을 저장하고 프로그램을 종료해 보자.

01 [파일] 탭을 누르고 시작 화면에서 [저장]을 선택한다.

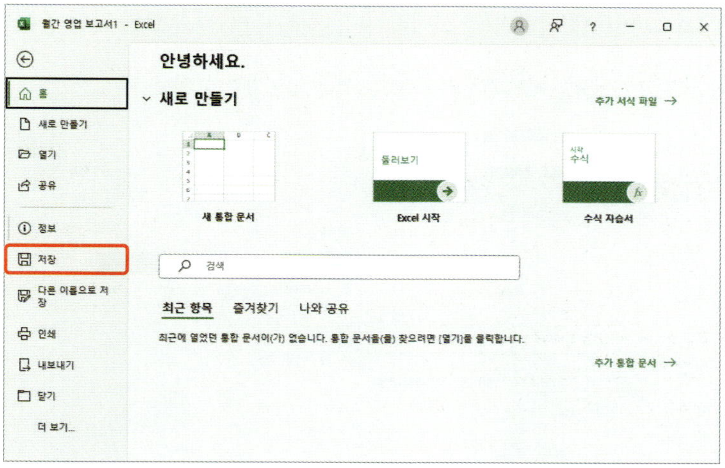

> **TIP** 편집 화면 상단의 빠른 실행 도구 모음에서 [저장] 단추를 누르거나 단축키 Ctrl+S를 눌러 저장할 수도 있다.
>
> 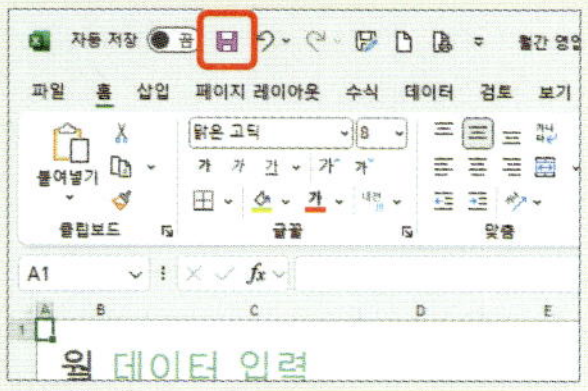
>

02 파일을 처음 저장할 때는 [다른 이름으로 저장] 화면이 나타난다. [찾아보기]를 눌러 파일 저장 위치를 설정한다.

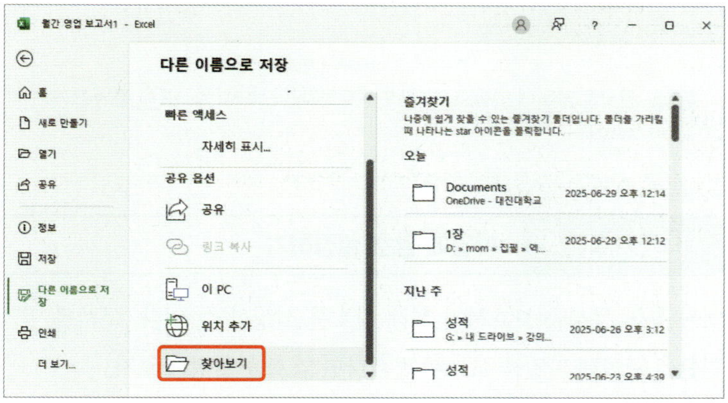

03 파일을 저장할 위치를 선택하고, 파일 이름에 **월간 보고서**라고 입력한 후 [저장]을 누른다.

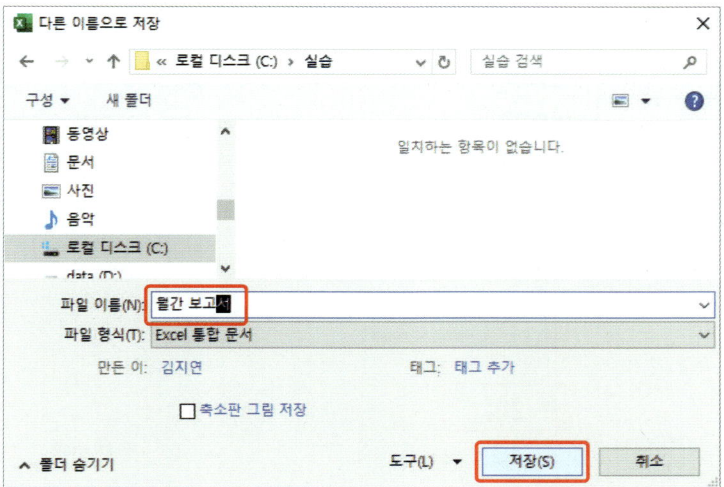

04 [파일] 탭 – [닫기]를 선택하거나, Ctrl+F4를 누르면 작업 중이던 문서가 닫힌다.

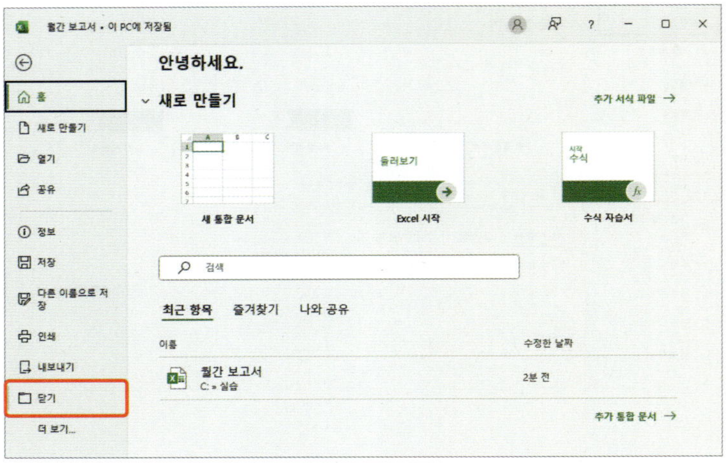

TIP 문서를 닫을 때 엑셀 프로그램도 종료하려면 단축키 Alt+F4를 누르거나, 엑셀 창의 [× 닫기]를 선택한다.

기본예제 1-4 파일에 암호 설정하기

엑셀 통합 문서를 보호하기 위해 암호를 설정할 수 있다. 문서를 열거나 파일 내용을 변경하려고 할 때 권한을 확인해 파일을 보호하고 싶다면 암호를 설정해 보자.

01 [파일] 탭을 눌러 엑셀 시작 화면이 나타나면 [최근 항목] 목록에서 '월간 보고서'를 클릭해 다시 연다.

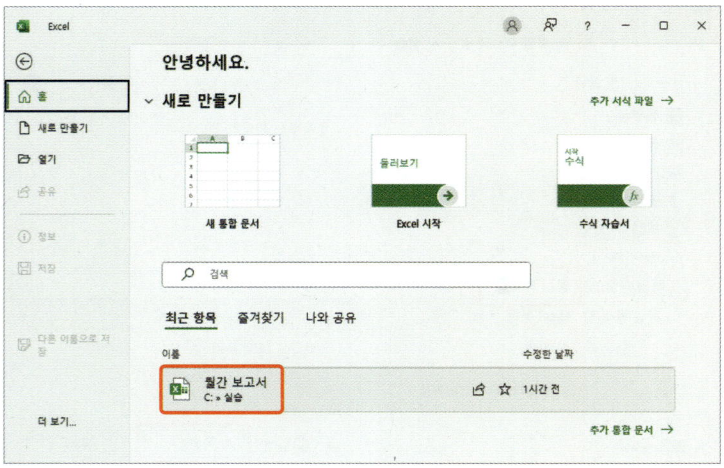

02 [파일] 탭을 눌러 시작 화면에서 [정보]를 선택한 후, [통합 문서 보호]-[암호 설정]을 클릭한다.

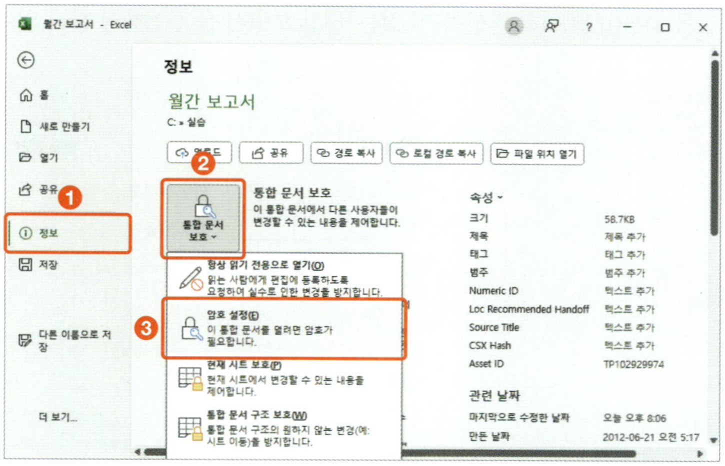

03 [문서 암호화] 대화상자가 나타나면 [암호]에 원하는 값을 입력하고 [확인]을 누른다. [암호 확인] 대화상자에서 동일한 암호를 한 번 더 입력하고 [확인]을 누른다.

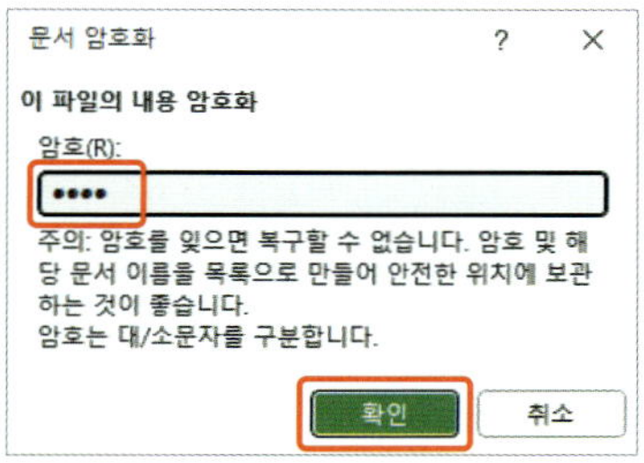

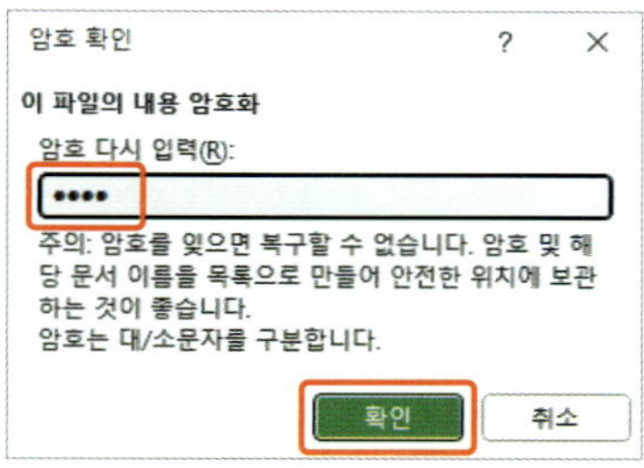

TIP 예제 소스로 제공된 '월간 보고서.xlsx' 파일에 설정된 암호는 '1234'이다.

04 [저장]을 눌러 변경된 설정을 저장하고, 단축키 Ctrl+F4를 눌러 파일을 닫는다.

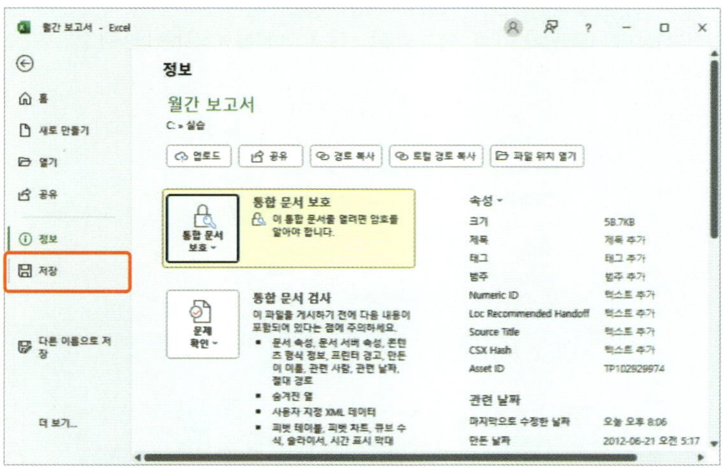

05 [파일] 탭–[최근 항목]에 있는 '월간 보고서'를 선택해서 다시 열어본다.

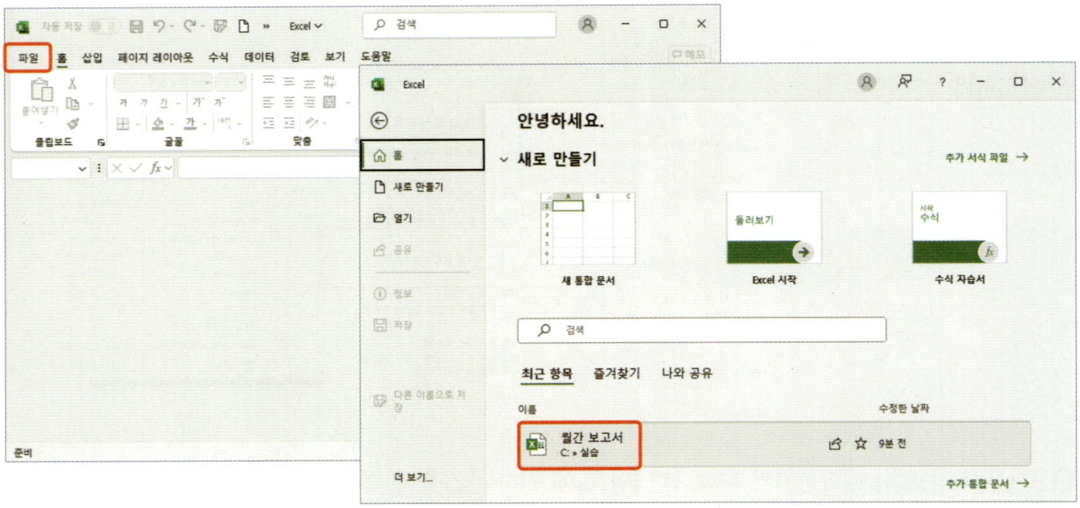

06 [암호] 대화상자가 나타나면 설정한 암호를 입력하고 [확인]을 눌러야 파일을 열 수 있다.

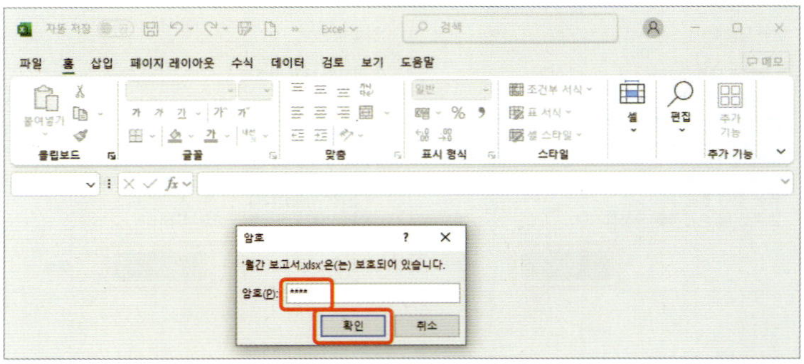

TIP 설정한 암호를 해제하려면 단계 03의 [문서 암호화] 대화상자에서 입력된 암호를 삭제한 후, 파일을 다시 저장해야 한다.

TIP 파일에 암호를 설정하는 다른 방법

[다른 이름으로 저장] 대화상자에서 파일을 저장할 때도 암호를 설정할 수도 있다. [도구]–[일반 옵션]을 선택하면 [일반 옵션] 대화상자가 나타난다. 이 때, [열기 암호]나 [쓰기 암호]를 지정하면 파일의 열기와 편집 작업에서 각각 암호를 확인하여 파일을 보호할 수 있다.

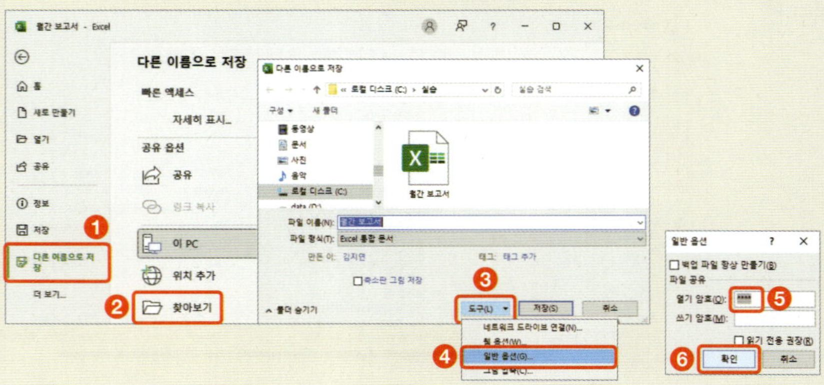

기본예제 1-5 통합 문서 인쇄하기

엑셀 프로그램에서는 워크시트나 전체 통합 문서를 인쇄 영역으로 설정하여 종이에 인쇄하거나 다른 형식의 파일로 변환할 수도 있다. 현재 작업 중인 통합 문서 전체를 인쇄해 보자.

01 [파일] 탭 – [인쇄]를 선택한다.

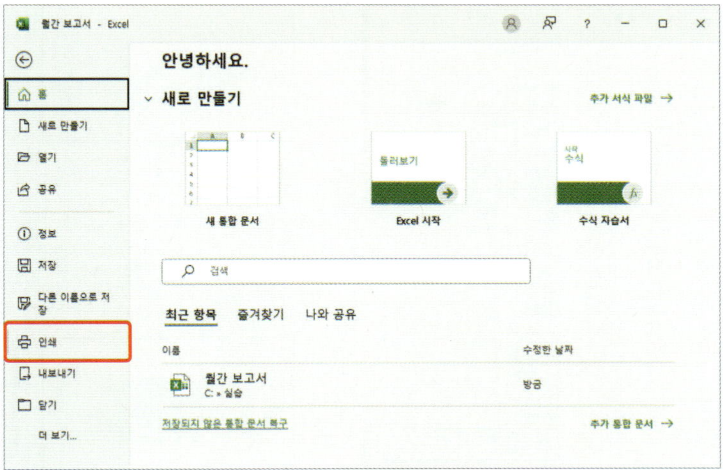

02 [설정]의 인쇄 영역은 [전체 통합 문서 인쇄]로, 용지 방향은 [세로 방향]을 선택한다.

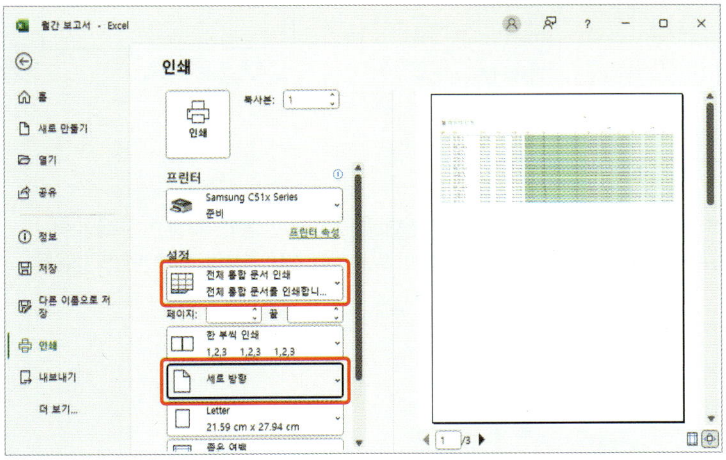

TIP 오른쪽의 미리 보기 창에서 인쇄 모양을 확인할 수 있다.

03 배율 옵션은 [한 페이지에 시트 맞추기]로 설정한다.

> **TIP** 데이터 범위가 용지 크기와 맞지 않아 여러 페이지로 나뉘어 출력되지 않게 하려면 [한 페이지에 시트 맞추기] 또는 [한 페이지에 모든 열 맞추기]나 [한 페이지에 모든 행 맞추기]로 설정한다.

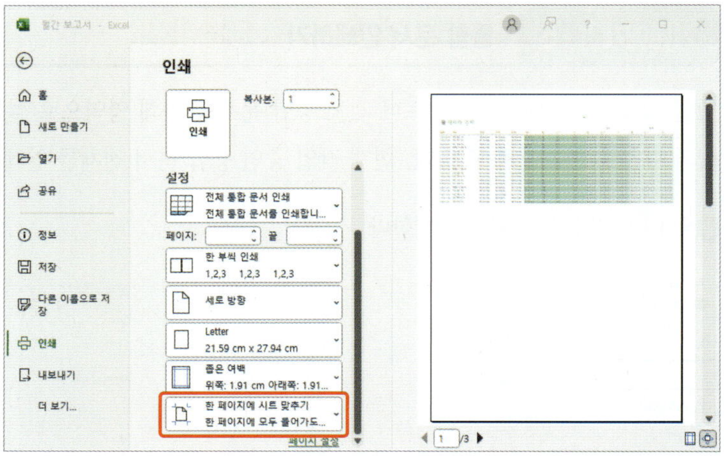

04 인쇄 설정을 마쳤으면 준비 상태의 프린터를 목록에서 선택하고 [인쇄] 단추를 누른다.

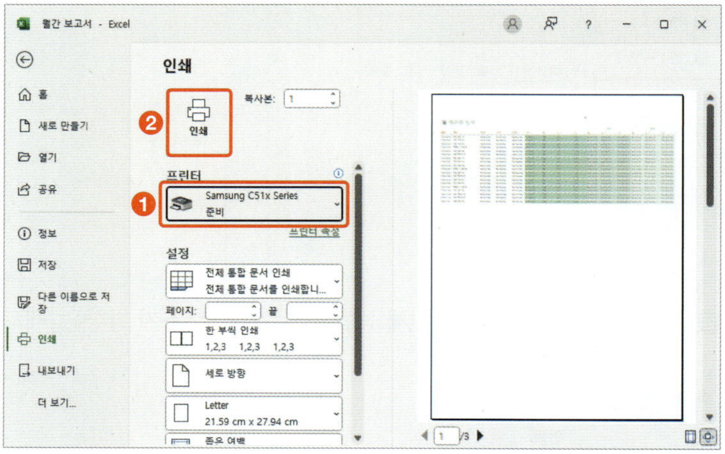

> **TIP 파일로 인쇄하기**
>
> 프린터 목록에서 Adobe PDF, Microsoft Print to PDF, 파일로 인쇄 등을 선택하면 종이로 인쇄하는 대신 PDF 파일 형식으로 변환하여 저장할 수 있다. PDF 파일을 이용하면 엑셀 프로그램이 설치되어 있지 않은 컴퓨터에서도 엑셀 파일의 내용을 확인할 수 있다.

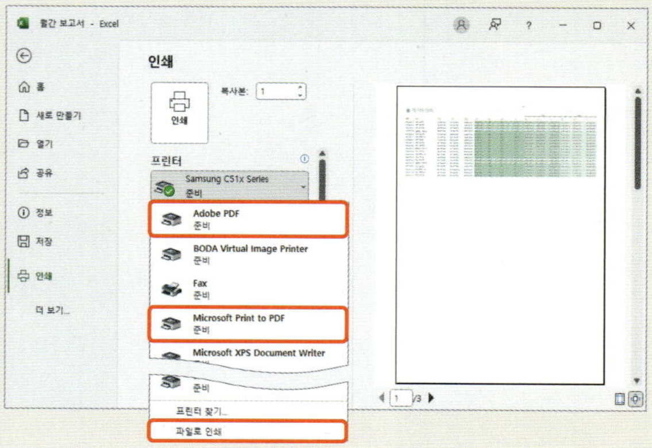

기본예제 1-6 인쇄 영역 설정하고 인쇄하기

워크시트의 특정 범위를 선택하여 인쇄 영역으로 설정하거나, 페이지 여백, 제목, 머리글/바닥글 등의 인쇄 옵션을 설정하는 방법을 알아보자.

01 워크시트에서 인쇄할 영역을 드래그하여 선택한다.

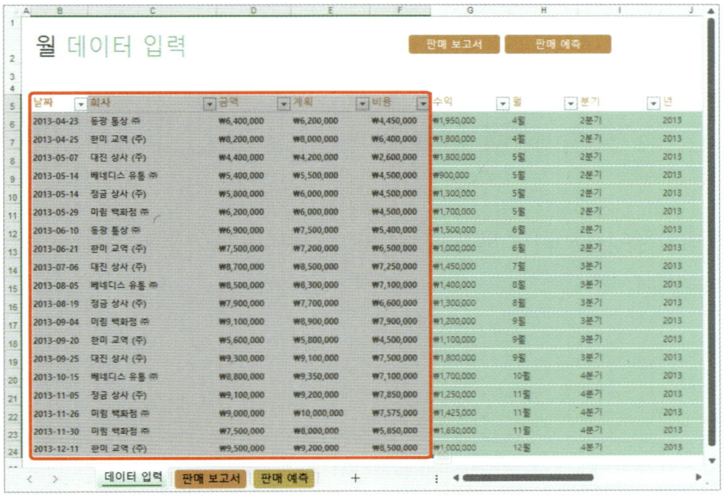

02 [페이지 레이아웃] 탭-[페이지 설정] 그룹-[인쇄 영역] 목록에서 [인쇄 영역 설정]을 선택한다.

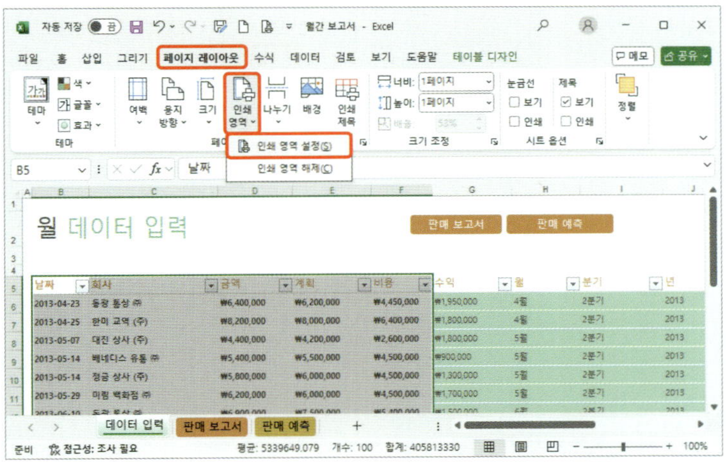

TIP 인쇄 영역을 해제할 때까지는 설정된 범위만 계속 인쇄되므로, 다른 범위나 전체 시트를 인쇄하려면 [인쇄 영역] 목록에서 [인쇄 영역 해제]를 반드시 선택해야 한다.

03 [페이지 레이아웃] 탭 – [페이지 설정] 그룹의 [⧉ 대화상자 표시] 단추를 누른다. [페이지 설정] 대화상자에서 [여백] 탭을 눌러 [머리글]과 [바닥글]의 값을 **2**로, [페이지 가운데 맞춤]은 [가로]와 [세로] 모두 선택한다.

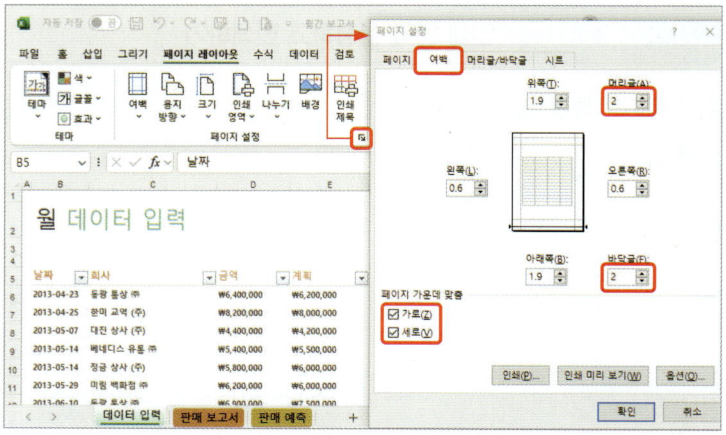

04 [머리글/바닥글] 탭 – [머리글 편집]을 누르면 [머리글] 대화상자가 나타난다. [가운데 구역]에 **판매 데이터 상세**라고 입력하고 [확인]을 누른다.

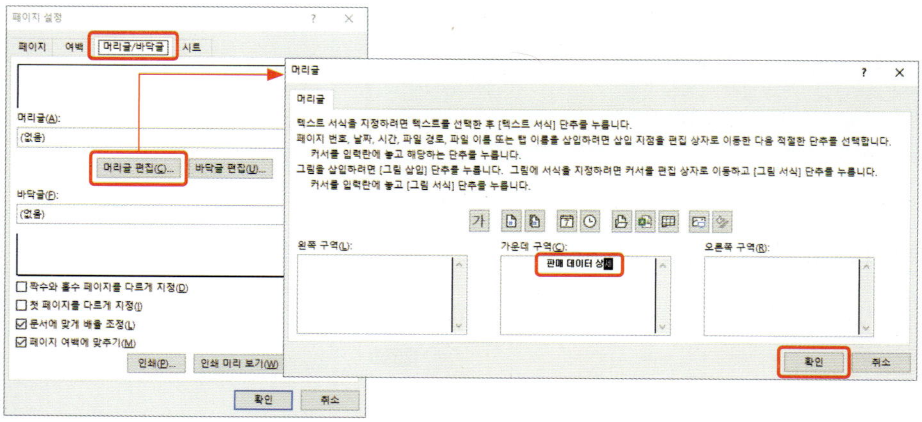

05 [바닥글 편집] 단추를 눌러 [바닥글] 대화상자가 나타나면 [가운데 구역]을 클릭하고 [🗎 페이지 번호 삽입] 단추를 누른다. [오른쪽 구역]에는 [📅 날짜 삽입] 단추를 눌러 설정하고 [확인]을 누른다.

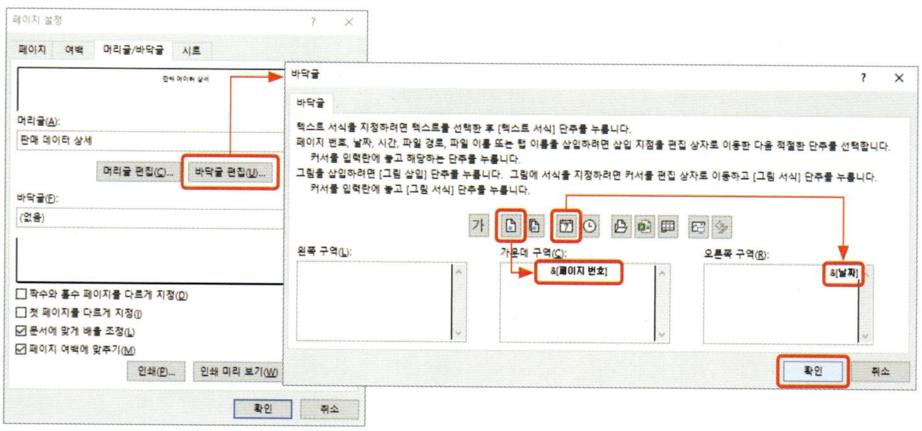

06 [페이지 설정] 대화상자에서 [시트] 탭 – [인쇄 제목] – [반복할 행]을 클릭한다. 워크시트의 행 번호 5를 클릭해 제목 행으로 설정하면 페이지가 바뀔 때마다 반복 인쇄된다.

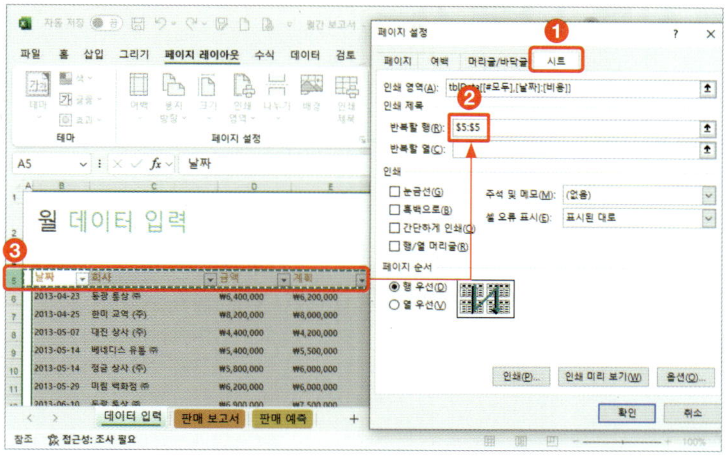

TIP 대화상자에 가려 워크시트의 선택할 범위가 잘 보이지 않을 때는 [⬆ 대화상자 축소] 단추를 눌러 대화상자를 축소하면 워크시트를 더 쉽게 선택할 수 있다.

07 [인쇄 미리 보기] 단추를 누르면 시작 화면에 인쇄 모양이 표시된다.

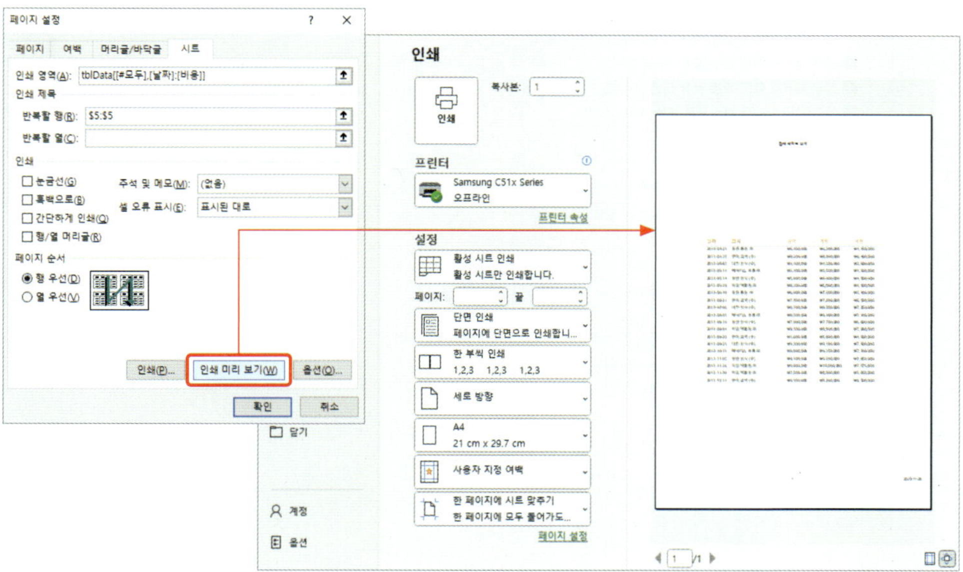

TIP 인쇄 미리보기 화면 아래쪽 [▢ 여백 표시] 단추를 누르면 문서에 설정된 여백을 확인할 수 있고, [⊕ 페이지 확대/축소] 단추를 누르면 내용을 확대하거나 축소해 모양을 더 자세히 확인할 수 있다.

SECTION 03

워크시트 다루기

엑셀 파일은 하나 이상의 워크시트로 이루어진다. 워크시트란 행과 열로 구성되는 작업 공간으로, 워크시트마다 이름과 색을 다르게 설정해 구분하기 쉽게 할 수 있다. 또한 삽입과 삭제, 이동과 복사 등의 도구로 워크시트를 관리할 수 있다.

TIP 기본 워크시트 개수 변경하기

엑셀 프로그램에서 새 통합 문서를 만들면 기본적으로 하나의 워크시트가 생성된다. 워크시트의 기본 개수를 변경하려면 [Excel 옵션] 대화상자의 [일반] 범주에서 [새 통합 문서 만들기] 그룹의 [포함할 시트 수]를 수정하면 된다. 시트 수는 컴퓨터의 메모리 용량이 허용하는 만큼 생성할 수 있다.

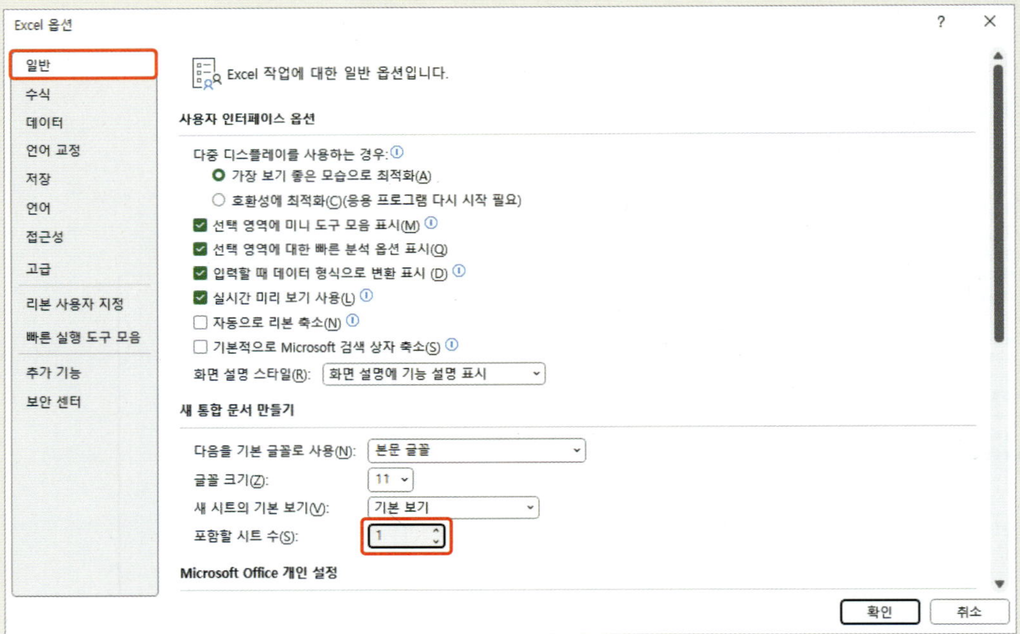

3.1 워크시트 관리

엑셀 화면 하단에 있는 시트 탭을 마우스 오른쪽 단추로 누르면 워크시트를 관리하기 위한 단축 메뉴가 표시된다. 이를 이용해 워크시트 삽입, 삭제, 이름 바꾸기, 이동/복사 등을 수행할 수 있다. 또한 여러 장의 종이 서류를 하나의 파일에 넣어 관리할 때 라벨에 이름을 적거나 색을 다르게 하듯이, 여러 개의 워크시트를 구별하기 쉽게 이름과 탭 색을 다르게 설정할 수 있다.

TIP [홈] 탭–[셀] 그룹의 [삽입], [삭제], [서식] 메뉴에도 워크시트 관련 기능이 제공된다.

기본예제 1-7 워크시트 삽입/삭제와 복사하기

워크시트를 추가로 삽입하거나 삭제하는 방법, 워크시트의 순서를 바꾸거나 복사하는 방법을 알아보자.

01 시트 탭의 오른쪽에 있는 [+ 새 시트] 단추를 누르면 현재 워크시트 뒤에 새 워크시트가 추가된다.

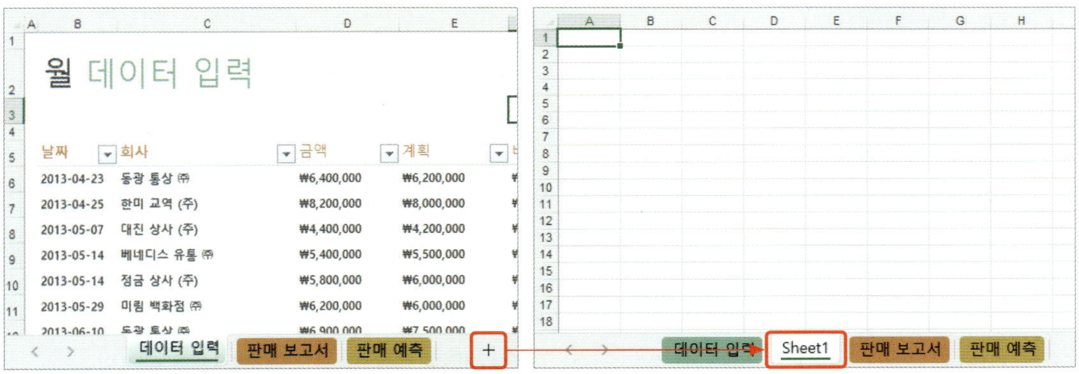

TIP 시트 탭을 마우스 오른쪽 단추로 누르고 단축 메뉴에서 [삽입]을 선택해도 된다.

02 시트 이름을 마우스 오른쪽 단추로 누르고 단축 메뉴에서 [삭제]를 선택하면 선택한 워크시트가 삭제된다.

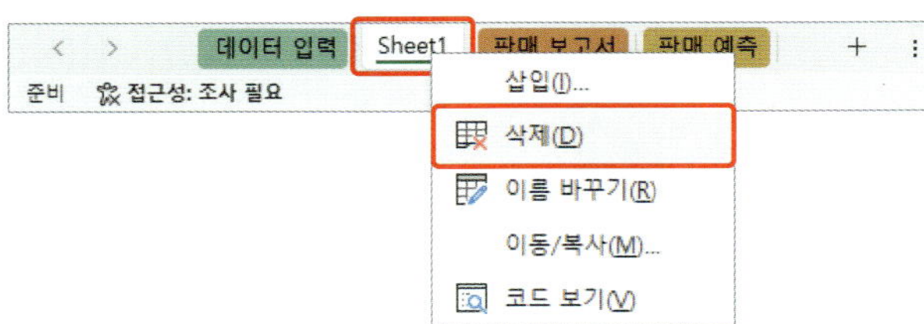

03 워크시트를 원하는 위치로 이동하거나 복사하려면 단축 메뉴에서 [이동/복사]를 선택한다.

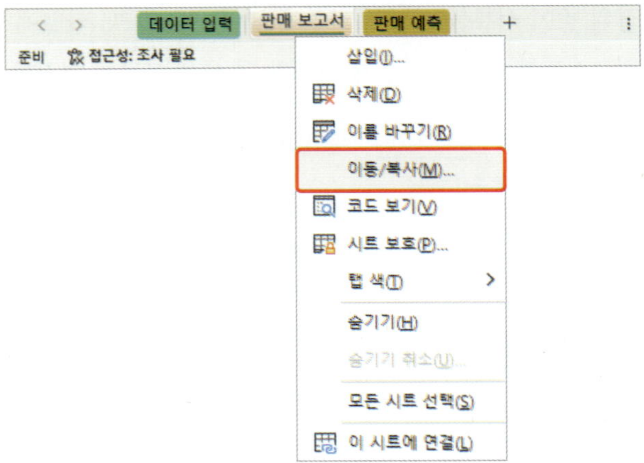

> **TIP** 시트 탭을 드래그해서 원하는 위치로 이동할 수도 있다.

04 [이동/복사] 대화상자가 나타나면 워크시트를 복사할 위치를 선택한 후, [복사본 만들기]에 체크하고 [확인]을 누른다.

> **TIP** [복사본 만들기]에 체크하지 않으면 워크시트가 이동된다.
>
> 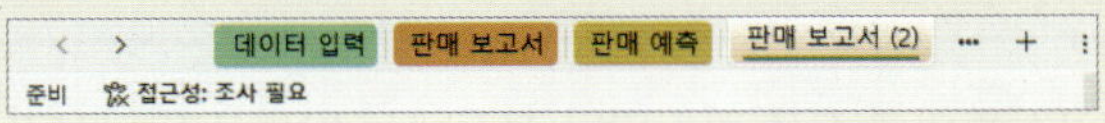
>

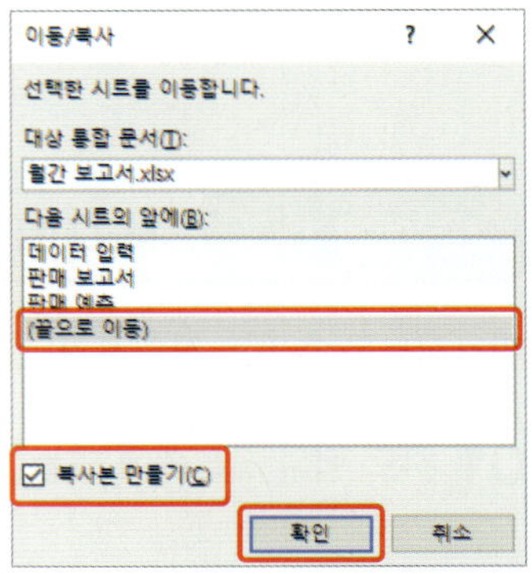

기본예제 1-8 시트 이름과 탭 색, 시트 보호 설정하기

엑셀 통합 문서를 구성하고 있는 여러 개의 워크시트는 구별하기 쉽게 이름을 짓거나 탭 색을 다르게 설정할 수 있다. 또 시트에 입력된 데이터가 실수로 변경되는 것을 방지하려면 시트 보호 기능을 설정할 수도 있다. 워크시트의 이름과 탭 색을 바꾸고 시트 보호 기능을 설정해 보자.

01 '판매 보고서 (2)' 시트 탭을 마우스 오른쪽 단추로 누르고 [이름 바꾸기]를 선택한다.

02 이름을 입력할 수 있는 상태가 되면 **회사별 판매 데이터**라고 입력한다.

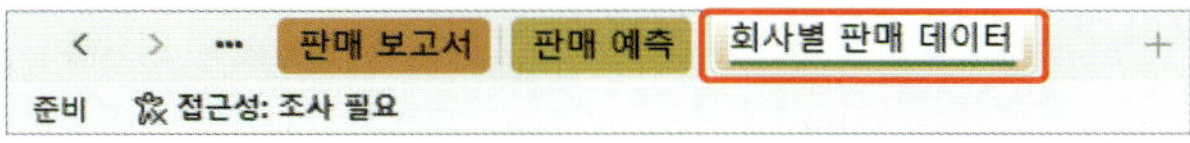

TIP 시트 탭을 더블클릭하여 이름을 입력해도 된다.

03 '회사별 판매 데이터' 시트 탭을 마우스 오른쪽 단추로 누르고 [탭 색]을 클릭한다. 원하는 색을 선택하면 탭 색이 바뀐다.

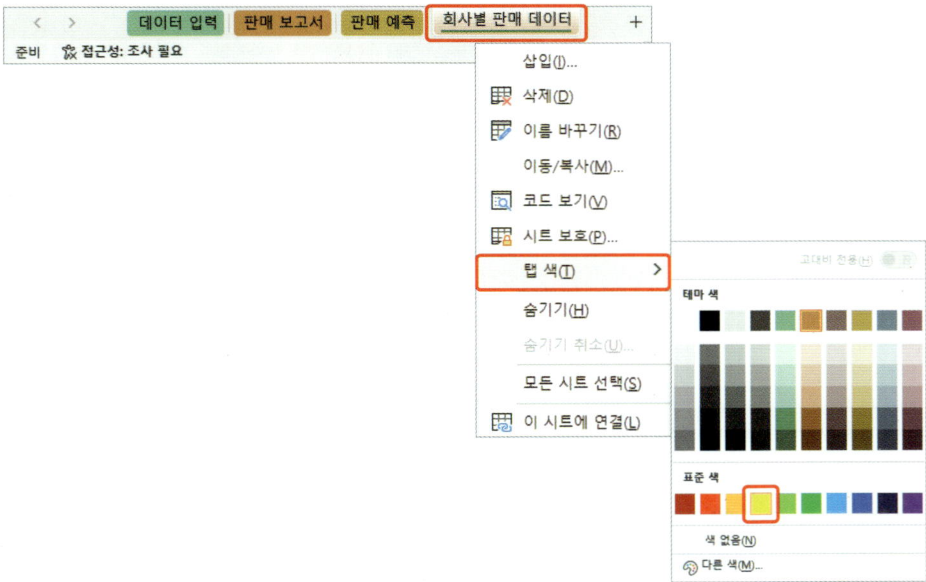

04 '회사별 판매 데이터' 시트 탭을 마우스 오른쪽 단추로 누르고 [시트 보호]를 선택한다.

05 시트 보호 해제 암호를 입력하고 [확인]을 누른다. 암호 확인 대화상자에서 동일한 암호를 다시 입력하고 [확인]을 누른다.

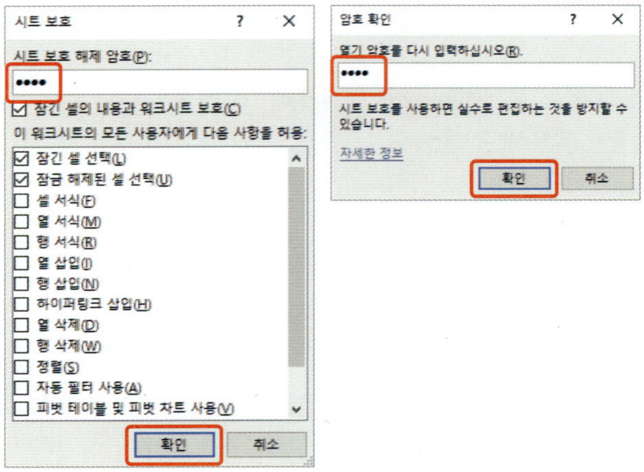

06 시트 보호로 설정되면 셀의 내용을 편집할 수 없다. 시트 보호를 해제하려면 '회사별 판매 데이터' 워크시트를 마우스 오른쪽 단추로 눌러 [시트 보호 해제]를 선택하고 설정한 암호를 입력한다.

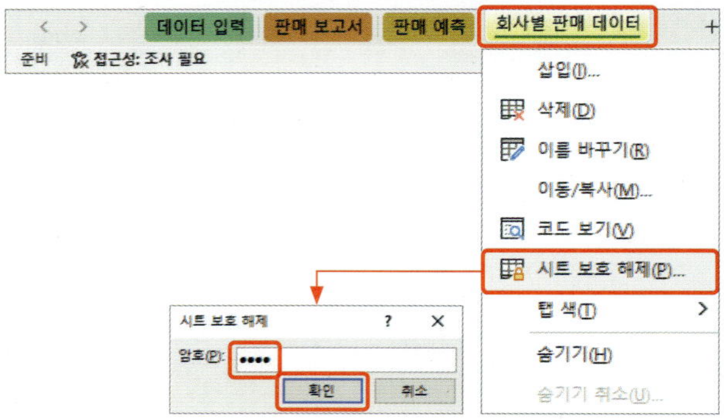

TIP 통합 문서 보호 기능

워크시트의 추가, 삭제 등을 방지하는 통합 문서 보호 기능도 있다. [검토] 탭–[보호] 그룹의 [통합 문서 보호]를 이용해 암호를 설정하면 각 워크시트 내의 데이터 편집은 가능하지만, 시트를 이동하거나 삽입, 삭제, 추가, 시트 이름과 탭 색 변경 등의 구조 변경이 불가능하다.

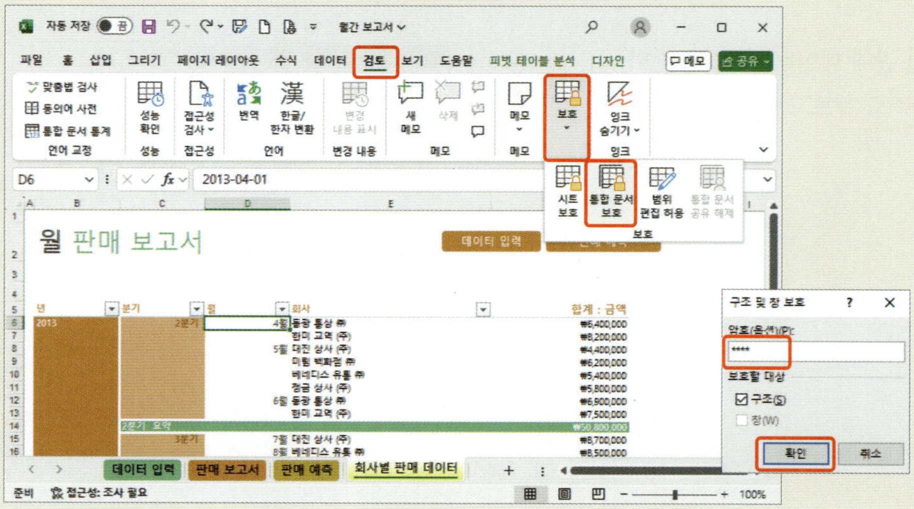

종합예제

서식 파일을 이용해 엑셀 통합 문서를 만들어 보자. 작성한 문서에 이번 장에서 학습한 워크시트 다루기나 인쇄 영역 설정도 적용해 보자.

1 엑셀 프로그램을 실행하고 시작 화면에서 [추가 서식 파일]을 누른다.

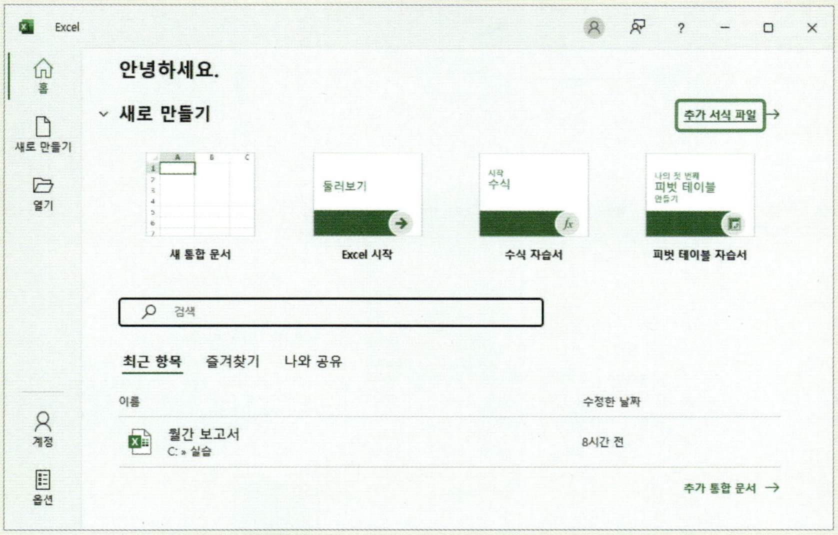

2 추천 검색어에서 '캘린더'를 클릭한다.

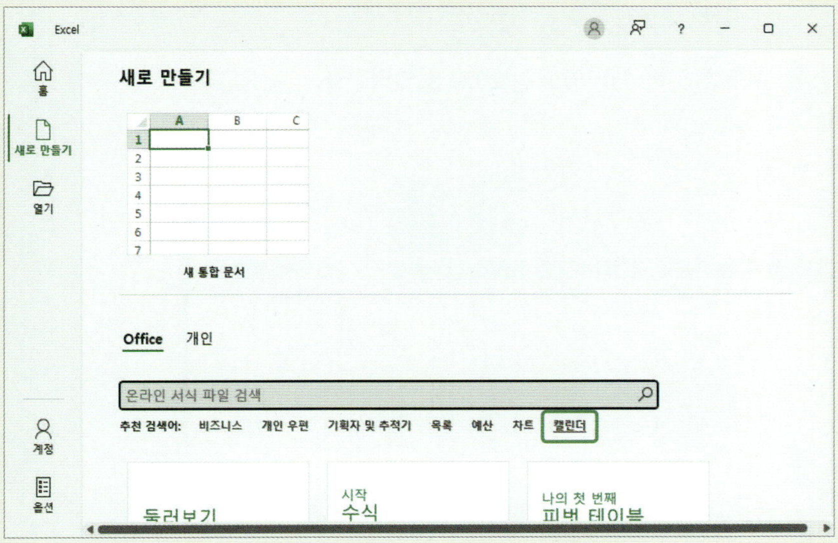

종합예제

3 서식 목록에서 [계절 사진 일정]을 선택하고 [만들기]를 누른다.

4 달력 설정을 위해 '1월' 시트를 선택하고 '연도'는 2026을 입력한다.

5 상반기(1~6월) 캘린더만 통합 문서에 저장하고 싶다면, '7월'~'12월' 시트를 모두 선택하고 마우스 오른쪽 단추를 눌러 [삭제]를 선택한다.

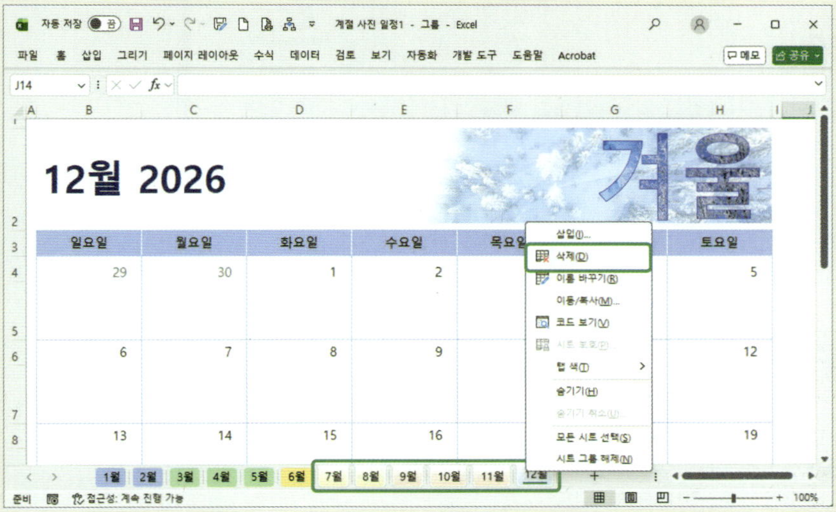

TIP '7월' 시트를 선택하고 Shift를 누른 상태로 '12월' 시트를 선택하면 7~12월이 모두 선택된다.

6 시트 삭제를 확인하는 대화상자에서 [삭제]를 누르면 선택한 시트가 모두 삭제된다.

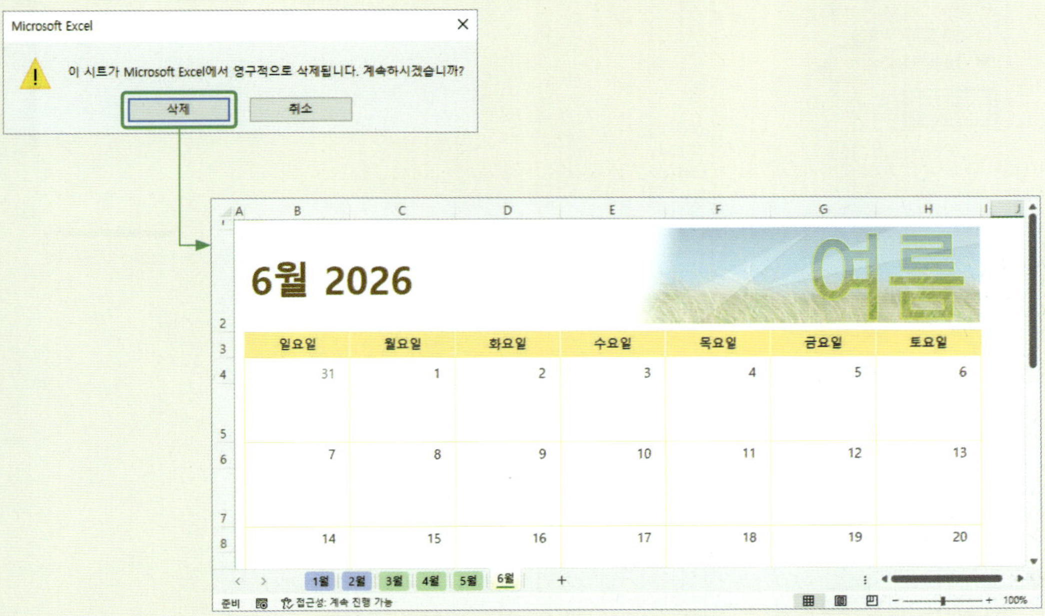

종합예제

7 '1월'~'6월' 시트를 모두 선택하고, 화면 아래쪽의 [확대/축소] 비율을 클릭한다.

8 확대/축소 대화상자가 나타나면 [사용자 지정]의 값을 **70**으로 설정하고 [확인]을 누른다.

TIP 화면 오른쪽 하단의 확대/축소 조절점을 마우스로 드래그해서 원하는 비율로 설정해도 된다.

9 '3월', '4월', '5월' 시트를 선택하고 단축키 Ctrl+P를 누르면, 인쇄 영역이 [활성 시트 인쇄]로 설정된다. [인쇄 미리 보기 표시]를 눌러 세 개의 시트만 인쇄되는 것을 확인할 수 있다.

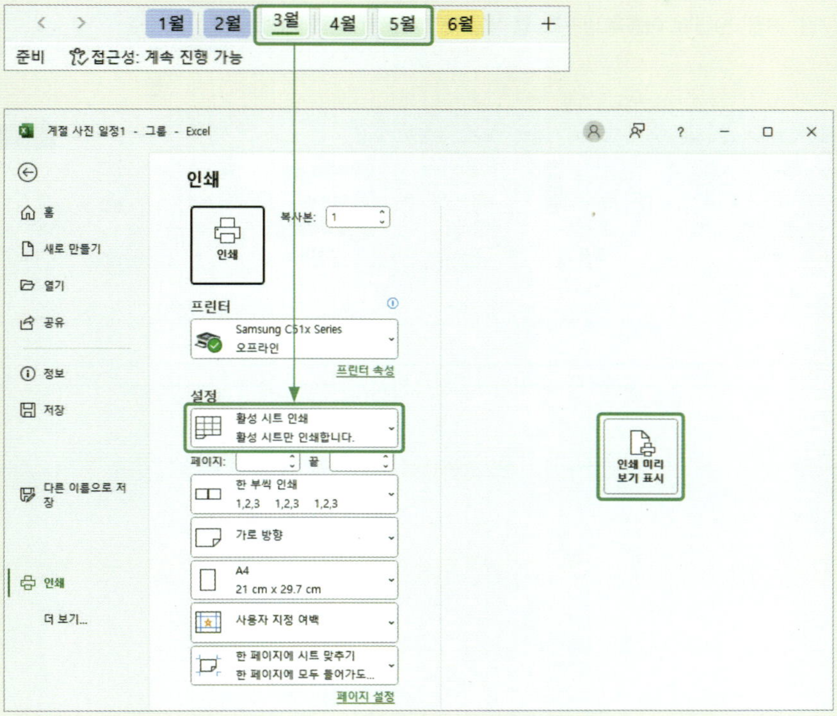

연습 문제

1 서식 파일을 이용하여 아래와 같이 월간 일정표를 작성하시오.

❶ '월간 개인 플래너' 서식 파일을 검색하여 엑셀 문서를 만들고, '3분기 일정표.xlsx'라고 저장하시오.

❷ 시트를 복사하여 '7월', '8월', '9월'로 이름을 바꾸고, 탭 색을 각각 다르게 설정하시오.

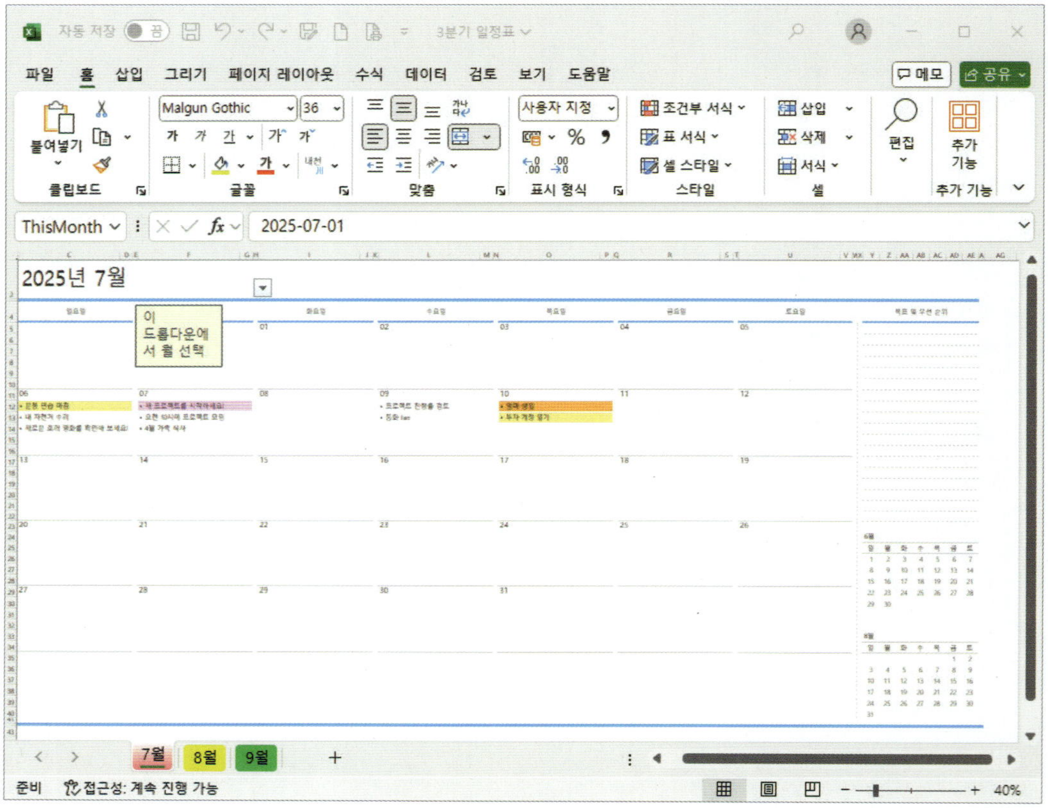

2 연습문제 1의 '3분기 일정표.xlsx' 파일을 열고 다음과 같이 설정하시오.

❶ 암호를 입력해야 파일을 열 수 있게 통합 문서 보호 기능을 설정하시오. 암호는 **1234**로 설정하시오.

❷ 한 페이지에 시트 내용이 모두 들어가도록 모양을 설정한 후, 7~9월까지 시트 3개를 모두 PDF 파일로 인쇄하여 '3분기 일정표.pdf 파일을 만드시오.

3 서식 파일을 이용하여 아래와 같이 엑셀 문서를 만들고 다음과 같이 설정하시오.

❶ '예산 요약 보고서' 서식 파일을 검색해 엑셀 통합 문서를 만드시오.

❷ 3개의 시트를 모두 선택하고, 확대/축소 비율을 75%로 설정하시오.

4 연습문제 **3**의 예산 요약 보고서를 이용하여 다음과 같이 설정하시오.

❶ '예산 요약' 시트를 인쇄할 때 매 페이지에 1~3행의 제목이 반복 인쇄되도록 인쇄 제목을 설정하시오.

❷ 암호 '1234'를 입력해야 파일을 열 수 있게 통합 문서 보호 기능을 설정하시오.

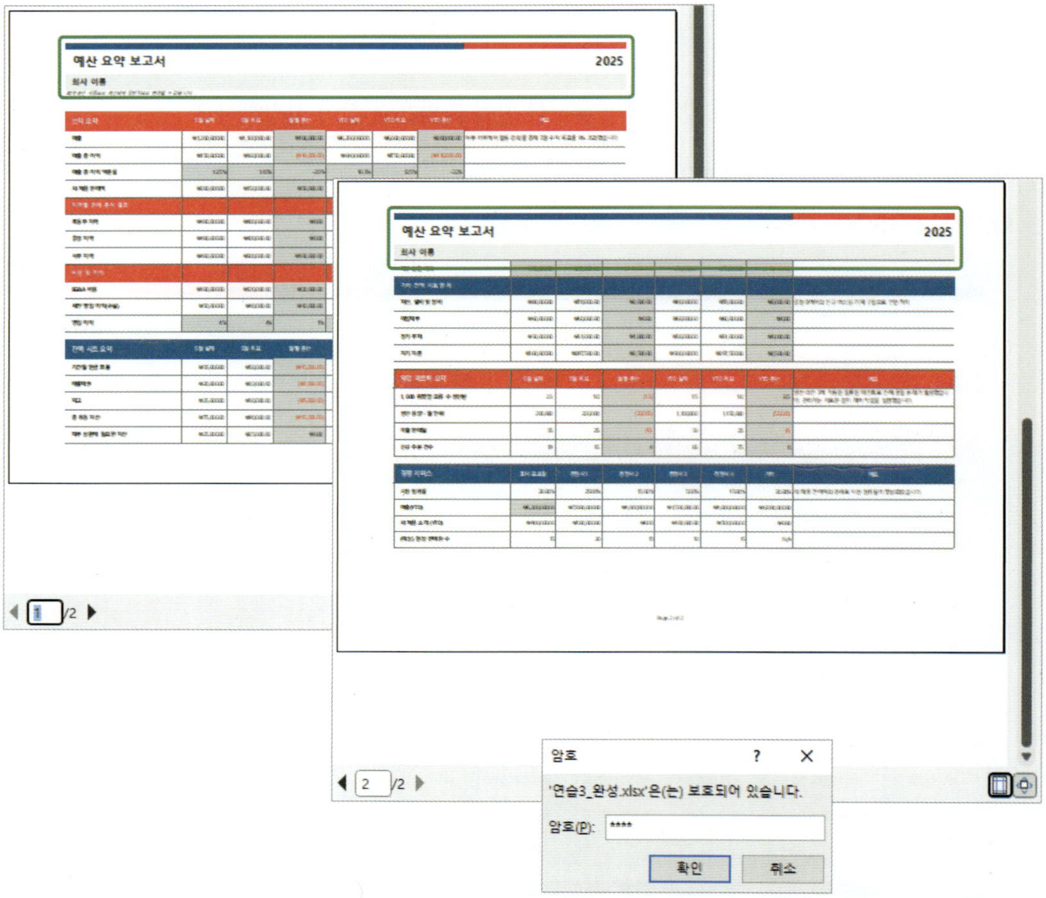

CHAPTER 02

데이터 입력하기

학습목표

- 셀과 행/열을 선택하고 편집할 수 있다.
- 다양한 종류의 데이터를 셀에 입력할 수 있다.
- 자동 채우기로 데이터를 입력하고 셀 서식을 설정할 수 있다.

SECTION 01

셀과 행/열 다루기

데이터를 입력할 셀을 선택하고 추가, 삭제하거나 셀을 이동, 복사, 병합하는 등 셀 관리 방법을 알아보고 행과 열을 선택하거나 행/열 단위의 삽입, 삭제, 숨기기 기능에 대해서도 알아본다.

1.1 셀 선택과 편집

엑셀 통합 문서를 구성하고 있는 워크시트에 데이터를 입력하려면 먼저 셀을 선택해야 한다. 그리고 입력된 데이터를 편집할 때 셀을 추가, 삭제, 병합, 분할하거나 셀 내용을 복사, 이동하는 작업도 필요하다.

기본예제 2-1 셀 선택과 데이터 입력하기

셀을 선택하려면 마우스로 원하는 셀을 클릭하거나 키보드의 방향키를 이용한다. 원하는 셀을 선택하고 데이터를 입력하거나 지우는 방법을 알아보자.

01 엑셀 프로그램을 실행하고 시작 화면에서 [새 통합 문서]를 클릭한다.

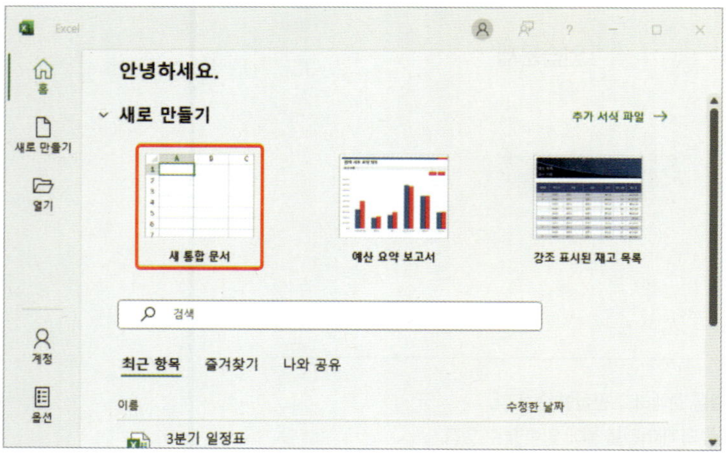

02 워크시트의 편집 영역에서는 마우스 포인터가 ✥ 모양으로 바뀐다. 이 상태에서 원하는 셀을 클릭하고 데이터를 입력한 후 [Enter]를 누른다.

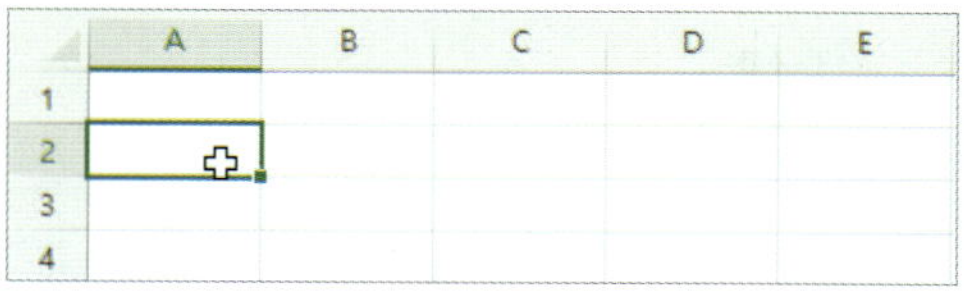

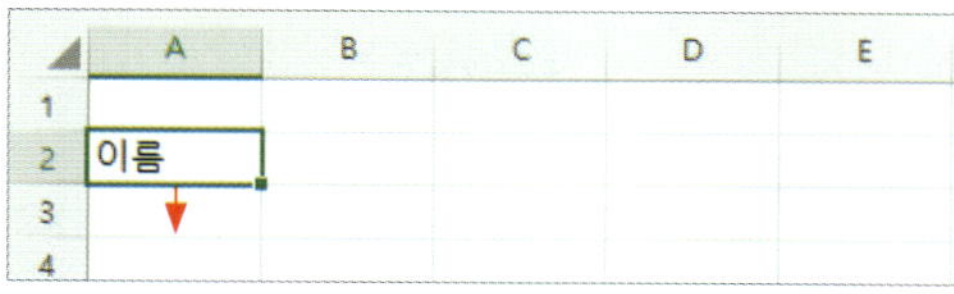

TIP 입력이 끝나면 [Enter]나 [↓]를 누르면 아래쪽으로, [Tab]이나 [→]를 누르면 오른쪽으로 이동한다. 입력한 내용을 취소하려면 [Esc]를 누른다. 입력한 데이터의 일부분을 수정하려면 셀을 선택하고 [F2]를 누르거나 더블클릭해 필요한 부분을 수정한다. 셀의 전체 내용을 바꿀 때는 셀을 선택하고 새로운 내용을 바로 입력한다.

TIP 키보드로 셀 이동하기

데이터를 입력하면서 셀을 이동할 때는 마우스보다 키보드를 사용하는 것이 더 편리하다. 키보드를 이용해 셀을 이동하는 방법은 다음 표를 참고한다.

키	이동 방법
[Enter]	아래쪽으로 이동한다.
[Tab]	오른쪽으로 이동한다.
[Shift]+[Enter]	위쪽으로 이동한다.
[Shift]+[Tab]	왼쪽으로 이동한다.
방향키([↑], [↓], [←], [→])	위, 아래, 왼쪽, 오른쪽으로 이동한다.
[Page Up], [Page Down]	페이지 단위 위쪽, 페이지 단위 아래쪽으로 이동한다.
[Alt]+[Page Up], [Alt]+[Page Down]	페이지 단위 왼쪽, 페이지 단위 오른쪽으로 이동한다.
[Ctrl]+[Home]	워크시트의 첫 번째 셀(A1)로 이동한다.
[Ctrl]+[End]	데이터가 입력된 범위 중 마지막 셀로 이동한다.
[Ctrl]+[↑], [Ctrl]+[↓]	현재 위치한 열의 1행, 해당 열의 마지막(1048576) 행으로 이동한다.
[Ctrl]+[←], [Ctrl]+[→]	현재 위치한 열의 1열, 해당 행의 마지막(XFD) 열로 이동한다.

03 셀 하나를 선택하고 마우스를 드래그하거나, [Shift]를 누른 상태에서 키보드의 방향키를 사용하면 연속적인 여러 셀을 선택할 수 있다.

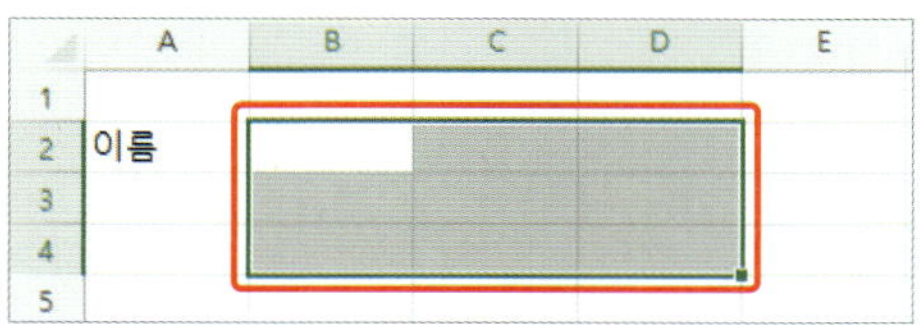

TIP 선택하려는 범위의 첫 번째 셀을 선택하고, [Shift]를 누른 상태에서 마우스로 마지막 셀을 눌러도 된다.

04 열 머리글이나 행 머리글의 특정 열 번호나 행 번호를 클릭하거나 드래그하면 해당 열 또는 행에 있는 모든 셀을 선택할 수 있다.

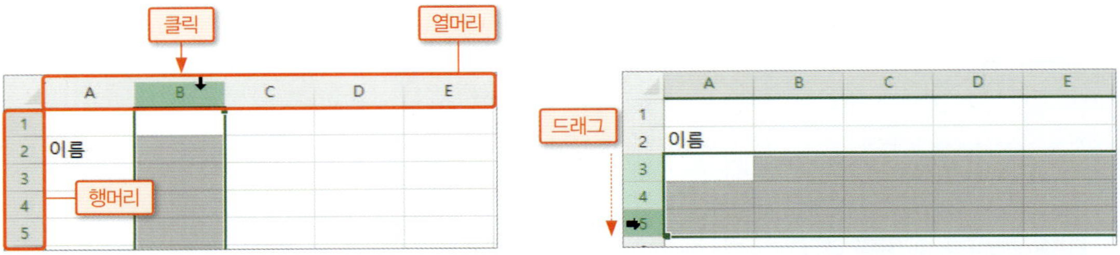

05 Ctrl을 누른 상태에서 마우스를 누르거나 드래그하면 불연속적인 여러 셀을 선택할 수 있다.

> **TIP** 셀 선택을 취소하려면 Ctrl을 누른 상태에서 취소할 셀을 마우스로 클릭하면 된다.

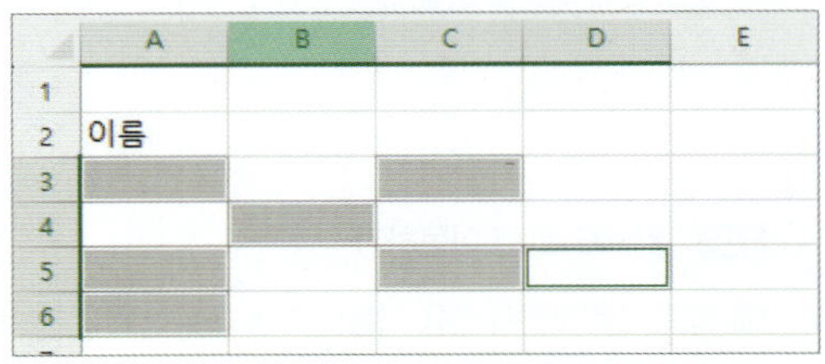

06 여러 셀이 선택된 상태에서 데이터를 입력하고 Ctrl+Enter를 누르면 모든 셀에 동일한 데이터가 입력된다.

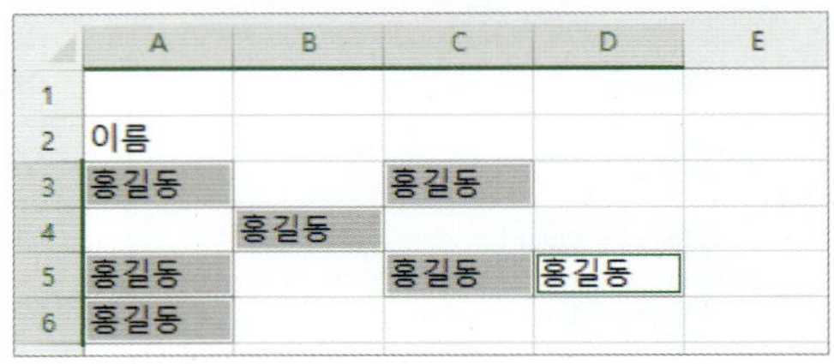

07 입력한 데이터를 지우려면 셀을 선택하고 Delete를 누르거나, 마우스 오른쪽 단추를 눌러 [내용 지우기]를 선택한다.

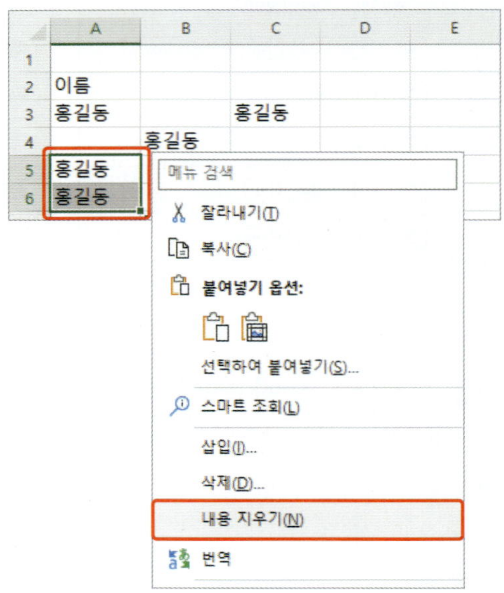

TIP 빈 셀만 선택하기

데이터가 입력되어 있지 않은 빈 셀만 선택하는 방법은 다음과 같다.

① A1:D5 범위를 드래그하여 선택하고 [홈] 탭–[편집] 그룹–[찾기 및 선택]–[이동 옵션]을 선택한다.

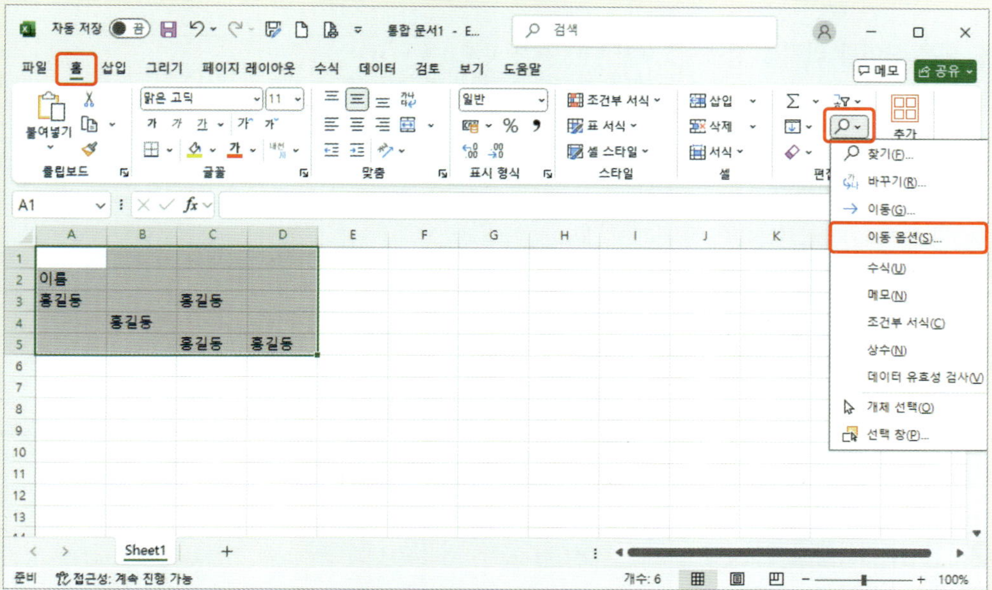

② [이동 옵션] 대화상자에서 [빈 셀]을 선택하고 [확인]을 누른다.

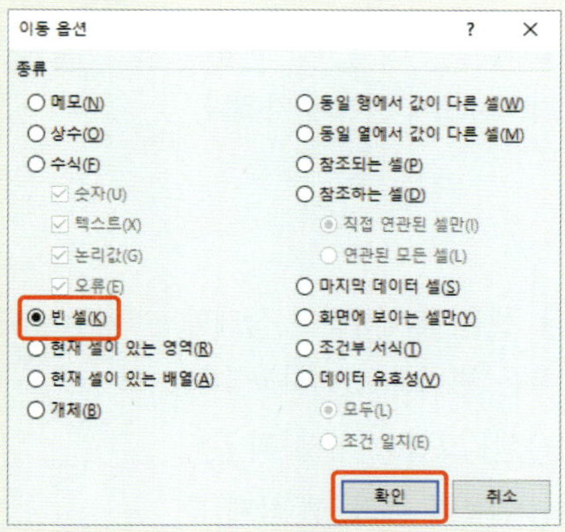

③ 범위 내에 있는 빈 셀만 선택된다.

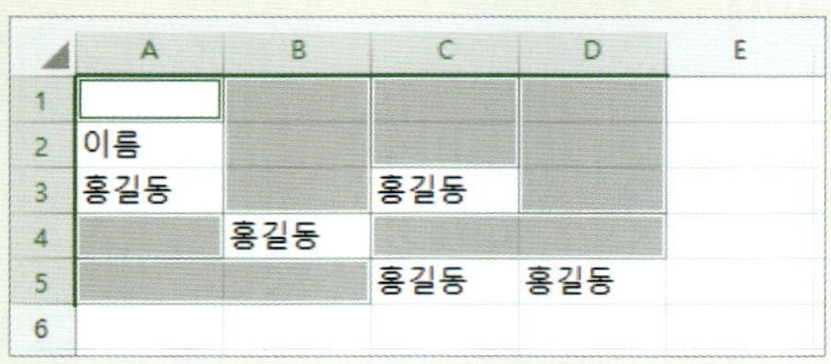

TIP 엑셀에서는 연속적인 여러 셀로 이루어진 범위를 표시할 때 A3:B6와 같이 셀 주소 사이에 콜론(:) 기호를 사용한다.

기본예제 2-2 셀 삽입과 삭제, 복사와 이동하기

작업 공간인 워크시트에서는 필요한 만큼 셀을 삽입하거나 삭제할 수 있다. 셀 삽입, 삭제와 함께 셀에 입력한 데이터를 복사해서 다른 위치에 붙여넣거나 이동하는 방법도 알아보자.

01 셀을 삽입할 위치를 선택하고 [홈] 탭-[셀] 그룹-[삽입]의 [▾ 목록] 단추를 누르고 [셀 삽입]을 선택한다.

> **TIP** 마우스 오른쪽 단추로 셀을 누르면 나타나는 단축 메뉴에서 [삽입]을 선택해도 되고, 단축키 Ctrl+＋를 이용해도 된다.

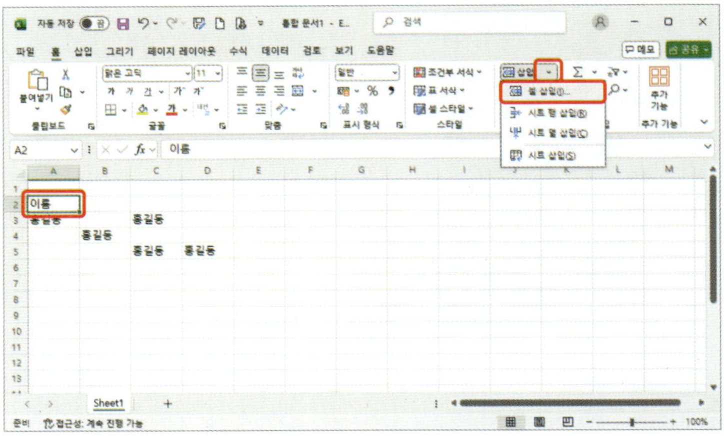

02 [삽입] 대화상자에서 [셀을 아래로 밀기]를 선택하고 [확인]을 누르면 선택한 방향으로 워크시트에 셀이 추가된다.

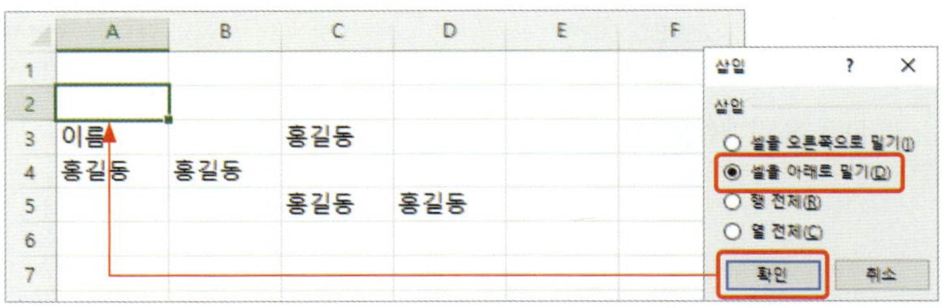

03 셀을 삭제하려면 삭제할 셀 혹은 범위를 선택하고 [홈] 탭-[셀] 그룹-[삭제]의 [▾ 목록] 단추를 눌러 [셀 삭제]를 선택한다.

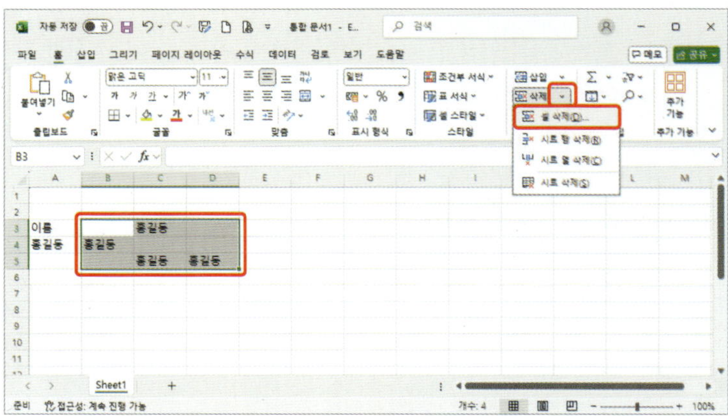

> **TIP** 마우스 오른쪽 단추로 삭제할 셀 혹은 범위를 누르고 단축 메뉴에 있는 [삭제]를 선택해도 되고, 단축키 Ctrl+－를 이용해도 된다.

04 [삭제] 대화상자에서 [셀을 왼쪽으로 밀기]를 선택하고 [확인]을 누르면 선택된 셀이 모두 삭제된다.

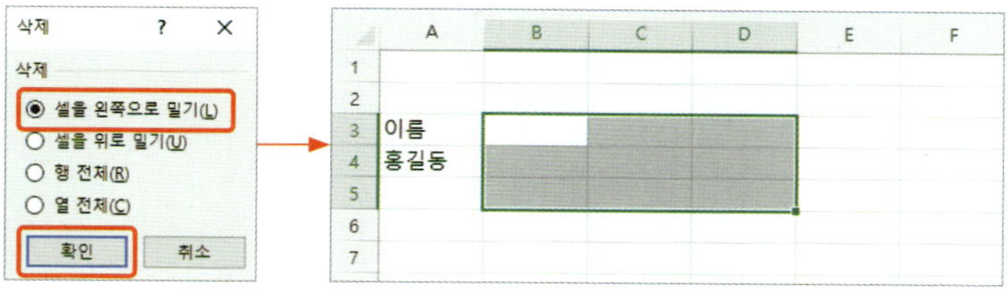

05 A5와 A6 셀에 **김유신**, **이순신**을 각각 입력하고 B4와 B5 셀에 **서울시 종로구**, **경기도 성남시**를 각각 입력한다. 복사할 셀(B4)을 선택하고 [홈] 탭－[클립보드] 그룹－[복사]를 누른다.

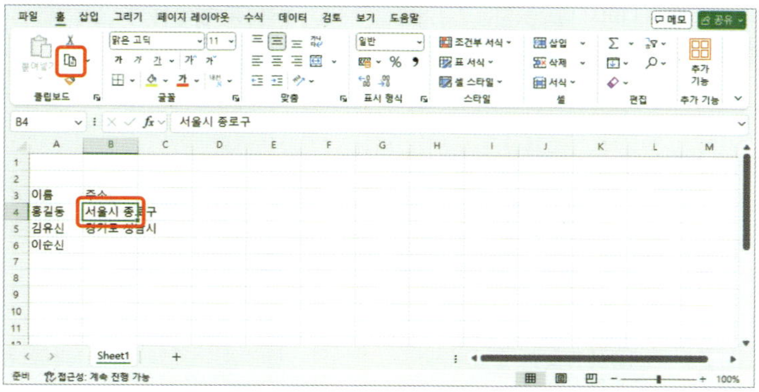

TIP 복사할 셀을 선택하고 단축키 Ctrl+C를 이용해도 된다.

06 복사한 내용을 붙여넣을 셀(B6)을 선택하고 [홈] 탭－[클립보드] 그룹－[붙여넣기]를 누른다.

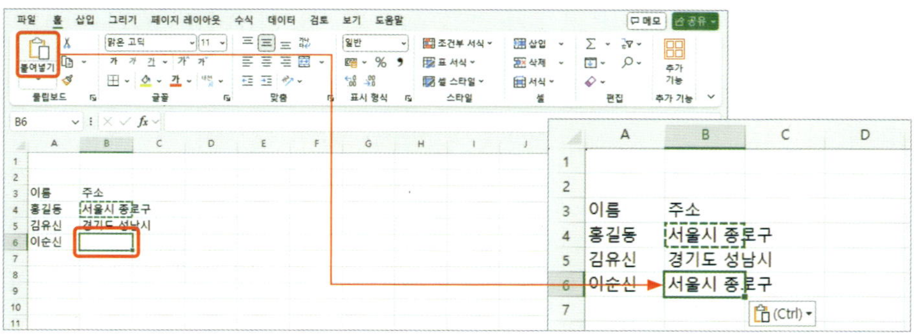

TIP 셀을 선택하고 단축키 Ctrl+V를 이용해도 된다.

07 이동할 셀 범위(A3:B6)를 선택한다. 선택한 영역의 테두리에 마우스를 위치시켜 마우스 포인터가 십자 모양으로 바뀌면 이동할 위치(B3:C6)로 드래그한다.

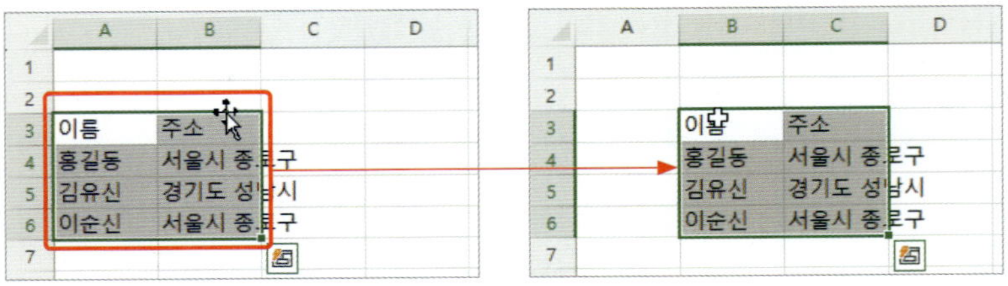

> **TIP** 자동 완성 기능
>
> 셀에 데이터를 입력할 때 이미 입력된 데이터를 이용해 나머지 내용을 자동으로 완성할 수 있다. 가령 C6 셀에 **서**라고 입력하면 자동 완성 목록이 표시되며, Enter를 누르면 제안된 내용이 그대로 입력된다.
>
> 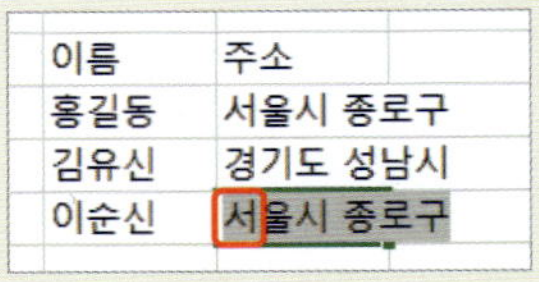
>
>
> 입력할 내용이 다른 경우에는 끝까지 계속 입력하거나 Delete를 눌러 불필요한 부분만 지우고 입력한다.
>
> 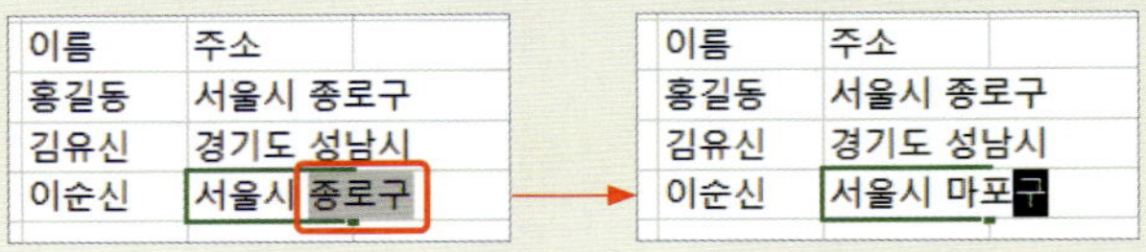
>

기본예제 2-3 셀 병합과 분할하기

제목을 만들 때 여러 셀을 병합해 데이터를 입력하는 경우가 있다. 셀을 병합하는 방법과 병합된 셀을 다시 원래 형태로 분할하는 방법을 알아보자.

01 제목으로 사용할 A1 셀에 **주문 목록**을 입력한다.

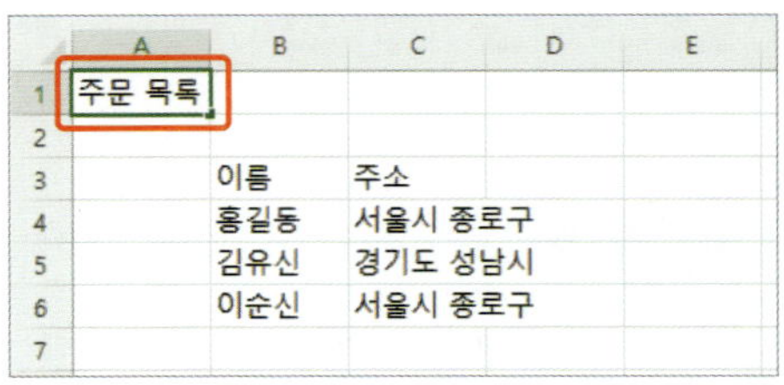

02 병합할 범위(A1:F2)를 선택하고 [홈] 탭 – [맞춤] 그룹 – [병합하고 가운데 맞춤]을 누른다.

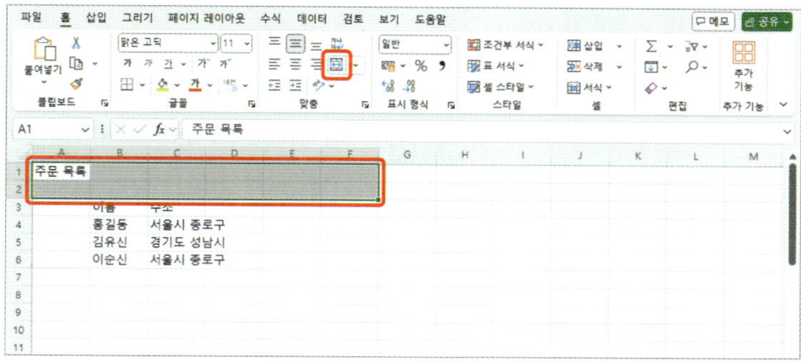

TIP **전체 병합과 셀 병합**

[병합하고 가운데 맞춤]의 [▾ 목록] 단추를 누르면 다양한 병합 방법이 표시된다. [전체 병합]과 [셀 병합]을 적용했을 때의 결과는 다음을 참고한다.

- [전체 병합]을 선택하면 행별로 셀이 병합된다.

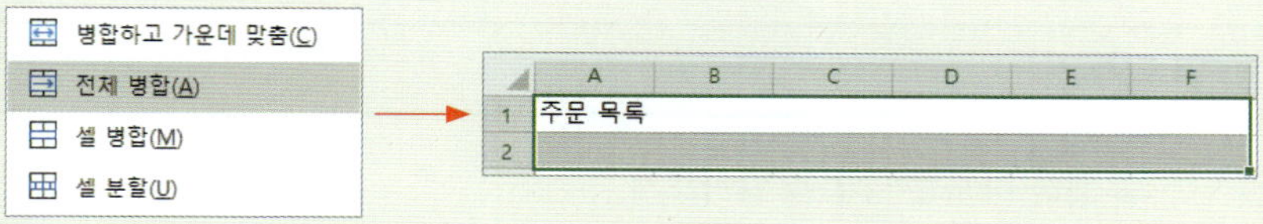

- [셀 병합]을 선택하면 맞춤 설정 없이 하나의 셀로 병합된다.

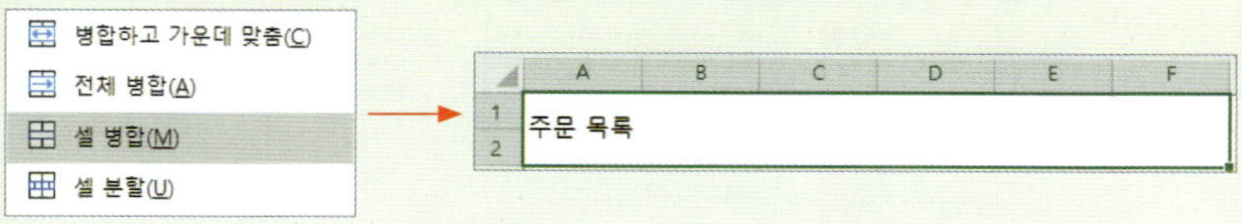

03 병합한 셀을 선택한 상태에서 [홈] 탭 – [맞춤] 그룹 – [병합하고 가운데 맞춤]을 다시 누르면 셀이 분할되어 병합 전 상태가 된다.

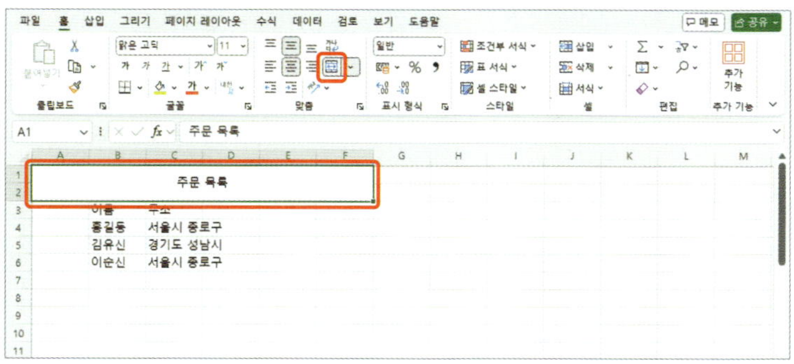

TIP [병합하고 가운데 맞춤]의 [▾ 목록] 단추를 누르고 [셀 분할]을 선택해도 된다.

1.2 행/열 선택과 편집

워크시트에 있는 행이나 열 전체를 선택해 편집이나 삽입, 삭제 등의 작업을 하는 경우도 있는데, 행이나 열 전체를 선택할 때는 행 머리글과 열 머리글을 이용하면 된다. 또한 행과 열의 숨기기 기능을 이용하면 중요 정보나 다른 값을 계산할 때 사용하는 정보 등을 화면에 표시하지 않도록 할 수 있다.

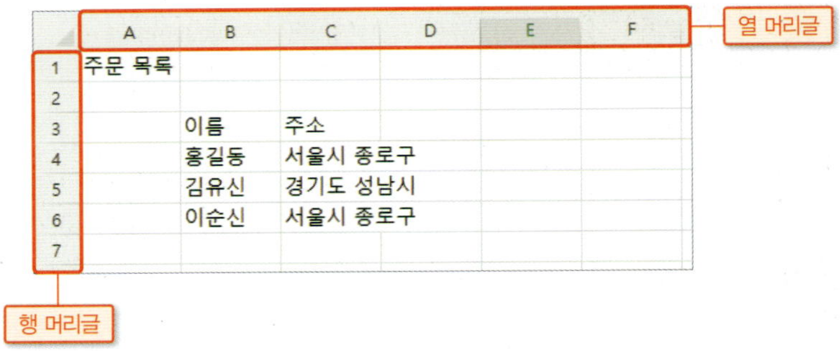

기본예제 2-4 행/열 다루기

워크시트에서 행이나 열 단위로 셀을 다루는 방법을 알아보자.

01 맨 앞에 열을 추가하기 위해 A열의 셀을 하나 선택한다. [홈] 탭–[셀] 그룹–[삽입]의 [▾ 목록] 단추를 누르고 [시트 열 삽입]을 선택한다.

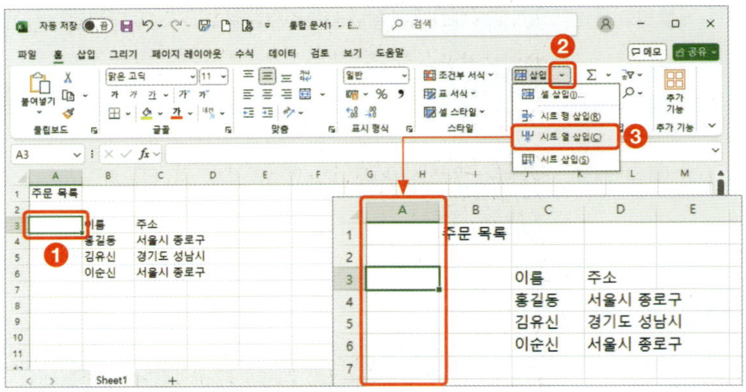

02 삽입한 열을 삭제해 보자. A열 머리글을 클릭해 열을 선택하고, [홈] 탭–[셀] 그룹–[삭제]를 누른다.

> **TIP** 삭제할 열을 선택하고 단축키 Ctrl+−를 눌러도 된다.

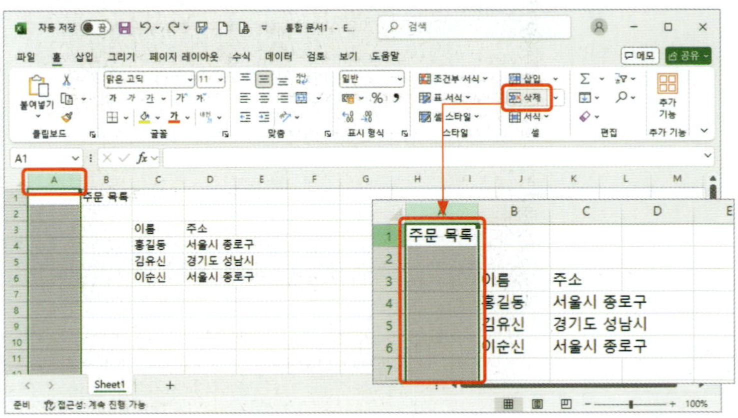

03 하나 이상의 열을 한 번에 삽입해 보자. 열 머리글 영역에서 C열과 D열을 드래그하여 선택하고 [홈] 탭–[셀] 그룹–[삽입]을 누른다.

TIP 여러 열을 선택한 상태에서 [삽입]을 누르면 선택한 열 개수만큼 현재 셀의 앞쪽에 삽입된다.

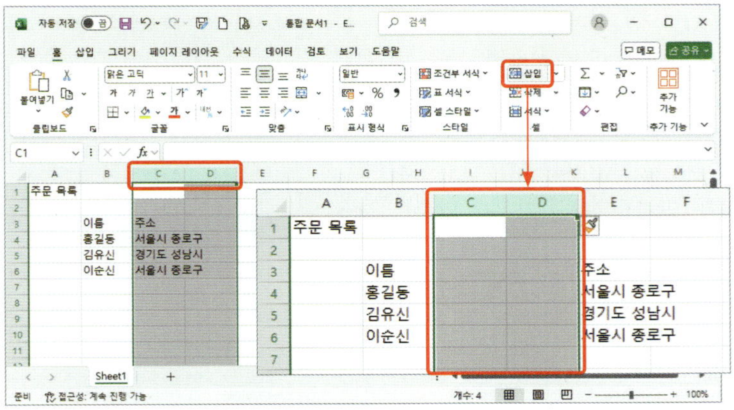

04 열 단위로 셀을 복제해 보자. 열 머리글 영역에서 B열을 선택하고 단축키 Ctrl+C를 눌러 복사한다. [홈] 탭–[셀] 그룹–[삽입]을 누르면 열이 복제되어 새로운 열로 삽입된다.

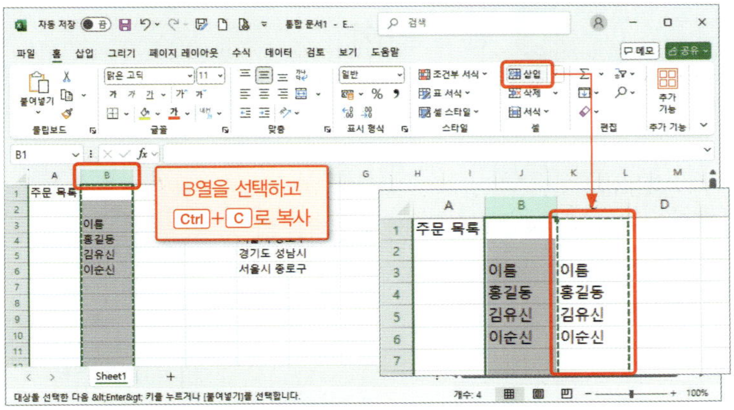

05 열 전체를 삭제할 때 열 머리글 대신 셀을 선택해도 된다. D열에 있는 임의의 셀을 하나 선택하고, [홈] 탭–[셀] 그룹–[삭제]의 [▾ 목록] 단추를 눌러 [시트 열 삭제]를 누르면 D열 전체가 삭제된다.

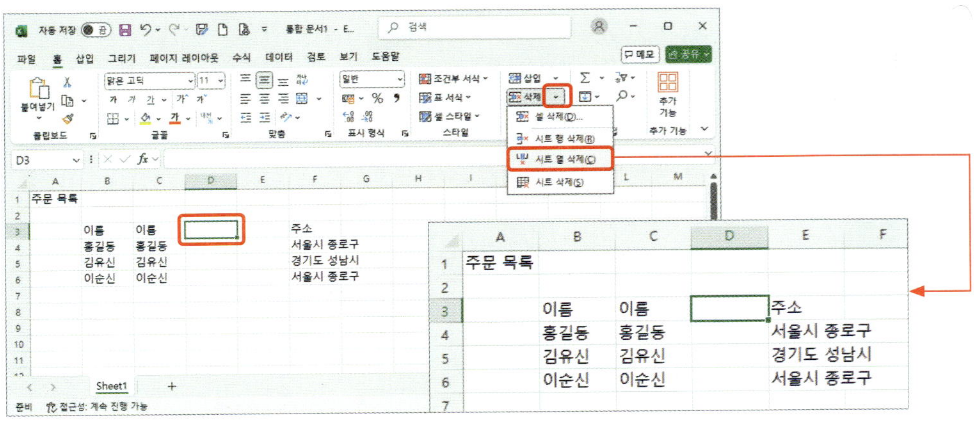

06 행 전체를 선택하려면 행 머리글을 이용한다. 행 머리글 영역에서 3행을 선택하고 [홈] 탭 – [글꼴] 그룹 – [굵게]와 [맞춤] 그룹 – [가운데 맞춤]을 누른다.

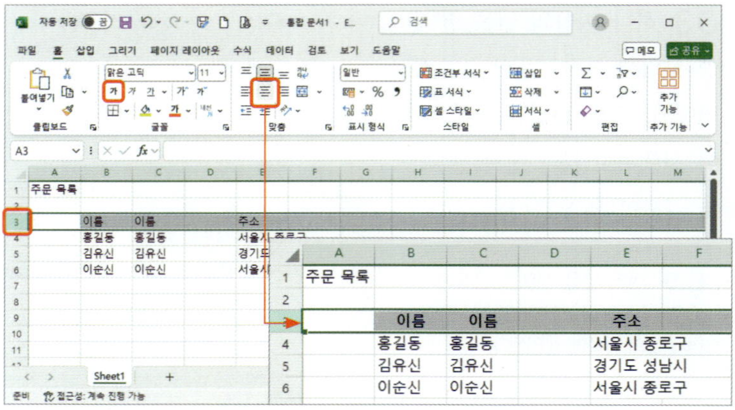

기본예제 2-5 행/열 숨기기

행이나 열에 입력된 데이터를 삭제하지 않고도 화면에 표시되지 않게 하려면 행과 열의 숨기기 기능을 사용한다. 숨기기 기능을 이용하는 방법과 숨기기를 취소하는 방법도 알아보자.

01 그림과 같이 D3:D6 범위에 데이터를 입력하고 열 머리글 영역에서 D열을 선택한다.

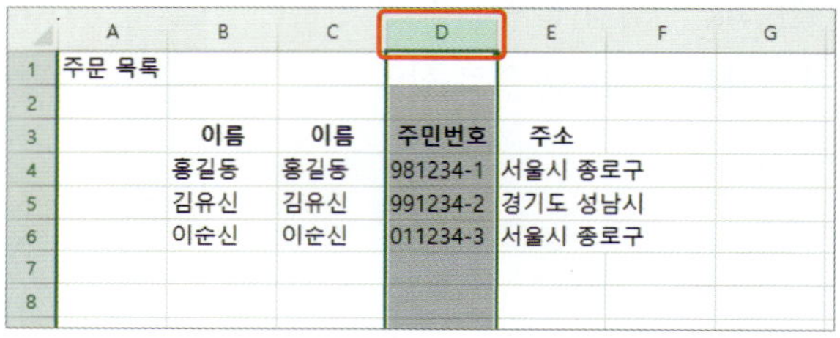

02 [홈] 탭 – [셀] 그룹 – [서식] 목록에서 [숨기기 및 숨기기 취소] – [열 숨기기]를 선택한다.

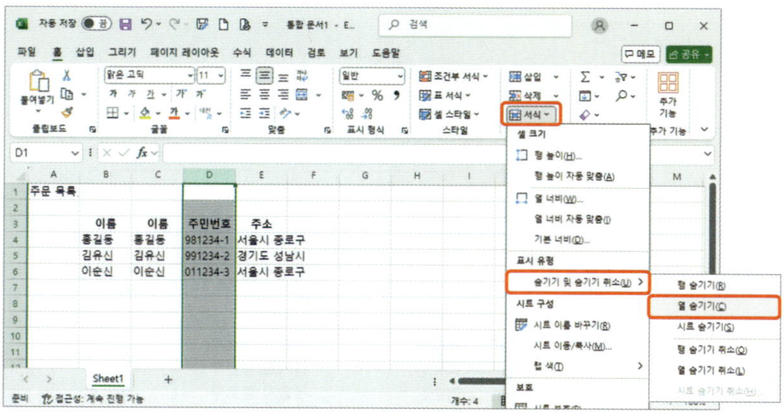

TIP 선택한 열을 마우스 오른쪽 단추로 누르고 [숨기기]를 선택해도 된다.

03 숨기기 기능을 실행한 D열이 워크시트에 표시되지 않는다.

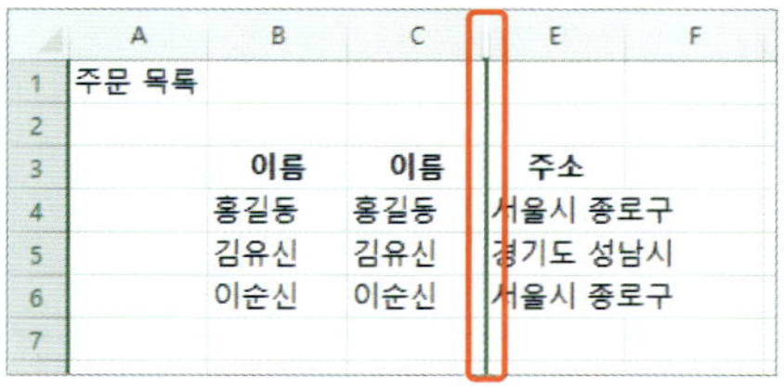

04 숨긴 D열을 다시 표시해 보자. C열과 E열의 열 머리글을 드래그하여 선택하고 마우스 오른쪽 단추를 눌러 [숨기기 취소]를 클릭한다.

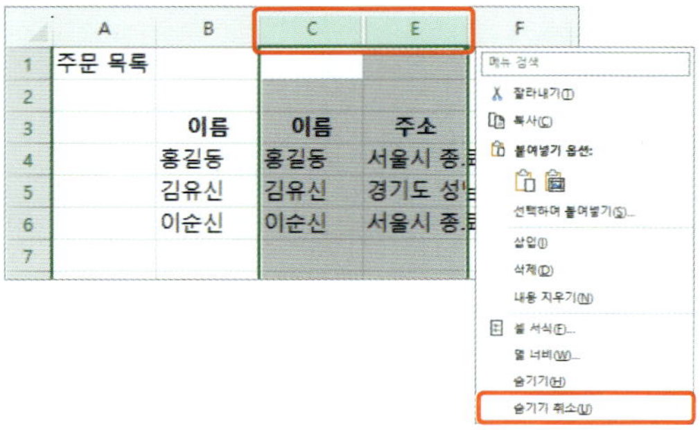

TIP 숨긴 행이나 열이 포함되도록 범위를 먼저 설정하고 숨기기를 취소한다. [홈] 탭-[셀] 그룹-[서식] 목록에서 [숨기기 및 숨기기 취소]-[열 숨기기 취소] 메뉴를 이용해도 된다.

05 숨긴 D열이 워크시트에 다시 표시된다.

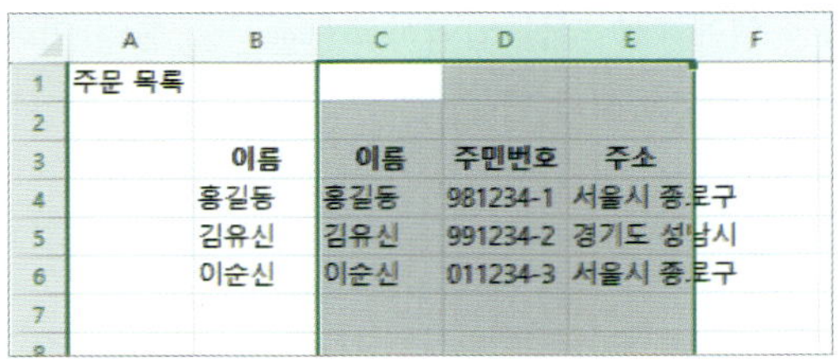

SECTION 02

데이터 입력하기

셀에 입력할 수 있는 데이터는 문자와 숫자를 비롯해 날짜와 시간, 한자와 기호 등 그 종류가 다양하다. 다양한 종류의 데이터를 셀에 입력해 보고, 데이터의 종류에 따라 셀에 표시되는 형식이나 특징에 대해 알아본다.

2.1 문자 데이터

한글이나 영어, 한자나 기호를 셀에 입력하면 엑셀에서는 문자 데이터로 인식해 왼쪽 맞춤으로 기본 정렬된다. 숫자를 문자와 함께 입력하는 경우 문자 데이터로 분류되어 계산에 사용할 수 없으므로, 계산 작업이 필요한 경우라면 데이터의 형식에 맞게 입력해야 한다.

기본예제 2-6 문자 입력하기

한글이나 영어, 숫자가 포함된 문자 등 여러 가지 형태의 문자 데이터를 셀에 입력해 보자.

01 그림과 같이 F열에 '상세주소'를 입력한다. F3 셀에 데이터를 입력하고 Enter를 눌러 아래쪽 셀로 이동하면서 입력한다.

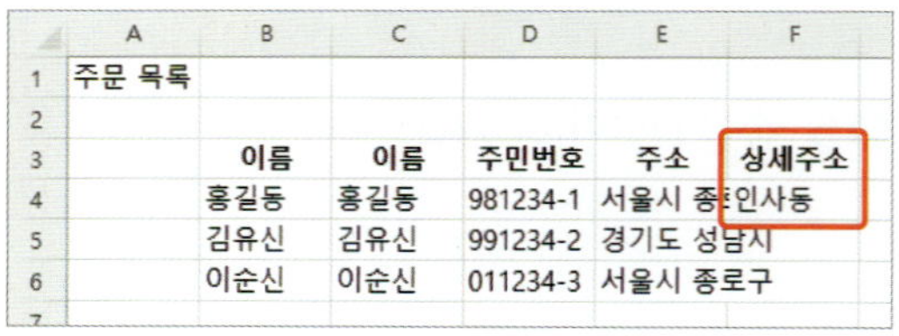

TIP Enter를 눌렀을 때 이동하는 위치를 바꾸려면 [파일] 탭-[옵션]을 선택해 [Excel 옵션] 대화상자를 열고 [고급] 범주의 [편집 옵션]에서 설정을 변경한다.

02 '주소' 데이터가 가려지므로, 열 번호 사이의 경계선을 드래그해서 E열의 너비를 넓힌다.

TIP 열 번호 사이의 경계선을 마우스로 더블클릭하면 자동으로 열 너비가 조정된다.

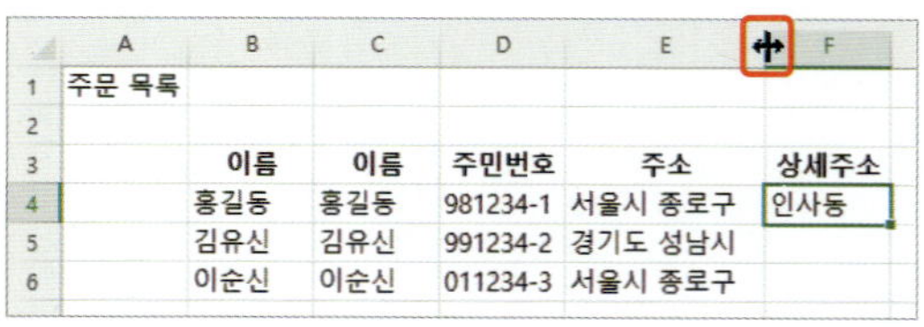

03 문자가 길면 셀 안에서 줄을 나눠 입력할 수 있다. F5 셀에 **판교로**를 입력하고 Alt + Enter를 눌러 줄바꿈한 후, **1234번길**을 입력하고 Enter를 누른다.

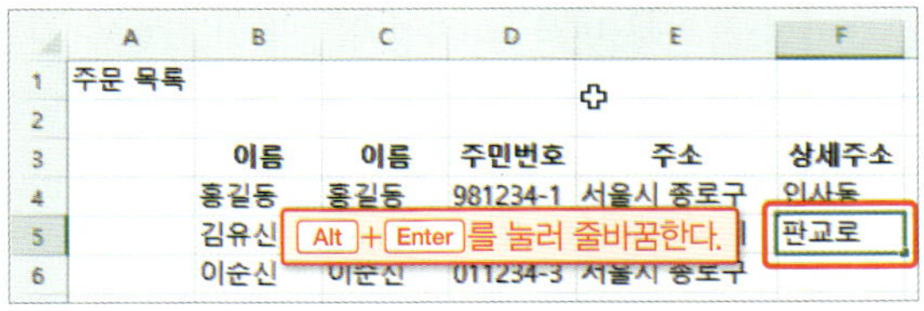

04 F6 셀을 선택하고 단축키 Alt + ↓를 눌러 목록이 표시되면 **인사동**을 선택하고 Enter를 누른다.

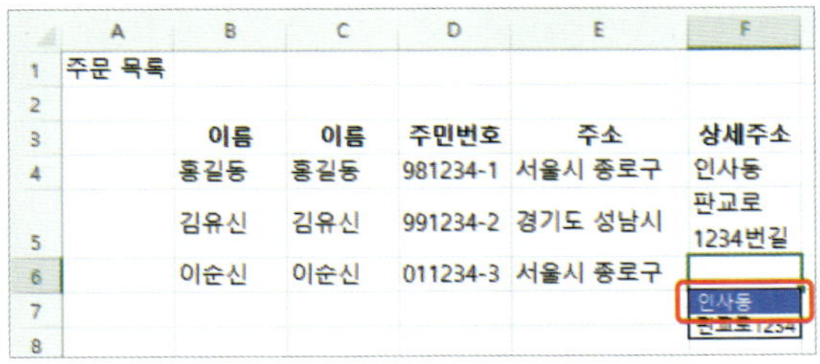

TIP 단축키 Alt + ↓를 이용하면 해당 열에 입력된 모든 데이터를 목록에서 선택할 수 있어서 데이터 입력이 간편해진다.

기본예제 2-7 한자 입력하기

한자는 일반적으로 한글로 먼저 입력한 후, 변환할 부분이나 글자를 선택하고 [한자]를 누르면 된다. 자주 사용하는 단어를 한자 사전에 미리 등록해 두면 한 글자씩 변환하지 않아도 된다. 셀에 한자를 입력해 보자.

01 C3 셀을 **한자이름**으로 수정하고 Enter를 누른다. C4 셀에서 F2를 눌러 '홍길동' 뒤에 커서를 둔 채 한자를 누른다.

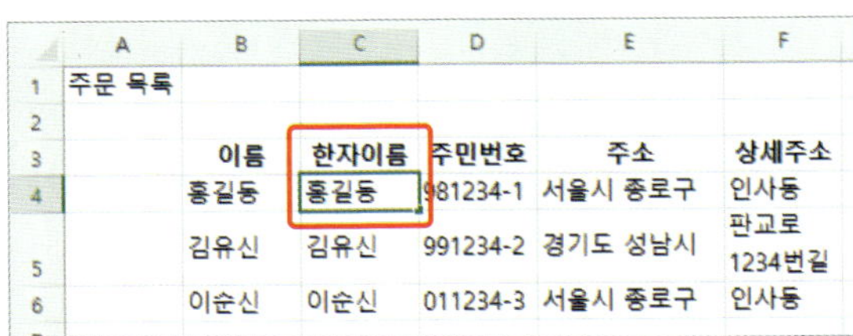

02 [한글/한자 변환] 대화상자가 열리고 한자 사전에 등록되어 있는 단어나 글자가 목록에 표시된다. 적합한 한자를 골라 [입력 형태]에서 [漢字]를 선택하고 [변환]을 누른다.

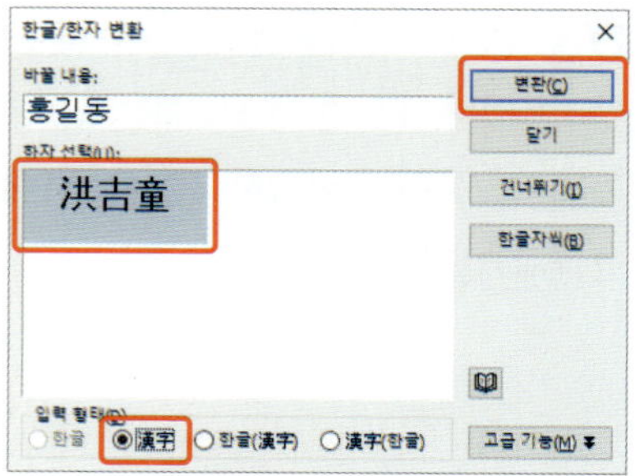

03 C4 셀의 변환된 글자를 확인하고 Enter 를 누른다.

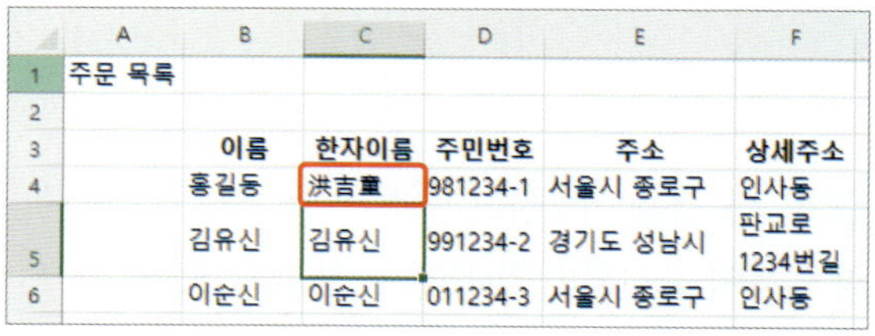

04 여러 데이터를 한 번에 한자로 변환해 보자. C5:C6 범위를 선택하고 [검토] 탭 – [언어] 그룹 – [한글/한자 변환]을 누른다.

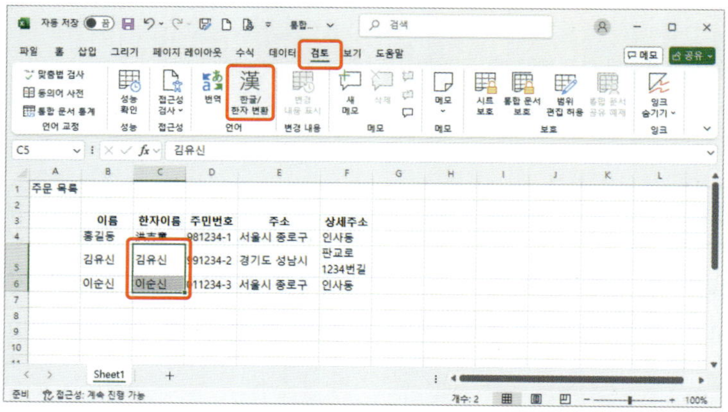

05 [한글/한자 변환] 대화상자에서 한자를 선택하고 [변환]을 누르면 다음 셀의 바꿀 내용과 한자가 차례대로 표시된다. 선택한 모든 셀이 한자로 변환되고 메시지 창이 나타나면 [확인]을 누른다.

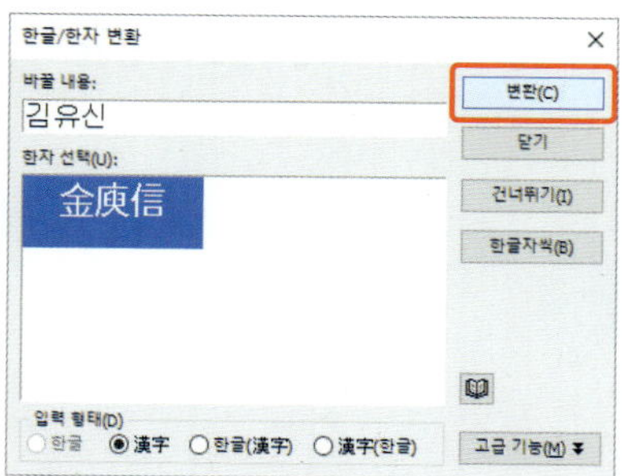

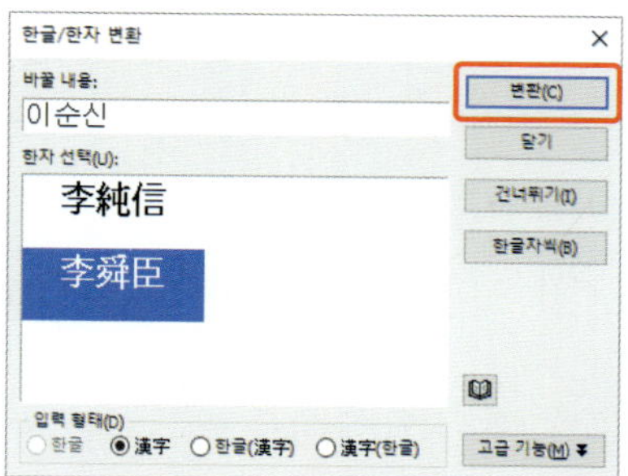

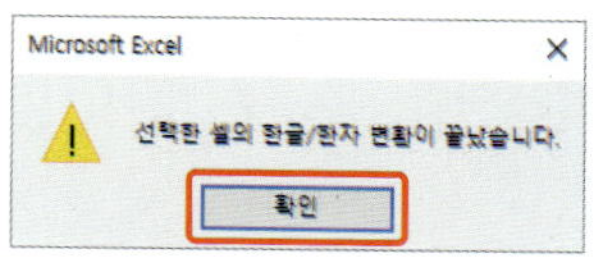

기본예제 2-8 기호 입력하기

셀에 기호를 입력할 때는 한글 자음을 먼저 입력하고 [한자]를 눌러 필요한 기호를 선택하거나 [삽입] 탭 –[기호] 메뉴를 이용한다. 기호를 입력하는 방법을 알아보자.

01 G3 셀을 선택하고 **연락처 ㅁ**을 입력한 뒤 [한자]를 누른다.

02 기호 목록에서 원하는 기호를 선택한다. 셀에 기호가 표시되면 [Enter]를 누른다.

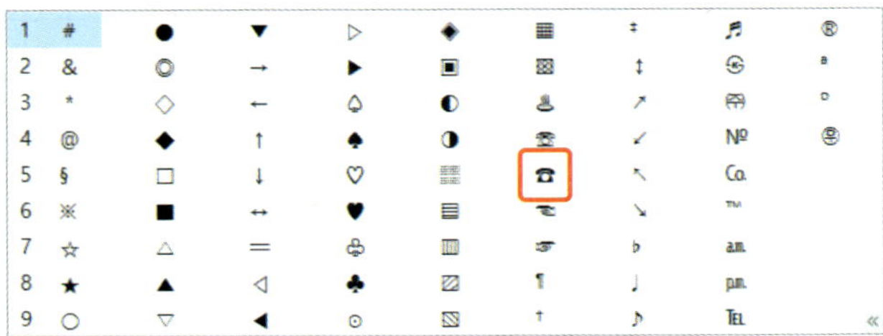

TIP 한글 자음 변환 기호

다음은 [한자] 키를 눌러 기호로 변환할 때 자주 사용하는 한글 자음이다. 또, 윈도(⊞) 단추와 마침표(.)를 함께 누르면 이모지 등 다양한 특수 문자도 입력할 수 있다.

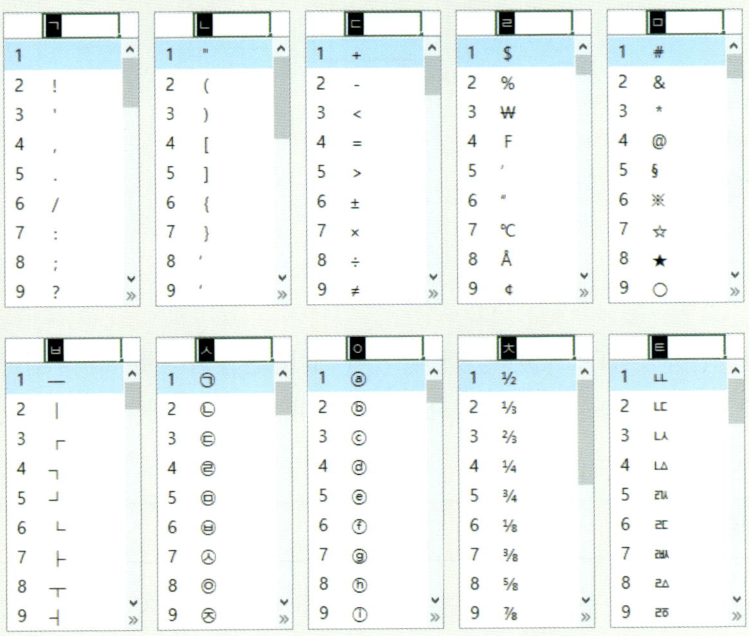

03 H3 셀에 **금액**이라고 입력하고 [삽입] 탭 – [기호] 그룹 – [기호]를 누른다.

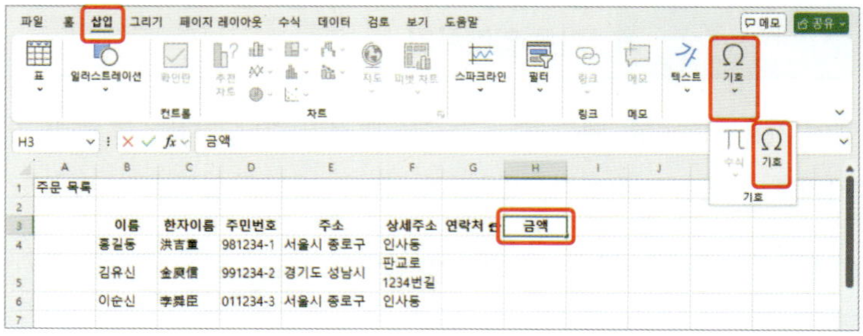

04 [기호] 대화상자의 [통화 기호]에서 [₩]를 찾아 선택하고 [삽입]을 누른다.

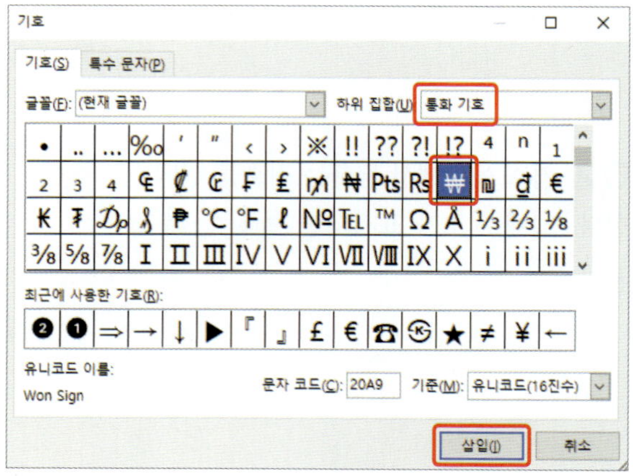

05 [닫기]를 눌러 [기호] 대화상자를 닫고, 셀에 입력된 통화 기호를 확인한다.

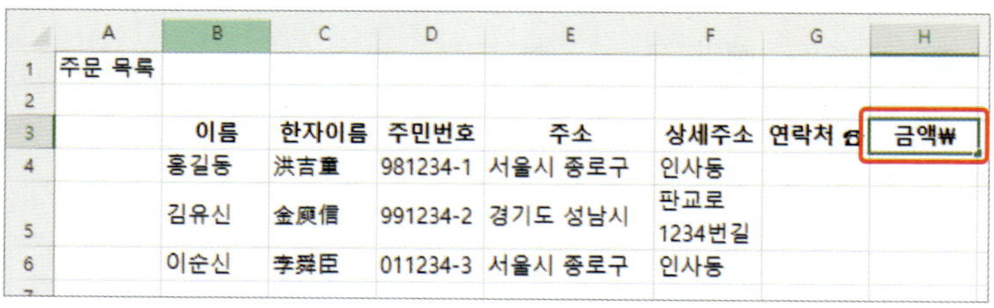

2.2 숫자 데이터

셀에 숫자 데이터가 입력되면 오른쪽 맞춤으로 기본 정렬된다. 숫자 데이터는 숫자 자릿수나 열 너비에 따라 지수 형식으로 표시될 수도 있으며, 음수, 백분율, 통화나 회계 등 다양한 형식을 설정할 수 있다.

기본예제 2-9 숫자 입력하기

다양한 형식의 숫자 데이터를 입력해 보고, 통화나 회계, 음수, 백분율 등 여러 가지 숫자 데이터의 표시 형식에 따른 특징을 알아보자.

01 전화번호를 **01012345678**처럼 기호 – 없이 입력하면 숫자로 인식되어, 맨 앞의 0이 사라지고 오른쪽 맞춤으로 표시된다.

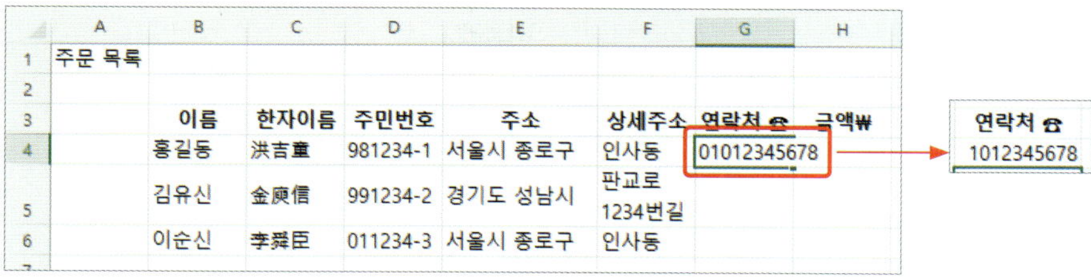

02 숫자 앞에 아포스트로피(')를 붙이면 입력한 그대로 앞자리 0이 표시되고, 왼쪽 맞춤으로 설정된다.

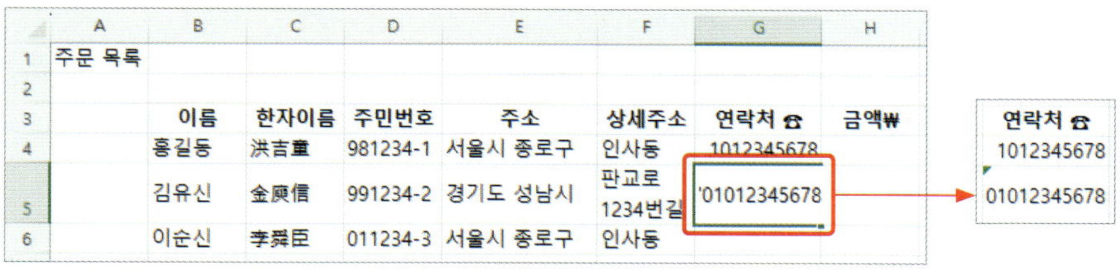

TIP 오류 표시 제거하기

숫자 앞에 아포스트로피(')를 붙이고 입력하면 셀에 [⚠ 오류 표시] 단추가 나타난다. 단추를 누르고 목록에서 [오류 무시]를 선택하면 오류 표시를 제거할 수 있다. 전화번호를 입력할 때마다 오류 표시가 계속 나타나지 않게 하려면 [오류 검사 옵션]을 눌러 [Excel 옵션] 창의 [앞에 아포스트로피가 있거나 텍스트로 서식이 지정된 숫자] 옵션을 해제하면 된다. 텍스트 형식으로 저장된 숫자는 왼쪽 정렬로 표시된다.

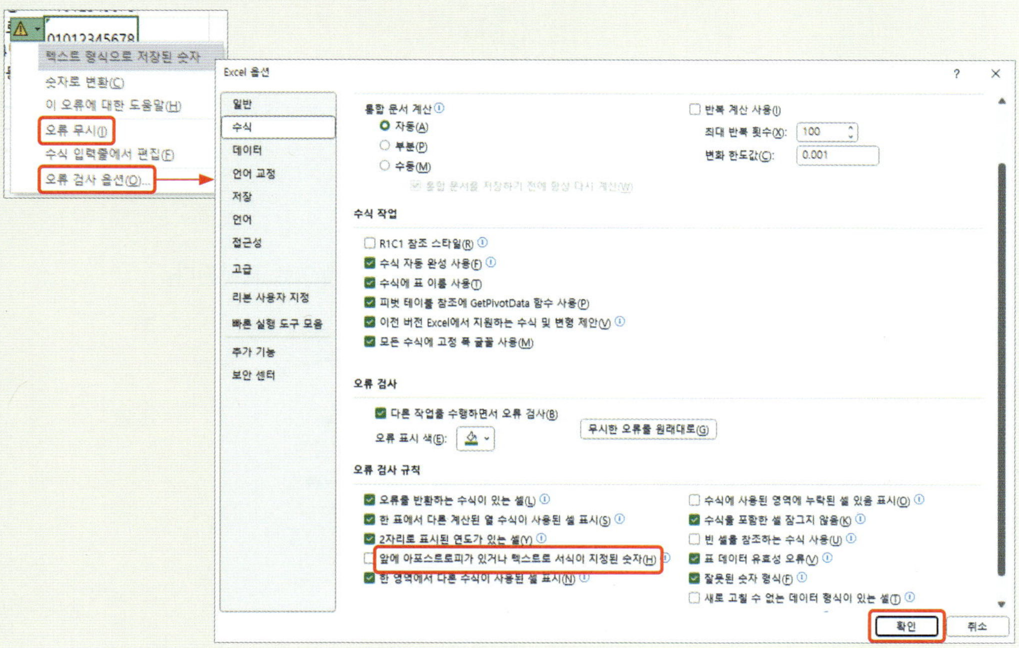

03 H4 셀에 자릿수가 큰 숫자 **123456789012**를 입력하면 지수 형식으로 표시된다. 12자리 이상이거나 셀의 너비가 좁을 때 숫자 데이터는 지수로 표시된다.

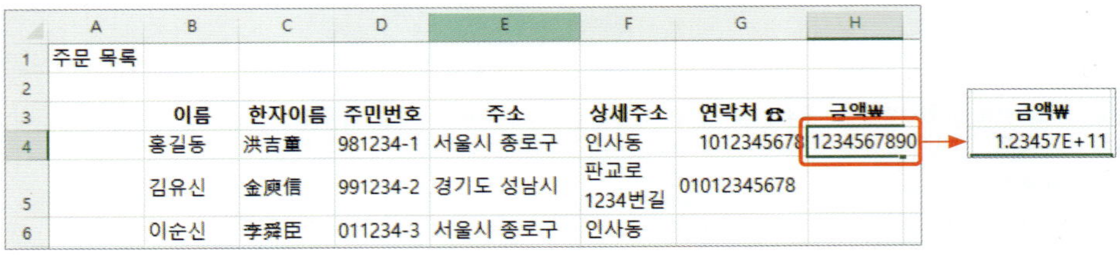

04 숫자 세 자리마다 콤마(,)를 추가하여 입력해 보자. H5 셀에 **123,456,012**라고 입력하면 지수로 표시되지 않고 셀의 너비가 자동 조절된다. 이때 표시 형식이 '통화'로 설정된다.

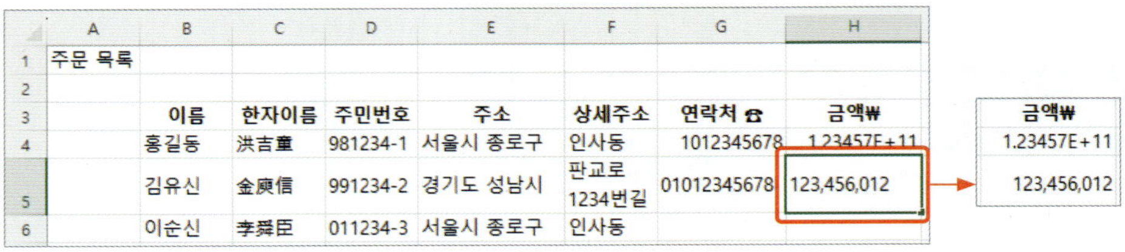

TIP 콤마 외에도 숫자 데이터를 통화 기호(₩, $ 등)와 함께 입력하면 표시 형식이 '통화'로 설정된다.

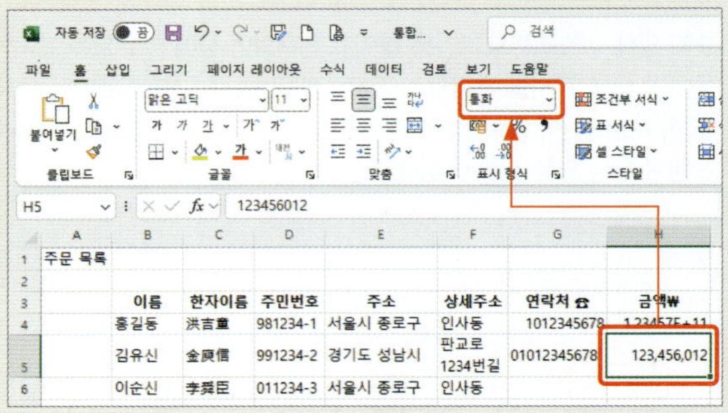

05 열 너비를 좁히면 일반 숫자와 다르게 통화 형식의 숫자는 ##…#으로 표시된다.

TIP 열 너비를 조정하려면 열 번호 사이의 경계선을 마우스로 드래그한다.

06 음수는 **-12345**와 같이 하이픈(-) 기호와 값을 함께 입력한다.

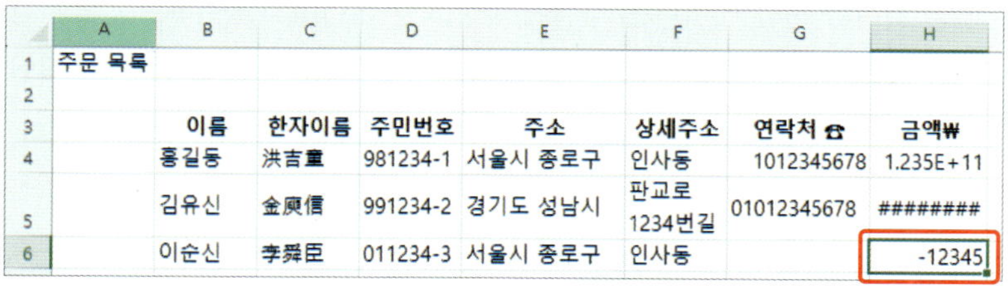

> **TIP** 음수는 **(12345)**처럼 괄호 안에 숫자를 적어도 된다.

07 숫자와 함께 백분율 기호(%)를 입력하면 표시 형식이 '백분율'로 설정된다. I3 셀에 **할인율**, I4 셀에 **20%**라고 입력한다.

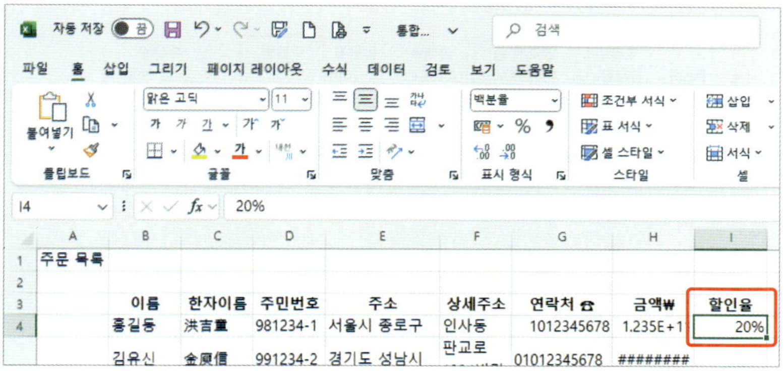

> **TIP** 백분율 값 20%는 숫자 0.2와 동일한 값으로 계산에 사용된다.

08 분수 1/5을 셀에 표시하려면 **0 1/5**라고 입력한다. 정수 '0'은 없어지고 분수 '1/5'만 표시되며, 계산할 때는 0.2가 사용된다.

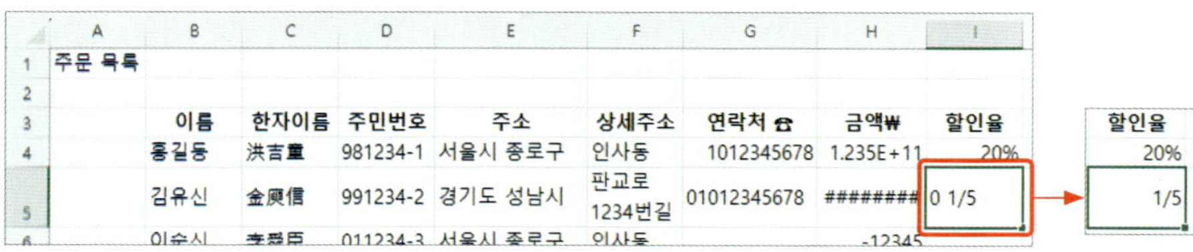

> **TIP** 분수를 **1/5**이라고 입력하면 날짜 데이터로 처리되어 '01월 05일'로 셀에 표시된다.

2.3 날짜와 시간, 메모

생년월일이나 입사일, 작업 시간 등 날짜와 시간 데이터는 엑셀에서 중요한 데이터의 종류로, 경과 기간을 계산하거나 연도/분기/월 등 날짜를 기준으로 요약 계산할 때 많이 사용된다. 또 엑셀에서는 일반적인 문서 편집 프로그램처럼 메모 기능도 있어서 셀에 저장된 데이터를 설명할 때 유용하게 활용할 수 있다.

기본예제 2-10 날짜와 시간 입력하기

날짜와 시간 데이터는 연, 월, 일, 시각을 나타내는 숫자와 슬래시(/), 하이픈(−), 콜론(:) 등의 구분 기호를 함께 입력한다. 날짜와 시간을 셀에 입력하는 방법을 알아보자.

01 J3 셀에 **주문일**을, J4 셀에는 **3/20**을 입력한다. Enter를 누르면 '03월 20일'로 표시된다. 연도 값은 시스템 시간을 기준으로 하여 현재 연도로 저장된다.

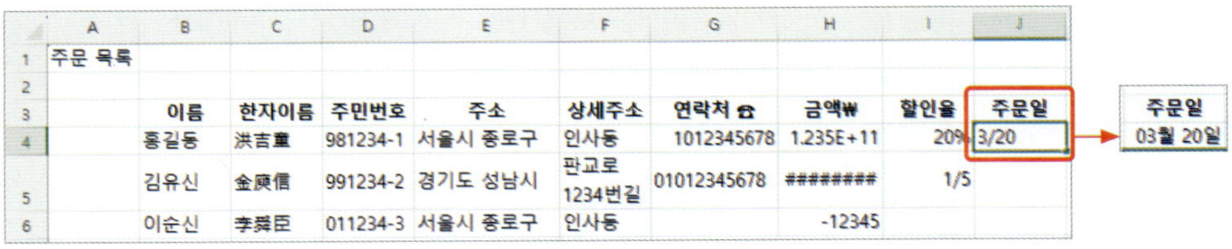

> **TIP** 날짜를 입력할 때는 슬래시(/)나 하이픈(−)을 구분 기호로 사용해야 한다. 만약 **3월 20일**이나 **3.20** 같이 입력하면 문자나 숫자 데이터가 되므로 날짜 계산에 사용할 수 없다.

02 연도까지 표시하려면 연−월−일 또는 연/월/일 형식으로 입력한다. **25−6−15**를 입력하면 '2025−06−15'로 표시된다.

> **TIP** 연도는 네 자리를 입력하지 않고 끝 두 자리만 입력해도 자동으로 인식된다. 다만 세기를 구분하는 연도 기준 값이 2029이므로, 2030년 이후 연도를 입력할 때는 네 자리를 모두 입력해야 한다. 가령 **30−6−15**라고 입력하면 '1930−06−15'로 표시된다.

03 H2 셀에 **작성일:**이라고 입력하고, I2 셀에는 단축키 Ctrl+;을 눌러 현재 날짜를 입력한다.

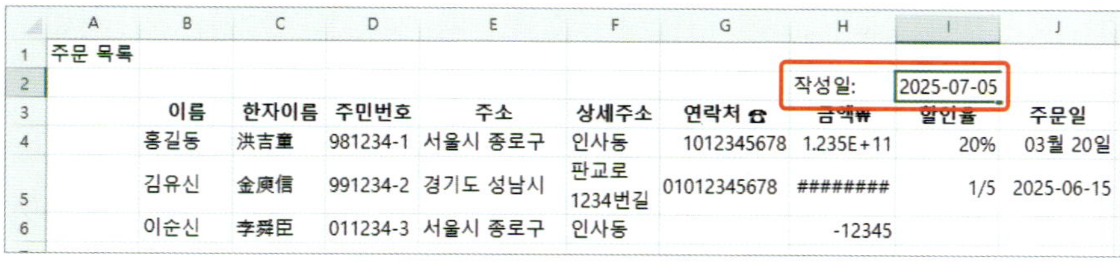

04 J2 셀을 선택하고 단축키 Ctrl+Shift+;을 눌러 현재 시각을 입력한다.

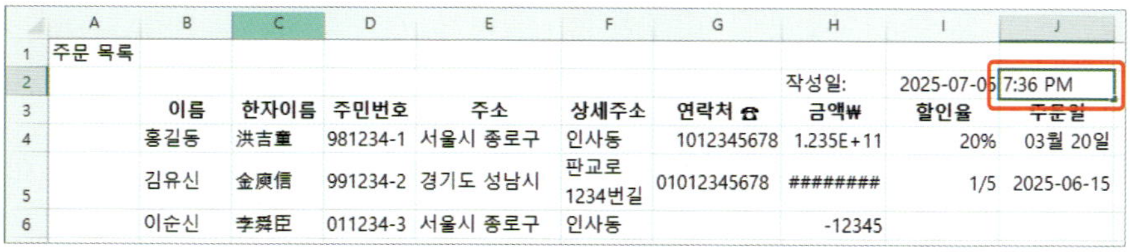

TIP 엑셀에서는 시간 데이터의 구분 기호로 콜론(:)을 사용한다.

기본예제 2-11 메모 입력하기

메모는 셀에 입력된 데이터를 부가적으로 설명하거나, 데이터를 공유하는 협업 과정에서 메시지를 전달할 때 매우 유용하다. 메모는 셀에 추가 정보를 입력하는 것이므로, 시트에 내용을 표시하거나 인쇄하려면 옵션을 변경해야 한다. 메모를 입력하고 표시 옵션을 설정해 보자.

TIP 엑셀 2021에서는 기존 버전에서 '메모'라고 부르던 기능의 이름이 '노트'로 변경되었다. 또한 협업 과정에서 의견을 주고받을 수 있는 회신 기능이 추가되면서, 여러 개의 메시지가 연결되는 형태의 새로운 '메모' 기능이 제공된다.

01 H3 셀을 선택하고 [검토] 탭 – [메모] 그룹 – [새 노트]를 누른다.

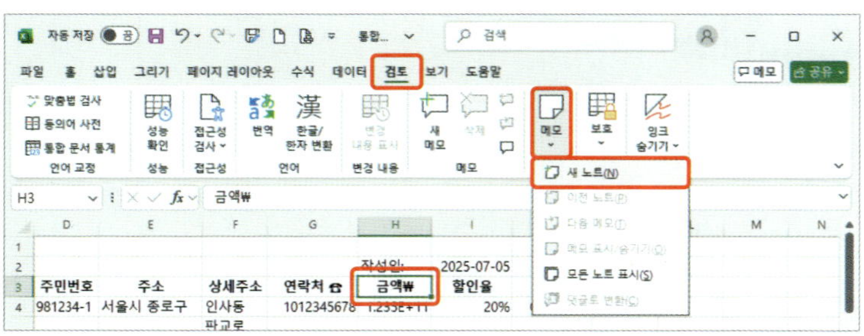

02 내용을 **원화 기준**이라고 입력한다. 메모 영역 바깥 임의의 셀을 누르면 내용은 표시되지 않고 셀에 노트 표식이 만들어진다.

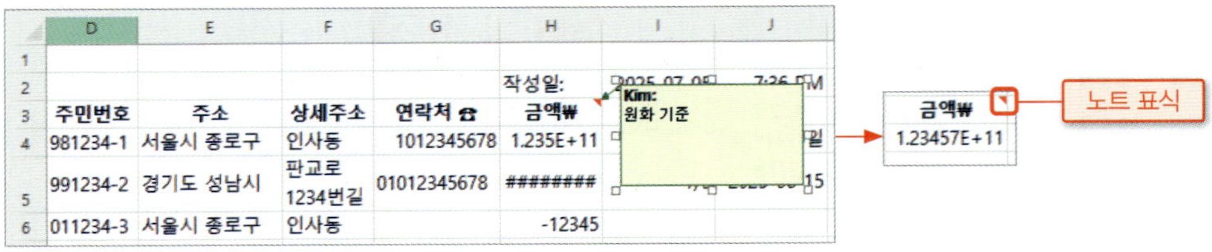

TIP 표식이 있는 셀 위에 마우스 포인터를 가져가면 입력된 내용을 볼 수 있다.

03 노트를 수정하려면 H3 셀을 선택하고 [검토] 탭–[메모] 그룹–[메모 편집]을 누른다. 사용자 이름을 제거하고 내용을 **원화 기준 주문금액**으로 수정한 뒤 크기와 위치를 조정한다.

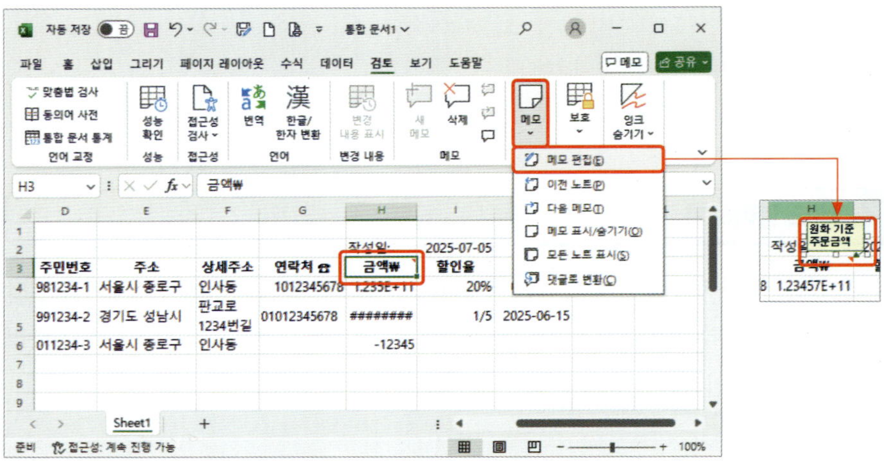

TIP **노트의 서식 설정하기**

글꼴이나 색 등 서식을 설정하려면 노트를 마우스 오른쪽 버튼으로 누르고 단축 메뉴에서 [메모 서식]을 선택한다.

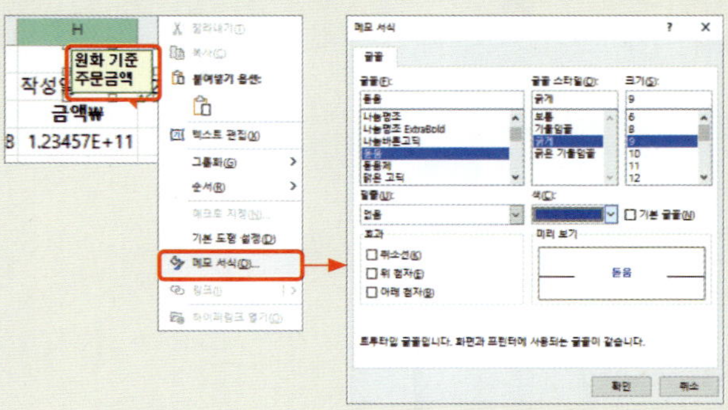

04 노트가 워크시트에 항상 표시되도록 하려면, H3 셀을 선택하고 [검토] 탭-[메모] 그룹-[메모 표시/숨기기]를 누른다.

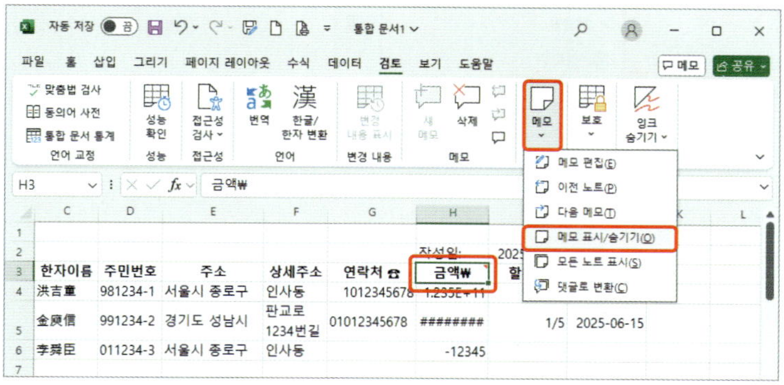

TIP [검토] 탭-[메모] 그룹-[메모 표시/숨기기]를 한 번 더 누르면 다시 노트를 숨길 수 있다. 워크시트에 포함된 메모를 모두 표시하려면 [모든 노트 표시]를 이용한다.

05 엑셀 2021 버전에 추가된 회신 기능을 활용해 보자. J3 셀을 선택하고 [검토] 탭-[메모] 그룹-[새 메모]를 누른다.

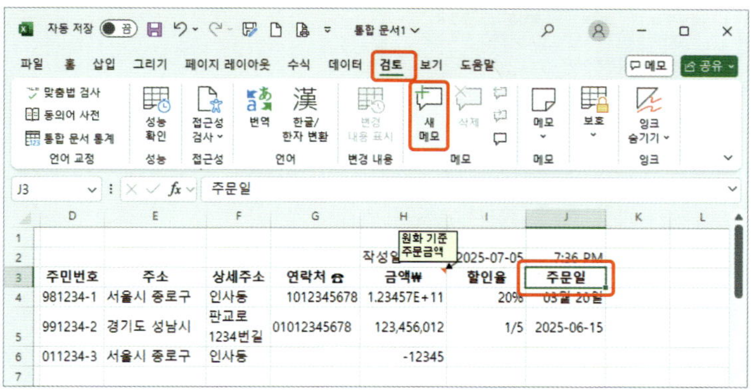

06 회신 상자에 다른 사용자와 논의해야 할 내용을 입력하고, Ctrl+Enter를 누른다.

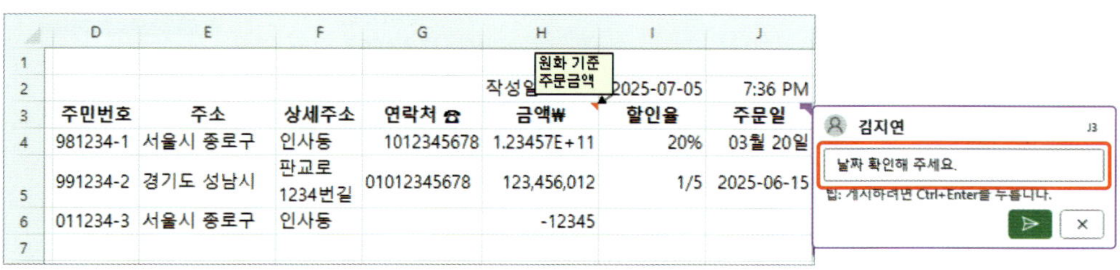

07 회신 상자에 메모를 더 추가하면 연결된 메모가 표시된다. 논의하려는 문제가 해결되면 [⋯ 추가 스레드 작업] 단추를 눌러 [스레드 확인]을 누른다.

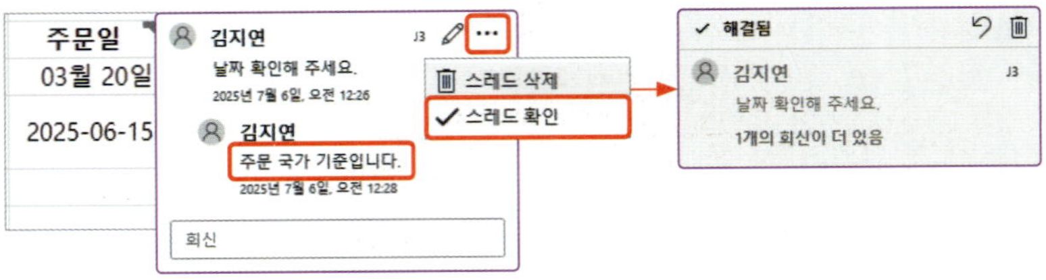

TIP 연결된 메모를 모두 삭제하려면 [스레드 삭제]를 누른다.

08 시트에 포함된 메모와 노트를 모두 인쇄해 보자. [페이지 레이아웃] 탭 – [페이지 설정] 그룹의 [대화상자 표시] 단추를 누른다.

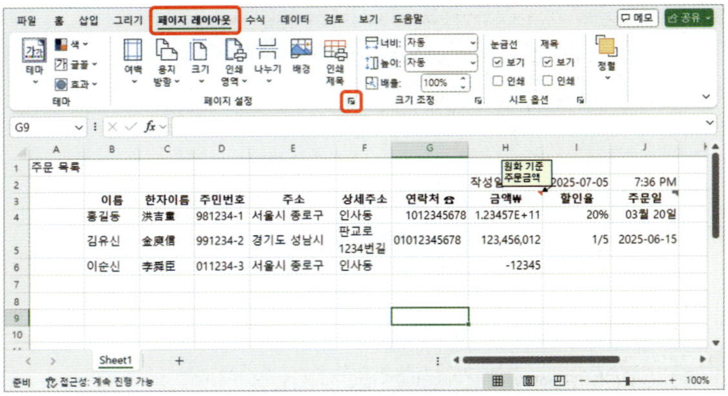

09 [페이지 설정] 대화상자가 나타나면 [시트] 탭의 [인쇄] – [주석 및 메모] 목록에서 [시트 끝]을 선택한다.

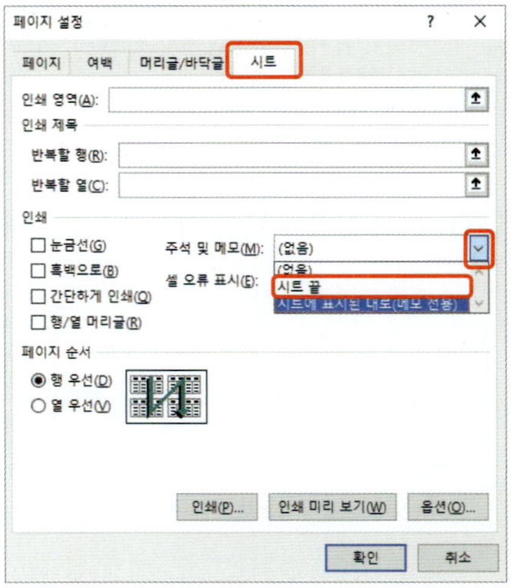

10 [인쇄 미리 보기]를 누르고 마지막 페이지로 이동하면 모든 메모를 확인할 수 있다.

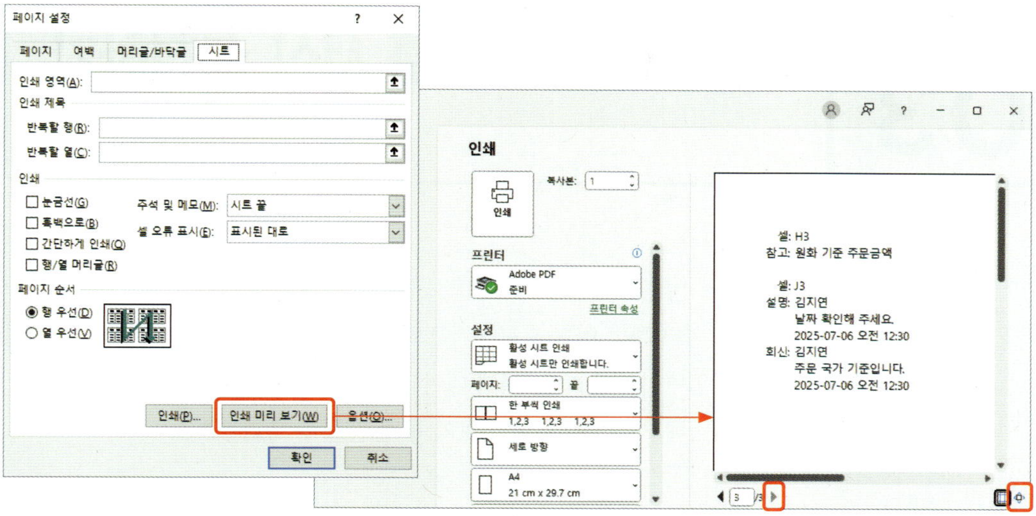

TIP 미리보기 창의 [페이지 확대/축소] 단추를 누르면 메모 내용을 자세히 살펴볼 수 있다.

SECTION 03

자동 채우기와 셀 서식 설정하기

동일한 데이터를 연속으로 채우거나 일련번호처럼 규칙적으로 증가하는 값을 손쉽게 입력하려면 자동 채우기 기능을 이용하는 것이 좋다. 숫자뿐만 아니라 규칙적으로 채워 넣을 문자나 단어도 사용자 지정 목록에 등록해 두고 활용하면 빠른 입력이 가능하다. 셀에 데이터를 입력한 뒤에는 글꼴이나 맞춤 변경, 테두리나 채우기 등의 셀 서식을 설정해 가독성을 높이고 보기 좋게 만들 수 있다.

3.1 자동 채우기 기능

규칙적으로 증가하는 값을 입력하는 자동 채우기 기능은 채우기 핸들을 이용해 실행한다. 채우기 핸들은 다음 그림과 같이 선택한 셀의 오른쪽 아래에 있는 작은 사각형을 말한다.

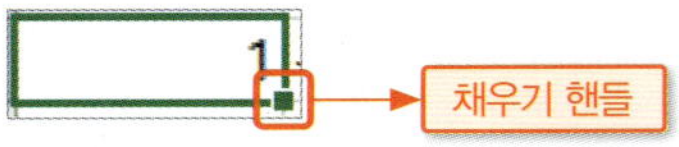

기본예제 2-12 채우기 핸들로 자동 채우기

채우기 핸들을 이용해 숫자, 숫자가 포함된 문자, 날짜 등 여러 가지 데이터를 자동으로 채워 보자.

01 A3 셀에 **번호**, A4 셀에는 **1**을 입력한다. A4 셀을 선택하고 채우기 핸들에 마우스를 가져가면 마우스 포인터가 십자 모양으로 바뀌는데, 이때 아래로 드래그한다.

> **TIP** 채우기 핸들을 더블클릭해도 된다. 인접한 다른 열에 있는 데이터 범위만큼 채워진다.

02 데이터가 같은 값으로 복사된다. [자동 채우기 옵션] 단추를 눌러 목록에서 [연속 데이터 채우기]를 선택한다.

> **TIP** Ctrl 을 누른 채로 채우기 핸들을 드래그해도 연속 데이터 채우기가 실행된다.

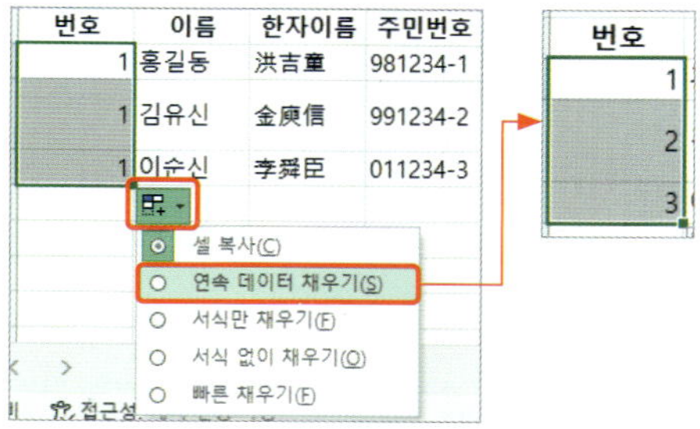

> **TIP** [채우기 옵션] 단추가 표시되지 않는다면 [파일] 탭–[옵션]을 눌러 [Excel 옵션] 대화상자를 연다. [고급] 범주의 [잘라내기/복사/붙여넣기]에서 [콘텐츠를 붙여넣을 때 붙여넣기 옵션 단추 표시]에 체크한다.

> **TIP 다양한 연속 데이터 채우기**
>
> • 번호 간격을 2로 하여 1, 3, 5, 7, …와 같이 홀수로만 연속해서 채우려면, **1**과 **3**을 셀에 각각 입력한 후 두 셀을 모두 선택하고 채우기 핸들을 드래그한다.

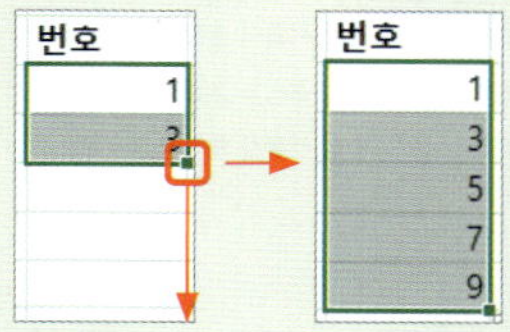

> • 채우기 핸들을 왼쪽이나 위로 드래그해서 연속 데이터로 채우면 번호가 감소하면서 입력된다.

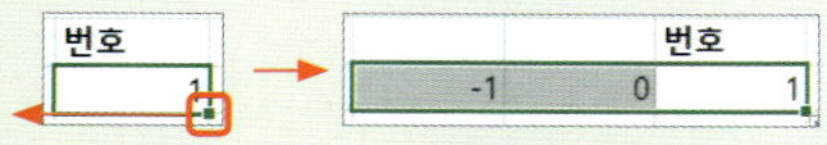

> • 숫자가 포함된 문자도 연속 데이터 채우기를 사용할 수 있다.

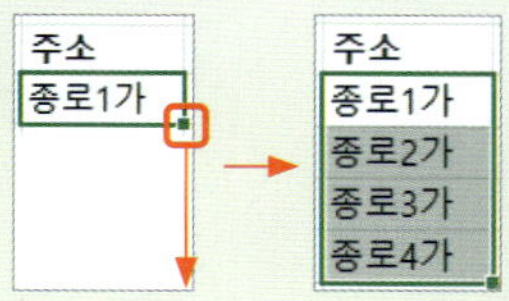

03 날짜 데이터가 입력된 J4 셀을 선택한다. 채우기 핸들을 드래그하면 일 단위 연속 데이터로 채워진다.

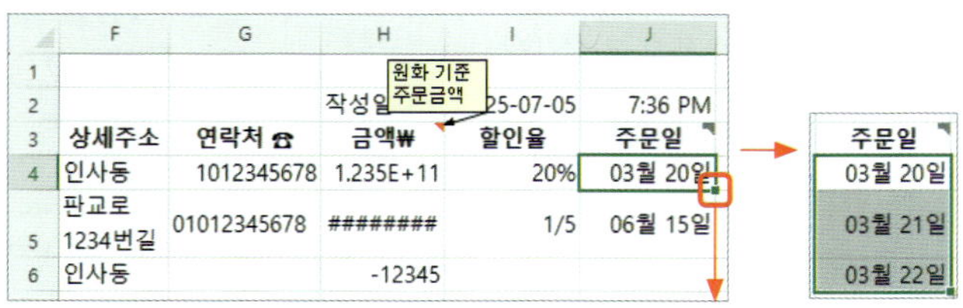

04 날짜를 월 단위로 바꾸려면 [자동 채우기 옵션] 단추를 눌러 [월 단위 채우기]를 선택한다.

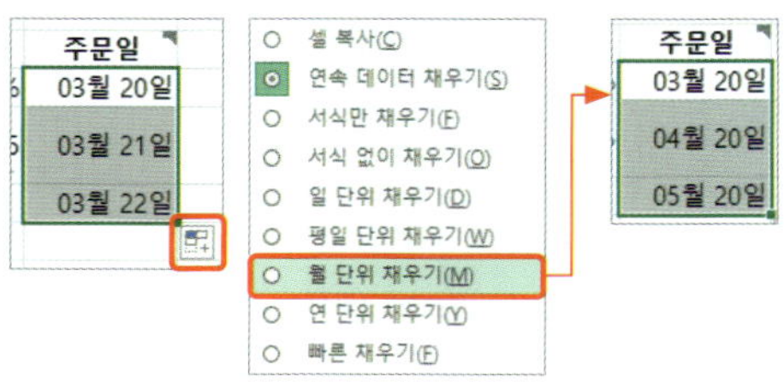

기본예제 2-13 사용자 지정 목록 만들기

번호나 날짜, 요일 등 연속 데이터 채우기가 기본으로 지원되는 데이터도 있지만, '상', '중', '하' 같은 값 목록은 연속 데이터 채우기를 사용할 수 없다. 자주 사용하는 연속 데이터가 있다면 사용자 지정 목록에 등록해 두고 자동 채우기를 활용하면 된다.

01 [파일] 탭 – [옵션]을 선택한다.

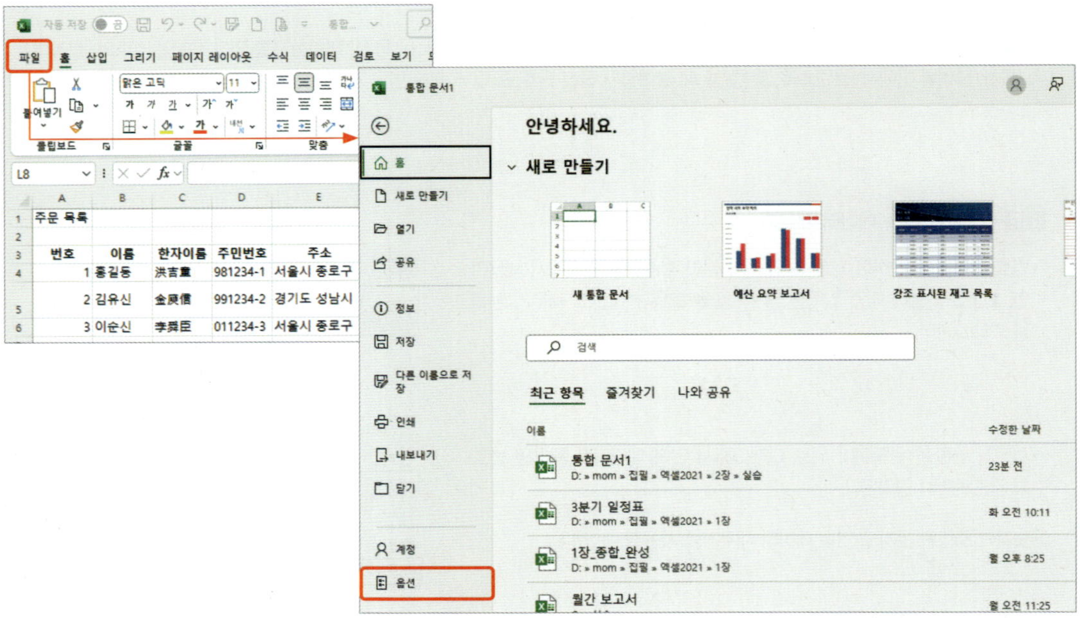

02 [Excel 옵션] 대화상자가 나타나면 [고급]을 선택한다. 화면을 아래쪽으로 스크롤해 [일반] 그룹 – [사용자 지정 목록 편집]을 누른다.

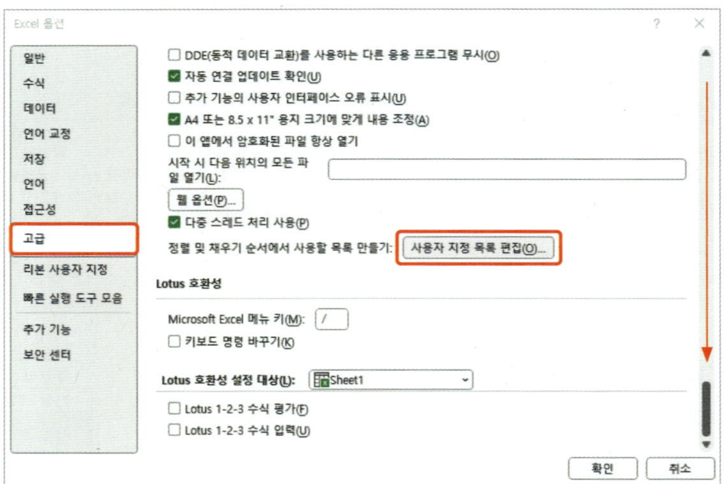

03 [사용자 지정 목록] 대화상자의 [목록 항목]을 클릭한다. 그림과 같이 **상, 중, 하**를 입력하고 [추가]를 누른다.

> **TIP** 워크시트에 입력된 값이 있으면 [가져오기]를 눌러 목록을 가져올 수 있다.

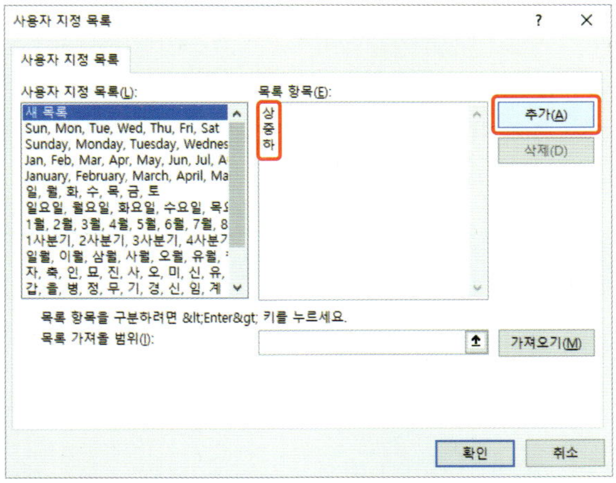

04 [사용자 지정 목록]에 추가한 목록이 표시되면 [확인]을 눌러 대화상자를 닫는다. [Excel 옵션] 대화상자에서도 [확인]을 눌러 설정을 종료한다.

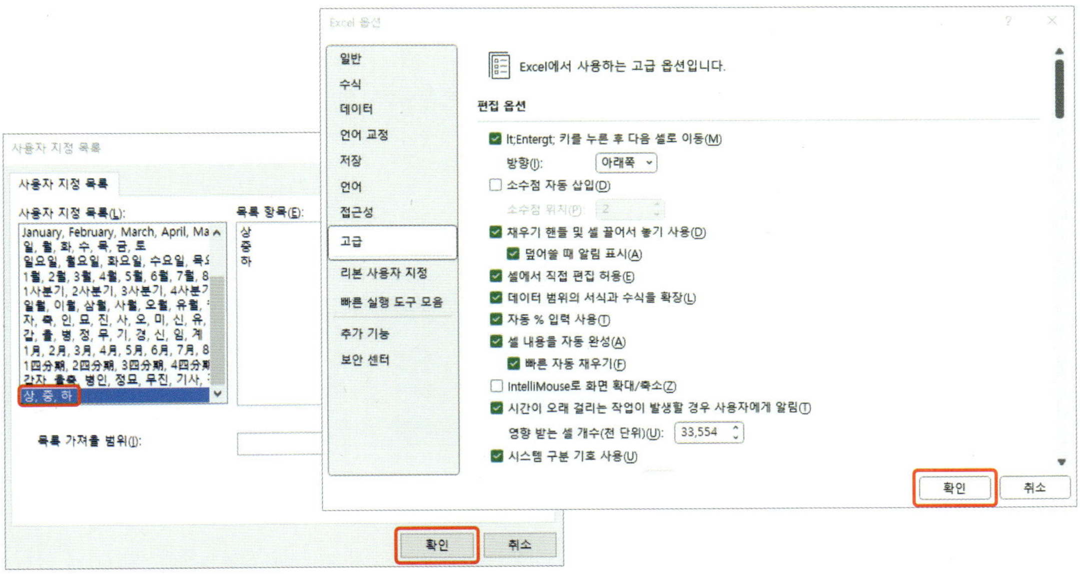

05 K3 셀에 **회원등급**을 입력한다. K4 셀에 **상**을 입력하고 채우기 핸들을 드래그하면 목록에 등록해 둔 값이 자동으로 채워진다.

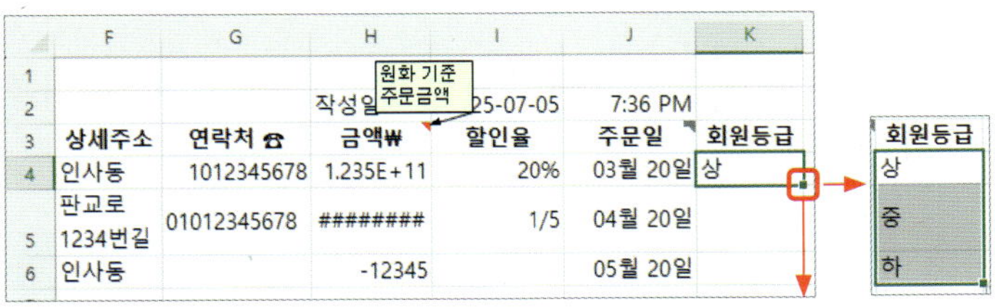

> **TIP** 연속 데이터 채우기에 사용되는 목록의 값은 순서대로 증가한 후 다시 반복된다(상–중–하–상).

3.2 셀 서식 설정

입력한 데이터의 글꼴을 변경하거나 셀 서식을 설정하면 워크시트를 좀 더 보기 쉽게 표시할 수 있다. 여러 가지 서식을 간편하게 적용하려면 미리 지정된 셀 스타일을 활용해도 된다.

기본예제 2-14 셀 서식 설정하기

셀에 입력한 내용에 알맞게 행과 열의 높이와 너비를 조정하고 글꼴이나 맞춤, 셀 테두리나 스타일 등 셀 모양을 설정해 보자.

01 행 번호 사이의 경계선을 드래그하여 원하는 높이로 조절할 수 있다. 1행의 높이를 '30.00(40 픽셀)'으로 설정한다.

TIP 행이나 열 번호 경계선을 더블클릭하면 입력된 데이터의 길이에 맞게 행 높이나 열 너비가 자동 맞춤된다.

02 행 머리글에서 여러 행을 선택하고 경계선을 드래그하면 선택한 모든 행의 높이가 동일하게 설정된다. 3~6행을 드래그해 선택한 후, 경계선을 드래그해 높이를 '27.00(36 픽셀)'으로 설정한다.

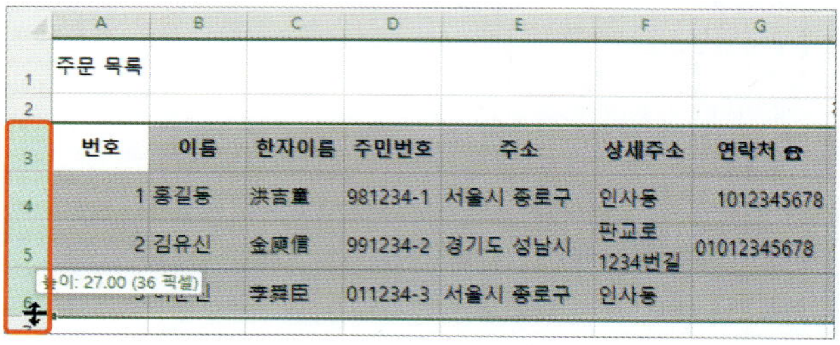

TIP [홈] 탭–[셀] 그룹–[서식] 목록에서 [행 높이]를 선택하고 [행 높이] 대화상자에서 높이 값을 직접 입력해도 된다.

03 열 머리글 영역에서 A~K 열을 선택하고 열 경계선을 더블클릭한다. 입력된 데이터 길이에 따라 각 열의 너비가 자동 설정된다.

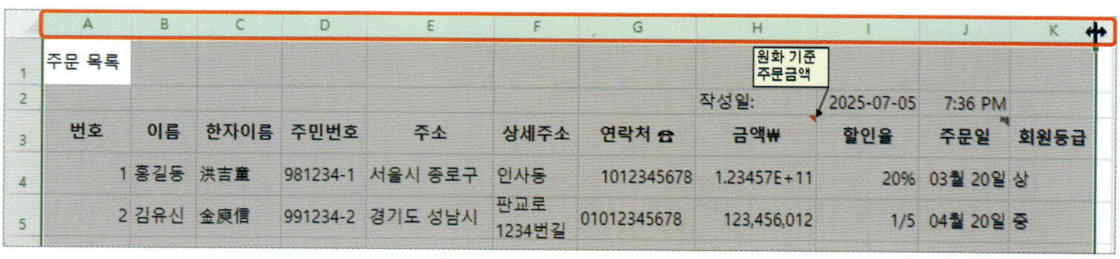

04 A3:K6 범위를 선택하고 [홈] 탭–[글꼴] 그룹–[테두리] 목록에서 [모든 테두리]를 선택한다.

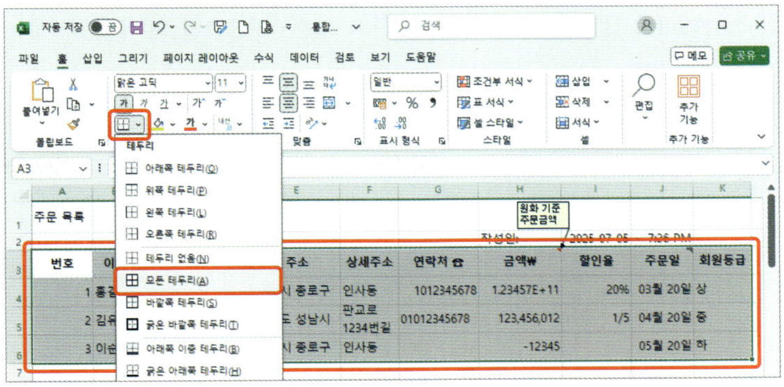

TIP 테두리 목록에 없는 모양 설정하기

테두리 목록에 원하는 모양이 없다면 [다른 테두리]를 눌러 [셀 서식] 대화상자를 열고 [테두리] 탭에서 원하는 선 스타일이나 색, 테두리 모양을 선택한다. ◿◺ 단추를 누르면 셀에 대각선 테두리를 설정할 수 있다.

[셀 서식] 대화상자는 셀을 마우스 오른쪽 단추로 눌러 단축 메뉴에서 [셀 서식]을 선택하거나, 단축키 Ctrl+1을 누르면 표시된다. 테두리뿐 아니라 채우기 색, 맞춤 등 모든 셀 서식 설정에 이용할 수 있다.

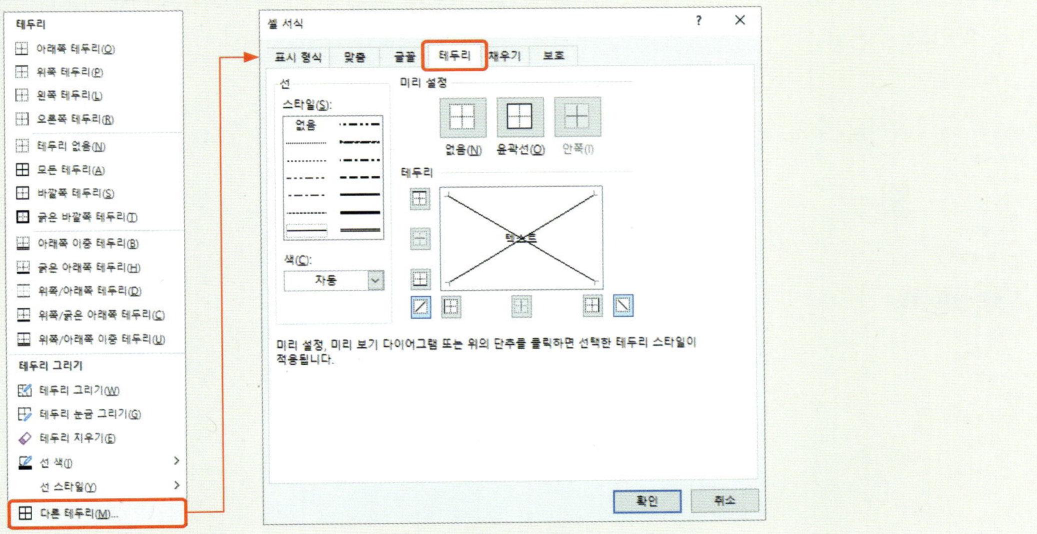

05 A1 셀을 선택하고 [홈] 탭–[글꼴] 그룹에서 [글꼴]은 [HY중고딕]으로, [글꼴 크기]는 [12], [굵게]로 설정한다.

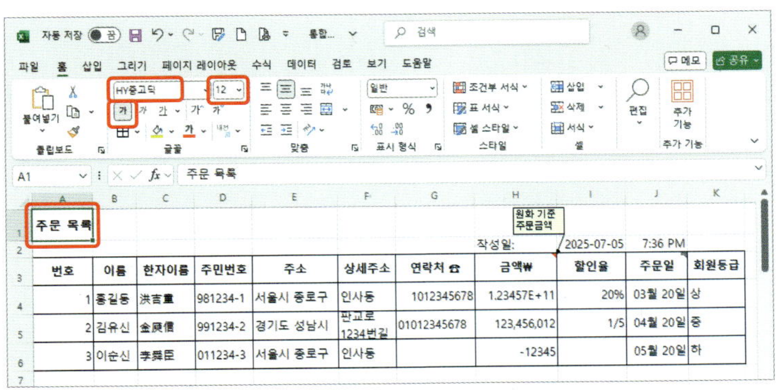

06 A1:K1 영역을 선택하고, 마우스 오른쪽 단추를 눌러 단축 메뉴에서 [셀 서식]을 선택한다.

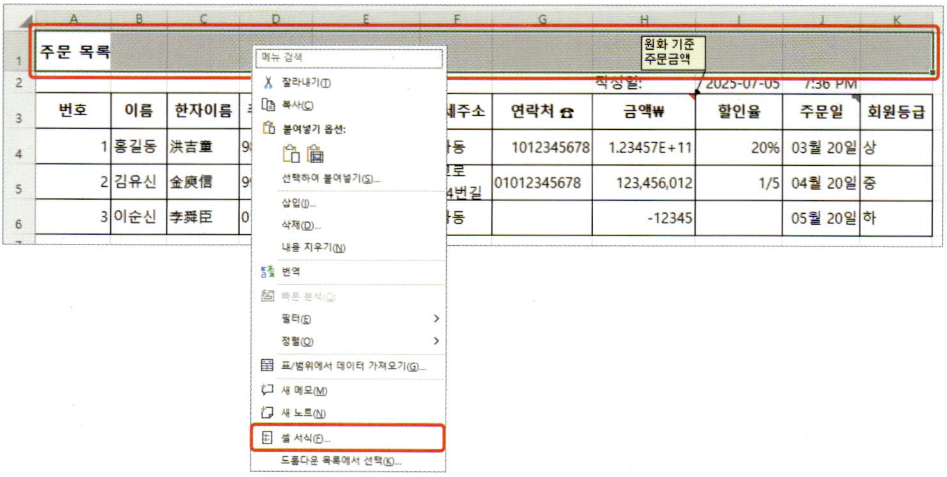

06 [셀 서식] 대화상자의 [맞춤] 탭-[텍스트 맞춤]-[가로] 목록에서 [선택 영역의 가운데로]를 선택하고 [확인]을 누른다.

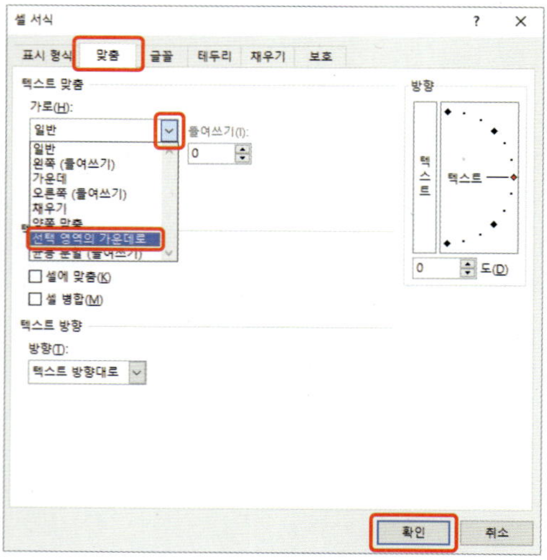

TIP 여러 셀을 병합하지 않고도 텍스트를 가운데 맞춤할 수 있는 방법으로, 정렬이나 필터링 등의 작업에서 셀 병합으로 인한 문제를 피하고 가독성도 높일 수 있다.

08 열 제목에 해당하는 A3:K3 범위를 선택한다. [홈] 탭 – [글꼴] 그룹 – [채우기 색]을 원하는 색으로 변경하고, [홈] 탭 – [스타일] 그룹 – [셀 스타일]을 눌러 [제목 및 머리글] – [제목 3]으로 설정한다.

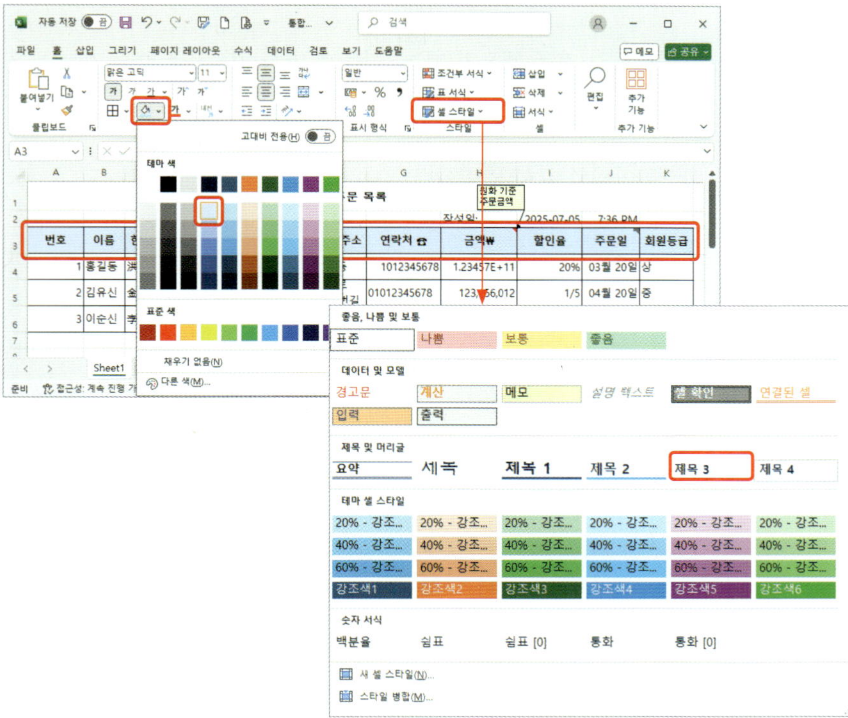

종합예제

문자, 숫자, 날짜, 기호 등의 데이터를 입력하고 자동 채우기 기능, 맞춤과 병합 기능, 셀 편집 기능 등을 사용하여 교통비 청구서 양식을 만들어 엑셀 파일로 저장해 보자.

1 교통비 청구서 양식에 필요한 데이터를 아래와 같이 입력한다.

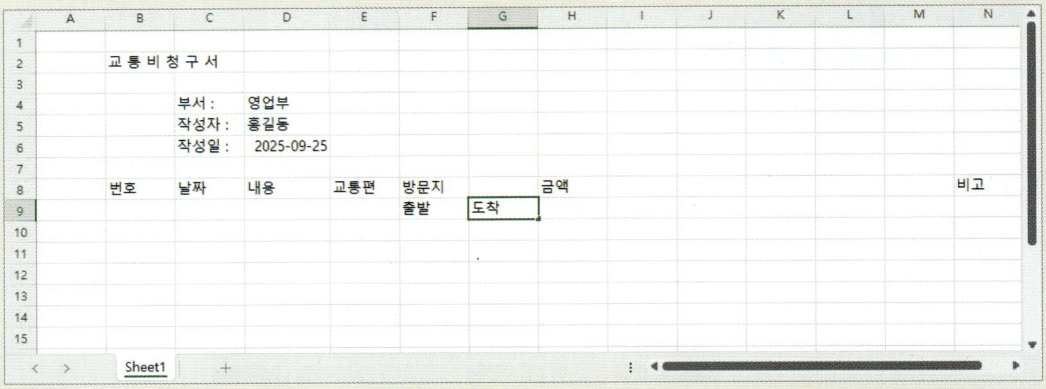

TIP 작성일에는 단축키 Ctrl+; 를 사용하여 현재 날짜를 입력한다.

2 '번호' 항목은 채우기 핸들을 드래그한 후 [연속 데이터 채우기]로 입력한다. 번호 아래에는 '합계'를 추가한다.

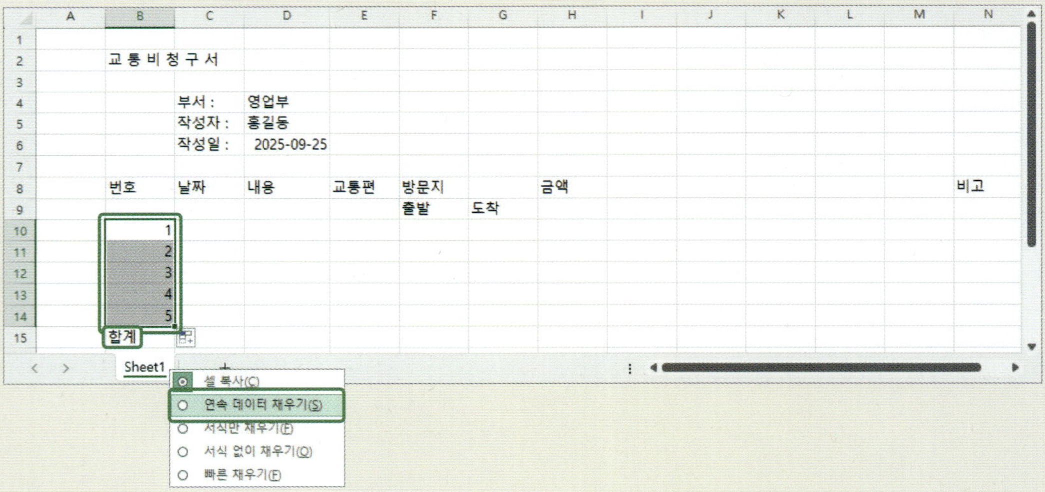

3 사용자 지정 목록에 '十萬(십만), 萬(만), 千(천), 百(백), 十(십), 一(일)'을 등록하고, 등록한 목록으로 '금액' 항목을 자동 채우기한다.

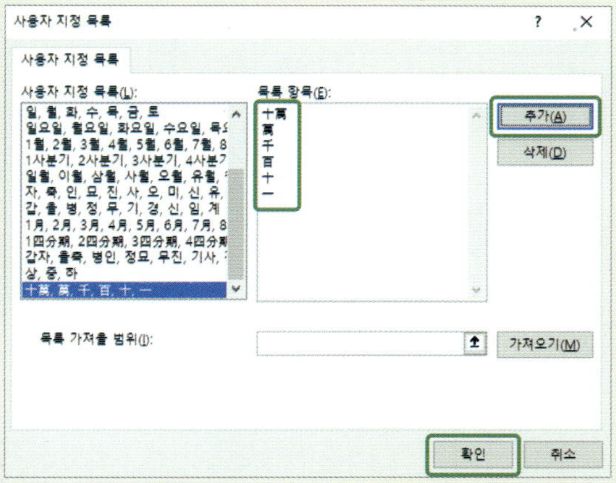

TIP [사용자 지정 목록] 대화 상자를 표시하려면 [파일]-[Excel 옵션]-[고급] 메뉴를 이용한다.

종합예제

4 그림과 같이 글꼴, 텍스트 맞춤, 셀 병합, 행/열의 높이와 너비를 조정하고, 셀 테두리와 채우기 색을 설정한다.

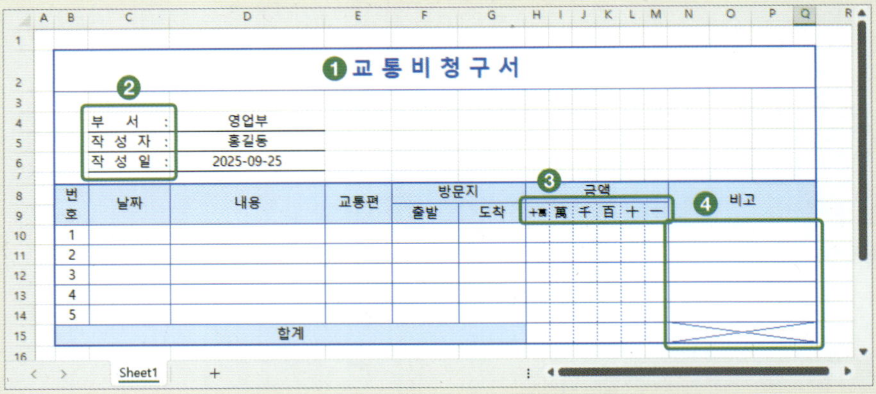

❶ 제목 글꼴은 [맑은 고딕], [굵게], 글꼴 크기는 [18pt], 글꼴 색은 [파랑]으로 설정하고, B2:Q2 범위를 [병합하고 가운데 맞춤]으로 설정한다.

❷ '부서 :', '작성자 :', '작성일 :'은 [셀 서식] 대화상자에서 [맞춤] 탭–[텍스트 맞춤]–[가로]–[균등 분할(들여쓰기)]로 설정한다.

❸ '금액'의 한자 숫자는 [셀 서식] 대화상자에서 [맞춤] 탭–[텍스트 조정]–[셀에 맞춤]으로 설정한다. 셀 너비가 좁을 때 글꼴 크기를 바꾸지 않아도 자동으로 글자 크기가 조절된다.

❹ N10:Q15 영역은 [홈] 탭–[맞춤] 그룹–[병합하고 가운데 맞춤] 목록의 [전체 병합]을 이용해 행별로 셀을 병합한다.

❺ 셀 테두리 모양과 채우기 색을 그림과 같이 설정하고, 높이와 너비를 조정한다.

5 M4:P6 영역에 결재란을 추가하고 모양에 맞게 맞춤과 병합, 셀 테두리와 채우기 색을 설정한다.

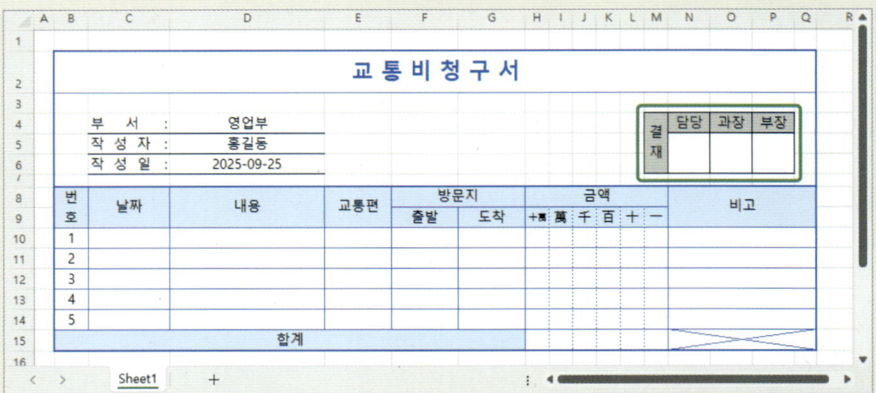

6 양식에 내용을 입력하고 [가운데 맞춤]으로 설정한다.

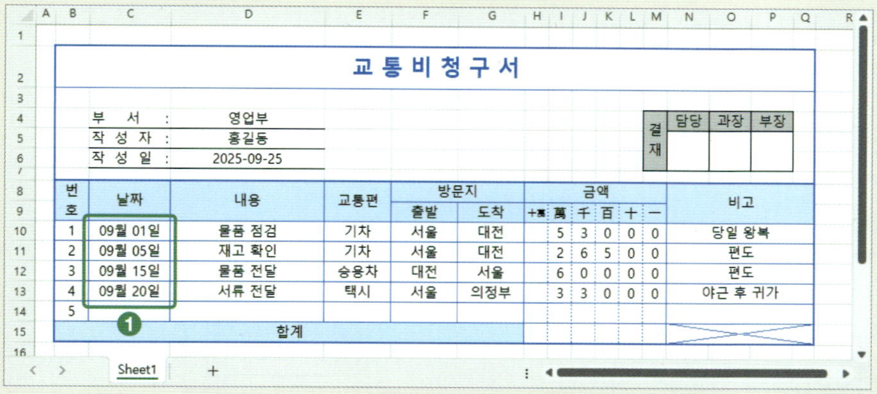

❶ 날짜는 9-15나 9/15처럼 '월-일' 또는 '월/일' 형식으로 입력한다.

TIP 양식에 데이터를 입력할 때, 입력 범위를 먼저 선택하고 Tab을 누르면서 값을 입력하면 순서대로 셀 위치를 이동할 수 있다.

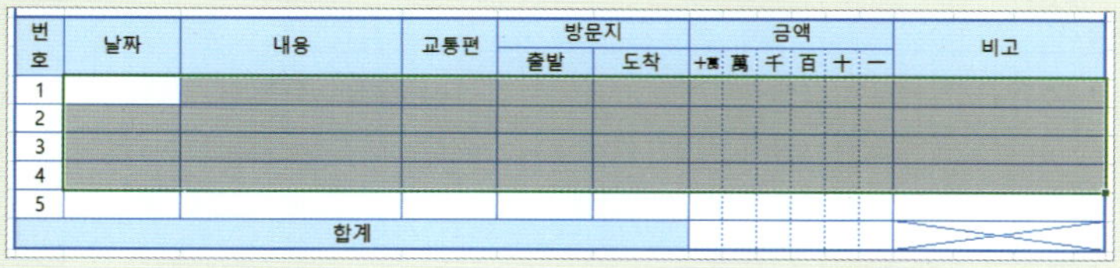

종합예제

7 시트 이름은 **9월**로, 탭 색은 [빨강]으로 설정하고, [보기] 탭 – [표시] 그룹 – [눈금선]을 해제한다.

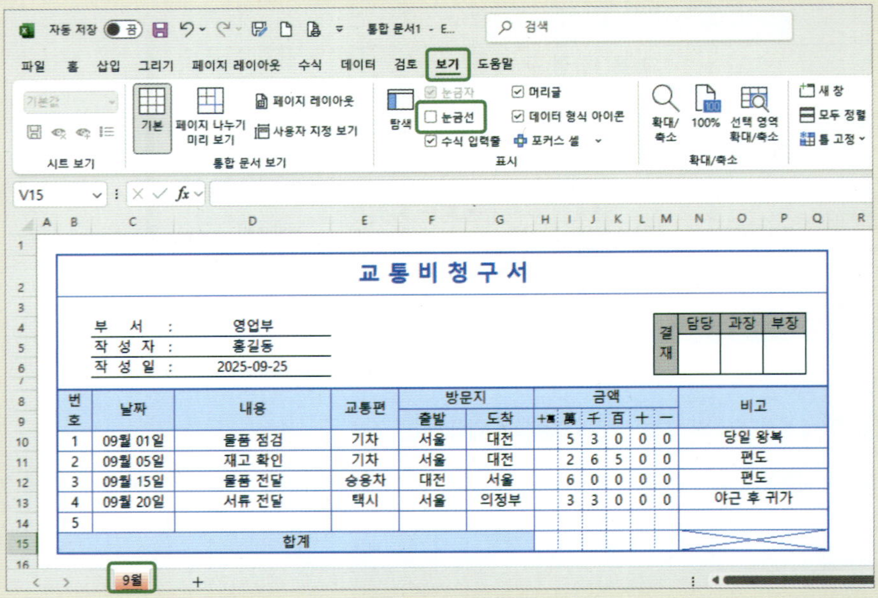

8 작성한 내용을 '교통비청구서' 엑셀 통합 문서로 저장한다.

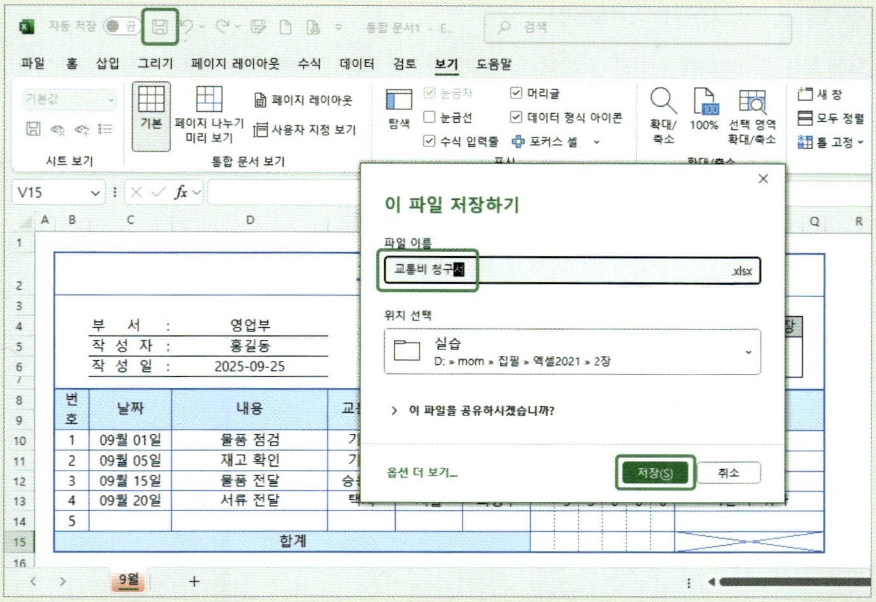

연습문제

1 아래의 조건에 맞게 매장 관리표를 작성하시오.

❶ '지점'(1호점~10호점)을 자동 채우기로 입력하시오.

❷ B4에 **우수**, C4에 **보통**, D4에 **나쁨**을 각각 입력하시오. 입력한 B4:D4 범위를 선택하고 채우기 핸들을 드래그해 '서비스'와 '위생' 항목도 입력하시오.

❸ 기호 '√'가 필요한 셀을 모두 선택하고 단축키 Ctrl+Enter를 이용해 한 번에 모두 입력하시오(복사 후 붙여넣기를 활용해도 됨).

❹ 제목 스타일과 셀 병합과 맞춤, 셀 테두리와 채우기 색 등 셀 서식을 설정하시오.

❺ 워크시트의 이름을 '매장관리'로 변경하시오.

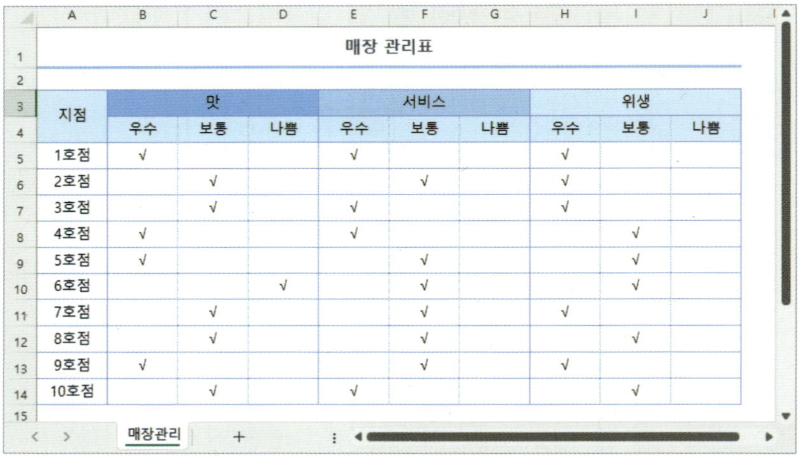

매장 관리표

지점	맛			서비스			위생		
	우수	보통	나쁨	우수	보통	나쁨	우수	보통	나쁨
1호점	√			√			√		
2호점		√			√		√		
3호점		√		√			√		
4호점	√			√				√	
5호점	√				√			√	
6호점			√		√			√	
7호점		√			√		√		
8호점		√			√			√	
9호점	√				√		√		
10호점		√		√				√	

2 아래의 조건에 맞게 연습실 예약 현황표를 작성하시오.

❶ 워크시트의 이름을 'A실'로 변경하시오.

❷ '일자'와 '시간'은 채우기 핸들을 이용해 연속 데이터 채우기로 입력하시오.

❸ '연습실 예약 현황' 제목의 글꼴 모양은 [이중 밑줄]로 설정하시오.

❹ '기준일'은 [셀 서식]-[맞춤]-[균등 분할(들여쓰기)]로 설정하고, H2 셀에는 단축키 Ctrl+; 을 이용해 현재 날짜를 입력하시오.

3 아래의 조건에 맞게 심사표를 작성하시오.

❶ '번호'(1~10)는 자동 채우기로 입력하고, 나머지 셀에도 데이터를 입력하시오.

❷ '수상자 목록 및 순위' 제목의 텍스트 맞춤은 [선택 영역의 가운데로]가 되도록 셀 서식을 설정하시오.

❸ B열의 '이름'이 표시되지 않도록 열 숨기기를 지정하시오.

❹ 셀 병합과 맞춤, 셀 테두리와 채우기 색 등 셀 서식을 그림과 같이 설정하시오.

❺ 워크시트의 이름을 '심사표'로 변경하시오.

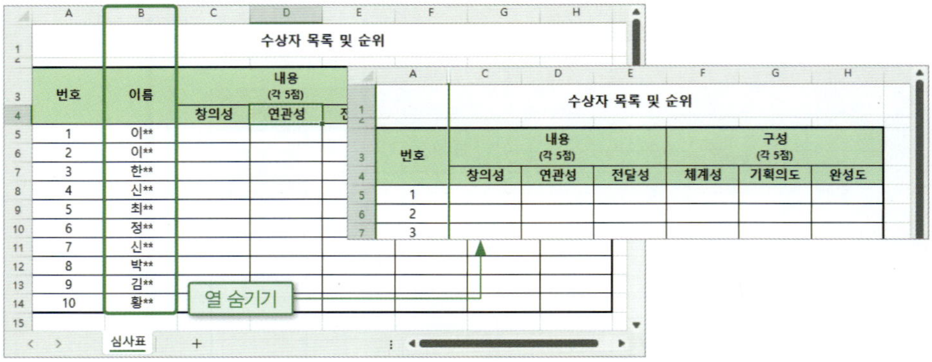

CHAPTER 03

수식과 셀 참조

학습목표

- 수식을 입력하는 기본 형식과 연산자의 종류를 설명할 수 있다.
- 자동 합계 도구로 수식을 입력할 수 있다.
- 상대 참조와 절대 참조의 개념을 이해하고 활용할 수 있다.
- 셀 이름을 정의하고 사용할 수 있다.

SECTION 01

수식 입력하기

엑셀을 사용하는 가장 큰 이유는 수식을 사용하여 워크시트에 있는 많은 데이터를 자동으로 계산하기 위해서이다. 다량의 데이터를 일일이 계산하지 않고 한번 만들어 둔 수식으로 결과를 즉시 얻을 수 있어서 작업 효율성이 향상되고 오류 가능성도 줄일 수 있다. 또한, 수식에 셀 참조를 사용하면 데이터가 변경될 때마다 수정된 값으로 자동 계산되므로 수식을 다시 작성할 필요 없이 항상 최신 결과를 유지할 수 있다.

1.1 수식 입력 형식

엑셀에서 사용하는 수식은 반드시 등호(=)로 시작해야 하고 연산자와 피연산자로 구성된다. 연산자의 종류에 따라 피연산자의 개수나 데이터 형식이 달라진다. 데이터 형식으로는 숫자, 문자 혹은 참/거짓과 같은 논리형이 있다.

= 피연산자 연산자 피연산자

피연산자는 값을 직접 사용할 수도 있지만 A1, B1과 같이 셀 주소를 사용하면 수식에서 셀 값을 참조할 수 있다. 값 대신 셀 주소를 사용하면 값이 변하더라도 수식을 바꿀 필요 없이 새로운 값을 참조하게 된다.

1.2 연산자의 종류

수식에 사용하는 연산자는 기능에 따라 산술 연산자, 비교 연산자, 연결 연산자로 구분할 수 있다. 다음과 같이 A1:D1 범위에 입력된 데이터로 수식을 만들어 E1 셀에 입력하는 경우를 가정해 보자.

	A	B	C	D	E
1	5	3	서울	특별시	

=A1 + B1과 같은 수식 입력

다음 표는 수식에 사용하는 각 연산자의 기능과 수식 작성 형식, 셀에 표시되는 계산 결과를 정리한 것이다.

종류	연산자	기능	수식	표시 결과
산술 연산자	+	더하기	=A1+B1	8
	−	빼기	=A1−B1	2
	*	곱하기	=A1*B1	15
	/	나누기	=A1/B1	1.666667
	^	제곱	=A1^B1	125
비교 연산자	<	작다	=A1<B1	FALSE
	<=	작거나 같다	=A1<=B1	FALSE
	>	크다	=A1>B1	TRUE
	>=	크거나 같다	=A1>=B1	TRUE
	=	같다	=A1=B1	FALSE
	< >	다르다	=A1< >B1	TRUE
연결 연산자	&	텍스트 연결	=C1&D1	서울특별시

기본예제 3-1 연산자를 이용한 수식 작성하기

산술 연산자와 비교 연산자를 이용해 수식을 입력하고 계산 결과를 표시해 보자.

01 '3장_실습.xlsx' 파일을 열고 '수식' 시트를 선택한다.

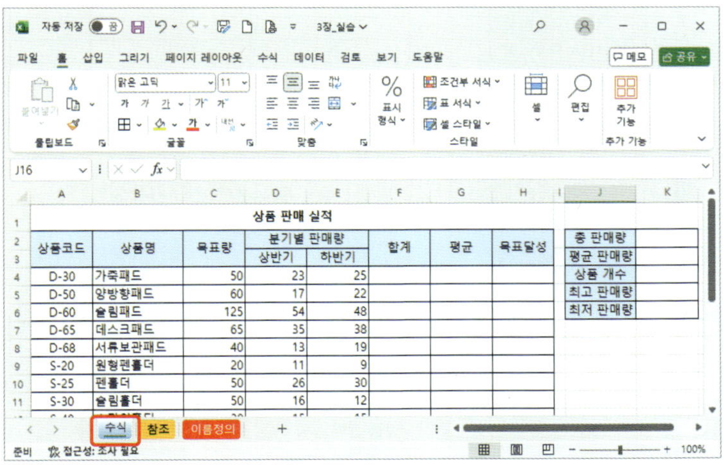

02 상품별 합계를 표시하는 F4 셀을 선택하고 **=D4+E4** 수식을 입력한 뒤 Enter 를 누른다. 셀 주소 D4와 E4는 직접 입력해도 되고, 마우스로 해당 셀을 클릭해도 된다.

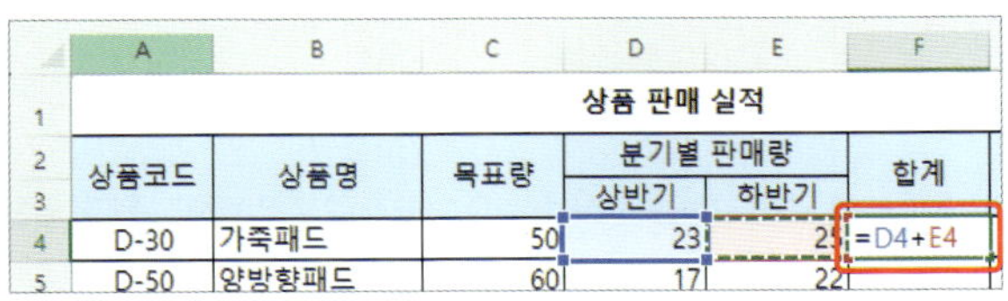

TIP F4셀을 선택한 뒤 수식 입력줄에 수식을 입력해도 된다. 작성한 수식을 변경하려면 셀을 더블클릭하거나 셀을 선택한 상태에서 수식 입력줄에서 수정한다.

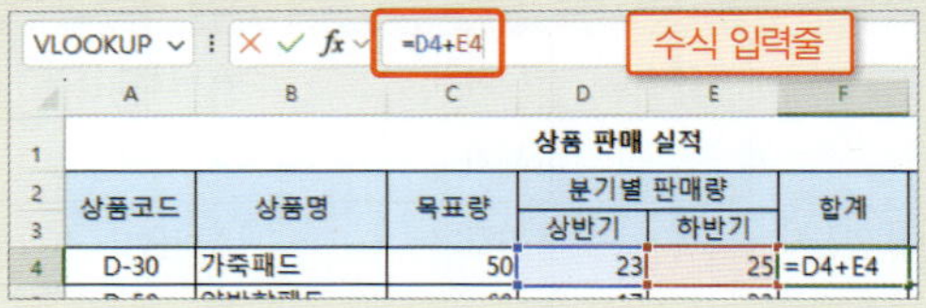

	A	B	C	D	E	F
1	상품 판매 실적					
2	상품코드	상품명	목표량	분기별 판매량		합계
3				상반기	하반기	
4	D-30	가죽패드	50	23	25	=D4+E4

03 F4 셀의 채우기 핸들을 더블클릭하여 합계를 자동으로 채운다.

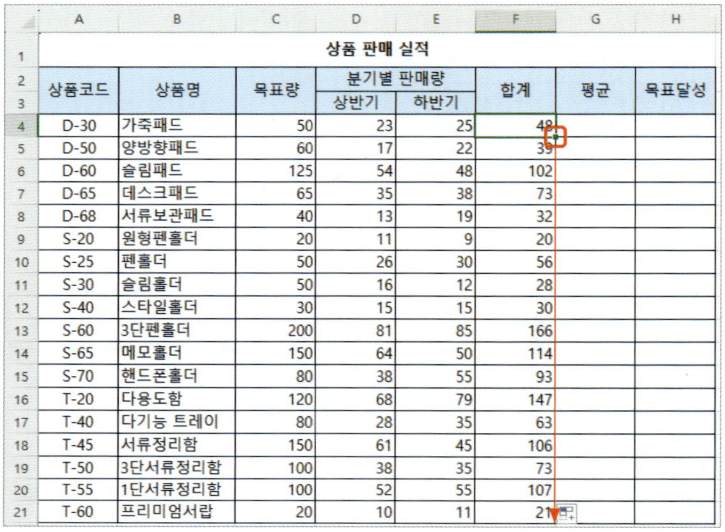

	A	B	C	D	E	F	G	H
1	상품 판매 실적							
2	상품코드	상품명	목표량	분기별 판매량		합계	평균	목표달성
3				상반기	하반기			
4	D-30	가죽패드	50	23	25	48		
5	D-50	양방향패드	60	17	22	39		
6	D-60	슬림패드	125	54	48	102		
7	D-65	데스크패드	65	35	38	73		
8	D-68	서류보관패드	40	13	19	32		
9	S-20	원형펜홀더	20	11	9	20		
10	S-25	펜홀더	50	26	30	56		
11	S-30	슬림홀더	50	16	12	28		
12	S-40	스타일홀더	30	15	15	30		
13	S-60	3단펜홀더	200	81	85	166		
14	S-65	메모홀더	150	64	50	114		
15	S-70	핸드폰홀더	80	38	55	93		
16	T-20	다용도함	120	68	79	147		
17	T-40	다기능 트레이	80	28	35	63		
18	T-45	서류정리함	150	61	45	106		
19	T-50	3단서류정리함	100	38	35	73		
20	T-55	1단서류정리함	100	52	55	107		
21	T-60	프리미엄서랍	20	10	11	21		

TIP F4 셀의 채우기 핸들을 F21 셀까지 드래그해도 자동 채우기가 실행된다.

04 G4 셀에 =F4/2 수식을 입력하고 Enter 를 눌러 평균을 계산한다.

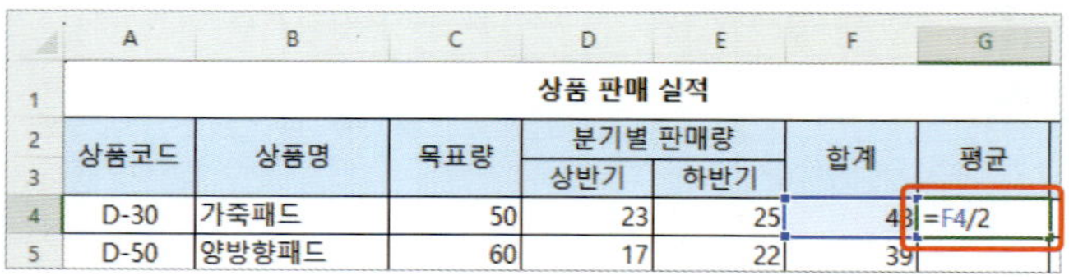

	A	B	C	D	E	F	G
1	상품 판매 실적						
2	상품코드	상품명	목표량	분기별 판매량		합계	평균
3				상반기	하반기		
4	D-30	가죽패드	50	23	25	48	=F4/2
5	D-50	양방향패드	60	17	22	39	

TIP 평균을 구하는 수식을 **=(D4+E4)/2**로 입력해도 된다. 일반적인 수학식처럼 엑셀에서도 괄호 안의 식이 우선순위가 높아 먼저 계산된다.

05 G4 셀의 채우기 핸들을 더블클릭하거나 드래그하여 나머지 셀의 평균을 자동 채우기로 구한다.

	A	B	C	D	E	F	G	H
1	상품 판매 실적							
2	상품코드	상품명	목표량	분기별 판매량		합계	평균	목표달성
3				상반기	하반기			
4	D-30	가죽패드	50	23	25	48	24	
5	D-50	양방향패드	60	17	22	39	19.5	
6	D-60	슬림패드	125	54	48	102	51	
7	D-65	데스크패드	65	35	38	73	36.5	
8	D-68	서류보관패드	40	13	19	32	16	
9	S-20	원형펜홀더	20	11	9	20	10	
10	S-25	펜홀더	50	26	30	56	28	
11	S-30	슬림홀더	50	16	12	28	14	
12	S-40	스타일홀더	30	15	15	30	15	
13	S-60	3단펜홀더	200	81	85	166	83	
14	S-65	메모홀더	150	64	50	114	57	
15	S-70	핸드폰홀더	80	38	55	93	46.5	
16	T-20	다용도함	120	68	79	147	73.5	
17	T-40	다기능 트레이	80	28	35	63	31.5	
18	T-45	서류정리함	150	61	45	106	53	
19	T-50	3단서류정리함	100	38	35	73	36.5	
20	T-55	1단서류정리함	100	52	55	107	53.5	
21	T-60	프리미엄서랍	20	10	11	21	10.5	

TIP 여러 셀에 한꺼번에 수식 입력하기

연속적인 여러 셀에 같은 수식을 사용할 때는 범위를 한꺼번에 선택한 후 수식을 입력하고 단축키 Ctrl+Enter를 누르면 된다. 가령 [기본예제 3-1]의 단계 04~05에서 평균을 구할 때 아래와 같이 작업할 수 있다.

① G4:G21 범위를 모두 선택한다.

	A	B	C	D	E	F	G
1	상품 판매 실적						
2	상품코드	상품명	목표량	분기별 판매량		합계	평균
3				상반기	하반기		
4	D-30	가죽패드	50	23	25	48	
5	D-50	양방향패드	60	17	22	39	
6	D-60	슬림패드	125	54	48	102	

② =F4/2 수식을 입력한다.

	A	B	C	D	E	F	G
1	상품 판매 실적						
2	상품코드	상품명	목표량	분기별 판매량		합계	평균
3				상반기	하반기		
4	D-30	가죽패드	50	23	25	48	=F4/2
5	D-50	양방향패드	60	17	22	39	
6	D-60	슬림패드	125	54	48	102	

③ Ctrl+Enter를 누른다.

	A	B	C	D	E	F	G
1	상품 판매 실적						
2	상품코드	상품명	목표량	분기별 판매량		합계	평균
3				상반기	하반기		
4	D-30	가죽패드	50	23	25	48	24
5	D-50	양방향패드	60	17	22	39	19.5
6	D-60	슬림패드	125	54	48	102	51

06 H4 셀에 **=F4 >=C4** 수식을 입력하고 Enter 를 누른다.

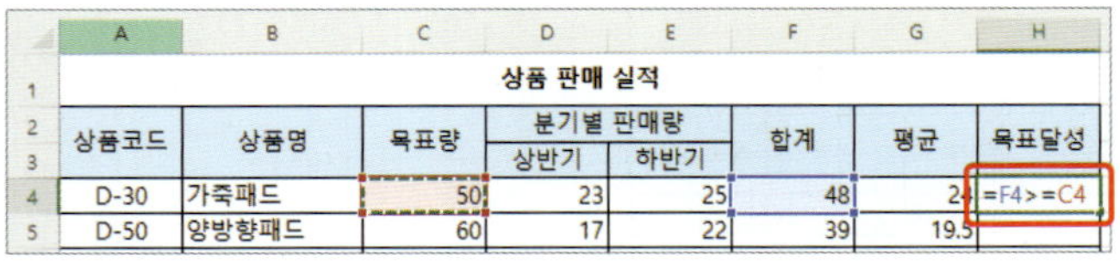

	A	B	C	D	E	F	G	H
1	상품 판매 실적							
2	상품코드	상품명	목표량	분기별 판매량		합계	평균	목표달성
3				상반기	하반기			
4	D-30	가죽패드	50	23	25	48	24	=F4>=C4
5	D-50	양방향패드	60	17	22	39	19.5	

TIP 판매량 합계가 목표량 이상인 경우 목표를 달성한 것으로 판단하는 수식이다. 이처럼 비교 연산자를 사용한 계산 결과는 논리 값(TRUE 또는 FALSE)을 반환한다.

07 H4 셀의 채우기 핸들을 더블클릭하거나 드래그하여 나머지 값을 모두 표시한다.

	A	B	C	D	E	F	G	H
1	상품 판매 실적							
2	상품코드	상품명	목표량	분기별 판매량		합계	평균	목표달성
3				상반기	하반기			
4	D-30	가죽패드	50	23	25	48	24	FALSE
5	D-50	양방향패드	60	17	22	39	19.5	FALSE
6	D-60	슬림패드	125	54	48	102	51	FALSE
7	D-65	데스크패드	65	35	38	73	36.5	TRUE
8	D-68	서류보관패드	40	13	19	32	16	FALSE
9	S-20	원형펜홀더	20	11	9	20	10	TRUE
10	S-25	펜홀더	50	26	30	56	28	TRUE
11	S-30	슬림홀더	50	16	12	28	14	FALSE
12	S-40	스타일홀더	30	15	15	30	15	TRUE
13	S-60	3단펜홀더	200	81	85	166	83	FALSE
14	S-65	메모홀더	150	64	50	114	57	FALSE
15	S-70	핸드폰홀더	80	38	55	93	46.5	TRUE
16	T-20	다용도함	120	68	79	147	73.5	TRUE
17	T-40	다기능 트레이	80	28	35	63	31.5	FALSE
18	T-45	서류정리함	150	61	45	106	53	FALSE
19	T-50	3단서류정리함	100	38	35	73	36.5	FALSE
20	T-55	1단서류정리함	100	52	55	107	53.5	TRUE
21	T-60	프리미엄서랍	20	10	11	21	10.5	TRUE

SECTION 02 자동 합계 이용하기

자동 합계 도구는 엑셀에서 자주 사용하는 합계나 평균 등의 계산 기능을 메뉴로 모아 놓고, 선택하면 바로 실행되도록 하는 간편한 기능이다. 수식 입력 방법을 몰라도 간단한 통계 계산을 빠르게 수행할 수 있다.

2.1 자동 합계 도구의 종류

자동 합계 도구는 합계, 평균, 숫자 개수, 최대값, 최소값을 계산하는 함수로 구성되어 있다. 함수란 계산식을 미리 만들어 놓고 쉽게 사용하도록 하는 기능이다. 예를 들어 A1 셀에서 A10 셀까지의 합계를 구할 때 **=A1+A2+A3+…+A9+A10** 수식 대신, 합계 함수를 이용해 **=SUM(A1:A10)**이라고 입력하면 된다. 이처럼 함수를 이용하면 길고 복잡한 수식을 사용하지 않고도 쉽게 계산할 수 있다.

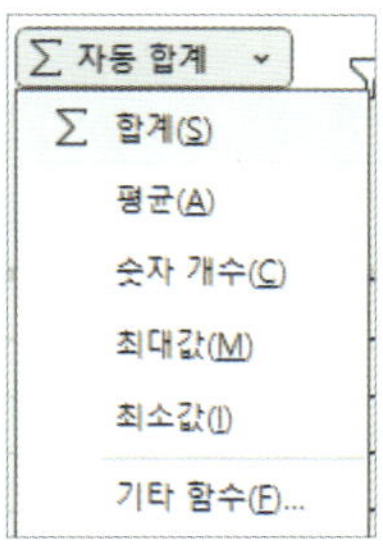

종류	함수명	기능
합계	SUM	지정 범위의 숫자 합계를 반환
평균	AVERAGE	지정 범위의 숫자 평균을 반환
숫자 개수	COUNT	지정 범위의 숫자 개수를 반환
최대값	MAX	지정 범위에서 가장 큰 값을 반환
최소값	MIN	지정 범위에서 가장 작은 값을 반환

TIP 자동 합계 도구는 [홈] 탭이나 [수식] 탭에서 선택할 수 있다.

기본예제 3-2 합계와 평균 구하기

자동 합계 도구의 합계 함수와 평균 함수를 이용해 총 판매량과 평균 판매량을 구해 보자.

01 K2 셀을 선택하고 [수식] 탭 – [함수 라이브러리] 그룹 – [자동 합계] 목록에서 [합계]를 선택한다.

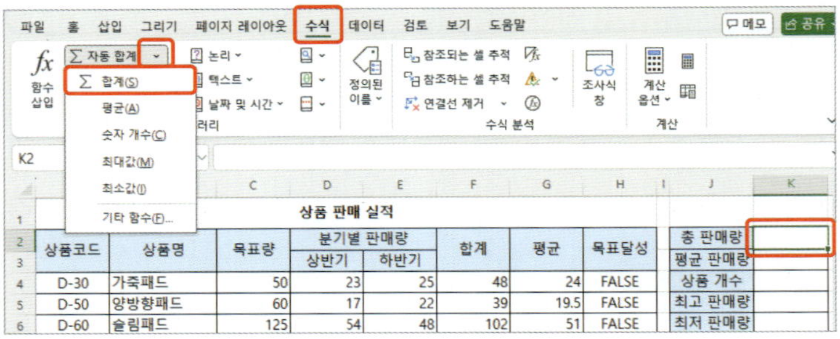

TIP 더하기 연산자(+)를 활용하여 합계를 계산할 수도 있지만, 판매 상품 수가 많으면 수식 작성이 매우 번거로워진다.

02 K2 셀에 **=SUM()** 수식이 만들어지면 합계를 구할 값으로 F4:F21 범위를 드래그한다. 선택한 범위가 괄호 안에 자동 입력되어 **=SUM(F4:F21)** 수식으로 바뀐다.

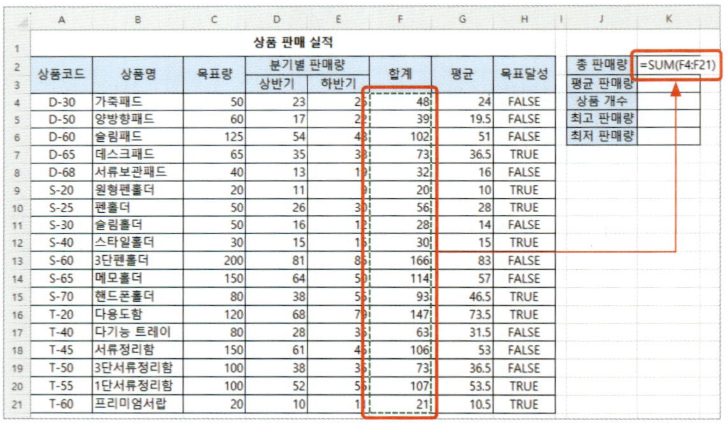

TIP 함수의 괄호 안에는 값이나 셀 이름 혹은 셀 범위를 설정한다. 연속적인 셀 범위가 선택되면 콜론(:) 기호로 표시된다.

03 Enter를 누르면 계산 결과가 표시된다.

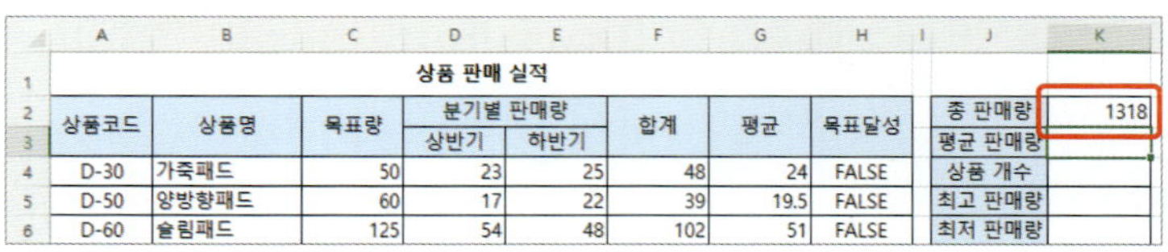

04 K3 셀을 선택하고 [수식] 탭-[함수 라이브러리] 그룹-[자동 합계] 목록에서 [평균]을 선택한다.

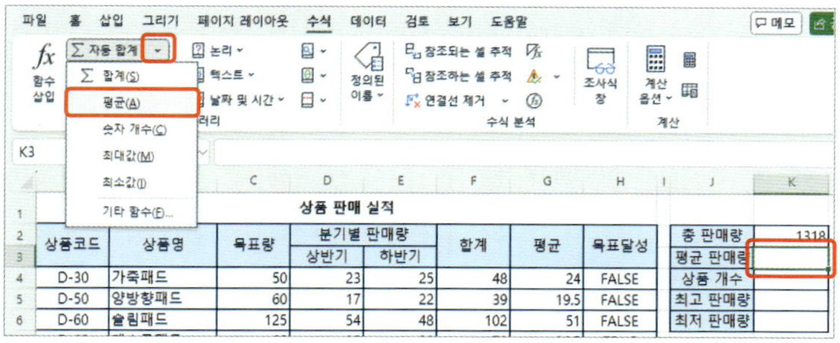

05 F4:F21 범위를 드래그하여 **=AVERAGE(F4:F21)** 수식으로 만들고 Enter 를 누른다.

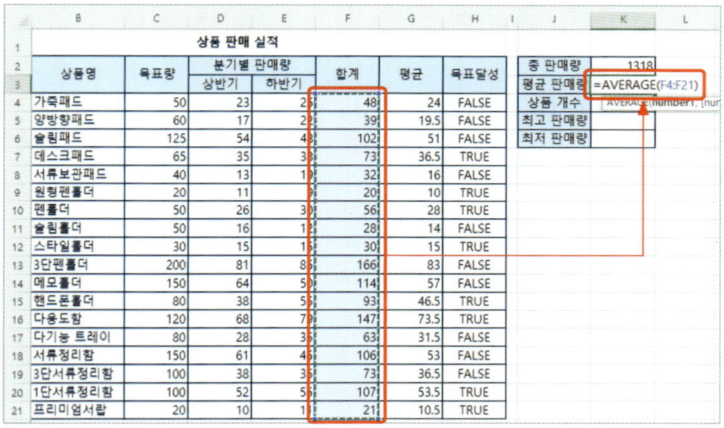

06 K3 셀에 표시된 결과를 확인한다.

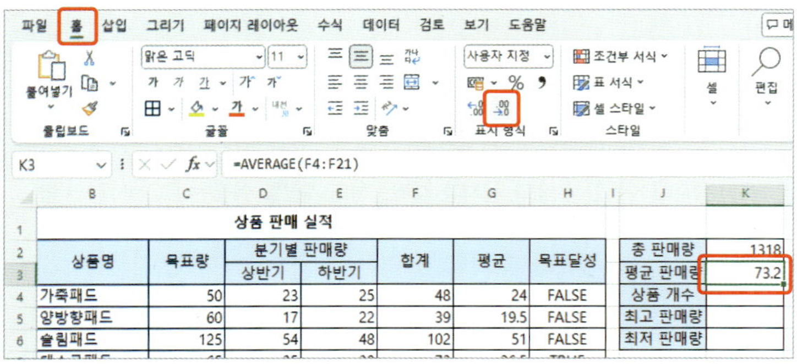

TIP 소수점 자릿수를 줄이려면 [홈] 탭-[표시 형식] 그룹-[자릿수 줄임]을 누르면 된다.

기본예제 3-3 숫자 개수 구하기

자동 합계 도구의 숫자 개수 함수는 지정한 범위에서 숫자가 입력된 셀의 개수를 세는 함수이다. 숫자 개수 함수를 사용하여 상품 개수를 계산해 보자.

01 상품 개수를 표시할 K4 셀을 선택하고 [수식] 탭 – [함수 라이브러리] 그룹 – [자동 합계] 목록에서 [숫자 개수]를 선택한다.

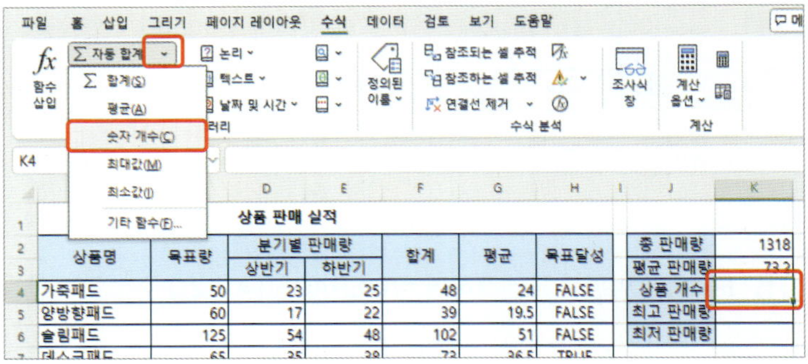

02 F4:F21 범위를 드래그해 선택하면 **=COUNT(F4:F21)** 수식이 K4 셀에 입력된다.

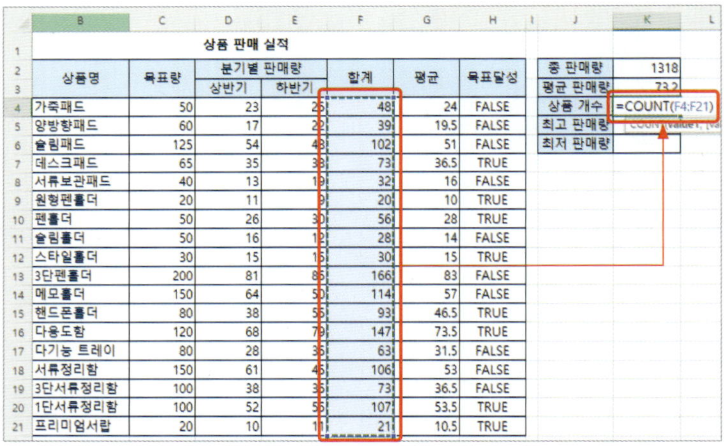

상품 판매 실적

상품명	목표량	분기별 판매량		합계	평균	목표달성
		상반기	하반기			
가죽패드	50	23	25	48	24	FALSE
양방향패드	60	17	22	39	19.5	FALSE
슬림패드	125	54	48	102	51	FALSE
데스크패드	65	35	38	73	36.5	TRUE
서류보관패드	40	13	19	32	16	FALSE
원형펜홀더	20	11	9	20	10	TRUE
펜홀더	50	26	30	56	28	TRUE
슬림홀더	50	16	12	28	14	FALSE
스타일홀더	30	15	15	30	15	TRUE
3단펜홀더	200	81	85	166	83	FALSE
메모홀더	150	64	50	114	57	FALSE
핸드폰홀더	80	38	55	93	46.5	TRUE
다용도함	120	68	79	147	73.5	TRUE
다기능 트레이	80	28	35	63	31.5	FALSE
서류정리함	150	61	45	106	53	FALSE
3단서류정리함	100	38	35	73	36.5	FALSE
1단서류정리함	100	52	55	107	53.5	TRUE
프리미엄서랍	20	10	11	21	10.5	TRUE

총 판매량	1318
평균 판매량	73.2
상품 개수	=COUNT(F4:F21)
최고 판매량	
최저 판매량	

TIP 범위를 목표량(C4:C21)이나 평균(G4:G21)으로 설정해도 상품 개수를 구할 수 있다. 하지만 상품코드(A4:A21)나 상품명(B4:B21)과 같은 문자 데이터는 COUNT( ) 함수에 사용할 수 없다. 문자가 입력된 셀도 계산할 수 있는 COUNTA( ) 함수는 CHAPTER 06에서 설명한다.

03 Enter를 눌러 계산 결과를 확인한다.

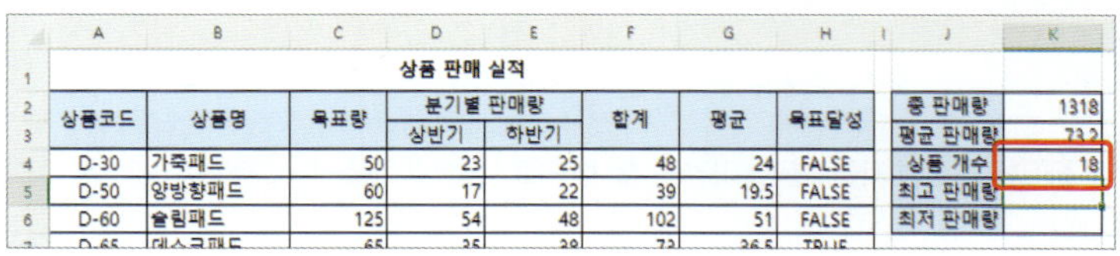

기본예제 3-4 최대값과 최소값 구하기

자동 합계 도구의 최대값과 최소값 함수를 사용하여 상품별 판매량 중에서 최고 판매량과 최저 판매량을 구해 보자.

01 최고 판매량을 표시할 K5 셀을 선택하고 [수식] 탭-[함수 라이브러리] 그룹-[자동 합계] 목록에서 [최대값]을 선택한다.

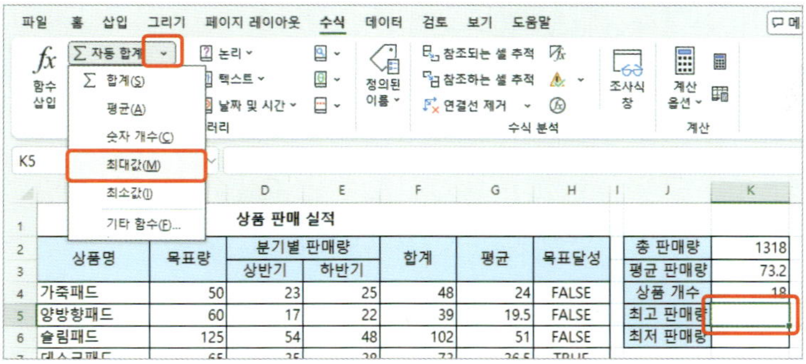

02 F4:F21 범위를 드래그하여 선택하면 **=MAX(F4:F21)** 수식이 만들어진다.

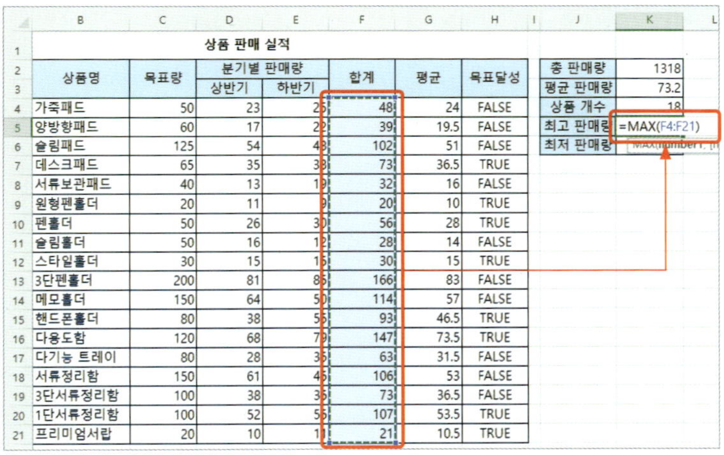

03 Enter를 눌러 계산된 최고 판매량을 확인한다.

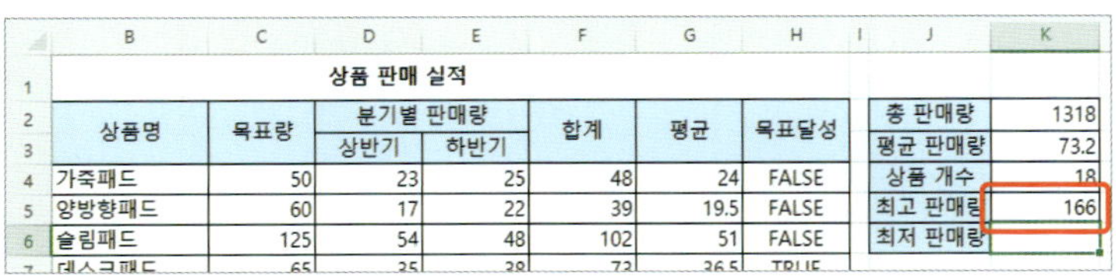

04 최저 판매량을 표시할 K6 셀을 선택하고 [수식] 탭 – [함수 라이브러리] 그룹 – [자동 합계] 목록에서 [최소값]을 선택한다.

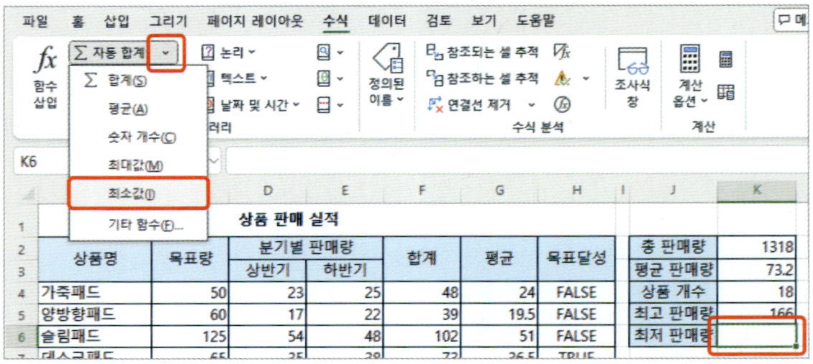

05 F4:F21 범위를 드래그해 선택하면 **=MIN(F4:F21)** 수식이 만들어진다.

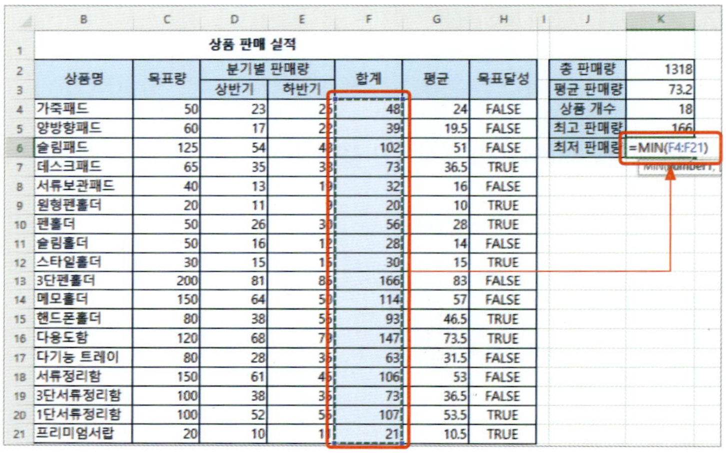

06 Enter를 눌러 MIN() 함수로 계산된 최저 판매량을 확인한다.

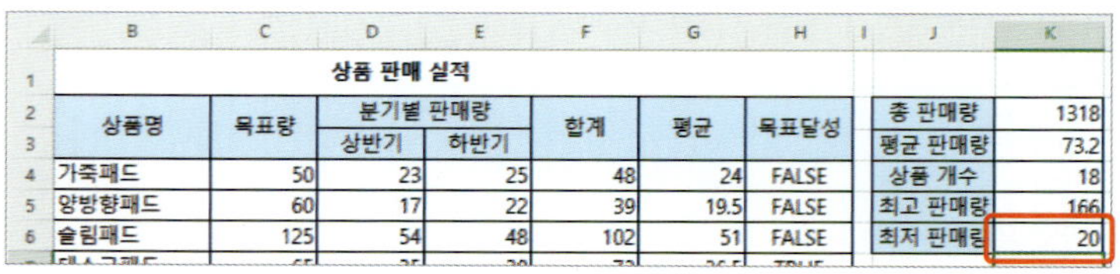

SECTION 03 셀 참조 이해하기

엑셀에서는 셀에 입력된 값을 직접 사용하는 것보다 셀 주소를 수식에 사용하는 것이 일반적이다. 셀에 입력된 값이 변경되더라도 수식을 바꿀 필요 없이 계산 결과에 바로 반영되기 때문이다. 셀 주소를 수식에 사용하여 값을 가져오는 것을 참조라고 한다. 참조를 사용하면 셀 값이 입력되거나 변경될 때 새로운 값이 바로 적용된다는 것이 엑셀 프로그램의 큰 장점이다.

3.1 상대 참조

자동 채우기로 수식을 복사할 때는 채우기 핸들을 드래그하는 방향에 따라 수식의 형태가 변경된다. 수식에서 참조하고 있는 셀 주소가 수식이 복사되는 위치에 맞게 자동으로 변경되는 것을 상대 참조라고 한다. 엑셀에서 수식을 복사할 때 기본으로 사용하는 참조 방식이다.

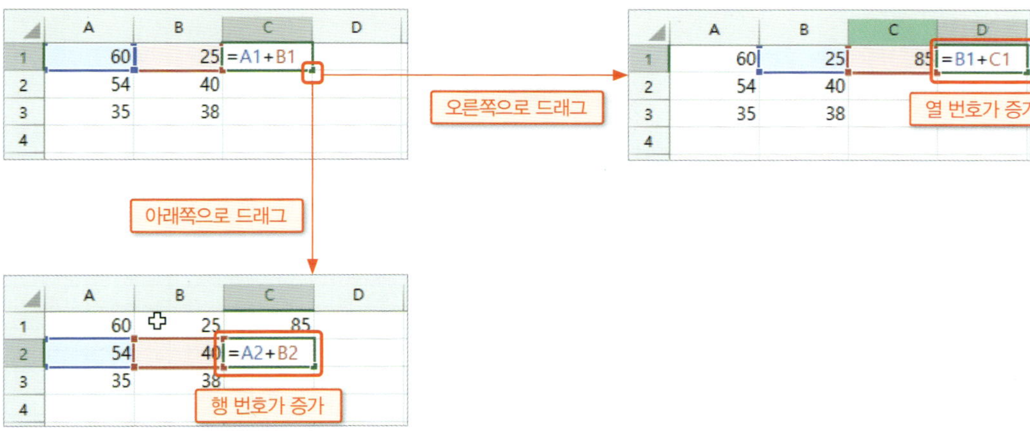

기본예제 3-5 상대 참조를 이용한 수식 만들기

자동 채우기로 수식을 복사하면서 상대 참조에 의해 수식이 변경되는 것을 확인해 보자.

01 '3장_실습.xlsx' 파일의 '참조' 시트를 열고 판매가를 표시할 D4 셀을 선택한다.

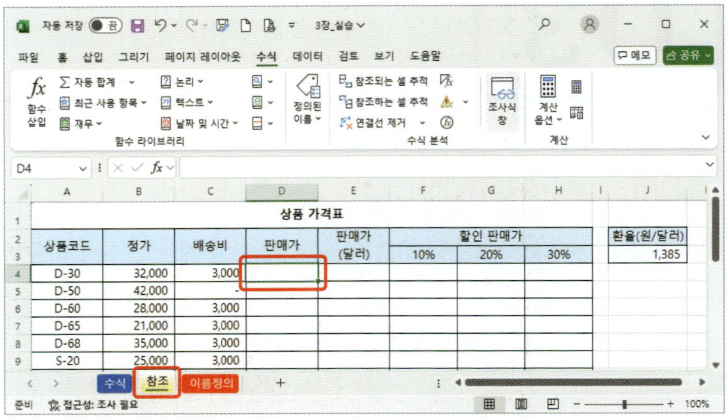

	A	B	C	D	E	F	G	H	I	J
1	상품 가격표									
2	상품코드	정가	배송비	판매가	판매가 (달러)	할인 판매가				환율(원/달러)
3						10%	20%	30%		1,385
4	D-30	32,000	3,000							
5	D-50	42,000								
6	D-60	28,000	3,000							
7	D-65	21,000	3,000							
8	D-68	35,000	3,000							
9	S-20	25,000	3,000							

02 판매가는 정가와 배송비의 합계로 계산하도록 **=B4+C4** 수식을 입력하고 Enter를 누른다.

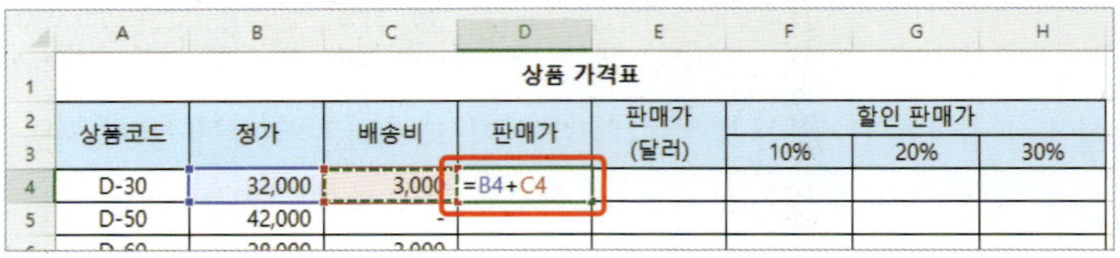

	A	B	C	D	E	F	G	H
1	상품 가격표							
2	상품코드	정가	배송비	판매가	판매가 (달러)	할인 판매가		
3						10%	20%	30%
4	D-30	32,000	3,000	=B4+C4				
5	D-50	42,000	-					

03 계산 결과가 표시되면 D4 셀의 채우기 핸들을 더블클릭하거나 드래그해 수식을 복사한다.

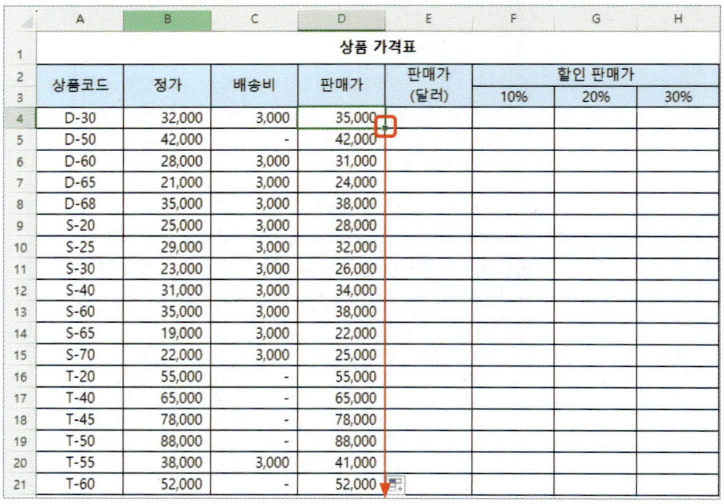

	A	B	C	D	E	F	G	H
1	상품 가격표							
2	상품코드	정가	배송비	판매가	판매가 (달러)	할인 판매가		
3						10%	20%	30%
4	D-30	32,000	3,000	35,000				
5	D-50	42,000	-	42,000				
6	D-60	28,000	3,000	31,000				
7	D-65	21,000	3,000	24,000				
8	D-68	35,000	3,000	38,000				
9	S-20	25,000	3,000	28,000				
10	S-25	29,000	3,000	32,000				
11	S-30	23,000	3,000	26,000				
12	S-40	31,000	3,000	34,000				
13	S-60	35,000	3,000	38,000				
14	S-65	19,000	3,000	22,000				
15	S-70	22,000	3,000	25,000				
16	T-20	55,000	-	55,000				
17	T-40	65,000	-	65,000				
18	T-45	78,000	-	78,000				
19	T-50	88,000	-	88,000				
20	T-55	38,000	3,000	41,000				
21	T-60	52,000	-	52,000				

04 D21 셀을 더블클릭하면 수식이 복사될 때 상대 참조가 적용된 것을 확인할 수 있다.

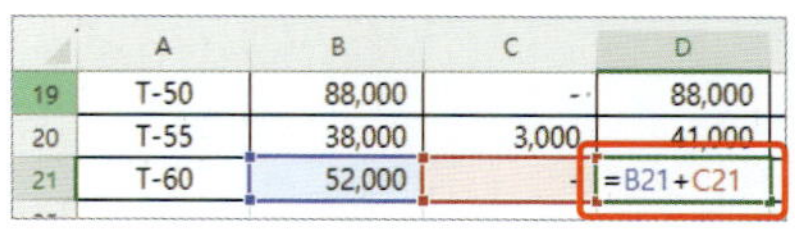

	A	B	C	D
19	T-50	88,000	-	88,000
20	T-55	38,000	3,000	41,000
21	T-60	52,000	-	=B21+C21

3.2 절대 참조

절대 참조는 수식을 복사할 때 셀 주소가 바뀌지 않도록 참조하는 방식이다. 반복적인 계산 작업에서 수식을 복사하면 위치에 따라 주소가 자동으로 바뀌는 '상대 참조' 대신, 모든 계산에 동일하게 적용되어야 하는 셀을 참조할 때 사용한다. 예를 들어 참조할 셀 주소(J3)에 달러($) 기호를 붙여 $J$3처럼 표시하면, 수식을 복사해도 이 주소는 변경되지 않는다.

> **TIP** 달러($) 기호는 직접 입력해도 되지만 F4를 이용해 자동으로 붙일 수 있다.

기본예제 3-6 절대 참조의 필요성 알기

상품 판매가를 달러 단위로 환산하기 위해 '원' 단위 판매가와 '환율'을 이용해 수식을 작성해 보자.

01 E4 셀에 **=D4/J3** 수식을 입력하고 Enter를 누른다.

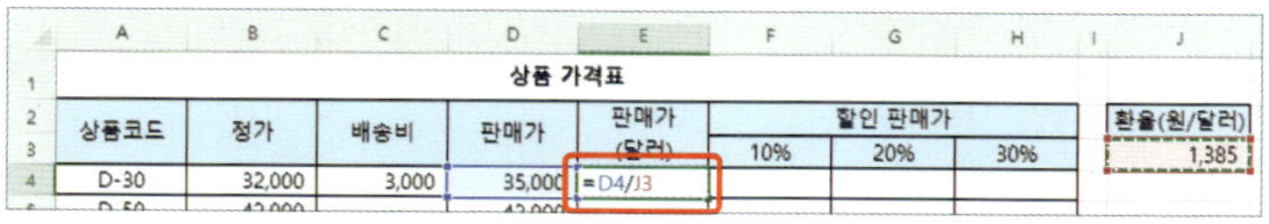

02 E4 셀의 채우기 핸들을 더블클릭해 수식을 복사한다.

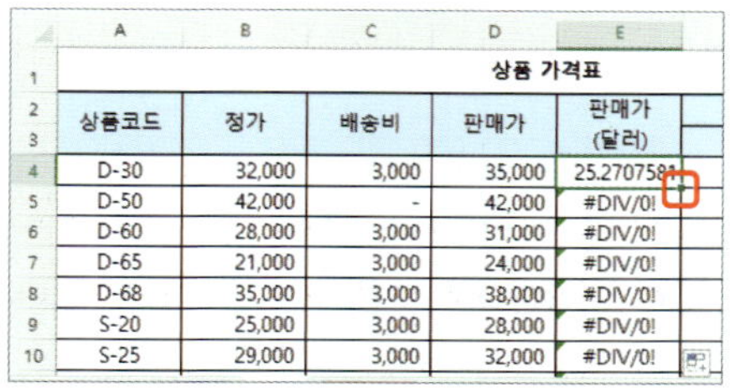

03 오류가 생긴 셀을 더블클릭해 수식을 확인해 본다. 복사할 때 수식이 변경되었고, 비어있는 셀을 참조하고 있어서 올바르지 않은 계산 결과가 나타남을 알 수 있다.

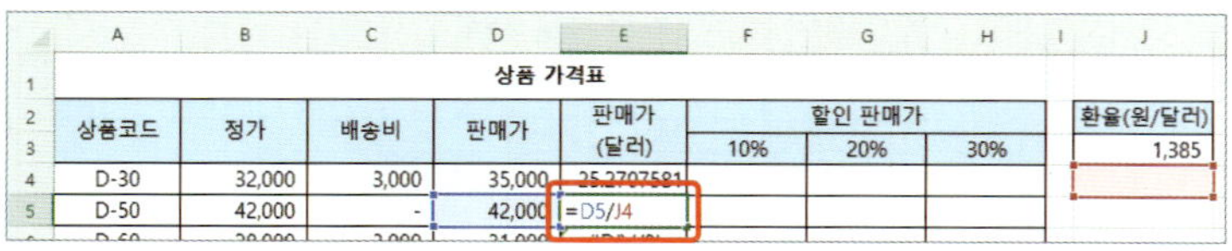

기본예제 3-7 절대 참조를 이용한 수식 만들기

[기본예제 3-6]에서는 수식이 복사될 때 참조하는 셀 주소가 변경되어 올바르지 않은 결과가 표시되었다. 셀 주소가 바뀌지 않도록 수식을 절대 참조 형식으로 변경해 보자.

01 E4 셀에 **=D4/J3** 수식을 입력한다. F4를 눌러 J3이 **$J$3**이 되도록 한 후 Enter를 누른다.

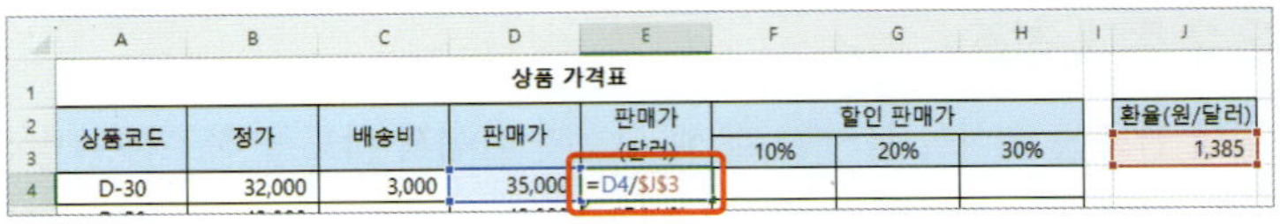

TIP 셀 주소의 앞이나 뒤에 커서를 두고 F4를 반복해서 누르면 J3→$J$3→J$3→$J3 순서로 셀 주소가 순환 변경된다.

02 E4 셀의 채우기 핸들을 더블클릭해 수식을 복사한다.

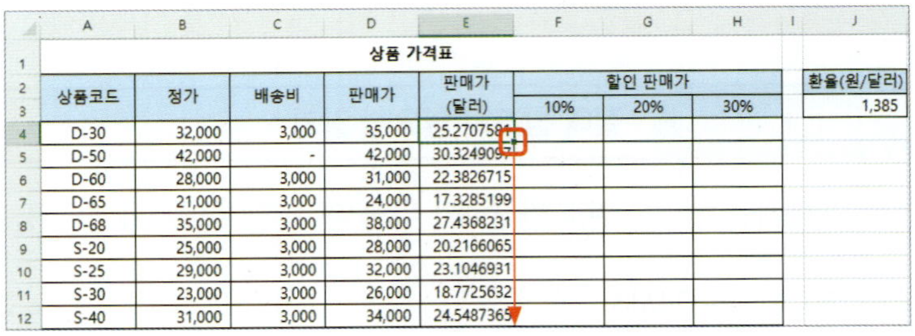

03 E5 셀을 더블클릭하면 수식에서 참조하고 있는 셀이 표시된다. 수식이 복사될 때 J3 셀의 '환율'이 고정되어 올바르게 계산된다.

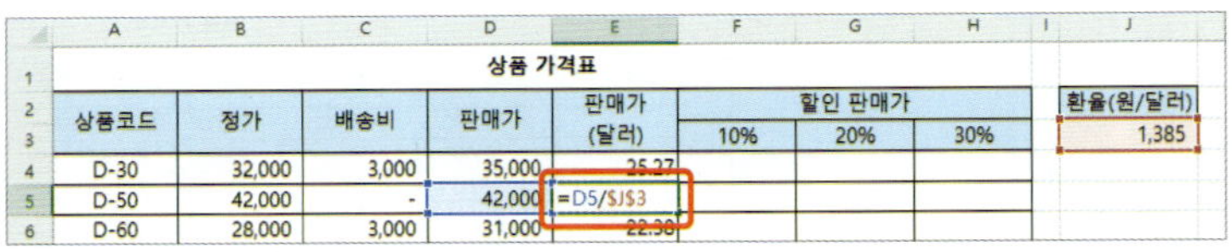

04 E4:E21 범위를 선택하고 [홈] 탭-[표시 형식] 그룹-[자릿수 줄임]을 눌러 소수 자릿수를 두 자리로 표시한다.

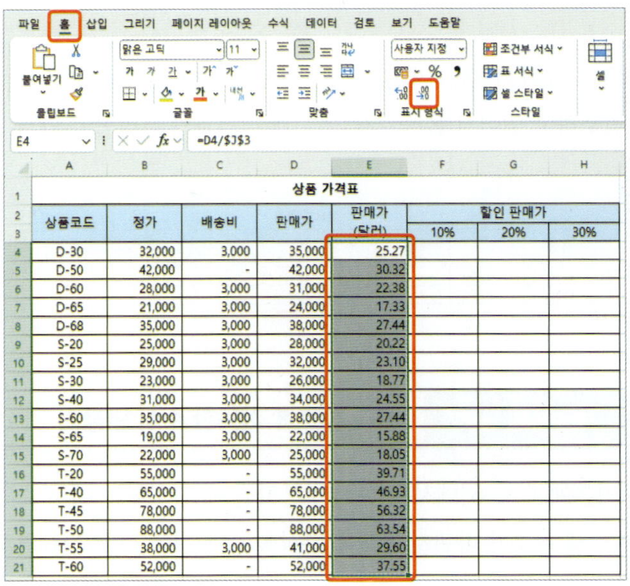

3.3 혼합 참조

셀 주소의 행 번호나 열 번호 중에서 하나만 $ 기호를 붙이는 형태를 혼합 참조라고 한다. 가령 수식에서 $F3으로 셀을 참조하는 경우 열 번호(F)가 고정되어 수식을 복사해도 바뀌지 않는다. 만약 F$3으로 참조한다면 행 번호(3)가 고정된다는 의미이다.

기본예제 3-8 혼합 참조를 이용한 수식 만들기

혼합 참조를 이용한 수식으로 할인율에 따른 상품별 할인 판매가를 구해 보자.

01 F4 셀을 선택하고 **=D4*(1−F3)** 수식을 입력한다.

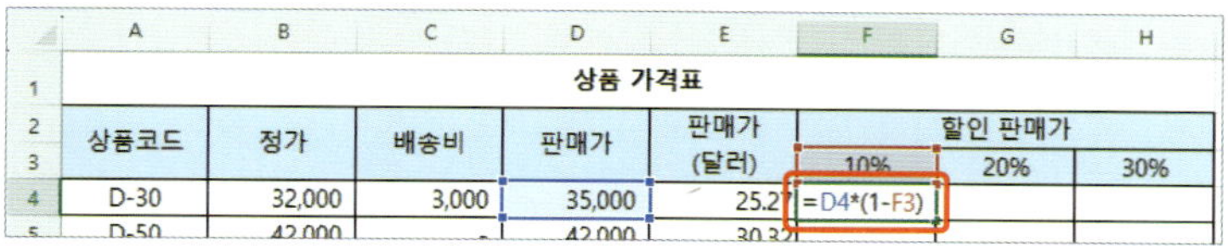

상품코드	정가	배송비	판매가	판매가(달러)	할인 판매가 10%	20%	30%
D-30	32,000	3,000	35,000	25.27	=D4*(1-F3)		

TIP 할인율을 적용한 상품 가격은 **=판매가*(1−할인율)** 수식으로 구한다.

02 마우스 클릭이나 키보드 방향키로 수식의 D4 뒤에 커서를 두고 [F4]를 세 번 누르면 $D4로 바뀐다. 같은 방법으로 F3는 [F4]를 두 번 눌러 F$3으로 바꾸고 [Enter]를 누른다.

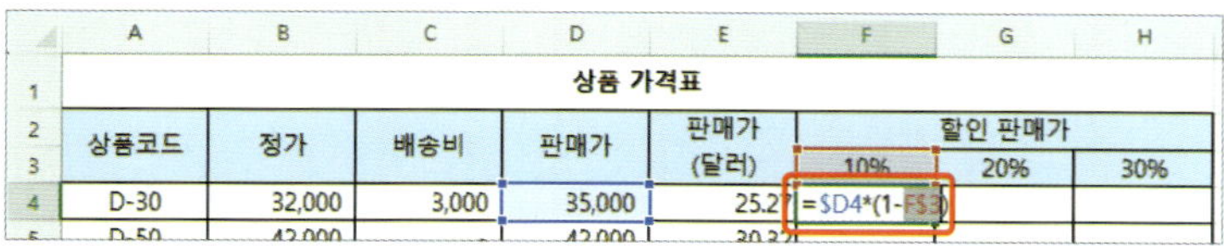

상품코드	정가	배송비	판매가	판매가(달러)	할인 판매가 10%	20%	30%
D-30	32,000	3,000	35,000	25.27	=$D4*(1-F$3)		

TIP 혼합 참조에도 [F4]를 사용해 달러($) 기호를 붙이는데, [F4]를 두 번 누르면 행 번호, 세 번 누르면 열 번호가 고정된다.

03 F4 셀의 채우기 핸들을 오른쪽으로 드래그하여 H4 셀까지 수식을 복사한다.

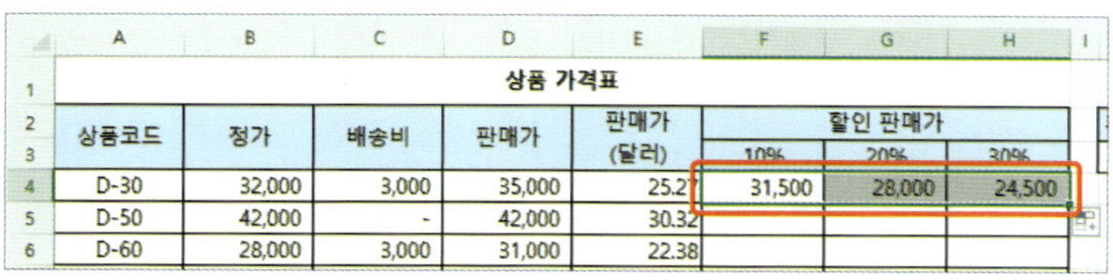

상품코드	정가	배송비	판매가	판매가(달러)	할인 판매가 10%	20%	30%
D-30	32,000	3,000	35,000	25.27	31,500	28,000	24,500
D-50	42,000	-	42,000	30.32			
D-60	28,000	3,000	31,000	22.38			

04 F4:H4 범위를 선택하고 채우기 핸들을 더블클릭하면 모든 상품 가격의 할인 판매가를 계산할 수 있다.

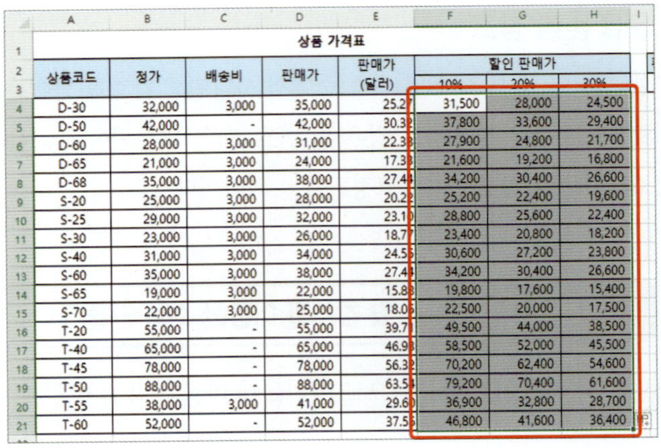

상품 가격표							
상품코드	정가	배송비	판매가	판매가 (달러)	할인 판매가		
					10%	20%	30%
D-30	32,000	3,000	35,000	25.27	31,500	28,000	24,500
D-50	42,000	-	42,000	30.32	37,800	33,600	29,400
D-60	28,000	3,000	31,000	22.38	27,900	24,800	21,700
D-65	21,000	3,000	24,000	17.33	21,600	19,200	16,800
D-68	35,000	3,000	38,000	27.44	34,200	30,400	26,600
S-20	25,000	3,000	28,000	20.22	25,200	22,400	19,600
S-25	29,000	3,000	32,000	23.10	28,800	25,600	22,400
S-30	23,000	3,000	26,000	18.77	23,400	20,800	18,200
S-40	31,000	3,000	34,000	24.56	30,600	27,200	23,800
S-60	35,000	3,000	38,000	27.44	34,200	30,400	26,600
S-65	19,000	3,000	22,000	15.88	19,800	17,600	15,400
S-70	22,000	3,000	25,000	18.06	22,500	20,000	17,500
T-20	55,000	-	55,000	39.71	49,500	44,000	38,500
T-40	65,000	-	65,000	46.93	58,500	52,000	45,500
T-45	78,000	-	78,000	56.32	70,200	62,400	54,600
T-50	88,000	-	88,000	63.54	79,200	70,400	61,600
T-55	38,000	3,000	41,000	29.60	36,900	32,800	28,700
T-60	52,000	-	52,000	37.56	46,800	41,600	36,400

SECTION 04 이름 정의하기

엑셀의 모든 셀에는 열과 행의 번호가 조합된 고유한 주소가 있지만 필요에 따라 이름을 정의할 수 있다. 특정 셀에 이름을 붙일 수도 있고, 여러 개의 셀 범위에도 이름을 붙일 수도 있다. 이 절에서는 이름을 정의하고 활용하는 방법에 대해 알아본다.

4.1 셀 이름

셀에 이름을 정의하고 수식에 사용하면 절대 참조처럼 수식을 복사할 때 변경되지 않는다. 또한 '환율'이나 '할인율'처럼 의미를 직관적으로 파악할 수 있는 이름을 만들어 수식에 사용하면 셀 주소를 사용할 때보다 더 이해하기 쉬워진다.

기본예제 3-9 셀 이름 정의하고 사용하기

절대 참조 대신 셀에 이름을 정의하고 수식에 활용해 보자.

01 '3장_실습.xlsx' 파일의 '이름정의' 시트를 열고 H3 셀을 선택한다.

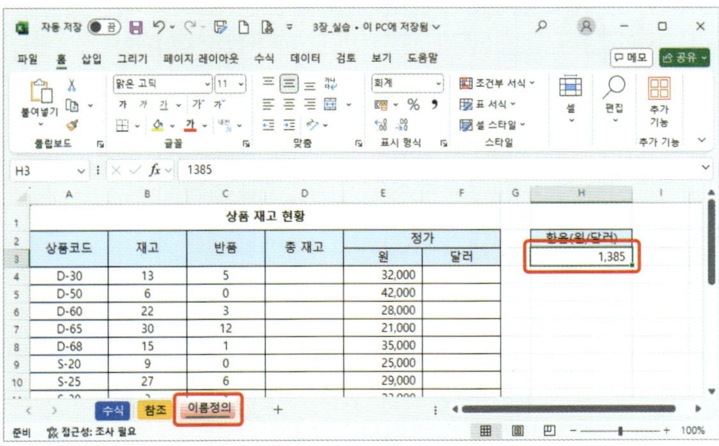

02 이름 상자의 셀 주소를 더블클릭해 **환율**이라고 입력하고 [Enter]를 누른다.

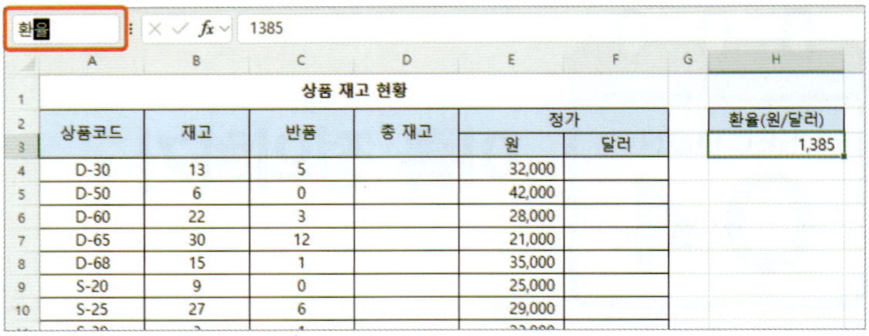

상품코드	재고	반품	총 재고	정가 원	정가 달러
D-30	13	5		32,000	
D-50	6	0		42,000	
D-60	22	3		28,000	
D-65	30	12		21,000	
D-68	15	1		35,000	
S-20	9	0		25,000	
S-25	27	6		29,000	

환율(원/달러)
1,385

> **TIP** 셀 이름은 숫자로 시작할 수 없고, 이름 중간에 공백 문자를 사용할 수 없다. 또한 이름 사용 범위를 [통합 문서]로 설정하면 통합 문서 내의 다른 시트에서 동일한 이름이 정의되지 않도록 주의해야 한다.

03 이름 상자의 [⌄ 목록] 단추를 눌러 보면 정의한 이름이 추가된 것을 확인할 수 있다.

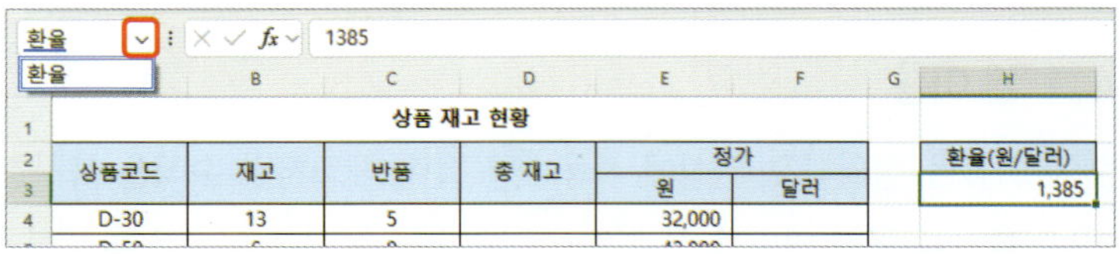

04 F4 셀을 선택하고 **=E4/환율** 수식을 입력한 후 [Enter]를 누른다.

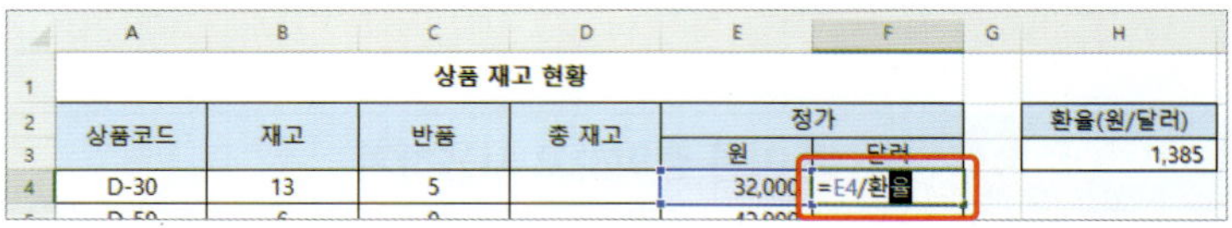

05 F4 셀의 채우기 핸들을 더블클릭해 수식을 복사한다.

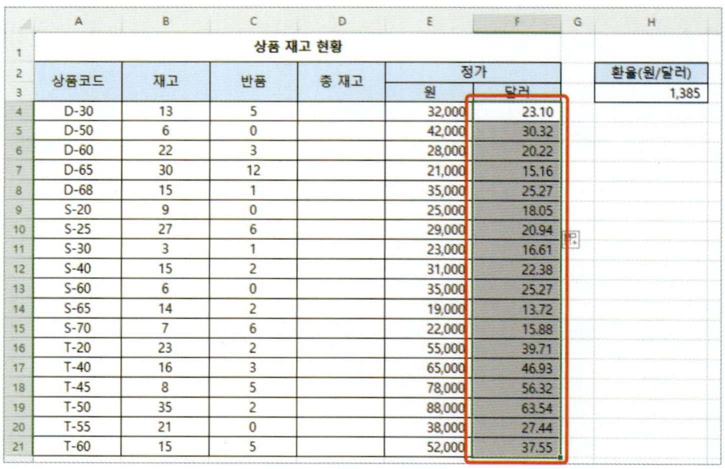

상품코드	재고	반품	총 재고	정가 원	정가 달러
D-30	13	5		32,000	23.10
D-50	6	0		42,000	30.32
D-60	22	3		28,000	20.22
D-65	30	12		21,000	15.16
D-68	15	1		35,000	25.27
S-20	9	0		25,000	18.05
S-25	27	6		29,000	20.94
S-30	3	1		23,000	16.61
S-40	15	2		31,000	22.38
S-60	6	0		35,000	25.27
S-65	14	2		19,000	13.72
S-70	7	6		22,000	15.88
T-20	23	2		55,000	39.71
T-40	16	3		65,000	46.93
T-45	8	5		78,000	56.32
T-50	35	2		88,000	63.54
T-55	21	0		38,000	27.44
T-60	15	5		52,000	37.55

환율(원/달러)
1,385

06 [수식] 탭 – [수식 분석] 그룹 – [수식 표시]를 눌러 보면 정의한 이름으로 셀을 참조하고 있는 수식을 확인할 수 있다. [수식 표시]를 다시 누르면 셀에 계산된 값이 표시된다.

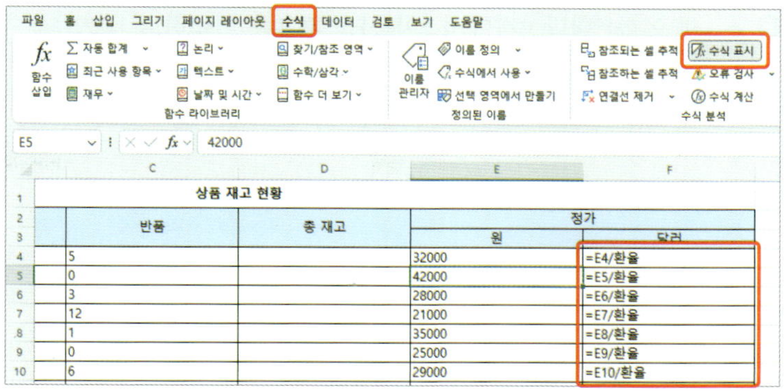

4.2 영역 이름

하나 이상의 셀로 이루어지는 데이터 범위에는 영역 이름을 정의할 수 있다. 이름 상자 목록에서 영역 이름을 클릭하면 해당 데이터 범위를 빠르게 지정하거나, 수식을 간편하게 작성할 수 있다. 수식에 셀 이름이나 영역 이름을 사용하면 수식의 의미를 더 명확하게 표현할 수 있다는 장점도 있다.

기본예제 3-10 영역 이름 정의하고 사용하기

데이터 범위에 이름을 정의하고 수식에 활용해 보자.

01 B4:B21 범위를 선택하고 [수식] 탭 – [정의된 이름] 그룹 – [이름 정의]를 누른다.

02 [새 이름] 대화상자에서 [이름]을 **재고**로 입력하고 [확인]을 누른다.

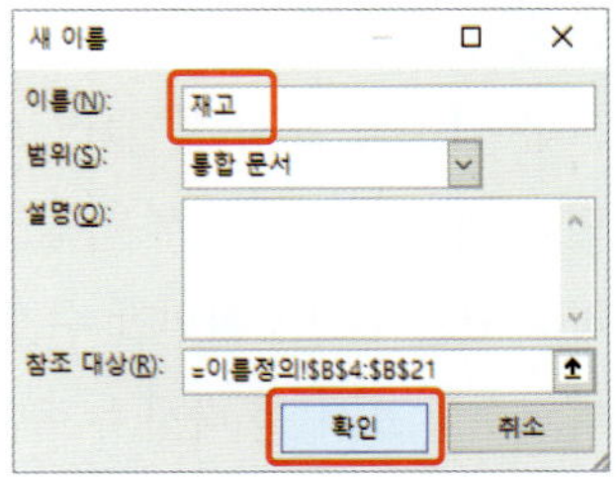

TIP 셀 이름이나 영역 이름 편집하기

이름 상자 목록을 열어 정의된 이름을 확인할 수 있고, [이름 관리자]를 이용하면 셀 이름이나 영역 이름을 편집하거나 삭제할 수도 있다.

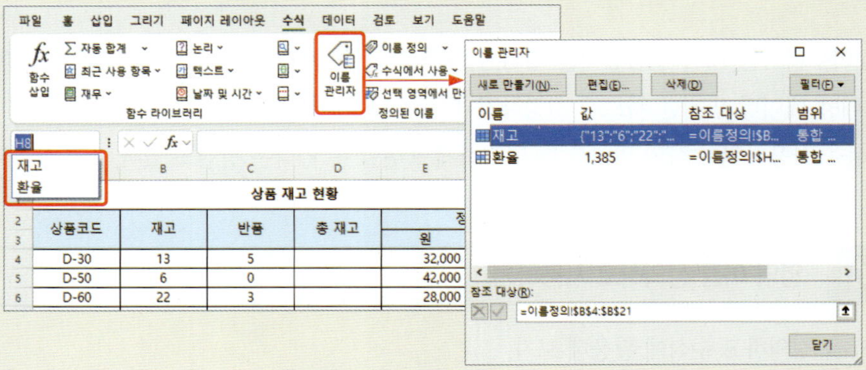

03 반품 데이터 영역에도 이름을 정의해 보자. C4:C21 범위를 선택하고, 이름 상자에 **반품**을 입력한 후 Enter 를 누른다.

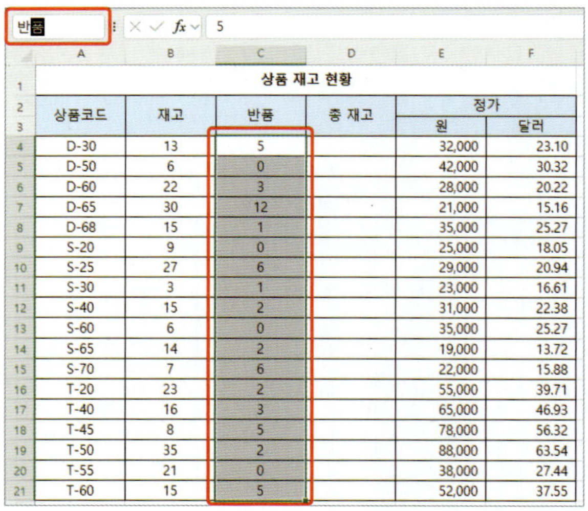

04 D4 셀을 선택하고 **=재고+반품** 수식을 입력하고 Enter를 누른다.

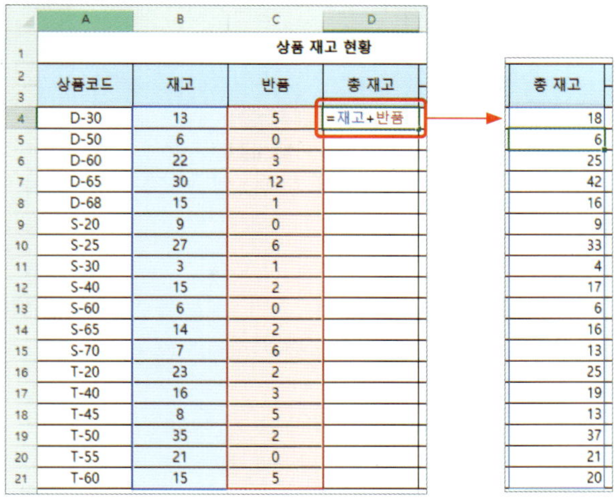

TIP D4 셀에 영역 이름을 참조하는 수식을 입력하면 영역 범위만큼 수식이 자동 확장되어, D4:D21 범위에 결과가 모두 표시된다. 이와 같이 수식을 하나의 셀에만 입력해도, 필요한 만큼 인접 셀로 자동 확장되는 방식을 동적 배열 수식이라 한다.

TIP 정의한 이름을 수식에 간편하게 입력하기

[수식] 탭-[정의된 이름] 그룹의 [수식에서 사용]을 누르면 정의된 이름 목록이 모두 표시된다. 수식을 작성할 때 필요한 이름을 목록에서 클릭하면 수식에 자동으로 입력되므로 입력 오류를 방지할 수 있다.

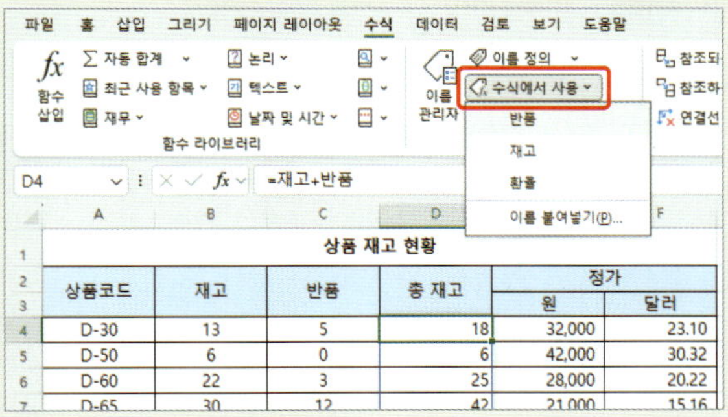

종합예제

수식 작성 방법과 자동 합계 함수, 셀 참조를 이용하여 연령별 인구수와 구성비를 보여주는 데이터를 워크시트에 만들어 보자.

1 '3장_종합.xlsx' 파일의 '준비' 시트를 열고 C2 셀에는 **1980년**, D2 셀에는 **1990년**을 입력한다. C2:D2 범위를 선택하고 채우기 핸들을 J2 셀까지 드래그한다.

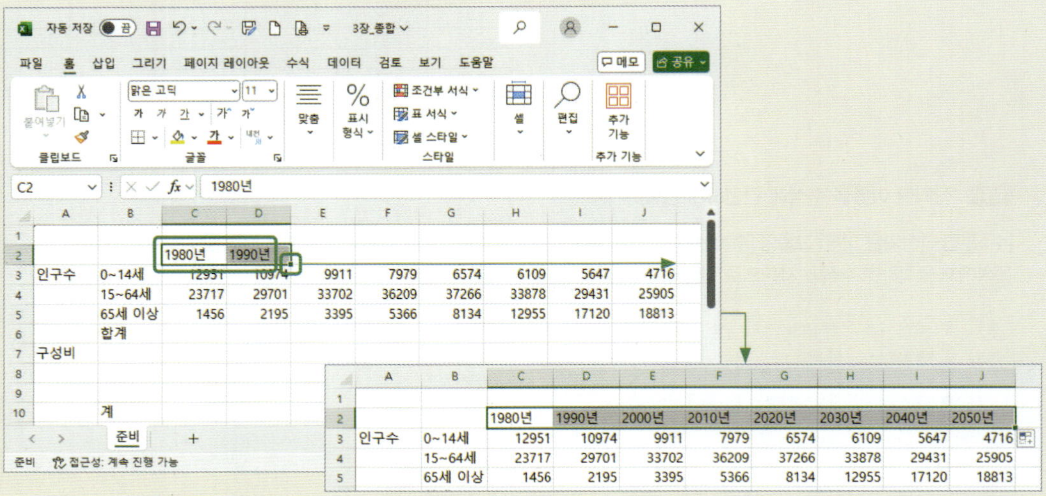

2 [파일] 탭-[옵션]을 선택한다. [Excel 옵션] 대화상자가 나타나면 [고급] 범주-[사용자 지정 목록 편집]을 누른다.

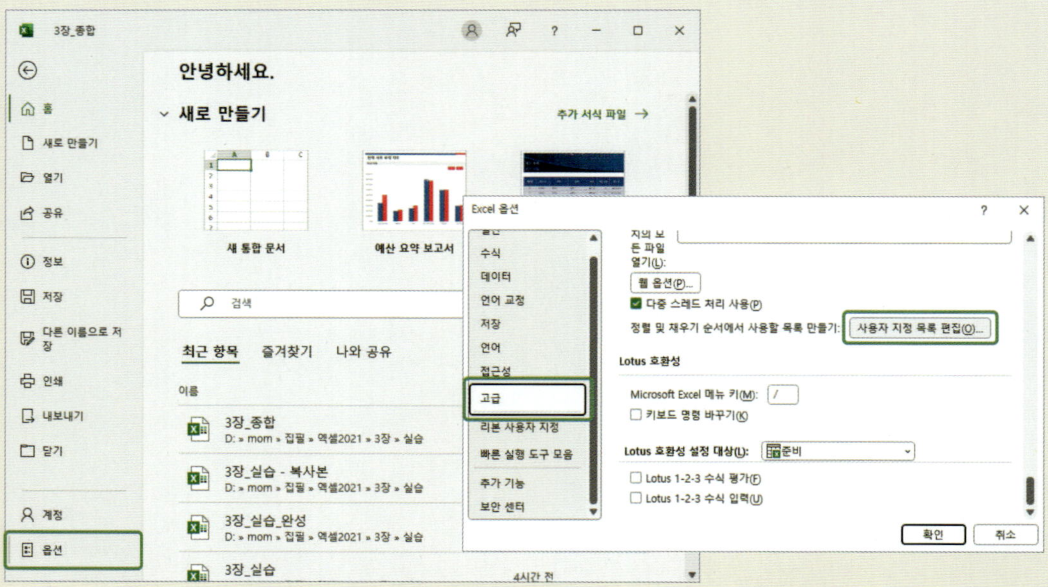

3 [옵션] 대화상자에서 [목록 가져올 범위]의 값을 **$B$3:$B$5**로 변경한다.

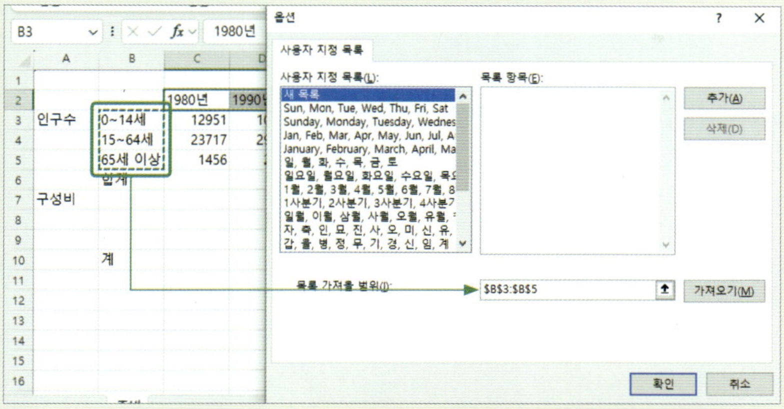

TIP 마우스로 '준비' 시트의 B3:B5 범위를 드래그해 선택하면 달러($) 기호가 자동으로 추가된다.

4 [가져오기]를 눌러 선택한 범위의 값을 [사용자 지정 목록]에 추가한다. [확인]을 눌러 [옵션] 대화상자와 [Excel 옵션] 대화상자를 모두 닫는다.

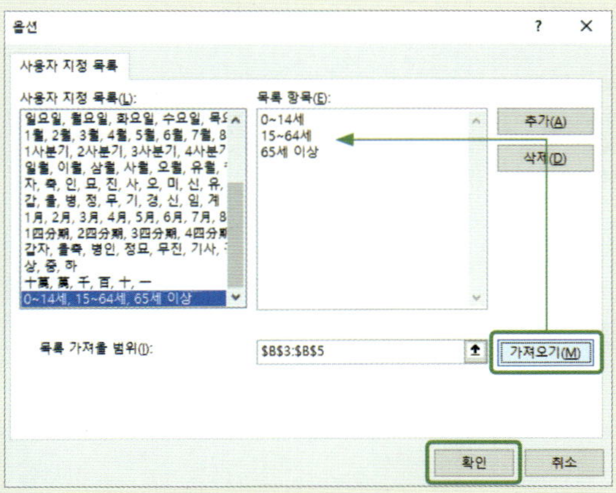

종합예제

5 B7 셀에 **0~14세**를 입력하고 B9 셀까지 채우기 핸들을 드래그한다. 등록해 두었던 목록으로 셀 값이 채워진다.

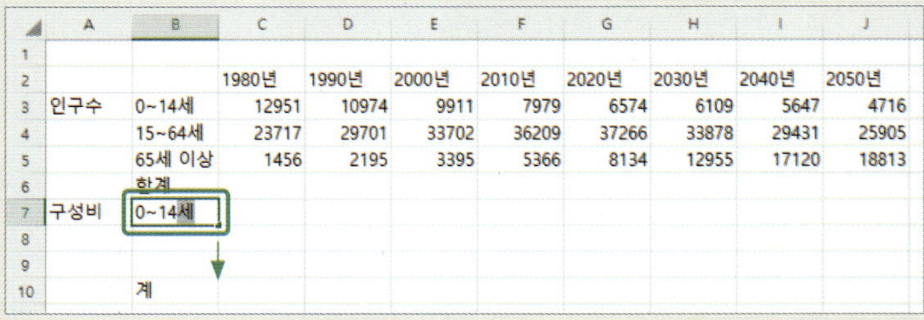

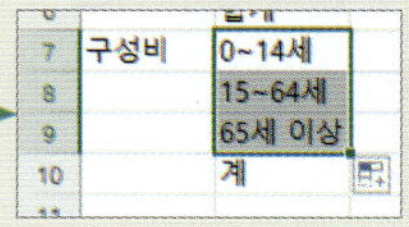

TIP 자주 사용하는 값은 사용자 지정 목록에 등록해 두면 편리하지만, 그렇지 않은 경우에는 값을 복사해도 된다.

6 A1:J1 범위를 선택하고 [홈] 탭–[맞춤] 그룹–[병합하고 가운데 맞춤]을 누른다. 병합한 셀에 **=A3&"와 "&A7&"(단위 : 천명, %)"** 수식을 입력한다.

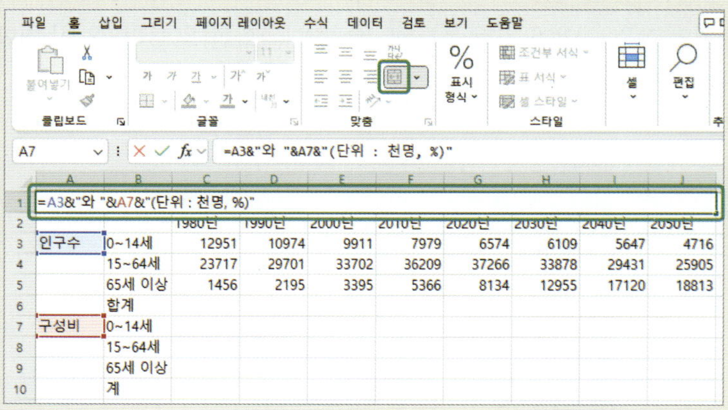

7 C6:J6 범위를 선택하고 [수식] 탭 – [함수 라이브러리] 그룹 – [자동 합계]를 눌러 연도별 합계를 계산한다.

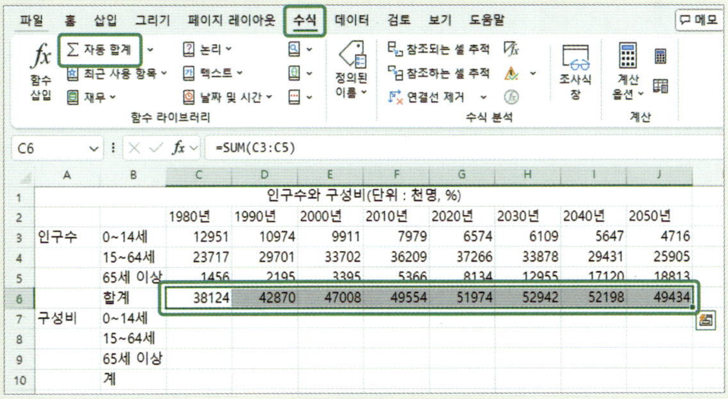

8 C7 셀에 **=C3/C$6*100** 수식을 입력하고 Enter를 누른다. 채우기 핸들을 J7 셀까지 드래그해 모두 계산한다.

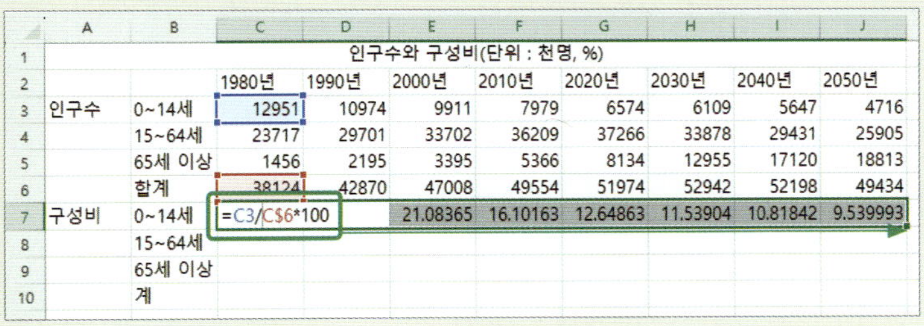

9 C7:J7 범위를 선택하고 채우기 핸들을 J9 셀까지 드래그하여 연령별 구성비를 모두 계산한다.

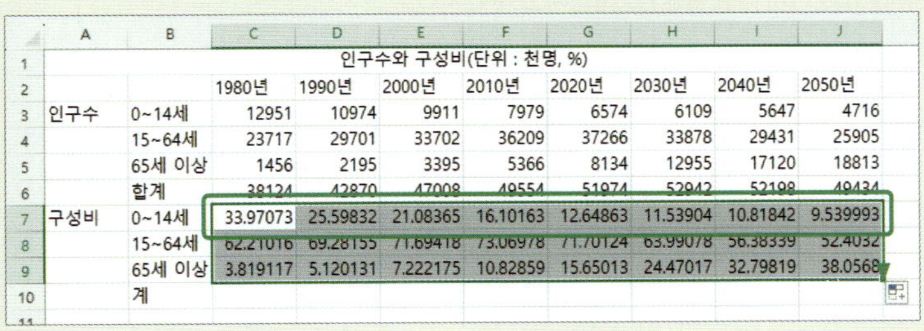

종합예제

10 C10:J10 범위를 선택하고 [수식] 탭–[함수 라이브러리] 그룹–[자동 합계]를 눌러 구성비 계를 모두 계산한다.

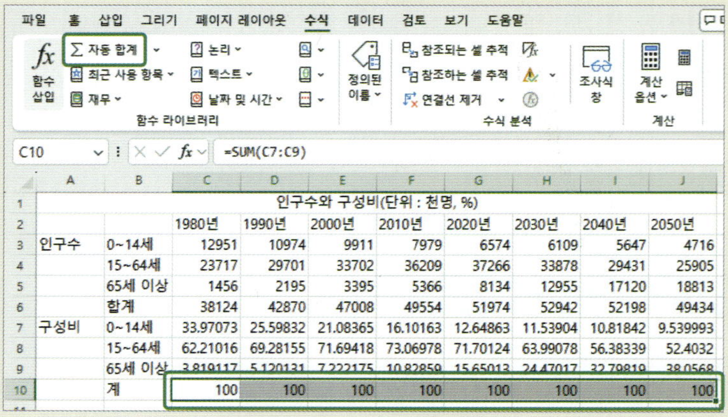

	A	B	C	D	E	F	G	H	I	J
1	인구수와 구성비(단위 : 천명, %)									
2			1980년	1990년	2000년	2010년	2020년	2030년	2040년	2050년
3	인구수	0~14세	12951	10974	9911	7979	6574	6109	5647	4716
4		15~64세	23717	29701	33702	36209	37266	33878	29431	25905
5		65세 이상	1456	2195	3395	5366	8134	12955	17120	18813
6		합계	38124	42870	47008	49554	51974	52942	52198	49434
7	구성비	0~14세	33.97073	25.59832	21.08365	16.10163	12.64863	11.53904	10.81842	9.539993
8		15~64세	62.21016	69.28155	71.69418	73.06978	71.70124	63.99078	56.38339	52.4032
9		65세 이상	3.819117	5.120131	7.222175	10.82859	15.65013	24.47017	32.79819	38.0568
10		계	100	100	100	100	100	100	100	100

11 다음 그림과 같이 셀 서식을 설정한다.

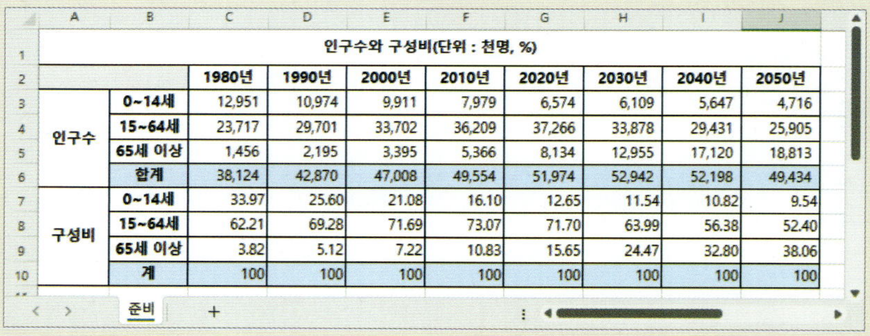

인구수와 구성비(단위 : 천명, %)									
		1980년	1990년	2000년	2010년	2020년	2030년	2040년	2050년
인구수	0~14세	12,951	10,974	9,911	7,979	6,574	6,109	5,647	4,716
	15~64세	23,717	29,701	33,702	36,209	37,266	33,878	29,431	25,905
	65세 이상	1,456	2,195	3,395	5,366	8,134	12,955	17,120	18,813
	합계	38,124	42,870	47,008	49,554	51,974	52,942	52,198	49,434
구성비	0~14세	33.97	25.60	21.08	16.10	12.65	11.54	10.82	9.54
	15~64세	62.21	69.28	71.69	73.07	71.70	63.99	56.38	52.40
	65세 이상	3.82	5.12	7.22	10.83	15.65	24.47	32.80	38.06
	계	100	100	100	100	100	100	100	100

❶ C3:J6 범위는 [홈] 탭–[표시 형식] 그룹에서 [쉼표 스타일]을 설정한다.

❷ C7:J9 범위는 [홈] 탭–[표시 형식] 그룹–[자릿수 줄임]을 이용해 소수 2자리로 표시한다.

❸ A2:B2 범위, A3:A6 범위, A7:A10 범위를 각각 [홈] 탭–[맞춤] 그룹–[셀 병합]으로 병합한다.

❹ A1:J2 범위의 제목 행과 A3:B10 범위의 제목 열의 텍스트는 [홈] 탭–[글꼴] 그룹–[굵게]와 [홈] 탭–[맞춤] 그룹–[가운데 맞춤]으로 설정한다.

❺ 행 높이와 열 너비를 보기 좋게 조절하고, 셀 테두리와 채우기 색을 그림과 같이 설정한다.

연습문제

1 '3장_연습.xlsx' 파일의 '연습1' 시트를 열고 다음과 같이 도서 판매 현황을 작성하시오.

❶ G2 셀은 '할인율'로 이름을 정의하시오.

❷ 각 도서별 '판매금액'은 '판매량*정가*(1-할인율)' 수식으로 계산해서 표시하시오.

❸ 전체 판매금액 합계 대비 각 도서별 판매금액의 비율을 계산하여 G4:G17의 '판매율'에 표시하고, 백분율 스타일로 표시 형식을 설정하시오.

❹ F18 셀에 판매금액의 '합계', G18 셀에 판매율의 '합계'를 구하시오.

❺ 최고 판매량, 최저 판매량, 판매량 평균을 구하고 J3:J5에 각각 표시하시오.

❻ 셀 병합, 셀 테두리와 채우기 색, 맞춤, 자릿수 등을 그림과 같이 설정하시오.

도서 판매 현황

				할인율	10%

도서번호	출판사	발행일	정가	판매량	판매금액	판매율
8984317411	휴	2013-10-09	13,000	15	175,500	=F4/$F$18
1130612244	진명	2017-05-08	15,000	20	270,000	4%
8956055467	북하우스	2011-10-10	16,000	50	720,000	11%
8932917237	열린책들	2015-07-10	19,800	15	267,300	4%
8901204215	교양인	2015-06-14	15,000	25	337,500	5%
2125461472	한빛	2018-03-01	22,000	32	633,600	10%
1134571264	진명	2017-12-22	13,500	21	255,150	4%
8984315117	휴	2017-04-20	12,000	30	324,000	5%
8982813845	현대	2017-08-02	8,500	5	38,250	1%
2174546547	한빛	2018-06-29	21,000	22	415,800	7%
1147713676	진명	2018-07-10	18,000	31	502,200	8%
8934908068	세종	2018-01-05	8,500	48	367,200	6%
8963220826	비전	2015-07-30	14,800	25	333,000	5%
8970127240	문학사상	2015-12-19	28,000	65	1,638,000	26%
				합계	6,277,500	100%

최고 판매량	65
최저 판매량	5
판매량 평균	29

연습1 | 연습2 | 연습3

2 '3장_연습.xlsx' 파일의 '연습2' 시트를 열고 다음과 같이 지역별 도서관 현황을 작성하시오.

❶ 1관당 평균 좌석수를 '좌석수/도서관수'로 계산해서 표시하시오.

❷ 평균 도서수를 '총 도서수/도서관수'로 계산해서 표시하시오.

❸ 평균 방문자수를 '총 방문자수/도서관수'로 계산해서 표시하시오.

❹ 마지막 행에 '총계'를 추가하고, 도서관수, 좌석수, 총 도서수, 총 방문자수의 합계를 계산해서 표시하시오.

❺ 셀 테두리와 채우기, 맞춤 등을 그림과 같이 설정하시오.

지역	지역별 도서관 현황						
	도서관수	좌석수	평균 좌석수	총 도서수	평균 도서수	총 방문자수	평균 방문자수
서울	180	46,185	257	14,977,157	83,206	66,727,127	370,706
부산	44	17,622	401	5,935,375	134,895	15,530,243	352,960
대구	43	13,882	323	4,561,041	106,071	12,699,542	295,338
인천	53	18,760	354	4,785,154	90,286	16,201,164	305,682
광주	23	10,291	447	2,657,992	115,565	7,097,136	308,571
대전	26	10,348	398	3,029,623	116,524	7,257,769	279,145
울산	19	6,317	332	2,097,521	110,396	5,936,283	312,436
세종	11	2,216	201	488,635	44,421	1,351,016	122,820
경기	277	106,155	383	32,784,128	118,354	79,075,911	285,473
강원	58	15,189	262	5,165,475	89,060	7,446,421	128,387
충북	48	10,017	209	4,445,320	92,611	7,398,674	154,139
충남	63	18,410	292	5,995,196	95,162	10,012,732	158,932
전북	59	17,804	302	4,950,186	83,901	8,233,555	139,552
전남	70	21,234	303	6,479,910	92,570	8,882,608	126,894
경북	66	22,378	339	6,333,526	95,963	11,503,417	174,294
경남	72	24,056	334	7,772,388	107,950	15,715,790	218,275
제주	22	6,800	309	2,616,004	118,909	3,341,950	151,907
총계	1,134	367,664		115,074,631		284,411,338	

연습1 연습2 연습3

3 '3장_연습.xlsx' 파일의 '연습3' 시트를 열고 다음 조건에 맞게 교육프로그램 목록을 작성하시오.

❶ 모든 데이터의 글꼴은 맑은 고딕, 12pt로 하고, 맞춤은 그림과 같이 설정하시오.

❷ 제목은 그림과 같이 셀을 병합하여 입력한 후, 글꼴을 맑은 고딕, 16pt로 설정하시오.

❸ 사번은 연속 데이터 채우기로 입력하시오.

❹ 입사일은 첫 행에 25년 9월 1일을 입력한 후, '평일 단위 채우기'로 자동으로 채우시오.

❺ 가산점은 컴퓨터활용 점수를 100으로 나눈 정수값으로 표시하시오(예 95점이면 10).

❻ 토익, 컴퓨터활용, 면접, 가산점에 해당하는 데이터 범위에 영역 이름을 각각 설정하시오(예 D6:D13 범위는 '토익').

❼ 영역 이름으로 수식을 만들어 총점을 구하시오.

❽ 자동 합계 도구를 사용하여 마지막 행에 있는 토익평균, 컴퓨터활용 최고점수, 전체 평균을 구하시오.

❾ 그림과 같이 셀 병합, 셀 테두리, 채우기 색, 맞춤 등의 서식을 설정하시오.

◐ 한국전자 사원 입사성적 ◑

사번	부서	입사일	토익	컴퓨터활용	면접	가산점	총점
1001	무역부	2025-09-01	920	90	20	9	1039
1002	관리부	2025-09-02	550	95	15	10	669.5
1003	총무부	2025-09-03	800	80	16	8	904
1004	관리부	2025-09-04	780	95	10	10	894.5
1005	무역부	2025-09-05	900	88	20	9	1016.8
1006	경리부	2025-09-08	650	92	14	9	765.2
1007	무역부	2025-09-09	810	82	12	8	912.2
1008	총무부	2025-09-10	680	95	19	10	803.5
토익평균	761	컴퓨터활용 최고점수		95	전체 평균		875.5875

연습1 연습2 연습3

CHAPTER

04

표시 형식과 조건부 서식

학습목표

- 표시 형식의 사용법을 알고 사용자 지정 표시 형식을 설정할 수 있다.
- 조건에 따라 셀 서식을 다르게 설정할 수 있다.

EXCEL 2021

SECTION 01

표시 형식 사용하기

숫자를 표시할 때 세 자리마다 콤마(,)를 넣어 구분하거나 통화 기호(₩, $) 또는 여러 가지 단위 기호를 함께 표시하면 숫자의 의미가 좀 더 명확해지고 보기에도 편하다. 숫자나 문자, 날짜와 같은 다양한 종류의 데이터에 표시 형식을 지정하는 방법을 알아본다.

1.1 표시 형식

표시 형식이란 셀에 입력한 데이터에 단위나 특정 형식이 표시되도록 하는 기능이다. 표시 형식을 지정하면 숫자를 천 단위 또는 백만 단위 등으로 표시할 수 있고 통화 형식, 회계 형식, 쉼표 스타일 등을 적용할 수 있다. 또한 날짜 데이터에는 연, 월, 일을 원하는 모양으로 표시하거나 요일을 함께 표시하는 등 다양한 형식으로 구성할 수 있다.

기본예제 4-1 셀에 표시 형식 지정하기

자릿수 구분 기호(콤마), 백분율 기호, 통화 기호, 소수 자릿수 맞춤 등을 셀에 적용하여 숫자를 명확하고 보기 좋게 표시하는 방법을 알아보자.

01 '4장_실습.xlsx' 파일의 '주문' 시트를 열고 먼저 영역 이름을 정의한다. A2:G16 범위를 선택하고 [수식] 탭－[정의된 이름] 그룹－[선택 영역에서 만들기]를 누른다.

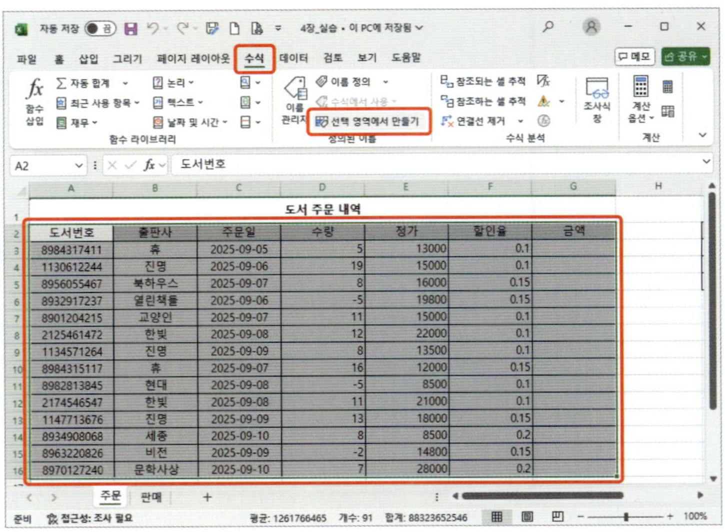

TIP 영역 이름을 정의하면 표시 형식을 설정할 범위를 간편하게 선택할 수 있다.

02 [선택 영역에서 이름 만들기] 대화상자가 나타나면 [첫 행]을 선택하고 [확인]을 누른다. 이름 상자 목록에서 추가된 '도서번호', '출판사', '주문일', '수량', '정가', '할인율', '금액'을 확인할 수 있다.

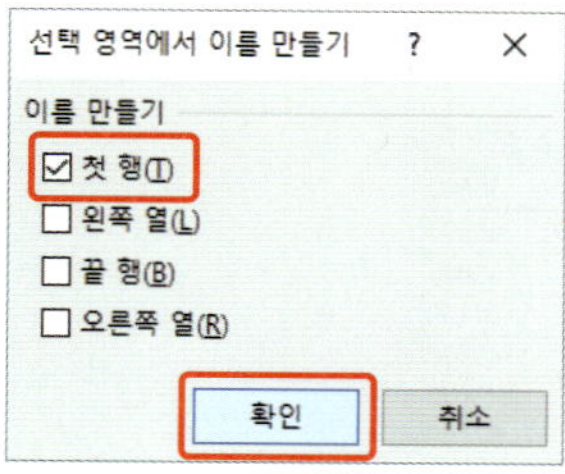

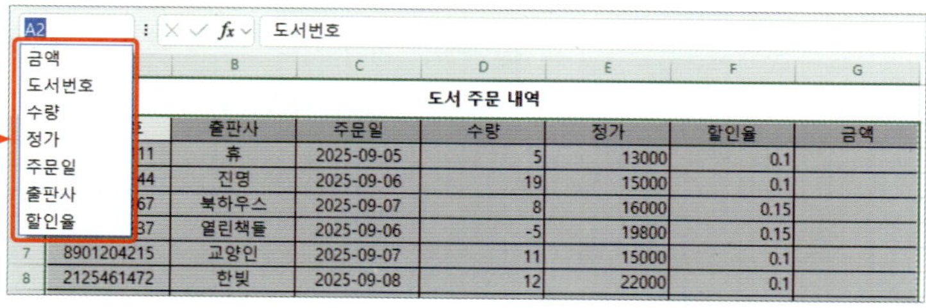

03 이름 상자 목록에서 '정가'를 선택하고 [홈] 탭-[표시 형식] 그룹-[❟ 쉼표 스타일]을 누른다.

> **TIP** 설정한 표시 형식을 취소하려면 [홈] 탭-[표시 형식] 그룹-[표시 형식] 목록에서 [일반]을 선택한다.

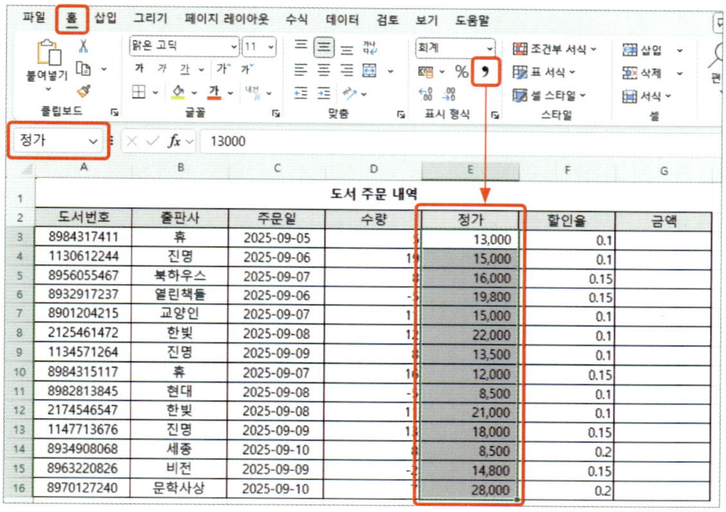

04 이름 상자 목록에서 '할인율'을 선택하고 [홈] 탭-[표시 형식] 그룹-[% 백분율 스타일]을 누른다.

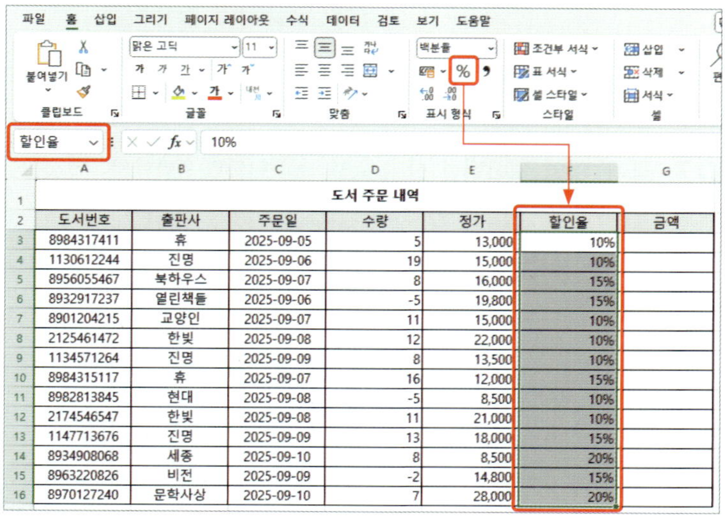

05 G3 셀에 **=수량*정가*(1-할인율)** 수식을 입력하고 [Enter]를 누른다. 수식이 자동 확장되어 모든 셀에 계산 결과가 표시된다.

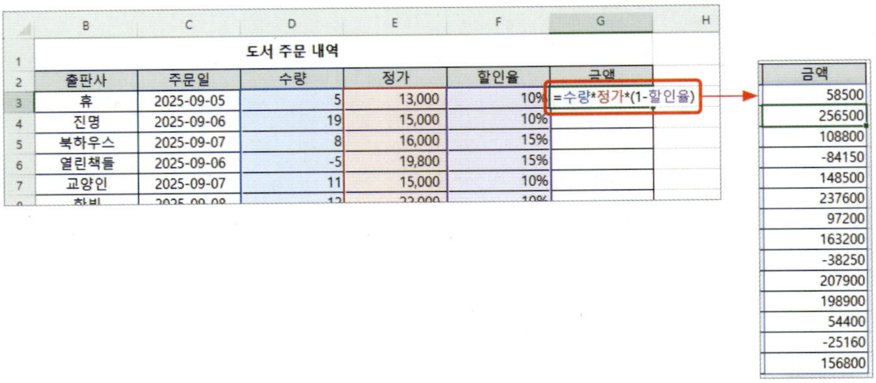

06 이름 상자 목록에서 '금액'을 선택하고, [홈] 탭－[표시 형식] 그룹－[회계 표시 형식] 목록에서 [₩ 한국어]를 선택한다.

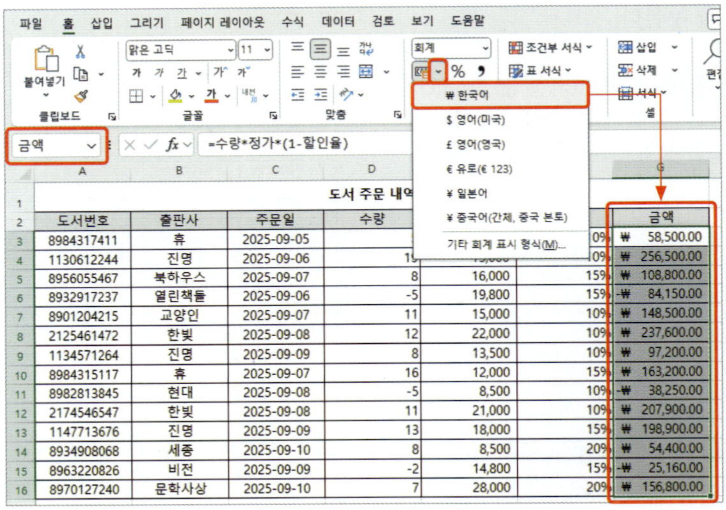

07 '금액' 영역을 선택한 상태로 [자릿수 줄임]을 눌러 정수로 표시되게 한다.

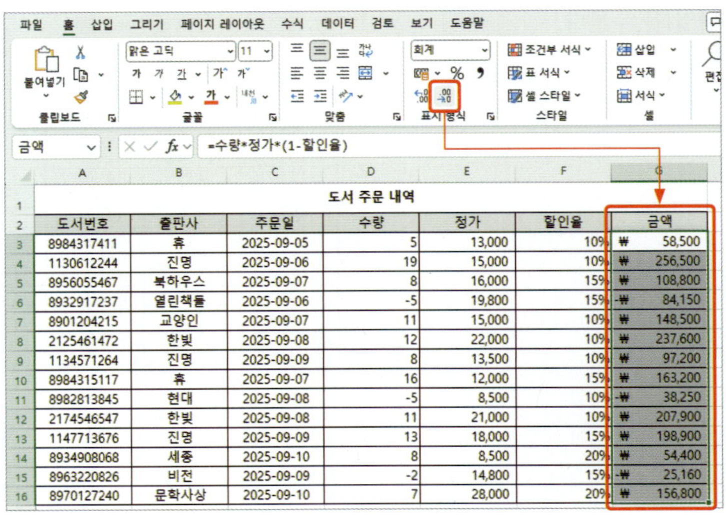

08 이름 상자 목록에서 '정가'를 선택하고 [홈] 탭-[표시 형식] 그룹-[표시 형식] 목록에서 [통화]를 눌러 표시 형식을 변경한다.

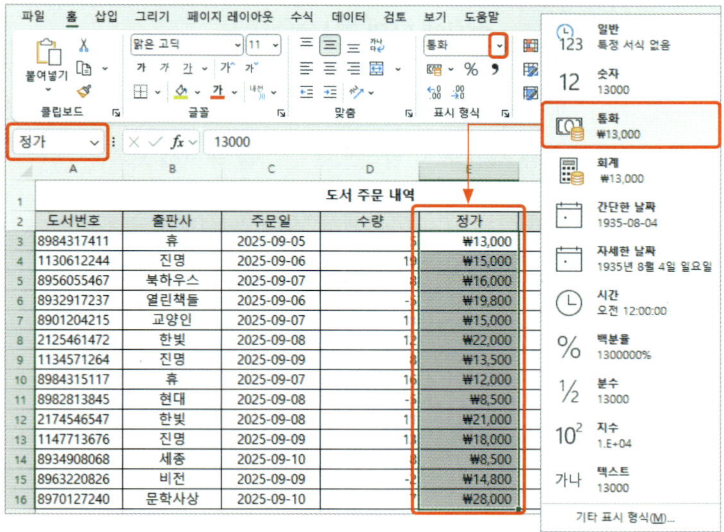

TIP 통화 서식을 적용하면 첫 번째 숫자 바로 앞에 통화 기호가 표시된다. 음수와 0의 표시 방식은 회계 형식과 다르며 우측의 그림에서 그 차이를 확인할 수 있다.

통화		회계
₩1,234,567	양수	₩ 1,234,567
(₩1,234,567)	음수	-₩ 1,234,567
₩0	0	₩ -

1.2 사용자 지정 표시 형식

사용자 지정 표시 형식은 엑셀에서 제공하는 단위 기호나 모양 외에 필요한 형식을 직접 만들어 설정하는 기능이다. 형식을 설정할 때는 엑셀에서 미리 정해놓은 기호를 사용해야 하며, 숫자, 날짜, 문자 등 데이터의 종류에 따라 사용하는 기호가 다르다.

데이터	기호	설명
숫자	#	유효 숫자만 표시(예 010은 10으로, 0.10은 0.1로 표시)
	0	유효 숫자가 아닌 경우 0으로 표시하여 자릿수를 맞춤
	?	유효 숫자가 아닌 경우 공백으로 표시하여 자릿수를 맞춤
	,	서식 중간에 사용하면 세 자리마다 콤마(,)를 넣고, 마지막에 사용하면 천 단위로 표시
날짜	y	연도를 표시
	m	월을 표시
	d	일을 표시하거나 요일을 영문으로 표시
	a	요일을 한글로 표시
연결	@	입력 문자를 그대로 표시
	*	'*' 뒤에 오는 문자를 셀의 공백에 반복하여 채움
	_	'_' 뒤의 문자를 공백으로 표시

기본예제 4-2 숫자에 단위 표시하기

책 수량 뒤에 '권'을 붙여 데이터의 의미를 더 명확하게 표시하거나 금액을 '천원' 단위로 표시하는 등 숫자 데이터에 사용자 지정 표시 형식으로 단위를 표시해 보자.

01 '주문' 시트의 이름 상자 목록에서 '수량'을 선택하고, [홈] 탭 – [표시 형식] 그룹의 [⧉ 대화상자 표시] 단추를 누른다.

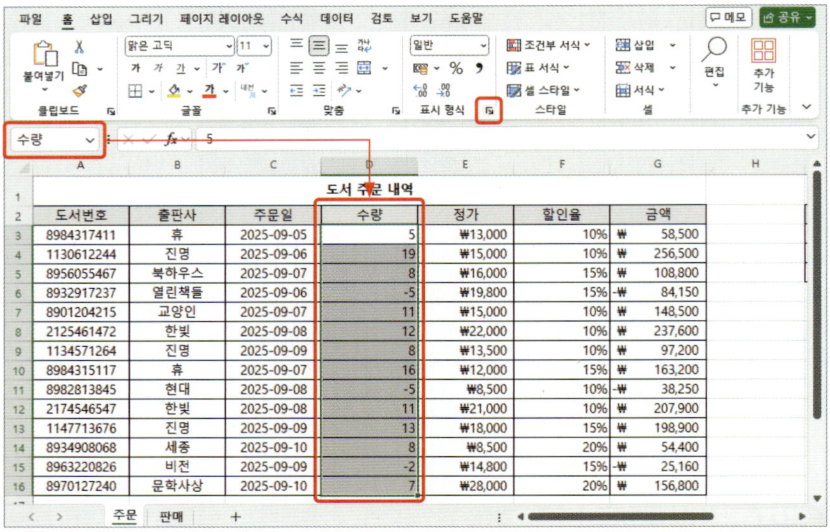

> **TIP** 단축키 Ctrl + 1 을 눌러 [셀 서식] 대화상자를 나타나게 할 수도 있다.

02 [셀 서식] 대화상자가 나타나면 [표시 형식] 탭 – [범주]에서 [사용자 지정]을 선택한다.

> **TIP** [범주] 목록에서 원하는 모양과 비슷한 형식을 먼저 선택한 후 [사용자 지정]에서 변형한다.

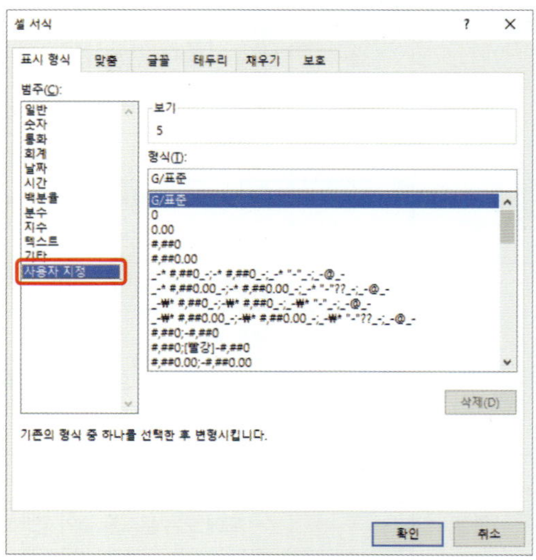

03 [형식]을 **G/표준"권"**으로 수정하고, [확인]을 눌러 [셀 서식] 대화상자를 닫는다.

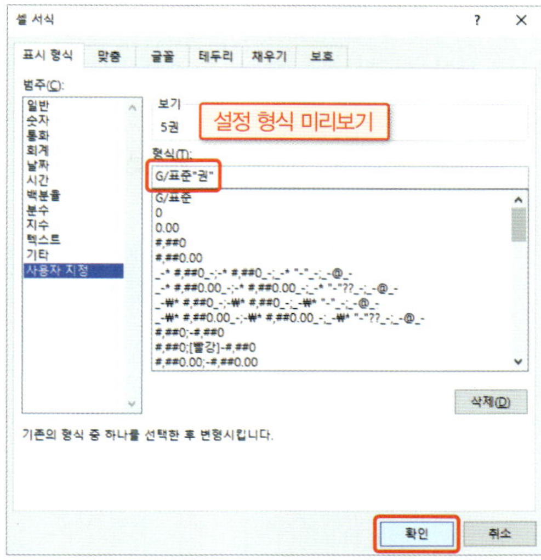

TIP 만약 수량의 숫자 뒤에 권을 직접 입력하면 숫자가 아닌 문자 데이터가 되므로 금액을 계산할 때 오류가 발생한다.

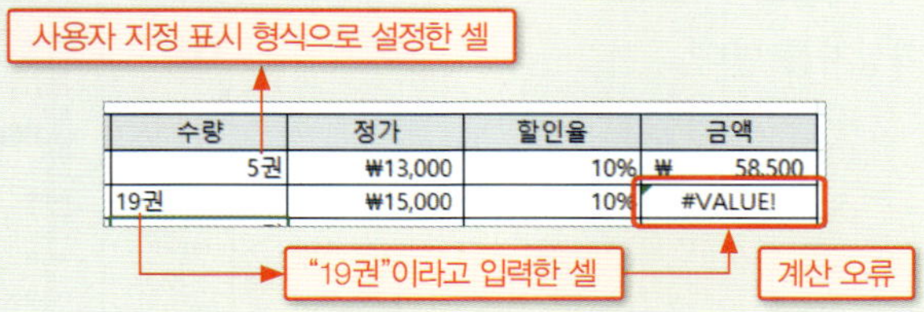

04 이름 상자 목록에서 '정가'를 선택하고 단축키 Ctrl+1을 눌러 [셀 서식] 대화상자를 연다.

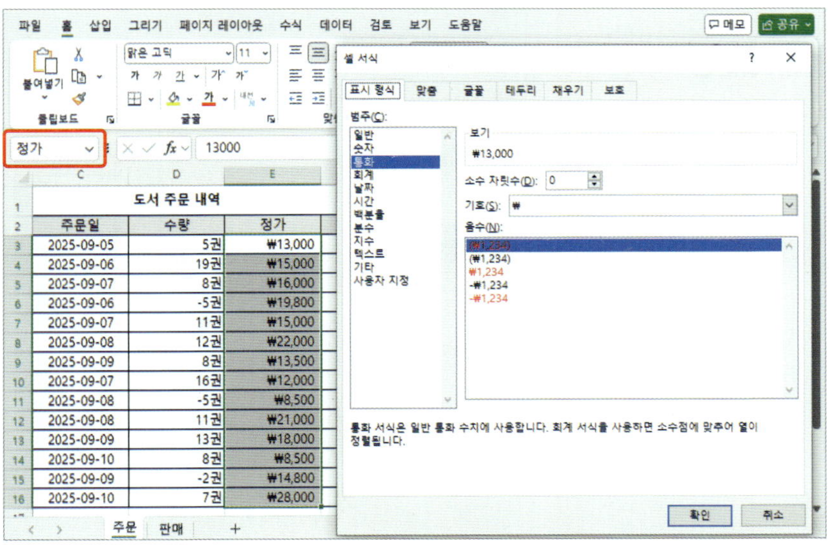

TIP '정가' 영역에 현재 설정되어 있는 [통화] 형식으로 [범주]가 선택되어 있다.

05 [범주]에서 [사용자 지정]을 누르고 [#,##0] 형식을 찾아 선택한다. [형식] 입력란에서 **#,##0"원"**으로 수정하고 [확인]을 누른다.

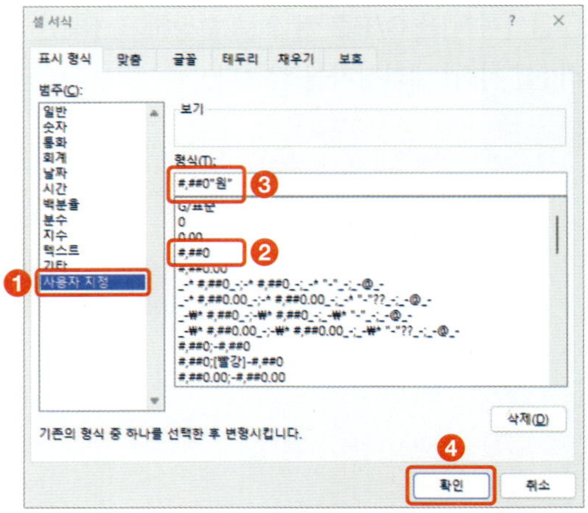

06 이름 상자 목록에서 '금액'을 선택하고 Ctrl + 1 을 눌러 [셀 서식] 대화상자를 연다.

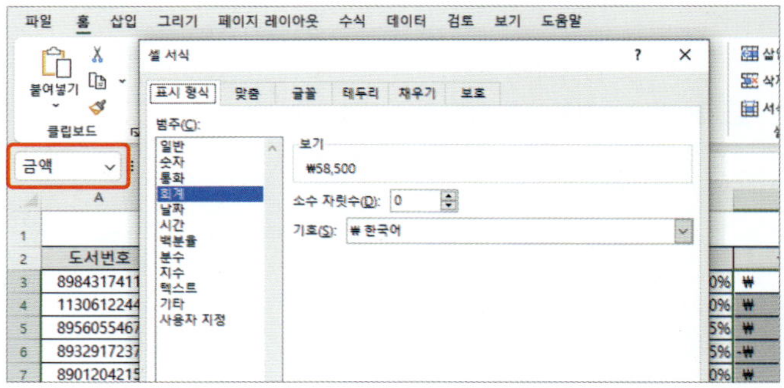

07 [범주] 목록에서 [사용자 지정]을 누른다. [형식] 입력란에 표시되는 형식을 **#,##0,"천원";[빨강]–#,##0,"천원"**으로 수정하고 [확인]을 누른다.

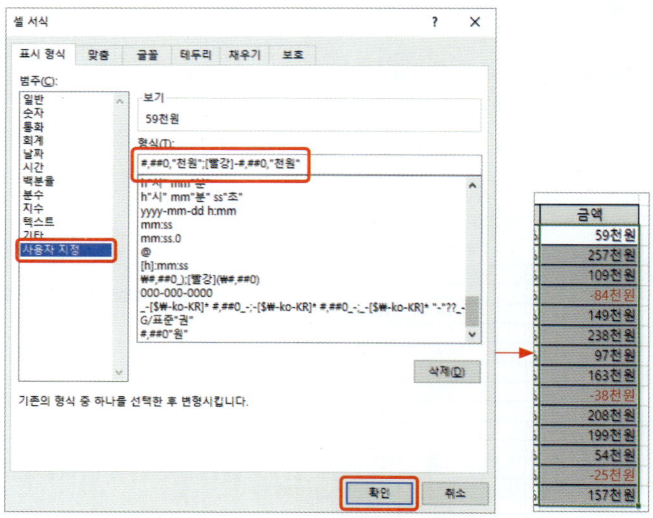

TIP 셀에 표시 형식을 두 가지 이상 설정하려면 세미콜론(;)을 사용한다. '양수;음수;0;문자'의 순으로 각 부분의 형식을 지정한다. 색을 지정하려면 형식 앞에 대괄호([ ])와 함께 색 이름을 입력한다. 사용 가능한 색 이름은 [검정], [녹색], [흰색], [파랑], [자홍], [노랑], [녹청], [빨강] 여덟 가지다.

기본예제 4-3 자릿수가 고정된 숫자의 표시 형식 만들기

사업자등록번호, 주민등록번호, ISBN(국제 표준 도서 번호) 등은 고정된 자릿수를 가진 식별용 숫자 데이터이다. 전화번호처럼 실제 값은 '10'이지만 앞에 0을 붙여 '010'으로 표시하는 경우도 이에 해당한다. 사용자 지정 표시 형식을 만들어 자릿수가 고정된 숫자 데이터를 입력할 때 활용해 보자.

01 이름 상자 목록에서 '도서번호'를 선택하고, [홈] 탭–[표시 형식] 그룹의 [대화상자 표시] 단추를 누른다.

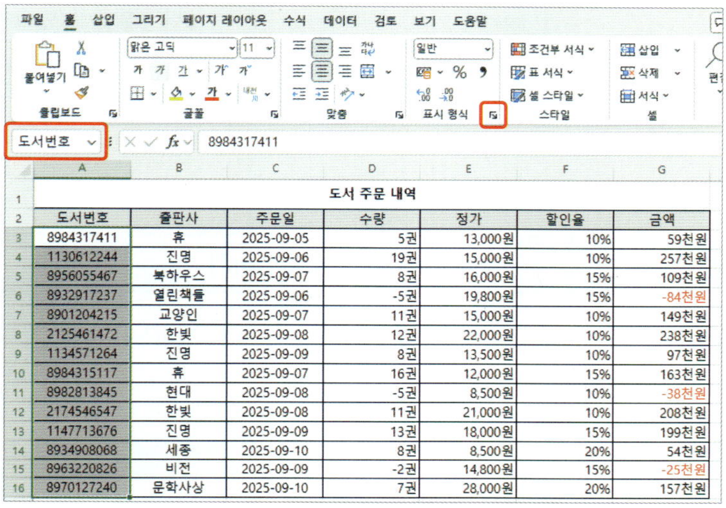

도서번호	출판사	주문일	수량	정가	할인율	금액
8984317411	휴	2025-09-05	5권	13,000원	10%	59천원
1130612244	진명	2025-09-06	19권	15,000원	10%	257천원
8956055467	북하우스	2025-09-07	8권	16,000원	15%	109천원
8932917237	열린책들	2025-09-06	-5권	19,800원	15%	-84천원
8901204215	교양인	2025-09-07	11권	15,000원	10%	149천원
2125461472	한빛	2025-09-08	12권	22,000원	10%	238천원
1134571264	진명	2025-09-09	8권	13,500원	10%	97천원
8984315117	휴	2025-09-07	16권	12,000원	15%	163천원
8982813845	현대	2025-09-08	-5권	8,500원	10%	-38천원
2174546547	한빛	2025-09-08	11권	21,000원	10%	208천원
1147713676	진명	2025-09-09	13권	18,000원	15%	199천원
8934908068	세종	2025-09-10	8권	8,500원	20%	54천원
8963220826	비전	2025-09-09	-2권	14,800원	15%	-25천원
8970127240	문학사상	2025-09-10	7권	28,000원	20%	157천원

02 [셀 서식] 대화상자의 [표시 형식] 탭–[범주]는 [사용자 지정]을 선택한다. [형식]을 **000-000-0000**이라고 입력한 후 [확인]을 누른다.

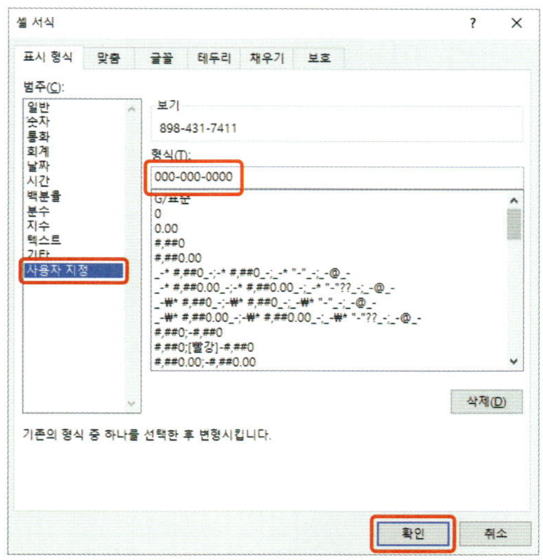

03 설정한 형식으로 도서번호가 표시된다. A3 셀을 선택하고 **12345**를 입력하면 '000-001-2345'로 표시된다.

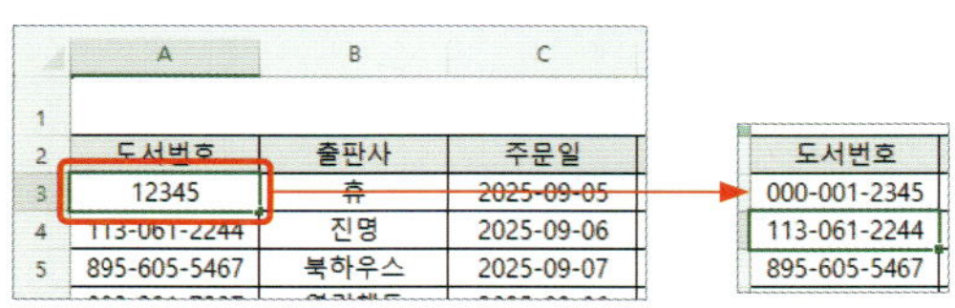

TIP 도서번호를 입력할 때는 숫자만 입력한다. '–' 기호는 자동으로 추가되고, 데이터 형식 또한 숫자형으로 처리된다.

TIP 엑셀 작업에 많이 사용되는 몇 가지 숫자 서식은 다음과 같다.

셀의 값	서식	셀의 표시 결과	설명
35	G/표준"명"	35명	입력된 숫자 뒤에 '명'을 붙여 표시한다.
	"총 "G/표준"권"	총 35권	텍스트 '총'과 단위 '권'을 함께 표시한다.
0	#,###	*(빈칸)*	0을 유효하지 않은 숫자로 처리하여 표시하지 않는다.
	#,##0	0	0을 숫자로 인식해 표시한다.
1234567	#,##0,"천원"	1,235천원	1,000으로 나눈 결과를 반올림하여 표시한다.
	#,##0,,"백만"	1백만	1,000,000으로 나눈 결과를 표시한다.

기본예제 4-4 날짜에 표시 형식 설정하기

날짜와 시간의 표시 형식에 사용하는 기호와 표시 결과는 다음과 같다. 기호를 사용하여 날짜에 사용자 지정 표시 형식을 만들어 보자.

데이터	기호	서식	표시 결과	설명
날짜	y	yy	22	연도를 두 자리로 표시한다.
		yyyy	2022	연도를 네 자리로 표시한다.
	m	m	1	월을 1~12로 표시한다.
		mm	01	월을 01~12로 표시한다.
		mmm	Jan	월을 영문 세 자리(Jan~Dec)로 표시한다.
		mmmm	January	월을 영문(January~December)으로 표시한다.
	d	d	1	일을 0~31로 표시한다.
		dd	01	일을 01~31로 표시한다.
		ddd	Sun	요일을 영문 세 자리(Sun~Sat)로 표시한다.
		dddd	Sunday	요일을 영문(Sunday~Saturday)으로 표시한다.
	a	aaa	일	요일을 한글 한 자리(일~토)로 표시한다.
		aaaa	일요일	요일을 한글(일요일~토요일)로 표시한다.
시간	h	h	1	시간을 0~23으로 표시한다.
		hh	01	시간을 00~23으로 표시한다.
	m	m	0	분을 0~59로 표시한다.
		mm	01	분을 00~59로 표시한다.
	s	s	0	초를 0~59로 표시한다.
		ss	01	초를 00~59로 표시한다.

TIP m은 날짜 형식에서는 '월', 시간 형식에서는 '분'으로 인식된다.

01 이름 상자 목록에서 '주문일'을 선택하고 단축키 Ctrl + 1 을 누른다.

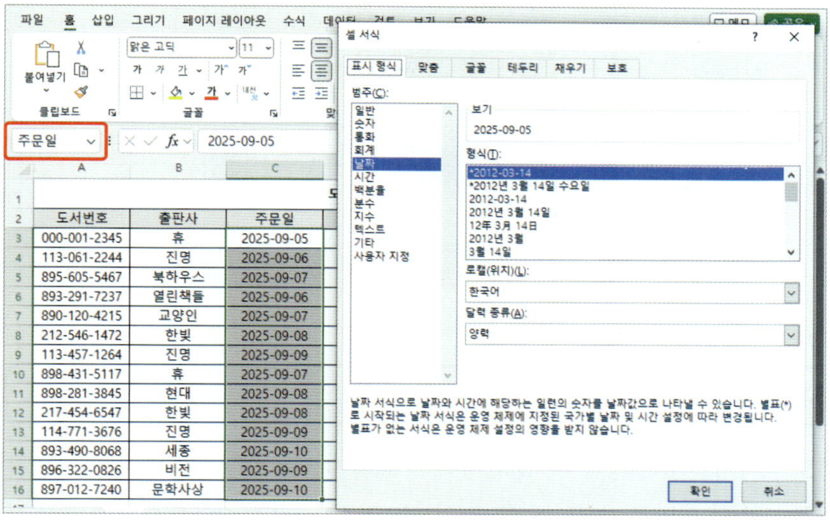

02 [셀 서식] 대화상자가 나타나면 [표시 형식] 탭 –[범주]의 [사용자 지정]을 선택한다.

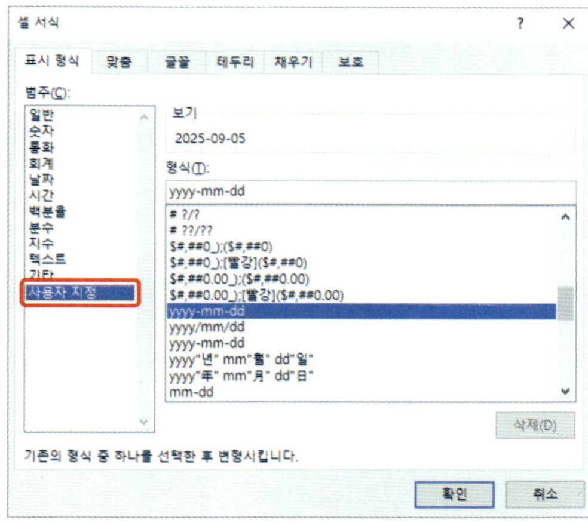

03 [형식]을 mm–dd(aaa)로 수정하고 [확인]을 누른다.

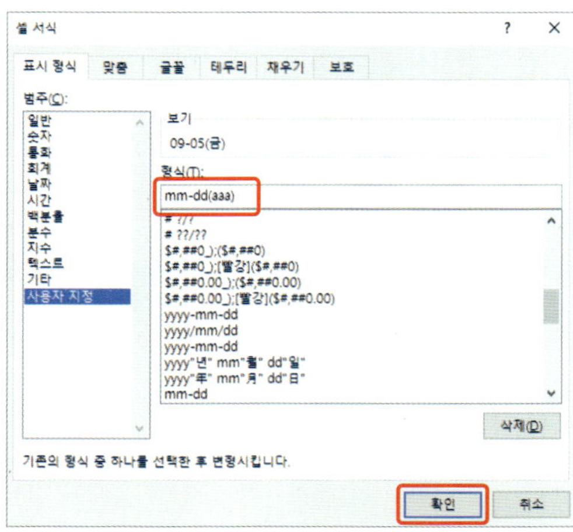

04 설정한 날짜 형식으로 주문일이 표시된다.

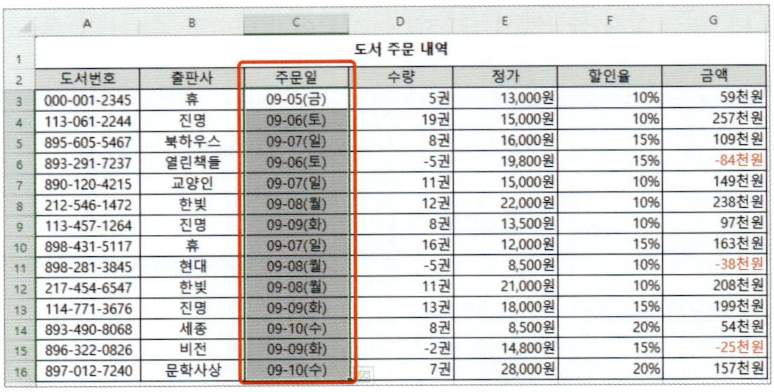

기본예제 4-5 문자에 표시 형식 설정하기

숫자나 날짜 외에 문자에도 표시 형식을 설정할 수 있다. 문자에 표시 형식을 설정하면 셀 값의 의미를 명확하게 파악할 수 있을 뿐 아니라 입력을 간편하게 할 수 있다는 장점도 있다. 출판사 이름에 표시 형식을 설정해 보자.

01 B3 셀을 선택하고 단축키 Ctrl+1을 눌러 [셀 서식] 대화상자를 연다.

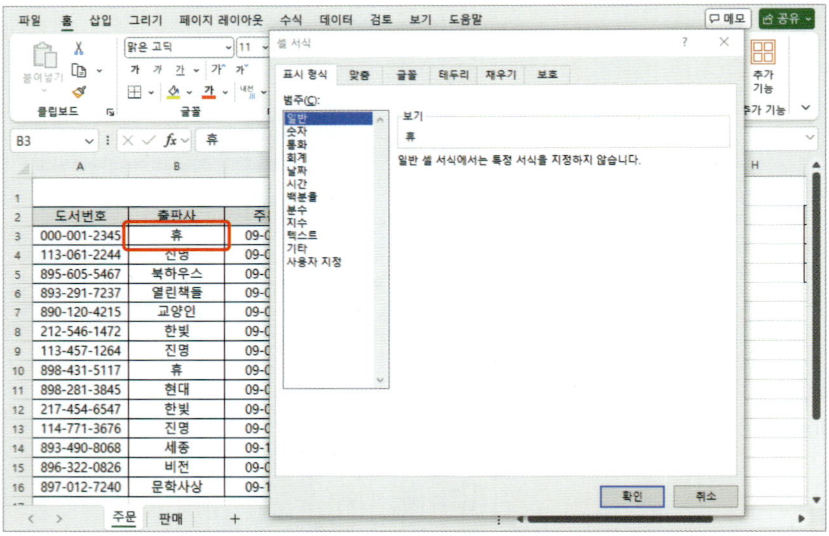

TIP 이전 예제처럼 '출판사'를 모두 선택해 표시 형식을 설정해도 되지만, 이번에는 채우기 핸들을 이용해 서식만 복사하는 방법을 알아보자.

02 [표시 형식] 탭 – [범주]에서 [사용자 지정]을 선택하고 [형식] 입력 입력란에 **[파랑]@ "출판"**을 입력한 후 [확인]을 누른다.

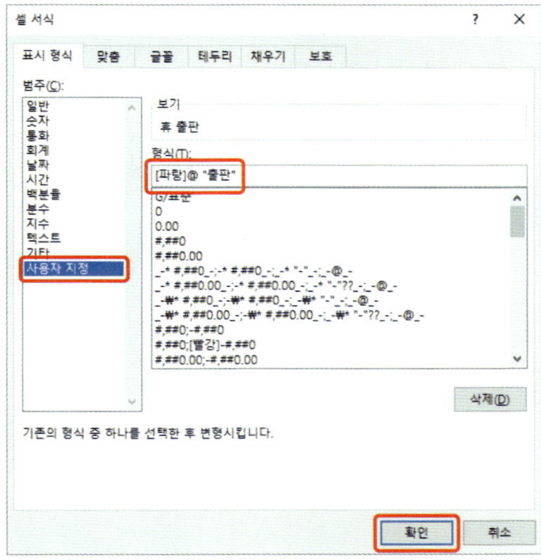

03 B3 셀의 채우기 핸들을 더블클릭하거나 B16 셀까지 드래그한다.

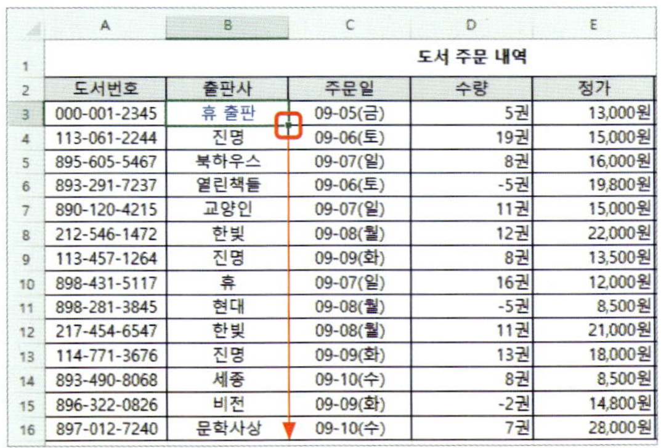

	A	B	C	D	E
1			도서 주문 내역		
2	도서번호	출판사	주문일	수량	정가
3	000-001-2345	휴 출판	09-05(금)	5권	13,000원
4	113-061-2244	진명	09-06(토)	19권	15,000원
5	895-605-5467	북하우스	09-07(일)	8권	16,000원
6	893-291-7237	열린책들	09-06(토)	-5권	19,800원
7	890-120-4215	교양인	09-07(일)	11권	15,000원
8	212-546-1472	한빛	09-08(월)	12권	22,000원
9	113-457-1264	진명	09-09(화)	8권	13,500원
10	898-431-5117	휴	09-07(일)	16권	12,000원
11	898-281-3845	현대	09-08(월)	-5권	8,500원
12	217-454-6547	한빛	09-08(월)	11권	21,000원
13	114-771-3676	진명	09-09(화)	13권	18,000원
14	893-490-8068	세종	09-10(수)	8권	8,500원
15	896-322-0826	비전	09-09(화)	-2권	14,800원
16	897-012-7240	문학사상	09-10(수)	7권	28,000원

04 [자동 채우기 옵션] 목록에서 [서식만 채우기]를 선택한다.

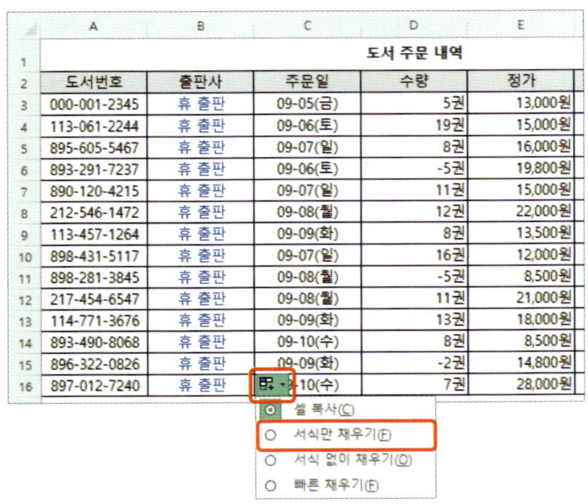

	A	B	C	D	E
1			도서 주문 내역		
2	도서번호	출판사	주문일	수량	정가
3	000-001-2345	휴 출판	09-05(금)	5권	13,000원
4	113-061-2244	휴 출판	09-06(토)	19권	15,000원
5	895-605-5467	휴 출판	09-07(일)	8권	16,000원
6	893-291-7237	휴 출판	09-06(토)	-5권	19,800원
7	890-120-4215	휴 출판	09-07(일)	11권	15,000원
8	212-546-1472	휴 출판	09-08(월)	12권	22,000원
9	113-457-1264	휴 출판	09-09(화)	8권	13,500원
10	898-431-5117	휴 출판	09-07(일)	16권	12,000원
11	898-281-3845	휴 출판	09-08(월)	-5권	8,500원
12	217-454-6547	휴 출판	09-08(월)	11권	21,000원
13	114-771-3676	휴 출판	09-09(화)	13권	18,000원
14	893-490-8068	휴 출판	09-10(수)	8권	8,500원
15	896-322-0826	휴 출판	09-09(화)	-2권	14,800원
16	897-012-7240	휴 출판	09-10(수)	7권	28,000원

05 기존에 입력된 데이터는 바뀌지 않고 설정한 표시 형식만 적용된다.

	A	B	C	D	E
1			도서 주문 내역		
2	도서번호	출판사	주문일	수량	정가
3	000-001-2345	휴 출판	09-05(금)	5권	13,000원
4	113-061-2244	진명 출판	09-06(토)	19권	15,000원
5	895-605-5467	북하우스 출판	09-07(일)	8권	16,000원
6	893-291-7237	열린책들 출판	09-06(토)	-5권	19,800원
7	890-120-4215	교양인 출판	09-07(일)	11권	15,000원
8	212-546-1472	한빛 출판	09-08(월)	12권	22,000원
9	113-457-1264	진명 출판	09-09(화)	8권	13,500원
10	898-431-5117	휴 출판	09-07(일)	16권	12,000원
11	898-281-3845	현대 출판	09-08(월)	-5권	8,500원
12	217-454-6547	한빛 출판	09-08(월)	11권	21,000원
13	114-771-3676	진명 출판	09-09(화)	13권	18,000원
14	893-490-8068	세종 출판	09-10(수)	8권	8,500원
15	896-322-0826	비전 출판	09-09(화)	-2권	14,800원
16	897-012-7240	문학사상 출판	09-10(수)	7권	28,000원

SECTION 02

조건부 서식 지정하기

특정 조건을 만족하는 셀을 강조하거나 구별하기 쉽게 셀 모양을 다르게 설정하려면 조건부 서식을 이용한다. 가령 특정 판매 제품만 구별되도록 셀 채우기 색을 지정하거나, 특정 범위의 판매금액에만 다른 글꼴 색이나 아이콘 등으로 표시하는 것이다. 다양한 조건부 서식 지정 방법에 대해 알아본다.

2.1 조건부 서식 규칙

조건부 서식을 지정하려면 먼저 조건에 맞는 셀을 검사하는 규칙을 만들어야 한다. 엑셀에서는 여러 경우의 검사 규칙을 미리 만들어 제공하므로 쉽게 골라서 사용할 수 있다. 셀 강조 규칙, 상위/하위 규칙과 다양한 조건을 비교할 수 있는 세부 규칙이 있고, 사용자가 원하는 규칙을 직접 만들 수도 있다.

기본예제 4-6 셀 강조 규칙 설정하기

월간 판매 내역에서 출판사가 '한빛'인 데이터만 채우기 색을 설정하도록 조건부 서식을 적용하고 설정한 규칙을 지우는 방법도 알아보자.

01 '판매' 시트에서 '출판사' 필드인 C3:C16 범위를 선택한 후 [홈] 탭 – [스타일] 그룹 – [조건부 서식] 목록에서 [셀 강조 규칙] – [같음]을 선택한다.

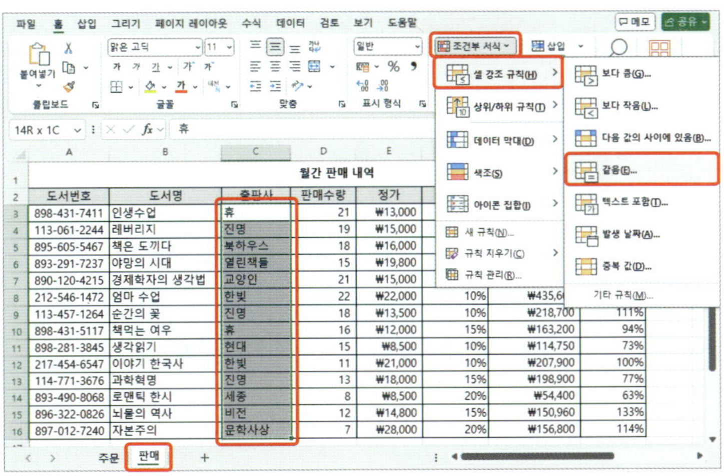

02 [같음] 대화상자의 값에 **한빛**을 입력한다. 적용할 서식은 [진한 녹색 텍스트가 있는 녹색 채우기]를 선택하고 [확인]을 누른다.

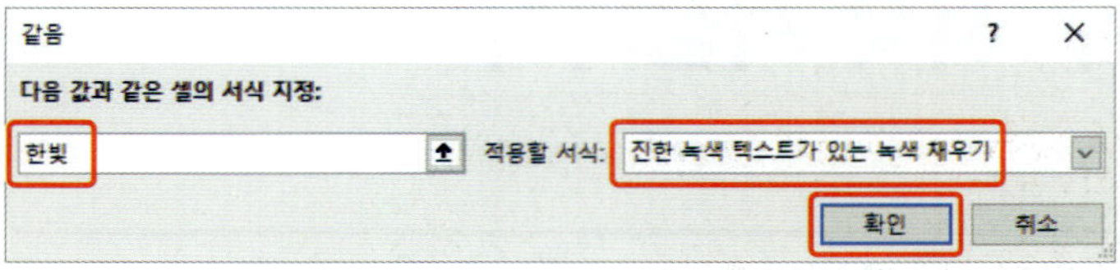

03 '한빛' 출판사 이름에만 설정한 서식이 적용된다.

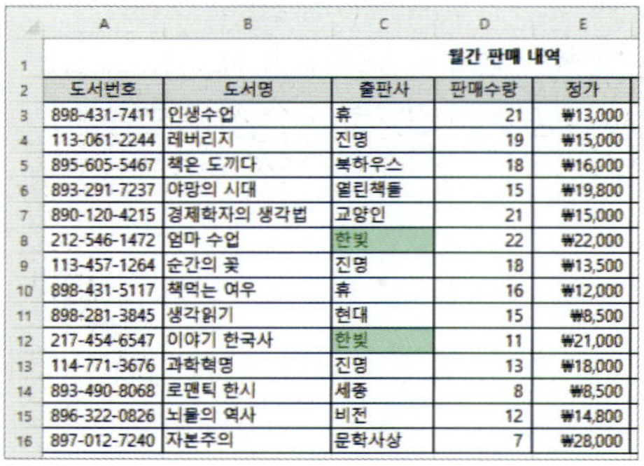

월간 판매 내역				
도서번호	도서명	출판사	판매수량	정가
898-431-7411	인생수업	휴	21	₩13,000
113-061-2244	레버리지	진명	19	₩15,000
895-605-5467	책은 도끼다	북하우스	18	₩16,000
893-291-7237	야망의 시대	열린책들	15	₩19,800
890-120-4215	경제학자의 생각법	교양인	21	₩15,000
212-546-1472	엄마 수업	한빛	22	₩22,000
113-457-1264	순간의 꽃	진명	18	₩13,500
898-431-5117	책먹는 여우	휴	16	₩12,000
898-281-3845	생각읽기	현대	15	₩8,500
217-454-6547	이야기 한국사	한빛	11	₩21,000
114-771-3676	과학혁명	진명	13	₩18,000
893-490-8068	로맨틱 한시	세종	8	₩8,500
896-322-0826	뇌물의 역사	비전	12	₩14,800
897-012-7240	자본주의	문학사상	7	₩28,000

04 조건부 서식을 지우려면 [홈] 탭 – [스타일] 그룹 – [조건부 서식] 목록에서 [규칙 지우기] – [시트 전체에서 규칙 지우기]를 선택한다.

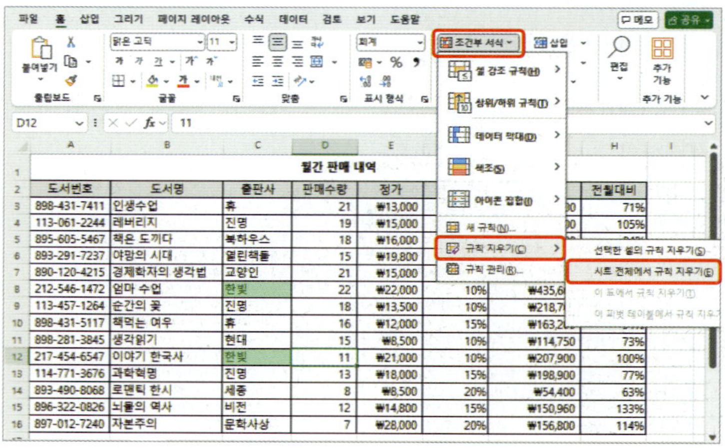

TIP C3:C16 범위를 선택한 상태라면 [규칙 지우기] 목록에서 [선택한 셀의 규칙 지우기]를 선택해도 된다.

기본예제 4-7 상위/하위 규칙 설정하고 규칙 편집하기

월간 판매 내역에서 상위/하위 규칙으로 판매금액에 조건부 서식을 설정하고, 규칙을 수정하는 방법도 알아보자.

01 '판매' 시트에서 '판매금액'인 G3:G16 범위를 선택한다. [홈] 탭－[스타일] 그룹－[조건부 서식] 목록에서 [상위/하위 규칙]－[상위 10%]를 누른다.

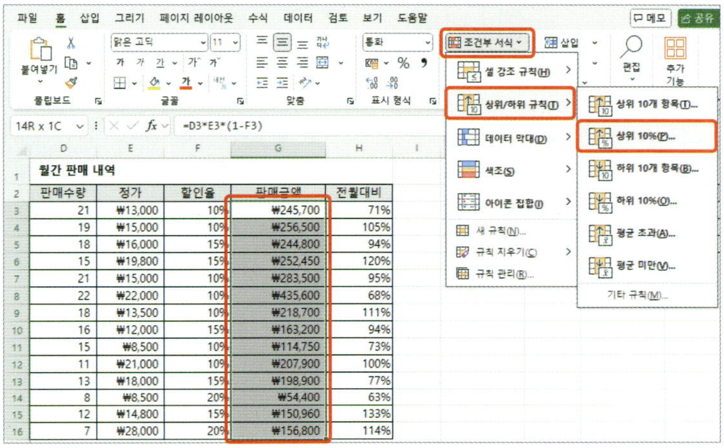

02 [상위 10%] 대화상자에서 값은 **30**으로 입력하고, 서식은 [빨강 텍스트]를 선택한 뒤 [확인]을 누른다.

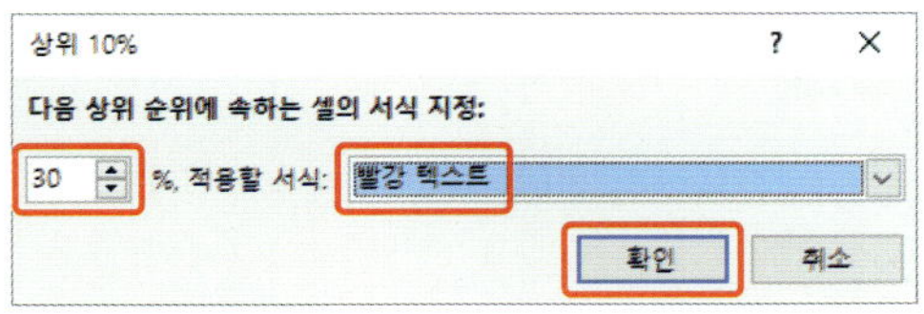

03 상위 30%에 해당하는 판매금액이 지정한 서식으로 표시된다. 조건부 서식을 수정하려면 [홈] 탭－[스타일] 그룹－[조건부 서식] 목록에서 [규칙 관리]를 선택한다.

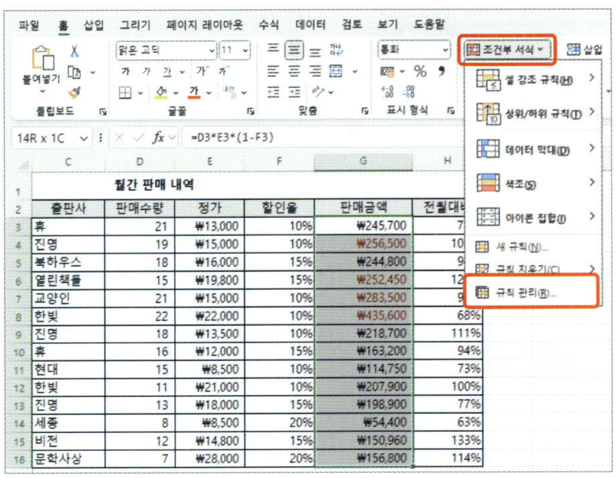

04 [조건부 서식 규칙 관리자] 대화상자에서 [상위 30%] 규칙을 선택하고 [규칙 편집]을 누른다.

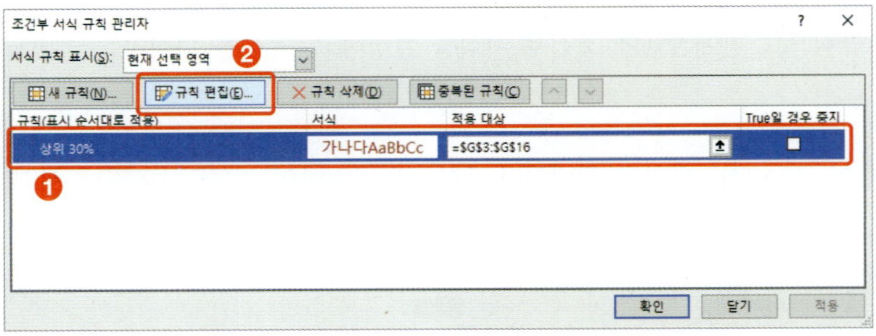

05 [서식 규칙 편집] 대화상자가 열리면 [규칙 유형 선택] 목록에서 [다음을 포함하는 셀만 서식 지정]을 선택한다. [규칙 설명 편집] 영역에서 [셀 값], [>=], **250000**으로 수정하고 [확인]을 누른다.

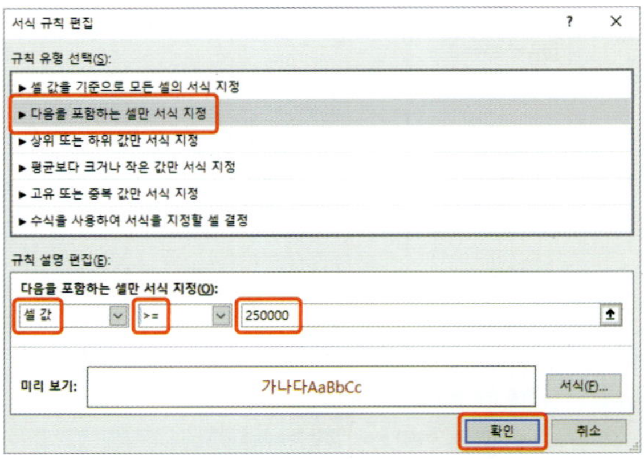

06 [조건부 서식 규칙 관리자] 대화상자도 [확인]을 눌러 닫는다.

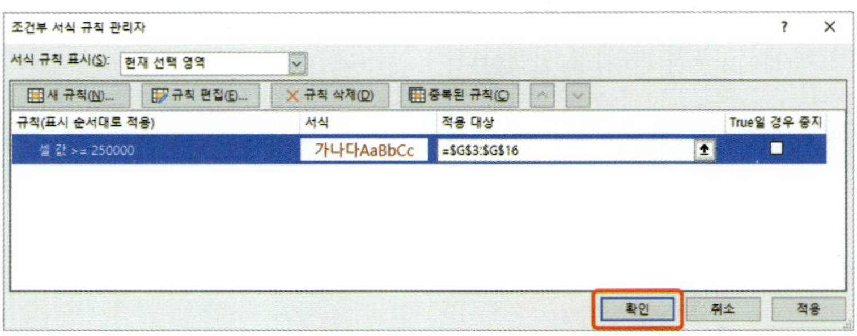

07 수정한 조건부 서식에 따라 판매금액이 25만 원 이상인 경우만 빨간색 텍스트로 표시된다.

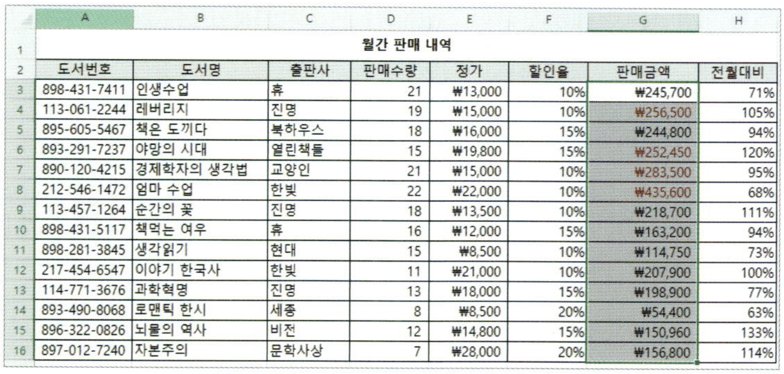

도서번호	도서명	출판사	판매수량	정가	할인율	판매금액	전월대비
898-431-7411	인생수업	휴	21	₩13,000	10%	₩245,700	71%
113-061-2244	레버리지	진명	19	₩15,000	10%	₩256,500	105%
895-605-5467	책은 도끼다	북하우스	18	₩16,000	15%	₩244,800	94%
893-291-7237	야망의 시대	열린책들	15	₩19,800	15%	₩252,450	120%
890-120-4215	경제학자의 생각법	교양인	21	₩15,000	10%	₩283,500	95%
212-546-1472	엄마 수업	한빛	22	₩22,000	10%	₩435,600	68%
113-457-1264	순간의 꽃	진명	18	₩13,500	10%	₩218,700	111%
898-431-5117	책먹는 여우	휴	16	₩12,000	15%	₩163,200	94%
898-281-3845	생각읽기	현대	15	₩8,500	10%	₩114,750	73%
217-454-6547	이야기 한국사	한빛	11	₩21,000	10%	₩207,900	100%
114-771-3676	과학혁명	진명	13	₩18,000	15%	₩198,900	77%
893-490-8068	로맨틱 한시	세종	8	₩8,500	20%	₩54,400	63%
896-322-0826	뇌물의 역사	비전	12	₩14,800	15%	₩150,960	133%
897-012-7240	자본주의	문학사상	7	₩28,000	20%	₩156,800	114%

기본예제 4-8 수식을 작성하여 조건부 서식 지정하기

정가가 2만 원 이상인 도서의 행 전체를 노란색으로 채우도록 조건부 서식을 설정해 보자. 조건 기준이 되는 셀에만 서식을 설정하는 것이 아니라 데이터 행 전체에 서식을 설정하는 방법이다.

01 '판매' 시트에서 A3:H16 범위를 선택한다. [홈] 탭–[스타일] 그룹–[조건부 서식] 목록에서 [새 규칙]을 선택한다.

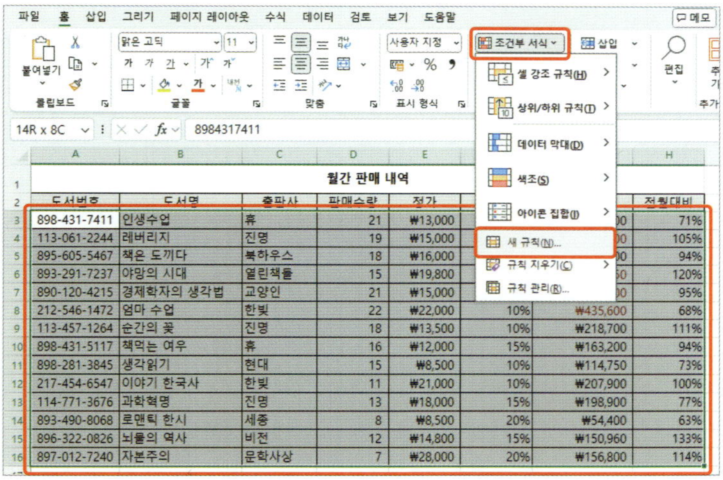

02 [새 서식 규칙] 대화상자가 나타나면 [규칙 유형 선택] 목록에서 [수식을 사용하여 서식을 지정할 셀 결정]을 선택하고 [규칙 설명 편집] 입력란에 **=$E3>=20000** 수식을 입력한 후 [서식]을 누른다.

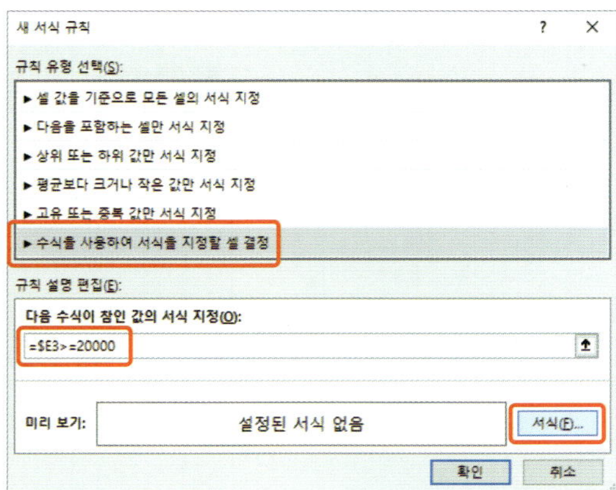

TIP 조건부 서식의 수식을 입력할 때 참조 방식을 올바르게 지정해야 한다. E3:E16 범위에 있는 '정가'의 첫 번째 셀(E3)을 혼합 참조($E3)로 사용한다. 이렇게 하면 수식이 아래 행으로 복사될 때 열(E)은 고정되고, 행 번호(3~16)만 바뀌면서 조건이 적용된다.

03 [셀 서식] 대화상자의 [채우기] 탭에서 [배경색]을 [노랑]으로 선택하고 [확인]을 누른다.

04 [새 서식 규칙] 대화상자의 [미리 보기]에 설정한 서식 모양이 표시된다. [확인]을 눌러 창을 닫는다.

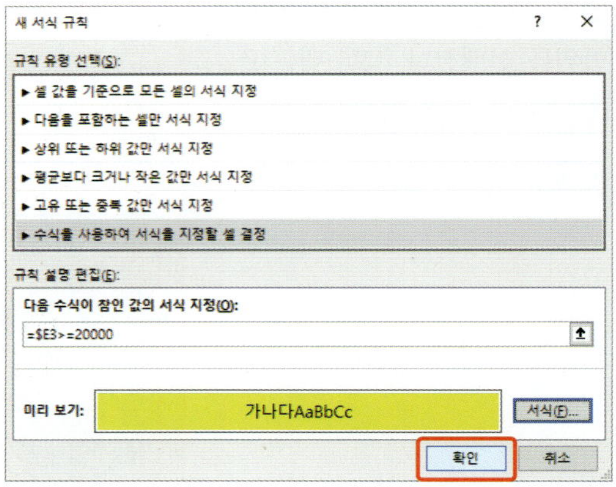

05 '정가'가 2만 원 이상인 도서에 해당하는 데이터 행 전체에 설정한 서식이 적용된다.

	A	B	C	D	E	F	G	H
1	월간 판매 내역							
2	도서번호	도서명	출판사	판매수량	정가	할인율	판매금액	전월대비
3	898-431-7411	인생수업	휴	21	₩13,000	10%	₩245,700	71%
4	113-061-2244	레버리지	진명	19	₩15,000	10%	₩256,500	105%
5	895-605-5467	책은 도끼다	북하우스	18	₩16,000	15%	₩244,800	94%
6	893-291-7237	야망의 시대	열린책들	15	₩19,800	15%	₩252,450	120%
7	890-120-4215	경제학자의 생각법	교양인	21	₩15,000	10%	₩283,500	95%
8	212-546-1472	엄마 수업	한빛	22	₩22,000	10%	₩435,600	68%
9	113-457-1264	순간의 꽃	진명	18	₩13,500	10%	₩218,700	111%
10	898-431-5117	책먹는 여우	휴	16	₩12,000	15%	₩163,200	94%
11	898-281-3845	생각읽기	현대	15	₩8,500	10%	₩114,750	73%
12	217-454-6547	이야기 한국사	한빛	11	₩21,000	10%	₩207,900	100%
13	114-771-3676	과학혁명	진명	13	₩18,000	15%	₩198,900	77%
14	893-490-8068	로맨틱 한시	세종	8	₩8,500	20%	₩54,400	63%
15	896-322-0826	뇌물의 역사	비전	12	₩14,800	15%	₩150,960	133%
16	897-012-7240	자본주의	문학사상	7	₩28,000	20%	₩156,800	114%

2.2 데이터 시각화

조건에 맞는 셀에 글꼴이나 채우기 색 등의 서식을 설정하는 조건부 서식에서는 막대나 색조, 아이콘으로 셀 값을 표현할 수도 있다. 값의 크기에 따라 막대 길이를 다르게 하거나 색조의 명암, 다양한 모양의 아이콘 등을 이용해 데이터를 쉽게 비교할 수 있도록 시각화할 수 있다.

기본예제 4-9 데이터 막대로 서식 설정하기

월간 판매 내역의 '판매금액' 열에 데이터 막대를 표시해 값을 쉽게 비교할 수 있도록 설정해 보자.

01 G3:G16 범위를 선택하고 [홈] 탭 – [스타일] 그룹 – [조건부 서식] 목록에서 [데이터 막대] – [그라데이션 채우기]의 [파랑 데이터 막대]를 선택한다.

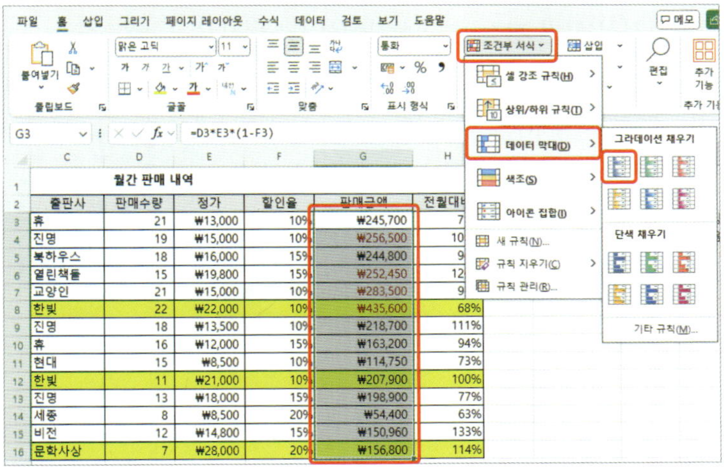

02 판매금액에 따라 데이터 막대의 길이가 다르게 표시된다. 막대 모양을 수정하기 위해 [홈] 탭 – [스타일] 그룹 – [조건부 서식] 목록에서 [규칙 관리]를 선택한다.

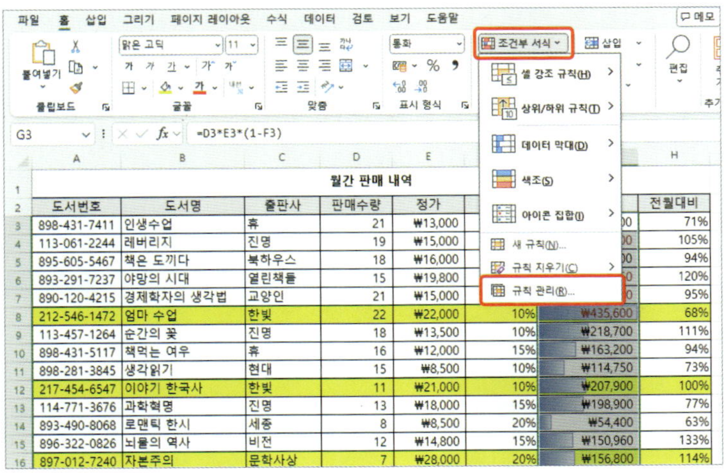

03 [조건부 서식 규칙 관리자] 대화상자에서 [데이터 막대] 규칙을 선택하고 [규칙 편집]을 누른다.

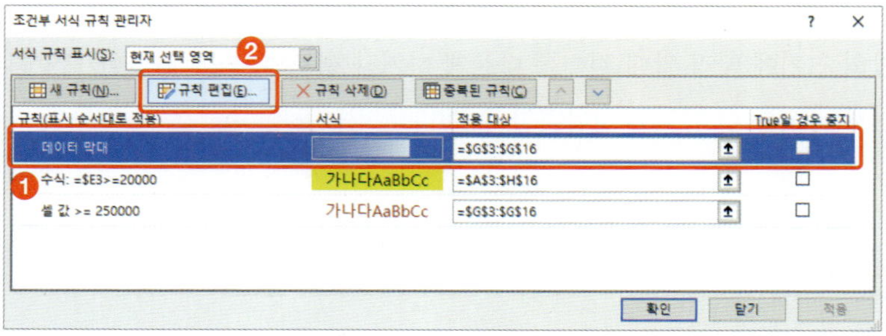

04 [서식 규칙 편집] 대화상자에서 [자동]으로 설정되어 있는 [최소값]과 [최대값] 종류를 각각 [최소값]과 [최대값]으로 바꾼다. [막대 모양]의 [테두리]를 [테두리 없음]으로 변경한 후 [확인]을 누른다.

TIP 데이터 막대의 길이가 판매금액의 최소값과 최대값을 기준으로 표시되게 하고 막대 테두리를 없애 보기 좋게 만든다.

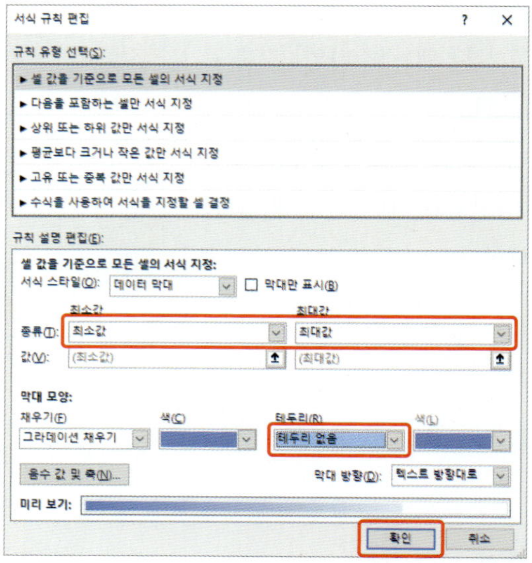

05 [조건부 서식 규칙 관리자] 대화상자에서 [확인]을 눌러 창을 닫고 변경된 서식을 확인한다.

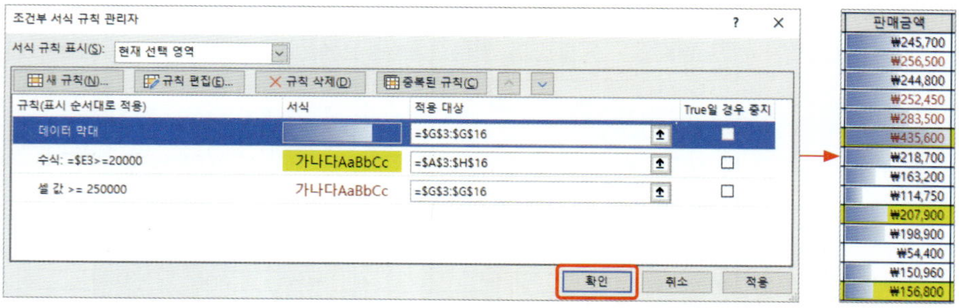

기본예제 4-10 아이콘으로 서식 설정하기

월간 판매 내역의 '전월대비' 열을 아이콘으로 표시해 전월 대비 실적을 알기 쉽게 비교할 수 있도록 설정해 보자.

01 H3:H16 범위를 선택하고 [홈] 탭–[스타일] 그룹–[조건부 서식] 목록에서 [아이콘 집합]–[방향]의 [삼각형 3개]를 선택한다.

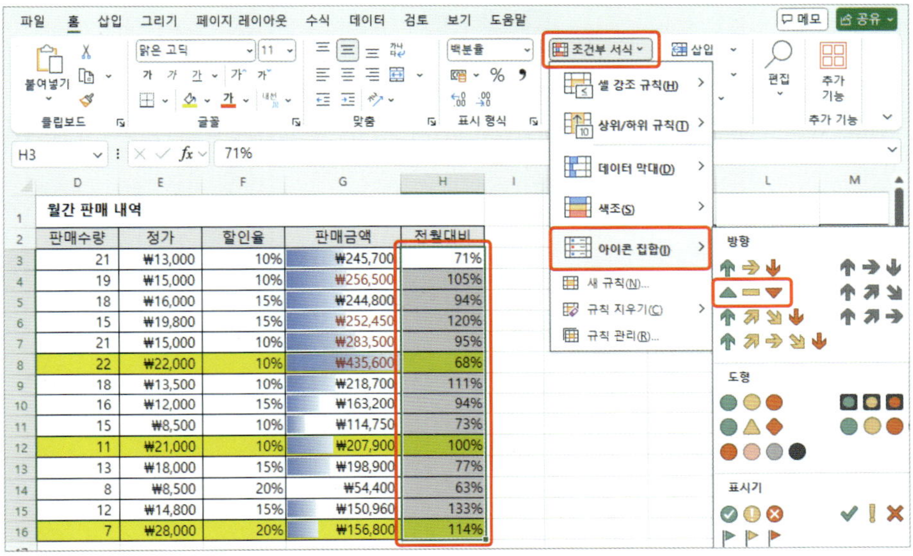

02 '전월대비' 열에 선택한 아이콘이 표시된다. 규칙을 수정하기 위해 [홈] 탭–[스타일] 그룹–[조건부 서식] 목록에서 [규칙 관리]를 선택한다.

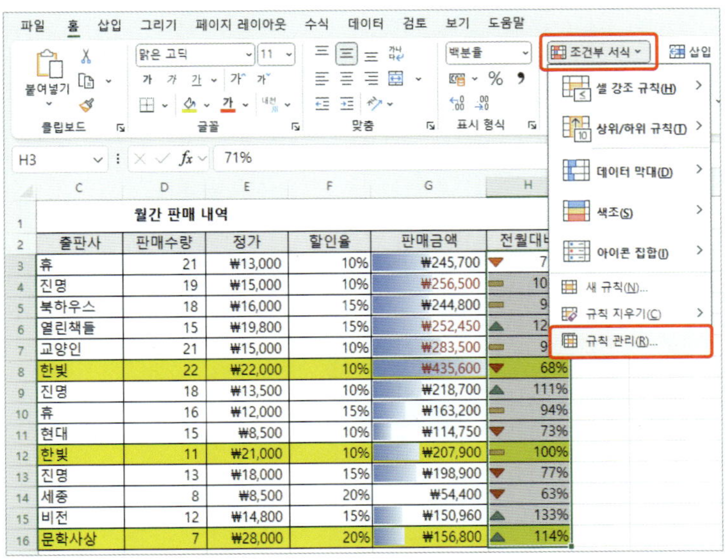

03 [조건부 서식 규칙 관리자] 대화상자에서 [아이콘 집합] 규칙을 선택하고 [규칙 편집]을 누른다.

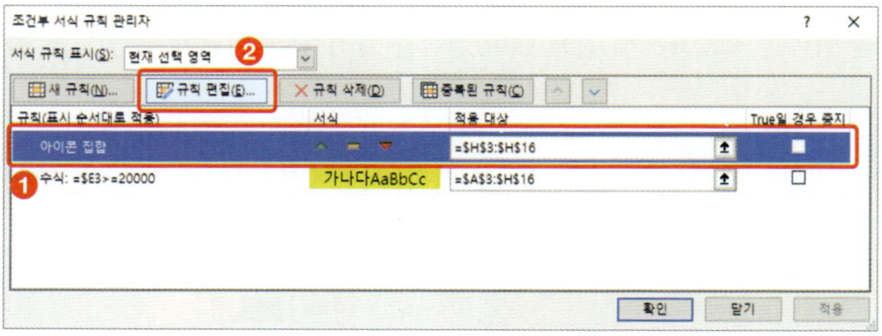

04 [서식 규칙 편집] 대화상자에서 [규칙 설명 편집]의 [값]과 [종류]를 그림과 같이 수정하고 [확인]을 누른다.

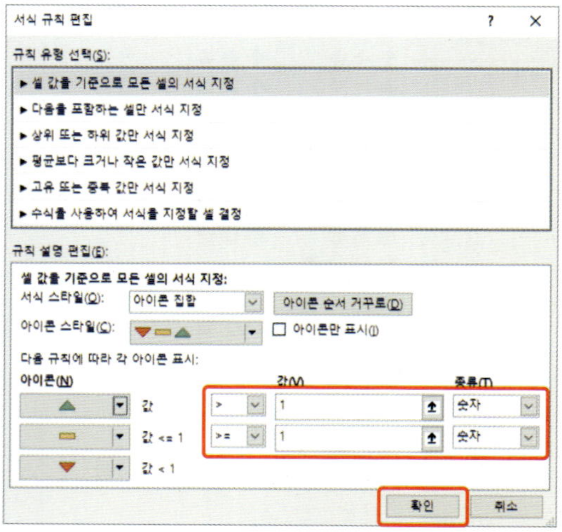

TIP [삼각형 3개] 아이콘은 자동으로 세 구간(67% 이상, 33% 이상, 그 외)으로 나뉜다. 예를 들어 1을 지정하면 100% 초과(값>1), 100%(값=1), 100% 미만(값<1)의 세 구간으로 나누어 각기 다른 아이콘이 표시된다.

05 [조건부 서식 규칙 관리자] 대화상자에서 [확인]을 눌러 창을 닫는다.

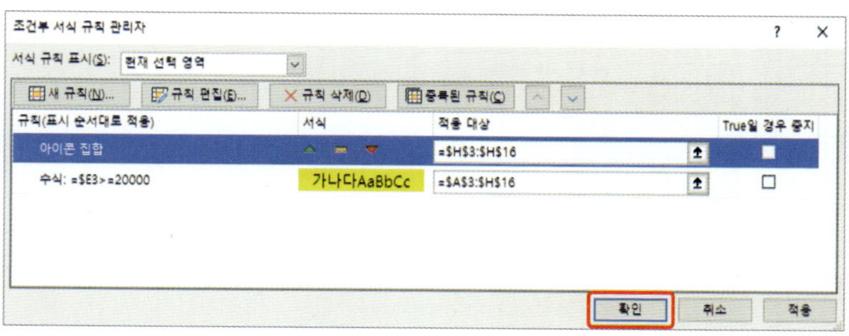

06 변경된 규칙에 따라 세 가지 형태의 삼각형이 '전월대비' 영역에 표시된다.

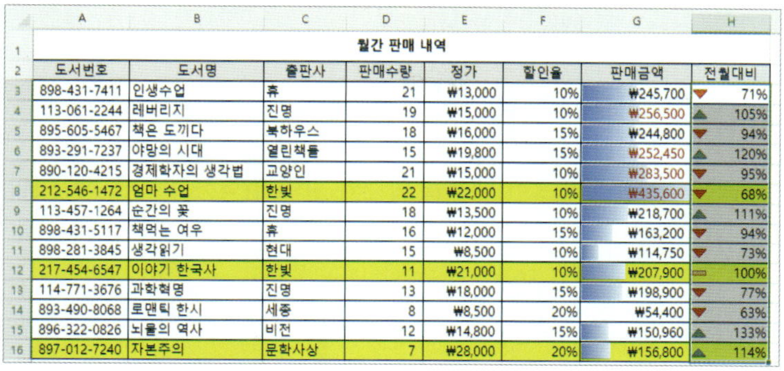

월간 판매 내역

도서번호	도서명	출판사	판매수량	정가	할인율	판매금액	전월대비
898-431-7411	인생수업	휴	21	₩13,000	10%	₩245,700	71%
113-061-2244	레버리지	진명	19	₩15,000	10%	₩256,500	105%
895-605-5467	책은 도끼다	북하우스	18	₩16,000	15%	₩244,800	94%
893-291-7237	야망의 시대	열린책들	15	₩19,800	15%	₩252,450	120%
890-120-4215	경제학자의 생각법	교양인	21	₩15,000	10%	₩283,500	95%
212-546-1472	엄마 수업	한빛	22	₩22,000	10%	₩435,600	68%
113-457-1264	순간의 꽃	진명	18	₩13,500	10%	₩218,700	111%
898-431-5117	책먹는 여우	휴	16	₩12,000	15%	₩163,200	94%
898-281-3845	생각읽기	현대	15	₩8,500	10%	₩114,750	73%
217-454-6547	이야기 한국사	한빛	11	₩21,000	10%	₩207,900	100%
114-771-3676	과학혁명	진명	13	₩18,000	15%	₩198,900	77%
893-490-8068	로맨틱 한시	세종	8	₩8,500	20%	₩54,400	63%
896-322-0826	뇌물의 역사	비전	12	₩14,800	15%	₩150,960	133%
897-012-7240	자본주의	문학사상	7	₩28,000	20%	₩156,800	114%

종합예제

수식과 자동 합계 함수, 셀 참조와 표시 형식, 조건부 서식을 이용하여 거래명세서 양식을 만들어 보자.

1 새 통합문서를 열고 '거래명세서' 시트를 만든다. 필요한 내용을 아래와 같이 입력하고 글꼴 색은 [파랑]으로 설정한다.

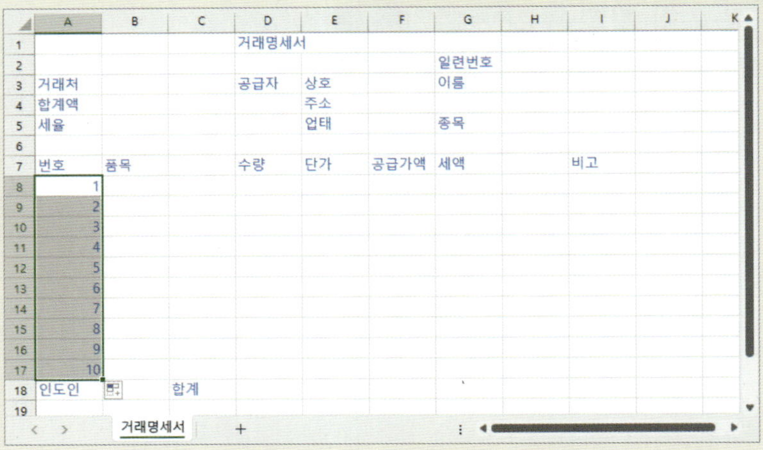

TIP 번호 항목은 채우기 핸들을 드래그하여 연속 데이터 채우기로 입력한다.

2 D1:E1 범위에 [병합하고 가운데 맞춤]을 적용하고, 글꼴 크기는 [16pt]로 수정한다. [테두리 그리기]의 선 색을 [파랑]으로 하여 [아래쪽 이중 테두리]를 설정한다.

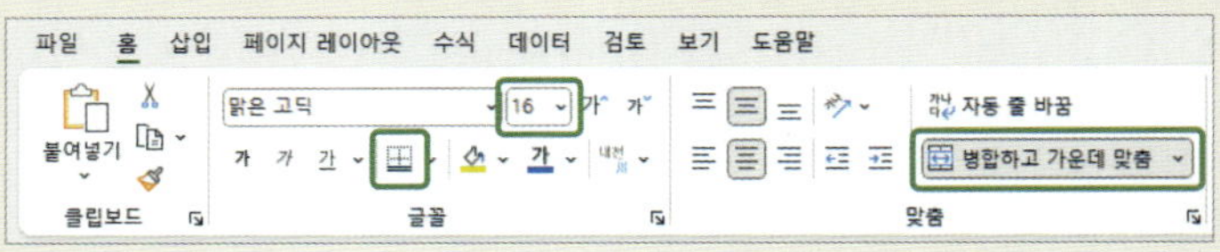

3 양식의 모양에 맞게 열 너비를 조정하고 셀을 병합한 후 테두리와 맞춤을 설정한다.

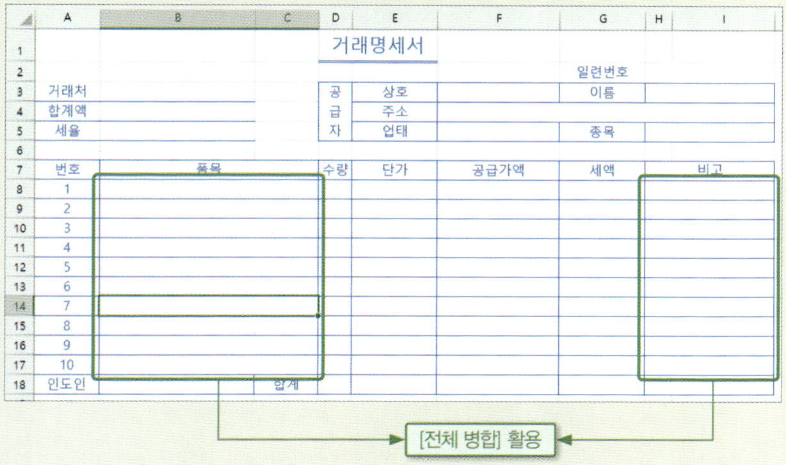

4 A2:B2 범위를 [병합하고 가운데 맞춤]한 후 날짜를 입력하고 [셀 서식] 대화상자를 연다.

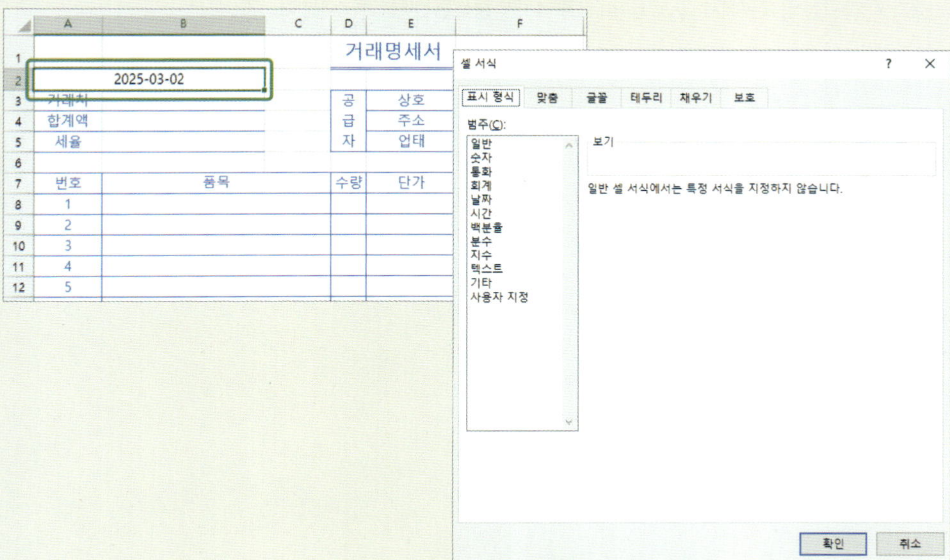

종합예제

5 [표시 형식] 탭 – [범주] – [사용자 지정]을 선택한다. [형식]에 **yyyy"年" m"月" d"日"(aaaa)**를 입력한 후 [확인]을 누른다.

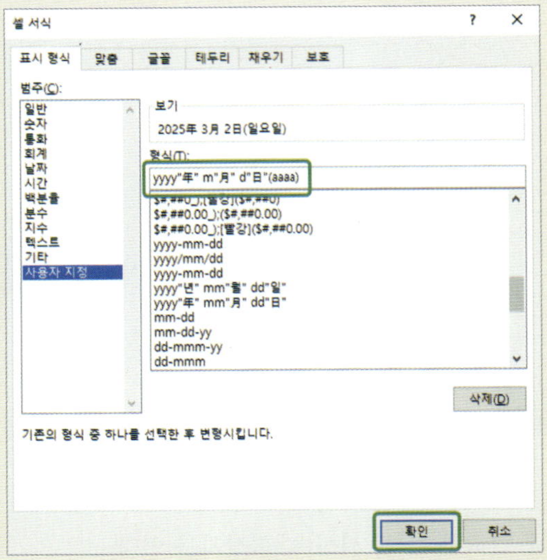

TIP [사용자 지정]–[형식] 목록에서 yyyy"年" mm"月" dd"日" 형식을 선택한 후 수정한다.

6 H2 셀을 선택하고 [셀 서식] 대화상자의 [사용자 지정] 형식에 **000000-00**을 입력한다. [확인] 단추를 눌러 [셀 서식] 대화상자를 닫고, 일련번호로 **25030201**을 입력한다.

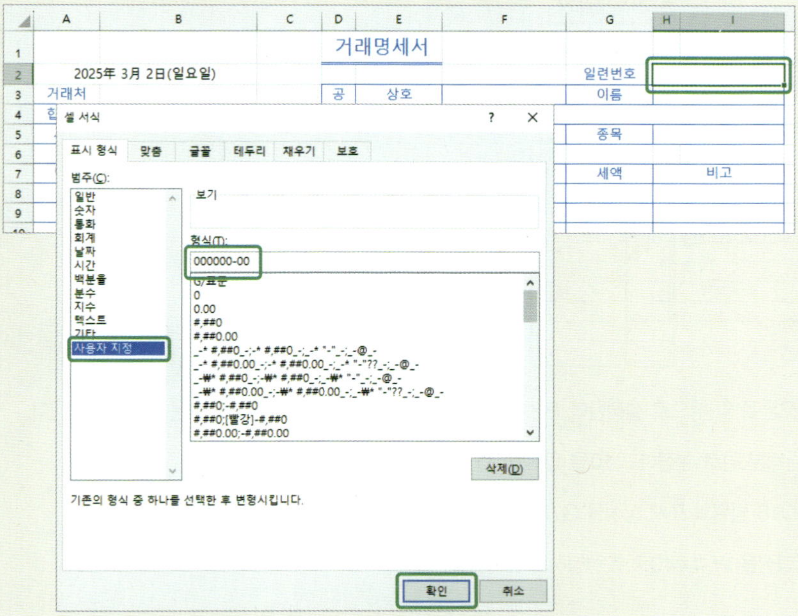

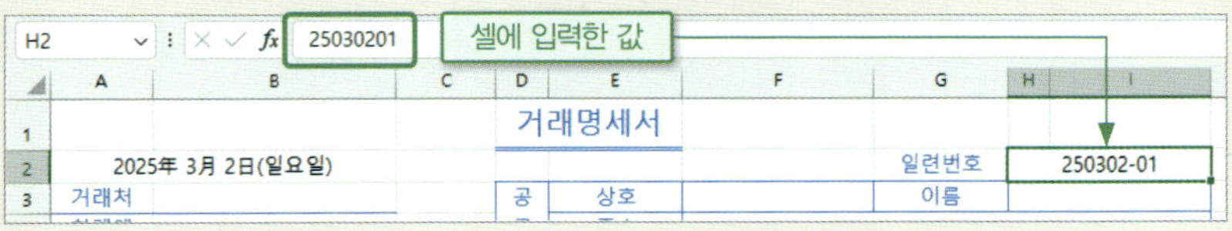

종합예제

7 다음과 같이 셀 서식을 설정하고 셀에 값을 입력한다.

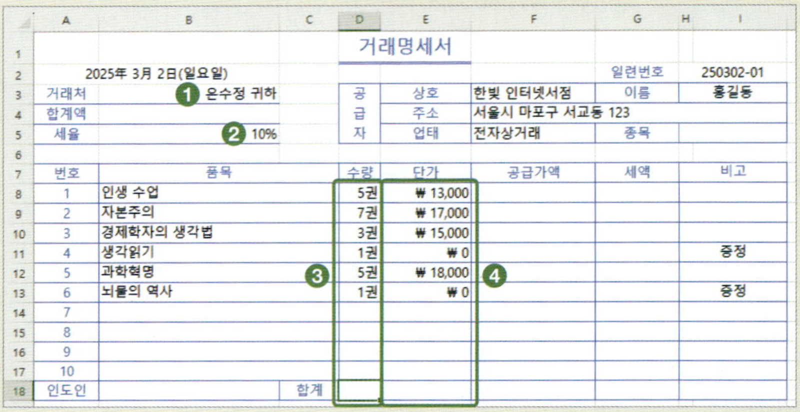

❶ B3:B5 범위를 모두 [오른쪽 맞춤]으로 설정한다. B3 셀의 표시 형식을 **@ "귀하"**로 설정하고 은수정을 입력한다.

❷ B5 셀의 표시 형식을 [백분율]로 설정하고 **10**을 입력한다.

❸ 수량을 입력하는 D8:D18 범위의 표시 형식을 **G/표준"권"**으로 설정하고 값을 입력한다.

❹ E8:E18 범위의 표시 형식을 **₩ #,##0**으로 설정하고 단가를 입력한다.

8 수식을 작성해 항목별 공급가액과 세액을 구하고 수량의 합계, 공급가액의 합계, 세액의 합계도 구한다(세율, 수량, 단가, 공급가액, 세액에 영역 이름을 정의하면 수식 작성이 편리하다).

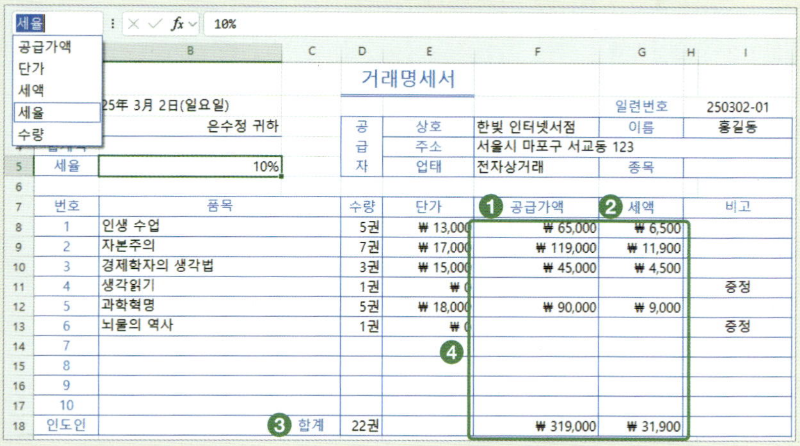

❶ 공급가액은 **수량*단가**로 계산한다.

❷ 세액은 **공급가액*세율**로 계산한다. 이름을 정의하지 않으면 **=F8*$B$5** 수식처럼 세율(B5)을 절대 참조로 설정한다.

❸ 수량, 공급가액, 세액의 합계는 [수식] 탭–[함수 라이브러리] 그룹–[자동 합계] 목록에서 [합계]를 선택하여 구한다.

❹ F8:G18 범위의 표시 형식을 **[=0]"";₩ #,##0**으로 설정한다. 이 때, **[=0]"";**의 의미는 셀 값이 0인 경우 빈칸("")으로 표시한다는 의미이다.

종합예제

9 B4 셀의 합계액을 계산하고 [셀 서식] 대화상자의 [표시 형식] 탭–[범주]에서 [기타]–[숫자(한글)]을 선택한다.

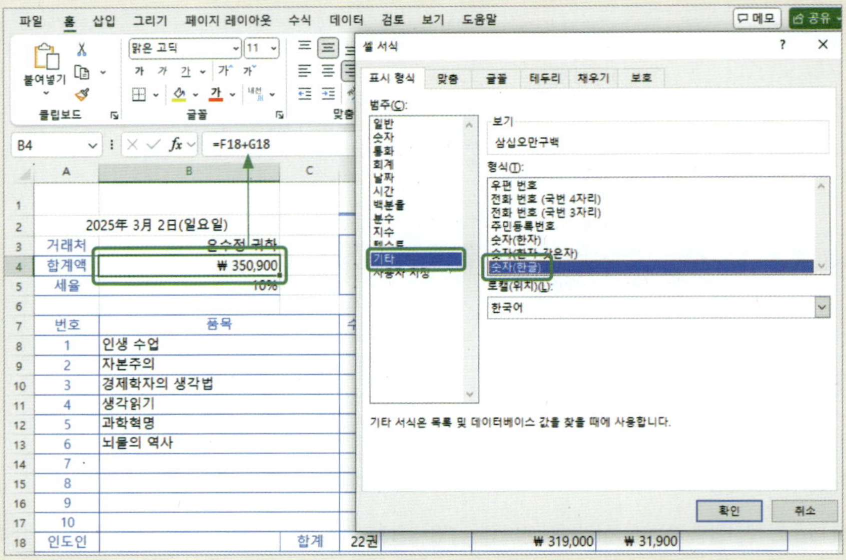

❶ B4 셀의 합계액은 공급가액과 세액의 합계로, **=F18+G18** 수식을 입력하여 계산한다.

10 [셀 서식] 대화상자에서 [범주]–[사용자 지정]을 선택하고 [형식]을 **[DBNum4][$–koKR]G/표준 "원정"**으로 수정한 후 [확인]을 누른다.

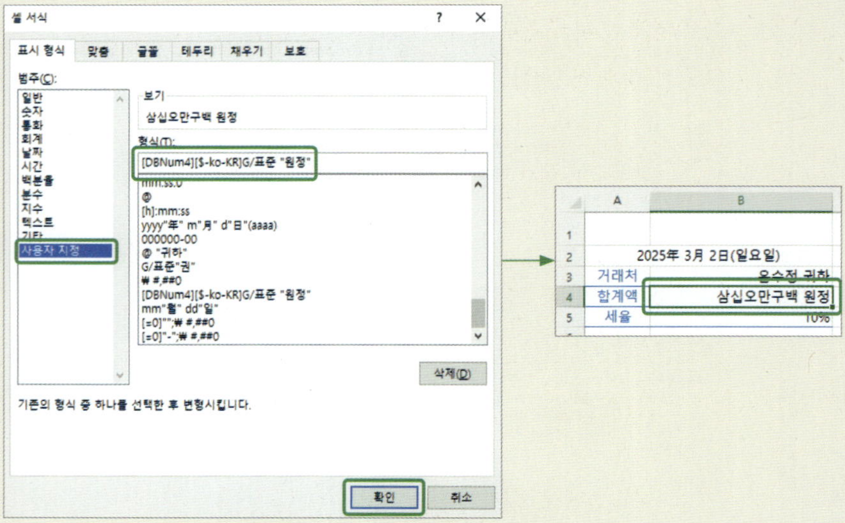

11 조건부 서식을 설정할 B8:I17 범위를 선택하고, [홈] 탭–[스타일] 그룹–[조건부 서식] 목록에서 [새 규칙]을 누른다.

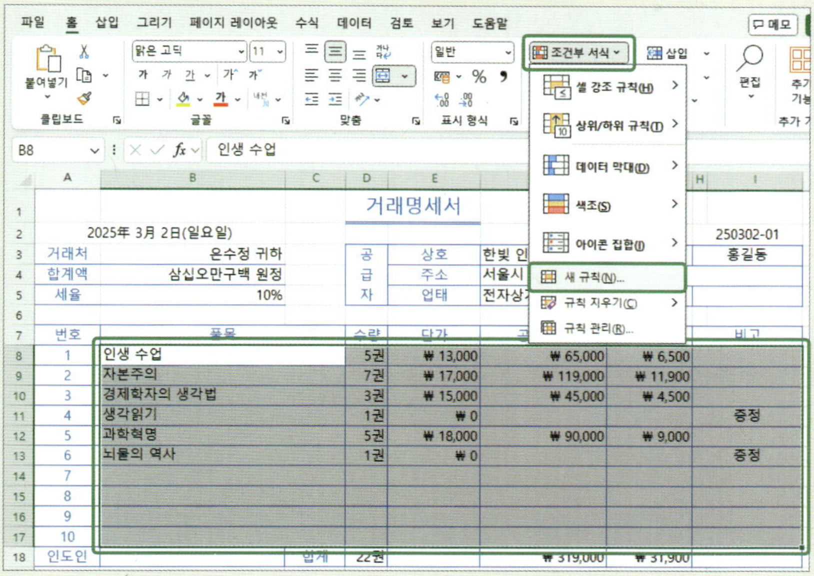

12 [새 서식 규칙] 대화상자의 규칙 유형 목록에서 [수식을 사용하여 서식을 지정할 셀 결정]을 선택하고 [규칙 설명 편집] 입력란에 **=$H8="증정"** 수식을 입력한 후 [서식]을 누른다.

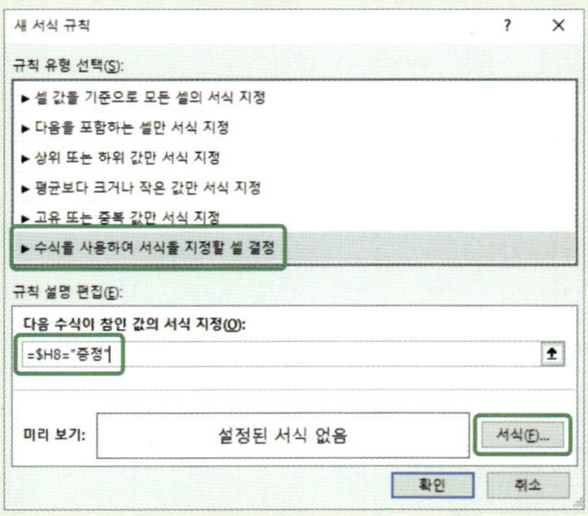

종합예제

13 [셀 서식] 대화상자의 [글꼴] 탭에서 [글꼴 스타일]–[기울임꼴]로 선택하고 [확인]을 누른다. [새 서식 규칙] 대화상자에서도 [확인]을 눌러 대화상자를 모두 닫는다.

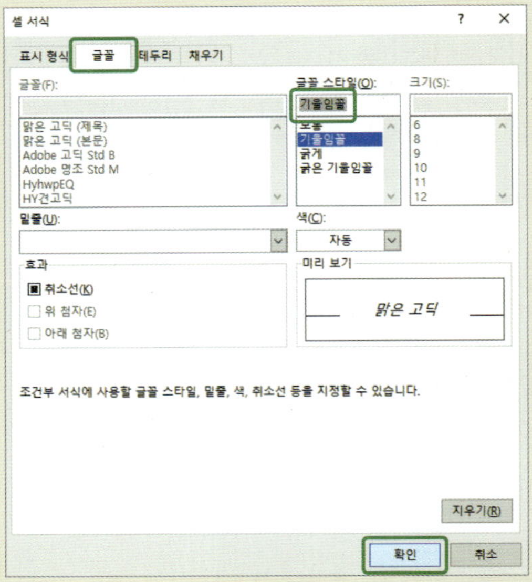

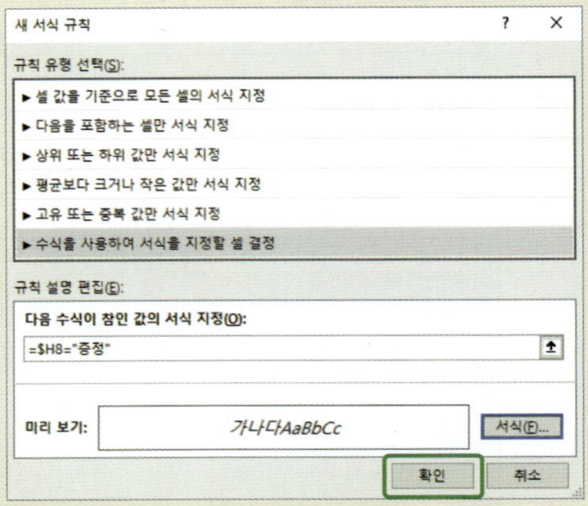

14 [보기] 탭–[표시] 그룹의 [눈금선] 선택을 취소하고, 작성된 거래명세서를 확인해 본다.

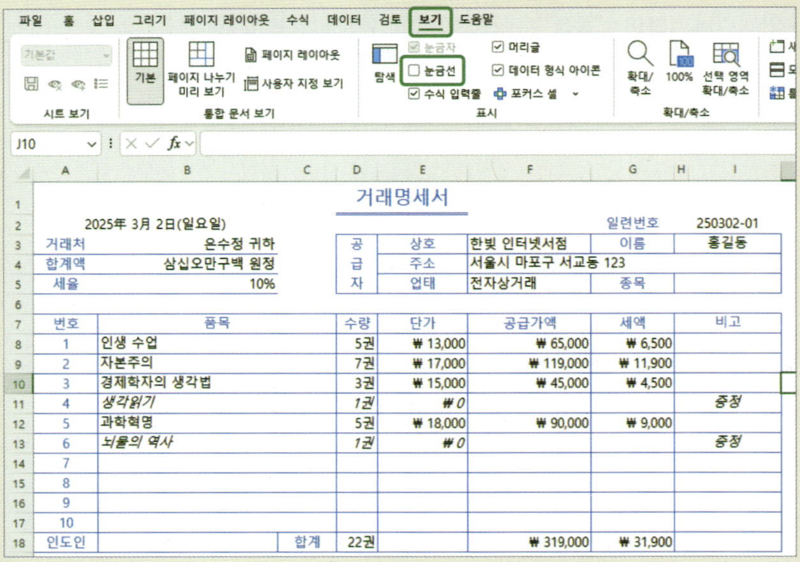

연습 문제

1 '4장_연습.xlsx' 파일의 '연습1' 시트를 열고 다음과 같이 표시 형식과 조건부 서식을 설정하시오.

❶ '좌석수', '도서수', '평균 좌석수'에 알맞은 표시 형식을 그림과 같이 설정하시오.

❷ '총 도서수'와 '평균 도서수', '총 방문자수'와 '평균 방문자수'에 그림과 같이 표시 형식을 설정하시오.

❸ 총 방문자수가 1천 5백명 이상인 지역에 대해 그림과 같이 행 전체 글꼴 색을 빨강으로 표시하시오.

지역별 도서관 현황

지역	도서관수	좌석수	평균 좌석수	총 도서수	평균 도서수	총 방문자수	평균 방문자수
서울	180관	46,185석	257석	14,977천권	83천권	66,727천명	371천명
부산	44관	17,622석	401석	5,935천권	135천권	15,530천명	353천명
대구	43관	13,882석	323석	4,561천권	106천권	12,700천명	295천명
인천	53관	18,760석	354석	4,785천권	90천권	16,201천명	306천명
광주	23관	10,291석	447석	2,658천권	116천권	7,097천명	309천명
대전	26관	10,348석	398석	3,030천권	117천권	7,258천명	279천명
울산	19관	6,317석	332석	2,098천권	110천권	5,936천명	312천명
세종	11관	2,216석	201석	489천권	44천권	1,351천명	123천명
경기	277관	106,155석	383석	32,784천권	118천권	79,076천명	285천명
강원	58관	15,189석	262석	5,165천권	89천권	7,446천명	128천명
충북	48관	10,017석	209석	4,445천권	93천권	7,399천명	154천명
충남	63관	18,410석	292석	5,995천권	95천권	10,013천명	159천명
전북	59관	17,804석	302석	4,950천권	84천권	8,234천명	140천명
전남	70관	21,234석	303석	6,480천권	93천권	8,883천명	127천명
경북	66관	22,378석	339석	6,334천권	96천권	11,503천명	174천명
경남	72관	24,056석	334석	7,772천권	108천권	15,716천명	218천명
제주	22관	6,800석	309석	2,616천권	119천권	3,342천명	152천명

연습1 | 연습2 | 연습3

2 '4장_연습.xlsx' 파일의 '연습2' 시트를 열고 다음 조건에 맞게 수정하시오.

❶ '사업장규모'와 '월배출량'에 각각 제곱미터(m^2)와 킬로그램(kg)으로 단위를 표시하시오.

❷ '처리방법'에는 "~ 재활용"으로 표시되도록 표시 형식을 설정하시오.

❸ '월배출량'이 많은 상위 5개 값에 대해 노랑으로 채우기 색을 설정하시오.

❹ '사업장규모' 값의 크기에 따라 그라데이션 형태의 녹색 데이터 막대가 셀 안에 표시되도록 하시오.

순번	상호명	사업장규모	월배출량	처리방법
1	가르텐비어	204 ㎡	500 kg	자가 재활용
2	공간	293 ㎡	600 kg	위탁 재활용
3	구드레감자탕	281 ㎡	480 kg	위탁 재활용
4	노천식당 터줏대감	245 ㎡	520 kg	위탁 재활용
5	돌담집	212 ㎡	480 kg	위탁 재활용
6	동이호박오리	531 ㎡	1,500 kg	자가 재활용
7	뚝통	245 ㎡	700 kg	위탁 재활용
8	뜰안에밥상	241 ㎡	800 kg	위탁 재활용
9	미소육화	235 ㎡	960 kg	위탁 재활용
10	뻬노꼴레	234 ㎡	600 kg	자가 재활용
11	산꼬마	232 ㎡	520 kg	위탁 재활용
12	산유화 한정식	240 ㎡	510 kg	위탁 재활용
13	수중궁갈비마당	277 ㎡	2,000 kg	자가 재활용
14	알라딘	634 ㎡	2,000 kg	자가 재활용
15	올리앤	206 ㎡	480 kg	위탁 재활용
16	이가갈비	610 ㎡	2,000 kg	자가 재활용
17	전주장작불곰탕	539 ㎡	1,200 kg	위탁 재활용
18	지중해	227 ㎡	570 kg	자가 재활용
19	차이나	378 ㎡	1,000 kg	자가 재활용
20	착한낙지	263 ㎡	840 kg	위탁 재활용

연습1 | 연습2 | 연습3

3 '4장_연습.xlsx' 파일의 '연습3' 시트를 열고 다음 조건에 맞게 수정하시오.

❶ '현재기온'과 '평년기온'에는 섭씨온도(℃) 단위, '강수량'에는 밀리미터(mm) 단위가 표시되도록 하시오.

❷ '기온변화' 열을 추가하고, 현재기온과 평년기온의 차를 구해 결과를 표시하시오.

❸ '기온변화'의 값이 0보다 큰 경우 , 0인 경우 , 그 외 모양으로 표시되도록 조건부 서식을 설정하시오.

	A	B	C	D	E
1	지점별 기온 변화				
2					
3	지점명	현재기온	평년기온	강수량	기온변화
4	속초	6.7℃	5.5℃	1.6㎜	1.2
5	철원	4.1℃	3.7℃	1.1㎜	0.4
6	동두천	6℃	6.5℃	1.3㎜	-0.5
7	파주	5℃	6℃	0.8㎜	-1
8	대관령	0.8℃	0.2℃	2.8㎜	0.6
9	춘천	5.3℃	5.3℃	1.1㎜	0
10	백령도	4.2℃	3.5℃	0.5㎜	0.7
11	강릉	7.5℃	8.1℃	2.2㎜	-0.6
12	동해	7.2℃	6.7℃	2.2㎜	0.5
13	서울	6.6℃	6.5℃	1.3㎜	0.1
14	인천	6.2℃	5.9℃	1.4㎜	0.3
15	원주	5.9℃	5.5℃	1.5㎜	0.4
16	울릉도	6.1℃	6.1℃	2.5㎜	0
17	수원	6.2℃	6.5℃	1.5㎜	-0.3
18	영월	5.5℃	5.1℃	1.8㎜	0.4
19	충주	5.7℃	5.4℃	1.5㎜	0.3
20	서산	5.3℃	5.3℃	1.5㎜	0
21	울진	7.2℃	6.9℃	2.6㎜	0.3
22	청주	6.8℃	6.4℃	1.7㎜	0.4

연습1 | 연습2 | 연습3

PART

02

엑셀 핵심 기능

CHAPTER 05

기본 함수

학습목표

- 함수의 형식과 함수의 종류를 설명할 수 있다.
- 수학 함수와 통계 함수를 사용할 수 있다.
- 텍스트 함수와 날짜 및 시간 함수를 사용할 수 있다.

SECTION 01

함수의 기본 이해하기

수식을 직접 만들어 계산할 수도 있지만 엑셀에서 제공하는 다양한 함수를 사용하면 여러 가지 계산을 쉽게 할 수 있다. 합계나 평균, 표준편차 등을 구하는 다양한 함수가 미리 만들어져 있어서 함수명과 인수를 이용해 편리하게 식을 작성할 수 있다.

1.1 함수의 형식

엑셀의 함수는 수학에서의 함수처럼 원하는 결과를 얻기 위한 계산식을 미리 정의해 놓은 것이다. 수학에서 함수 f를 $f(x)=x+2$로 정의하면, x의 값에 따라 결과가 달라진다. 이때 x를 함수의 인수라고 한다. 엑셀에서 함수를 이용할 때는 등호 '='를 먼저 입력하고 함수명 뒤에 괄호 '()'를 사용하여 필요한 인수를 적는다.

$$= 함수명(인수_1,\ 인수_2,\ \cdots,\ 인수_n)$$

인수의 개수와 데이터 형식은 함수에 따라 다르다. 함수명과 인수를 일일이 기억하기 어렵다면, 엑셀에서 제공하는 함수 마법사나 함수 라이브러리를 이용하면 편리하다.

1.2 함수의 종류

엑셀에서 제공하는 함수는 기능에 따라 다음과 같은 범주로 분류할 수 있다. 이 중에서 많이 활용되는 함수를 사용하여 엑셀 통합 문서를 만들어 보자.

데이터	함수
수학	SUM, SUMIF, SUMIFS, ROUND, ROUNDUP, ROUNDDOWN, RANK.EQ, RANK.AVG, PRODUCT
통계	AVERAGE, AVERAGEIF, AVERAGEIFS, COUNT, COUNTA, COUNTBLANK, COUNTIF, COUNTIFS, MAX, MIN, LARGE, SMALL, MEDIAN, STDEV.S, STDEV.P, VAR.S, VAR.P
텍스트	LEFT, MID, RIGHT, LEN, FIND, CONCAT, REPLACE
날짜 및 시간	TODAY, NOW, YEAR, MONTH, DAY, DATE, WEEKDAY, DATEDIF
논리	AND, OR, NOT, IF, IFERROR, IFS
찾기/참조 영역	VLOOKUP, HLOOKUP, CHOOSE, INDEX, MATCH, XLOOKUP
재무	FV, PMT

SECTION 02

수학 함수와 통계 함수 사용하기

합계나 평균을 계산할 때 함수를 사용하지 않고 =A1+B1+C1+D1+E1+…과 같은 수식을 직접 입력한다면, 처리할 데이터의 개수가 많아질수록 작업이 무척 번거로워진다. 엑셀에서는 이러한 계산을 간단히 처리할 수 있는 여러 가지 수학 및 통계 함수를 제공한다. 이 절에서는 합계, 반올림, 내림 등의 수학 함수와 평균, 표준편차 등의 통계 함수를 사용하는 방법을 살펴본다.

2.1 수학 함수와 통계 함수

CHAPTER 03에서 살펴본 자동 합계 도구로 제공되는 합계(SUM), 평균(AVERAGE), 개수(COUNT) 등의 함수와 곱한 값의 합계를 구하는 함수(SUMPRODUCT)를 사용해 보기로 한다. 또, 몫(QUOTIENT)과 나머지(MOD), 반올림(ROUND), 표준편차(STDEV.S), 분산(VAR.S) 등의 통계 함수와 순위를 구하는 함수(RANK.EQ)도 사용해 본다.

기본예제 5-1 합계와 평균, 몫과 나머지 구하기

수치 데이터의 계산에 가장 많이 사용되는 합계와 평균, 몫과 나머지 등의 함수를 사용해 보자. 함수의 인수 형식과 기능은 다음과 같다.

함수명과 인수	기능
SUM(number1, [number2], …)	인수의 합을 구한다. 인수에는 숫자나 셀 이름, 셀 영역을 최대 255개까지 지정할 수 있다.
AVERAGE(number1, [number2], …)	인수의 평균을 구한다.
QUOTIENT(numerator, denominator)	나눗셈 몫의 정수 부분을 반환한다.
MOD(number, divisor)	나눗셈의 나머지를 구한다.
PRODUCT(number1, [number2], ...)	인수들의 곱을 구한다.
SUMPRODUCT(array1, array2, ...)	배열 또는 범위 내에서 대응되는 값끼리 곱해서 그 합을 구한다. 배열은 2개에서 255개까지 지정할 수 있다.

TIP 함수 형식에서 대괄호([ ])로 묶어서 표시한 인수는 생략할 수 있다.

01 '5장_실습.xlsx' 파일을 열고 '점수표' 시트를 선택한다.

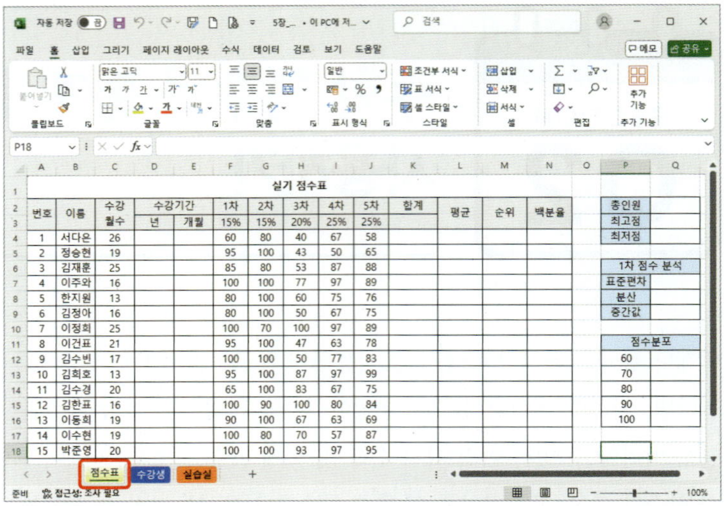

02 K3 셀에 **=SUM(**을 입력하고 F3:J3 범위를 드래그한 후 Enter를 누른다.

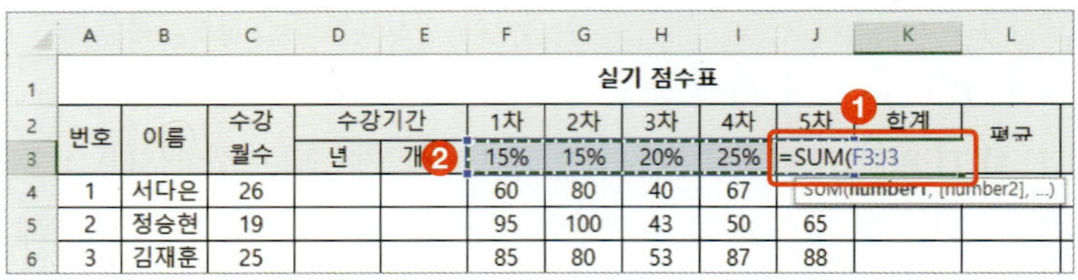

TIP 드래그한 영역이 SUM 함수의 인수가 된다. 닫기 괄호 ')'는 입력하지 않아도 자동으로 입력이 완성된다.

03 D4 셀을 선택하고 **=QUOTIENT(C4,12)** 수식을 입력하고 Enter를 누른다.

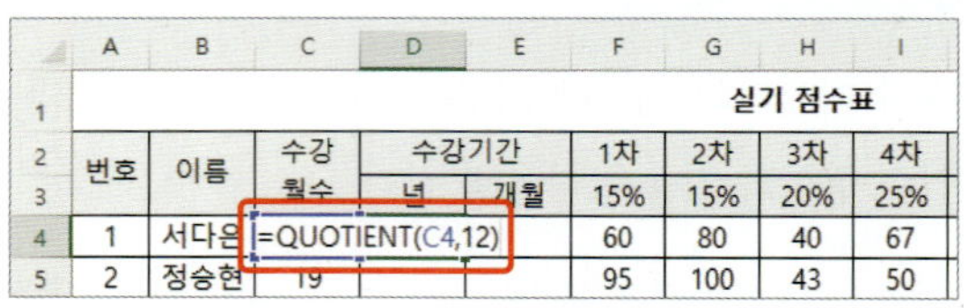

TIP 함수의 이름을 입력할 때 표시되는 목록에서 함수를 선택하고 Tab을 누르면 나머지 부분이 자동 입력된다. 함수를 선택할 때는 키보드 방향키를 이용하거나 해당 함수를 마우스로 더블클릭한다.

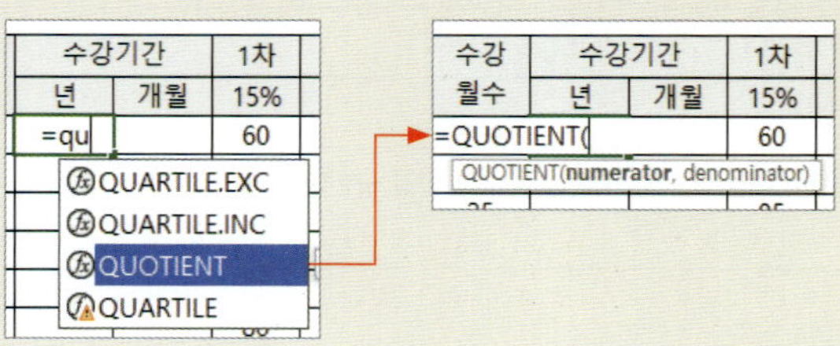

04 D4 셀의 채우기 핸들을 더블클릭하거나 D18 셀까지 드래그하여 수식을 복사한다.

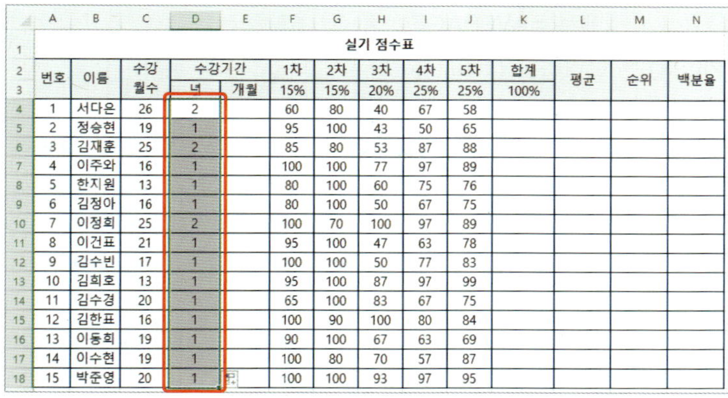

05 E4 셀에 **=MOD(C4,12)**를 입력하고 Enter 를 누른다. E4 셀의 채우기 핸들을 더블클릭하여 E18 셀까지 수식을 복사한다.

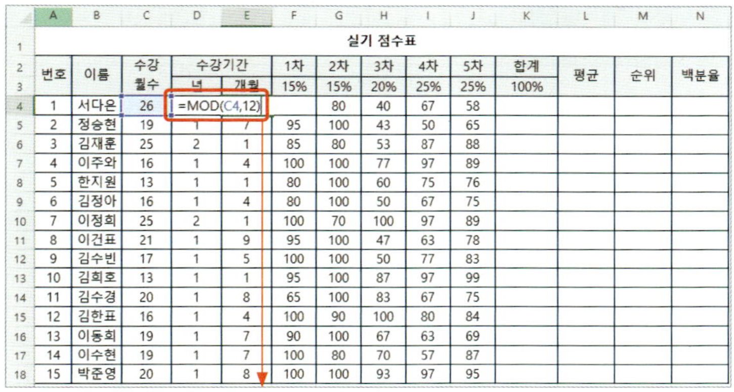

06 K4 셀에는 **=SUMPRODUCT(F4:J4,$F$3:$J$3)**을 입력하고 Enter 를 누른다. K4 셀의 채우기 핸들을 더블클릭해 K18 셀까지 수식을 복사한다.

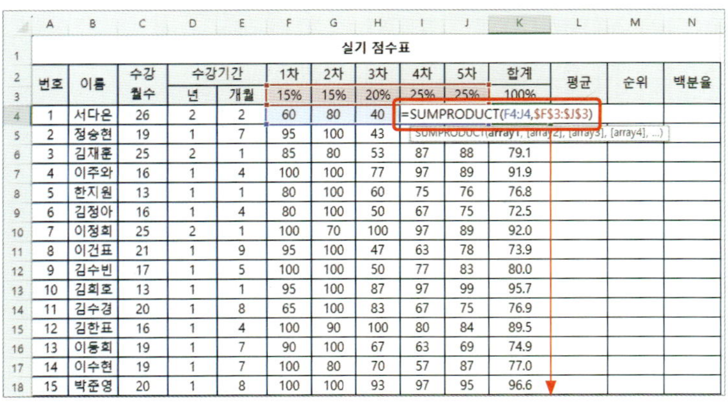

TIP 1회~5회의 점수에 배점 비율(15%~25%)을 각각 곱한 후 합계를 계산하기 위해 SUMPRODUCT 함수를 사용한다. 수식을 복사할 때 배점 비율(F3:J3) 범위를 고정하려면 F4 를 눌러 절대 참조로 설정한다.

07 L4 셀에는 **=AVERAGE(F4:J4)**를 입력하고 Enter 를 누른다. L4 셀의 채우기 핸들을 더블클릭해 L18 셀까지 수식을 복사한다.

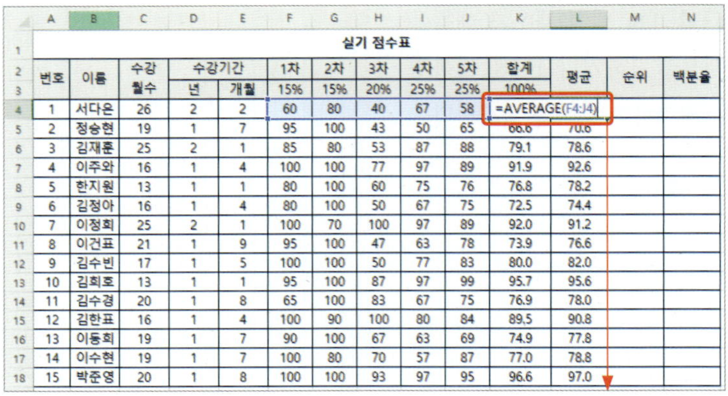

실기 점수표

번호	이름	수강 월수	수강기간		1차	2차	3차	4차	5차	합계	평균	순위	백분율
			년	개월	15%	15%	20%	25%	25%	100%			
1	서다온	26	2	2	60	80	40	67	58	=AVERAGE(F4:J4)			
2	정승현	19	1	7	95	100	43	50	65	66.6	70.6		
3	김재훈	25	2	1	85	80	53	87	88	79.1	78.6		
4	이주와	16	1	4	100	100	77	97	89	91.9	92.6		
5	한지원	13	1	1	80	100	60	75	76	76.8	78.2		
6	김정아	16	1	4	80	100	50	67	75	72.5	74.4		
7	이정희	25	2	1	100	70	100	97	89	92.0	91.2		
8	이건표	21	1	9	95	100	47	63	78	73.9	76.6		
9	김수빈	17	1	5	100	100	50	77	83	80.0	82.0		
10	김희호	13	1	1	95	100	87	97	99	95.7	95.6		
11	김수경	20	1	8	65	100	83	67	75	76.9	78.0		
12	김한표	16	1	4	100	90	100	80	84	89.5	90.8		
13	이동희	19	1	7	90	100	67	63	69	74.9	77.8		
14	이수현	19	1	7	100	80	70	57	87	77.0	78.8		
15	박준영	20	1	8	100	100	93	97	95	96.6	97.0		

기본예제 5-2 총인원과 최대값, 최소값 구하기

숫자의 개수, 최대값, 최소값을 구하는 함수를 사용해 전체 인원과 최고점, 최저점을 계산해 보자. 함수의 인수 형식과 기능은 다음과 같다.

함수명과 인수	기능
COUNT(value1, [value2], …)	지정한 인수에서 숫자가 포함된 셀의 개수를 구한다.
MAX(number1, [number2], …)	지정한 인수 중에서 최대값을 구한다.
MIN(number1, [number2], …)	지정한 인수 중에서 최소값을 구한다.

01 Q2 셀에 **=COUNT(A4:A18)** 수식을 입력해 총인원을 계산한다.

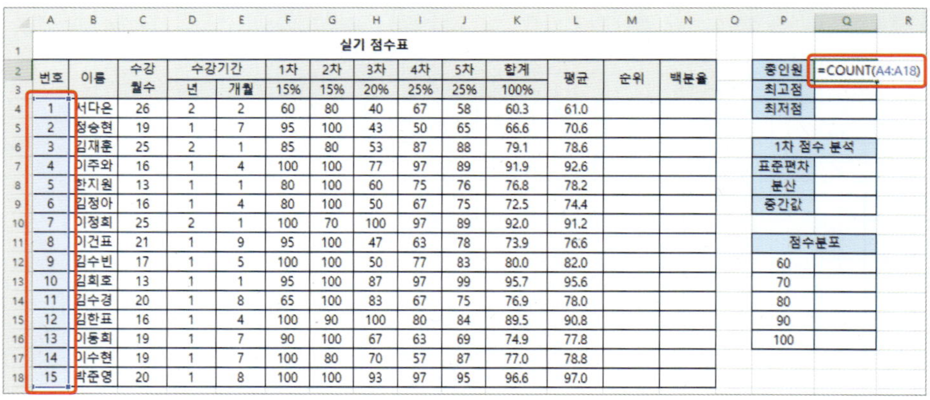

실기 점수표

번호	이름	수강 월수	수강기간		1차	2차	3차	4차	5차	합계	평균	순위	백분율
			년	개월	15%	15%	20%	25%	25%	100%			
1	서다온	26	2	2	60	80	40	67	58	60.3	61.0		
2	정승현	19	1	7	95	100	43	50	65	66.6	70.6		
3	김재훈	25	2	1	85	80	53	87	88	79.1	78.6		
4	이주와	16	1	4	100	100	77	97	89	91.9	92.6		
5	한지원	13	1	1	80	100	60	75	76	76.8	78.2		
6	김정아	16	1	4	80	100	50	67	75	72.5	74.4		
7	이정희	25	2	1	100	70	100	97	89	92.0	91.2		
8	이건표	21	1	9	95	100	47	63	78	73.9	76.6		
9	김수빈	17	1	5	100	100	50	77	83	80.0	82.0		
10	김희호	13	1	1	95	100	87	97	99	95.7	95.6		
11	김수경	20	1	8	65	100	83	67	75	76.9	78.0		
12	김한표	16	1	4	100	90	100	80	84	89.5	90.8		
13	이동희	19	1	7	90	100	67	63	69	74.9	77.8		
14	이수현	19	1	7	100	80	70	57	87	77.0	78.8		
15	박준영	20	1	8	100	100	93	97	95	96.6	97.0		

총인원	=COUNT(A4:A18)
최고점	
최저점	

1차 점수 분석	
표준편차	
분산	
중간값	

점수분포	
60	
70	
80	
90	
100	

TIP COUNT 함수는 숫자 데이터만 계산한다. 따라서 텍스트 데이터인 '이름'(B4:B18) 범위를 인수로 선택하지 않도록 주의한다.

02 Q3 셀에 **=MAX(K4:K18)** 수식을 입력해 합계 점수 중 최고점을 계산한다.

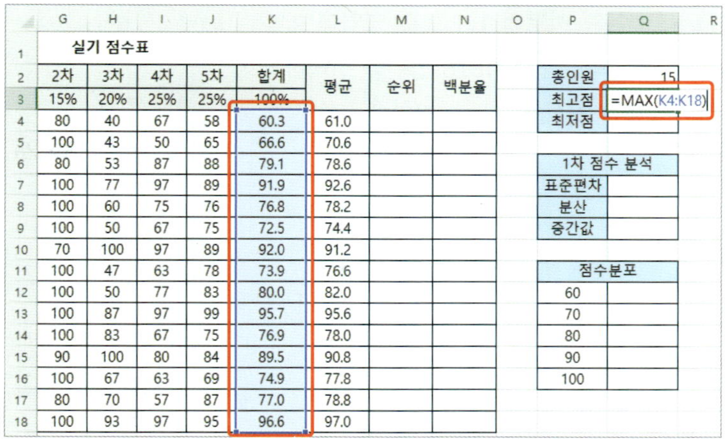

03 Q4 셀에 **=MIN(K4:K18)** 수식을 입력해 합계 점수 중 최저점을 계산한다.

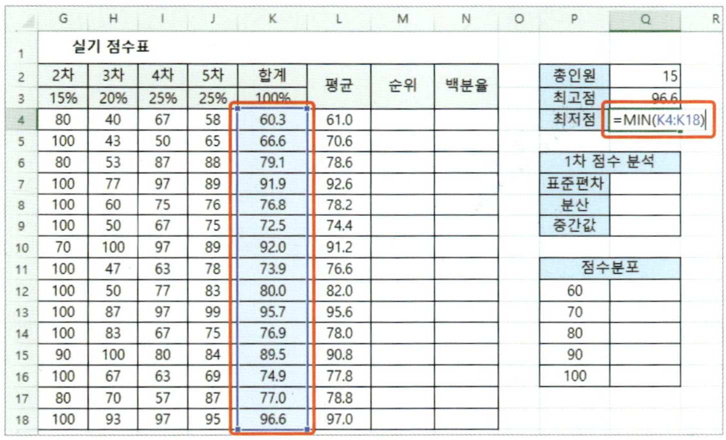

기본예제 5-3 표준편차, 분산, 중간값 구하기

엑셀은 모집단이나 표본집단을 대상으로 하는 다양한 통계 함수를 제공한다. 이번 실습에서는 데이터의 산포도나 기댓값과의 거리를 계산하는 표준편차와 분산 함수를 사용하고, 데이터 집합에서 k 번째로 큰 값과 작은 값 또는 중간값, 빈도수를 구해본다. 각 함수의 인수 형식과 기능은 다음과 같다.

함수명과 인수	기능
STDEV.P(number1, number2, …)	모집단의 표준편차를 구한다.
STDEV.S(number1, number2, …)	표본집단의 표준편차를 구한다.
VAR.P(number1, number2, …)	모집단의 분산을 구한다.
VAR.S(number1, number2, …)	표본집단의 분산을 구한다.
LARGE(array, k)	데이터 집합에서 k 번째로 큰 값을 구한다.
SMALL(array, k)	데이터 집합에서 k 번째로 작은 값을 구한다.
MEDIAN(number1, number2, …)	주어진 수의 중간값을 구한다.
FREQUENCY(data_array, bins_array)	주어진 값의 범위 내에서 발생 빈도를 구한다.

01 '점수표' 시트의 1차 점수 영역에 이름을 먼저 정의한다. F4:F18 범위를 선택하고 이름 상자에 **점수1차**라고 입력한다.

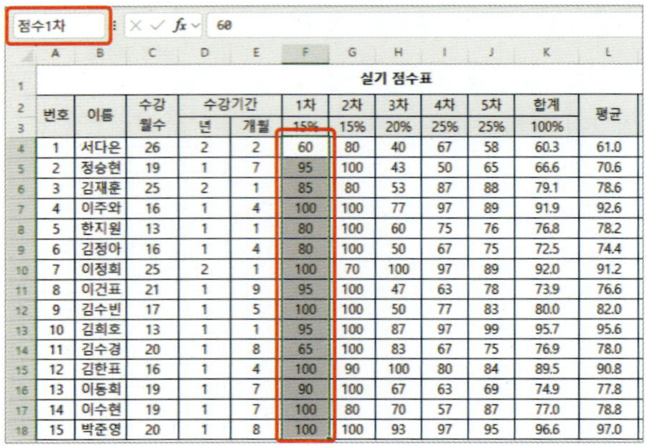

이름 상자: 점수1차 | fx: 60

실기 점수표											
번호	이름	수강 월수	수강기간 년	수강기간 개월	1차 15%	2차 15%	3차 20%	4차 25%	5차 25%	합계 100%	평균
1	서다은	26	2	2	60	80	40	67	58	60.3	61.0
2	정승현	19	1	7	95	100	43	50	65	66.6	70.6
3	김재훈	25	2	1	85	80	53	87	88	79.1	78.6
4	이주와	16	1	4	100	100	77	97	89	91.9	92.6
5	한지원	13	1	1	80	100	60	75	76	76.8	78.2
6	김정아	16	1	4	80	100	50	67	75	72.5	74.4
7	이정희	25	2	1	100	70	100	97	89	92.0	91.2
8	이건표	21	1	9	95	100	47	63	78	73.9	76.6
9	김수빈	17	1	5	100	100	50	77	83	80.0	82.0
10	김희호	13	1	1	95	100	87	97	99	95.7	95.6
11	김수경	20	1	8	65	100	83	67	75	76.9	78.0
12	김한표	16	1	4	100	90	100	80	84	89.5	90.8
13	이동희	19	1	7	90	100	67	63	69	74.9	77.8
14	이수현	19	1	7	100	80	70	57	87	77.0	78.8
15	박준영	20	1	8	100	100	93	97	95	96.6	97.0

TIP 이름을 정의해 두면 수식을 작성할 때 범위를 쉽게 참조할 수 있다. 이름은 숫자로 시작하거나, 빈칸을 포함하면 안 된다.

02 Q7 셀에 **=STDEV.S(점수1차)** 수식을 입력해 1차 점수의 표준편차를 구한다.

기간 개월	1차 15%	2차 15%	3차 20%	4차 25%	5차 25%	합계 100%	평균	순위	백분율
2	60	80	40	67	58	60.3	61.0		
7	95	100	43	50	65	66.6	70.6		
1	85	80	53	87	88	79.1	78.6		
4	100	100	77	97	89	91.9	92.6		
1	80	100	60	75	76	76.8	78.2		
4	80	100	50	67	75	72.5	74.4		
1	100	70	100	97	89	92.0	91.2		
9	95	100	47	63	78	73.9	76.6		
5	100	100	50	77	83	80.0	82.0		
1	95	100	87	97	99	95.7	95.6		
8	65	100	83	67	75	76.9	78.0		
4	100	90	100	80	84	89.5	90.8		
7	90	100	67	63	69	74.9	77.8		
7	100	80	70	57	87	77.0	78.8		
8	100	100	93	97	95	96.6	97.0		

총인원	15
최고점	96.6
최저점	60.3

1차 점수 분석	
표준편차	=STDEV.S(점수1차)
분산	
중간값	

점수분포	
60	
70	
80	
90	
100	

03 Q8 셀에 **=VAR.S(점수1차)** 수식을 입력해 1차 점수의 분산을 계산한다.

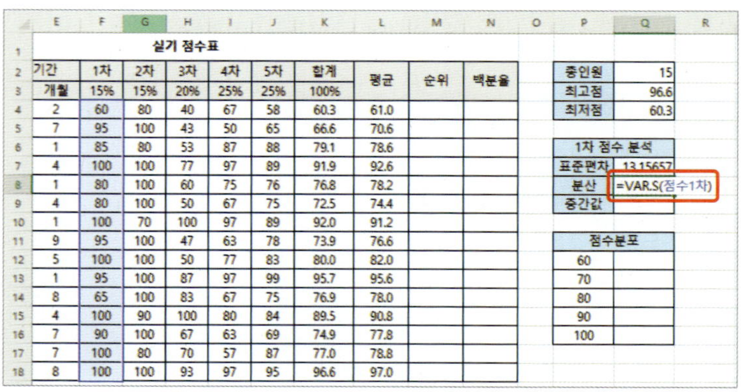

기간 개월	1차 15%	2차 15%	3차 20%	4차 25%	5차 25%	합계 100%	평균	순위	백분율
2	60	80	40	67	58	60.3	61.0		
7	95	100	43	50	65	66.6	70.6		
1	85	80	53	87	88	79.1	78.6		
4	100	100	77	97	89	91.9	92.6		
1	80	100	60	75	76	76.8	78.2		
4	80	100	50	67	75	72.5	74.4		
1	100	70	100	97	89	92.0	91.2		
9	95	100	47	63	78	73.9	76.6		
5	100	100	50	77	83	80.0	82.0		
1	95	100	87	97	99	95.7	95.6		
8	65	100	83	67	75	76.9	78.0		
4	100	90	100	80	84	89.5	90.8		
7	90	100	67	63	69	74.9	77.8		
7	100	80	70	57	87	77.0	78.8		
8	100	100	93	97	95	96.6	97.0		

총인원	15
최고점	96.6
최저점	60.3

1차 점수 분석	
표준편차	13.15657
분산	=VAR.S(점수1차)
중간값	

점수분포	
60	
70	
80	
90	
100	

04 Q9 셀에 **=MEDIAN(점수1차)** 수식을 입력해 1차 점수의 중간값을 구한다.

실기 점수표

기간	1차	2차	3차	4차	5차	합계	평균	순위	백분율
개월	15%	15%	20%	25%	25%	100%			
2	60	80	40	67	58	60.3	61.0		
7	95	100	43	50	65	66.6	70.6		
1	85	80	53	87	88	79.1	78.6		
4	100	100	77	97	89	91.9	92.6		
1	80	100	60	75	76	76.8	78.2		
4	80	100	50	67	75	72.5	74.4		
1	100	70	100	97	89	92.0	91.2		
9	95	100	47	63	78	73.9	76.6		
5	100	100	50	77	83	80.0	82.0		
1	95	100	87	97	99	95.7	95.6		
8	65	100	83	67	75	76.9	78.0		
4	100	90	100	80	84	89.5	90.8		
7	90	100	67	63	69	74.9	77.8		
7	100	80	70	57	87	77.0	78.8		
8	100	100	93	97	95	96.6	97.0		

총인원	15
최고점	96.6
최저점	60.3

1차 점수 분석	
표준편차	13.15657
분산	173.0952
중간값	=MEDIAN(점수1차)

점수분포	
60	
70	
80	
90	
100	

TIP MEDIAN 함수처럼 통계 분석에 많이 사용되는 LARGE 함수와 SMALL 함수의 경우, 특정 집합에서 몇 번째로 큰 값 또는 작은 값을 구할 수 있다. 예를 들어 **=LARGE(점수1차, 5)** 수식을 입력하면 1차 점수 중 다섯 번째로 큰 값을 구한다.

05 Q12:Q16 범위를 선택하고 **=FREQUENCY(점수1차,P12:P16)** 수식을 입력한 후 Ctrl+Shift+Enter를 누른다. 이렇게 하면 1차 점수에 대한 구간별 빈도수를 계산하여 점수 분포를 표시할 수 있다.

실기 점수표

기간	1차	2차	3차	4차	5차	합계	평균	순위	백분율
개월	15%	15%	20%	25%	25%	100%			
2	60	80	40	67	58	60.3	61.0		
7	95	100	43	50	65	66.6	70.6		
1	85	80	53	87	88	79.1	78.6		
4	100	100	77	97	89	91.9	92.6		
1	80	100	60	75	76	76.8	78.2		
4	80	100	50	67	75	72.5	74.4		
1	100	70	100	97	89	92.0	91.2		
9	95	100	47	63	78	73.9	76.6		
5	100	100	50	77	83	80.0	82.0		
1	95	100	87	97	99	95.7	95.6		
8	65	100	83	67	75	76.9	78.0		
4	100	90	100	80	84	89.5	90.8		
7	90	100	67	63	69	74.9	77.8		
7	100	80	70	57	87	77.0	78.8		
8	100	100	93	97	95	96.6	97.0		

총인원	15
최고점	96.6
최저점	60.3

1차 점수 분석	
표준편차	13.15657
분산	173.0952
중간값	95

점수분포	
60	=FREQUENCY(점수1차,P12:P16)
70	
80	
90	
100	

점수분포	
60	1
70	1
80	2
90	2
100	9

TIP 60점 이하(1), 70점 이하(1), 80점 이하(2), 90점 이하(2), 100점 이하(9)의 점수분포표를 구할 수 있다.

TIP 배열 수식과 동적 배열

Ctrl+Shift+Enter를 눌러 계산하는 수식을 배열 수식이라고 한다. 배열(Array)이란 계산 과정에서 연산된 값을 저장해두는 공간을 의미하고, 범위를 인수로 하는 수식에서 이용할 수 있다. 배열 수식은 중괄호 '{ }'가 자동으로 추가되어 수식 입력줄에 나타나므로 일반 수식과 구별된다.

하지만, 엑셀 2021과 Microsoft 365에서는 결과값이 자동으로 여러 셀로 확장되는 동적 배열 수식을 FREQUENCY 함수에도 지원한다. 따라서 단계 **05**에서 Q12 셀만 선택하고 **=FREQUENCY(점수1차,P12:P16)** 수식을 입력한 후 Enter를 누르면 배열 수식 입력 없이도 점수 분포가 자동으로 표시된다.

기본예제 5-4 반올림, 올림, 내림하기

수학 함수 중에서 숫자를 반올림, 올림, 내림하는 ROUND, ROUNDUP, ROUNDDOWN 함수를 사용하여 '점수표' 시트의 데이터를 수정해 보자. 각 함수의 인수 형식과 기능은 다음과 같다.

함수명과 인수	기능
ROUND(number, number_digits)	지정한 자릿수로 숫자를 반올림한다.
ROUNDUP(number, number_digits)	0에서 먼 방향으로 숫자를 올림한다.
ROUNDDOWN(number, number_digits)	0에서 가까운 방향으로 숫자를 내림한다.

01 '점수표' 시트의 Q7 셀에 입력된 수식을 **=ROUND(STDEV.S(점수1차),2)**로 수정한다. 표준편차를 반올림해 소수점 이하 두 자리로 표시한다.

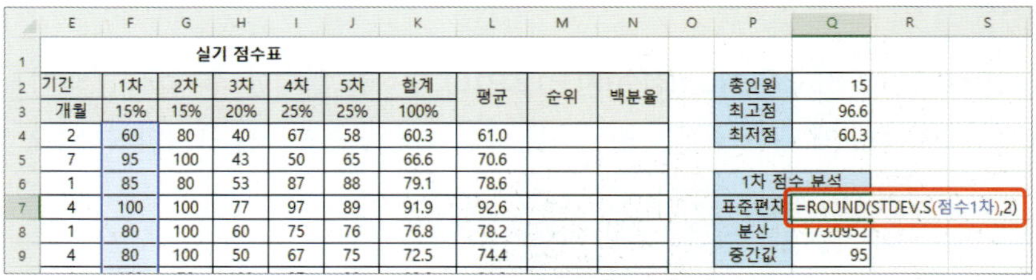

TIP ROUND 함수로 반올림하면 [표시 형식]의 [자릿수 줄임]과는 달리 셀에 저장되는 값 자체가 반올림된 결과로 변경된다. 따라서 다음 그림과 같이 [자릿수 늘림] 단추를 눌러 반올림된 값을 확인해 볼 수 있다.

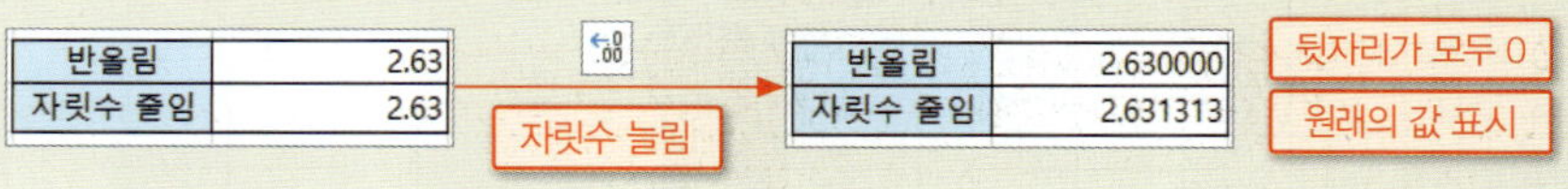

02 Q8 셀의 수식을 **=ROUNDDOWN(VAR.S(점수1차),0)**으로 수정해 분산의 소수점 이하 값을 버림한다.

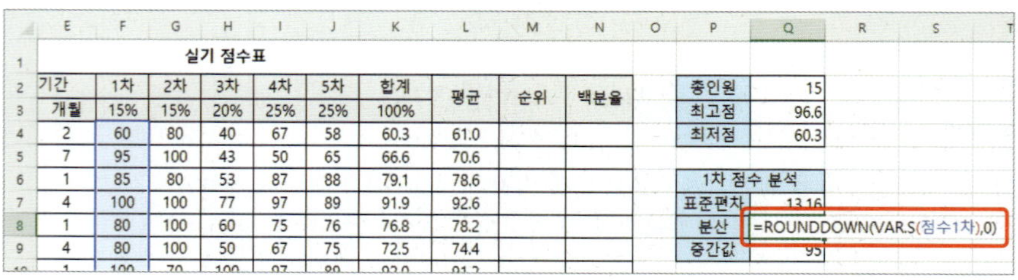

TIP number_digits 인수의 역할

ROUND, ROUNDUP, ROUNDDOWN 함수의 두 번째 인수 'number_digits'는 소수점 이하 또는 정수 자릿수를 지정하는 값이다. 예를 들어, Q8 셀의 값이 1234.5670이라면 **=ROUND(Q8,1)**의 결과는 1234.6이 된다. 즉, 'number_digits=1'은 소수점 이하 첫째 자리까지 반올림하겠다는 의미이다.

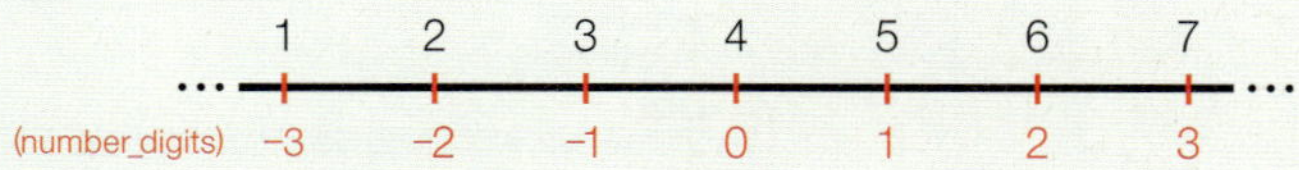

기본예제 5-5 데이터 크기에 따른 순위와 백분율 순위 구하기

데이터 크기에 따라 순위를 구하려면 RANK.EQ 함수나 RANK.AVG 함수를 사용하고, 백분위 순위를 구하려면 PERCENTRANK.INC 함수나 PERCENTRANK.EXC 함수를 사용할 수 있다. 순위를 계산하는 각 함수의 인수 형식과 기능은 다음과 같다.

함수명과 인수	기능
RANK.EQ(number, ref, order)	목록 내에서 지정한 수의 상대적인 크기 순위를 구한다. 둘 이상의 값이 순위가 같으면 가장 높은 순위를 반환한다.
RANK.AVG(number, ref, order)	둘 이상의 값이 순위가 같으면 평균 순위를 반환한다.
PERCENTRANK.INC(array, x, significance)	데이터 집합에서 경계값을 포함한 0에서 1 사이의 백분율 순위를 구한다.
PERCENTRANK.EXC(array, x, significance)	데이터 집합에서 경계값을 제외한 0에서 1 사이의 백분율 순위를 구한다.

01 '점수표' 시트의 M4 셀을 선택하고 [수식] 탭 – [함수 라이브러리] 그룹 – [함수 삽입]을 누른다.

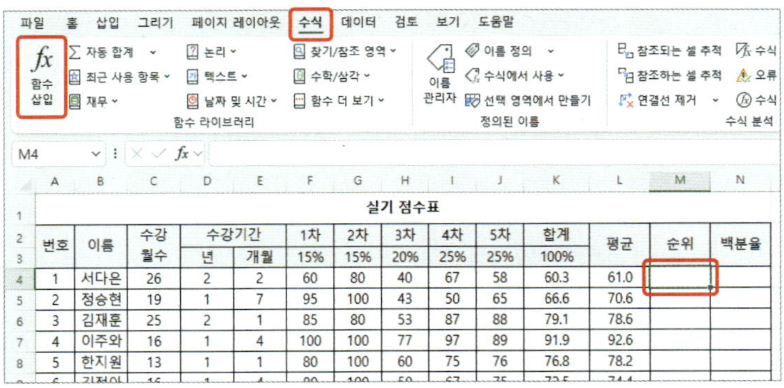

02 [함수 마법사] 대화상자가 나타나면 [함수 검색] 입력란에 **순위**라고 입력하고 [검색]을 누른다. [함수 선택] 목록에서 [RANK.EQ]를 선택하고 [확인]을 누른다.

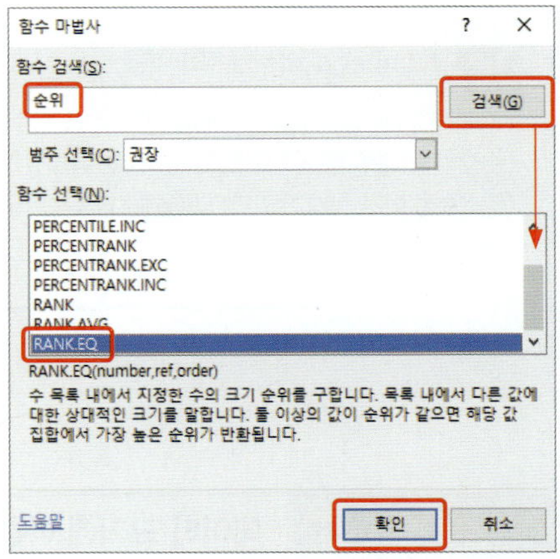

03 [함수 인수] 대화상자의 [Number]에는 **K4**, [Ref]에는 **$K$4:$K$18**을 입력한다. [Order]에는 값을 입력하지 않고 [확인]을 누른다.

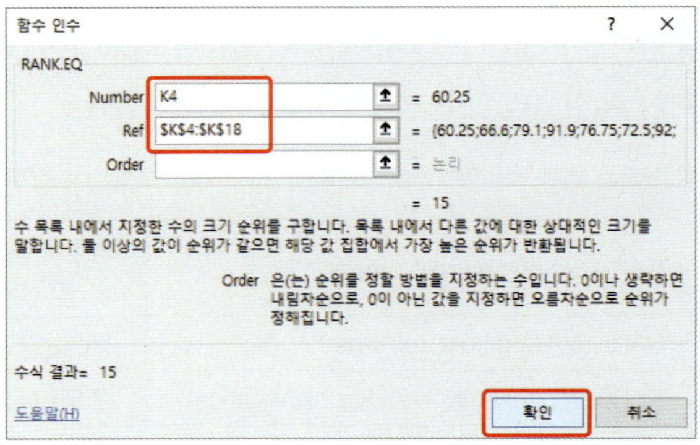

TIP [Ref] 인수에 숫자 범위를 지정할 때는 F4를 눌러 절대 참조($)로 설정한다. 나중에 수식을 복사할 때 참조하는 범위가 변경되지 않도록 하기 위해서이다. [Order] 인수는 생략하거나 0으로 입력하면 내림차순으로 순위를 계산하고, 그 이외의 값을 지정하면 오름차순으로 순위를 계산한다.

04 M4 셀의 채우기 핸들을 더블클릭해 수식을 복사하면 모든 순위를 구할 수 있다.

실기 점수표

번호	이름	수강 월수	수강기간		1차	2차	3차	4차	5차	합계	평균	순위	백분율
			년	개월	15%	15%	20%	25%	25%	100%			
1	서다은	26	2	2	60	80	40	67	58	60.3	61.0	15	
2	정승현	19	1	7	95	100	43	50	65	66.6	70.6	14	
3	김재훈	25	2	1	85	80	53	87	88	79.1	78.6	7	
4	이주와	16	1	4	100	100	77	97	89	91.9	92.6	4	
5	한지원	13	1	1	80	100	60	75	76	76.8	78.2	10	
6	김정아	16	1	4	80	100	50	67	75	72.5	74.4	13	
7	이정희	25	2	1	100	70	100	97	89	92.0	91.2	3	
8	이건표	21	1	9	95	100	47	63	78	73.9	76.6	12	
9	김수빈	17	1	5	100	100	50	77	83	80.0	82.0	6	
10	김희호	13	1	1	95	100	87	97	99	95.7	95.6	2	
11	김수경	20	1	8	65	100	83	67	75	76.9	78.0	9	
12	김한표	16	1	4	100	90	100	80	84	89.5	90.8	5	
13	이동희	19	1	7	90	100	67	63	69	74.9	77.8	11	
14	이수현	19	1	7	100	80	70	57	87	77.0	78.8	8	
15	박준영	20	1	8	100	100	93	97	95	96.6	97.0	1	

TIP RANK.EQ 함수와 RANK.AVG 함수의 차이

두 함수 모두 데이터의 크기에 따라 순위를 구하지만, 동일한 값이 있을 때 순위 계산 방식이 다르다. RANK.EQ 함수를 사용하면 값이 같을 경우 높은 순위가 표시되고, RANK.AVG 함수를 사용하면 값이 같은 경우 순위를 평균으로 표시한다. 다음과 같이 점수에 대한 순위를 구할 때 두 함수의 결과가 다르다.

점수	RANK.EQ 순위	RANK.AVG 순위
80	2	2.5
65	5	5
80	2	2.5
90	1	1
70	4	4

05 백분율 순위를 표시할 N4 셀을 선택한다. [수식] 탭 – [함수 라이브러리] 그룹 – [함수 더 보기] 목록에서 [통계] – [PERCENTRANK.INC]를 선택한다.

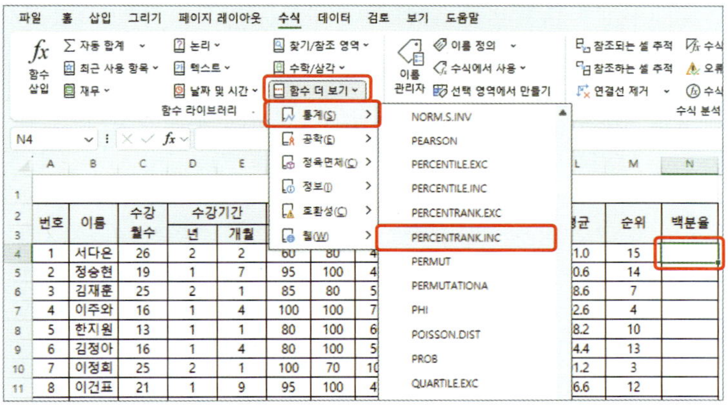

06 [함수 인수] 대화상자가 열리면 [Array]에는 **$K$4:$K$18**, [X]에는 **K4**를 입력한다. [Significance]에는 값을 입력하지 않고 [확인]을 누른다.

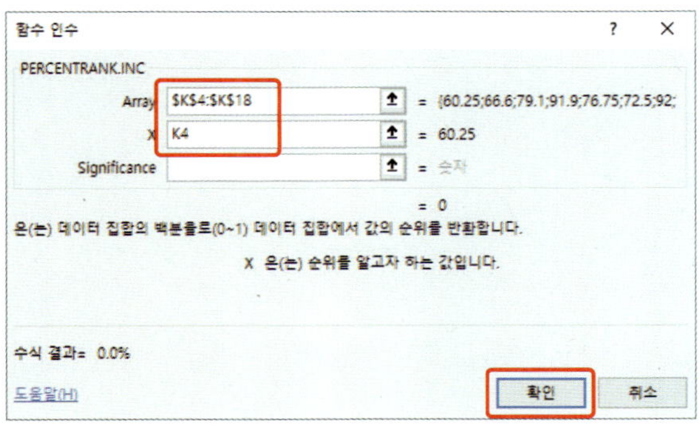

TIP [Significance]는 계산한 백분율 값의 유효 자릿수이다. 생략하면 세 자리로 표시된다.

07 N4 셀의 채우기 핸들을 더블클릭하여 나머지 셀의 백분율 순위도 구한다.

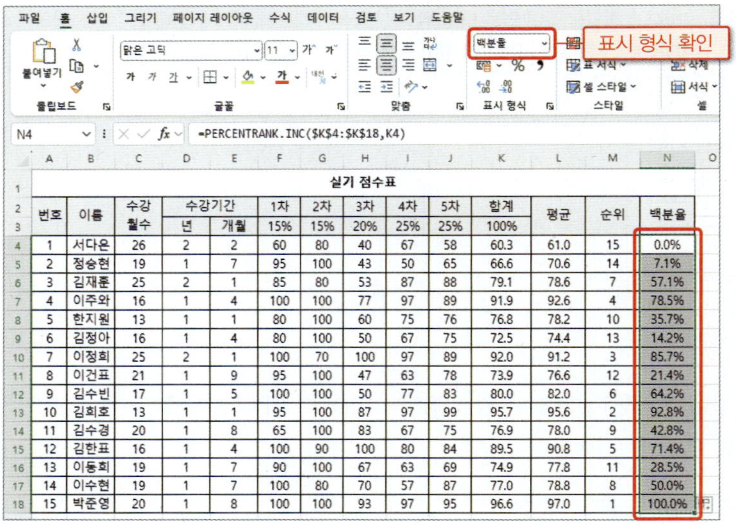

번호	이름	수강 횟수	수강기간		1차	2차	3차	4차	5차	합계	평균	순위	백분율
			년	개월	15%	15%	20%	25%	25%	100%			
1	서다온	26	2	2	60	80	40	67	58	60.3	61.0	15	0.0%
2	정승현	19	1	7	95	100	43	50	65	66.6	70.6	14	7.1%
3	김재훈	25	2	1	85	80	53	87	88	79.1	78.6	7	57.1%
4	이주와	16	1	4	100	100	77	97	89	91.9	92.6	4	78.5%
5	한지원	13	1	1	80	100	60	75	76	76.8	78.2	10	35.7%
6	김정아	16	1	4	80	100	50	67	75	72.5	74.4	13	14.2%
7	이정희	25	2	1	100	70	100	97	89	92.0	91.2	3	85.7%
8	이건표	21	1	9	95	100	47	63	78	73.9	76.6	12	21.4%
9	김수빈	17	1	5	100	100	50	77	83	80.0	82.0	6	64.2%
10	김희호	13	1	1	95	100	87	97	99	95.7	95.6	2	92.8%
11	김수경	20	1	8	65	100	83	67	75	76.9	78.0	9	42.8%
12	김한표	16	1	4	100	90	100	80	84	89.5	90.8	5	71.4%
13	이동희	19	1	7	90	100	67	63	69	74.9	77.8	11	28.5%
14	이수현	19	1	7	100	80	70	57	87	77.0	78.8	8	50.0%
15	박준영	20	1	8	100	100	93	97	95	96.6	97.0	1	100.0%

TIP 백분율 값에 대한 [표시 형식]을 [백분율]로 설정하지 않으면, 유효 자릿수가 3자리인 실수형으로 결과가 표시된다.

SECTION 03

텍스트 함수와 날짜 함수 사용하기

텍스트 데이터에서 필요한 문자를 일부 추출하거나 연결하는 텍스트 함수와, 현재 날짜를 표시하거나 경과 기간을 계산하는 날짜/시간 함수의 사용 방법을 알아본다.

3.1 텍스트 함수

문자열은 하나 이상의 문자로 이루어진 데이터를 말한다. 엑셀에서는 이러한 문자열에서 원하는 정보를 추출하거나 다른 문자열과 연결하는 등의 텍스트 처리 작업을 수행하는 여러 가지 함수를 제공한다.

함수명과 인수	기능
CONCAT(text1, text2, …)	여러 텍스트를 하나로 결합한다.
LEFT(text, num_chars)	문자열의 시작 지점부터 지정한 개수만큼 문자를 추출한다.
RIGHT(text, num_chars)	문자열의 끝 지점부터 지정한 개수만큼 문자를 추출한다.
MID(text, start_num, num_chars)	문자열의 지정 위치부터 지정한 개수만큼 문자를 추출한다.
LEN(text)	문자열 내의 문자 개수를 구한다.
FIND(find_text, within_text, start_num)	지정한 텍스트를 다른 텍스트에서 찾아 해당 위치를 구한다.
REPLACE(old_text, start_num, num_chars, new_text)	텍스트의 일부를 다른 텍스트로 바꾼다.

기본예제 5-6 텍스트를 결합하고 추출하기

여러 셀에 나누어 입력된 텍스트를 결합하여 하나의 셀에 표시해 보고, 입력된 텍스트에서 성별이나 생년월일, 지역과 같이 필요한 정보를 추출해 보자.

01 '5장_실습.xlsx' 파일의 '수강생' 시트에서 C3 셀을 선택하고 **=CONCAT(A3,"-",B3)** 수식을 입력한다.

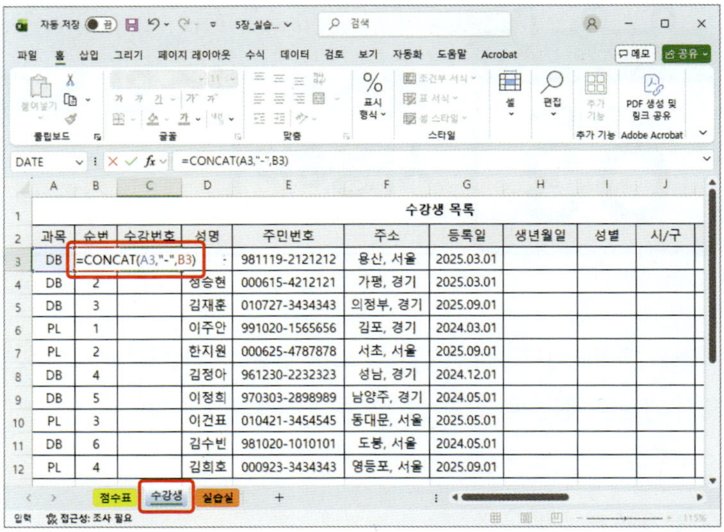

02 C3 셀의 채우기 핸들을 더블클릭하여 모든 수강번호를 표시한다.

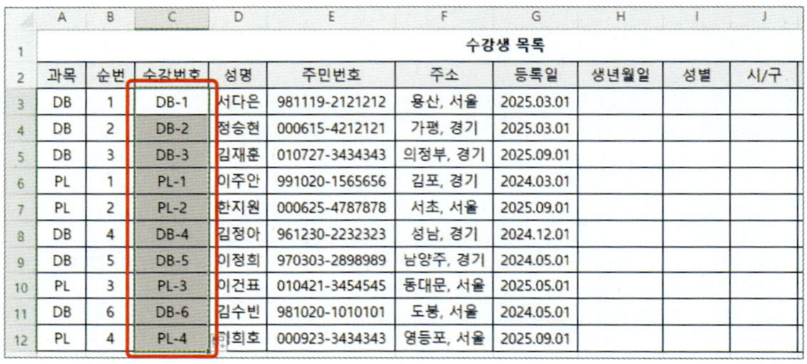

03 H3 셀에 **=LEFT(E3,6)** 수식을 입력하고 Enter 를 누른다. 주민번호 앞 여섯 자리를 추출할 수 있다.

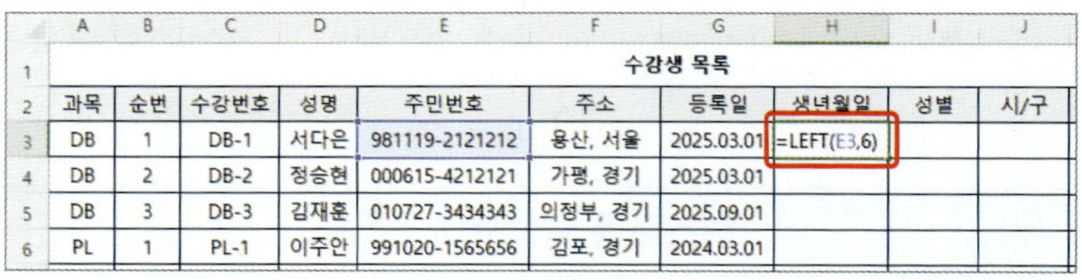

04 H3 셀의 채우기 핸들을 더블클릭하면 모든 수강생의 생년월일이 표시된다.

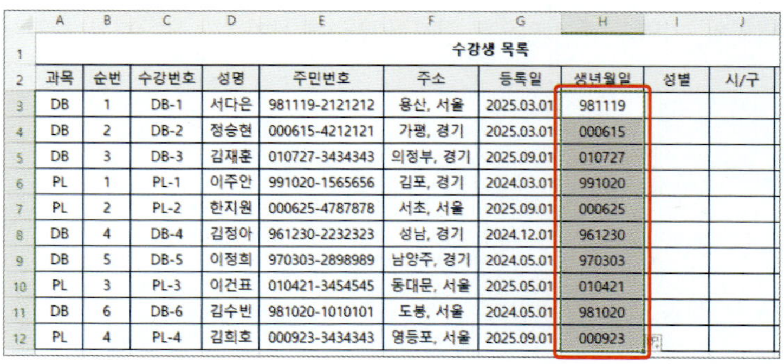

05 I3 셀에 **=MID(E3,8,1)** 수식을 입력하고 Enter 를 누르면, 주민번호에서 성별 정보를 추출할 수 있다.

	A	B	C	D	E	F	G	H	I	J
1						수강생 목록				
2	과목	순번	수강번호	성명	주민번호	주소	등록일	생년월일	성별	시/구
3	DB	1	DB-1	서다은	981119-2121212	용산, 서울	2025.03.01	=MID(E3,8,1)		
4	DB	2	DB-2	정승현	000615-4212121	가평, 경기	2025.03.01	000615		
5	DB	3	DB-3	김재훈	010727-3434343	의정부, 경기	2025.09.01	010727		
6	PL	1	PL-1	이주안	991020-1565656	김포, 경기	2024.03.01	991020		

06 I3 셀의 채우기 핸들을 더블클릭하면 모든 수강생의 성별이 1~4의 숫자로 표시된다.

	A	B	C	D	E	F	G	H	I	J
1						수강생 목록				
2	과목	순번	수강번호	성명	주민번호	주소	등록일	생년월일	성별	시/구
3	DB	1	DB-1	서다은	981119-2121212	용산, 서울	2025.03.01	981119	2	
4	DB	2	DB-2	정승현	000615-4212121	가평, 경기	2025.03.01	000615	4	
5	DB	3	DB-3	김재훈	010727-3434343	의정부, 경기	2025.09.01	010727	3	
6	PL	1	PL-1	이주안	991020-1565656	김포, 경기	2024.03.01	991020	1	
7	PL	2	PL-2	한지원	000625-4787878	서초, 서울	2025.09.01	000625	4	
8	DB	4	DB-4	김정아	961230-2232323	성남, 경기	2024.12.01	961230	2	
9	DB	5	DB-5	이정희	970303-2898989	남양주, 경기	2024.05.01	970303	2	
10	PL	3	PL-3	이건표	010421-3454545	동대문, 서울	2025.05.01	010421	3	
11	DB	6	DB-6	김수빈	981020-1010101	도봉, 서울	2024.05.01	981020	1	
12	PL	4	PL-4	김희호	000923-3434343	영등포, 서울	2025.09.01	000923	3	

TIP 성별을 숫자로 표시하지 않고 '남' 또는 '여'와 같이 문자로 표시하려면 CHAPTER 06에서 다루는 IF 함수를 이용한다.

07 시/구 정보를 표시할 J3 셀에 **=LEFT(F3,FIND(",",F3)−1)** 수식을 입력하고 Enter 를 누른다.

	D	E	F	G	H	I	J	K	L
1			수강생 목록						
2	성명	주민번호	주소	등록일	생년월일	성별	시/구	시작일	수강기간
3	서다은	981119-2121212	용산, 서울	2025.03.01	981119	=LEFT(F3,FIND(",",F3)-1)			
4	정승현	000615-4212121	가평, 경기	2025.03.01	000615	4			
5	김재훈	010727-3434343	의정부, 경기	2025.09.01	010727	3			
6	이주안	991020-1565656	김포, 경기	2024.03.01	991020	1			

TIP FIND 함수는 텍스트에서 특정 값의 위치를 찾는다. 예를 들어 **FIND(",",F3)**은 주소에서 쉼표(,)의 위치를 찾은 후, LEFT 함수로 쉼표 바로 앞(−1)까지 추출한다. 이처럼 함수 안에 다른 함수가 인수로 포함되는 것을 중첩이라고 하며, 중첩된 구조에서는 안쪽에 있는 함수가 먼저 실행된다.

08 J3 셀의 채우기 핸들을 더블클릭하여 모든 수강생의 지역 정보를 표시한다.

기본예제 5-7 주민번호 뒷자리를 기호로 바꾸기

주민번호와 같은 주요 개인 정보는 일부를 가린 상태로 표시해야 하는 경우가 많다. 텍스트 함수를 이용하여 주민번호 필드의 일부 문자를 '*' 기호로 바꾸고 열 숨기기 기능을 활용해 필요한 부분만 볼 수 있게 해 보자.

01 F 열에 있는 임의의 셀을 선택하고 [홈] 탭 – [셀] 그룹 – [삽입] 목록의 [시트 열 삽입]을 누른다.

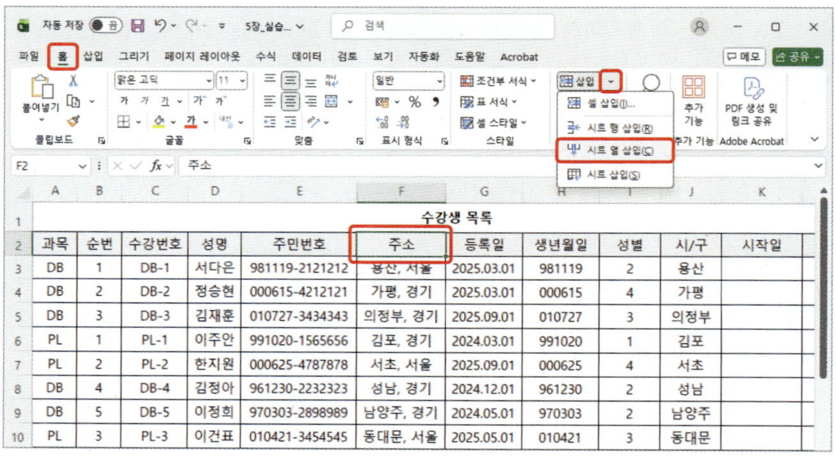

02 F2 셀에 **주민등록번호**라고 입력하고, F3 셀에는 **=REPLACE(E3,9,6,"******")** 수식을 입력한다.

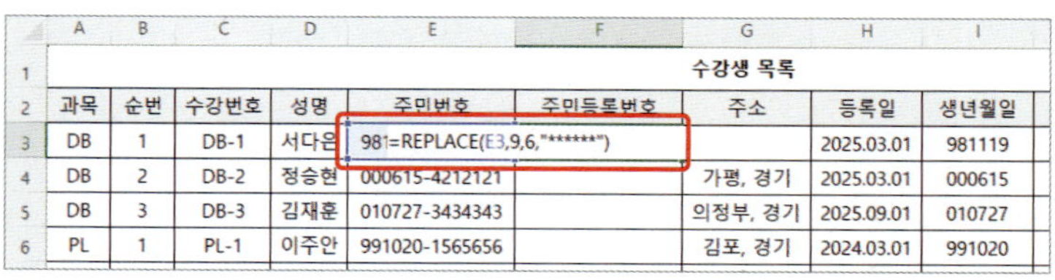

03 F3 셀의 채우기 핸들을 더블클릭하여 '*' 기호로 교체된 주민등록번호가 모두 표시되게 한다.

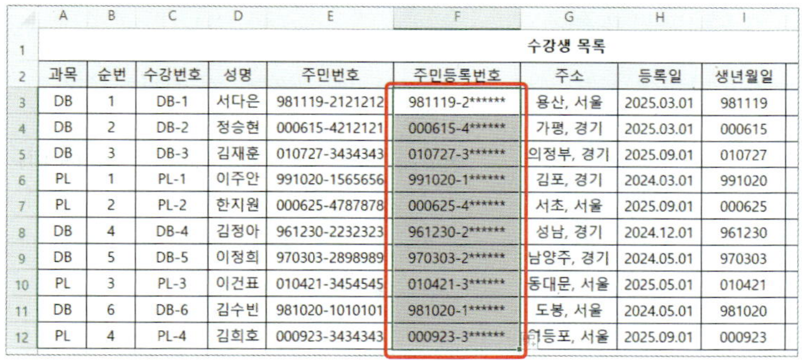

04 열 머리글 영역에서 E 열을 마우스 오른쪽 단추로 누른다. E 열의 모든 셀이 선택되며, 표시된 메뉴 목록에서 [숨기기]를 선택한다.

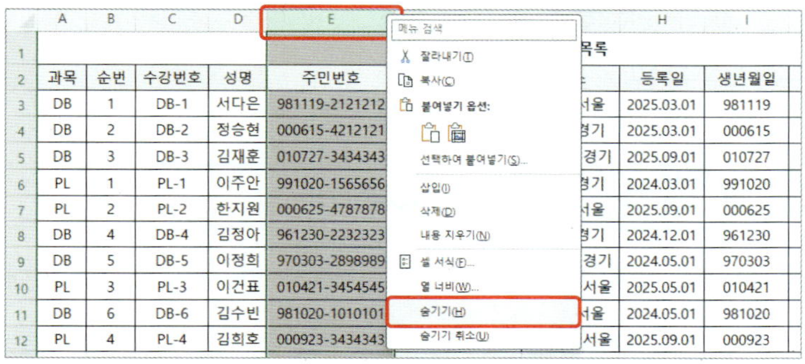

05 원본 데이터는 가려지고 뒷자리가 '*' 기호로 바뀐 주민등록번호만 표시된다.

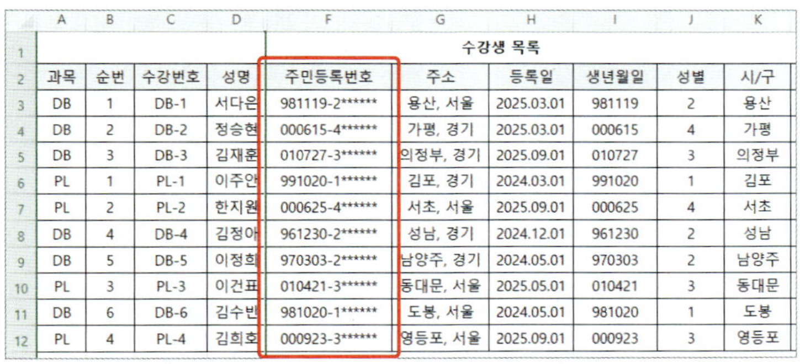

TIP 숨겨진 데이터를 다시 표시하려면 D:F 열을 드래그해 선택한 후, 마우스 오른쪽을 클릭해 표시되는 메뉴 목록에서 [숨기기 취소]를 누른다.

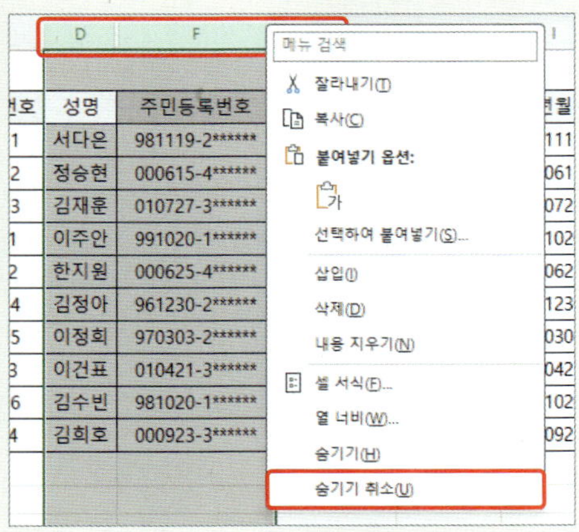

3.2 날짜/시간 함수

엑셀의 날짜와 시간 데이터는 저장하거나 계산할 때 숫자형으로 처리된다. 날짜 데이터는 1900년 1월 1일을 기준으로 하루가 지날 때마다 1씩 증가하는 일련번호 형태로 저장된다. 예를 들어 1900년 1월 2일은 2, 2025년 1월 1일은 45658로 저장된다. 따라서 날짜 데이터는 숫자처럼 더하거나 빼는 계산에 사용할 수 있다. 셀에 숫자 1을 입력하고 셀에 숫자 1을 입력한 뒤 [셀 서식]–[표시 형식]을 '날짜'로 지정하면 1900–01–01로 표시된다.

날짜 형식		일반/숫자 형식
1900-01-01	⇔	1
1900-01-02	⇔	2
2025-01-01	⇔	45658

기본예제 5-8 현재 날짜 표시하기

현재 날짜를 셀에 표시하거나 날짜 데이터에서 연도나 월, 일을 구할 때 필요한 함수의 사용법을 알아보자.

함수명과 인수	기능
TODAY()	현재 날짜의 일련 번호를 계산해서 날짜 서식으로 표시한다.
NOW()	현재 날짜와 시간의 일련 번호를 계산해서 날짜 및 시간 형식으로 표시한다.
YEAR(serial_number)	특정 날짜의 연도를 1900~9999 사이의 수로 구한다.
MONTH(serial_number)	특정 날짜의 월을 1~12 사이의 수로 구한다.
DAY(serial_number)	특정 날짜의 일을 1~31 사이의 수로 구한다.

01 '수강생' 시트의 O3 셀을 선택하고 **=TODAY()** 수식을 입력하면 오늘 날짜가 표시된다.

TIP TODAY 함수 대신 =NOW() 수식을 사용해도 된다. NOW 함수는 현재 날짜와 시간을 함께 표시한다. TODAY 함수나 NOW 함수로 구한 날짜는 통합 문서나 시트를 다시 열 때 자동으로 업데이트되는 동적 값이다. 반면, 단축키 Ctrl+;로 입력한 현재 날짜는 수정하기 전까지 바뀌지 않는다.

02 P4 셀에 **=YEAR(TODAY())** 수식을 입력하면 현재 날짜에서 연도만 표시된다.

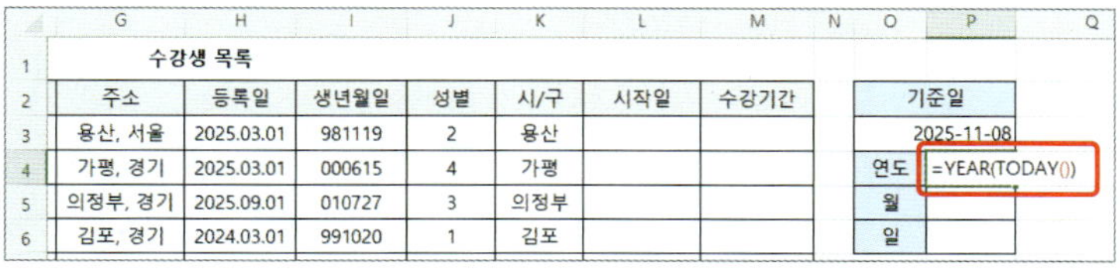

	G	H	I	J	K	L	M	N	O	P	Q
1	수강생 목록										
2	주소	등록일	생년월일	성별	시/구	시작일	수강기간		기준일		
3	용산, 서울	2025.03.01	981119	2	용산					2025-11-08	
4	가평, 경기	2025.03.01	000615	4	가평				연도	=YEAR(TODAY())	
5	의정부, 경기	2025.09.01	010727	3	의정부				월		
6	김포, 경기	2024.03.01	991020	1	김포				일		

03 P5 셀에 **=MONTH(TODAY())** 수식을 입력하면 월 데이터만 표시된다.

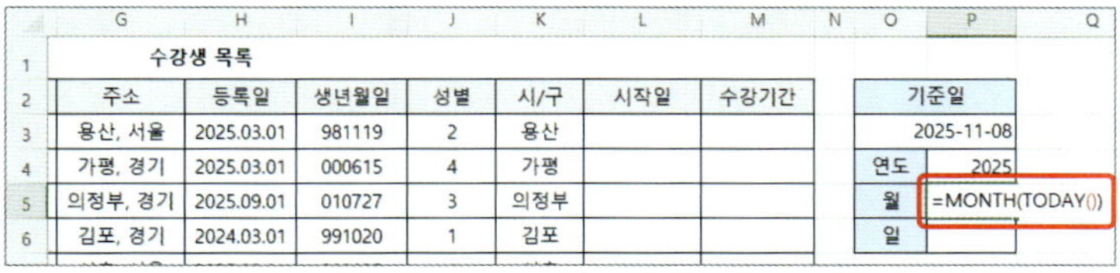

	G	H	I	J	K	L	M	N	O	P	Q
1	수강생 목록										
2	주소	등록일	생년월일	성별	시/구	시작일	수강기간		기준일		
3	용산, 서울	2025.03.01	981119	2	용산					2025-11-08	
4	가평, 경기	2025.03.01	000615	4	가평				연도	2025	
5	의정부, 경기	2025.09.01	010727	3	의정부				월	=MONTH(TODAY())	
6	김포, 경기	2024.03.01	991020	1	김포				일		

04 P6 셀에**=DAY(TODAY())** 수식을 입력하면 일 데이터만 표시된다.

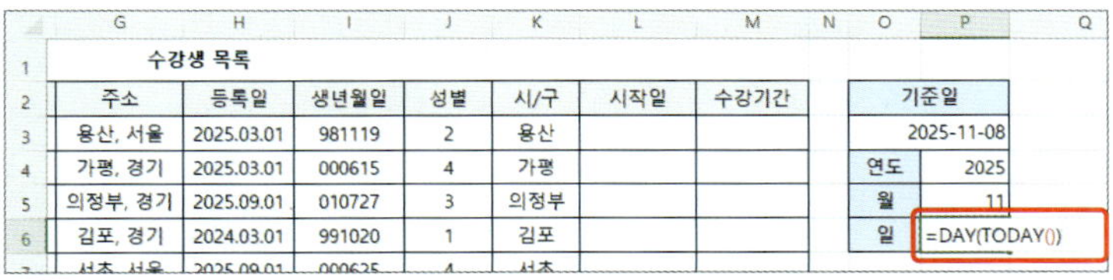

	G	H	I	J	K	L	M	N	O	P	Q
1	수강생 목록										
2	주소	등록일	생년월일	성별	시/구	시작일	수강기간		기준일		
3	용산, 서울	2025.03.01	981119	2	용산					2025-11-08	
4	가평, 경기	2025.03.01	000615	4	가평				연도	2025	
5	의정부, 경기	2025.09.01	010727	3	의정부				월	11	
6	김포, 경기	2024.03.01	991020	1	김포				일	=DAY(TODAY())	

기본예제 5-9 텍스트를 날짜 형식으로 바꾸기

두 날짜 사이의 경과 기간을 구하려면 날짜 형식의 데이터가 필요하다. '수강생' 시트의 '등록일' 필드에 입력된 날짜는 텍스트 형식이라 '수강기간'을 계산할 때 바로 사용할 수 없다. DATE 함수를 사용해 등록일을 날짜 형식으로 변환해 보자.

함수명과 인수	기능
DATE(year, month, day)	세 가지 인수의 값을 결합하여 날짜를 생성한다.

01 '수강생' 시트에서 L3 셀을 선택하고 [수식] 탭 – [함수 라이브러리] 그룹 – [날짜 및 시간] 목록에서 [DATE]를 선택한다.

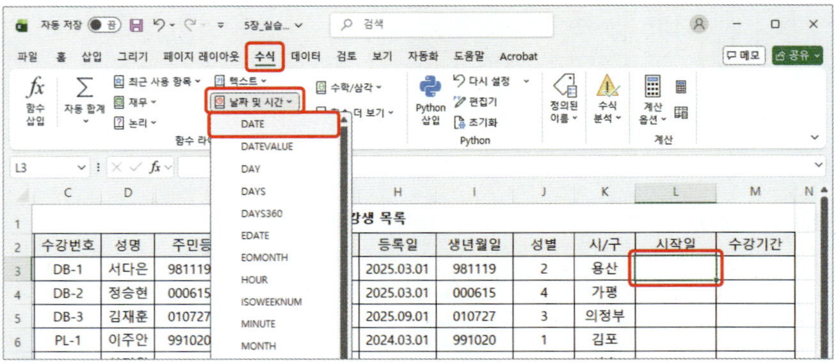

02 [함수 인수] 대화상자의 [Year] 입력란에 **LEFT(H3,4)**를 입력한다.

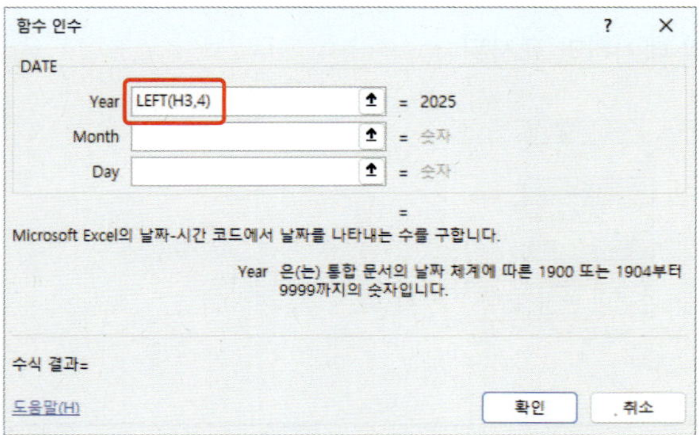

TIP '등록일'의 왼쪽 네 자리를 추출해 연도로 사용한다.

03 [Month] 입력란에 **MID(H3,6,2)**를 입력한다.

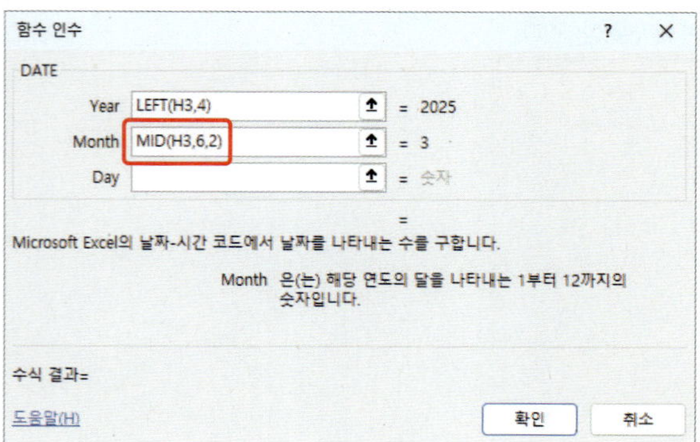

04 [Day] 입력란에 **RIGHT(H3,2)**를 입력하고 [확인]을 누른다.

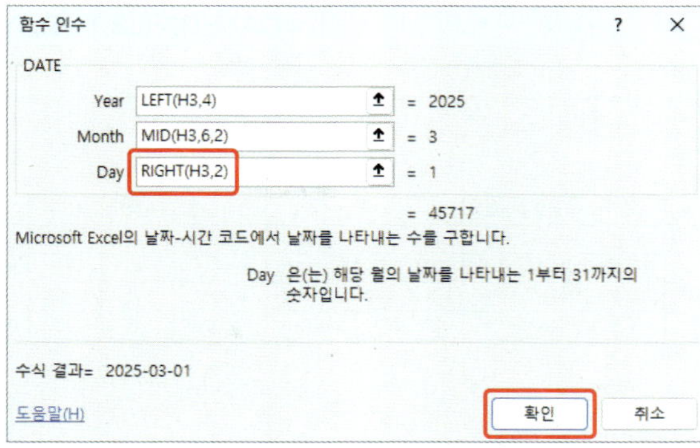

05 L3 셀의 채우기 핸들을 더블클릭해 수식을 복사한다. '등록일'의 텍스트를 모두 날짜 데이터로 바꿔서 표시할 수 있다.

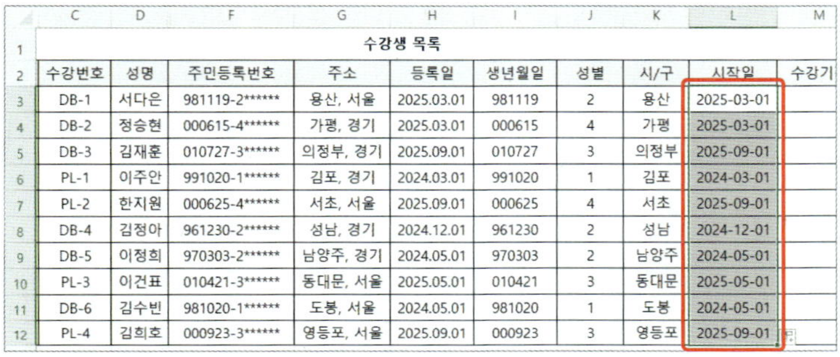

수강생 목록

수강번호	성명	주민등록번호	주소	등록일	생년월일	성별	시/구	시작일	수강기
DB-1	서다은	981119-2******	용산, 서울	2025.03.01	981119	2	용산	2025-03-01	
DB-2	정승현	000615-4******	가평, 경기	2025.03.01	000615	4	가평	2025-03-01	
DB-3	김재훈	010727-3******	의정부, 경기	2025.09.01	010727	3	의정부	2025-09-01	
PL-1	이주안	991020-1******	김포, 경기	2024.03.01	991020	1	김포	2024-03-01	
PL-2	한지원	000625-4******	서초, 서울	2025.09.01	000625	4	서초	2025-09-01	
DB-4	김정아	961230-2******	성남, 경기	2024.12.01	961230	2	성남	2024-12-01	
DB-5	이정희	970303-2******	남양주, 경기	2024.05.01	970303	2	남양주	2024-05-01	
PL-3	이건표	010421-3******	동대문, 서울	2025.05.01	010421	3	동대문	2025-05-01	
DB-6	김수빈	981020-1******	도봉, 서울	2024.05.01	981020	1	도봉	2024-05-01	
PL-4	김희호	000923-3******	영등포, 서울	2025.09.01	000923	3	영등포	2025-09-01	

기본예제 5-10 경과 기간 구하기

날짜 형식의 '시작일'을 이용해 '수강기간'을 계산해 보자. 두 날짜 데이터의 경과 기간은 DATEDIF 함수를 이용하면 된다. DATEDIF 함수는 이전 통합 문서와의 호환성을 지원하기 위해 제공되는 함수로, 함수 라이브러리 목록에는 표시되지 않는다.

함수명과 인수	기능
DATEDIF(start_date, end_date, unit)	두 날짜 사이의 경과 기간을 계산하는 함수이며 인수 unit은 계산 결과를 표시한다.

TIP 경과 기간의 기준을 표시하는 인수 'unit'의 형식은 다음과 같으며, 대소문자는 구분하지 않는다.

인수 형식	표시 결과
"y"	경과 년 수를 표시한다.
"m"	경과 개월 수를 표시한다.
"d"	경과 일 수를 표시한다.
"ym"	경과 년 수를 뺀 나머지 개월 수를 표시한다.
"yd"	경과 년 수를 뺀 나머지 일 수를 표시한다
"md"	경과 개월 수를 뺀 나머지 일 수를 표시한다.

01 '수강생' 시트의 M3 셀에 **=DATEDIF(L3,TODAY(),"m") &"개월"** 수식을 입력한다.

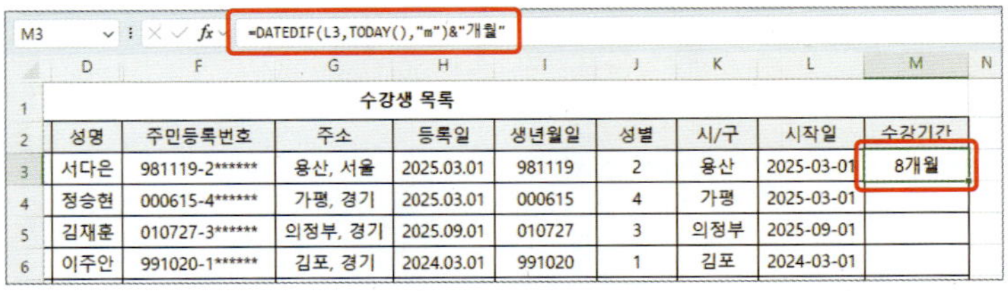

M3 | =DATEDIF(L3,TODAY(),"m")&"개월"

성명	주민등록번호	주소	등록일	생년월일	성별	시/구	시작일	수강기간
서다은	981119-2******	용산, 서울	2025.03.01	981119	2	용산	2025-03-01	8개월
정승현	000615-4******	가평, 경기	2025.03.01	000615	4	가평	2025-03-01	
김재훈	010727-3******	의정부, 경기	2025.09.01	010727	3	의정부	2025-09-01	
이주안	991020-1******	김포, 경기	2024.03.01	991020	1	김포	2024-03-01	

TIP 현재 날짜를 기준으로 경과 기간을 계산하기 위해 TODAY 함수를 사용한다. 계산 결과에 "개월"을 단위로 붙여 이해하기 쉽게 표시한다.

02 M3 셀의 채우기 핸들을 더블클릭하여 모든 수강생의 '수강기간'을 계산한다.

성명	주민등록번호	주소	등록일	생년월일	성별	시/구	시작일	수강기간
서다은	981119-2******	용산, 서울	2025.03.01	981119	2	용산	2025-03-01	8개월
정승현	000615-4******	가평, 경기	2025.03.01	000615	4	가평	2025-03-01	8개월
김재훈	010727-3******	의정부, 경기	2025.09.01	010727	3	의정부	2025-09-01	2개월
이주안	991020-1******	김포, 경기	2024.03.01	991020	1	김포	2024-03-01	20개월
한지원	000625-4******	서초, 서울	2025.09.01	000625	4	서초	2025-09-01	2개월
김정아	961230-2******	성남, 경기	2024.12.01	961230	2	성남	2024-12-01	11개월
이정희	970303-2******	남양주, 경기	2024.05.01	970303	2	남양주	2024-05-01	18개월
이건표	010421-3******	동대문, 서울	2025.05.01	010421	3	동대문	2025-05-01	6개월
김수빈	981020-1******	도봉, 서울	2024.05.01	981020	1	도봉	2024-05-01	18개월
김희호	000923-3******	영등포, 서울	2025.09.01	000923	3	영등포	2025-09-01	2개월

03 '수강기간'을 **~년 ~개월**로 수정해 보자. M3 셀의 수식을 **=DATEDIF(L3,TODAY(), "y")&"년 "&DATEDIF(L3,TODAY(), "ym")&"개월"**로 수정한다.

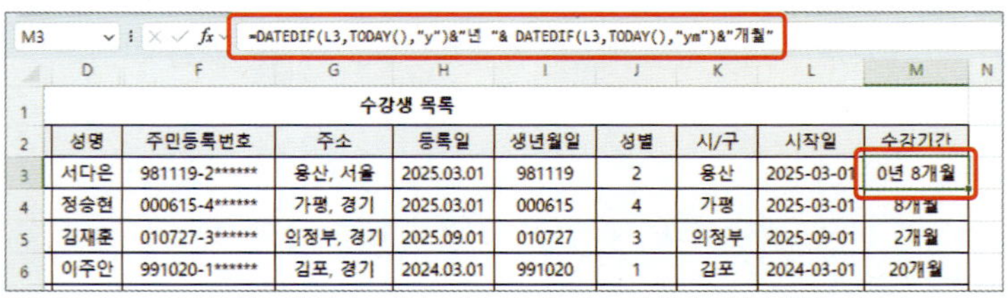

M3 | =DATEDIF(L3,TODAY(),"y")&"년 "& DATEDIF(L3,TODAY(),"ym")&"개월"

성명	주민등록번호	주소	등록일	생년월일	성별	시/구	시작일	수강기간
서다은	981119-2******	용산, 서울	2025.03.01	981119	2	용산	2025-03-01	0년 8개월
정승현	000615-4******	가평, 경기	2025.03.01	000615	4	가평	2025-03-01	8개월
김재훈	010727-3******	의정부, 경기	2025.09.01	010727	3	의정부	2025-09-01	2개월
이주안	991020-1******	김포, 경기	2024.03.01	991020	1	김포	2024-03-01	20개월

04 M3 셀의 채우기 핸들을 더블클릭하여 수식을 복사한다.

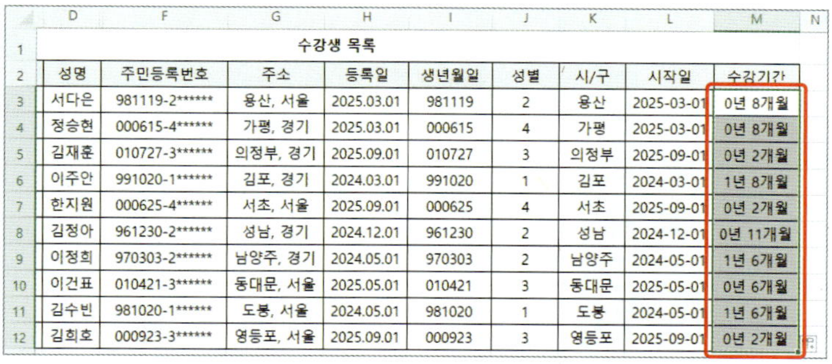

기본예제 5-11 시간 함수 사용하기

엑셀의 시간 데이터 역시 숫자로 저장되므로 두 시간 사이의 경과 시간을 계산할 수 있다. 또한 시간 데이터에서 시(HOUR), 분(MINUTE), 초(SECOND) 값을 각각 추출할 수도 있다. 시간 데이터에 사용되는 함수를 활용해 보자.

함수명과 인수	기능
HOUR(serial_number)	시간을 0~23 사이의 수로 구한다.
MINUTE(serial_number)	분을 0~59 사이의 수로 구한다.
SECOND(serial_number)	초를 0~59 사이의 수로 구한다.

01 '실습실' 시트의 D3:D12 범위를 선택하고 **=C3-B3** 수식을 입력한 후 Ctrl+Enter를 눌러 '사용 시간'을 모두 구한다.

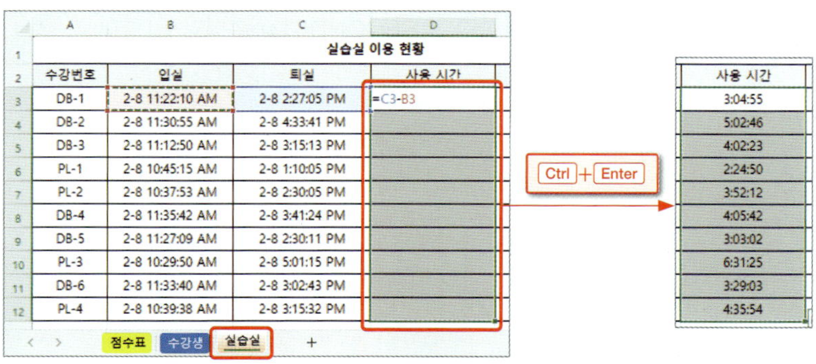

02 '사용 시간'에서 '시간'을 계산해 표시할 E3:E12 범위를 선택한다. **=HOUR(D3)** 수식을 입력한 후 Ctrl + Enter 를 누른다.

10R x 1C | fx =HOUR(D3)

실습실 이용 현황						
수강번호	입실	퇴실	사용 시간	시간	분	초
DB-1	2-8 11:22:10 AM	2-8 2:27:05 PM	3:04:55	3		
DB-2	2-8 11:30:55 AM	2-8 4:33:41 PM	5:02:46	5		
DB-3	2-8 11:12:50 AM	2-8 3:15:13 PM	4:02:23	4		
PL-1	2-8 10:45:15 AM	2-8 1:10:05 PM	2:24:50	2		
PL-2	2-8 10:37:53 AM	2-8 2:30:05 PM	3:52:12	3		
DB-4	2-8 11:35:42 AM	2-8 3:41:24 PM	4:05:42	4		
DB-5	2-8 11:27:09 AM	2-8 2:30:11 PM	3:03:02	3		
PL-3	2-8 10:29:50 AM	2-8 5:01:15 PM	6:31:25	6		
DB-6	2-8 11:33:40 AM	2-8 3:02:43 PM	3:29:03	3		
PL-4	2-8 10:39:38 AM	2-8 3:15:32 PM	4:35:54	4		

03 '사용 시간'에서 '분'을 표시할 F3:F12 범위를 선택한다. **=MINUTE(D3)** 수식을 입력한 후 Ctrl + Enter 를 누른다.

F3 | fx =MINUTE(D3)

실습실 이용 현황						
수강번호	입실	퇴실	사용 시간	시간	분	초
DB-1	2-8 11:22:10 AM	2-8 2:27:05 PM	3:04:55	3	4	
DB-2	2-8 11:30:55 AM	2-8 4:33:41 PM	5:02:46	5	2	
DB-3	2-8 11:12:50 AM	2-8 3:15:13 PM	4:02:23	4	2	
PL-1	2-8 10:45:15 AM	2-8 1:10:05 PM	2:24:50	2	24	
PL-2	2-8 10:37:53 AM	2-8 2:30:05 PM	3:52:12	3	52	
DB-4	2-8 11:35:42 AM	2-8 3:41:24 PM	4:05:42	4	5	
DB-5	2-8 11:27:09 AM	2-8 2:30:11 PM	3:03:02	3	3	
PL-3	2-8 10:29:50 AM	2-8 5:01:15 PM	6:31:25	6	31	
DB-6	2-8 11:33:40 AM	2-8 3:02:43 PM	3:29:03	3	29	
PL-4	2-8 10:39:38 AM	2-8 3:15:32 PM	4:35:54	4	35	

04 '사용 시간'에서 '초'를 표시할 G3:G12 범위를 선택한다. **=SECOND(D3)** 수식을 입력한 후 Ctrl + Enter 를 누른다.

G3 | fx =SECOND(D3)

실습실 이용 현황						
수강번호	입실	퇴실	사용 시간	시간	분	초
DB-1	2-8 11:22:10 AM	2-8 2:27:05 PM	3:04:55	3	4	55
DB-2	2-8 11:30:55 AM	2-8 4:33:41 PM	5:02:46	5	2	46
DB-3	2-8 11:12:50 AM	2-8 3:15:13 PM	4:02:23	4	2	23
PL-1	2-8 10:45:15 AM	2-8 1:10:05 PM	2:24:50	2	24	50
PL-2	2-8 10:37:53 AM	2-8 2:30:05 PM	3:52:12	3	52	12
DB-4	2-8 11:35:42 AM	2-8 3:41:24 PM	4:05:42	4	5	42
DB-5	2-8 11:27:09 AM	2-8 2:30:11 PM	3:03:02	3	3	2
PL-3	2-8 10:29:50 AM	2-8 5:01:15 PM	6:31:25	6	31	25
DB-6	2-8 11:33:40 AM	2-8 3:02:43 PM	3:29:03	3	29	3
PL-4	2-8 10:39:38 AM	2-8 3:15:32 PM	4:35:54	4	35	54

종합예제

수학, 통계, 텍스트, 날짜 및 시간 등의 범주로 분류되는 다양한 함수들을 활용하여 사내 교육 참가자 현황 자료를 만들어 보자.

1 '5장_종합.xlsx' 파일을 열고 '1분기' 시트를 선택한다.

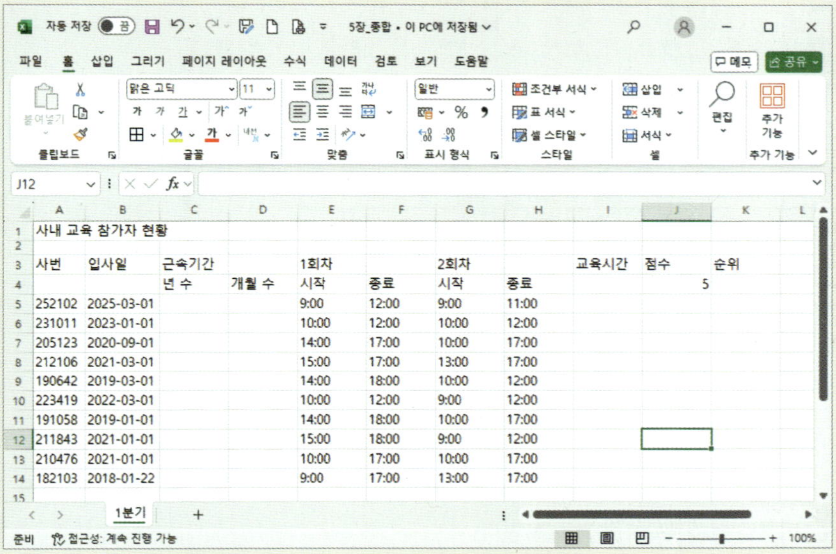

2 A1:K1 범위를 [병합하고 가운데 맞춤]한 후, 글꼴은 [굵게], [행 높이]는 [21(28픽셀)]로 설정한다.

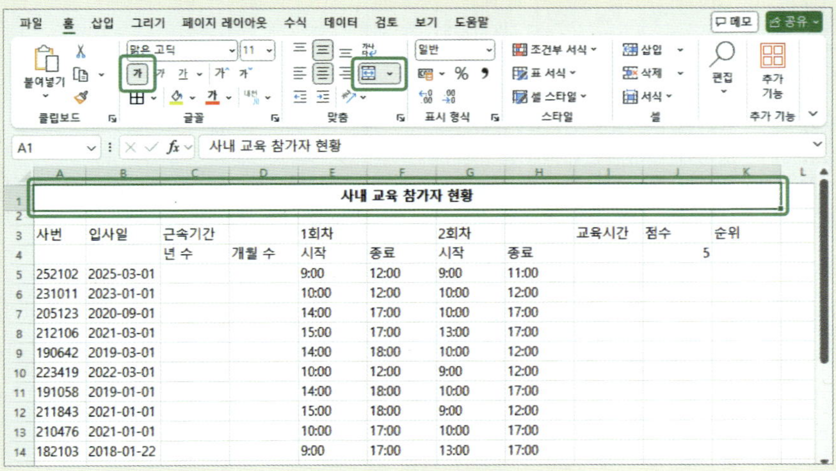

종합예제

3 그림과 같이 셀을 병합하고 셀 테두리를 그린다. A3:K4 범위의 채우기 색은 [노랑]으로 하고, 전체 범위는 [가운데 맞춤]으로 설정한다.

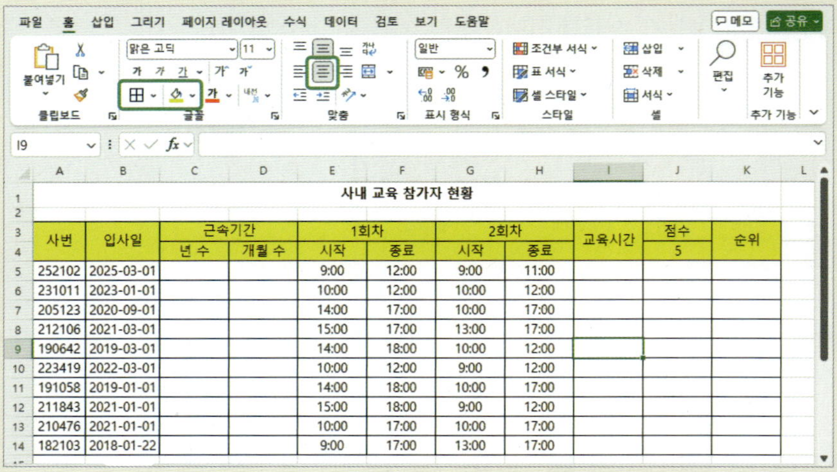

4 '근속기간'의 '년 수'를 구하기 위해 C5 셀에 **=DATEDIF(B5,TODAY(),"y")&"년"** 수식을 입력한다. C5 셀의 채우기 핸들을 더블클릭해 모든 값을 표시한다.

TIP 결과는 수식 작성 날짜를 기준으로 계산되므로 다른 값으로 표시될 수 있다.

5 '근속기간'의 '개월 수'를 구하기 위해 D5 셀에 **=DATEDIF(B5,TODAY(),"ym")&"개월"** 수식을 입력한다. D5 셀의 채우기 핸들을 더블클릭해 모든 값을 표시한다.

D5 =DATEDIF(B5,TODAY(),"ym")&"개월"

사내 교육 참가자 현황

사번	입사일	근속기간		1회차		2회차		교육시간	점수	순위
		년 수	개월 수	시작	종료	시작	종료		5	
252102	2025-03-01	0년	4개월	9:00	12:00	9:00	11:00			
231011	2023-01-01	2년	6개월	10:00	12:00	10:00	12:00			
205123	2020-09-01	4년	10개월	14:00	17:00	10:00	17:00			
212106	2021-03-01	4년	4개월	15:00	17:00	13:00	17:00			
190642	2019-03-01	6년	4개월	14:00	18:00	10:00	12:00			
223419	2022-03-01	3년	4개월	10:00	12:00	9:00	12:00			
191058	2019-01-01	6년	6개월	14:00	18:00	10:00	17:00			
211843	2021-01-01	4년	6개월	15:00	18:00	9:00	12:00			
210476	2021-01-01	4년	6개월	10:00	17:00	10:00	17:00			
182103	2018-01-22	7년	6개월	9:00	17:00	13:00	17:00			

6 '교육시간'을 구하기 위해 I5 셀에 **=HOUR(F5−E5)+HOUR(H5−G5)** 수식을 입력한다. [홈] 탭 → [표시 형식] 그룹에서 [일반]을 선택한 뒤, 채우기 핸들을 더블클릭해 I14 셀까지 복사한다.

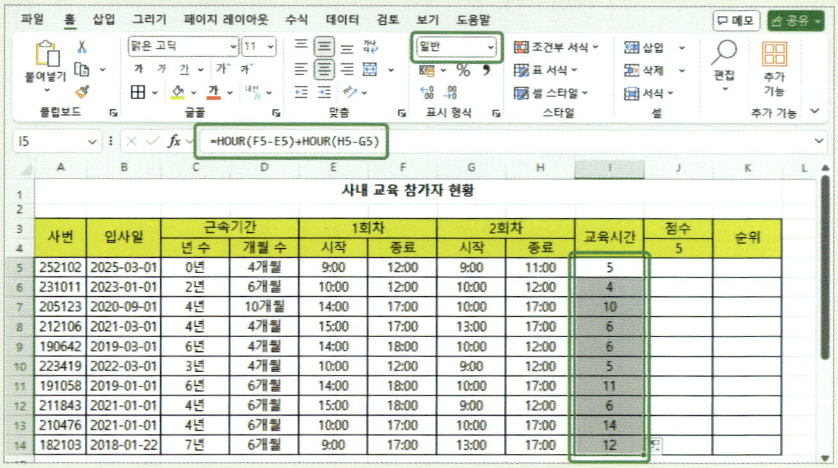

I5 =HOUR(F5-E5)+HOUR(H5-G5)

사내 교육 참가자 현황

사번	입사일	근속기간		1회차		2회차		교육시간	점수	순위
		년 수	개월 수	시작	종료	시작	종료		5	
252102	2025-03-01	0년	4개월	9:00	12:00	9:00	11:00	5		
231011	2023-01-01	2년	6개월	10:00	12:00	10:00	12:00	4		
205123	2020-09-01	4년	10개월	14:00	17:00	10:00	17:00	10		
212106	2021-03-01	4년	4개월	15:00	17:00	13:00	17:00	6		
190642	2019-03-01	6년	4개월	14:00	18:00	10:00	12:00	6		
223419	2022-03-01	3년	4개월	10:00	12:00	9:00	12:00	5		
191058	2019-01-01	6년	6개월	14:00	18:00	10:00	17:00	11		
211843	2021-01-01	4년	6개월	15:00	18:00	9:00	12:00	6		
210476	2021-01-01	4년	6개월	10:00	17:00	10:00	17:00	14		
182103	2018-01-22	7년	6개월	9:00	17:00	13:00	17:00	12		

TIP 표시 형식을 변경하지 않으면 수식에 참조된 셀과 동일한 시간 형식으로 표시되므로, 올바른 계산 결과를 확인할 수 없다.

종합예제

7 '점수'는 교육시간당 5점으로 계산한다. J5 셀에 **=PRODUCT(I5,$J$4)** 수식을 입력하고 채우기 핸들을 더블클릭한다.

J5 | =PRODUCT(I5,$J$4)

사내 교육 참가자 현황									
사번	입사일	근속기간		1회차		2회차		교육시간	점수
		년 수	개월 수	시작	종료	시작	종료		5
252102	2025-03-01	0년	4개월	9:00	12:00	9:00	11:00	5	25
231011	2023-01-01	2년	6개월	10:00	12:00	10:00	12:00	4	20
205123	2020-09-01	4년	10개월	14:00	17:00	10:00	17:00	10	50
212106	2021-03-01	4년	4개월	15:00	17:00	13:00	17:00	6	30
190642	2019-03-01	6년	4개월	14:00	18:00	10:00	12:00	6	30
223419	2022-03-01	3년	4개월	10:00	12:00	9:00	12:00	5	25
191058	2019-01-01	6년	6개월	14:00	18:00	10:00	17:00	11	55
211843	2021-01-01	4년	6개월	15:00	18:00	9:00	12:00	6	30
210476	2021-01-01	4년	6개월	10:00	17:00	10:00	17:00	14	70
182103	2018-01-22	7년	6개월	9:00	17:00	13:00	17:00	12	60

TIP PRODUCT 함수는 인수의 곱을 구하는 함수이다. 시간당 점수 기준을 나타내는 J4 셀은 식을 복사할 때 바뀌지 않도록 F4 를 사용하여 절대 참조 형식으로 입력한다.

8 '순위'는 점수를 기준으로 내림차순으로 계산한다. K5 셀에 **=RANK.EQ(J5,$J$5:$J$14,0)** 수식을 입력하고 채우기 핸들을 더블클릭한다.

K5 | =RANK.EQ(J5,$J$5:$J$14,0)

사내 교육 참가자 현황										
사번	입사일	근속기간		1회차		2회차		교육시간	점수	순위
		년 수	개월 수	시작	종료	시작	종료		5	
252102	2025-03-01	0년	4개월	9:00	12:00	9:00	11:00	5	25	8
231011	2023-01-01	2년	6개월	10:00	12:00	10:00	12:00	4	20	10
205123	2020-09-01	4년	10개월	14:00	17:00	10:00	17:00	10	50	4
212106	2021-03-01	4년	4개월	15:00	17:00	13:00	17:00	6	30	5
190642	2019-03-01	6년	4개월	14:00	18:00	10:00	12:00	6	30	5
223419	2022-03-01	3년	4개월	10:00	12:00	9:00	12:00	5	25	8
191058	2019-01-01	6년	6개월	14:00	18:00	10:00	17:00	11	55	3
211843	2021-01-01	4년	6개월	15:00	18:00	9:00	12:00	6	30	5
210476	2021-01-01	4년	6개월	10:00	17:00	10:00	17:00	14	70	1
182103	2018-01-22	7년	6개월	9:00	17:00	13:00	17:00	12	60	2

9 '교육시간'과 '점수'의 표시 형식을 다음과 같이 설정한다.

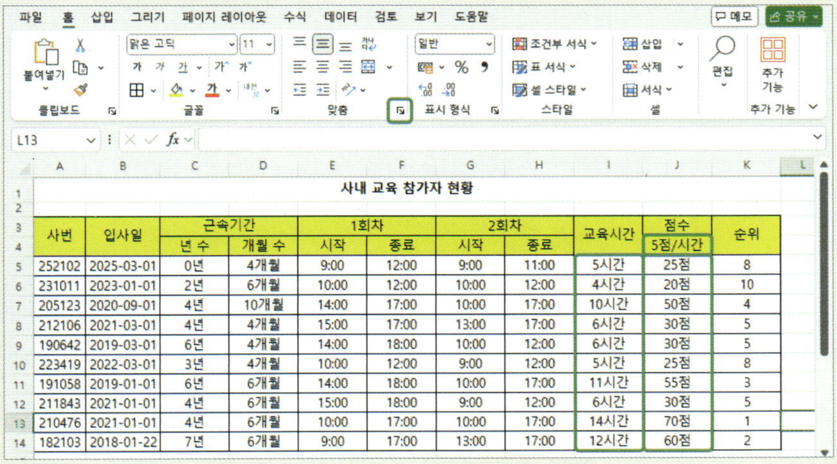

❶ J4 셀은 사용자 지정 형식으로 **G/표준"점/시간"**을 설정한다.

❷ I5:I14 범위는 사용자 지정 형식으로 **#,##0"시간"**을 설정한다.

❸ J5:J14 범위는 사용자 지정 형식으로 **#,##0"점"**을 설정한다.

10 가장 높은 점수에 조건부 서식을 설정하기 위해 J5:J14 범위를 선택한다. [홈] 탭 – [스타일] 그룹 – [조건부 서식] – [상위/하위 규칙] – [상위 10개 항목]을 누른다.

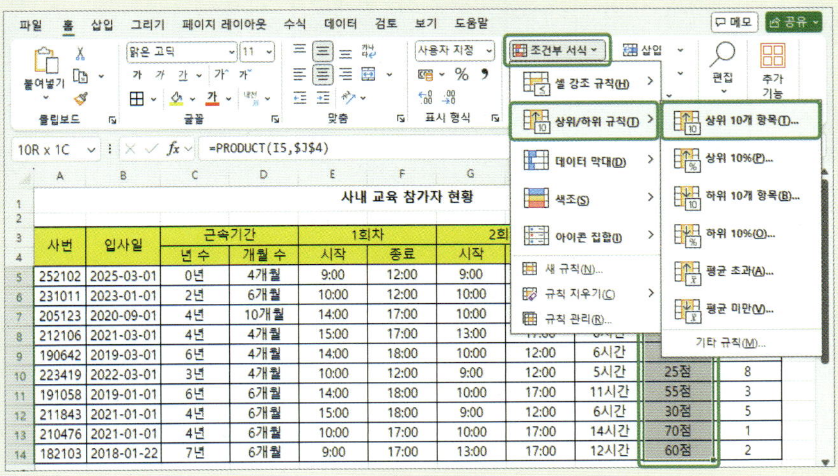

종합예제

11 항목 수를 **1**로 지정하고, 서식은 [진한 빨강 텍스트가 있는 연한 빨강 채우기]로 설정한 뒤 [확인]을 누른다.

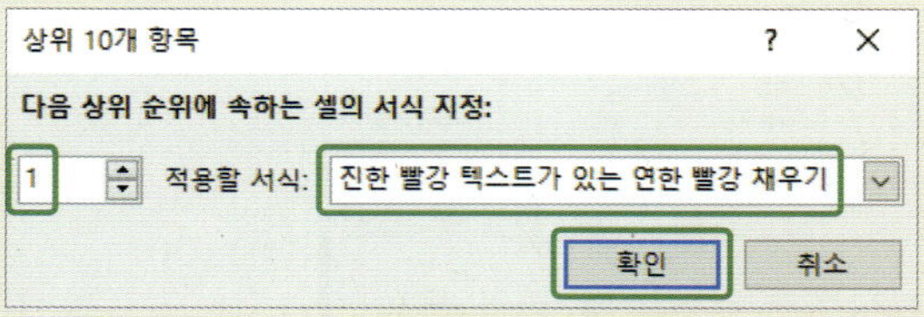

12 가장 낮은 점수에도 조건부 서식을 설정한다. J5:J14 범위를 선택하고 [홈] 탭-[스타일] 그룹-[조건부 서식]-[상위/하위 규칙]-[하위 10개 항목]을 누른다.

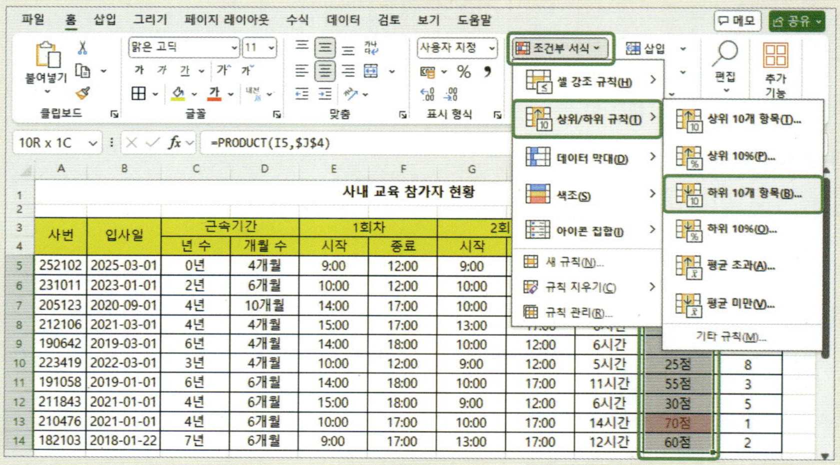

13 항목 수를 **1**로 지정하고, 서식은 [진한 노랑 텍스트가 있는 노랑 채우기]로 설정한 뒤 [확인]을 누른다.

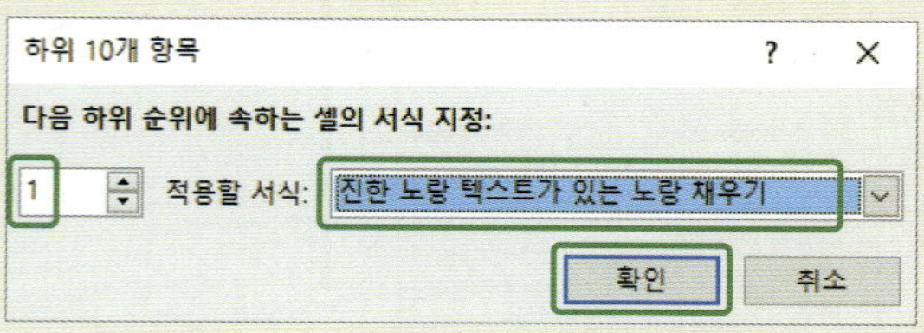

14 최고점수와 최저점수가 다르게 표시되어 쉽게 구분할 수 있다.

사내 교육 참가자 현황

사번	입사일	근속기간		1회차		2회차		교육시간	점수	순위
		년 수	개월 수	시작	종료	시작	종료		5점/시간	
252102	2025-03-01	0년	4개월	9:00	12:00	9:00	11:00	5시간	25점	8
231011	2023-01-01	2년	6개월	10:00	12:00	10:00	12:00	4시간	20점	10
205123	2020-09-01	4년	10개월	14:00	17:00	10:00	17:00	10시간	50점	4
212106	2021-03-01	4년	4개월	15:00	17:00	13:00	17:00	6시간	30점	5
190642	2019-03-01	6년	4개월	14:00	18:00	10:00	12:00	6시간	30점	5
223419	2022-03-01	3년	4개월	10:00	12:00	9:00	12:00	5시간	25점	8
191058	2019-01-01	6년	6개월	14:00	18:00	10:00	17:00	11시간	55점	3
211843	2021-01-01	4년	6개월	15:00	18:00	9:00	12:00	6시간	30점	5
210476	2021-01-01	4년	6개월	10:00	17:00	10:00	17:00	14시간	70점	1
182103	2018-01-22	7년	6개월	9:00	17:00	13:00	17:00	12시간	60점	2

연습 문제

1 '5장_연습.xlsx'의 '연습1' 시트를 열고 다음과 같이 공모전 심사표를 완성하시오.

❶ 점수 비율을 나타내는 B4:R4 범위로 SUMPRODUCT 함수를 이용해 각 사람별 '총점'을 구하시오. '총점'을 표시할 때, ROUND 함수로 반올림하여 정수로 나타나도록 설정하시오.

❷ '순위'는 '총점'을 기준으로 RANK.EQ 함수를 사용하여 내림차순으로 구하시오.

❸ '참가 인원'은 COUNT 함수를 사용하여 구하고, 사용자 지정 표시 형식을 '~명'으로 설정하시오.

❹ '평균'은 AVERAGE 함수를 사용하여 '총점'의 전체 평균으로 구하시오.

❺ '표준편차'와 '분산'은 각각 STDEV.P 함수와 VAR.P 함수를 사용하여 구하고, ROUND 함수를 이용해 소수점 이하 한 자리까지 반올림하시오.

❻ '최고점수'와 '최저점수'는 '총점'을 기준으로 MAX 함수와 MIN 함수를 사용하여 구하시오.

공모전 심사표

이름	창의성	필요성	실행 가능성	내용 충실성	총점	순위
	30%	30%	20%	20%		
이**	95	85	80	90	88	6
이**	90	90	85	95	90	4
한**	80	85	80	90	84	9
신**	75	80	75	85	79	12
최**	95	90	85	95	92	3
정**	65	70	75	70	70	17
신**	80	80	90	80	82	11
박**	75	70	75	70	73	15
김**	95	95	95	100	96	1
황**	85	80	95	90	87	8
김**	65	60	65	60	63	20
방**	70	70	80	75	73	15
유**	85	90	95	80	88	6
박**	75	85	70	85	79	12
변**	60	70	70	70	67	19
이**	90	90	85	90	89	5
정**	70	75	80	75	75	14
이**	65	70	75	70	70	17
이**	95	95	95	95	95	2
양**	80	90	85	80	84	9

참가 인원	20명
전체 평균	81.2
표준편차	9.4
분산	88.7
최고점수	96
최저점수	63

연습1 | 연습2 | 연습3

2 '5장_연습.xlsx'의 '연습2' 시트를 열고 다음 조건에 맞게 작성하시오.

❶ '주문번호'의 앞 8자리 숫자를 이용해 '주문일'을 날짜 형식으로 채우시오. 날짜는 그림과 같이 요일이 함께 표시되도록 사용자 지정 표시 형식을 설정하시오.

❷ REPLACE 함수를 이용하여 이름의 두 번째 글자를 그림과 같이 '*' 기호로 바꾸시오. '고객명' 열을 복제해 텍스트를 교체한 후, 원래의 열은 숨기기로 처리하시오.

❸ '수량'*'단가'*(1-'당월 할인율') 수식으로 결제금액을 구하고, 통화 형식으로 표시하시오.

❹ DATEDIF 함수로 일 단위의 '배송기간'을 구하고, CONCAT 함수로 '일' 단위를 연결한 후 가운데 맞춤으로 표시하시오.

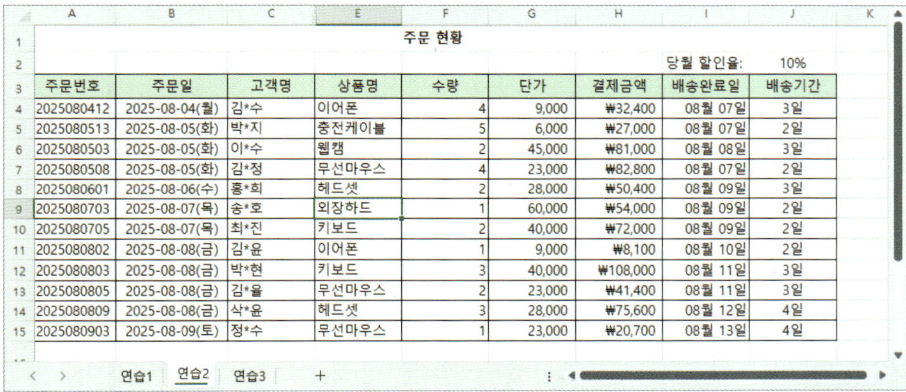

주문 현황

당월 할인율: 10%

주문번호	주문일	고객명	상품명	수량	단가	결제금액	배송완료일	배송기간
2025080412	2025-08-04(월)	김*수	이어폰	4	9,000	₩32,400	08월 07일	3일
2025080513	2025-08-05(화)	박*지	충전케이블	5	6,000	₩27,000	08월 07일	2일
2025080503	2025-08-05(화)	이*수	웹캠	2	45,000	₩81,000	08월 08일	3일
2025080508	2025-08-05(화)	김*정	무선마우스	4	23,000	₩82,800	08월 07일	2일
2025080601	2025-08-06(수)	홍*희	헤드셋	2	28,000	₩50,400	08월 09일	3일
2025080703	2025-08-07(목)	송*호	외장하드	1	60,000	₩54,000	08월 09일	2일
2025080705	2025-08-07(목)	최*진	키보드	2	40,000	₩72,000	08월 09일	2일
2025080802	2025-08-08(금)	김*윤	이어폰	1	9,000	₩8,100	08월 10일	2일
2025080803	2025-08-08(금)	박*현	키보드	3	40,000	₩108,000	08월 11일	3일
2025080805	2025-08-08(금)	김*율	무선마우스	2	23,000	₩41,400	08월 11일	3일
2025080809	2025-08-08(금)	삭*윤	헤드셋	3	28,000	₩75,600	08월 12일	4일
2025080903	2025-08-09(토)	정*수	무선마우스	1	23,000	₩20,700	08월 13일	4일

연습1 연습2 연습3

3 '5장_연습.xlsx'의 '연습3' 시트를 열고 다음 조건에 맞게 작성하시오.

❶ 채우기 핸들을 이용해 '순번' 열에 일련번호를 표시하시오.

❷ DATEDIF 함수를 이용해 '교육기간'을 주 단위(일 수를 구해 7로 나눈 값)로 구하시오. 단위 표시 '주'는 사용자 지정 표시 형식을 활용하시오.

❸ '프로그램 수', '지원율', '평균 교육기간'을 구하고, 그림과 같이 표시 형식을 설정하여 나타내시오. 단, '지원율'은 전체 모집인원 대비 전체 접수인원으로 계산하고, '평균 교육기간'은 ROUND 함수를 이용해 정수로 계산하시오.

순번	프로그램명	교육시작일	교육종료일	교육기간	접수인원	모집인원
1	카프라와 함께하는 아트놀이 B	2025-10-04	2025-12-27	12주	1	12
2	카프라와 함께하는 아트놀이 A	2025-10-04	2025-12-27	12주	2	12
3	창의야! 사고력과 놀자! B	2025-10-05	2025-12-21	11주	0	15
4	창의야! 사고력과 놀자! A	2025-10-05	2025-12-21	11주	2	15
5	두뇌 팡팡 보드게임 B	2025-10-01	2025-12-17	11주	1	12
6	미술기초(소묘,수채화,기초디자인)	2025-10-01	2025-12-17	11주	13	12
7	두뇌 팡팡 보드게임 A	2025-10-01	2025-12-17	11주	8	12
8	나도 코딩 작가(하드웨어융합)	2025-10-01	2025-12-24	12주	9	12
9	청소년 성우교실 B	2025-10-01	2025-11-26	8주	6	12
10	청소년 성우교실 A	2025-10-01	2025-11-26	8주	0	12
11	나도 코딩 작가(소프트웨어)	2025-10-01	2025-12-17	11주	11	12
12	음악줄넘기 A	2025-10-01	2025-12-03	9주	17	15
13	음악줄넘기 B	2025-10-01	2025-12-03	9주	8	15
14	생각이 커지는 독서논술A	2025-10-01	2025-12-17	11주	14	12
15	생각이 커지는 독서논술B	2025-10-01	2025-12-17	11주	14	12
16	생각이 커지는 독서논술C	2025-10-01	2025-12-17	11주	14	12
17	뚜벅뚜벅 역사교실 기초A반	2025-10-01	2025-12-24	12주	3	15
18	뚜벅뚜벅 역사교실 기초B반	2025-10-01	2025-12-24	12주	6	15
19	뚜벅뚜벅 역사교실 처음반	2025-10-01	2025-12-24	12주	13	15
20	타박타박 세계사(현대사)	2025-10-01	2025-11-26	8주	13	15

프로그램 현황	
프로그램 수	20개
지원율	59%
평균 교육기간	11주

연습1 | 연습2 | 연습3

CHAPTER 06

고급 함수

학습목표

- 조건을 선택하고 결합하는 논리 함수를 사용할 수 있다.
- 조건에 맞는 값으로 개수, 합계, 평균을 구할 수 있다.

SECTION 01 논리 함수 사용하기

논리 함수에는 주어진 조건을 참(TRUE) 또는 거짓(FALSE)으로 판단하고, 그 결과에 따라 셀에 표시할 값을 결정한다. 대표적으로 조건에 따라 다른 값을 표시하는 IF 함수, 두 가지 이상의 조건을 결합하는 AND, OR, NOT 함수 등이 있다. 논리 함수를 사용하여 조건에 따라 값을 다르게 표시하는 방법과 여러 조건을 결합한 조건식을 만드는 방법을 알아본다.

1.1 조건 선택 함수

엑셀에서 가장 많이 사용하는 함수 중 하나인 IF 함수는 첫 번째 인수로 입력한 조건식을 계산하여 논리값(TRUE/FALSE)으로 판단하고, 각 경우에 표시할 결과를 두 번째 인수와 세 번째 인수로 지정한다.

함수명과 인수	기능
IF(logical_test, value_if_true, value_if_false)	TRUE나 FALSE로 판정되는 수식을 논리 검사하여 TRUE일 때와 FALSE일 때 셀에 표시할 값을 지정한다.

기본예제 6-1 조건에 따라 표시할 값 선택하기

[기본예제 5-6]에서는 '수강생' 시트의 주민번호 데이터에서 성별 정보를 추출하여 1~4의 값으로 나타내었다. 이번에는 IF 함수를 사용하여 성별을 '남' 또는 '여'로 구분해 표시하고, 점수에 따라 '상' 또는 '하'로 등급도 표시해 보자.

01 '6장_실습.xlsx' 파일의 '평가' 시트를 선택하고, B3 셀에 **=IF(ISODD(MID(A3,8,1)),"남","여")** 수식을 입력한다.

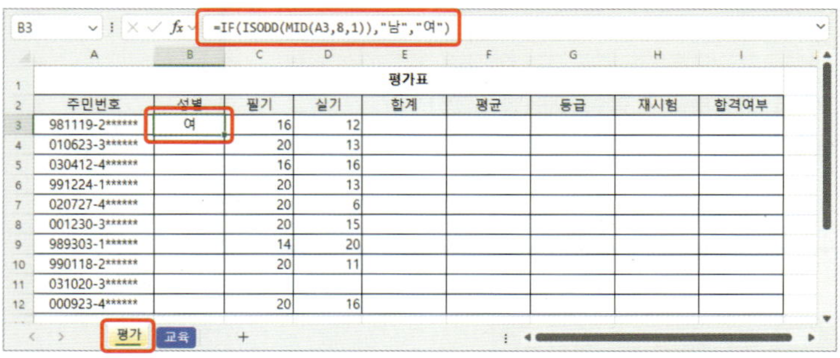

TIP 주민번호에서 성별을 나타내는 여덟 번째 숫자가 '1'과 '3'이면 남자, '2'와 '4'이면 여자를 의미한다. MID 함수로 이 숫자를 먼저 추출한 다음, ISODD 함수로 홀수인지 검사한다. 홀수이면(TRUE) "남", 그렇지 않으면(FALSE) "여"라고 표시하는 IF 함수가 마지막으로 실행된다. ISODD 함수 대신 값이 짝수인지 검사하는 ISEVEN 함수를 사용해 **=IF(ISEVEN(MID(A3,8,1)),"여","남")**으로 입력해도 된다.

02 B3 셀의 채우기 핸들을 더블클릭하면 수식이 복사되어 모든 사람의 '성별'이 표시된다.

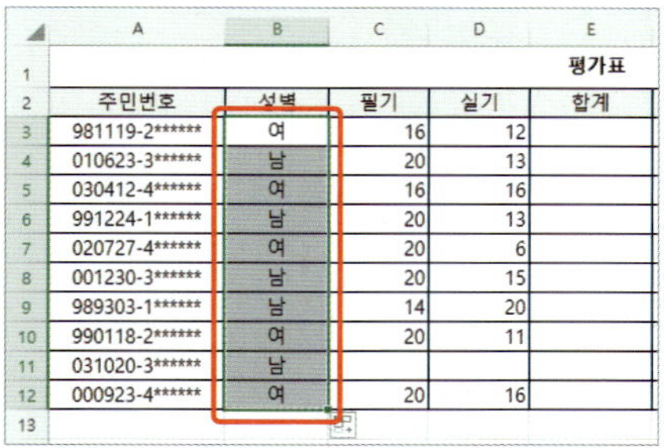

TIP **값을 확인하는 정보 함수**

ISODD 함수는 값이 홀수인지 확인하는 정보 함수이다. 정보 함수는 주로 IF 함수와 함께 사용하며 셀의 값, 데이터 형식, 오류 종류, 시트 정보 등을 검사해 결과를 반환한다. 정보 함수에는 다음과 같은 종류가 있다.

함수명과 인수	기능
ISBLANK(value)	값이 비어 있으면 TRUE를 반환한다.
ISERROR(value)	값이 오류이면 TRUE를 반환한다.
ISTEXT(value)	값이 텍스트이면 TRUE를 반환한다.
ISLOGICAL(value)	값이 논리 값이면 TRUE를 반환한다.
ISNUMBER(number)	값이 숫자이면 TRUE를 반환한다.
ISEVEN(number)	숫자가 짝수이면 TRUE를 반환한다.
ISODD(number)	숫자가 홀수이면 TRUE를 반환한다.
CELL(info_type, reference)	셀의 서식이나 위치, 내용에 대한 정보를 반환한다.
SHEET(value)	참조된 시트의 번호를 반환한다.

03 '합계'를 계산하기 위해 E3:E12 범위를 선택하고 [수식] 탭－[함수 라이브러리] 그룹－[자동 합계] 목록에서 [합계]를 선택한다.

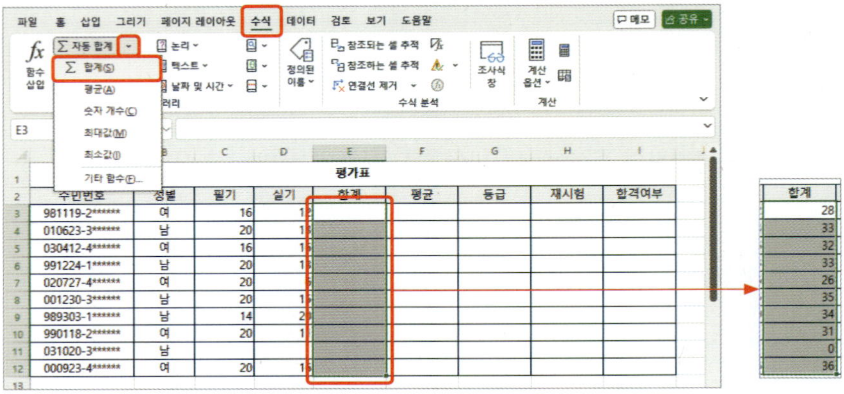

04 '합계'가 30 이상인 경우에는 '상', 그렇지 않은 경우(30 미만)에는 '하'로 '등급'을 표기하기 위해 G3 셀을 선택하고 **=IF(E3>=30,"상","하")** 수식을 입력한다.

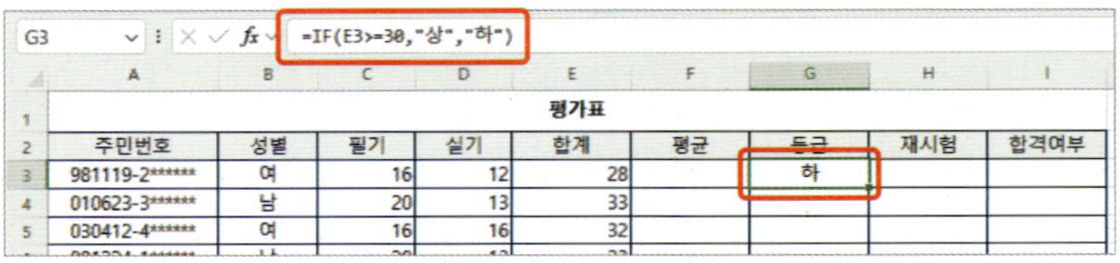

05 G3 셀의 채우기 핸들을 더블클릭해 '등급'을 모두 표시한다.

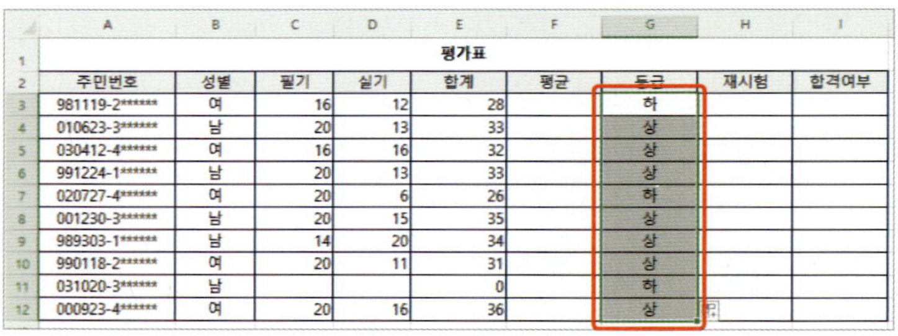

기본예제 6-2 중첩된 IF 함수로 여러 조건 검사하기

조건에 따라 데이터를 선택하는 IF 함수는 필요한 경우 중첩 형태로 사용할 수 있다. IF 함수의 두 번째나 세 번째 인수로 IF 함수를 다시 사용하는 경우를 중첩되었다고 하며, 이 방법을 이용하면 두 개 이상의 조건을 검사할 수 있다. IF 함수를 중첩 사용하여 합계가 34 이상이면 '상', 28 이상이면 '중', 그 외의 경우 '하'로 등급을 표시하도록 수정해 보자.

01 '평가' 시트에서 G3 셀을 선택하고 [수식] 탭 – [함수 라이브러리] 그룹 – [함수 삽입]을 누른다.

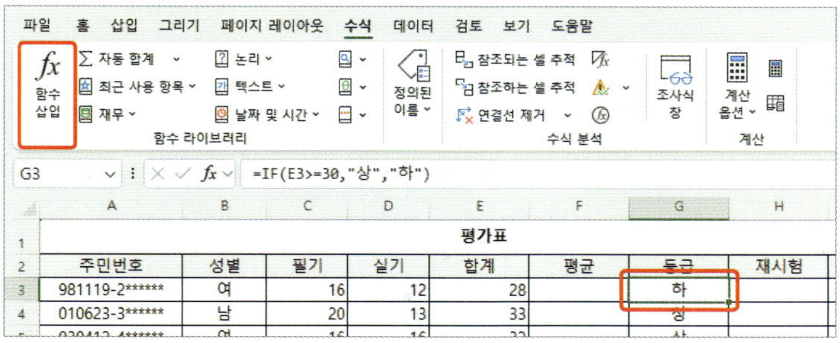

02 [함수 인수] 대화상자의 [Logical_test]는 **E3 >=34**, [Value_if_false]는 **IF(E3 >=28, "중","하")**로 수정하고 [확인]을 누른다.

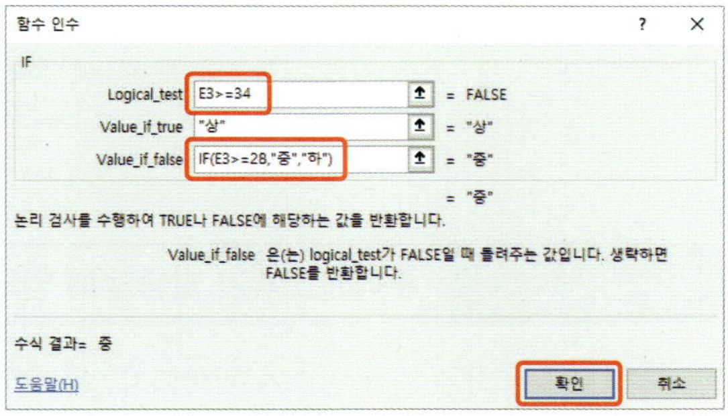

03 G3 셀의 채우기 핸들을 더블클릭하여 등급을 모두 표시한다.

TIP 여러 조건을 검사할 때 IFS 함수를 사용해 **=IFS(E3 >=34,"상",E3 >=28,"중",TRUE,"하")** 수식을 사용해도 된다.

1.2 오류 검사 함수

수식을 작성할 때 여러 가지 이유로 오류가 발생할 수 있다. 찾기 함수에서 빈 셀이나 잘못된 값을 참조하거나, 0으로 나누는 연산을 하면 셀에 오류 메시지가 표시된다. 엑셀에서는 오류가 발생하면 오류 메시지 대신 원하는 값을 셀에 표시하도록 하는 IFERROR 함수를 제공한다.

함수명과 인수	기능
IFERROR(value, value_if_error)	value의 수식이 오류인 경우에 value_if_error를 반환한다.

TIP 엑셀에서 자주 발생하는 오류 메시지는 다음과 같다.

오류 메시지	설명
#DIV/0!	0이나 빈 셀로 나누기 연산을 하는 경우에 발생한다.
#NAME?	함수 이름이나 셀 이름을 잘못 입력하는 경우에 발생한다.
#REF!	참조하려는 셀이 없는 경우에 발생한다.
#VALUE!	함수의 인수에 잘못된 값을 사용하는 경우에 발생한다.
#N/A	참조하려는 값이 잘못 사용되는 경우에 발생한다.
#NUM!	숫자가 아닌 값을 계산하는 경우에 발생한다.
#NULL!	존재하지 않는 값을 사용하는 경우에 발생한다.

기본예제 6-3 수식에 오류가 발생할 때 임의의 값 지정하기

'평가' 시트에는 직무 평가 점수가 기록되지 않은 빈 셀이 존재한다. 모든 사원의 점수 평균을 계산하면 빈 셀이 있어 오류가 발생한다. 오류 메시지 대신 0이 표시되도록 설정해 보자.

01 '평가' 시트의 F3 셀에 =**AVERAGE(C3:D3)** 수식을 입력한다.

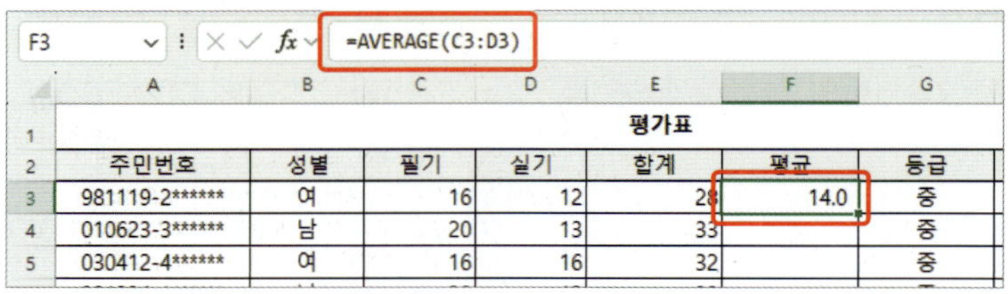

02 F3 셀의 채우기 핸들을 더블클릭해 수식을 복사한다. 평균이 모두 계산되어 표시되지만, F11 셀에는 오류 메시지가 나타난다.

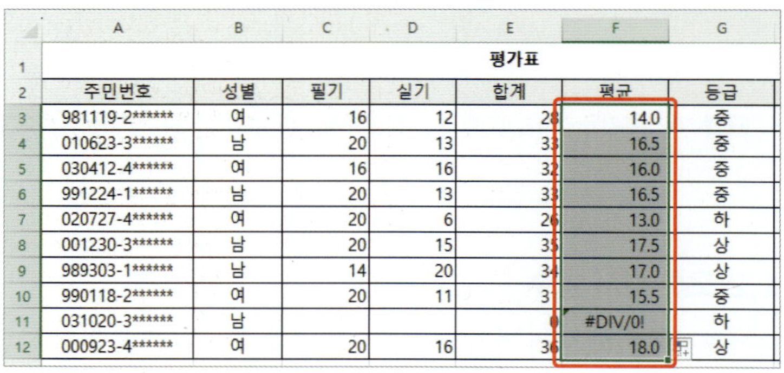

TIP 오류 표시 단추( )에 마우스를 올리면 '사용한 수식이나 함수를 0이나 빈 셀로 나누는 중입니다.'라는 설명이 표시된다.

03 F3 셀의 수식을 **=IFERROR(AVERAGE(C3:D3), 0)**으로 수정해 오류 발생 시 표시할 값을 0으로 지정한다.

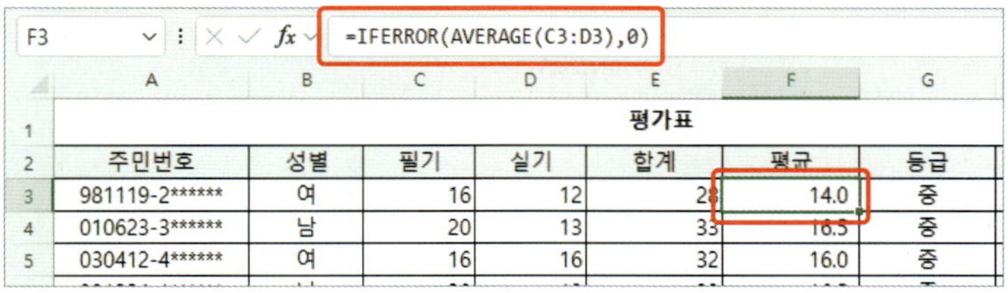

F3 | =IFERROR(AVERAGE(C3:D3),0)

	A	B	C	D	E	F	G
1	평가표						
2	주민번호	성별	필기	실기	합계	평균	등급
3	981119-2******	여	16	12	28	14.0	중
4	010623-3******	남	20	13	33	16.5	중
5	030412-4******	여	16	16	32	16.0	중

04 F3 셀의 채우기 핸들을 더블클릭해 수식을 복사한다. 오류가 표시되었던 F11 셀에는 0.0이 표시된다.

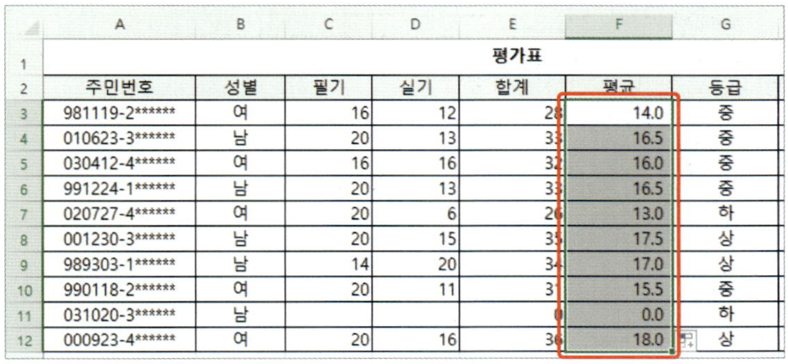

	A	B	C	D	E	F	G
1	평가표						
2	주민번호	성별	필기	실기	합계	평균	등급
3	981119-2******	여	16	12	28	14.0	중
4	010623-3******	남	20	13	3	16.5	중
5	030412-4******	여	16	16	3	16.0	중
6	991224-1******	남	20	13	3	16.5	중
7	020727-4******	여	20	6	2	13.0	하
8	001230-3******	남	20	15	3	17.5	상
9	989303-1******	남	14	20	3	17.0	상
10	990118-2******	여	20	11	3	15.5	중
11	031020-3******	남			0	0.0	하
12	000923-4******	여	20	16	3	18.0	상

1.3 조건 결합 함수

여러 가지 기준으로 조건을 검사할 때는 논리 함수인 AND와 OR, NOT으로 결합한 뒤 IF 함수의 조건식으로 사용할 수 있다.

함수명과 인수	기능
AND(logical1, logical2, …)	모든 인수의 검사 결과가 TRUE일 때만 TRUE를 반환한다.
OR(logical1, logical2, …)	하나 이상의 인수가 TRUE이면 TRUE를 반환한다. FALSE는 모든 인수가 FALSE일 때만 반환된다.
NOT(logical)	인수를 TRUE와 FALSE로 판단하여 그 반대 값을 반환한다.

기본예제 6-4 여러 종류의 조건을 결합하기

여러 조건을 결합하여 검사하는 함수 AND와 OR, NOT을 이용하여 '재시험'과 '합격여부'를 표시해 보자.

TIP 필기와 실기 점수 하나라도 10점 미만이면 '재시험'으로 표시한다. 또 '합격여부'에는 합계가 20점 이상이고 재시험 대상이 아닌 경우 '합격'으로, 그렇지 않은 경우 '불합격'으로 표시한다.

01 H3 셀을 선택하고 [수식] 탭 – [함수 라이브러리] 그룹 – [논리] 목록에서 [OR]을 선택한다.

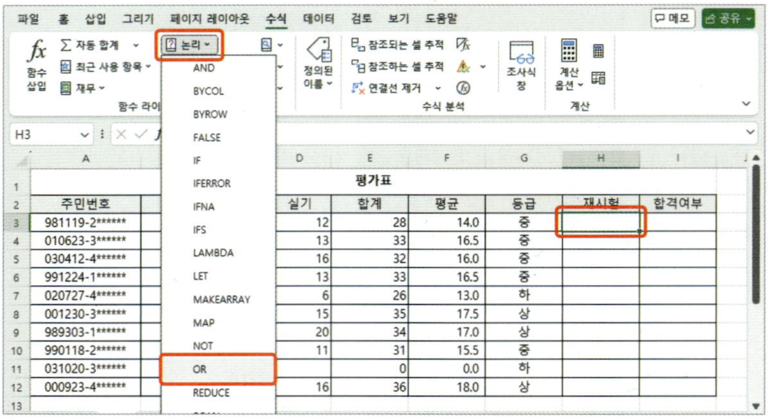

02 [함수 인수] 대화상자의 [Logical1]에 **C3 <10**, [Logical2]에 **D3 <10**을 입력하고 [확인]을 누른다.

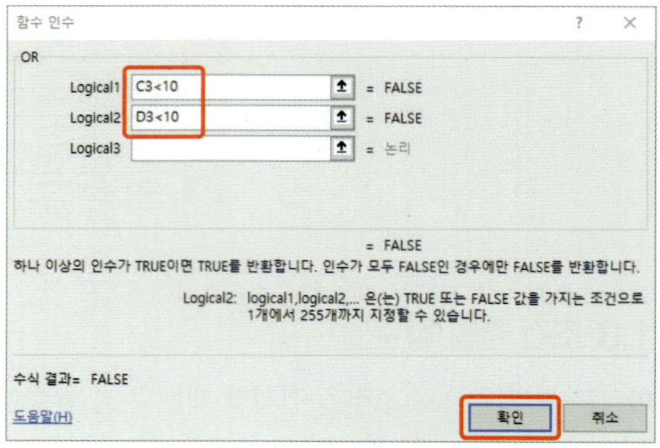

TIP [함수 인수]의 인수 입력란은 처음에는 두 개만 보이지만, 마지막 인수의 입력란을 클릭하면 하나씩 추가되고 255개까지 입력할 수 있다.

03 H3 셀의 수식을 **=IF(OR(C3 <10,D3 <10),"재시험","")**으로 수정한다.

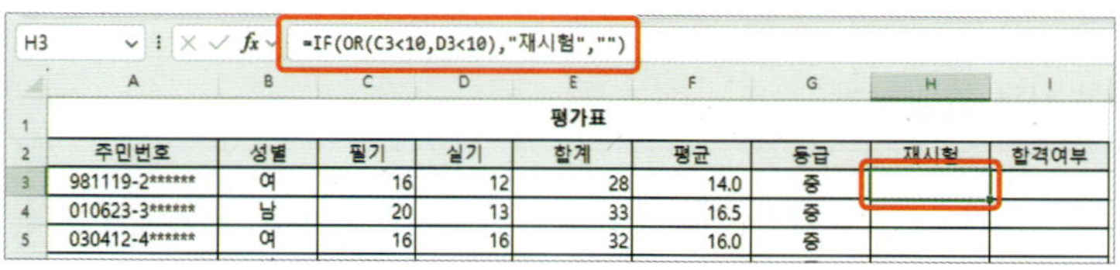

TIP OR 함수의 결과가 TRUE인 경우 '재시험'으로, FALSE인 경우 아무것도 표시하지 않도록("") IF 함수를 사용한 수식이다. 따옴표 사이에 공백 문자(" ")를 입력하지 않도록 주의한다.

04 H3 셀의 채우기 핸들을 더블클릭하여 수식을 복사한다.

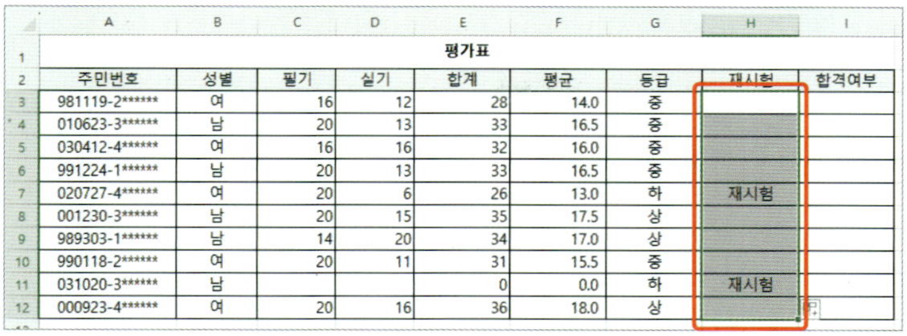

05 I3 셀을 선택하고 [수식] 탭–[함수 라이브러리] 그룹–[논리] 목록에서 [AND]를 선택한다.

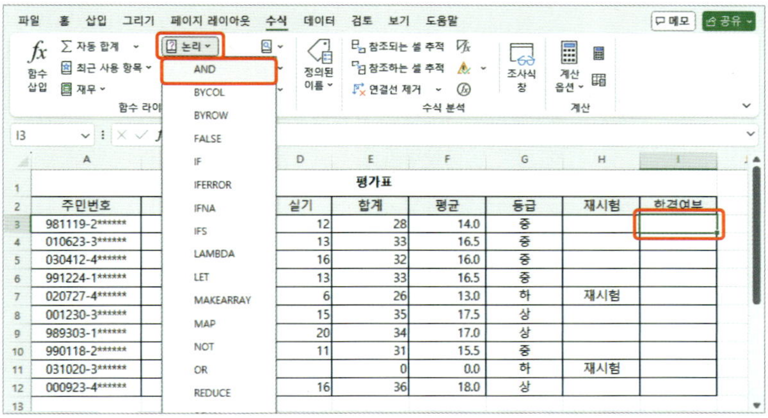

06 [함수 인수] 대화상자의 [Logical1]에 **E3>=20**, [Logical2]에 **NOT(H3="재시험")**을 입력하고 [확인]을 누른다.

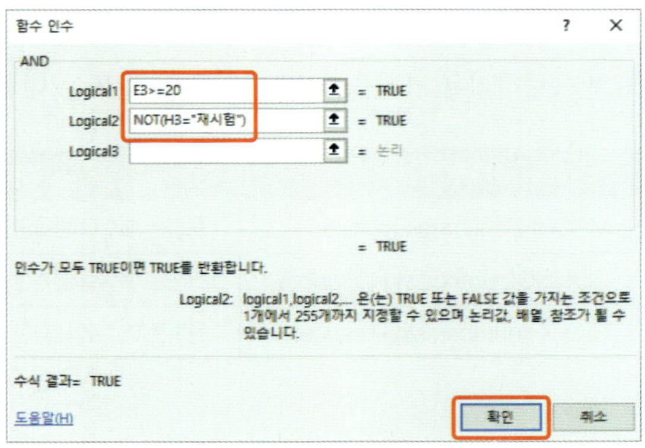

TIP [Logical2]에는 **H3<>"재시험"**이나 **H3=""** 수식을 입력해도 된다.

07 I3 셀의 수식을 **=IF(AND(E3 >=20,NOT(H3 ="재시험")),"합격","불합격")**으로 수정한다.

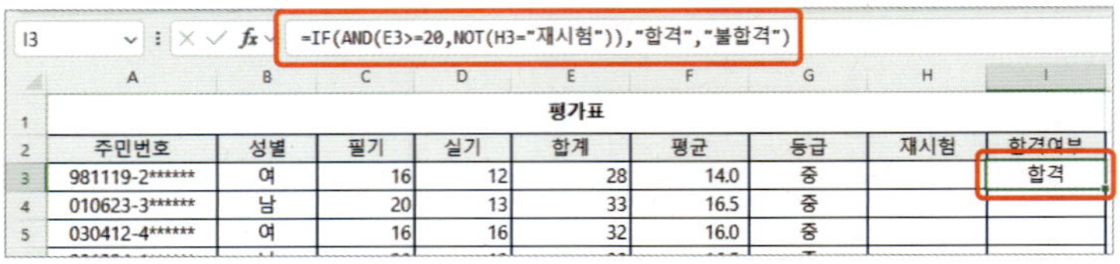

	A	B	C	D	E	F	G	H	I
1	평가표								
2	주민번호	성별	필기	실기	합계	평균	등급	재시험	합격여부
3	981119-2******	여	16	12	28	14.0	중		합격
4	010623-3******	남	20	13	33	16.5	중		
5	030412-4******	여	16	16	32	16.0	중		

TIP AND 함수의 결과가 TRUE인 경우 '합격'으로, FALSE인 경우 '불합격'으로 표시되도록 하는 수식이다.

08 I3 셀의 채우기 핸들을 더블클릭하여 '합격여부'를 모두 표시한다.

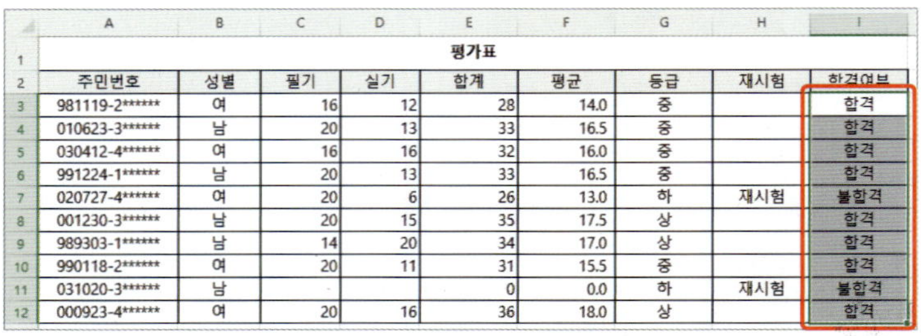

	A	B	C	D	E	F	G	H	I
1	평가표								
2	주민번호	성별	필기	실기	합계	평균	등급	재시험	합격여부
3	981119-2******	여	16	12	28	14.0	중		합격
4	010623-3******	남	20	13	33	16.5	중		합격
5	030412-4******	여	16	16	32	16.0	중		합격
6	991224-1******	남	20	13	33	16.5	중		합격
7	020727-4******	여	20	6	26	13.0	하	재시험	불합격
8	001230-3******	남	20	15	35	17.5	상		합격
9	989303-1******	남	14	20	34	17.0	상		합격
10	990118-2******	여	20	11	31	15.5	중		합격
11	031020-3******	남			0	0.0	하	재시험	불합격
12	000923-4******	여	20	16	36	18.0	상		합격

1.4 특정 배수로 반올림, 올림, 내림하는 함수

CHAPTER 05에서 알아본 반올림, 올림, 내림 함수 외에도 임의의 수를 특정 배수로 반올림, 올림, 내림할 수 있는 함수가 있다. 예를 들어 상품 무게에 따른 배송료를 책정하기 위해 측정 무게를 500g 단위로 반올림하거나 가격을 10원 단위로 올림 또는 내림하는 경우에 사용할 수 있다.

함수명과 인수	기능
MROUND(number, multiple)	원하는 배수로 반올림한 숫자를 반환한다.
CEILING(number, significance)	원하는 배수로 올림한 숫자를 반환한다.
FLOOR(number, significance)	원하는 배수로 내림한 숫자를 반환한다.

TIP CEILING.MATH 함수와 FLOOR.MATH 함수는 음수에 대한 올림이나 내림을 계산할 수 있도록 올림 방향과 내림 방향을 지정할 수 있다.

기본예제 6-5 평균을 5점 단위로 표시하기

CEILING 함수를 사용하여 평가 점수의 '평균'을 5의 배수로 올림해서 표시해 보자.

01 '평가' 시트의 F3 셀을 선택하고 수식을 **=IFERROR(CEILING(AVERAGE(C3:D3),5),0)**으로 수정한다.

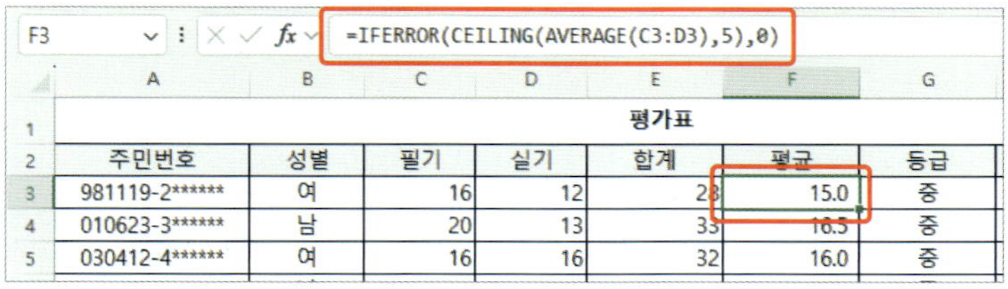

02 F3 셀의 채우기 핸들을 더블클릭하여 '평균'을 모두 5의 배수 단위로 표시한다.

1.5 문자 반복 함수와 표시 형식 지정 함수

REPT 함수는 지정한 횟수만큼 특정 기호나 텍스트를 반복적으로 표시할 수 있어서 등급, 만족도, 진행률 등을 시각적으로 표현할 때 매우 유용하다. 또한 TEXT 함수는 셀의 값에 서식을 적용하고, 그 결과를 텍스트 형식으로 변환할 수 있다. 이를 이용하면 하나의 셀에 여러 가지 정보를 함께 표시할 수 있다.

함수명과 인수	기능
REPT(text, number_times)	지정한 횟수만큼 텍스트를 반복한다.
TEXT(value, format_text)	지정한 서식을 값에 적용한 후 텍스트로 변환한다.

기본예제 6-6 등급을 기호로 시각화하기

'상', '중', '하'로 표시했던 '등급'에 '☆'가 표시되도록 수정해 보자. REPT 함수를 사용해 '평균'을 5개 구간으로 나누어 각 구간별로 '☆'의 개수를 다르게 표시한다.

01 '평가' 시트의 G3 셀을 선택하고 수식을 **=REPT("☆",QUOTIENT(F3,5))**로 수정한다.

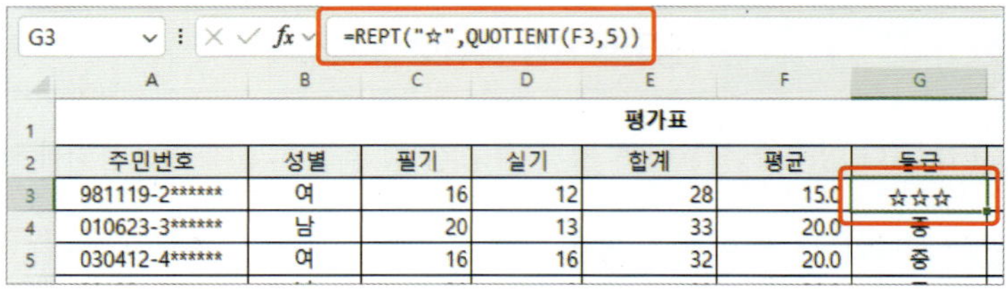

TIP QUOTIENT 함수는 나눗셈의 몫을 구한다. 예를 들어 평균의 최대값이 20일 때, 5로 나눈 몫은 0~4가 된다. 따라서 위 수식은 '평균'을 5점 단위로 나누어 해당 구간에 따라 ☆ 기호를 반복 표시한다. [기본예제 6-5]에서 평균을 5의 배수로 계산해 두었으므로, **=REPT("☆",F3/5)** 수식을 입력해도 된다. '☆' 기호는 한글 자음 ㅁ을 입력하고 [한자]를 누르면 나타나는 기호 목록에서 선택한다.

02 G3 셀의 채우기 핸들을 더블클릭하여 G12 셀까지 수식을 복사한다.

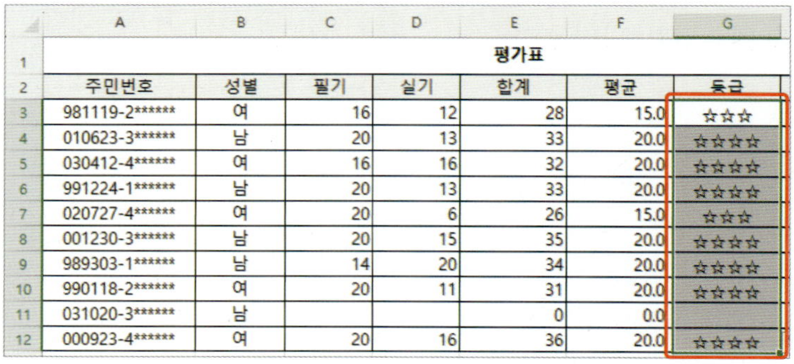

기본예제 6-7 기호와 순위를 함께 표시하기

기호로 표시한 '등급' 필드에 TEXT 함수를 이용해 순위도 함께 표시되도록 수정해 보자.

01 G3 셀을 선택하고 수식을 **=REPT("☆",QUOTIENT(F3,5))&TEXT(RANK.EQ(E3,$E$3:$E$12,0),"(0등)")**으로 수정한다.

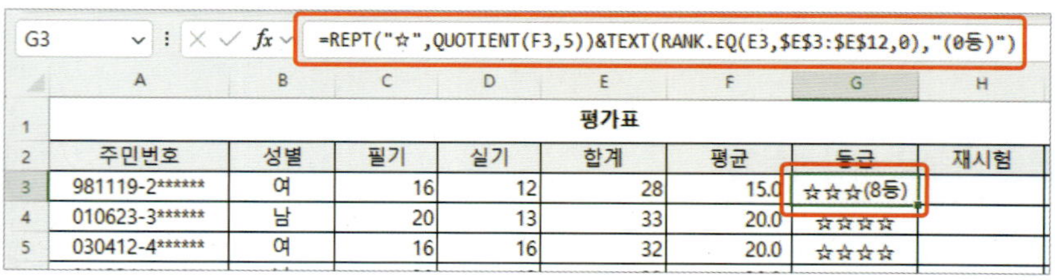

TIP 합계를 기준으로 RANK.EQ 함수로 내림차순 순위를 계산한다. 순위를 셀에 표시할 때 "(~등)"으로 표시되도록 서식을 설정하였다.

02 G3 셀의 채우기 핸들을 더블클릭하여 수식을 복사하고, G 열의 너비를 넓힌다.

	A	B	C	D	E	F	G	H
1	평가표							
2	주민번호	성별	필기	실기	합계	평균	등급	재시험
3	981119-2******	여	16	12	28	15.0	☆☆☆(8등)	
4	010623-3******	남	20	13	33	20.0	☆☆☆☆(4등)	
5	030412-4******	여	16	16	32	20.0	☆☆☆☆(6등)	
6	991224-1******	남	20	13	33	20.0	☆☆☆☆(4등)	
7	020727-4******	여	20	6	26	15.0	☆☆☆(9등)	재시험
8	001230-3******	남	20	15	35	20.0	☆☆☆☆(2등)	
9	989303-1******	남	14	20	34	20.0	☆☆☆☆(3등)	
10	990118-2******	여	20	11	31	20.0	☆☆☆☆(7등)	
11	031020-3******	남			0	0.0	(10등)	재시험
12	000923-4******	여	20	16	36	20.0	☆☆☆☆(1등)	

03 '등급'의 기호와 순위를 보기좋게 표시되도록 [홈] 탭 – [맞춤] 그룹 – [오른쪽 맞춤]을 선택한다.

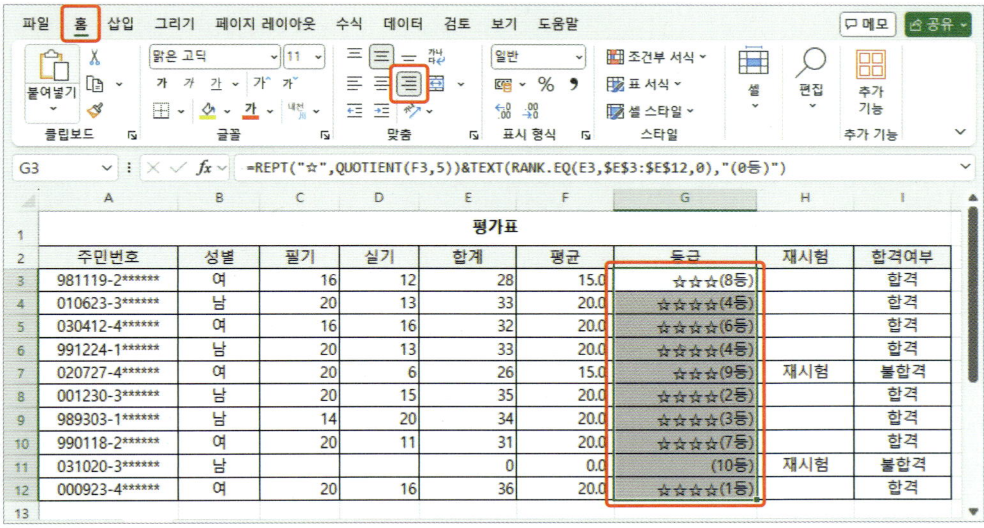

	A	B	C	D	E	F	G	H	I
1	평가표								
2	주민번호	성별	필기	실기	합계	평균	등급	재시험	합격여부
3	981119-2******	여	16	12	28	15.0	☆☆☆(8등)		합격
4	010623-3******	남	20	13	33	20.0	☆☆☆☆(4등)		합격
5	030412-4******	여	16	16	32	20.0	☆☆☆☆(6등)		합격
6	991224-1******	남	20	13	33	20.0	☆☆☆☆(4등)		합격
7	020727-4******	여	20	6	26	15.0	☆☆☆(9등)	재시험	불합격
8	001230-3******	남	20	15	35	20.0	☆☆☆☆(2등)		합격
9	989303-1******	남	14	20	34	20.0	☆☆☆☆(3등)		합격
10	990118-2******	여	20	11	31	20.0	☆☆☆☆(7등)		합격
11	031020-3******	남			0	0.0	(10등)	재시험	불합격
12	000923-4******	여	20	16	36	20.0	☆☆☆☆(1등)		합격
13									

SECTION 02 조건에 맞는 값 구하기

앞에서 조건에 따라 값을 다르게 표시하는 논리 함수를 살펴보았다. 이번에는 특정 조건에 맞는 데이터의 개수를 세거나, 조건에 따라 데이터를 선별해 합계나 평균을 구하는 함수를 알아보자. 이러한 함수들은 데이터 통계 및 분석 작업에 자주 활용된다. 또한 여러 조건을 지정하여 모두 만족하는 경우의 합계나 평균을 계산할 수도 있다.

2.1 조건에 맞는 값의 개수를 구하는 함수

숫자 데이터의 개수를 구하는 COUNT 함수의 기능과 사용법은 CHAPTER 05에서 알아보았다. 이번에는 데이터 종류에 상관없이 개수를 세거나 특정 조건에 맞는 데이터 개수를 계산하는 함수에 대해 살펴보자.

함수명과 인수	기능
COUNTA(value1, value2, …)	인수 중 비어 있지 않은 셀의 개수를 계산한다.
COUNTBLANK(range)	지정한 범위에 있는 빈 셀의 개수를 계산한다.
COUNTIF(range, criteria)	지정한 범위 내에서 조건에 맞는 셀의 개수를 계산한다.
COUNTIFS(criteria_range, criteria, …)	범위 내에서 주어진 모든 조건에 맞는 셀의 개수를 계산한다.

기본예제 6-8 자격증 취득과 영어시험 미응시 인원 계산하기

COUNTA 함수와 COUNTBLANK 함수를 사용하여 자격증이 있는 사원의 수와 영어시험에 응시하지 않은 사원의 수를 계산해 보자.

01 '6장_실습.xlsx' 파일을 열고 '교육' 시트를 선택한다.

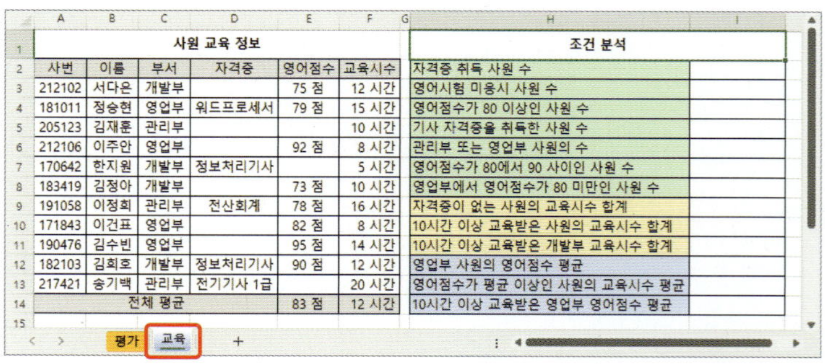

사번	이름	부서	자격증	영어점수	교육시수
212102	서다온	개발부		75 점	12 시간
181011	정승현	영업부	워드프로세서	79 점	15 시간
205123	김재훈	관리부			10 시간
212106	이주안	영업부		92 점	8 시간
170642	한지원	개발부	정보처리기사		5 시간
183419	김정아	개발부		73 점	10 시간
191058	이정희	관리부	전산회계	78 점	16 시간
171843	이건표	영업부		82 점	8 시간
190476	김수빈	영업부		95 점	14 시간
182103	김희호	개발부	정보처리기사	90 점	12 시간
217421	송기백	관리부	전기기사 1급		20 시간
전체 평균				83 점	12 시간

조건 분석	
자격증 취득 사원 수	
영어시험 미응시 사원 수	
영어점수가 80 이상인 사원 수	
기사 자격증을 취득한 사원 수	
관리부 또는 영업부 사원의 수	
영어점수가 80에서 90 사이인 사원 수	
영업부에서 영어점수가 80 미만인 사원 수	
자격증이 없는 사원의 교육시수 합계	
10시간 이상 교육받은 사원의 교육시수 합계	
10시간 이상 교육받은 개발부 교육시수 합계	
영업부 사원의 영어점수 평균	
영어점수가 평균 이상인 사원의 교육시수 평균	
10시간 이상 교육받은 영업부 영어점수 평균	

02 C2:F13 범위를 선택하고 [수식] 탭－[정의된 이름] 그룹－[선택 영역에서 만들기]를 눌러 대화상자가 나타나면 [첫 행]만 선택하고 [확인]을 누른다.

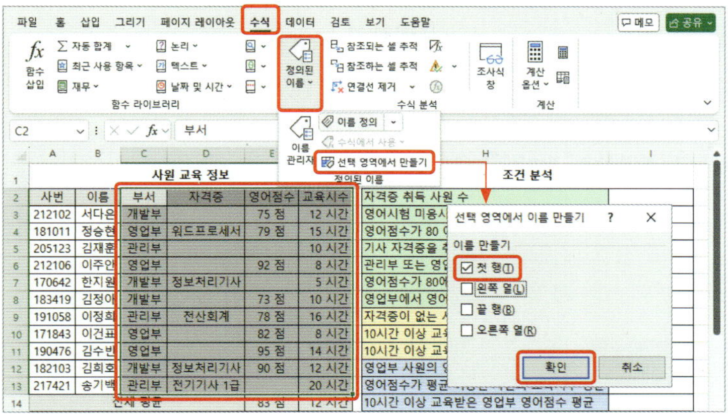

TIP '부서', '자격증', '영어점수', '교육시수'의 영역 이름을 정의하는 단계는 생략해도 되지만, 이름을 정의하면 수식 작성이 더 간편해지고 이해하기 쉽다.

03 자격증을 취득한 사원 수를 구하기 위해 I2 셀에 **=COUNTA(자격증)** 수식을 입력한다.

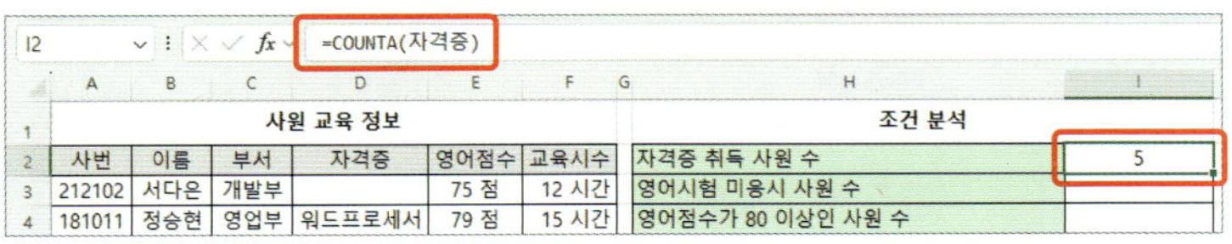

TIP COUNTA 함수는 지정한 범위에서 숫자뿐 아니라 텍스트, 논리값 등 데이터 종류에 상관없이 값이 입력된 셀의 개수를 계산한다.

04 I3 셀을 선택하고 **=COUNTBLANK(영어점수)** 수식을 입력해 영어시험 미응시 사원 수를 구한다.

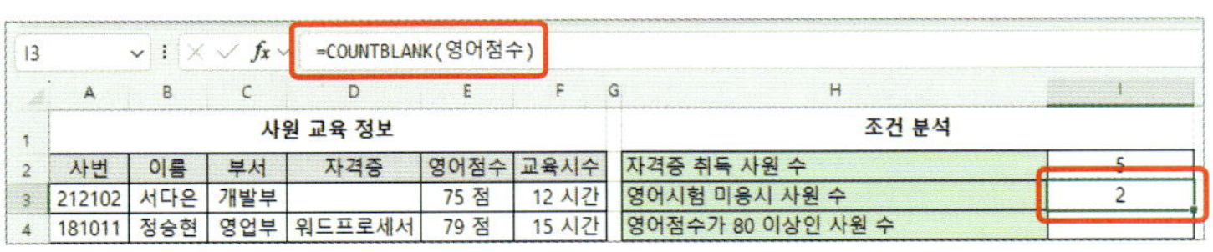

TIP COUNTBLANK 함수는 값이 없는 셀의 개수만 계산한다. 마지막 행 '송기백' 사원의 영어점수에는 공백 문자(" ")가 하나 입력되어 있어 계산에서 제외된다. 키보드의 스페이스바로 입력하는 공백 문자는 하나의 문자 데이터이므로, COUNTBLANK 함수에서 개수를 계산할 때 공백 문자가 입력된 셀은 빈 셀로 인식하지 않는다. 따라서 COUNTBLANK 함수나 COUNTA 함수를 사용할 때는 공백 문자만 입력된 셀이 없도록 주의해야 한다.

기본예제 6-9 주어진 조건에 맞는 인원 계산하기

COUNTIF 함수와 COUNTIFS 함수를 사용하여 다양한 조건에 해당하는 사원 수를 계산해 보자. 조건이 하나 이상인 경우 덧셈(+)이나 뺄셈(−)을 조합하여 구할 수도 있고, COUNTIFS 함수를 사용해도 된다. 실습 예제를 통해 각 경우에 적합한 함수 활용 방법을 익혀 보자.

01 '교육' 시트의 I4 셀에 **=COUNTIF(영어점수,">=80")** 수식을 입력해 영어점수가 80점 이상인 사원 수를 구한다.

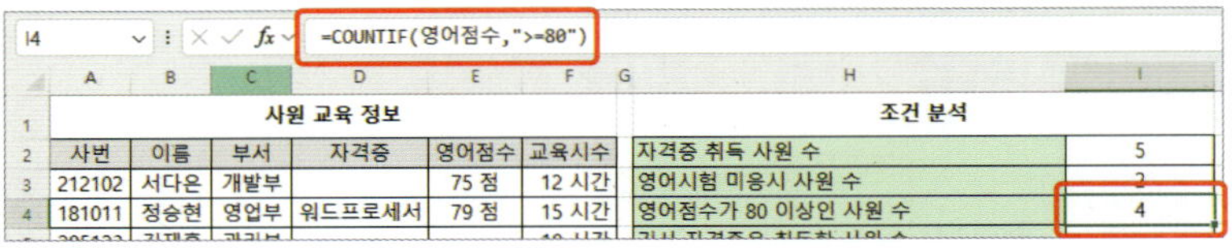

TIP IF 함수와 달리 COUNTIF 함수에는 기준이 되는 조건을 큰따옴표(" ")로 묶어(">=80") 텍스트 형식으로 표현한다.

02 기사 자격증을 취득한 사원 수를 구하기 위해 I5 셀에 **=COUNTIF(자격증,"*기사*")** 수식을 입력한다.

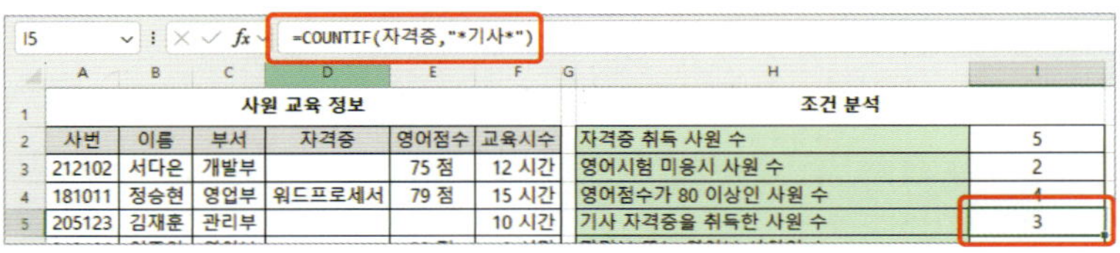

TIP **와일드카드 문자(wildcard character)**

조건에 사용한 "*" 기호는 글자 수와 관계없이 임의의 문자열과 일치시키는 와일드카드 문자이다. 와일드카드 문자는 텍스트 검색이나 패턴 매칭에서 불분명하거나 임의의 문자를 표현할 때 사용한다. 엑셀에서 사용할 수 있는 와일드카드 문자의 종류는 다음과 같다.

종류	의미	예시	설명
*	0개 이상의 모든 문자	"*기사*"	"기사"가 포함된 값
?	임의의 한 문자	"????기사"	6글자이면서 "기사"로 끝나는 값
~	와일드카드 문자("*", "?") 찾기	"~*"	"*" 문자가 포함된 값

03 I6 셀에 **=COUNTIF(부서,"=관리부")+COUNTIF(부서,"=영업부")** 수식을 입력해 관리부 또는 영업부 사원의 수를 구한다.

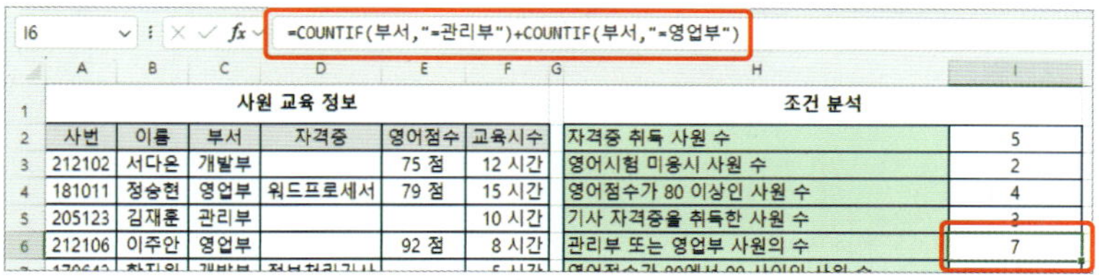
I6 =COUNTIF(부서,"=관리부")+COUNTIF(부서,"=영업부")

사번	이름	부서	자격증	영어점수	교육시수	조건 분석	
212102	서다은	개발부		75 점	12 시간	자격증 취득 사원 수	5
181011	정승현	영업부	워드프로세서	79 점	15 시간	영어시험 미응시 사원 수	2
205123	김재훈	관리부			10 시간	영어점수가 80 이상인 사원 수	4
212106	이주안	영업부		92 점	8 시간	기사 자격증을 취득한 사원 수	3
						관리부 또는 영업부 사원의 수	7

TIP 조건에 사용한 등호(=)는 생략 가능하므로 **=COUNTIF(부서,"관리부")+COUNTIF(부서,"영업부")**로 작성해도 된다.

TIP COUNTIF 함수의 조건에는 OR이나 AND 조건을 직접 사용할 수 없으므로 덧셈(+)이나 뺄셈(–)으로 조건을 결합해야 한다. 예를 들어, 관리부 또는 영업부 사원의 수는 관리부 사원의 수와 영업부 사원의 수를 더해서 구할 수 있다.

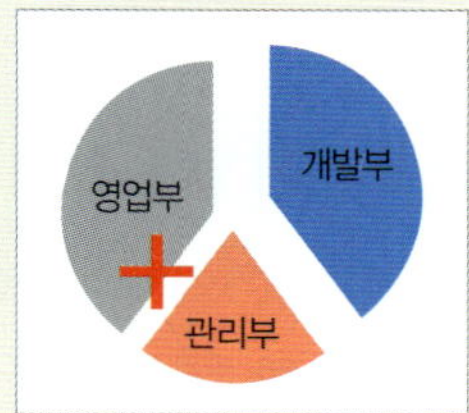

04 영어점수가 80 이상 90 이하인 사원 수를 구하기 위해 I7 셀에 **=COUNTIF(영어점수,">=80")–COUNTIF(영어점수,">90")** 수식을 입력한다.

I7 =COUNTIF(영어점수,">=80")-COUNTIF(영어점수,">90")

사번	이름	부서	자격증	영어점수	교육시수	조건 분석	
212102	서다은	개발부		75 점	12 시간	자격증 취득 사원 수	5
181011	정승현	영업부	워드프로세서	79 점	15 시간	영어시험 미응시 사원 수	2
205123	김재훈	관리부			10 시간	영어점수가 80 이상인 사원 수	4
212106	이주안	영업부		92 점	8 시간	기사 자격증을 취득한 사원 수	3
170642	한지원	개발부	정보처리기사		5 시간	관리부 또는 영업부 사원의 수	7
						영어점수가 80 이상 90 이하인 사원 수	2

TIP 다음 그림과 같이 뺄셈(–)을 이용하여 두 구간의 차집합 영역(빗금 영역)을 계산하면 영어점수가 80 이상 90 이하인 사원의 수를 구할 수 있다.

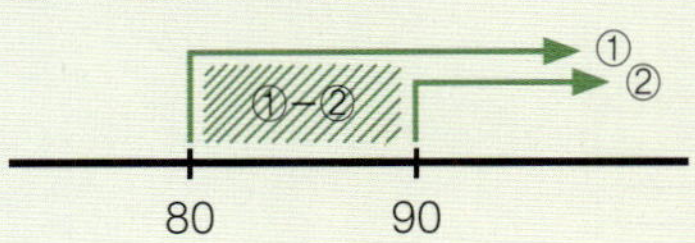

05 영업부에서 영어점수가 80 미만인 사원 수를 구하기 위해 I8 셀에 **=COUNTIFS(부서,"영업부",영어점수,"<80")** 수식을 입력한다.

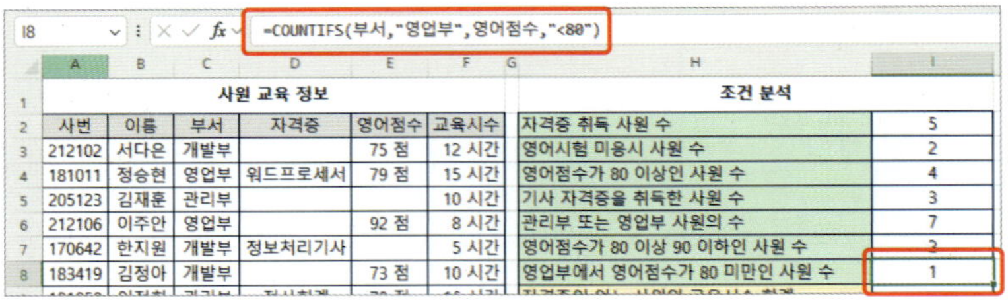

TIP 두 가지 이상의 조건을 모두 만족하는 값의 개수를 구하려면 COUNTIFS 함수를 사용한다. 단계 **04**의 영어점수 80 이상 90 이하인 사원 수를 구할 때도 **=COUNTIFS(영어점수,">=80",영어점수,"<=90")** 수식을 사용하면 된다.

2.2 조건에 맞는 값의 합계를 구하는 함수

CHAPTER 05에서 학습한 SUM 함수는 지정한 모든 셀 값의 합계를 구할 때 사용한다. 특정 조건에 맞는 셀 값만 합계를 계산하는 경우라면 SUMIF 함수나 SUMIFS 함수를 사용할 수 있다.

함수명과 인수	기능
SUMIF(range, criteria, sum_range)	주어진 조건에 따라 지정되는 셀의 합계를 계산한다.
SUMIFS(sum_range, criteria_range, criteria, ...)	조건이 둘 이상일 때 지정되는 셀의 합계를 계산한다.

기본예제 6-10 조건에 맞는 값의 합계 계산하기

SUMIF 함수와 SUMIFS 함수를 사용하여 자격증이 없는 사원의 교육시수 합계, 10시간 이상 교육받은 사원의 교육시수 합계, 개발부 소속이면서 10시간 이상 교육받은 사원의 교육시수 합계를 계산해 보자.

01 '교육' 시트의 I9 셀에 **=SUMIF(자격증,"",교육시수)** 수식을 입력해 자격증이 없는 사원의 교육시수 합계를 구한다.

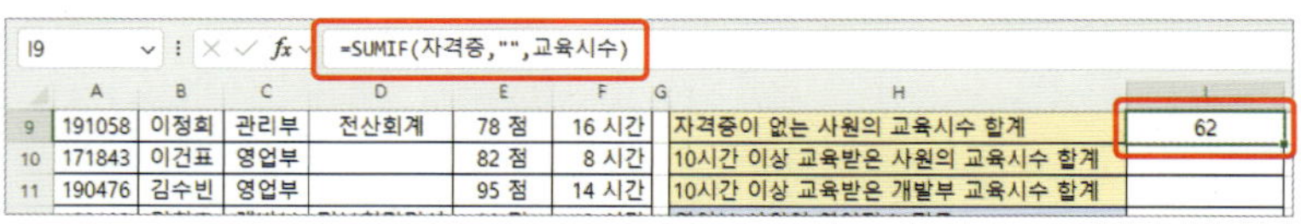

TIP 만약 자격증이 있는 사원을 검사 조건으로 한다면 **=SUMIF(자격증,"<>"&"",교육시수)** 수식을 사용한다. SUMIF 함수의 조건에는 IF 함수처럼 다른 함수를 중첩하여 사용할 수 없다.

02 10시간 이상 교육받은 사원의 교육시수 합계를 구하기 위해 I10 셀에 **=SUMIF(교육시수,">=10")** 수식을 입력한다.

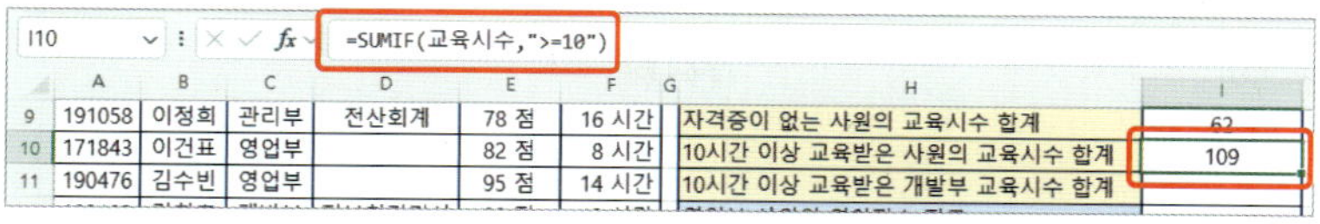

> **TIP** SUMIF 함수에서는 조건 범위를 나타내는 첫 번째 인수(range)와 합계를 계산할 범위를 나타내는 세 번째 인수(sum_range)가 동일한 경우, 세 번째 인수를 생략할 수 있다.

03 10시간 이상 교육받은 개발부 사원의 교육시수 합계를 구하기 위해 I11 셀에 **=SUMIFS(교육시수, 교육시수,">=10",부서,"개발부")** 수식을 입력한다.

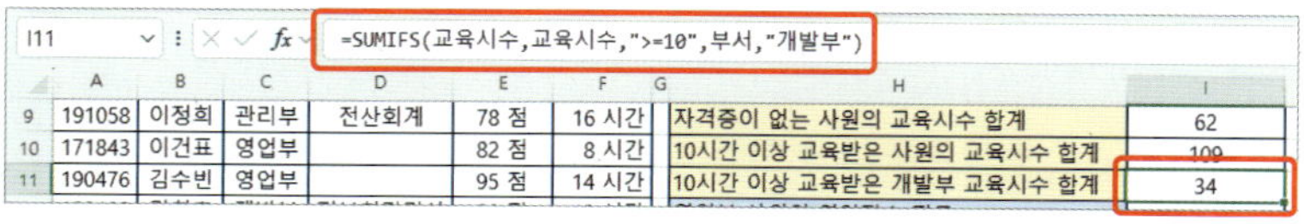

> **TIP** 두 가지 이상의 조건을 모두 만족하는 경우의 합계는 SUMIFS 함수로 구할 수 있다. 이때 합계를 구할 값의 범위를 첫 번째 인수로 지정한다.

2.3 조건에 맞는 값의 평균을 구하는 함수

특정 조건에 부합하는 셀 값의 합계를 구하는 함수처럼, 특정 조건에 맞는 값의 평균을 구할 때 사용할 수 있는 함수에는 AVERAGEIF 함수와 AVERAGEIFS 함수가 있다.

함수명과 인수	기능
AVERAGEIF(range, criteria, average_range)	주어진 조건에 따라 지정되는 셀의 평균을 구한다.
AVERAGEIFS(average_range, criteria_range, criteria, …)	조건이 둘 이상일 때 지정되는 셀의 평균을 구한다.

기본예제 6-11 조건에 맞는 값의 평균 계산하기

AVERAGEIF 함수와 AVERAGEIFS 함수를 사용하여 영업부 사원의 영어점수 평균, 평균 이상의 영어점수를 받은 사원의 교육시수 평균, 10시간 이상 교육받은 영업부 사원의 영어점수 평균을 각각 계산해 보자.

01 영업부 사원의 영어점수 평균을 구하기 위해 I12 셀에 **=AVERAGEIF(부서,"영업부",영어점수)** 수식을 입력한다.

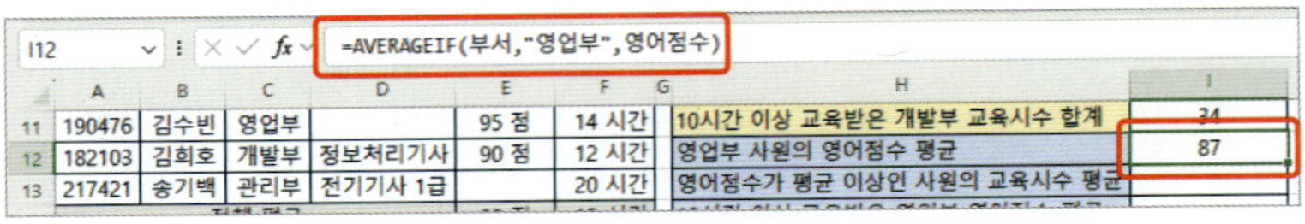

> **TIP** AVERAGEIF 함수의 세 번째 인수(average_range)에는 평균을 구할 값의 범위를 지정한다.

02 영어점수가 평균 이상인 사원의 교육시수 평균을 구하기 위해 I13 셀에 **=ROUND(AVERAGEIF(영어점수,">="&E14,교육시수),1)** 수식을 입력한다. 계산한 평균 값을 소수 첫째 자리로 반올림하기 위해 ROUND 함수도 사용한다.

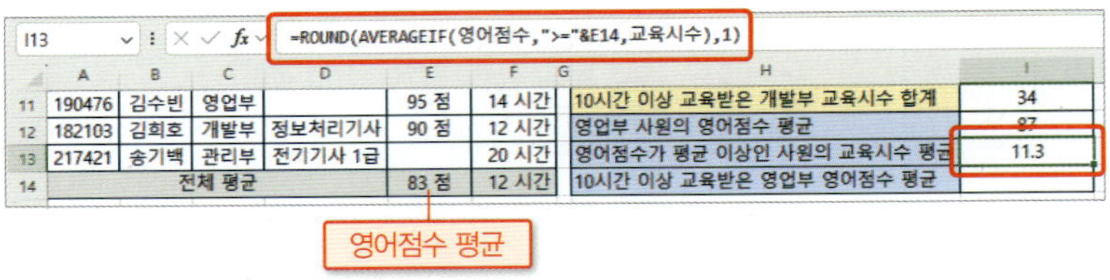

> **TIP** AVERAGEIF 함수뿐 아니라 COUNTIF 함수, SUMIF 함수의 조건(criteria)에도 값 대신 셀을 참조할 수 있다. 셀을 참조하는 조건식은 **"연산자"&셀 주소** 형식으로 입력한다. 예를 들어 값을 참조하는 ">=83" 대신 **">="&E14**처럼 셀을 참조하면 평균이 바뀌더라도 수식을 다시 작성하지 않아도 된다.

03 10시간 이상 교육받은 영업부 사원의 영어점수 평균을 구하기 위해 I14 셀에 **=AVERAGEIFS(영어점수,교육시수,">=10",부서,"영업부")** 수식을 입력한다.

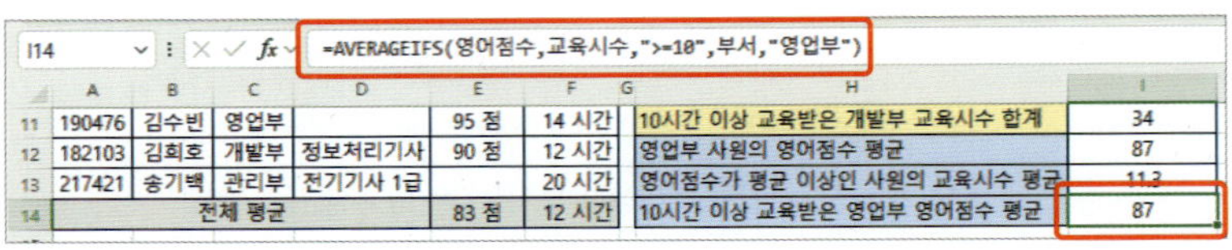

> **TIP** 구하려는 데이터는 '교육시수'와 '부서'라는 두 조건을 모두 만족해야 하므로, AVERAGEIFS 함수를 사용하여 평균을 계산한다. 이때, 평균을 구할 값의 범위를 첫 번째 인수로 지정해야 한다.

종합예제

논리 함수와 조건에 맞는 값을 구하기 위한 통계 함수를 활용해 사원별 판매 현황 자료를 만들어 보자.

1 '6장_종합.xlsx' 파일의 '1분기' 시트에서 A1:H1 범위를 [병합하고 가운데 맞춤]한다. 글꼴은 [굵게], 행 높이는 [24]로 설정한다.

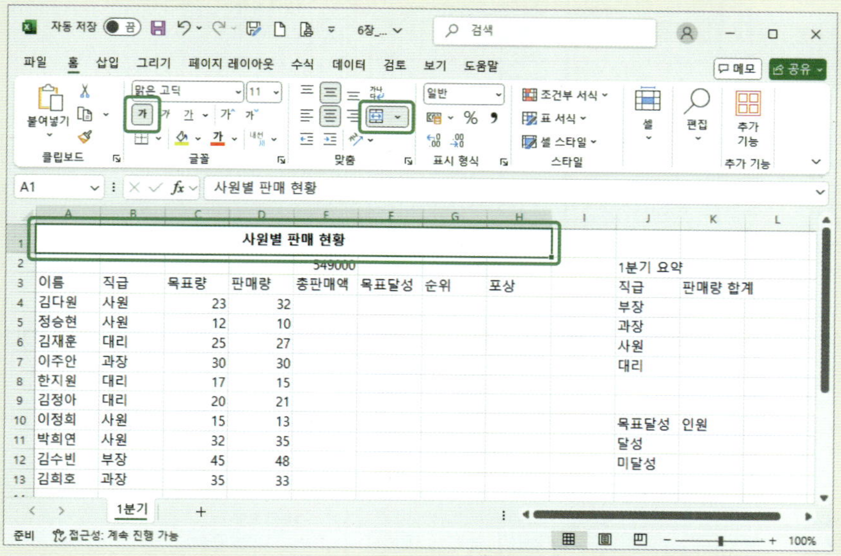

2 A3:H13 범위는 [모든 테두리]와 [가운데 맞춤]을 설정하고 열 너비를 적절히 조정한다. A3:H3 범위의 채우기 색은 [노랑]으로 설정한다.

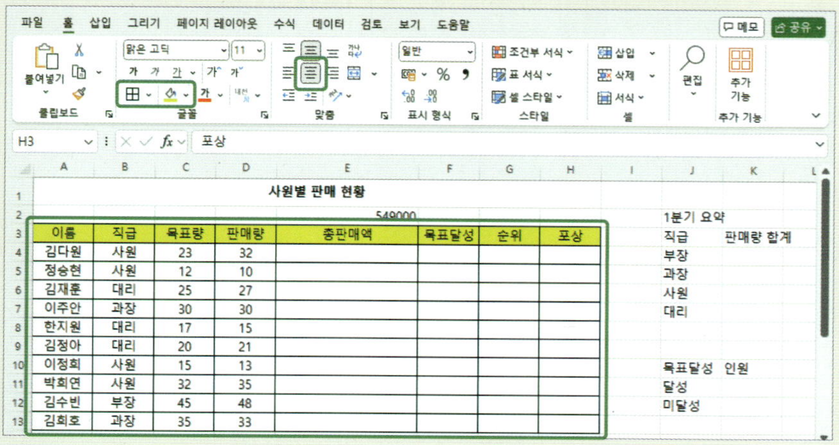

종합예제

3 J2:K2 범위에 [병합하고 가운데 맞춤]을 적용하고 글꼴을 [굵게]로 설정한다. '1분기 요약' 항목에 대해 그림과 같이 셀 테두리, 채우기 색, 가운데 맞춤을 설정한다.

	A	B	C	D	E	F	G	H	I	J	K
1					사원별 판매 현황						
2					549000					1분기 요약	
3	이름	직급	목표량	판매량	총판매액	목표달성	순위	포상		직급	판매량 합계
4	김다원	사원	23	32						부장	
5	정승현	사원	12	10						과장	
6	김재훈	대리	25	27						사원	
7	이주안	과장	30	30						대리	
8	한지원	대리	17	15							
9	김정아	대리	20	21							
10	이정희	사원	15	13						목표달성	인원
11	박희연	사원	32	35						달성	
12	김수빈	부장	45	48						미달성	
13	김희호	과장	35	33							

4 각 사원의 '총판매액'은 E2 셀에 있는 물품단가에 '판매량'을 곱해 구한다. E4 셀에 **=PRODUCT($E$2,D4)** 수식을 입력하고 채우기 핸들을 더블클릭해 복사한다.

E4 | fx | =PRODUCT($E$2,D4)

	A	B	C	D	E	F	G	H	I	J	K
1					사원별 판매 현황						
2					549000					1분기 요약	
3	이름	직급	목표량	판매량	총판매액	목표달성	순위	포상		직급	판매량 합계
4	김다원	사원	23	32	17568000					부장	
5	정승현	사원	12	10	5490000					과장	
6	김재훈	대리	25	27	14823000					사원	
7	이주안	과장	30	30	16470000					대리	
8	한지원	대리	17	15	8235000						
9	김정아	대리	20	21	11529000						
10	이정희	사원	15	13	7137000					목표달성	인원
11	박희연	사원	32	35	19215000					달성	
12	김수빈	부장	45	48	26352000					미달성	
13	김희호	과장	35	33	18117000						

TIP PRODUCT 함수는 인수의 곱을 구하는 함수이므로, 수식을 **=$E$2*D4**로 입력해도 된다. E2 셀은 식을 복사할 때 바뀌지 않도록 [F4]를 사용하여 절대 참조로 지정하거나 이름을 정의해서 사용한다.

5 E2 셀과 E4:E13 범위의 표시 형식을 다음과 같이 사용자 지정 형식으로 설정하고, [홈] 탭 – [맞춤] 그룹 – [오른쪽 맞춤]을 적용한다.

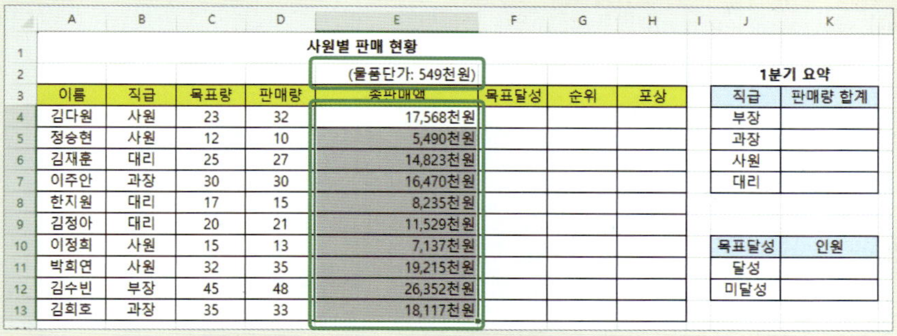

	A	B	C	D	E	F	G	H	I	J	K
1					사원별 판매 현황						
2					(물품단가: 549천원)					1분기 요약	
3	이름	직급	목표량	판매량	총판매액	목표달성	순위	포상		직급	판매량 합계
4	김다원	사원	23	32	17,568천원					부장	
5	정승현	사원	12	10	5,490천원					과장	
6	김재훈	대리	25	27	14,823천원					사원	
7	이주안	과장	30	30	16,470천원					대리	
8	한지원	대리	17	15	8,235천원						
9	김정아	대리	20	21	11,529천원						
10	이정희	사원	15	13	7,137천원					목표달성	인원
11	박희연	사원	32	35	19,215천원					달성	
12	김수빈	부장	45	48	26,352천원					미달성	
13	김희호	과장	35	33	18,117천원						

❶ E2 셀의 표시 형식을 **"(물품단가: "#,##0,"천원)"**으로 설정한다.

❷ E4:E13 범위의 표시 형식을 **#,##0,"천원"**으로 설정한다.

6 '판매량'이 '목표량' 이상이면 '목표달성'에 '달성', 그렇지 않으면 '미달성'으로 표시한다. F4 셀에 **=IF(D4>=C4,"달성","미달성")** 수식을 입력하고 채우기 핸들을 더블클릭해 복사한다.

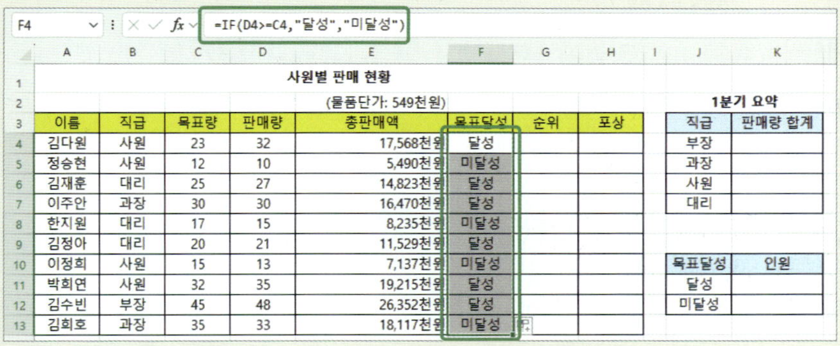

F4 | =IF(D4>=C4,"달성","미달성")

	A	B	C	D	E	F	G	H	I	J	K
1					사원별 판매 현황						
2					(물품단가: 549천원)					1분기 요약	
3	이름	직급	목표량	판매량	총판매액	목표달성	순위	포상		직급	판매량 합계
4	김다원	사원	23	32	17,568천원	달성				부장	
5	정승현	사원	12	10	5,490천원	미달성				과장	
6	김재훈	대리	25	27	14,823천원	달성				사원	
7	이주안	과장	30	30	16,470천원	달성				대리	
8	한지원	대리	17	15	8,235천원	미달성					
9	김정아	대리	20	21	11,529천원	달성					
10	이정희	사원	15	13	7,137천원	미달성				목표달성	인원
11	박희연	사원	32	35	19,215천원	달성				달성	
12	김수빈	부장	45	48	26,352천원	달성				미달성	
13	김희호	과장	35	33	18,117천원	미달성					

종합예제

7 '순위'는 '총판매액'을 기준으로 내림차순으로 구한다. G4 셀에 **=RANK.EQ(E4,$E$4:$E$13,0)** 수식을 입력하고 채우기 핸들을 더블클릭해 복사한다.

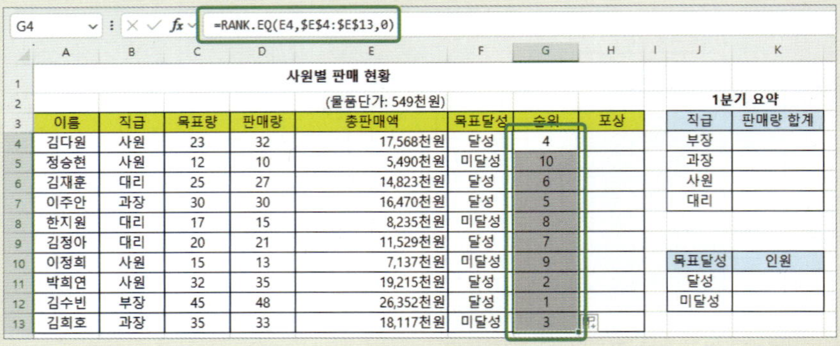

G4 | =RANK.EQ(E4,$E$4:$E$13,0)

사원별 판매 현황

(물품단가: 549천원)

이름	직급	목표량	판매량	총판매액	목표달성	순위	포상
김다원	사원	23	32	17,568천원	달성	4	
정승현	사원	12	10	5,490천원	미달성	10	
김재훈	대리	25	27	14,823천원	달성	6	
이주안	과장	30	30	16,470천원	달성	5	
한지원	대리	17	15	8,235천원	미달성	8	
김정아	대리	20	21	11,529천원	달성	7	
이정희	사원	15	13	7,137천원	미달성	9	
박희연	사원	32	35	19,215천원	달성	2	
김수빈	부장	45	48	26,352천원	달성	1	
김희호	과장	35	33	18,117천원	미달성	3	

1분기 요약

직급	판매량 합계
부장	
과장	
사원	
대리	

목표달성	인원
달성	
미달성	

8 '판매량'이 30 이상이고 '목표달성'이 '달성'인 경우에만 '포상'에 '★'를 표시하도록 한다. H4 셀에 **=IF(AND(D4 >=30,F4 ="달성"),"★","")** 수식을 입력하고 채우기 핸들을 더블클릭해 복사한다.

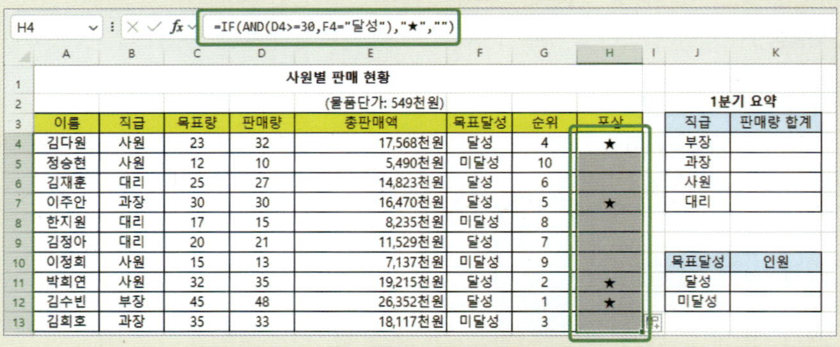

H4 | =IF(AND(D4>=30,F4="달성"),"★","")

사원별 판매 현황

(물품단가: 549천원)

이름	직급	목표량	판매량	총판매액	목표달성	순위	포상
김다원	사원	23	32	17,568천원	달성	4	★
정승현	사원	12	10	5,490천원	미달성	10	
김재훈	대리	25	27	14,823천원	달성	6	
이주안	과장	30	30	16,470천원	달성	5	★
한지원	대리	17	15	8,235천원	미달성	8	
김정아	대리	20	21	11,529천원	달성	7	
이정희	사원	15	13	7,137천원	미달성	9	
박희연	사원	32	35	19,215천원	달성	2	★
김수빈	부장	45	48	26,352천원	달성	1	★
김희호	과장	35	33	18,117천원	미달성	3	

1분기 요약

직급	판매량 합계
부장	
과장	
사원	
대리	

목표달성	인원
달성	
미달성	

TIP 수식에 기호가 포함된 경우, 자음 ㅁ을 입력하고 [한자]를 눌러 원하는 기호를 선택하면 된다.

9 '1분기 요약' 항목 중 직급별 '판매량 합계'를 구한다. K4 셀에 **=SUMIF($B$4:$B$13,J4,$D$4:$D$13)** 수식을 입력하고 채우기 핸들을 더블클릭해 복사한다.

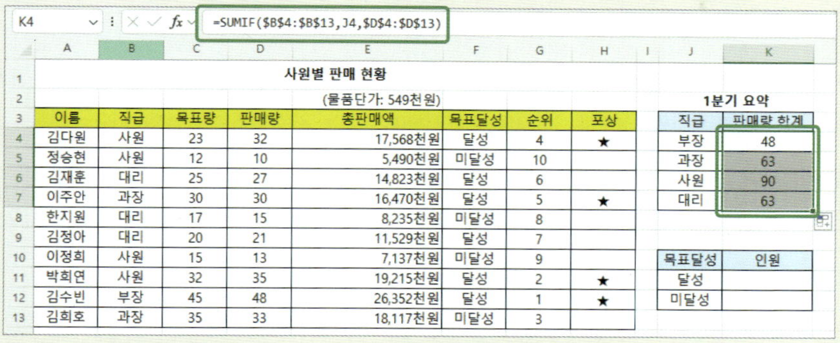

K4 | =SUMIF($B$4:$B$13,J4,$D$4:$D$13)

	A	B	C	D	E	F	G	H	I	J	K
1					사원별 판매 현황						
2					(물품단가: 549천원)					1분기 요약	
3	이름	직급	목표량	판매량	총판매액	목표달성	순위	포상		직급	판매량 합계
4	김다원	사원	23	32	17,568천원	달성	4	★		부장	48
5	정승현	사원	12	10	5,490천원	미달성	10			과장	63
6	김재훈	대리	25	27	14,823천원	달성	6			사원	90
7	이주안	과장	30	30	16,470천원	달성	5	★		대리	63
8	한지원	대리	17	15	8,235천원	미달성	8				
9	김정아	대리	20	21	11,529천원	달성	7				
10	이정희	사원	15	13	7,137천원	미달성	9			목표달성	인원
11	박희연	사원	32	35	19,215천원	달성	2	★		달성	
12	김수빈	부장	45	48	26,352천원	달성	1	★		미달성	
13	김희호	과장	35	33	18,117천원	미달성	3				

TIP 수식을 복사할 때 조건 검사 범위와 합계 계산 범위를 고정하기 위해 절대 참조 형식으로 설정한다. 조건을 적는 두 번째 인수에는 **"="&J4**로 적거나, 등호(=)를 생략하고 **J4**만 입력해도 된다.

10 목표달성 인원과 미달성 인원을 구하기 위해 K11 셀에 **=COUNTIF($F$4:$F$13,J11)** 수식을 입력하고 채우기 핸들을 더블클릭한다.

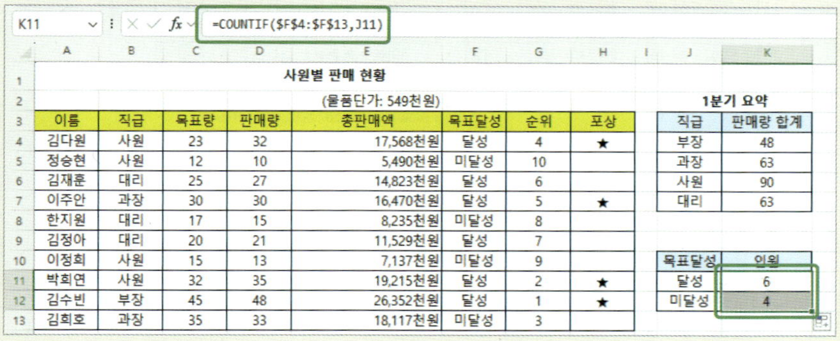

K11 | =COUNTIF($F$4:$F$13,J11)

	A	B	C	D	E	F	G	H	I	J	K
1					사원별 판매 현황						
2					(물품단가: 549천원)					1분기 요약	
3	이름	직급	목표량	판매량	총판매액	목표달성	순위	포상		직급	판매량 합계
4	김다원	사원	23	32	17,568천원	달성	4	★		부장	48
5	정승현	사원	12	10	5,490천원	미달성	10			과장	63
6	김재훈	대리	25	27	14,823천원	달성	6			사원	90
7	이주안	과장	30	30	16,470천원	달성	5	★		대리	63
8	한지원	대리	17	15	8,235천원	미달성	8				
9	김정아	대리	20	21	11,529천원	달성	7				
10	이정희	사원	15	13	7,137천원	미달성	9			목표달성	인원
11	박희연	사원	32	35	19,215천원	달성	2	★		달성	6
12	김수빈	부장	45	48	26,352천원	달성	1	★		미달성	4
13	김희호	과장	35	33	18,117천원	미달성	3				

연습문제

1 '6장_연습.xlsx'의 '연습1' 시트를 열고 다음 조건에 맞는 작업 진행 현황을 작성하시오.

❶ '과제명'에 사용자 지정 표시 형식을 설정하시오(숫자 네 자리-숫자 두 자리-숫자 세 자리).

❷ DATEDIF 함수를 이용해 '작업기간'을 구하고, 사용자 지정 표시 형식을 설정하시오.

❸ '진행률'에는 REPT 함수와 CONCAT, QUOTIENT 함수로 총 10개의 삼각형 기호가 '완료율(%)'을 기준으로 표시되도록 하시오. 10%당 '▶' 기호를 하나씩, 나머지는 '▷' 기호로 표시하며, 결과는 왼쪽 맞춤으로 설정하시오.

❹ '상태'는 IF 함수를 사용하여 "완료", "진행중", "지연"의 세 가지 값을 구분하여 표시하시오. '완료율'이 100인 경우 "완료", '완료율'은 100이 아니면서 '완료예정일'이 '기준일'을 지났으면 "지연", 그 이외의 경우 "진행중"으로 표시하시오.

	A	B	C	D	E	F	G	H
1	작업 진행 현황							
2						기 준 일 :	2025-07-25	
3	과제명	작업명	시작일자	완료예정일	작업기간	완료율(%)	진행률	상태
4	2507-01-231	사전조사	2025-07-01	2025-07-05	4일	15	▶▷▷▷▷▷▷▷▷▷	지연
5	2507-01-231	요구분석	2025-07-06	2025-07-12	6일	42	▶▶▶▶▷▷▷▷▷▷	지연
6	2507-01-231	초안 작성	2025-07-13	2025-07-20	7일	67	▶▶▶▶▶▶▷▷▷▷	지연
7	2507-01-231	1차 검토	2025-07-21	2025-07-25	4일	81	▶▶▶▶▶▶▶▶▷▷	진행중
8	2507-01-231	최종 제출	2025-07-26	2025-07-28	2일	100	▶▶▶▶▶▶▶▶▶▶	완료
9	2507-13-546	디자인	2025-07-02	2025-07-10	8일	45	▶▶▶▶▷▷▷▷▷▷	지연
10	2507-13-546	개발	2025-07-11	2025-07-22	11일	72	▶▶▶▶▶▶▶▷▷▷	지연
11	2507-13-546	테스트	2025-07-23	2025-07-27	4일	55	▶▶▶▶▶▷▷▷▷▷	진행중
12	2507-13-546	배포	2025-07-28	2025-07-30	2일	90	▶▶▶▶▶▶▶▶▶▷	진행중
13	2507-13-546	문서화	2025-07-15	2025-07-18	3일	30	▶▶▶▷▷▷▷▷▷▷	지연
14	2507-28-530	피드백	2025-07-03	2025-07-05	2일	25	▶▶▷▷▷▷▷▷▷▷	지연
15	2507-28-530	수정	2025-07-06	2025-07-15	9일	60	▶▶▶▶▶▶▷▷▷▷	지연
16	2507-28-530	교육	2025-07-16	2025-07-20	4일	50	▶▶▶▶▶▷▷▷▷▷	지연
17	2507-28-530	고객 승인	2025-07-21	2025-07-23	2일	95	▶▶▶▶▶▶▶▶▶▷	지연

연습1 | 연습2 | 연습3

2 '6장_연습.xlsx' 파일의 '연습2' 시트를 열고 다음 지시에 따라 작성하시오.

❶ '기준충족'에는 COUNTIF 함수와 IF 함수를 함께 사용하여 '자료제출', '마감준수', '필수항목'이 모두 "O"인 경우 "충족"으로 표시하시오.

❷ SUMIF 함수를 이용하여 D4:F4 범위의 배점 기준에 따라 '점수'를 계산하시오(자료제출한 경우("O"), 배점 30을 점수에 가산).

❸ COUNTIF 함수를 사용하여 '항목별 집계'의 개수를 각각 계산하여 표시하시오.

❹ AVERAGEIF 함수를 사용하여 '지역별 집계'의 각 지역의 '전체 평균'을 계산하여 표시하시오.

❺ COUNTIFS 함수를 사용하여 '지역별 집계'의 '기준충족 건수'를 지역별로 계산하여 표시하시오.

프로젝트 제안서 제출 현황

순번	이름	지역	자료제출	마감준수	필수항목	기준충족	점수
			30	30	40		
1	강*	경기	O	X	O		70
2	김*	경기	X	O	O		70
3	나*	서울	O	O	O	충족	100
4	문*	경기	O	O	X		60
5	박*	서울	O	X	O		70
6	박*	경기	O	O	O	충족	100
7	송*	서울	O	O	O	충족	100
8	온*	인천	X	O	X		30
9	이*	인천	O	O	O	충족	100
10	임*	서울	O	O	O	충족	100
11	전*	경기	O	O	O	충족	100
12	정*	서울	X	O	X		30
13	최*	인천	O	O	O	충족	100
14	최*	인천	O	O	X		60
15	홍*	서울	O	O	O	충족	100

항목별 집계

항목명	O	X
자료제출	12	3
마감준수	13	2
필수항목	11	4

지역별 집계

지역	전체 평균	기준충족 건수
경기	80.0	2
서울	83.3	4
인천	72.5	2

연습1 연습2 연습3

3 '6장_연습.xlsx'의 '연습3' 시트를 열고 다음 지시에 따라 작성하시오.

❶ ROW 함수를 이용해 '순번'을 일련번호로 표시하시오.

❷ COUNTIF 함수로 '프로그램별 통계'의 프로그램별 '개수'를 모두 구하고, SUM 함수로 '전체 합계'도 계산하시오.

❸ COUNTIF 함수를 이용하여 접수인원이 5명 미만인 프로그램 수를 구해 I13 셀에 표시하시오.

❹ SUMIF 함수를 이용하여 마감된 프로그램의 접수인원 합계를 구해 I14 셀에 표시하시오.

❺ COUNTIFS 함수를 이용하여 마감되지 않은 초등 대상 프로그램 수를 구해 I15 셀에 표시하시오.

❻ COUNTIFS 함수를 이용하여 "감성발달 프로그램" 중 고등학생을 대상으로 하는 프로그램 수를 구해 I16 셀에 표시하시오.

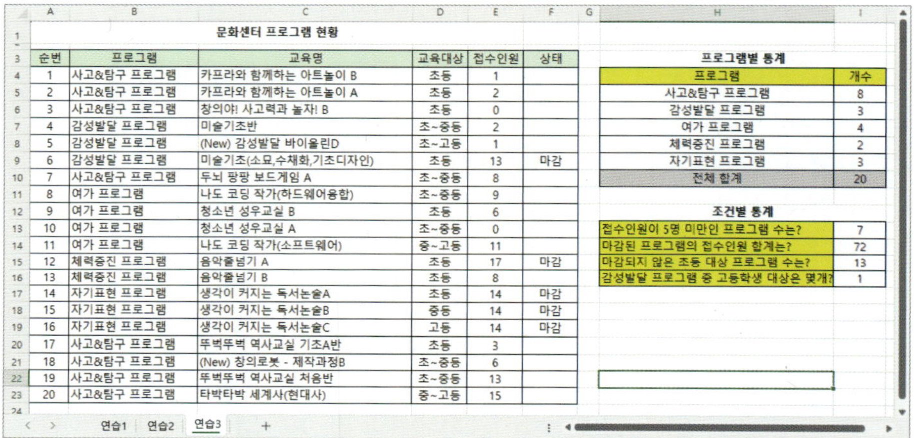

문화센터 프로그램 현황

순번	프로그램	교육명	교육대상	접수인원	상태
1	사고&탐구 프로그램	카프라와 함께하는 아트놀이 B	초등	1	
2	사고&탐구 프로그램	카프라와 함께하는 아트놀이 A	초등	2	
3	사고&탐구 프로그램	창의야! 사고력과 놀자! B	초등	0	
4	감성발달 프로그램	미술기초반	초~중등	2	
5	감성발달 프로그램	(New) 감성발달 바이올린D	초~고등	1	
6	감성발달 프로그램	미술기초(소묘,수채화,기초디자인)	초등	13	마감
7	사고&탐구 프로그램	두뇌 팡팡 보드게임 A	초~중등	8	
8	여가 프로그램	나도 코딩 작가(하드웨어융합)	초~중등	9	
9	여가 프로그램	청소년 성우교실 B	초등	6	
10	여가 프로그램	청소년 성우교실 A	초~중등	0	
11	여가 프로그램	나도 코딩 작가(소프트웨어)	중~고등	11	
12	체력증진 프로그램	음악줄넘기 A	초등	17	마감
13	체력증진 프로그램	음악줄넘기 B	초등	8	
14	자기표현 프로그램	생각이 커지는 독서논술A	초등	14	마감
15	자기표현 프로그램	생각이 커지는 독서논술B	중등	14	마감
16	자기표현 프로그램	생각이 커지는 독서논술C	고등	14	마감
17	사고&탐구 프로그램	뚜벅뚜벅 역사교실 기초A반	초등	3	
18	사고&탐구 프로그램	(New) 창의로봇 - 제작과정B	초~중등	6	
19	사고&탐구 프로그램	뚜벅뚜벅 역사교실 처음반	초~중등	13	
20	사고&탐구 프로그램	타박타박 세계사(현대사)	중~고등	15	

프로그램별 통계

프로그램	개수
사고&탐구 프로그램	8
감성발달 프로그램	3
여가 프로그램	4
체력증진 프로그램	2
자기표현 프로그램	3
전체 합계	20

조건별 통계

접수인원이 5명 미만인 프로그램 수는?	7
마감된 프로그램의 접수인원 합계는?	72
마감되지 않은 초등 대상 프로그램 수는?	13
감성발달 프로그램 중 고등학생 대상은 몇개?	1

CHAPTER 07

실무 함수

학습목표

- 찾기 및 참조 함수를 사용하여 원하는 값을 찾을 수 있다.
- 데이터베이스 함수를 사용하여 데이터 목록에서 조건에 맞는 데이터를 검색할 수 있다.
- 재무 계산 함수를 활용할 수 있다.

SECTION 01 찾기 및 참조 함수 사용하기

함수 라이브러리 중 '찾기/참조 영역'에는 특정 값이나 위치를 기준으로 주어진 범위에서 원하는 값을 찾는 함수들이 있다. 이 함수들을 이용하면 특정 셀의 행 또는 열 번호를 가져오거나 상품 코드를 기준으로 해당 상품의 세부 정보를 찾아올 수 있다. 세부 내용을 일일이 입력하지 않고 원하는 값을 찾아 필요한 셀에 자동으로 채울 수 있으므로 데이터 관리나 표 작성 시 매우 효율적이다. 찾기/참조 영역의 주요 함수 사용법을 알아본다.

1.1 행 번호와 열 번호를 구하는 함수

많은 데이터를 나열할 때는 일련번호로 순서를 지정하는 경우가 많다. 이때 채우기 핸들을 사용하면 번호를 쉽게 입력할 수 있지만, 번호 중 일부를 삭제하면 순서가 끊어질 수 있다. 삭제나 삽입 등 데이터 변동이 잦은 경우에는 번호를 다시 매겨야 하는 번거로움이 생긴다.

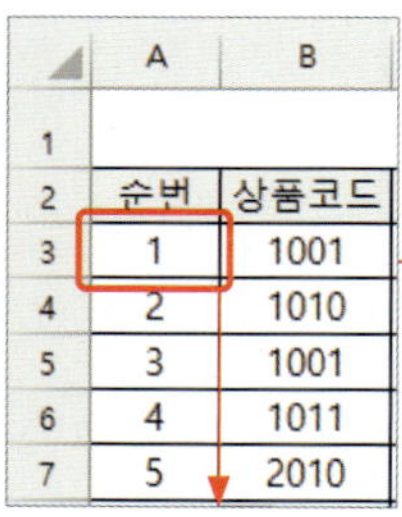

▲ 순번을 연속 데이터로 채우기

▲ 5행 삭제

▲ 불연속적인 순번

이런 경우 ROW 함수를 사용하면 문제를 해결할 수 있다. 행이 삭제되거나 추가되어도 순번이 자동으로 다시 계산되어 항상 연속적인 번호가 유지된다. 마찬가지로 열 번호를 구하려면 COLUMN 함수를 이용한다.

함수명과 인수	기능
ROW([reference])	주어진 셀의 행 번호를 구한다. 인수 reference는 하나의 셀 주소를 사용하거나 생략할 수 있다.
COLUMN([reference])	주어진 셀의 열 번호를 구한다. 예를 들어 =COLUMN(D10) 수식은 4를 반환한다.

기본예제 7-1 행 번호를 이용하여 순번 계산하기

일련번호를 연속 데이터 채우기로 입력하는 대신, ROW 함수를 이용해 행 번호를 자동으로 계산하여 순번을 만들어 보자.

01 '7장_실습.xlsx' 파일을 열고 '배송' 시트를 선택한다.

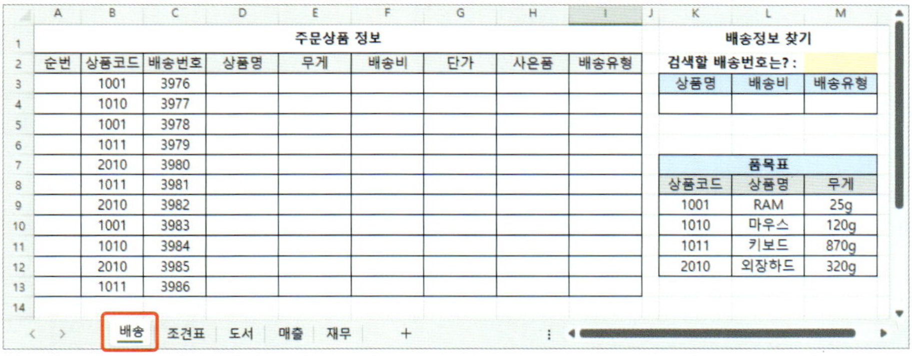

주문상품 정보

순번	상품코드	배송번호	상품명	무게	배송비	단가	사은품	배송유형
	1001	3976						
	1010	3977						
	1001	3978						
	1011	3979						
	2010	3980						
	1011	3981						
	2010	3982						
	1001	3983						
	1010	3984						
	2010	3985						
	1011	3986						

배송정보 찾기

검색할 배송번호는?:

상품명	배송비	배송유형

품목표

상품코드	상품명	무게
1001	RAM	25g
1010	마우스	120g
1011	키보드	870g
2010	외장하드	320g

02 A3 셀에 **=ROW()-2** 수식을 입력한다.

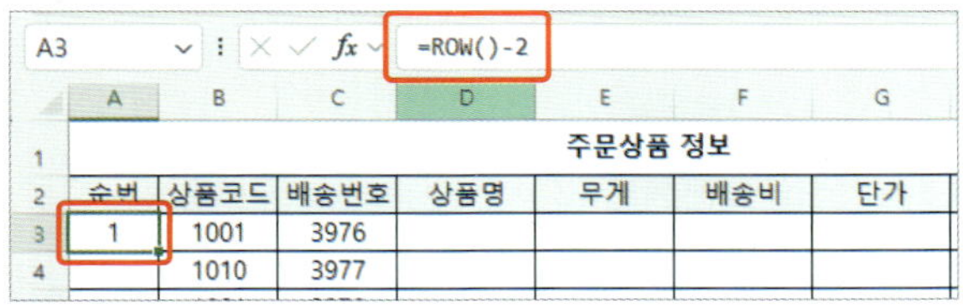

주문상품 정보

순번	상품코드	배송번호	상품명	무게	배송비	단가
1	1001	3976				
	1010	3977				

TIP ROW 함수에서 reference 인수를 생략하면 수식이 입력된 현재 셀을 참조한다. 즉, **=ROW(A3)-2**와 같다.

03 A3 셀의 채우기 핸들을 더블클릭하여 수식을 복사한다.

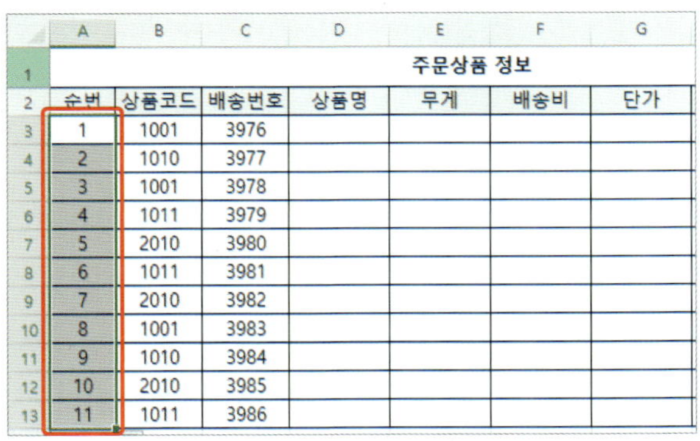

주문상품 정보

순번	상품코드	배송번호	상품명	무게	배송비	단가
1	1001	3976				
2	1010	3977				
3	1001	3978				
4	1011	3979				
5	2010	3980				
6	1011	3981				
7	2010	3982				
8	1001	3983				
9	1010	3984				
10	2010	3985				
11	1011	3986				

04 A5:I5 범위를 선택하고 마우스 오른쪽 단추를 눌러 [삭제]를 선택한다.

> **TIP** 선택한 셀을 삭제하는 단축키 Ctrl + - 를 눌러도 된다.

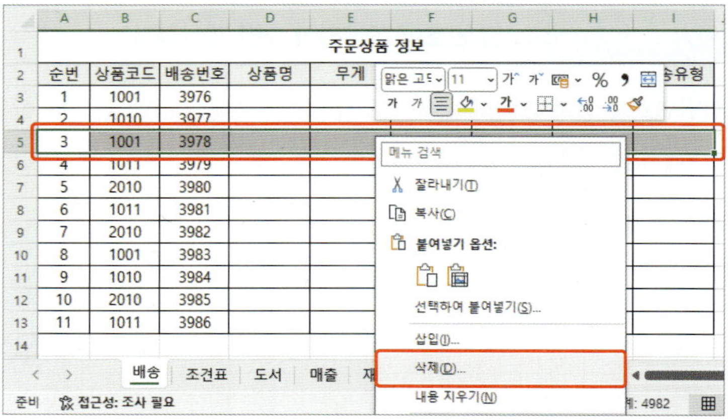

05 [삭제] 대화상자에서 [셀을 위로 밀기]를 선택하고 [확인]을 누른다.

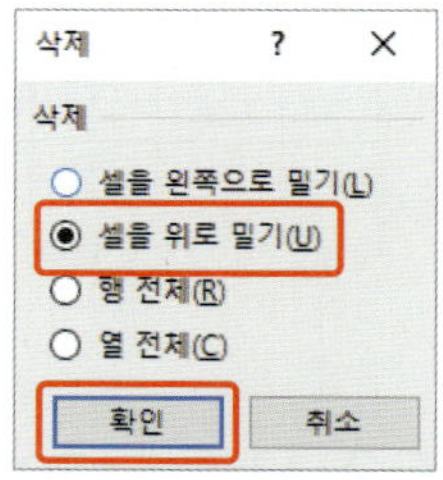

06 행을 삭제해도 ROW 함수를 사용하여 계산한 순번은 연속적인 값을 유지한다.

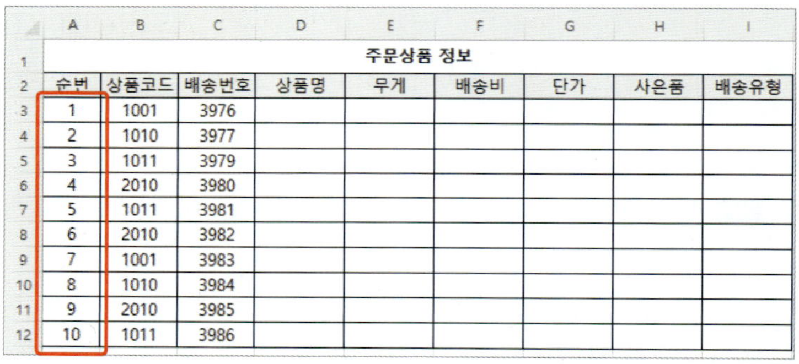

1.2 열을 기준으로 찾는 함수

일반적으로 정보를 관리할 때는 관리할 대상을 번호나 코드로 구분하는 경우가 많다. 예를 들어 학번, 상품코드, 배송번호 등이 이에 해당한다. 학번을 기준으로 이름, 학과, 연락처 등의 학생 정보를 관리하거나 상품코드에 따라 품명, 단가, 무게 등의 상품정보를 관리하고 검색할 수 있다. 많은 상품정보를 매번 직접 입력하는 대신, 상품코드만 입력하면 상품명이나 단가 등이 자동으로 표시되도록 하려면 VLOOKUP(Vertical Lookup) 함수를 사용하면 된다.

함수명과 인수	기능
VLOOKUP(검색할_값, 표_범위, 열_인덱스_번호, 범위_검색)	주어진 범위의 첫 열을 검색하여 원하는 항목을 찾아 반환한다.

기본예제 7-2 상품코드로 상품명과 무게 찾기

VLOOKUP 함수를 사용하여 상품코드를 기준으로 품목표에서 상품명과 무게를 찾아 셀에 표시해 보자.

01 '배송' 시트에서 D3 셀을 선택하고, [수식] 탭 – [함수 라이브러리] 그룹 – [찾기/참조 영역] 목록에서 [VLOOKUP]을 선택한다.

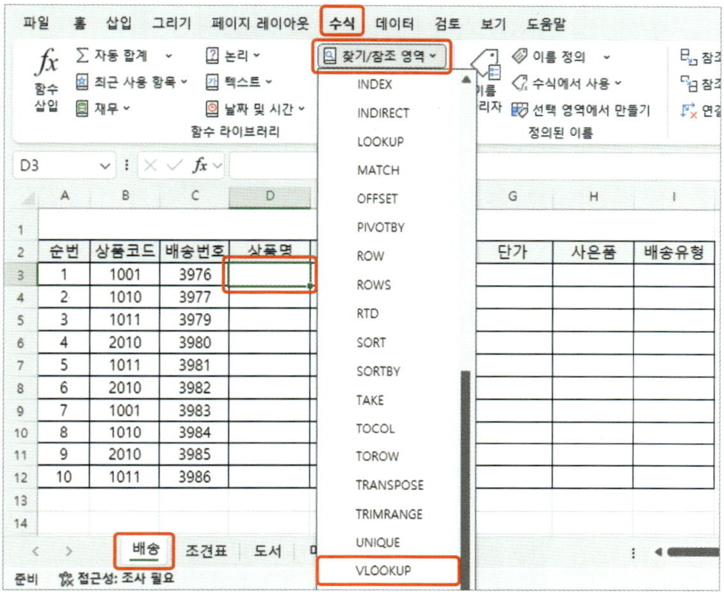

02 [함수 인수] 대화상자의 [검색할_값]에 **B3**을 입력한다.

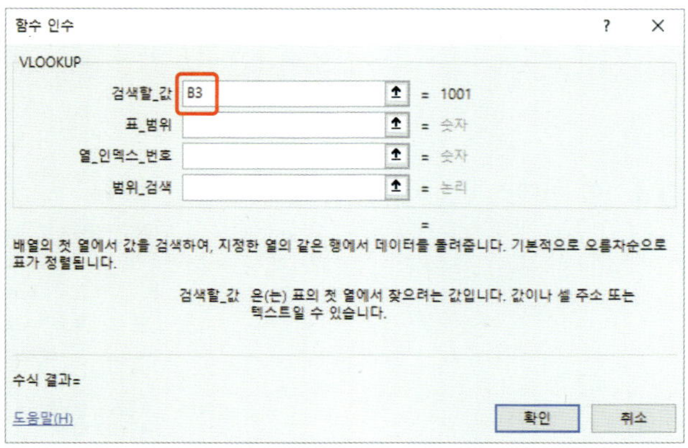

TIP [검색할_값] 인수에는 상품명을 찾기 위해 사용할 기준 값, 즉 현재 행의 '상품코드'를 입력한다.

03 [표_범위]에는 K9:M12 범위를 드래그하여 입력하고, 다른 셀로 수식을 복사할 때 범위가 변경되지 않도록 F4를 눌러 절대 참조로 바꾼다.

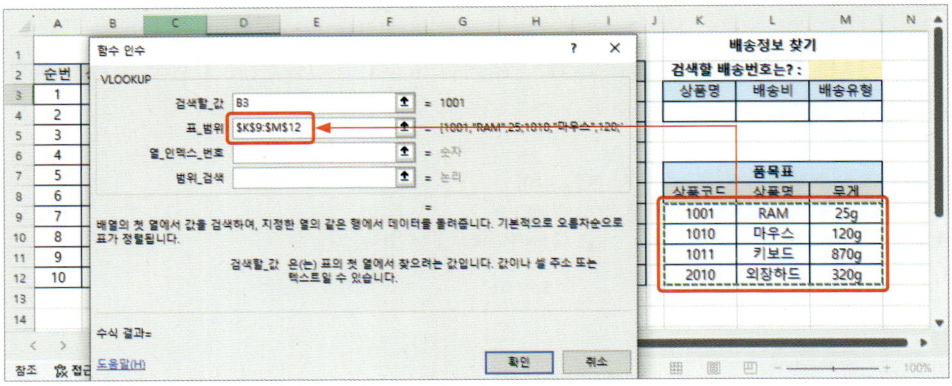

TIP 대화상자가 데이터 영역을 가려서 범위를 선택하기 불편하다면, 인수 입력란 오른쪽의 [대화상자 축소] 단추(⬆)를 이용한다. 선택한 데이터 범위를 절대 참조로 바꾸는 대신, 영역 이름을 정의해 수식에 사용하면 편리하다.

TIP VLOOKUP 함수의 [표_범위] 인수는 상품코드를 검색해서 상품명을 가져올 범위이다. 이때 [검색할_값]에 있는 '상품코드'가 첫 번째 열에 있어야 한다.

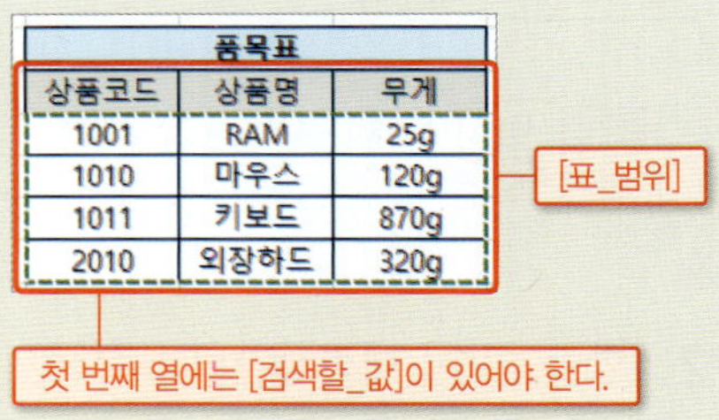

04 [열_인덱스_번호]에는 **2**를 입력한다.

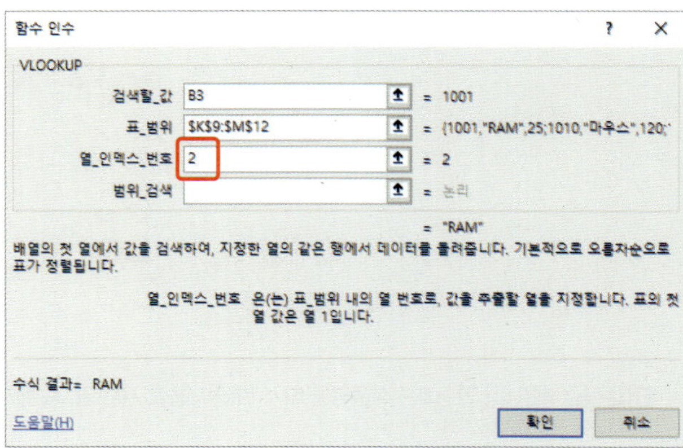

TIP 단계 03에서 지정한 [표_범위]에서 가져올 값인 '상품명'의 열 번호가 [열_인덱스_번호]가 된다.

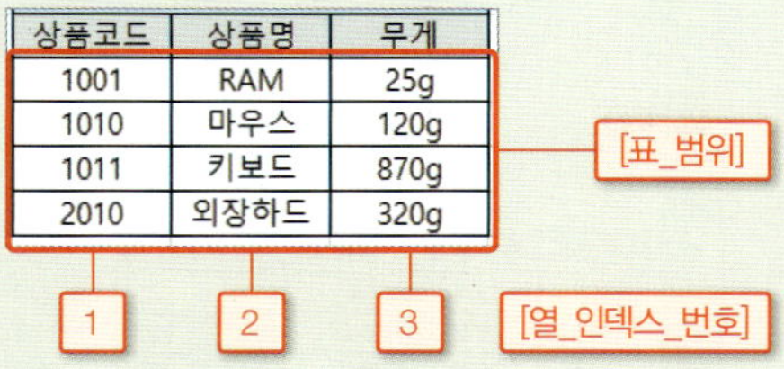

상품코드	상품명	무게
1001	RAM	25g
1010	마우스	120g
1011	키보드	870g
2010	외장하드	320g

05 [범위_검색]에는 **FALSE**를 입력하고 [확인]을 누른다.

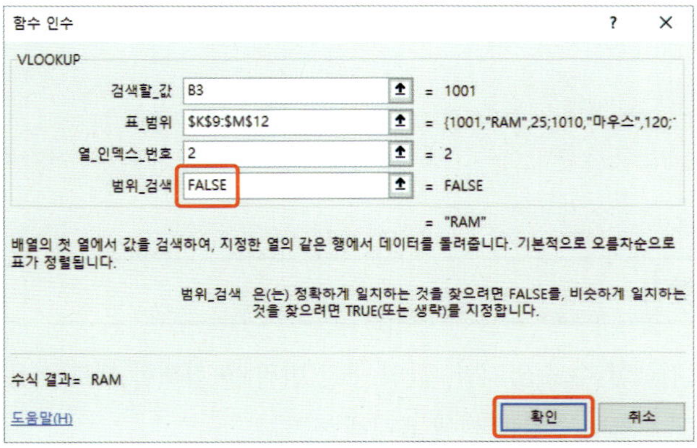

TIP [범위_검색] 인수에는 값의 구간을 검색하는지 여부를 지정한다. 값의 구간을 검색할 때는 **TRUE**를 입력하거나 생략할 수 있고, 그렇지 않은 경우 **FALSE**를 입력한다.

06 D3 셀의 채우기 핸들을 더블클릭하여 수식을 복사하면 모든 상품명이 표시된다.

	A	B	C	D	E	F
1				주문상품 정보		
2	순번	상품코드	배송번호	상품명	무게	배송비
3	1	1001	3976	RAM		
4	2	1010	3977	마우스		
5	3	1011	3979	키보드		
6	4	2010	3980	외장하드		
7	5	1011	3981	키보드		
8	6	2010	3982	외장하드		
9	7	1001	3983	RAM		
10	8	1010	3984	마우스		
11	9	2010	3985	외장하드		
12	10	1011	3986	키보드		

07 같은 방법으로 품목표에서 '상품코드'로 '무게'도 검색한다.

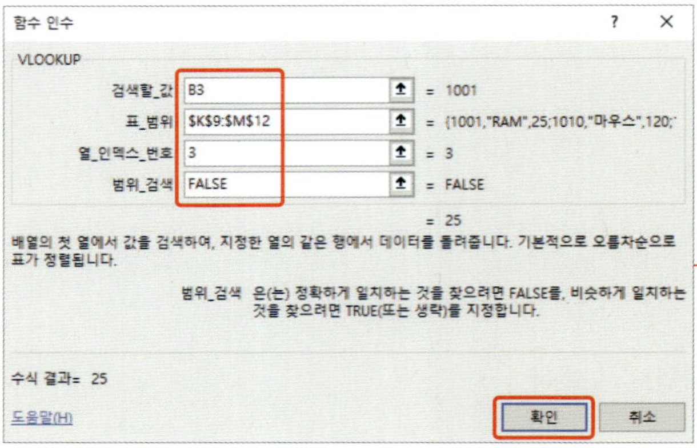

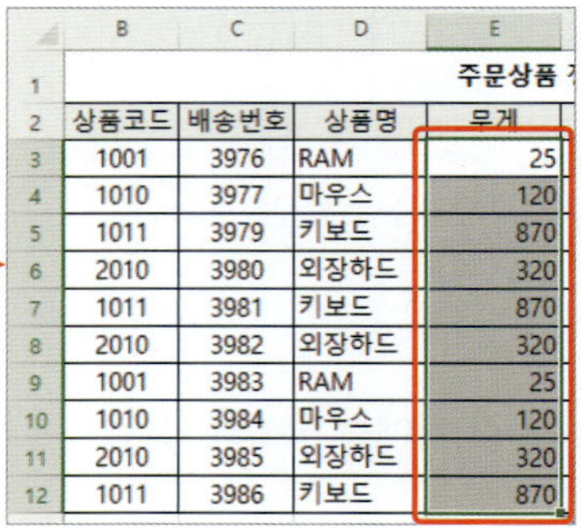

TIP E3 셀에 **=VLOOKUP(B3,$K$9:$M$12,3,FALSE)** 수식을 입력하고, 채우기 핸들로 수식을 복사한다.

기본예제 7-3 무게 구간으로 배송비 찾기

VLOOKUP 함수는 정확하게 일치하는 값을 검색할 수도 있지만, 값의 구간(범위)을 검색할 때도 사용할 수 있다. 상품 무게에 따른 배송비를 '조견표' 시트에서 찾아 셀에 표시해 보자.

01 '배송' 시트에서 F3 셀을 선택하고 [함수 삽입] 단추를 클릭한다. [함수 마법사] 대화상자의 [범주 선택]에서 [찾기/참조 영역]을 선택한 뒤, 목록에서 [VLOOKUP]을 선택하고 [확인]을 누른다.

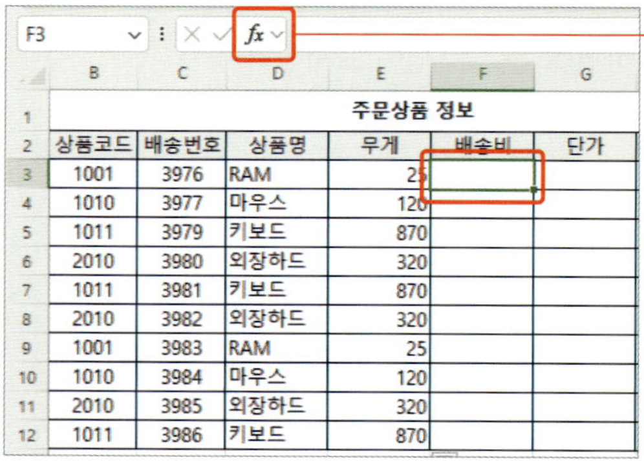

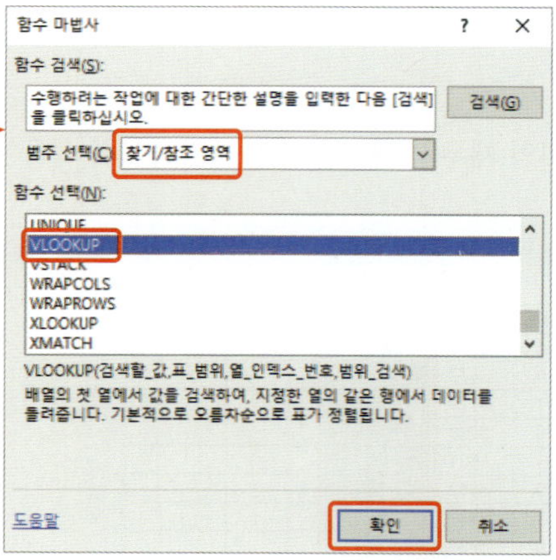

02 [함수 인수] 대화상자의 [검색할_값]에 **E3**을 입력한다.

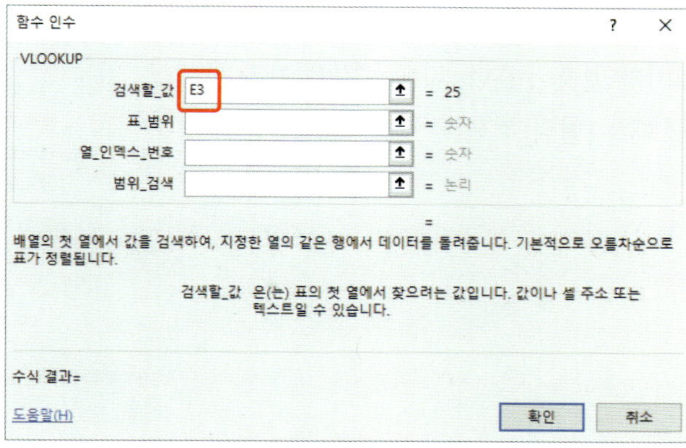

03 [표_범위]에는 '조견표' 시트의 A4:B7 범위를 드래그하여 입력하고, F4를 눌러 절대 참조로 바꾼다.

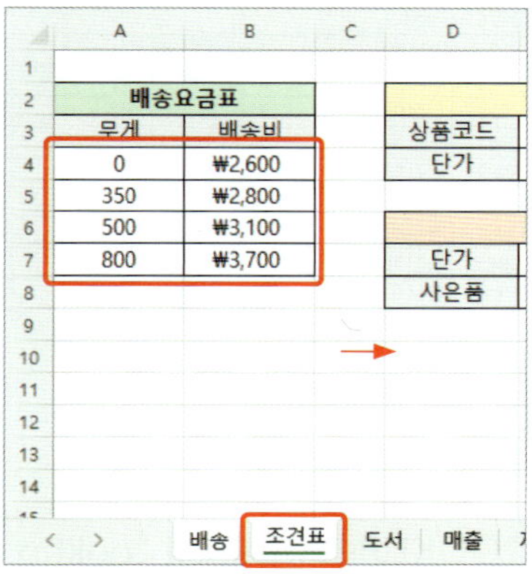

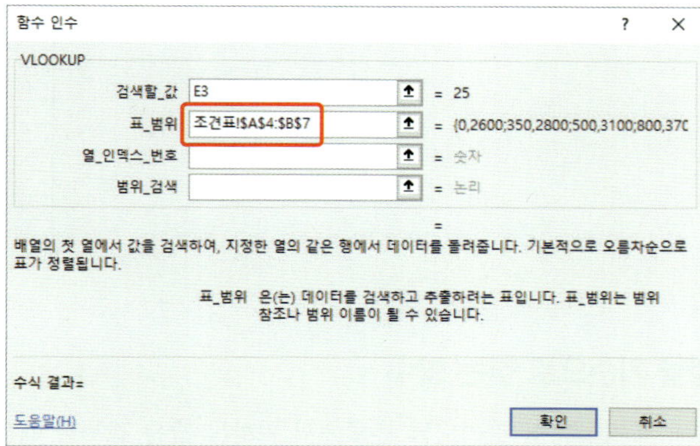

TIP '조견표' 시트를 선택하면 인수 입력란에 **조견표!**라고 자동으로 입력된다.

TIP '조견표' 시트에는 무게 구간별로 배송요금이 입력되어 있다. 이때 검색 기준이 되는 무게 값이 오름차순으로 정렬되어 있어야 VLOOKUP 함수에서 정확한 값을 찾을 수 있다.

무게	배송비
0	₩2,600
350	₩2,800
500	₩3,100
800	₩3,700

구간 검색인 경우, 첫 번째 열을 오름차순으로 정렬한다.

04 [열_인덱스_번호]에는 **2**를 입력하고 [확인]을 누른다. 값의 구간에 따라 찾을 때는 [범위_검색]은 생략해도 된다.

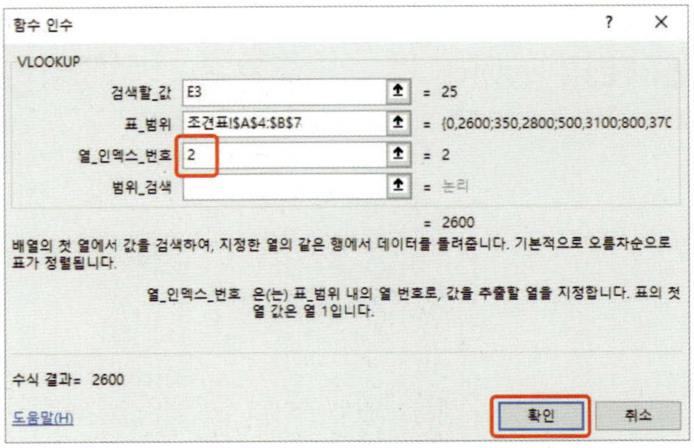

05 F3 셀의 채우기 핸들을 더블클릭해 수식을 복사하면 모든 상품의 '배송비'가 표시된다.

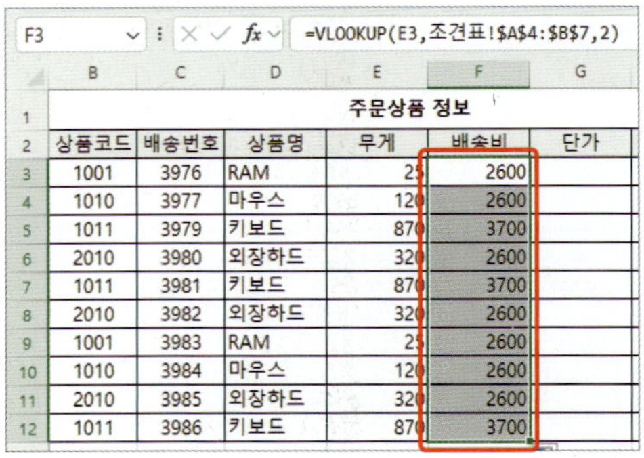

F3 =VLOOKUP(E3,조건표!$A$4:$B$7,2)

	B	C	D	E	F	G
1	주문상품 정보					
2	상품코드	배송번호	상품명	무게	배송비	단가
3	1001	3976	RAM	25	2600	
4	1010	3977	마우스	120	2600	
5	1011	3979	키보드	870	3700	
6	2010	3980	외장하드	320	2600	
7	1011	3981	키보드	870	3700	
8	2010	3982	외장하드	320	2600	
9	1001	3983	RAM	25	2600	
10	1010	3984	마우스	120	2600	
11	2010	3985	외장하드	320	2600	
12	1011	3986	키보드	870	3700	

1.3 행을 기준으로 찾는 함수

열이 아닌 행 방향으로 관리되는 목록에서 원하는 값을 검색할 때는 HLOOKUP(Horizontal Lookup) 함수를 사용한다.

함수명과 인수	기능
HLOOKUP(검색할_값, 표_범위, 행_인덱스_번호, 범위_검색)	주어진 범위의 첫 행을 검색하여 원하는 항목을 찾아 반환한다.

TIP HLOOKUP 함수를 사용할 때는 [표_범위]에서 [검색할_값]이 첫 번째 행에 있어야 한다.

단가표				
상품코드	1001	1010	1011	2010
단가	₩65,000	₩17,500	₩45,000	₩139,000

첫 번째 행에는 [검색할_값]이 있어야 한다.

[표_범위]

기본예제 7-4 상품코드로 단가와 사은품 찾기

HLOOKUP 함수를 사용하여 단가와 사은품 정보를 검색해 보자. '조견표' 시트의 검색할 범위에 영역 이름을 먼저 정의해서, 이해하기 쉽게 수식을 작성하기로 한다.

01 '조견표' 시트의 E3:H4 범위를 선택하고 이름 상자에 **단가표**라고 입력한다.

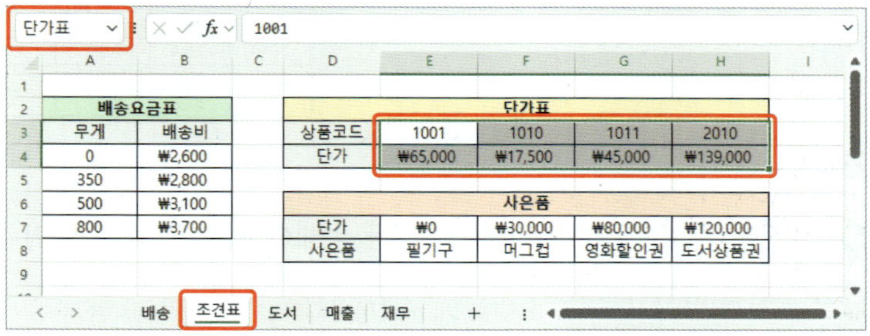

TIP 영역 이름을 지정하면 수식에서 범위를 직접 입력하지 않고 단가표라는 이름으로 참조할 수 있다.

02 E7:H8 범위를 선택하고 이름 상자에 **사은품**이라고 입력한다.

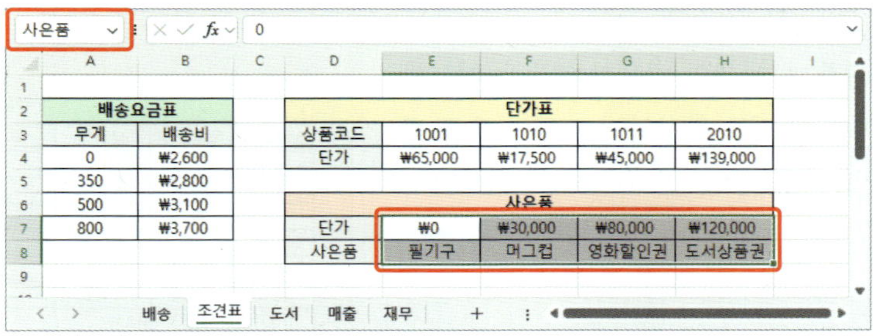

03 '배송' 시트를 선택하고 G3 셀에 **=HLOOKUP(B3,단가표,2,FALSE)** 수식을 입력한다.

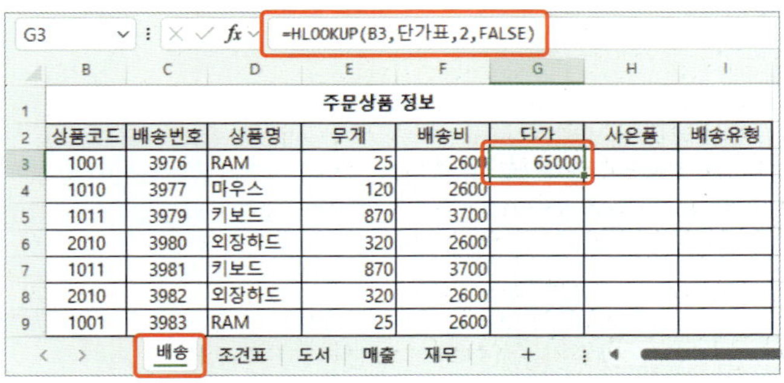

04 G3 셀의 채우기 핸들을 더블클릭해 수식을 복사하면 모든 상품의 단가가 표시된다.

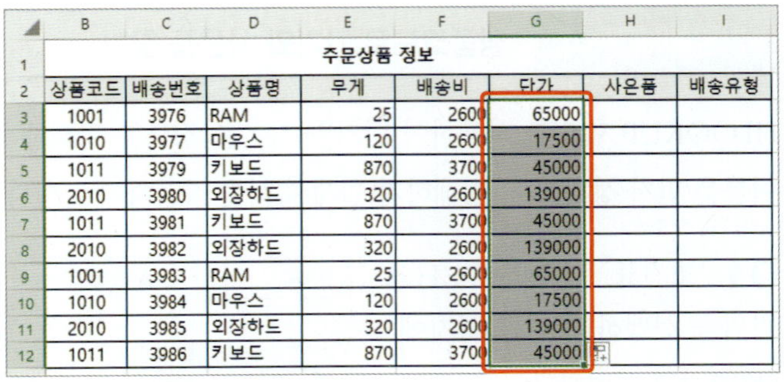

	B	C	D	E	F	G	H	I
1				주문상품 정보				
2	상품코드	배송번호	상품명	무게	배송비	단가	사은품	배송유형
3	1001	3976	RAM	25	2600	65000		
4	1010	3977	마우스	120	2600	17500		
5	1011	3979	키보드	870	3700	45000		
6	2010	3980	외장하드	320	2600	139000		
7	1011	3981	키보드	870	3700	45000		
8	2010	3982	외장하드	320	2600	139000		
9	1001	3983	RAM	25	2600	65000		
10	1010	3984	마우스	120	2600	17500		
11	2010	3985	외장하드	320	2600	139000		
12	1011	3986	키보드	870	3700	45000		

05 '사은품'을 표시하기 위해 H3 셀에 **=HLOOKUP(G3,사은품,2)** 수식을 입력한다. 단가를 기준으로 해당 구간을 검색하므로, 네 번째 인수는 생략한다.

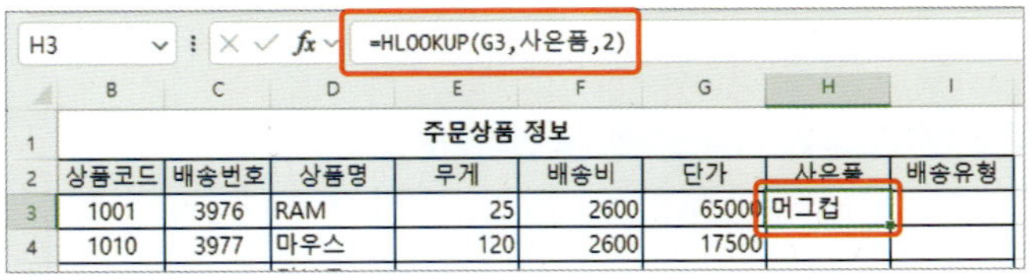

	B	C	D	E	F	G	H	I
1				주문상품 정보				
2	상품코드	배송번호	상품명	무게	배송비	단가	사은품	배송유형
3	1001	3976	RAM	25	2600	65000	머그컵	
4	1010	3977	마우스	120	2600	17500		

06 H3 셀의 채우기 핸들을 더블클릭해 수식을 복사하면 모든 사은품 정보가 표시된다.

	B	C	D	E	F	G	H	I
1				주문상품 정보				
2	상품코드	배송번호	상품명	무게	배송비	단가	사은품	배송유형
3	1001	3976	RAM	25	2600	65000	머그컵	
4	1010	3977	마우스	120	2600	17500	필기구	
5	1011	3979	키보드	870	3700	45000	머그컵	
6	2010	3980	외장하드	320	2600	139000	도서상품권	
7	1011	3981	키보드	870	3700	45000	머그컵	
8	2010	3982	외장하드	320	2600	139000	도서상품권	
9	1001	3983	RAM	25	2600	65000	머그컵	
10	1010	3984	마우스	120	2600	17500	필기구	
11	2010	3985	외장하드	320	2600	139000	도서상품권	
12	1011	3986	키보드	870	3700	45000	머그컵	

TIP '배송' 시트에 표시되는 배송비, 단가, 사은품 정보는 모두 '조견표' 시트를 참조한다. 따라서 '조견표' 시트를 삭제하거나 '배송' 시트만 다른 파일로 복사하거나 이동하면 참조 오류(#REF!)가 발생한다. 이런 경우, 수식에서 참조 범위를 선택한 뒤 F9 키를 누르면 참조 범위가 배열 상수로 변환되어, '조견표' 시트 없이도 데이터를 유지할 수 있다.

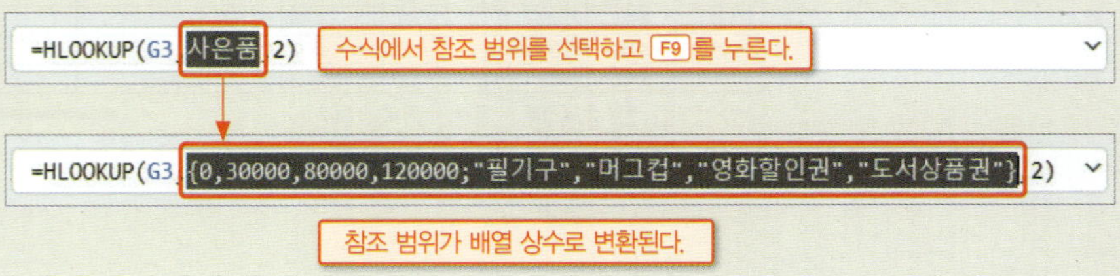

1.4 순서나 위치로 찾는 함수

목록의 순서나 주어진 범위 내의 상대적인 위치를 이용하여 조건에 맞는 값을 찾는 함수도 있다. 목록에서 특정 순서에 있는 값을 검색하는 CHOOSE 함수와 범위 내에서 특정 행과 열에 위치하는 값을 검색하는 INDEX 함수, 상대적인 위치를 찾아내는 MATCH 함수, 엑셀 2021 버전에 새로 추가된 XLOOKUP 함수를 이용하여 필요한 값을 추출하는 방법을 알아본다.

함수명과 인수	기능
CHOOSE(index_num, value1, value2, …)	목록에서 인덱스 번호로 값 하나를 선택한다.
INDEX(array, row_num, column_num)	범위 내의 특정 행과 열에 있는 값을 검색한다.
MATCH(lookup_value, lookup_array, match_type)	범위 내에서 특정 값이 있는 상대 위치를 검색한다.
XLOOKUP(lookup_value, lookup_array, return_array, [if_not_found], [match_model], [search_model])	열 범위에서 특정 항목을 검색해 다른 열의 동일한 행에 있는 결과를 반환한다.

기본예제 7-5 상품코드 첫 글자로 배송유형 찾기

상품코드의 첫 글자가 '1'인 경우 배송유형을 '일반'으로, '2'인 경우 '특송'으로 입력하는 수식을 CHOOSE 함수를 이용하여 작성해 보자.

상품코드 **1001**
일반

2010
특송

01 '배송' 시트에서 I3 셀을 선택하고 [수식] 탭－[함수 라이브러리] 그룹－[찾기/참조 영역] 목록에서 [CHOOSE]를 선택한다.

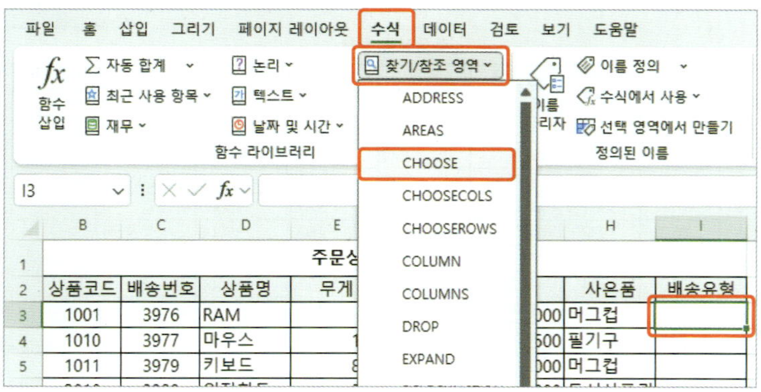

02 [함수 인수] 대화상자의 [Index_num]에 **LEFT(B3)**을 입력한다.

TIP LEFT 함수로 상품코드의 첫 글자를 추출해 검사할 값으로 사용한다. [Index_num]에는 1부터 254까지의 정수만 사용할 수 있다.

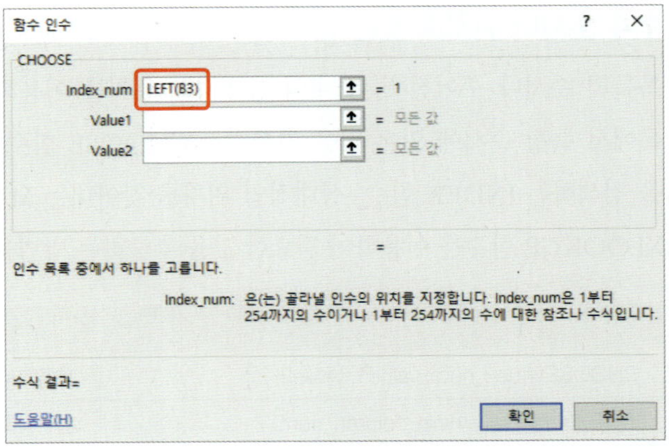

03 [Value1]에 **"일반"**, [Value2]에 **"특송"**을 입력하고 [확인]을 누른다.

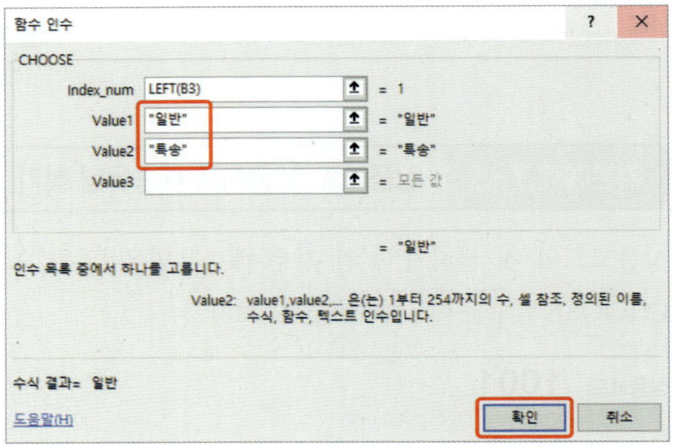

TIP [Index_num] 인수의 값이 1이면 [Value1]을 선택하고, 2이면 [Value2]가 선택된다.

04 I3 셀의 채우기 핸들을 더블클릭해 수식을 복사하면 '배송유형'이 모두 표시된다.

I3 =CHOOSE(LEFT(B3),"일반","특송")

주문상품 정보

상품코드	배송번호	상품명	무게	배송비	단가	사은품	배송유형
1001	3976	RAM	25	2600	65000	머그컵	일반
1010	3977	마우스	120	2600	17500	필기구	일반
1011	3979	키보드	870	3700	45000	머그컵	일반
2010	3980	외장하드	320	2600	139000	도서상품권	특송
1011	3981	키보드	870	3700	45000	머그컵	일반
2010	3982	외장하드	320	2600	139000	도서상품권	특송
1001	3983	RAM	25	2600	65000	머그컵	일반
1010	3984	마우스	120	2600	17500	필기구	일반
2010	3985	외장하드	320	2600	139000	도서상품권	특송
1011	3986	키보드	870	3700	45000	머그컵	일반

기본예제 7-6 배송번호로 상품명과 배송정보 찾기

배송번호를 입력하면 상품명과 배송비, 배송유형을 조회하는 수식을 INDEX 함수와 MATCH 함수를 사용하여 작성해 보자.

배송정보 찾기		
검색할 배송번호는? :		3982
상품명	배송비	배송유형
외장하드	2600	특송

입력한 배송번호로 상품명과 배송 정보 찾기

01 '배송' 시트에서 수식에 사용할 영역 이름을 먼저 정의한다. D3:I12 범위를 선택하고 [이름 상자]에 **검색범위**라고 입력한다.

검색범위 | =VLOOKUP(B3,$K$9:$M$12,2,FALSE)

	B	C	D	E	F	G	H	I
1			주문상품 정보					
2	상품코드	배송번호	상품명	무게	배송비	단가	사은품	배송유형
3	1001	3976	RAM	25	2600	65000	머그컵	일반
4	1010	3977	마우스	120	2600	17500	필기구	일반
5	1011	3979	키보드	870	3700	45000	머그컵	일반
6	2010	3980	외장하드	320	2600	139000	도서상품권	특송
7	1011	3981	키보드	870	3700	45000	머그컵	일반
8	2010	3982	외장하드	320	2600	139000	도서상품권	특송
9	1001	3983	RAM	25	2600	65000	머그컵	일반
10	1010	3984	마우스	120	2600	17500	필기구	일반
11	2010	3985	외장하드	320	2600	139000	도서상품권	특송
12	1011	3986	키보드	870	3700	45000	머그컵	일반

02 D2:I2 범위는 **검색필드**로, B3:B12 범위는 **배송번호**로 영역 이름을 정의한다.

검색필드 | 상품명

	B	C	D	E	F	G	H	I
1			주문상품 정보					
2	상품코드	배송번호	상품명	무게	배송비	단가	사은품	배송유형
3	1001	3976	RAM	25	2600	65000	머그컵	일반
4	1010	3977	마우스	120	2600	17500	필기구	일반
5	1011	3979	키보드	870	3700	45000	머그컵	일반
6	2010	3980	외장하드	320	2600	139000	도서상품권	특송
7	1011	3981	키보드	870	3700	45000	머그컵	일반
8	2010	3982	외장하드	320	2600	139000	도서상품권	특송
9	1001	3983	RAM	25	2600	65000	머그컵	일반
10	1010	3984	마우스	120	2600	17500	필기구	일반
11	2010	3985	외장하드	320	2600	139000	도서상품권	특송
12	1011	3986	키보드	870	3700	45000	머그컵	일반

배송번호 | 397

	B	C	D
1			
2	상품코드	배송번호	상품명
3	1001	3976	RAM
4	1010	3977	마우스
5	1011	3979	키보드
6	2010	3980	외장하드
7	1011	3981	키보드
8	2010	3982	외장하드
9	1001	3983	RAM
10	1010	3984	마우스
11	2010	3985	외장하드
12	1011	3986	키보드

TIP '필드'란 데이터의 속성을 의미하는 용어이다. 실습에 사용하는 상품 배송 정보는 '순번', '상품코드', '배송번호', '상품명' 등의 필드로 구성된 데이터이다.

03 M2 셀에 검색하려는 배송번호로 **3982**를 입력한다.

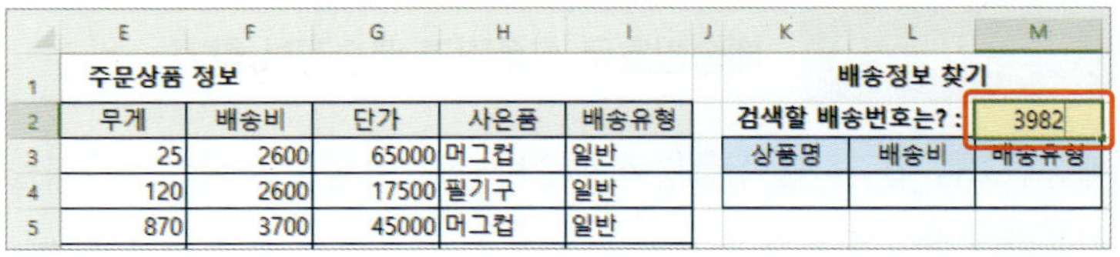

04 K4 셀을 선택하고 [수식] 탭-[함수 라이브러리] 그룹-[찾기/참조 영역] 목록에서 [INDEX]를 선택한다.

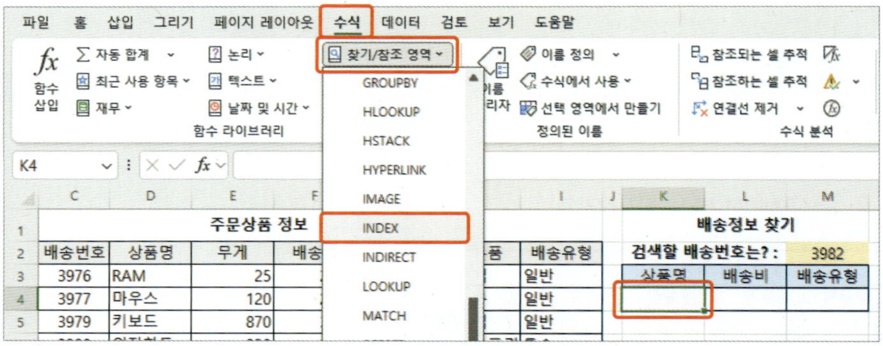

05 [인수 선택] 대화상자가 나타나면 첫 번째 항목인 [array,row_num,column_num]을 선택하고 [확인]을 누른다.

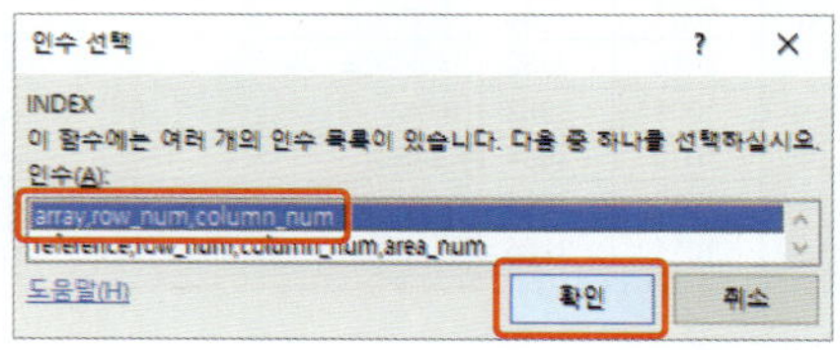

TIP INDEX 함수는 지정 범위에서 값을 찾는 배열형과 특정 셀의 주소를 반환하는 참조형의 두 가지 기능을 모두 사용할 수 있다. 이번 실습에서는 배열형을 사용하며, 행과 열의 위치를 이용해 범위 내 특정 셀 값을 찾는다.

06 [함수 인수] 대화상자의 [Array]에 **검색범위**를 입력한다.

TIP 단계 **01**에서 정의해 둔 영역 이름을 사용한다.

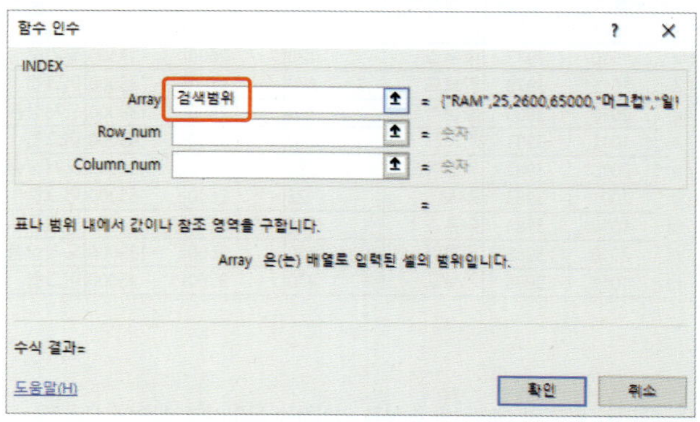

07 [Row_num]에는 **MATCH($M$2,배송번호, 0)**을, [Column_num]에는 **MATCH(K3,검색필드,0)**을 입력하고 [확인]을 누른다.

TIP 검색할 값이 있는 M2 셀은 수식을 복사할 때 고정하기 위해 절대 참조 형식으로 설정한다.

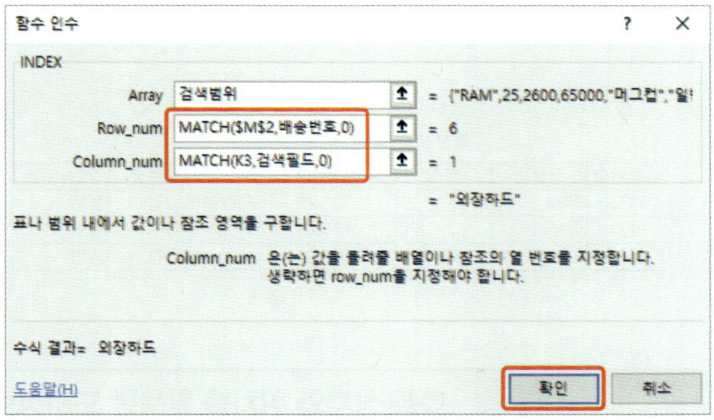

TIP MATCH 함수의 기능

MATCH 함수는 행이나 열 목록에서 특정 데이터의 위치를 찾는 함수이다. '배송번호' 목록과 '검색필드' 목록에서 각각 원하는 위치를 찾아서 INDEX 함수의 행과 열 번호로 사용한다. 가령, 단계 06의 수식은 3982와 '상품명'이 교차하는 셀의 값 '외장하드'를 가져오게 된다.

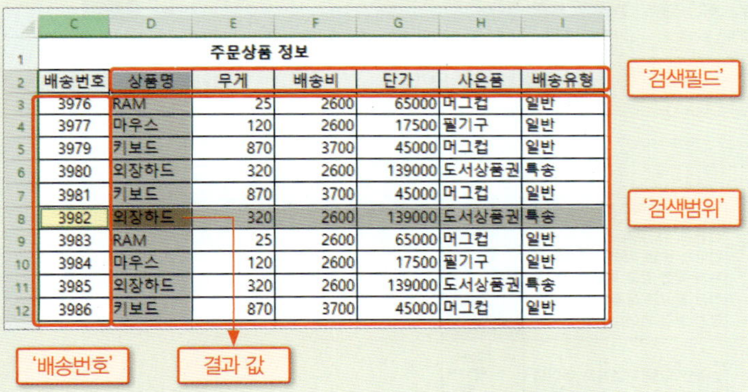

MATCH 함수의 세 번째 인수 [match_type]에 사용하는 값은 다음과 같은 의미가 있다.

인수 값	의미
1 또는 생략	첫 번째 인수(lookup_value)보다 작거나 같은 값 중에서 최대값을 찾는다.
0	첫 번째 인수(lookup_value)와 같은 첫 번째 값을 찾는다.
-1	첫 번째 인수(lookup_value)보다 크거나 같은 값 중에서 최소값을 찾는다.

08 K4 셀의 채우기 핸들을 오른쪽으로 드래그해 수식을 복사하면 '배송비'와 '배송유형'도 표시할 수 있다.

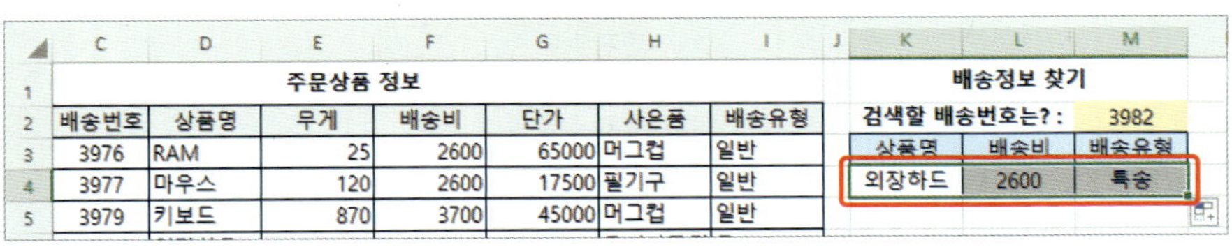

09 M2 셀에 다른 배송번호를 입력하면 검색 결과가 달라진다.

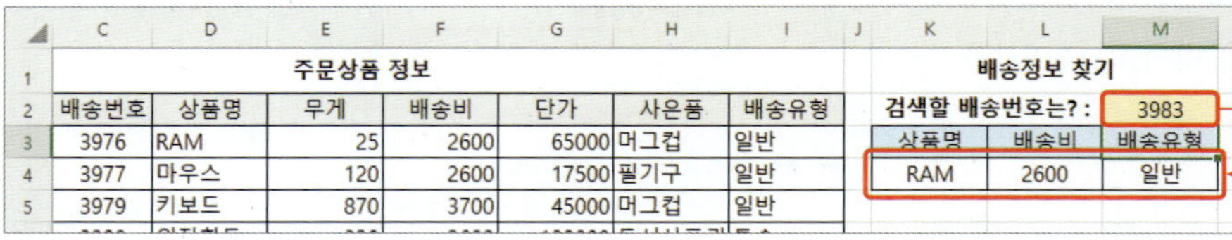

기본예제 7-7 목록 상자와 위치를 활용한 도서정보 찾기

값을 직접 입력하는 대신, 목록 상자에서 특정 도서명을 선택하면 해당 도서에 대한 설명과 표지 그림을 자동으로 표시되도록 만들어 보자. 데이터 도구의 목록 기능과 XLOOKUP 함수를 사용한다.

01 '도서' 시트의 J2 셀을 선택하고, [데이터] 탭-[데이터 도구] 그룹-[데이터 유효성 검사]를 누른다.

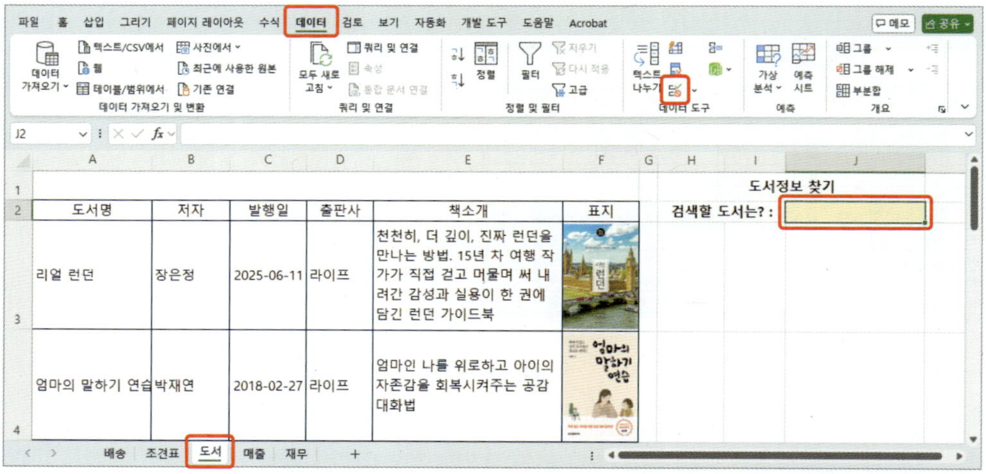

02 [데이터 유효성] 대화상자의 [설정] 탭에서 [제한 대상]을 [목록]으로 설정한다. '도서' 시트의 A3:A9 범위를 [원본]으로 선택하고 [확인]을 누르면 목록 상자에서 도서명을 선택할 수 있다.

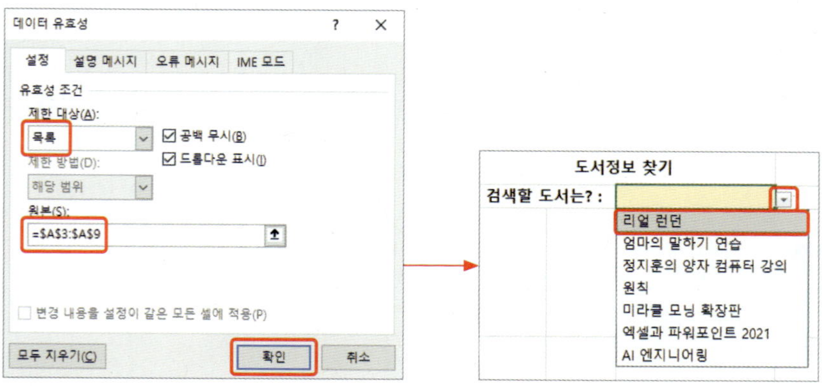

03 목록 상자에서 선택한 도서에 대한 '책소개' 정보를 가져오도록 한다. J3 셀에 **=XLOOKUP(J2,A3:A9,E3:E9)** 수식을 입력하고, [홈] 탭 – [맞춤] 그룹 – [자동 줄 바꿈]을 누른다.

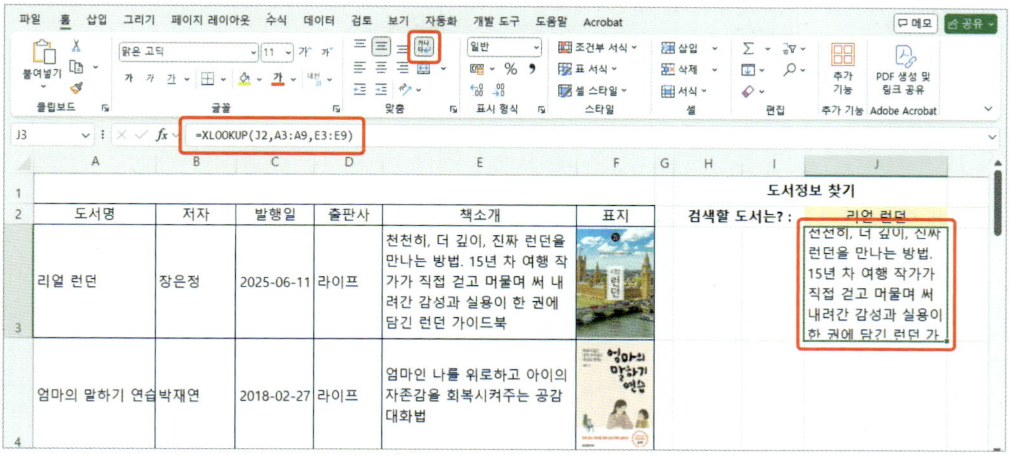

04 '표지' 그림 중 하나를 복사하여 K3 셀에 붙여넣는다.

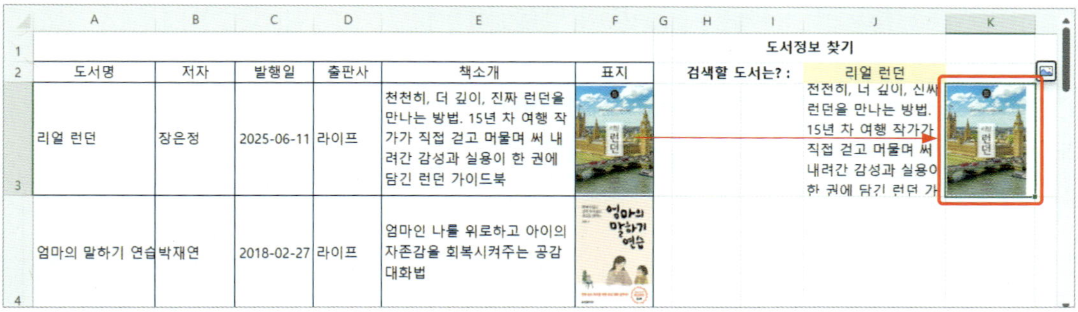

05 표지 검색에 필요한 이름을 정의하기 위해 [수식] 탭 – [정의된 이름] 그룹 – [이름 정의]를 누른다.

06 [새 이름] 대화상자에서 [이름]은 **표지찾기**, [참조 대상]에는 **=XLOOKUP(도서!$J$2,도서!$A$3:$A$9,도서!$F$3:$F$9)** 수식을 입력하고 [확인]을 누른다.

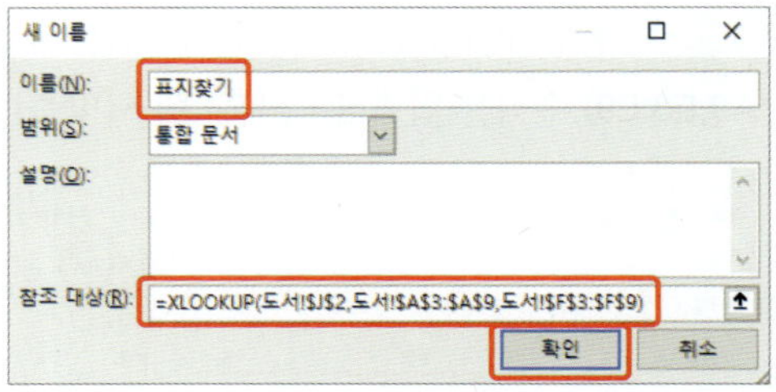

07 K3 셀에 있는 그림을 선택하고, 수식 입력줄에 **=표지찾기**라고 입력한다.

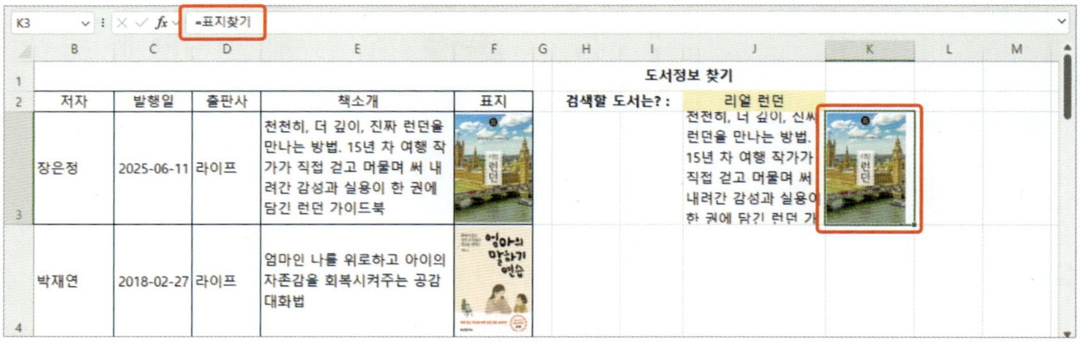

08 목록 상자에서 검색할 도서명을 선택하면, 해당 도서의 '책소개'와 '표지' 그림을 찾아 셀에 표시한다.

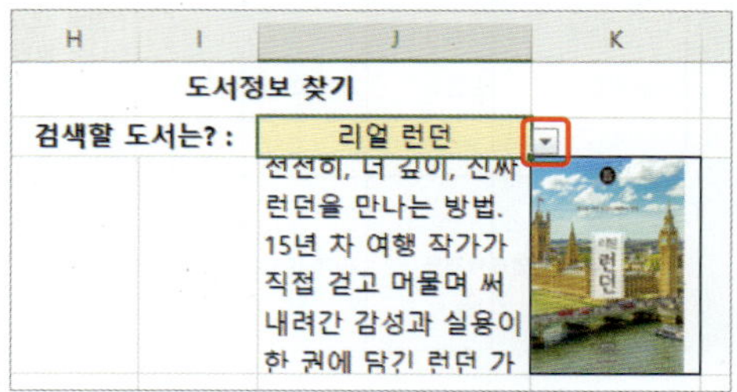

EXCEL 2021

SECTION 02

데이터베이스 함수 사용하기

엑셀에서 제공하는 데이터베이스 함수는 주어진 데이터 목록에서 특정 조건에 맞는 데이터만 찾아 합계와 평균, 개수, 최대값, 최소값 등의 다양한 계산을 수행한다. 많은 양의 데이터를 간편하게 처리할 때 유용하게 활용되는 데이터베이스의 개념과 데이터베이스 함수의 사용법을 알아보자.

2.1 데이터베이스의 개념

데이터베이스(Database)란 효율적인 검색과 처리를 목적으로 분류하여 저장한 정보의 집합이다. 엑셀의 데이터베이스 함수를 사용하려면 다음과 같은 구조로 데이터를 저장해야 한다. 데이터 목록은 행과 열로 구성되며, 행은 레코드, 열은 필드에 해당한다. 관리 대상이 되는 데이터의 성질이나 상태 등 세부 특성은 필드(또는 속성)라고 한다.

다음 그림과 같이 필드는 '날짜', '종류' 등의 필드명을 지정하고, 필드명 아래에 각 필드에 해당하는 값을 저장한다. 이렇게 저장된 데이터는 행 단위로 묶어 레코드라고 부르며, 같은 데이터가 여러 레코드에 중복 입력되지 않도록 주의해야 한다.

2.2 다양한 데이터베이스 함수

데이터베이스 함수의 이름은 모두 'D'로 시작하며, 서로 다른 계산을 수행하지만 동일한 형식의 인수를 가진다. [database]에는 데이터 목록의 범위를, [field]에는 필드명을, [criteria]에는 조건을 지정한다. 이때 조건은 셀에 직접 작성해야 하므로, 조건식을 작성하는 방법과 데이터베이스 함수의 사용법을 함께 알아보자.

함수명과 인수	기능
DSUM(database, field, criteria)	목록이나 데이터베이스에서 지정한 조건에 맞는 숫자의 합을 구한다.
DAVERAGE(database, field, criteria)	목록이나 데이터베이스에서 조건에 맞는 값의 평균을 구한다.
DCOUNT(database, field, criteria)	조건에 맞는 데이터베이스의 필드에서 숫자 셀의 수를 구한다.
DMAX(database, field, criteria)	조건에 맞는 데이터베이스의 필드 값 중 가장 큰 수를 구한다.
DMIN(database, field, criteria)	조건에 맞는 데이터베이스의 필드 값 중 가장 작은 수를 구한다.
DSTDEV(database, field, criteria)	데이터베이스 필드 값들로부터 표본 집단의 표준편차를 구한다.
DVAR(database, field, criteria)	데이터베이스 필드 값들로부터 표본 집단의 분산을 구한다.

기본예제 7-8 조건에 따라 매출 데이터 계산하기

필요한 조건식을 작성하고, DSUM 함수와 DAVERAGE 함수를 이용해 조건에 맞는 데이터 레코드에 대해 건수 합계와 매출액 평균을 계산해 보자.

01 '7장_실습.xlsx' 파일의 '매출' 시트를 선택한다.

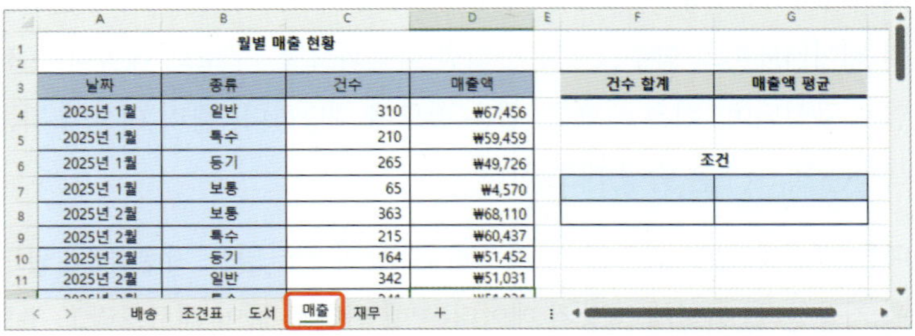

02 수식을 간편하게 작성하기 위해 A3:D51 범위는 **데이터목록**으로, F7:G8은 **조건**으로 영역 이름을 정의한다.

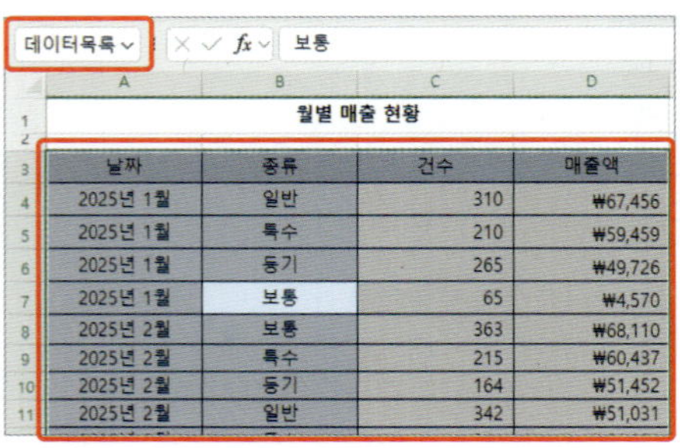

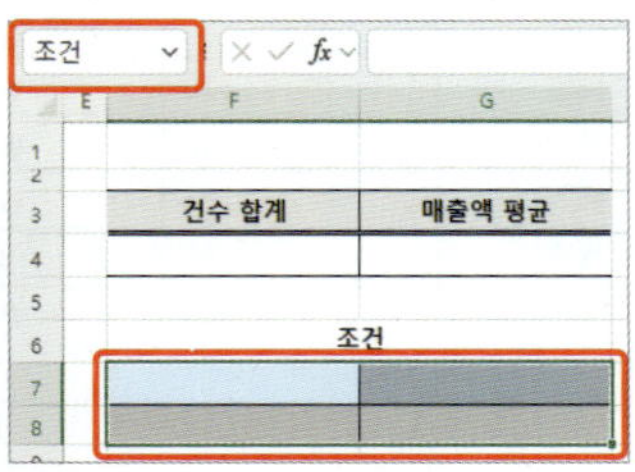

TIP '데이터목록' 범위를 선택할 때 단축키 Ctrl+A를 누르면 많은 양의 데이터를 손쉽게 선택할 수 있다.

03 F4 셀을 선택하고 **=DSUM(데이터목록,C3,조건)** 수식을 입력해 '건수'의 합계를 구한다.

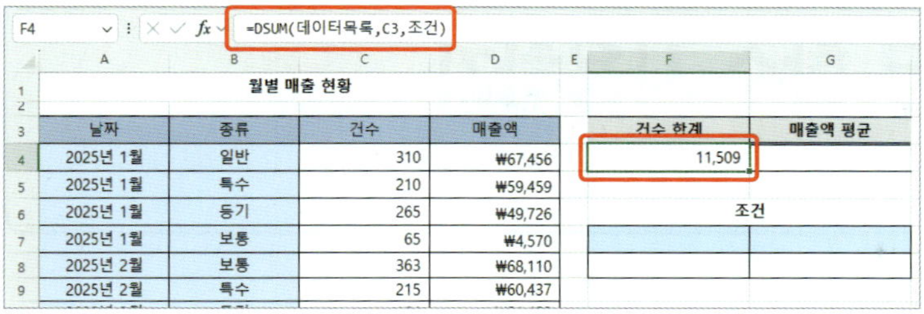

TIP 조건을 아직 작성하지 않아 '건수'에 대한 전체 합계가 표시된다.

04 G4 셀을 선택하고 **=DAVERAGE(데이터목록,D3,조건)** 수식을 입력해 '매출액'의 평균을 구한다.

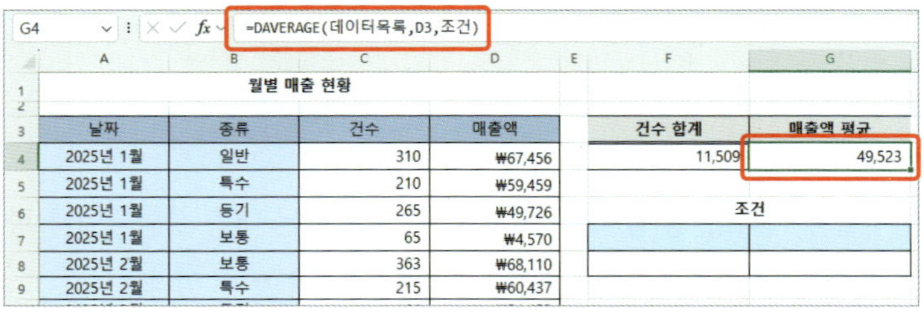

TIP 조건을 작성하지 않은 상태이므로, '매출액'의 전체 평균이 표시된다.

05 조건에 사용할 필드명을 기술해 보자. F7 셀에는 **종류**, G7 셀에는 **매출액**을 입력한다.

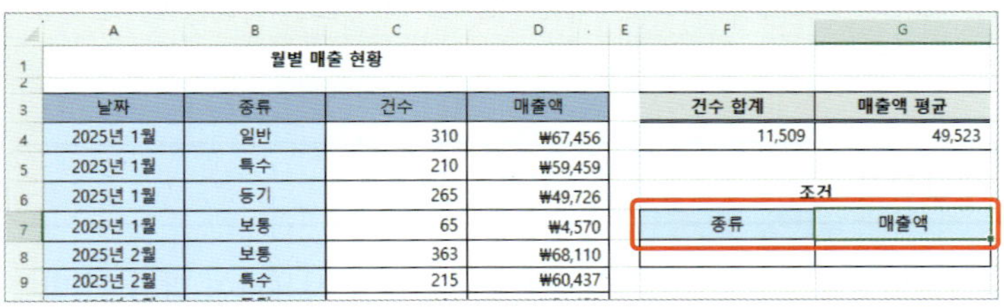

06 조건 필드에 적용할 수식으로 F8 셀에는 **일반**을, G8 셀에는 **>=50000**을 입력한다.

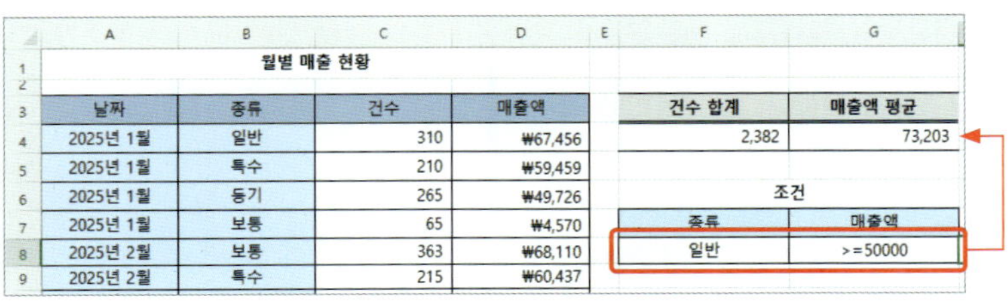

TIP 조건을 입력하면 F4 셀과 G4 셀에 표시되는 값이 달라진다.

EXCEL 2021

SECTION 03 재무 함수 사용하기

엑셀의 함수 라이브러리에서 제공하는 재무 함수는 금융이나 회계 등의 특정 업무 분야에 주로 사용한다. 여러 가지 재무 함수 중 적금이나 대출 등의 은행 거래, 할부금 계산 등 일상생활에서도 활용할 수 있는 함수에 대해 알아본다.

3.1 재무 계산에 사용하는 함수

미래의 투자 가치나 적금 만기액, 이자율에 따라 일정 금액을 정기적으로 납입하는 대출 상환금이나 할부금 등을 계산하기 위해 FV(Future Value) 함수와 PMT(Payment) 함수를 이용할 수 있다.

함수명과 인수	기능
FV(rate, nper, pmt, pv, type)	고정 이자율을 기반으로 투자의 미래 가치나 일정 기간 정기 납입 후의 기대 금액을 계산한다.
PMT(rate, nper, pv, fv, type)	일정 금액을 정기적으로 납입하고 고정 이자율이 적용되는 대출 상환금이나 할부금을 계산한다.

기본예제 7-9 적금 만기액 계산하기

연이율, 납입기간, 납입액이 다른 세 가지 적금 상품을 비교해 보자. FV 함수를 사용하여 만기 시 받을 수 있는 금액을 계산한다.

01 '7장_실습.xlsx' 파일의 '재무' 시트를 선택한다.

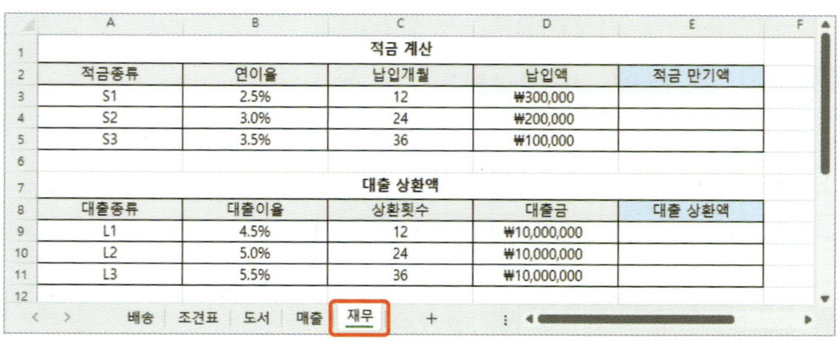

02 E3 셀을 선택하고 [수식] 탭 – [함수 라이브러리] 그룹 – [재무] 목록에서 [FV]를 선택한다.

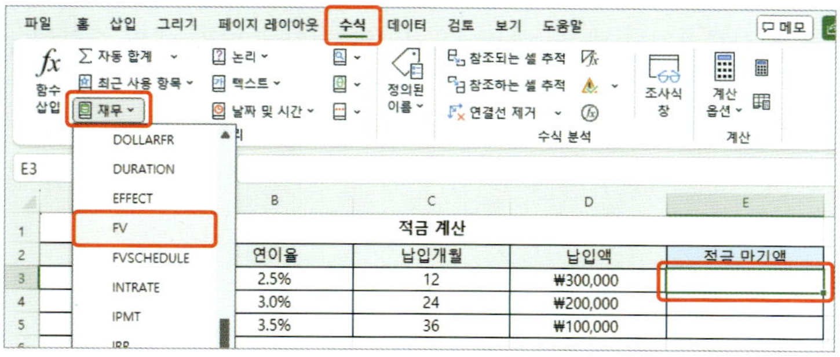

03 [함수 인수] 대화상자의 [Rate] 입력란에 **B3/12**, [Nper] 입력란에 **C3**, [Pmt] 입력란에 **–D3**을 입력하고 [확인]을 누른다.

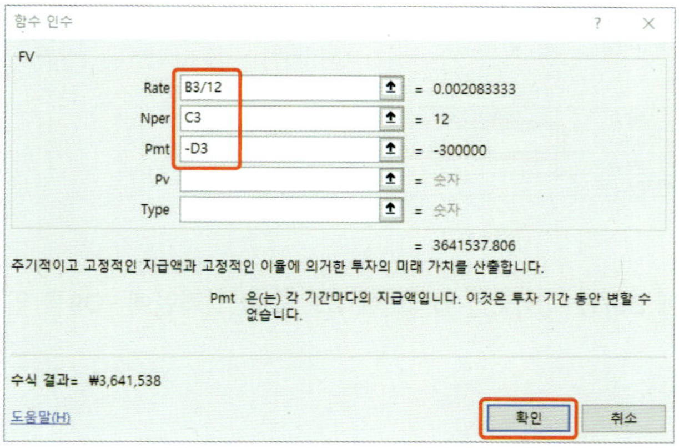

TIP [Rate]는 기간별 이자율이다. 매월 납입하는 경우 연이율 2.5%를 월이율로 환산하여 2.5%/12로 입력한다. [Nper]에는 총 납입기간을, [Pmt]에는 매회 납입액을 입력한다. 이때 [Pmt]는 음수로 입력해야 계산 결과가 양수로 표시된다. 현재 가치 [Pv]와 납부 시점 [Type]은 생략해도 된다.

04 계산된 결과가 E3 셀에 표시된다. E3 셀의 채우기 핸들을 더블클릭하여 다른 조건의 적금 만기액도 모두 계산한다.

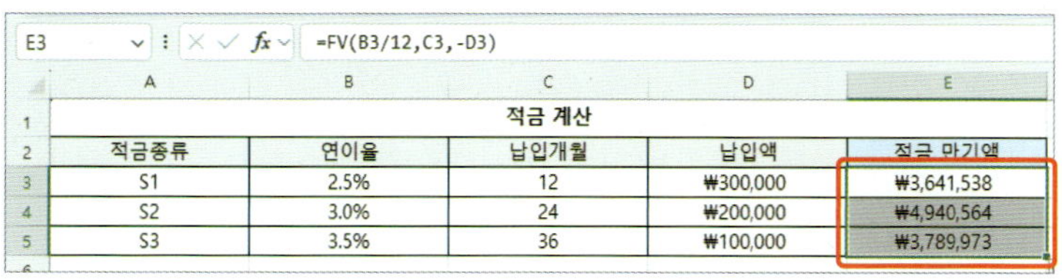

기본예제 7-10 대출 상환액 계산하기

1천만 원을 대출받아 매월 일정 금액을 상환하려고 한다. 대출이율과 상환기간에 따라 매월 상환해야 하는 금액을 PMT 함수로 계산해 보자.

01 '재무' 시트의 E9 셀을 선택하고 [수식] 탭－[함수 라이브러리] 그룹－[재무] 목록에서 [PMT]를 선택한다.

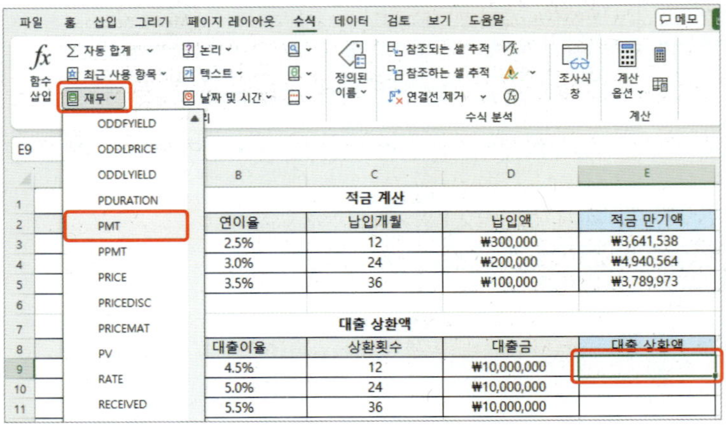

02 [함수 인수] 대화상자의 [Rate] 입력란에 **B9/12**, [Nper] 입력란에 **C9**, [Pv] 입력란에 **–D9**를 입력하고 [확인]을 누른다.

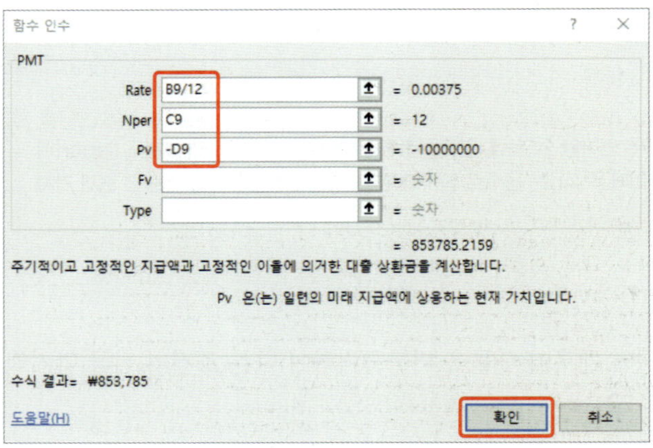

03 E9 셀의 채우기 핸들을 더블클릭하여 다른 조건의 대출 상환액도 모두 계산한다.

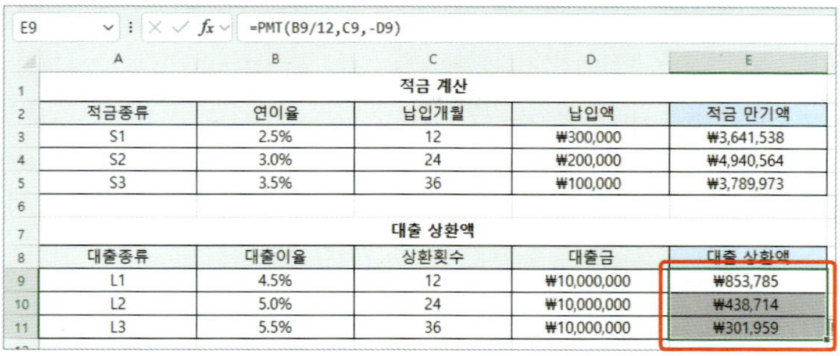

E9 =PMT(B9/12,C9,-D9)

	A	B	C	D	E
1			적금 계산		
2	적금종류	연이율	납입개월	납입액	적금 만기액
3	S1	2.5%	12	₩300,000	₩3,641,538
4	S2	3.0%	24	₩200,000	₩4,940,564
5	S3	3.5%	36	₩100,000	₩3,789,973
6					
7			대출 상환액		
8	대출종류	대출이율	상환횟수	대출금	대출 상환액
9	L1	4.5%	12	₩10,000,000	₩853,785
10	L2	5.0%	24	₩10,000,000	₩438,714
11	L3	5.5%	36	₩10,000,000	₩301,959

종합예제

찾기/참조 영역 함수를 활용하여 물품 구매서를 만들어 보자.

1 '7장_종합.xlsx' 파일의 '물품구매서' 시트를 열고 셀 병합, 테두리 모양, 채우기 색 등을 설정하여 다음과 같이 편집한다.

❶ A1:H1 범위를 선택하고 [홈] 탭–[맞춤] 그룹–[병합하고 가운데 맞춤]으로 설정한다. 제목("물품 구매서")의 [글꼴 크기]를 [14]로, 밑줄은 [이중 밑줄]로 변경한다.

❷ A3:B5 범위를 선택하고 단축키 Ctrl+1을 눌러 [셀 서식] 대화상자가 나타나면 [테두리] 탭에서 각 셀의 아래 테두리를 실선으로 설정한다.

❸ A7:H7 범위를 선택하고 [홈] 탭–[글꼴] 그룹–[채우기 색]을 [파랑, 강조 1, 80% 더 밝게]로 설정하고, [맞춤] 그룹에서 [가운데 맞춤]을 설정한다.

❹ A7:H17 범위를 선택하고 [홈] 탭–[글꼴] 그룹–[모든 테두리]를 눌러 모든 셀에 적용한다.

❺ 열 경계선을 드래그하여 열의 너비를 조정하고, 그림과 같이 맞춤을 설정한다.

2 A8 셀에 **=ROW()-7** 수식을 입력하고 Enter 를 누른다. A8 셀의 채우기 핸들을 더블클릭해 수식을 복사하고 [홈] 탭 – [맞춤] 그룹 – [가운데 맞춤]을 누른다.

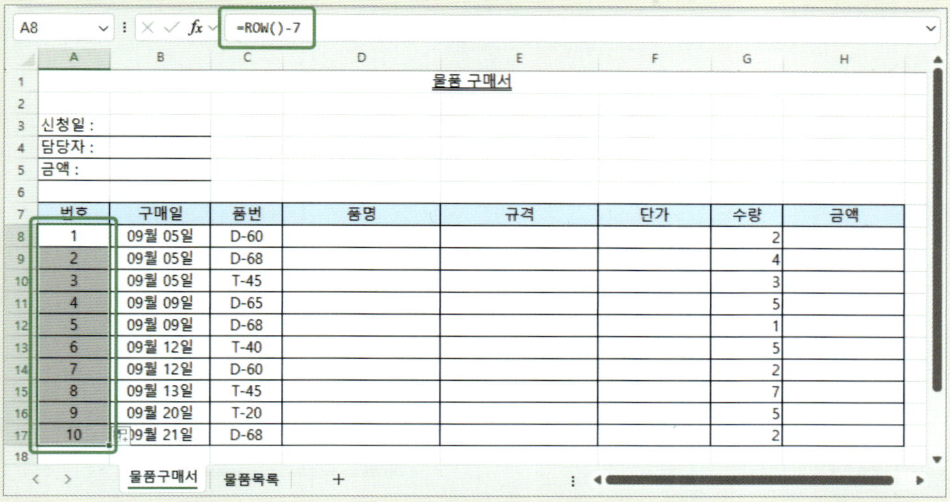

A8 | =ROW()-7

물품 구매서

신청일 :
담당자 :
금액 :

번호	구매일	품번	품명	규격	단가	수량	금액
1	09월 05일	D-60				2	
2	09월 05일	D-68				4	
3	09월 05일	T-45				3	
4	09월 09일	D-65				5	
5	09월 09일	D-68				1	
6	09월 12일	T-40				5	
7	09월 12일	D-60				2	
8	09월 13일	T-45				7	
9	09월 20일	T-20				5	
10	09월 21일	D-68				2	

물품구매서 | 물품목록

3 수식 작성을 간편하게 하기 위해 '물품목록' 시트의 A4:D9 범위를 선택하고 [이름 상자]에 **품목표**라고 입력한다.

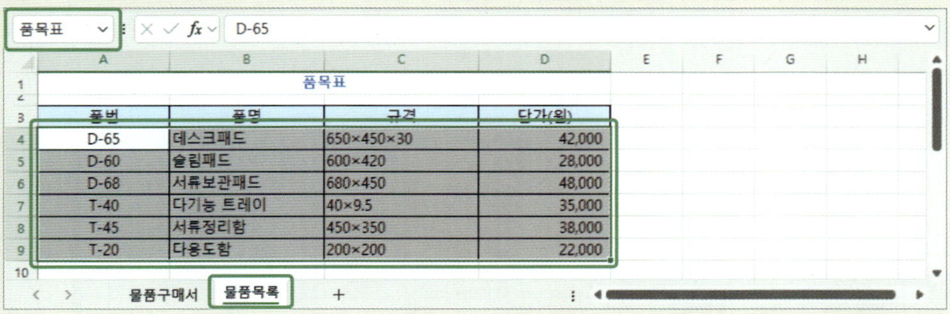

품목표 | D-65

품목표

품번	품명	규격	단가(원)
D-65	데스크패드	650×450×30	42,000
D-60	슬림패드	600×420	28,000
D-68	서류보관패드	680×450	48,000
T-40	다기능 트레이	40×9.5	35,000
T-45	서류정리함	450×350	38,000
T-20	다용도함	200×200	22,000

물품구매서 | 물품목록

종합예제

4 '물품구매서' 시트를 선택하고 D8 셀에 **=IFERROR(VLOOKUP(C8,품목표,2,FALSE),"")** 수식을 입력한다. D8 셀의 채우기 핸들을 더블클릭하여 품명을 모두 표시한다.

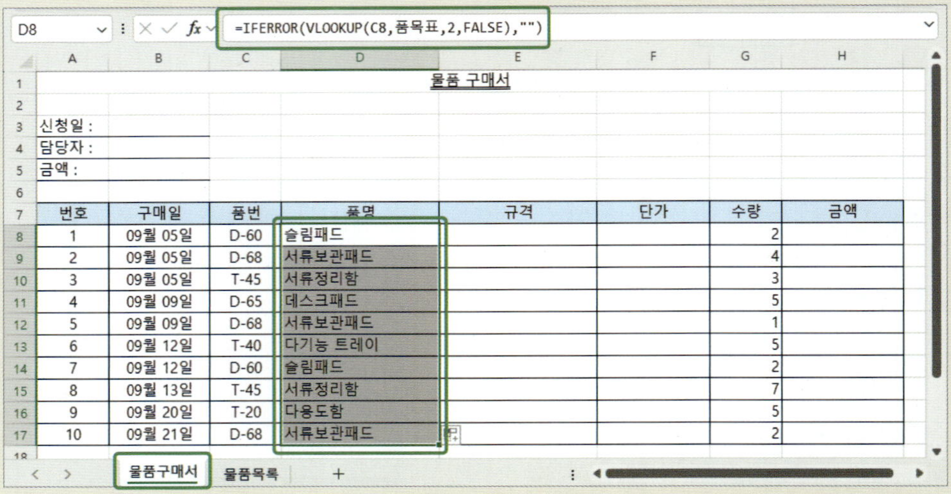

TIP VLOOKUP 함수로 찾는 품번이 품목표에 없는 경우, 오류(#N/A)가 표시된다. 오류 메시지 대신 셀에 다른 값을 표시하기 위해 IFERROR 함수를 사용한다. 잘못된 값을 검색해 오류가 발생하는 경우 빈 문자("")를 표시하도록 설정하는 수식이다.

5 E8 셀에 **=IFERROR(VLOOKUP(C8,품목표,3,FALSE),"")** 수식을 입력하고, 채우기 핸들로 복사하여 규격 정보를 모두 표시한다.

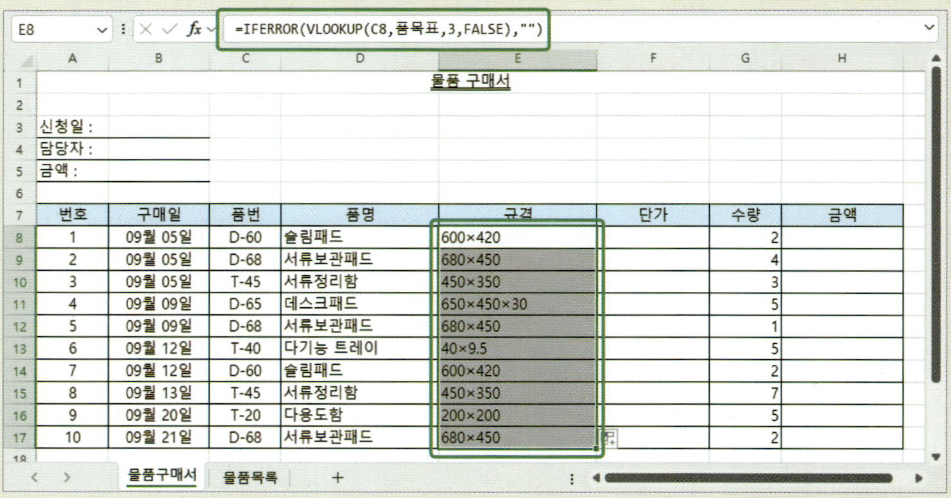

6 F8 셀에 **=IFERROR(VLOOKUP(C8,물품목록표,4,FALSE),"")** 수식을 입력하여 단가를 찾는다. 채우기 핸들로 수식을 복사하여 단가를 모두 표시하고, [홈] 탭–[표시 형식] 그룹–[통화]로 설정한다.

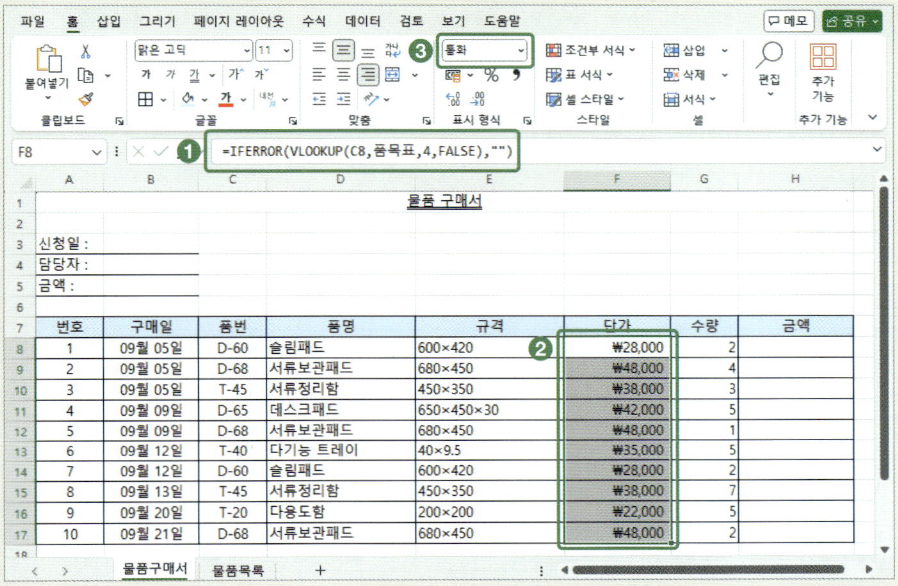

7 H8 셀에 단가와 수량을 곱한 **=PRODUCT(F8:G8)** 수식을 입력한다. 채우기 핸들을 더블클릭하여 금액을 모두 계산하고, [홈] 탭–[표시 형식] 그룹–[회계]로 설정한다.

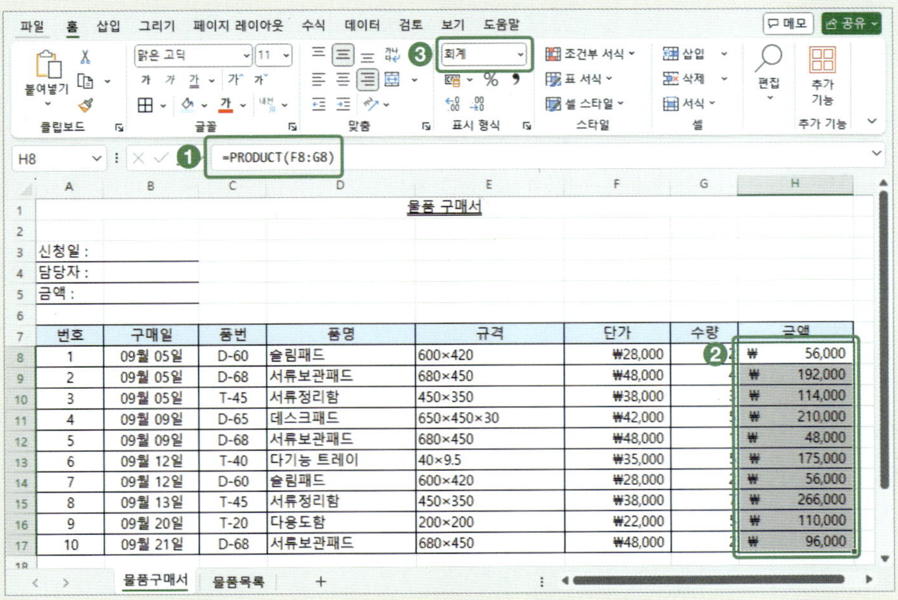

종합예제

8 B3 셀의 신청일은 **8/20**로, B4 셀의 담당자는 **이서영**을 입력한다. B5 셀에는 **=SUM(H8:H17)** 수식을 입력하고, B3:B5 범위를 [오른쪽 맞춤]으로 설정한다.

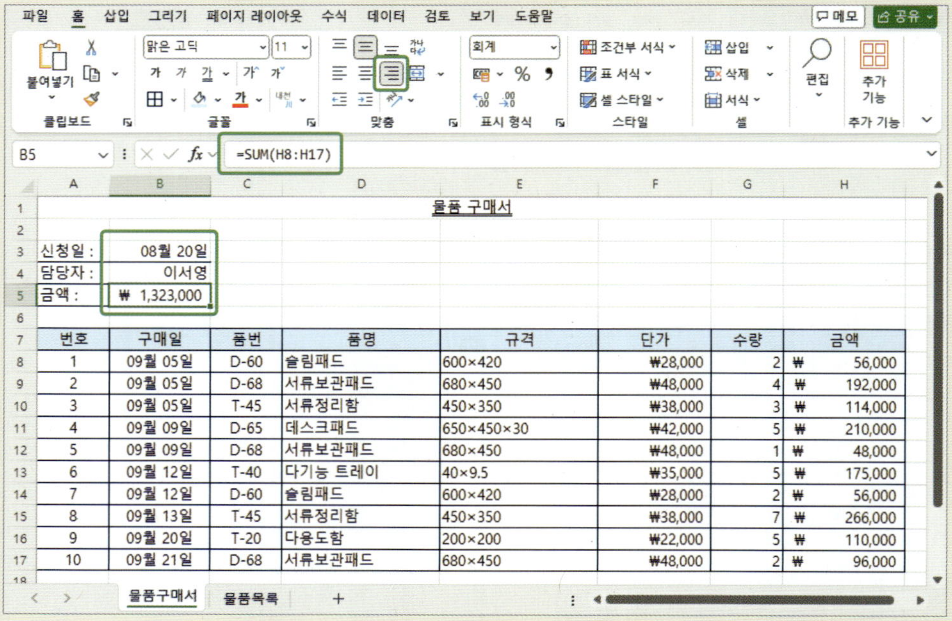

9 [새 시트] 단추를 눌러 새 워크시트를 삽입하고, 그림과 같이 결재란을 만든다.

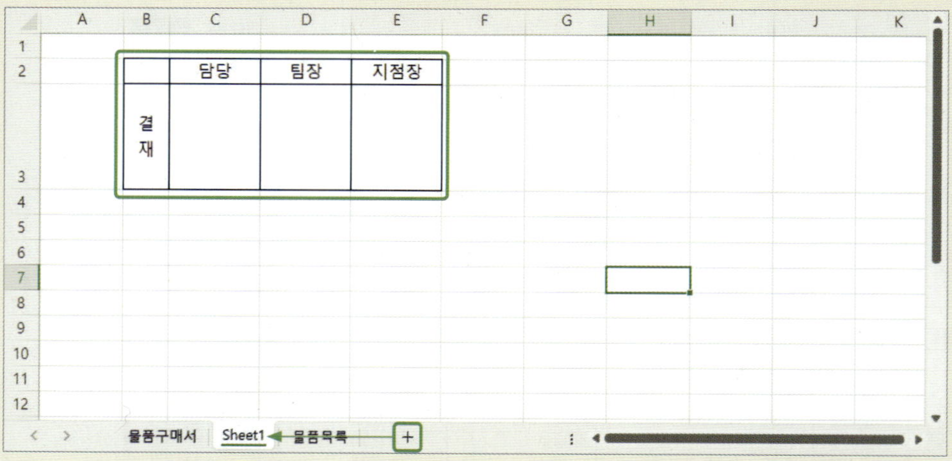

10 작성한 결재란을 선택하고 [홈] 탭－[클립보드] 그룹－[복사] 목록에서 [그림으로 복사]를 누른다. [그림 복사] 대화상자가 나타나면 [화면에 표시된 대로]와 [그림]을 선택하고 [확인]을 누른다.

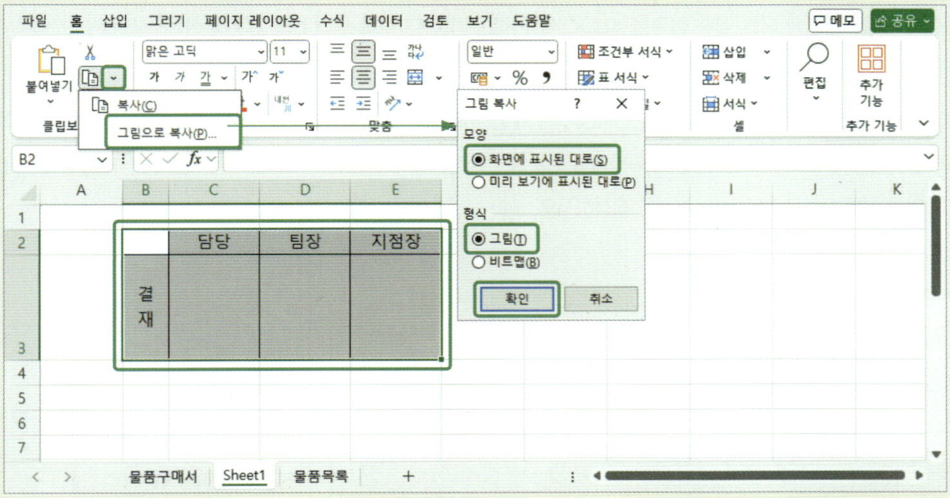

11 '물품구매서' 시트를 선택하고 단축키 Ctrl+V로 아래 그림과 같이 결재란을 붙여넣는다. 'Sheet1'은 삭제하고 [보기] 탭－[표시] 그룹－[눈금선]의 설정을 해제한다.

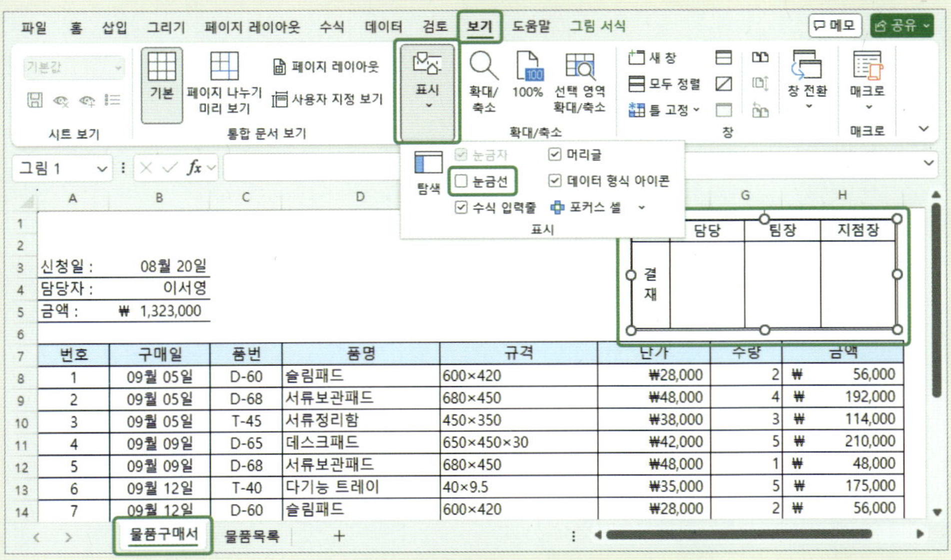

연습 문제

1 '7장_연습.xlsx' 파일의 '연습1' 시트를 열고 다음의 지시에 맞게 문화센터 프로그램 자료를 작성하시오.

❶ [데이터 유효성 검사] 도구로 C2 셀에 '프로그램명'을 직접 입력하지 않고 목록에서 선택할 수 있게 하시오.

❷ C2 셀의 프로그램명에 대한 접수 상황을 XLOOKUP 함수와 IF 함수로 구해 D2 셀에 표시하시오('접수인원'이 '총인원' 이상인 경우 "마감", 그렇지 않으면 "미달").

❸ VLOOKUP 함수, HLOOKUP 함수, CONCAT 함수를 이용하여 프로그램별 강의실 정보를 찾아 F5:F15 범위에 모두 표시하시오. 프로그램의 '분류'에 따라 강의실 위치를 먼저 정하고, '총인원'이 15명 이상이면 L실, 10명 이상이면 M실, 그 외의 경우 S실로 배정하는 수식을 작성하시오.

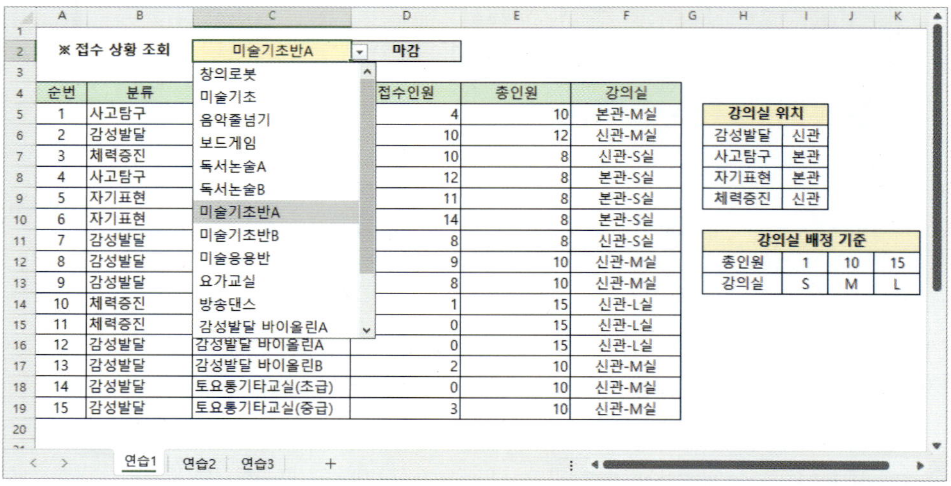

2 '7장_연습.xlsx' 파일의 '연습2' 시트를 열고 다음 조건에 맞도록 대출 자료를 작성하시오.

❶ ROW 함수를 이용하여 A3:A17 범위에 '순번'을 일련번호로 표시하시오.

❷ PMT 함수, IF 함수, VLOOKUP 함수를 이용하여 '월상환액'을 계산해서 E3:E17 범위에 표시하시오. PMT 함수의 계산에 필요한 이율은 G3:H7 범위에 있는 등급별 대출이율표를 기준으로 찾고, '자동이체'가 "O"인 경우 J10 셀의 우대금리를 적용하시오(등급별 이율–우대금리).

대출현황

순번	이름	등급	자동이체	대출금액	대출기간(년)	월상환액
1	이**	A	O	₩5,000,000	2	₩216,813
2	이**	BBB		₩25,000,000	5	₩511,348
3	한**	AA	O	₩10,000,000	3	₩291,297
4	신**	A		₩8,500,000	2	₩370,475
5	최**	BBB	O	₩12,000,000	1	₩1,043,140
6	정**	AA	O	₩20,000,000	2	₩860,598
7	신**	A		₩7,000,000	1	₩597,201
8	박**	AAA		₩30,000,000	5	₩546,155
9	김**	BBB-	O	₩5,000,000	3	₩159,604
10	황**	AAA		₩12,000,000	2	₩518,592
11	김**	BBB-	O	₩10,000,000	4	₩250,087
12	방**	BBB		₩15,000,000	3	₩472,610
13	유**	A	O	₩7,000,000	1	₩595,602
14	박**	AA		₩15,000,000	2	₩648,773
15	변**	BBB	O	₩13,000,000	5	₩262,785

대출이율표

등급	이율
AAA	3.53%
AA	3.61%
A	4.36%
BBB	8.37%
BBB-	9.76%

우대금리

자동이체	0.5%

연습1 | 연습2 | 연습3

3 '7장_연습.xlsx' 파일의 '연습3' 시트를 열고 다음 조건에 맞게 급여 자료를 작성하시오.

❶ '사번'의 앞 두 자리 숫자를 추출해 각 사원의 '입사년도'를 표시하시오(두 자리 숫자+2000).

❷ D4:D21 범위의 '기본급'은 '2,000,000+(근속년수*150,000)' 수식으로 구하시오(근속년수는 YEAR 함수로 G2 셀에 있는 '기준일'의 연도를 찾아 '입사년도'와의 차이를 계산).

❸ E4:E21 범위의 '성과급'은 '기본급*성과급 비율' 수식으로 구하시오. 직급별로 다른 성과급 비율은 I11:J14 범위의 성과급 산정 기준을 VLOOKUP 함수로 검색한다.

❹ F4:F21 범위의 '공제액'은 '(기본급+성과급)*10%' 수식으로 계산하여 모두 표시하시오.

❺ G4:G21 범위의 '실수령액'은 '기본급+성과급-공제액' 수식으로 계산하여 모두 표시하시오.

❻ [데이터 유효성 검사] 도구로 J4 셀에 '사번'을 목록으로 만들어 선택할 수 있게 하시오.

❼ J4 셀의 목록에서 '사번'을 선택하면 '직급'과 '실수령액'을 I6 셀과 J6 셀에 표시하시오. 단, INDEX 함수와 MATCH 함수를 사용하여 수식을 작성하시오.

급여 내역

기준일 : 2025-09-25

사번	직급	입사년도	기본급	성과급	공제액	실수령액
23-1234	사원	2023	2,300,000	115,000	241,500	2,173,500
22-5253	대리	2022	2,450,000	245,000	269,500	2,425,500
19-1243	과장	2019	2,900,000	435,000	333,500	3,001,500
21-3456	대리	2021	2,600,000	260,000	286,000	2,574,000
23-3232	사원	2023	2,300,000	115,000	241,500	2,173,500
24-6363	사원	2024	2,150,000	107,500	225,750	2,031,750
25-1234	사원	2025	2,000,000	100,000	210,000	1,890,000
22-3214	대리	2022	2,450,000	245,000	269,500	2,425,500
23-5656	사원	2023	2,300,000	115,000	241,500	2,173,500
24-1234	사원	2024	2,150,000	107,500	225,750	2,031,750
25-1212	사원	2025	2,000,000	100,000	210,000	1,890,000
17-3232	과장	2017	3,200,000	480,000	368,000	3,312,000
16-7878	부장	2016	3,350,000	670,000	402,000	3,618,000
16-5656	부장	2014	3,650,000	730,000	438,000	3,942,000
20-9876	대리	2020	2,750,000	275,000	302,500	2,722,500
19-5432	과장	2019	2,900,000	435,000	333,500	3,001,500
22-1212	대리	2022	2,450,000	245,000	269,500	2,425,500
25-6543	사원	2025	2,000,000	100,000	210,000	1,890,000

급여 조회

검색할 사원 :	17-3232
직급	실수령액
과장	₩3,312,000

성과급 산정 기준

직급	비율
사원	5%
대리	10%
과장	15%
부장	20%

연습1 | 연습2 | 연습3

CHAPTER 08

데이터 관리

학습목표

- 원하는 항목을 기준으로 데이터를 정렬할 수 있다.
- 조건에 맞는 데이터만 필터로 추출해 표시할 수 있다.
- 데이터를 그룹화하여 부분합을 계산할 수 있다.

SECTION 01 데이터 정렬하기

EXCEL 2021

엑셀에는 많은 데이터를 효율적으로 관리할 수 있는 여러 가지 기능들이 있다. 필요한 데이터만 골라내거나 그룹화하는 등 다양한 관리 도구를 활용할 수 있으며, 데이터를 보기 쉽게 정렬할 수도 있다. 이름순, 나이순, 학과별 점수순과 같이 원하는 기준을 하나 이상 지정하여 순서대로 빠르게 재배치하는 정렬 기능에 대해 알아본다.

1.1 단일 항목 정렬

엑셀에 저장된 데이터는 하나의 필드나 사용자 지정 목록에 등록한 값의 순서를 기준으로 오름차순 또는 내림차순으로 정렬할 수 있다. 학과명이나 총점을 기준으로 순서대로 정렬할 수 있으며, 정렬된 데이터는 순서에 따라 셀에 다시 배치되어 저장 위치가 변경된다.

기본예제 8-1 총점을 기준으로 정렬하기

번호 순서대로 저장되어 있는 '심사표' 시트를 총점 기준으로 내림차순 정렬해 보자.

01 '8장_실습.xlsx' 파일의 '심사표' 시트에서 '총점'을 먼저 계산한다. H4 셀에 **=SUM(E4:G4)** 수식을 입력하고, 채우기 핸들을 드래그해서 모두 표시한다.

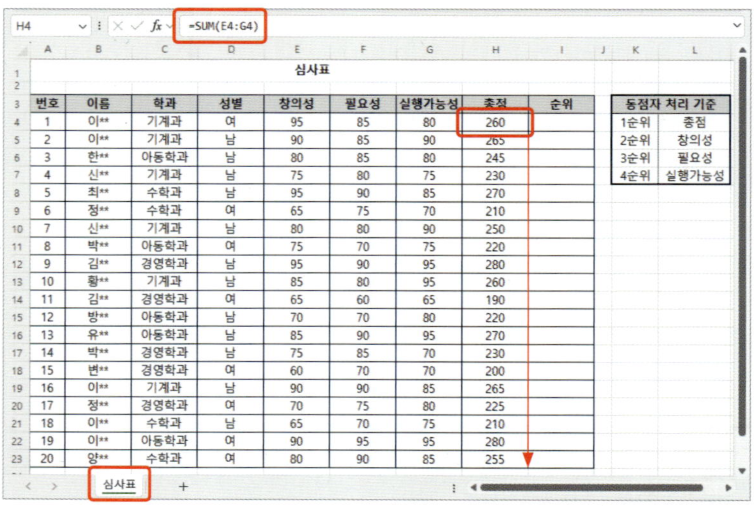

H4 | =SUM(E4:G4)

심사표

번호	이름	학과	성별	창의성	필요성	실행가능성	총점	순위
1	이**	기계과	여	95	85	80	260	
2	이**	기계과	남	90	85	90	265	
3	한**	아동학과	남	80	85	80	245	
4	신**	기계과	남	75	80	75	230	
5	최**	수학과	남	95	90	85	270	
6	정**	수학과	여	65	75	70	210	
7	신**	기계과	남	80	80	90	250	
8	박**	아동학과	여	75	70	75	220	
9	김**	경영학과	남	95	90	95	280	
10	황**	기계과	남	85	80	95	260	
11	김**	경영학과	여	65	60	65	190	
12	방**	아동학과	남	70	70	80	220	
13	유**	아동학과	남	85	90	95	270	
14	박**	경영학과	남	75	85	70	230	
15	변**	경영학과	여	60	70	70	200	
16	이**	기계과	남	90	90	85	265	
17	정**	경영학과	여	70	75	80	225	
18	이**	수학과	남	65	70	75	210	
19	이**	아동학과	여	90	95	95	280	
20	양**	수학과	여	80	90	85	255	

동점자 처리 기준	
1순위	총점
2순위	창의성
3순위	필요성
4순위	실행가능성

심사표

02 정렬 기준이 되는 '총점' 필드에서 임의의 셀을 마우스 오른쪽 단추로 누른다. 나타나는 단축 메뉴에서 [정렬]을 누르고 [숫자 내림차순 정렬]을 선택한다.

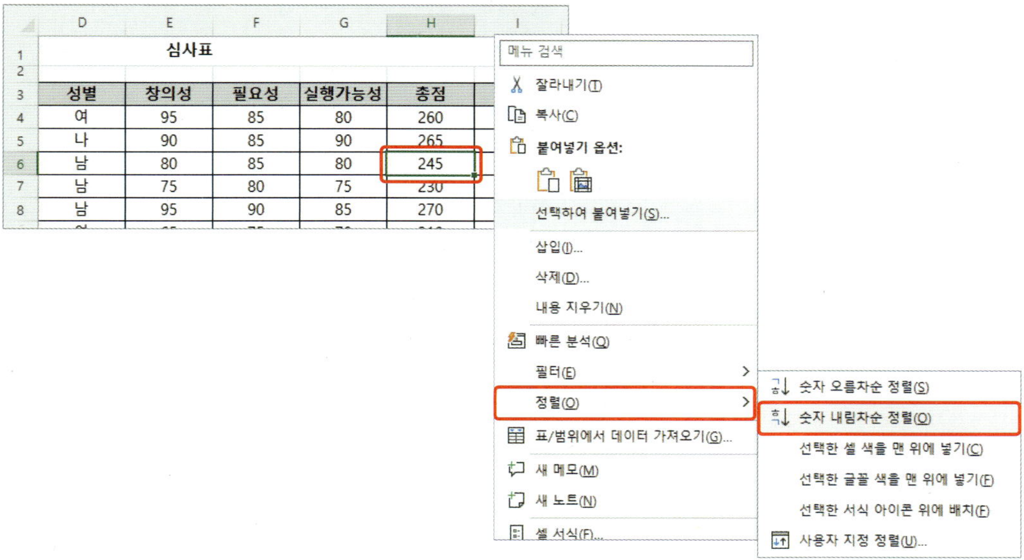

TIP 단일 필드를 기준으로 정렬할 때는 해당 필드에서 임의의 셀을 선택하면 되는데 이때 선택한 셀이 포함된 필드(열)만 정렬되는 것이 아니라, 전체 데이터가 레코드(행) 단위로 묶여 정렬된다. 만약 빈 행이나 빈 열이 있어 데이터 범위가 연속적이지 않다면 정렬 범위를 직접 지정해야 한다.

TIP 단일 필드에 대한 정렬 방법은 [홈] 탭–[편집] 그룹–[정렬 및 필터]에서도 선택할 수 있다.

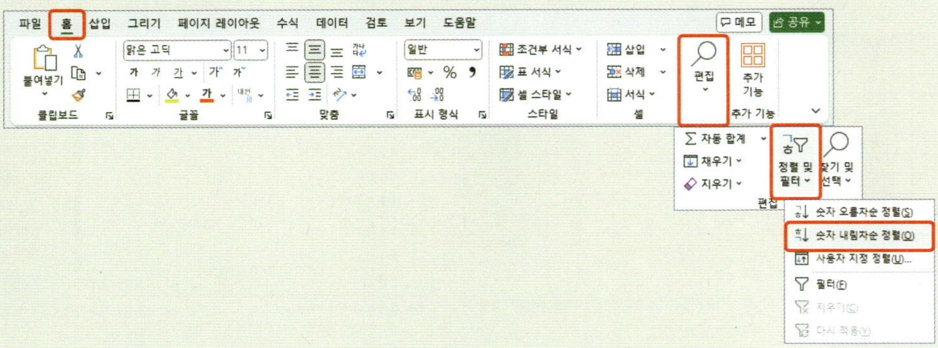

03 총점이 높은 순서대로 데이터가 정렬된다.

심사표

번호	이름	학과	성별	창의성	필요성	실행가능성	총점	순위
9	김**	경영학과	남	95	90	95	280	
19	이**	아동학과	여	90	95	95	280	
5	최**	수학과	남	95	90	85	270	
13	유**	아동학과	남	85	90	95	270	
2	이**	기계과	남	90	85	90	265	
16	이**	기계과	남	90	90	85	265	
1	이**	기계과	여	95	85	80	260	
10	황**	기계과	남	85	80	95	260	
20	양**	수학과	여	80	90	85	255	
7	신**	기계과	남	80	80	90	250	
3	한**	아동학과	남	80	85	80	245	
4	신**	기계과	남	75	80	75	230	
14	박**	경영학과	남	75	85	70	230	
17	정**	경영학과	여	70	75	80	225	
8	박**	아동학과	여	75	70	75	220	
12	방**	아동학과	남	70	70	80	220	
6	정**	수학과	여	65	75	70	210	
18	이**	수학과	남	65	70	75	210	
15	변**	경영학과	여	60	70	70	200	
11	김**	경영학과	여	65	60	65	190	

TIP 정렬 후에는 전체 데이터의 순서가 달라진다. 원래 순서대로 표시하고 싶으면 '번호' 필드를 정렬 기준으로 다시 정렬하면 된다.

TIP 필드 범위를 선택하고 정렬할 때 주의할 점

엑셀에서 특정 필드(열)만 선택해 정렬하면 해당 열의 데이터만 이동하여 나머지 값과의 연결이 깨질 수 있다. 가령, '이름', '학과', ..., '총점' 중에서 '총점'만 따로 선택해서 정렬하면 '이름'과 '학과' 등이 서로 다른 행과 섞여 잘못된 정보가 된다. 데이터를 정렬할 때는 항상 관련된 행 전체, 즉 모든 필드를 같이 선택하거나, [정렬 경고] 대화상자에서 [선택 영역 확장]을 선택해야 한다.

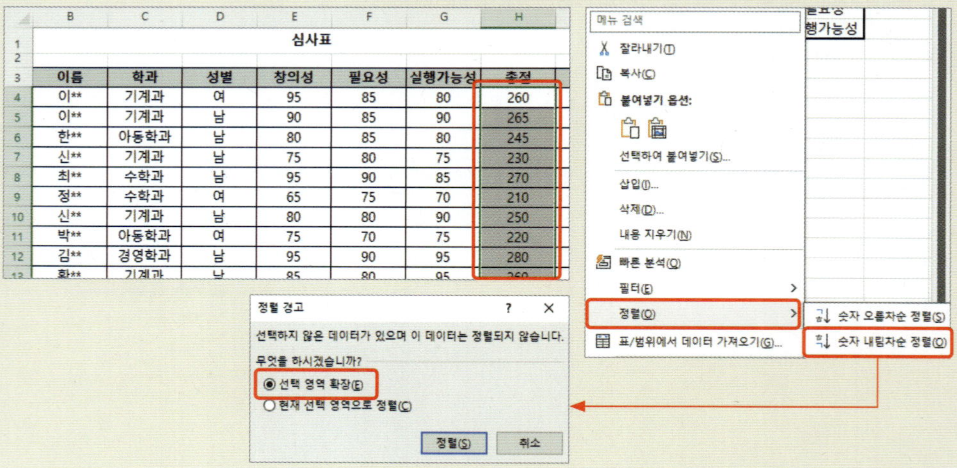

기본예제 8-2 사용자 지정 목록으로 정렬하기

엑셀에서는 숫자나 텍스트의 오름차순·내림차순 정렬뿐 아니라 정렬 순서를 직접 만들어 사용할 수도 있다. CHAPTER 02에서 학습한 사용자 지정 목록을 활용하면 원하는 순서를 미리 등록해 둘 수 있다. 사용자 지정 목록에 '학과'를 등록하고 '심사표' 시트의 정렬 기준으로 설정해 보자.

01 '심사표' 시트의 데이터 범위에 있는 임의의 셀을 선택하고 [데이터] 탭–[정렬 및 필터] 그룹–[정렬]을 누른다.

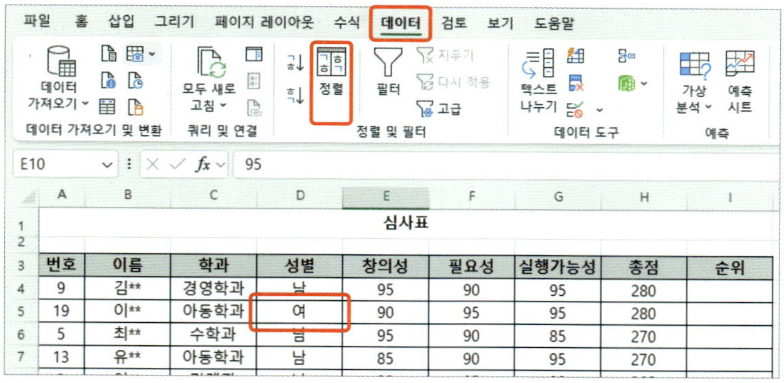

02 [정렬] 대화상자가 나타나면 [정렬 기준]은 [학과], [정렬]은 [사용자 지정 목록...]을 선택한다.

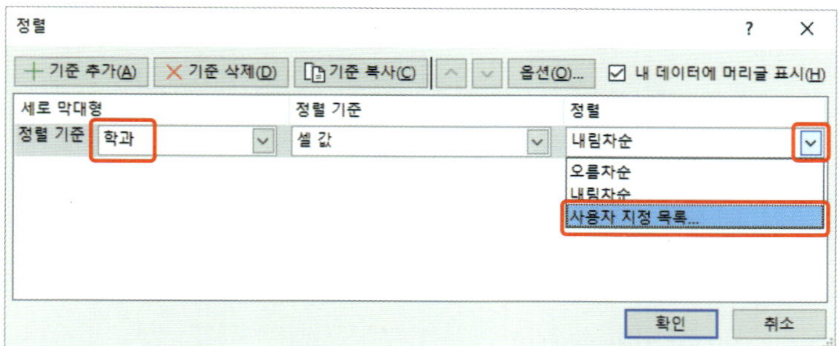

03 [사용자 지정 목록] 대화상자의 [목록 항목]에 **수학과, 아동학과, 기계과, 경영학과**를 그림과 같이 입력하고 [추가] 단추를 누른다.

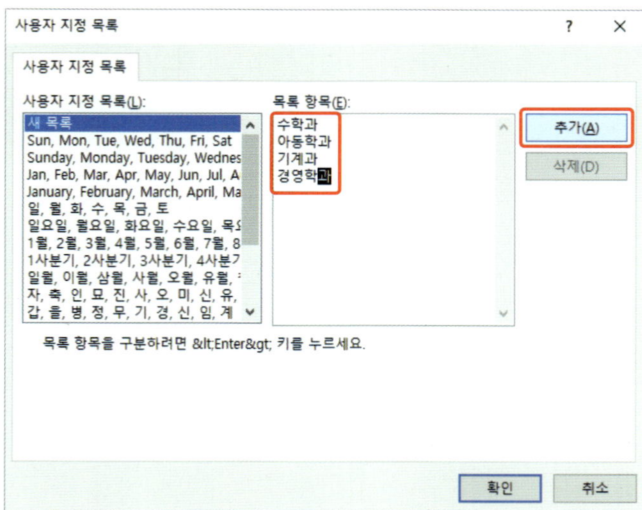

04 [사용자 지정 목록]의 가장 아래에 새로 추가된 목록이 선택되면, [확인]을 눌러 대화상자를 닫는다.

TIP 사용자 지정 목록에 이미 추가되어 있는 항목을 사용할 경우, 단계 03을 생략하고 목록에서 원하는 항목을 바로 선택하면 된다.

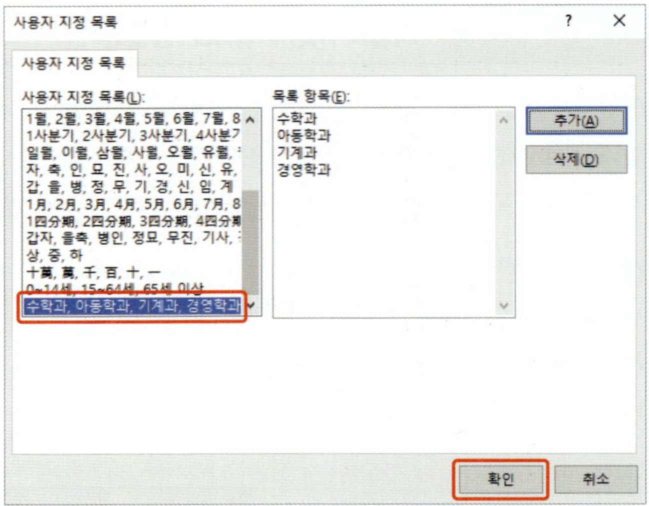

05 [정렬] 기준이 표시되면 [확인]을 눌러 [정렬] 대화상자를 닫는다.

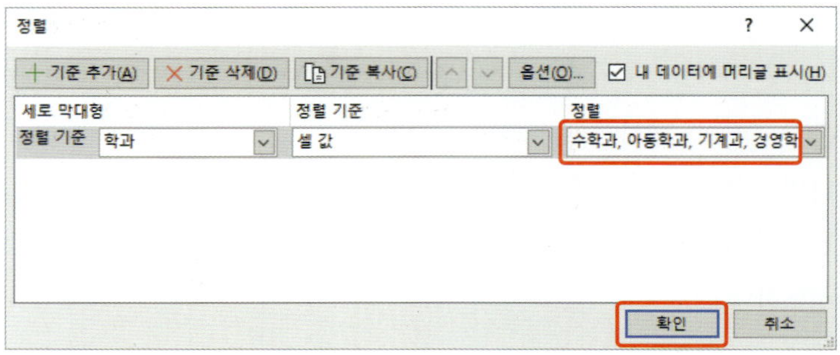

06 사용자 지정 목록의 순서대로 데이터가 정렬된다.

	A	B	C	D	E	F	G	H	I
1					심사표				
2									
3	번호	이름	학과	성별	창의성	필요성	실행가능성	총점	순위
4	5	최**	수학과	남	95	90	85	270	
5	20	양**	수학과	여	80	90	85	255	
6	6	정**	수학과	여	65	75	70	210	
7	18	이**	수학과	남	65	70	75	210	
8	19	이**	아동학과	여	90	95	95	280	
9	13	유**	아동학과	남	85	90	95	270	
10	3	한**	아동학과	남	80	85	80	245	
11	8	박**	아동학과	여	75	70	75	220	
12	12	방**	아동학과	남	70	70	80	220	
13	2	이**	기계과	남	90	85	90	265	
14	16	이**	기계과	남	90	90	85	265	
15	1	이**	기계과	여	95	85	80	260	
16	10	황**	기계과	남	85	80	95	260	
17	7	신**	기계과	남	80	80	90	250	
18	4	신**	기계과	남	75	80	75	230	
19	9	김**	경영학과	남	95	90	95	280	
20	14	박**	경영학과	남	75	85	70	230	
21	17	정**	경영학과	여	70	75	80	225	
22	15	변**	경영학과	여	60	70	70	200	
23	11	김**	경영학과	여	65	60	65	190	

1.2 복수 항목 정렬

다양한 필드로 이루어진 데이터를 정렬할 때는 두 개 이상의 필드가 정렬 기준이 되기도 한다. 하나 이상의 필드를 기준으로 데이터를 정렬하는 방법을 알아본다.

기본예제 8-3 동점자 처리 기준으로 정렬하기

심사표의 '총점'을 기준으로 순위를 매겨 수상자를 선정하려고 한다. 동점자 처리 기준에 따라 데이터를 정렬하면 함수를 사용하지 않고도 순위를 결정할 수 있다. 심사표 데이터를 이용하여 여러 필드를 기준으로 정렬해 보자.

01 '심사표' 시트의 데이터 범위에 있는 임의의 셀을 선택하고 [데이터] 탭 – [정렬 및 필터] 그룹 – [정렬]을 누른다.

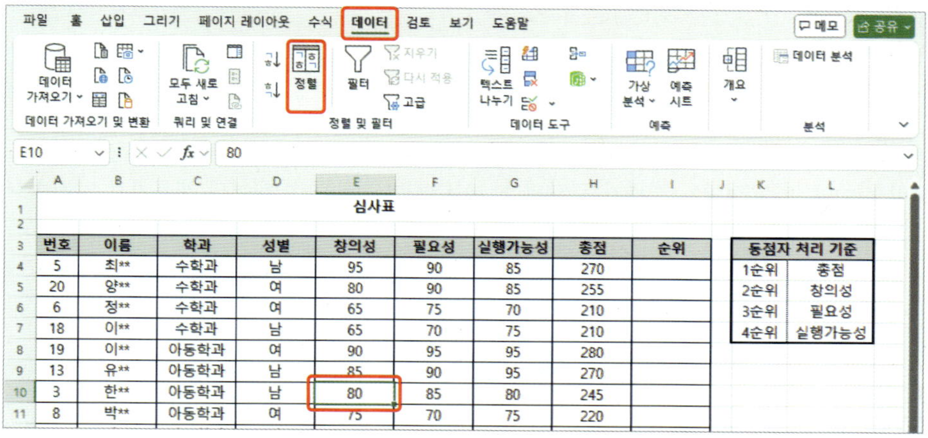

02 [정렬] 대화상자가 나타나면 [정렬 기준]은 [총점], [정렬]은 [내림차순]으로 선택한다.

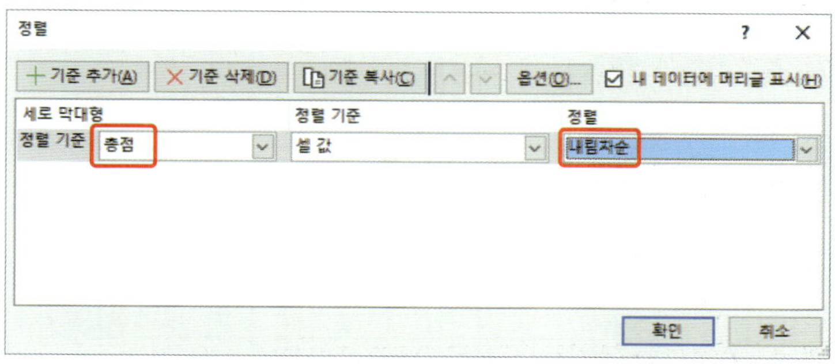

03 [기준 추가] 단추를 누르면 [다음 기준]이 추가된다. [창의성]을 선택하고 [정렬]은 [내림차순]으로 선택한다.

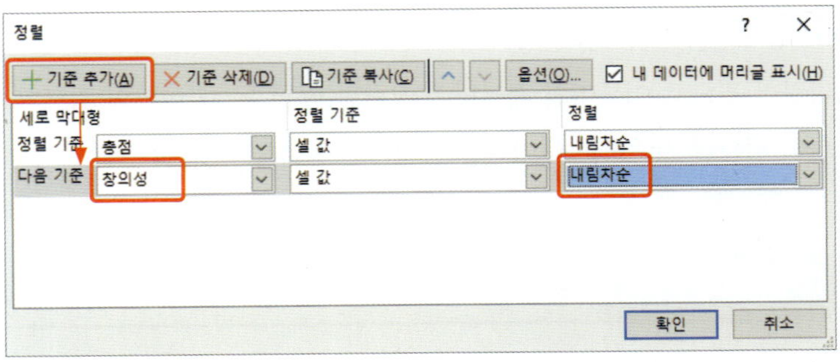

04 단계 **03**을 반복해 [다음 기준]에 [필요성]과 [실행가능성]을 차례로 추가하고 모두 [내림차순]으로 설정한 후 [확인]을 누른다.

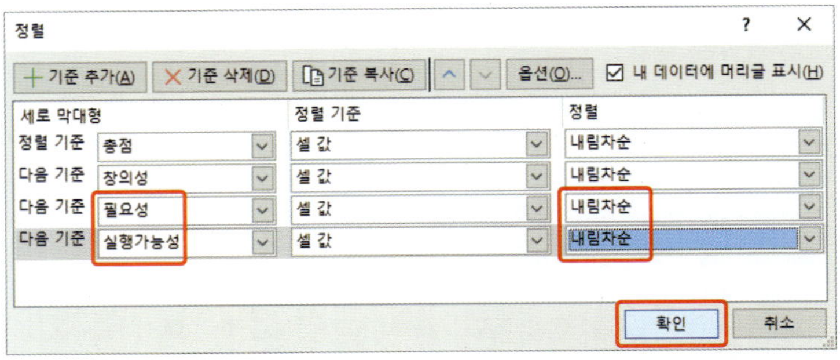

05 동점자 처리 기준에 따라 정렬된 결과가 표시된다. I4:I23 범위에 연속 데이터 채우기로 일련번호를 표시하면 '순위'를 구할 수 있다.

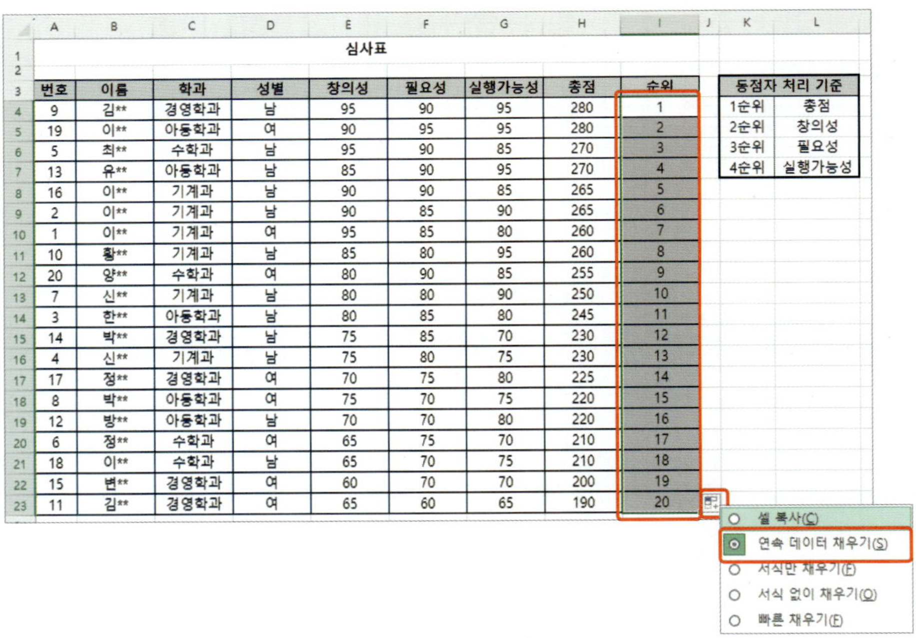

심사표

번호	이름	학과	성별	창의성	필요성	실행가능성	총점	순위
9	김**	경영학과	남	95	90	95	280	1
19	이**	아동학과	여	90	95	95	280	2
5	최**	수학과	남	95	90	85	270	3
13	유**	아동학과	남	85	90	95	270	4
16	이**	기계과	남	90	90	85	265	5
2	이**	기계과	남	90	85	90	265	6
1	이**	기계과	여	95	85	80	260	7
10	황**	기계과	남	85	80	95	260	8
20	양**	수학과	여	80	90	85	255	9
7	신**	기계과	남	80	80	90	250	10
3	한**	아동학과	남	80	85	80	245	11
14	박**	경영학과	남	75	85	70	230	12
4	신**	기계과	남	75	80	75	230	13
17	정**	경영학과	여	70	75	80	225	14
8	박**	아동학과	여	75	70	75	220	15
12	방**	아동학과	남	70	70	80	220	16
6	정**	수학과	여	65	75	70	210	17
18	이**	수학과	남	65	70	75	210	18
15	변**	경영학과	여	60	70	70	200	19
11	김**	경영학과	여	65	60	65	190	20

동점자 처리 기준	
1순위	총점
2순위	창의성
3순위	필요성
4순위	실행가능성

TIP '총점'이 같더라도 '창의성' 점수가 더 크면 순위가 더 높게 표시된다. 주의할 점은 모든 점수가 동일한 경우에는 같은 순위가 되도록 조정해야 한다.

EXCEL 2021

SECTION 02

필터 사용하기

필터는 많은 양의 데이터 중에서 조건에 맞는 데이터만 추출해서 표시하는 기능이다. 필터를 사용하면 심사표 데이터에서 특정 학과만 골라서 표시하거나 일정 점수 이상인 데이터만 추출할 수 있다. 엑셀의 필터 도구에는 메뉴에서 편리하게 설정할 수 있는 자동 필터와 다양한 조건을 직접 작성해 설정할 수 있는 고급 필터 방식이 있다. 필터를 적용하면 워크시트에는 조건에 맞는 데이터만 보이지만, 원본 데이터가 삭제되는 것은 아니므로 필터를 해제하면 원래대로 모두 표시된다.

2.1 자동 필터

자동 필터 메뉴는 필터 기능을 가장 쉽게 사용할 수 있는 방법이다. 데이터 목록의 필드명 오른쪽에 있는 필터 단추를 눌러 원하는 조건을 지정할 수 있으며, 숫자와 문자 등 데이터의 종류에 따라 범위를 지정하거나 값을 비교하는 등 다양한 메뉴를 지원한다. 또한 한 가지 이상의 필터 기준을 AND 조건으로 조합할 수 있어 복잡한 조건도 쉽게 처리할 수 있다.

기본예제 8-4 자동 필터 설정하고 해제하기

자동 필터 기능을 활용하여 특정 학과의 특정 성별 데이터만 추출해 보자. 그리고 적용된 필터의 설정을 해제하는 방법도 알아보자.

01 '심사표' 시트의 데이터 범위에 있는 임의의 셀을 선택하고 [데이터] 탭−[정렬 및 필터] 그룹−[필터]를 누른다.

TIP 데이터 범위 내의 셀을 선택한 상태에서만 필터 도구를 사용할 수 있다.

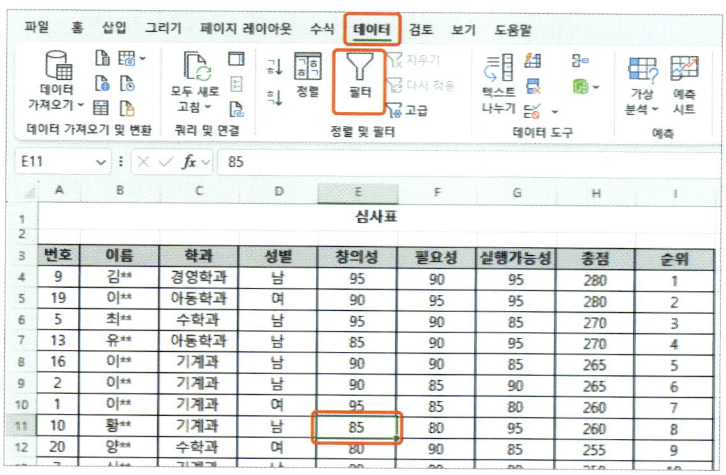

02 각 필드 이름 옆에 [▾ 필터] 단추가 표시된다. '학과'의 [▾ 필터] 단추를 눌러 목록에서 [기계과]만 선택하고 [확인]을 누른다.

> **TIP** [모두 선택]의 체크를 해제한 후 추출하려는 학과명만 선택하면 된다. 여러 개 학과를 동시에 선택할 수도 있다.

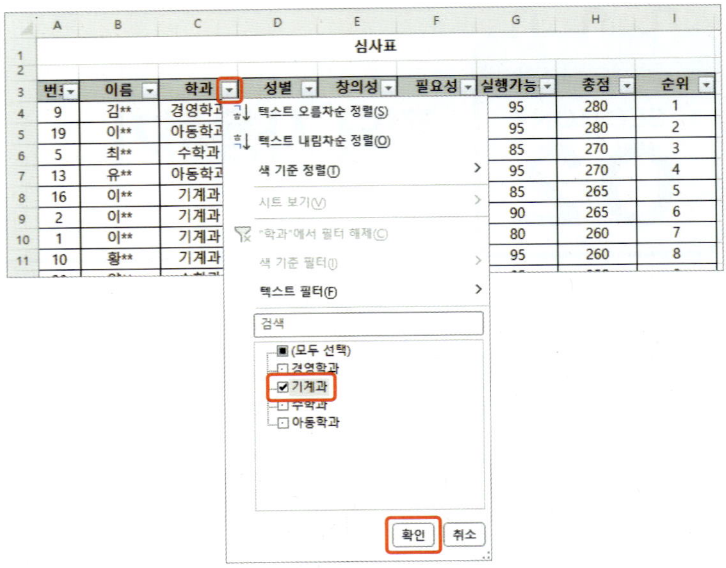

03 '기계과' 학생들의 데이터만 추출되어 표시된다.

> **TIP** 필터 결과가 표시되면 워크시트의 행 번호는 파란색으로 바뀌고, 필터 조건에 사용한 필드명의 필터 단추는 [필터 적용] 모양으로 변경된다.

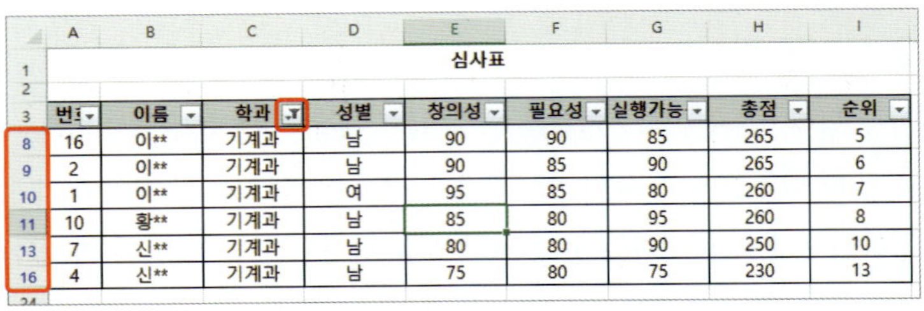

04 '성별' 필드의 [▾ 필터] 단추를 눌러 목록에서 [여]만 선택하고 [확인]을 누른다.

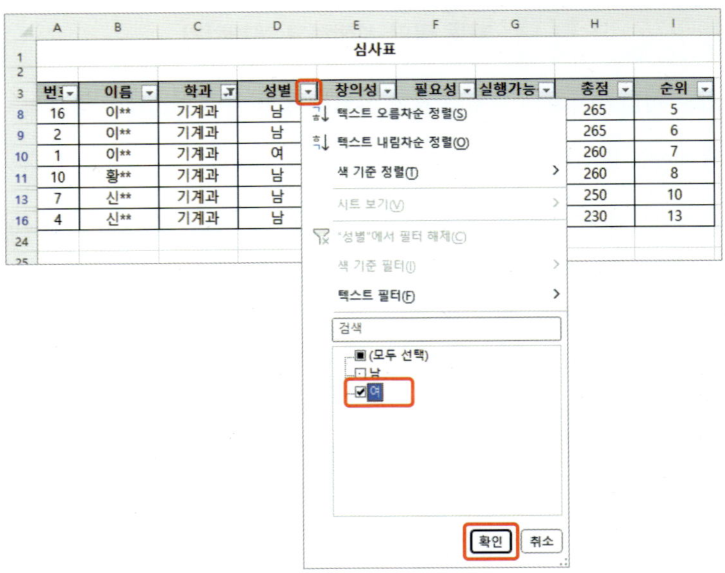

05 필터 결과가 워크시트에 표시된다. [데이터] 탭-[정렬 및 필터] 그룹-[지우기]를 누르면 필터 설정이 해제되고 원래의 데이터가 모두 나타난다.

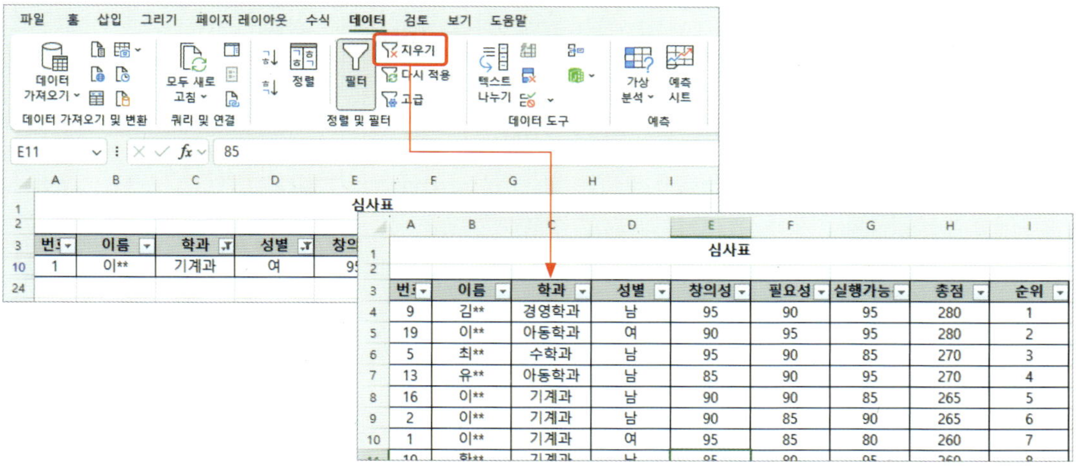

TIP [지우기] 대신 [필터] 단추를 눌러도 되는데, 이 경우 적용된 필터가 모두 해제되면서 모든 필드명의 필터 단추가 함께 사라진다.

기본예제 8-5 선택적 필터 설정하기

데이터 형식에 따라 필터 조건을 선택할 수 있는 선택적 필터를 활용하여 '총점'이 상위 20% 이상인 데이터만 표시해 보자.

TIP 자동 필터에서는 셀 값의 종류에 따라 [텍스트 필터]나 [숫자 필터]로 메뉴가 자동 구성된다. 이를 이용하면 필드 값이 특정 조건에 해당되는지 판단하거나 특정 값과 비교해서 데이터를 추출할 수도 있다.

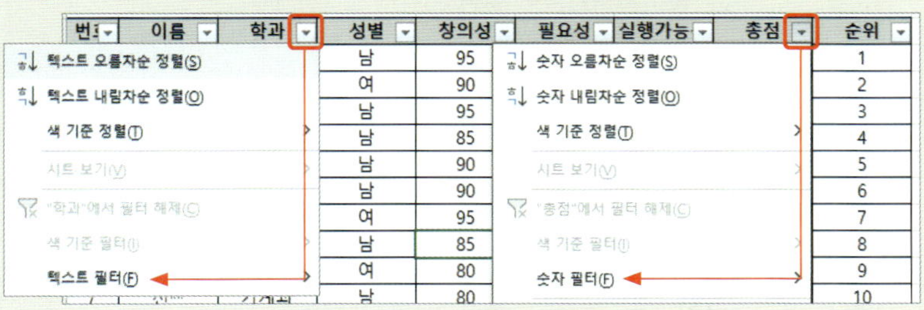

01 '총점'의 [▾ 필터] 단추를 누르고 메뉴에서 [숫자 필터]−[상위 10]을 선택한다.

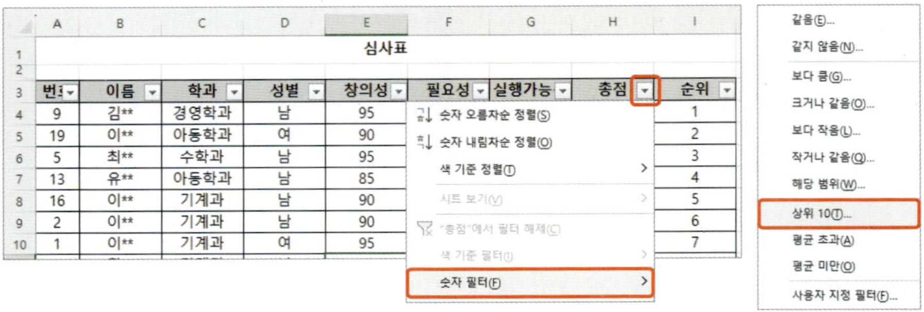

02 [상위 10 자동 필터] 대화상자에서 표시 조건으로 [상위], [20], [%]를 각각 선택하고 [확인]을 누른다.

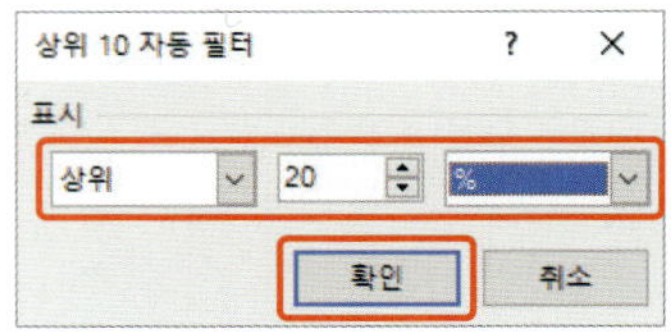

03 '총점'이 상위 20%에 해당하는 결과만 표시된다.

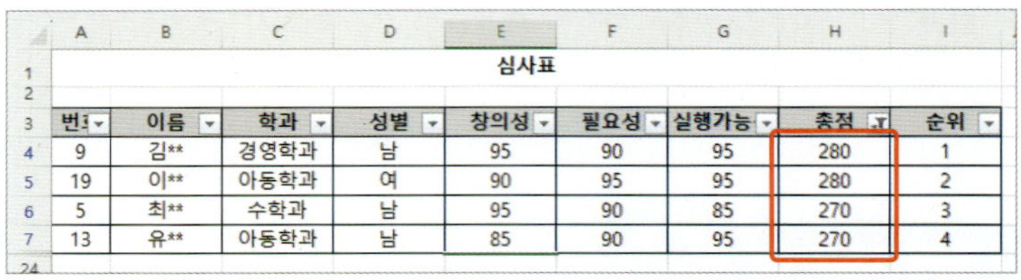

기본예제 8-6 사용자 지정 필터 설정하기

사용자가 직접 조건식을 작성해 필터를 설정할 수도 있다. 사용자 지정 필터를 활용하여 '총점'이 230점에서 260점 사이인 데이터 중에서 '학과'가 '기계과'인 데이터만 추출해 보자.

01 [지우기]로 이전 실습에서 적용한 필터를 모두 해제하고, '총점'의 [▾ 필터] 단추를 눌러 [숫자 필터]−[사용자 지정 필터]를 선택한다.

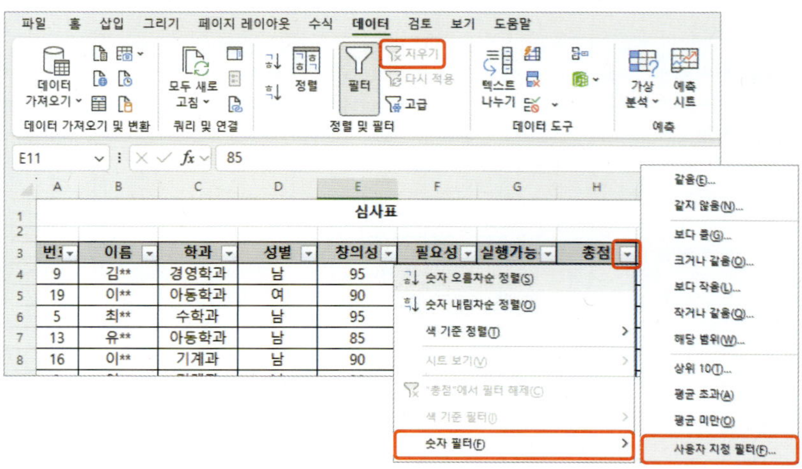

02 [사용자 지정 자동 필터] 대화상자에서 [찾을 조건]을 그림과 같이 **>=**, **230**, **그리고**, **<=**, **260**으로 설정하고 [확인]을 누른다.

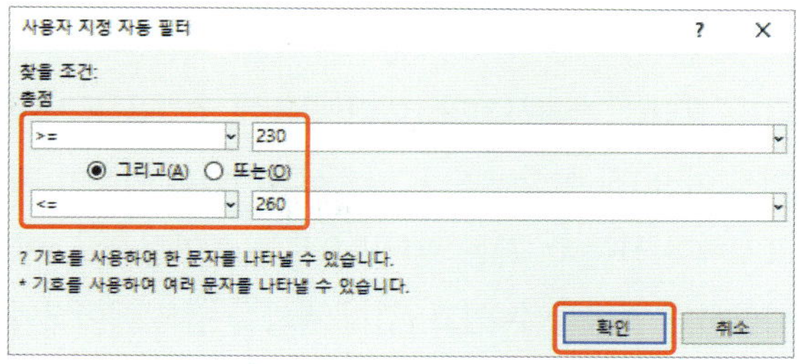

03 '학과'의 [▾ 필터] 단추를 눌러 [텍스트 필터]–[사용자 지정 필터]를 선택한다.

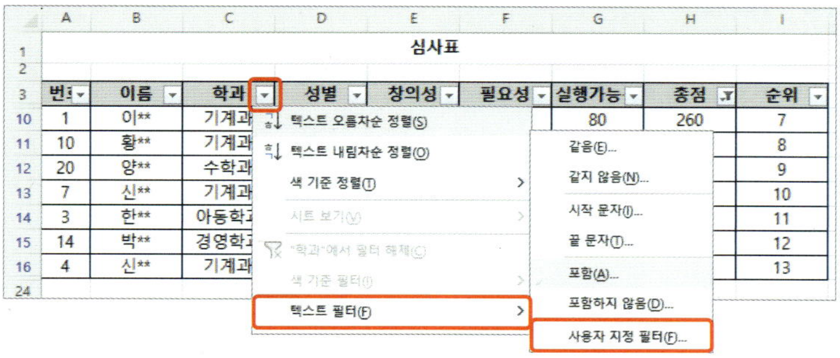

04 [사용자 지정 자동 필터] 대화상자에서 [찾을 조건]을 그림과 같이 **포함**, **기계***로 설정하고 [확인]을 누른다.

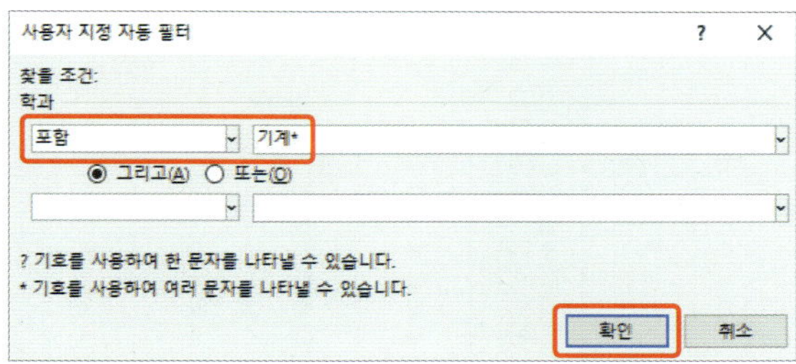

TIP '학과'의 찾을 조건에 **기계**나 **기계과**라고 입력해도 된다. *****는 글자 수와 상관없이 임의의 문자열을 의미하고, **?**는 한 글자만 임의의 문자로 취급하므로 글자 수까지 포함해 조건을 검사할 때 사용한다.

05 설정한 조건에 맞는 판매 데이터만 표시된다.

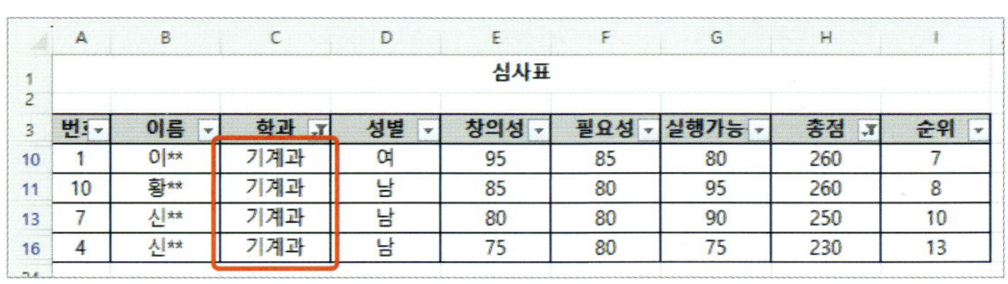

2.2 고급 필터

자동 필터는 간편하지만, 여러 필드에 조건을 동시에 적용하기는 어렵다. 가령, 심사표 데이터에서 '창의성'이 90점 이상이거나 '필요성'이 90점 이상인 데이터를 함께 추출하려면 두 필드의 결과를 동시에 표시해야 하는데, 자동 필터만으로는 불가능하다. 이때 고급 필터를 사용하면 여러 필드에 대한 조건을 다양하게 결합할 수 있고, 필터 결과를 원본 데이터와 다른 위치에 표시하거나 중복된 값을 제거할 수도 있다.

기본예제 8-7 고급 필터 조건 작성하기

고급 필터를 사용하려면 먼저 빈 셀에 조건을 적용할 필드명과 조건을 작성해야 한다. [기본예제 8-4]의 '학과'가 '기계과'이고 '성별'이 '남'인 데이터만 추출하는 조건을 작성해 보자.

01 자동 필터를 해제하고 K9:L9 범위에 **학과**와 **성별** 필드명을 입력한다.

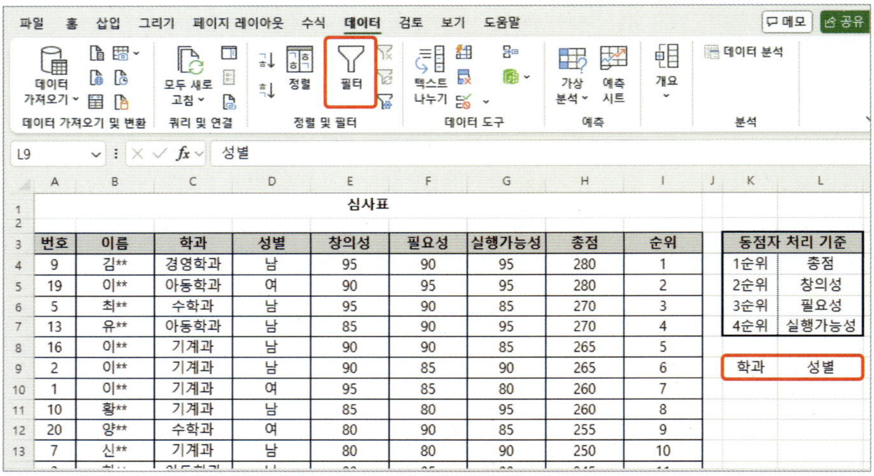

02 학과가 '기계과'이고 성별이 '남'인 필터 조건을 K10:L10 범위에 각각 **기계과**와 **남**으로 입력한다.

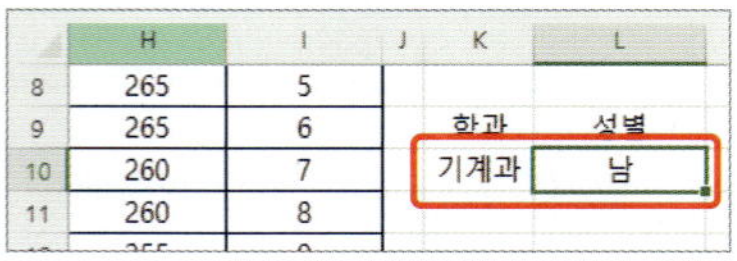

TIP 여러 필터 조건을 같은 행에 입력하면 AND 조건으로, 모든 조건을 동시에 만족하는 데이터를 추출한다. 반대로 조건을 각각 다른 행에 적으면 OR 조건으로, 조건 중 하나라도 만족하는 데이터를 추출한다. AND와 OR 조건을 함께 조합할 수도 있으며, 아래의 그림과 같이 고급 필터는 다양한 형태로 원하는 조건을 지정할 수 있다.

총점	총점
>=230	<=260

▲ 총점이 230~260인 데이터(AND 조건)

창의성	필요성
>=90	
	>=90

▲ 창의성 또는 필요성이 90 이상인 데이터 (OR 조건)

학과	총점
경영학과	>=250
수학과	>=250

▲ 경영학과 또는 수학과에서 총점이 250 이상인 데이터 (AND와 OR의 복합 조건)

기본예제 8-8 고급 필터 실행하기

[기본예제 8–7]에서 작성한 필터 조건을 이용하여 고급 필터를 실행해 데이터를 추출해 보자.

01 '심사표' 시트에서 [데이터] 탭 – [정렬 및 필터] 그룹 – [고급]을 누른다.

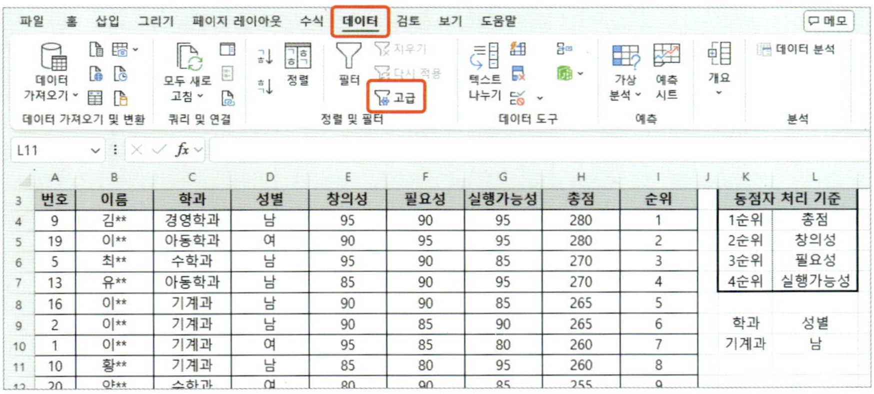

02 [고급 필터] 대화상자에서 [목록 범위], [조건 범위]를 각각 그림과 같이 설정하고 [확인]을 누른다.

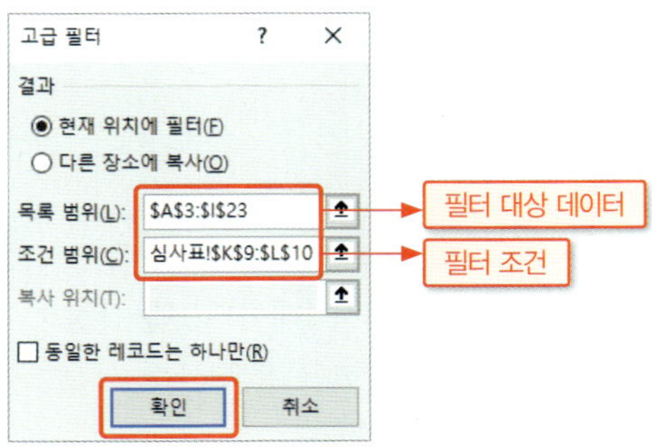

TIP [목록 범위]는 데이터 영역이 자동으로 설정되는데, 만약 다른 영역을 직접 설정한다면 반드시 필드명이 포함되도록 해야 한다. [조건 범위]는 [기본예제 8–7]에서 만든 **K9:L10** 범위를 선택한다.

03 필터 실행 결과가 표시된다. 필터를 해제하려면 [데이터] 탭-[정렬 및 필터] 그룹-[지우기]를 누른다.

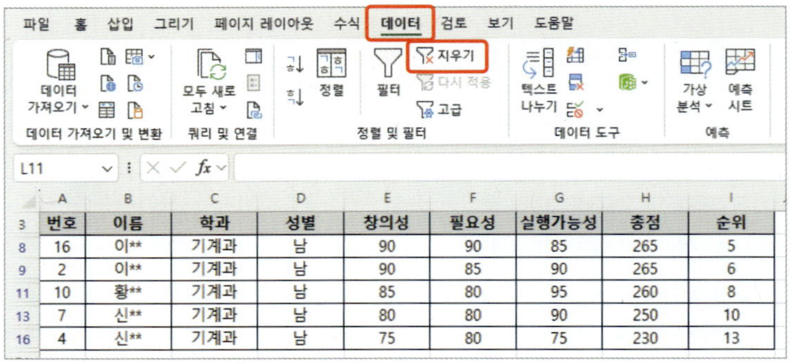

기본예제 8-9 필터 결과를 다른 위치에 표시하기

고급 필터를 사용하면 조건을 다양하게 설정할 뿐 아니라 필터 결과를 원하는 위치에 표시할 수도 있다. '경영학과' 또는 '수학과'에서 총점이 250점 이상인 데이터를 추출해 다른 시트에 표시해 보자.

01 [새 시트] 단추를 눌러 워크시트를 추가하고, 시트 이름을 더블클릭해 **필터**로 변경한다.

02 '필터' 시트에 그림과 같이 필터 조건을 입력한다.

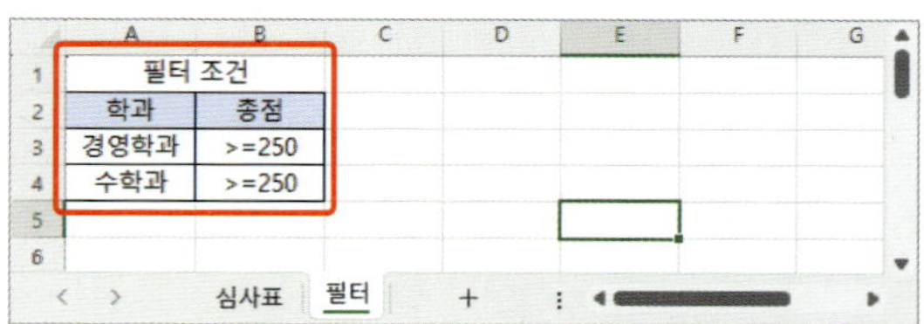

03 '필터' 시트에서 [데이터] 탭-[정렬 및 필터] 그룹-[고급]을 누른다.

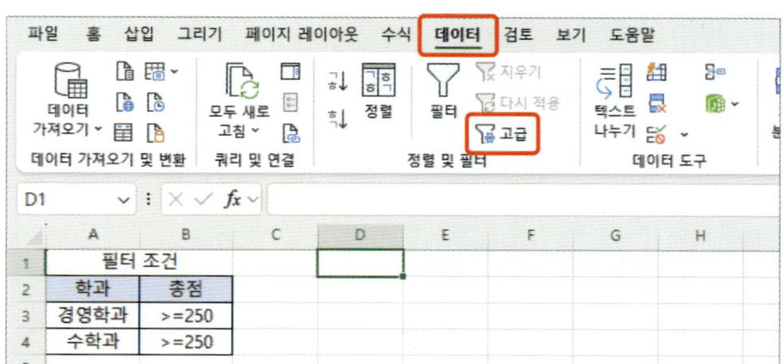

04 [고급 필터] 대화상자에서 [결과], [목록 범위], [조건 범위], [복사 위치]를 그림과 같이 설정하고 [확인]을 누른다.

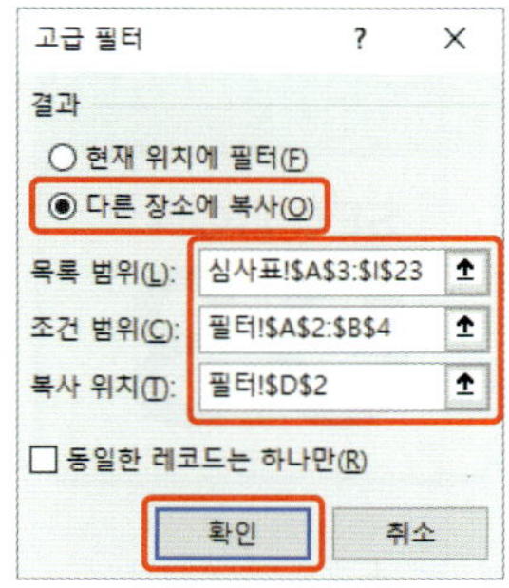

TIP [결과]는 **[다른 장소에 복사]**, [목록 범위]는 **'심사표' 시트의 A3:I23** 범위, [조건 범위]는 **'필터' 시트의 A2:B4** 범위, [복사 위치]는 **'필터' 시트의 D2** 셀을 설정한다.

05 '필터' 시트의 D2:L5 범위에 필터 결과가 표시된다.

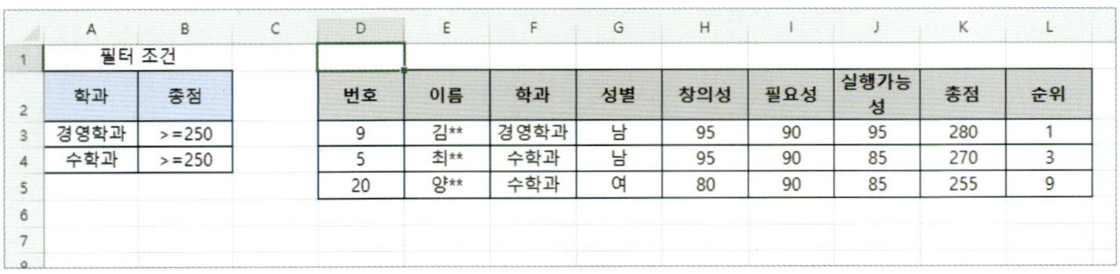

필터 조건	
학과	총점
경영학과	>=250
수학과	>=250

번호	이름	학과	성별	창의성	필요성	실행가능성	총점	순위
9	김**	경영학과	남	95	90	95	280	1
5	최**	수학과	남	95	90	85	270	3
20	양**	수학과	여	80	90	85	255	9

EXCEL 2021

SECTION 03

데이터 정렬하기

학과별로 총점이나 인원수 등을 계산하려는 경우, 해당 필드를 기준으로 그룹화하여 계산을 수행하는 부분합 기능을 이용할 수 있다. 부분합 도구에서는 합계 외에도 평균, 최대값, 최소값, 개수, 표준편차, 분산 등을 계산할 수도 있다.

3.1 부분합

특정 그룹의 부분합을 구하려면 먼저 해당 그룹을 기준으로 정렬해야 한다. 예를 들어 학과별 총점에 대한 부분합을 구하는 경우, 먼저 학과별로 정렬한 뒤 부분합을 적용해야 한다. 정렬되지 않은 상태에서 부분합을 실행하면 결과가 올바르게 계산되지 않는다.

기본예제 8-10 학과별 총점 평균 구하기

부분합 도구를 사용하여 학과별로 그룹화하고 총점의 평균을 구해 보자.

01 '심사표' 시트의 '학과' 필드에서 임의의 셀을 선택한다. 마우스 오른쪽 단추를 눌러 [정렬]–[텍스트 오름차순 정렬]을 선택한다.

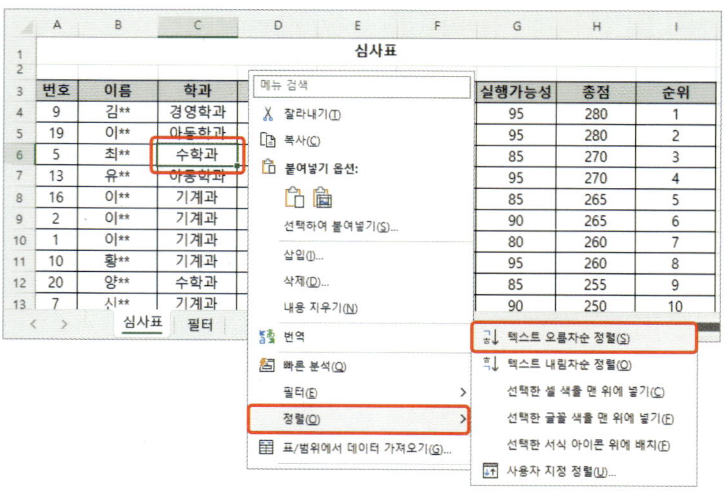

02 데이터 영역 내 임의의 셀을 선택하고 [데이터] 탭 - [개요] 그룹 - [부분합]을 누른다.

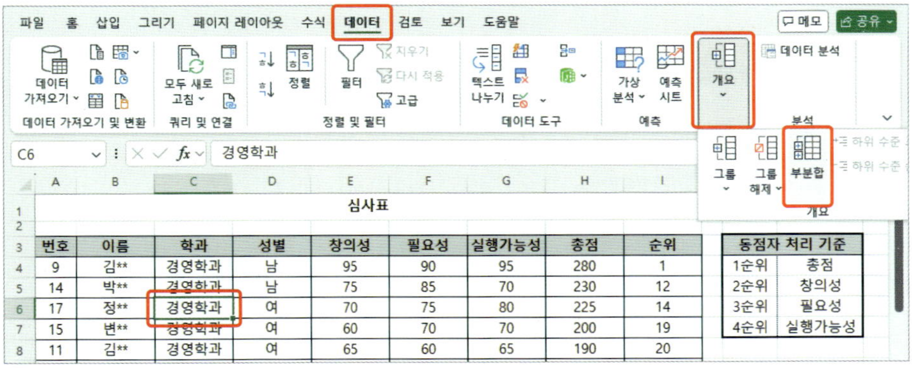

03 [부분합] 대화상자에서 [그룹화할 항목]은 [학과], [사용할 함수]는 [평균], [부분합 계산 항목]은 [총점]을 선택하고 [확인]을 누른다.

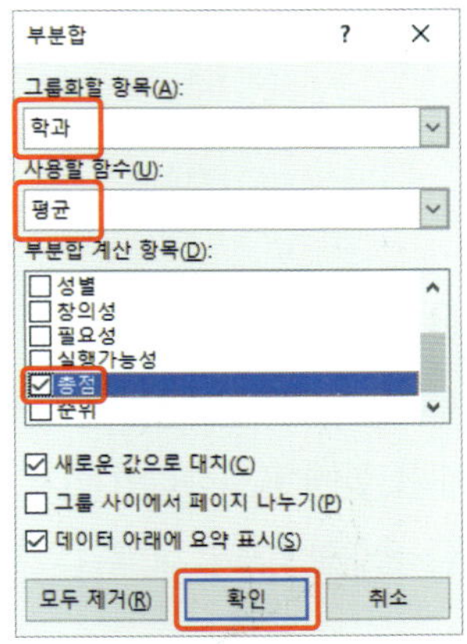

04 수준 번호 [2]를 누르면 상세 데이터 대신 학과별 요약 정보가 표시된다. C 열의 너비를 넓혀 한 줄로 표시되게 조정한다.

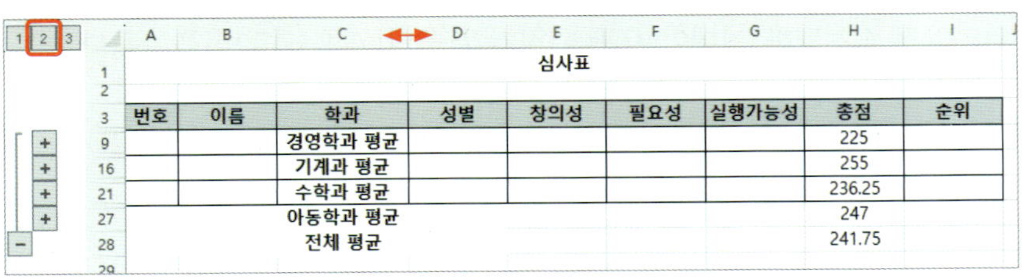

TIP 부분합이 실행되면 행 번호 왼쪽에 윤곽선과 수준 번호 [1], [2], [3]이 나타난다. 수준 번호를 누르거나 [+ 확장], [- 축소] 단추를 이용하면 수준별 상세 정보나 요약 정보를 원하는 형태로 바꿀 수 있다.

05 [데이터] 탭 – [개요] 그룹 – [부분합]을 눌러 [부분합] 대화상자를 다시 열고 [모두 제거]를 눌러 작성한 부분합을 삭제한다.

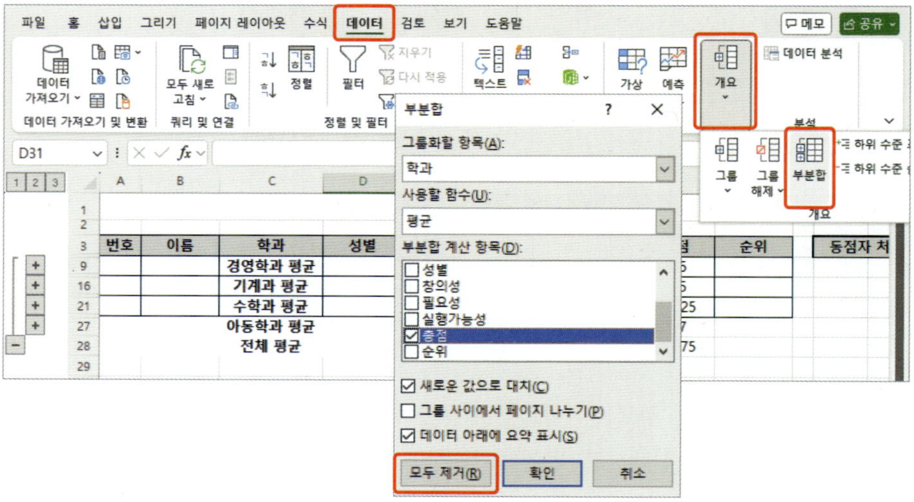

3.2 부분합의 중첩

두 개 이상의 필드에 대해 부분합을 계산할 수도 있다. 예를 들어 성별로 심사 항목 점수의 평균과 인원수를 함께 표시하려면 먼저 성별로 정렬한 후 평균과 개수에 대한 부분합 계산을 각각 실행한다. 부분합을 중첩함으로써 하나의 그룹에 대해 서로 다른 종류의 함수를 동시에 적용할 수 있다.

기본예제 8-11 학과별 평균과 인원수 구하기

성별로 각 심사 항목의 평균 점수를 계산하고, 인원수도 함께 표시해 보자.

01 '심사표' 시트에서 임의의 셀을 선택하고 [데이터] 탭 – [정렬 및 필터] 그룹 – [정렬]을 누른다.

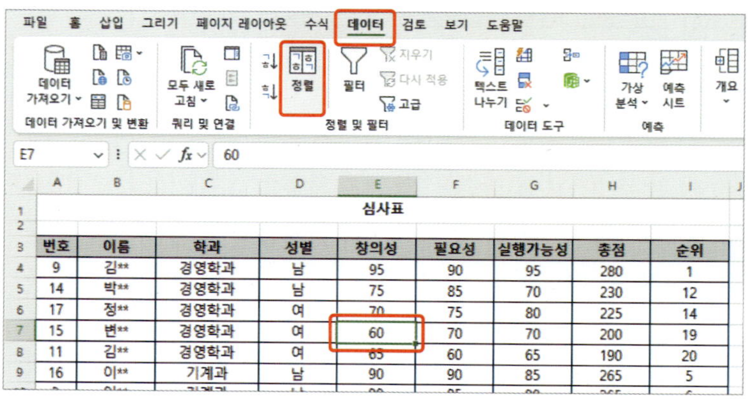

02 [정렬] 대화상자에서 정렬 기준을 [성별]로, 정렬 방식은 [오름차순]으로 지정하고 [확인]을 누른다.

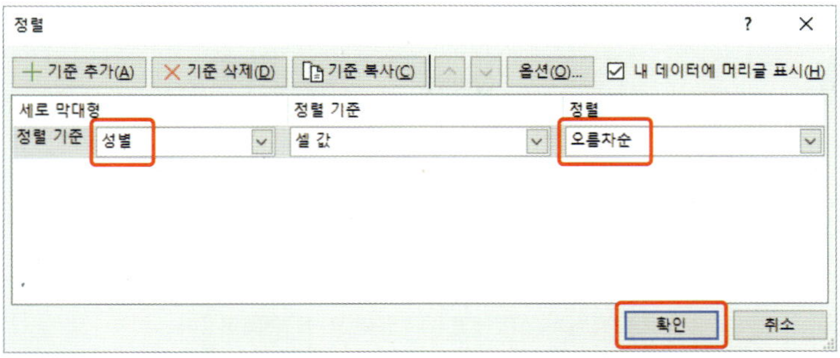

03 데이터 영역 내 임의의 셀을 선택하고 [데이터] 탭 – [개요] 그룹 – [부분합]을 누른다.

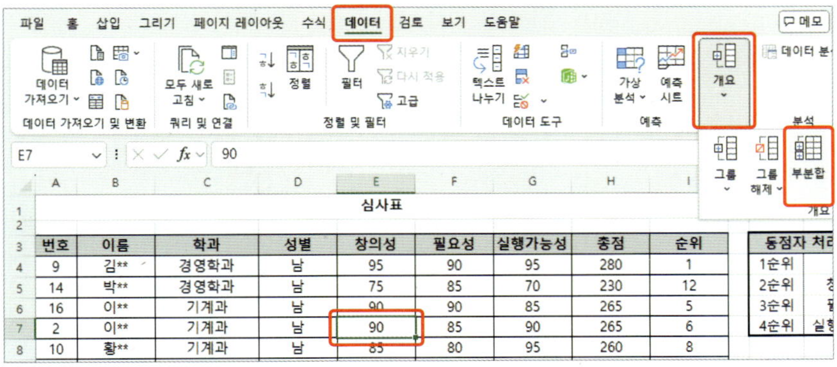

04 [부분합] 대화상자에서 [그룹화할 항목]을 [성별], [사용할 함수]는 [평균], [부분합 계산 항목]은 [창의성], [필요성], [실행가능성], [총점]으로 설정하고 [확인]을 누른다.

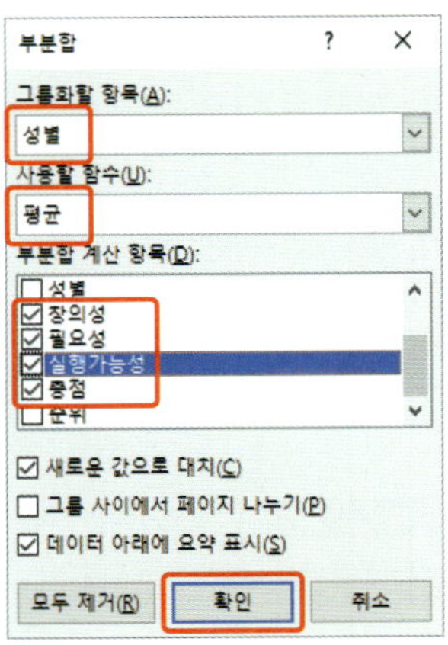

05 윤곽선과 수준 번호가 표시된다. 성별 인원수도 계산하기 위해 단계 **03**과 같이 시트에서 임의의 셀을 선택하고 [데이터] 탭 – [개요] 그룹 – [부분합]을 누른다.

06 [부분합] 대화상자에서 [그룹화할 항목]은 [성별], [사용할 함수]는 [개수], [부분합 계산 항목]은 [번호]를 선택하고, [새로운 값으로 대치] 항목을 해제한 다음 [확인]을 누른다.

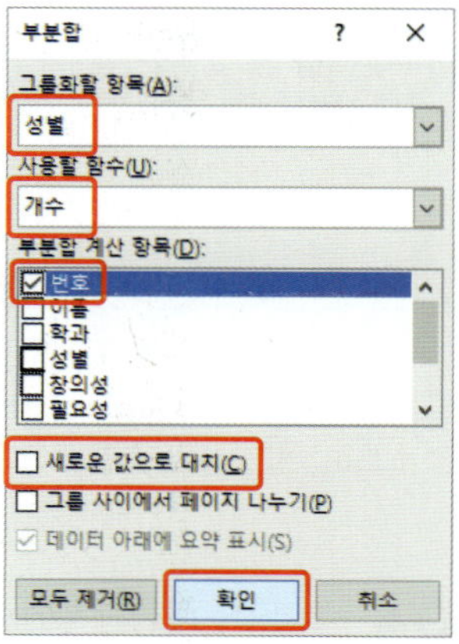

TIP [새로운 값으로 대치] 항목이 선택되어 있으면 기존 부분합이 제거되고 새로 설정한 부분합만 표시된다. 부분합을 중첩하려면 반드시 선택을 해제해야 한다.

07 [1]~[4]의 수준 번호 중 [3]을 누르면 성별 점수 평균과 인원수를 함께 볼 수 있다.

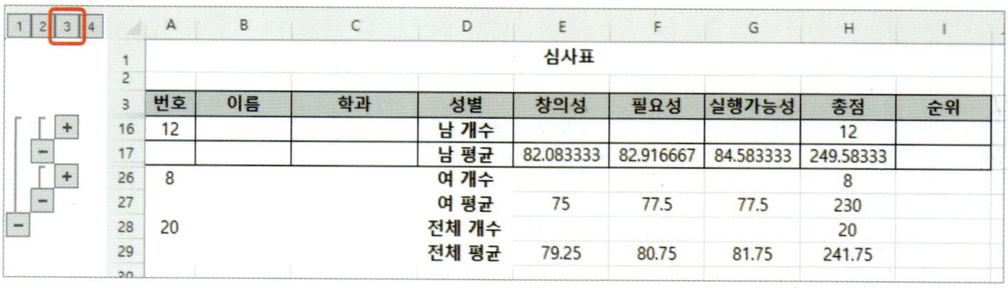

08 [홈] 탭 – [표시 형식] 그룹 – [자릿수 줄임]을 이용해 평균의 소수점 자릿수를 한 자리로 맞춘다.

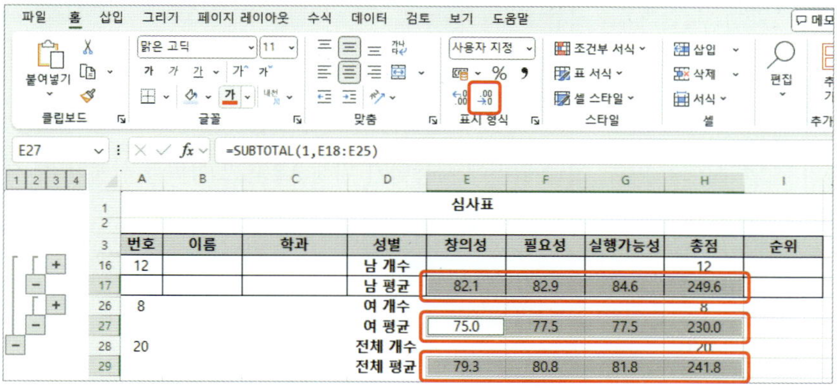

종합예제

정렬, 필터, 부분합을 활용하여 작업 명세서를 만들어 보자.

1 '8장_종합.xlsx' 파일의 '작업' 시트를 연다. 고급 필터에 사용하기 위해 A2:F22 범위를 선택하고, 작업목록이라는 영역 이름을 정의한다.

작업목록 | 현장명

현장 작업 관리

현장명	지역	작업	우선순위	상태	완료율
한세빌딩	서울	단열	보통	완료	100%
한세빌딩	서울	코팅	보통	완료	100%
한세빌딩	서울	배관	높음	진행중	50%
경남병원	인천	배관	보통	진행중	50%
경남병원	인천	설계	높음	완료	100%
주성빌딩	서울	단열	보통	완료	100%
주성빌딩	서울	코팅	높음	진행중	70%
경남병원	인천	단열	보통	완료	100%
경남병원	인천	코팅	보통	완료	100%
한세빌딩	서울	설계	높음	완료	100%
한세빌딩	서울	배선	높음	미시작	0%
경남병원	인천	단열	보통	완료	100%
한빛빌딩	경기	단열	높음	진행중	60%
한빛빌딩	경기	코팅	높음	미시작	0%
한빛빌딩	경기	설계	보통	완료	100%
대한병원	경기	단열	보통	완료	100%
대한병원	경기	설계	높음	완료	100%
경남병원	인천	전기	높음	미시작	0%
경남병원	인천	시공	높음	완료	100%
주성빌딩	서울	배관	보통	완료	100%

작업 필터

2 '필터' 시트를 선택하고, 우선순위가 높은 미완료 작업을 추출하기 위한 조건을 그림과 같이 A2:B3 범위에 작성한다.

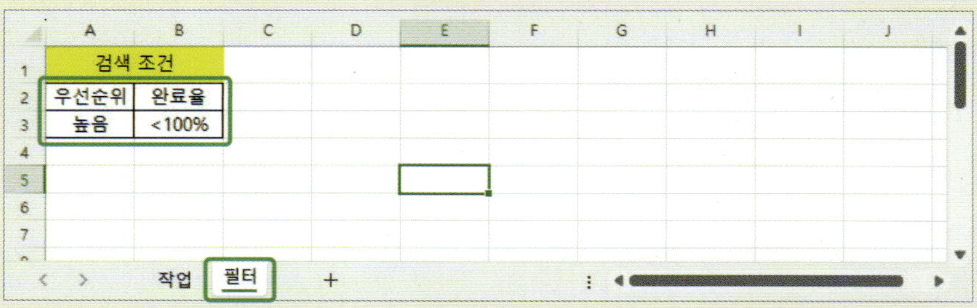

검색 조건

우선순위	완료율
높음	<100%

작업 필터

TIP 우선순위는 **높음**, 완료율은 **<100%**로 입력하거나 우선순위는 **높음**, 상태는 **<>완료**로 해도 된다.

3 [데이터] 탭－[정렬 및 필터] 그룹－[고급]을 누른다.

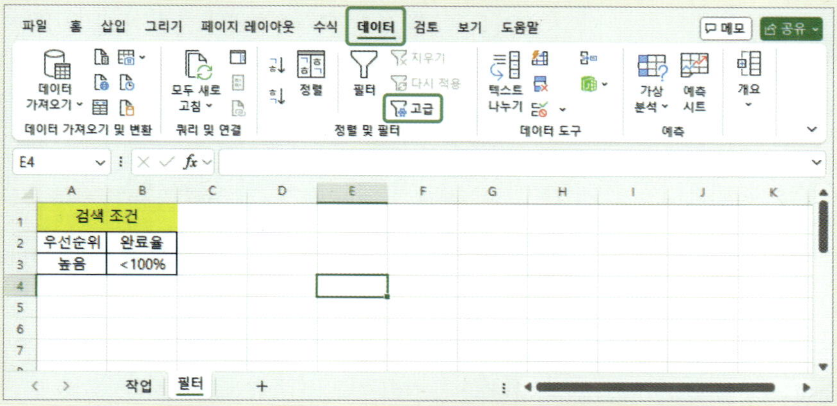

4 [고급 필터] 대화상자에서 [결과]를 [다른 장소에 복사], [목록 범위]는 **작업목록**, [조건 범위]는 **필터!$A$2:$B$3**, [복사 위치]는 **필터!$D$1**으로 설정하고 [확인]을 누른다.

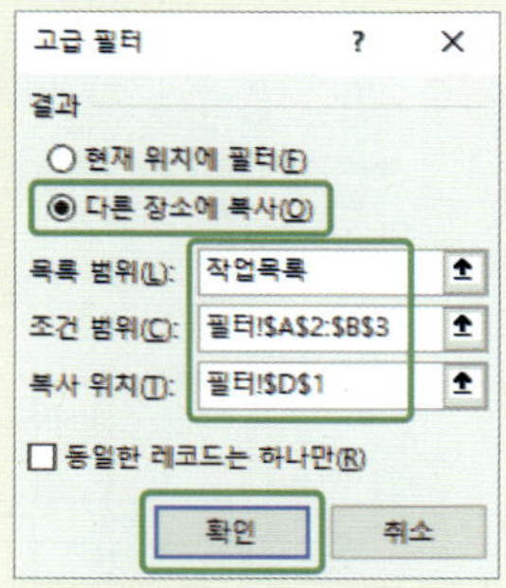

5 필터 결과가 표시된다. 이번에는 완료율을 기준으로 정렬해 보자. [데이터] 탭－[정렬 및 필터] 그룹－[정렬]을 선택한다.

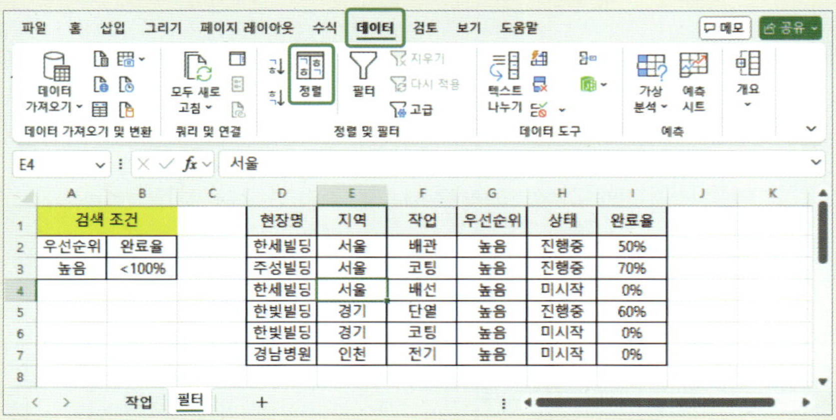

종합예제

6 [정렬] 대화상자에서 정렬 기준은 [완료율], 정렬 방법은 [오름차순]으로 선택하고 [확인]을 누른다.

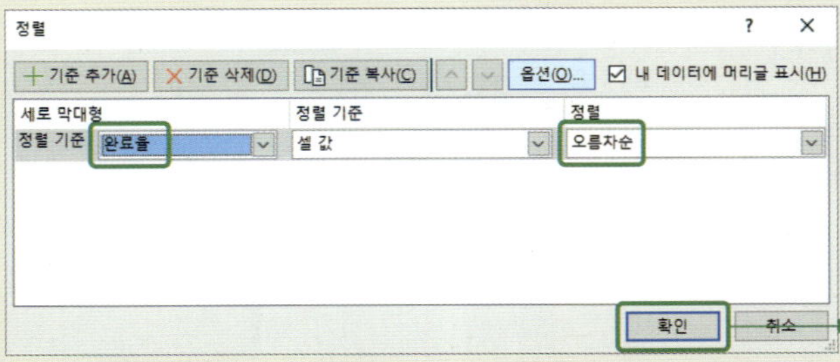

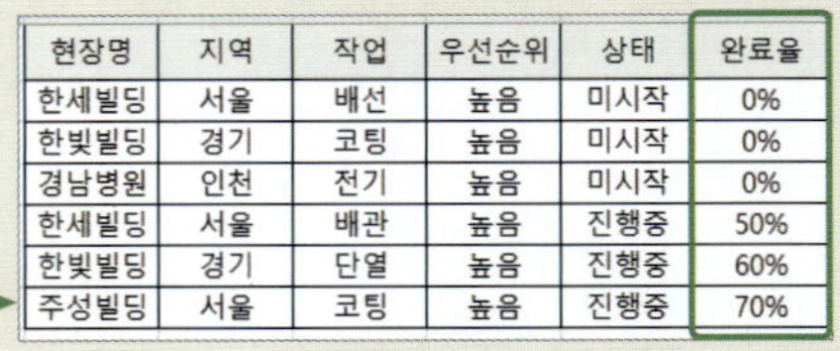

현장명	지역	작업	우선순위	상태	완료율
한세빌딩	서울	배선	높음	미시작	0%
한빛빌딩	경기	코팅	높음	미시작	0%
경남병원	인천	전기	높음	미시작	0%
한세빌딩	서울	배관	높음	진행중	50%
한빛빌딩	경기	단열	높음	진행중	60%
주성빌딩	서울	코팅	높음	진행중	70%

7 '작업' 시트에 있는 현장별 작업의 부분합도 계산해 보자. '작업' 시트의 데이터 영역 내 임의의 셀을 선택하고 [데이터] 탭 – [정렬 및 필터] 그룹 – [정렬]을 누른다.

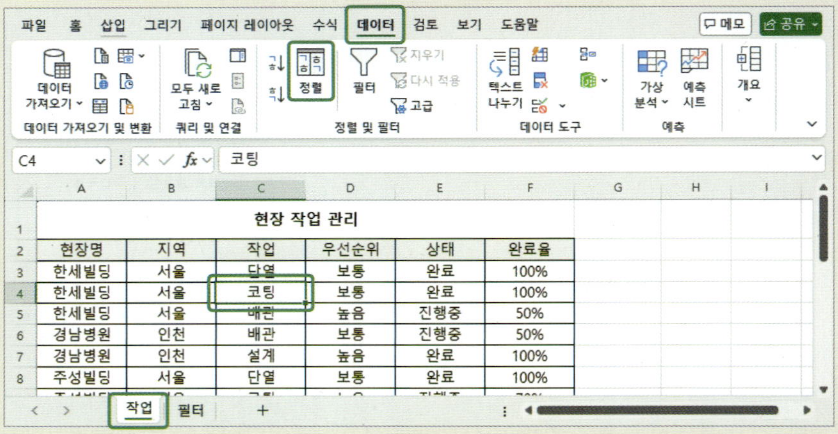

TIP 부분합을 계산하기 전에 해당 그룹을 기준으로 데이터를 정렬해 두어야 한다.

8 [정렬] 대화상자에서 [정렬 기준]을 [현장명]과 [작업]으로 하고, [정렬]은 모두 [오름차순]으로 설정한 후 [확인]을 누른다.

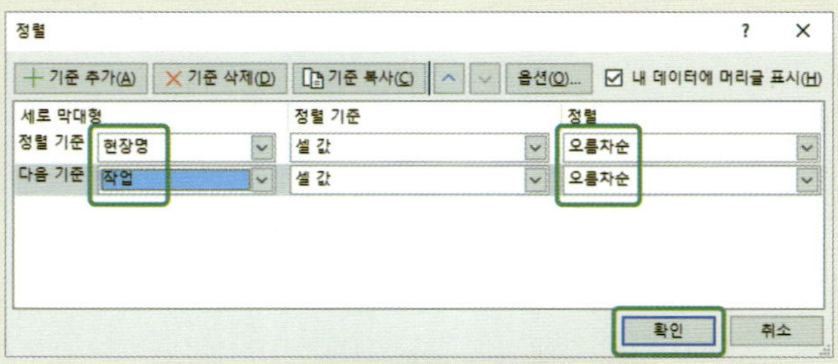

9 데이터 영역 내 임의의 셀을 선택하고 [데이터] 탭 – [개요] 그룹 – [부분합]을 누른다.

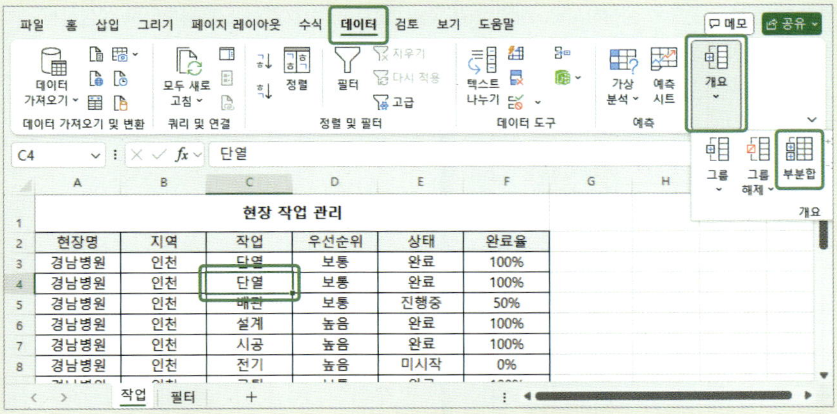

10 [부분합] 대화상자에서 [그룹화할 항목]을 [현장명], [사용할 함수]는 [평균], [부분합 계산 항목]은 [완료율]로 설정하고 [확인]을 누른다.

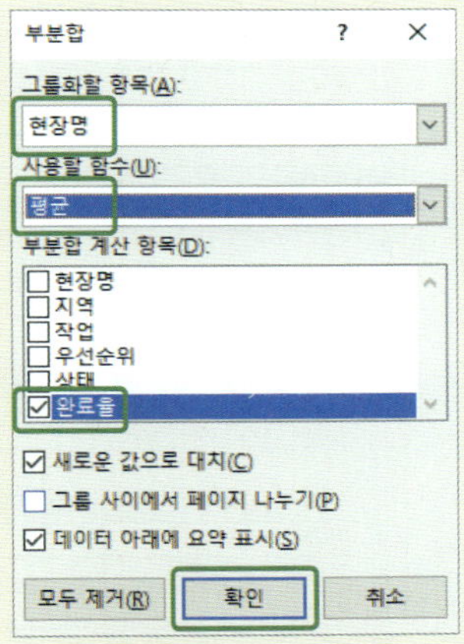

11 수준 번호 [2]를 누르면 현장별로 완료율의 평균을 확인할 수 있다.

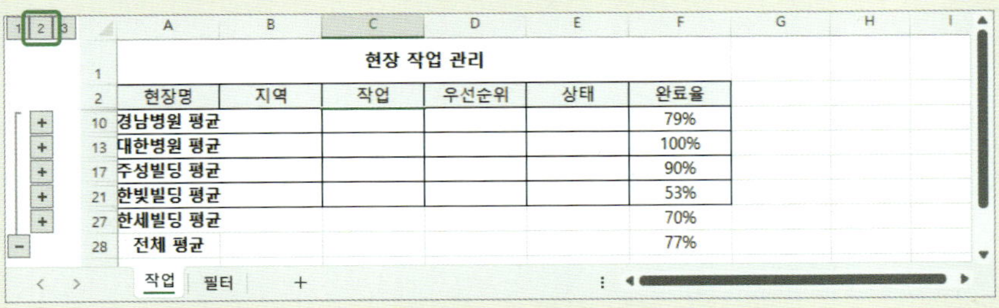

연습문제

1 '8장_연습.xlsx' 파일의 '연습2' 시트를 열어 아래 조건에 맞게 작성하시오.

❶ '사업장규모(m^2)'와 '상호명'을 기준으로 정렬하시오. '사업장규모'는 내림차순, '상호명'은 오름차순으로 설정하시오.

	A	B	C	D
1	상호명	사업장규모(㎡)	월배출량(kg)	처리방법
2	알라딘	634	2,000	자가재활용
3	이가갈비	610	2,000	위탁폐기
4	파노라마	568	600	자가재활용
5	해늘찹쌀순대국	565	500	위탁재활용
6	전주장작불곰탕	539	1,200	위탁폐기
7	동이호박오리	531	1,500	자가재활용
8	차이나	378	1,000	자가재활용
9	천하장사	333	480	위탁재활용
10	공간	293	600	위탁재활용
11	구드레감자탕	281	480	위탁재활용
12	수중궁갈비마당	277	2,000	자가재활용
13	착한낙지	263	840	위탁재활용
14	뚝통	245	700	위탁재활용
15	노천식당 터줏대감	245	520	위탁재활용
16	뜰안에밥상	241	800	위탁재활용
17	산유화 한정식	240	510	위탁폐기
18	미소육화	235	960	위탁폐기
19	삐노꼴레	234	600	자가재활용
20	산꼬마	232	520	위탁재활용
21	지중해	227	570	자가재활용
22	돌담집	212	480	위탁폐기
23	올리앤	206	480	위탁폐기
24	가르텐비어	204	500	자가재활용
25	채선당	204	360	자가재활용
26	하늘밥상	166	240	위탁재활용
27				

연습1 | 연습2 | 연습3

❷ 자동 필터를 사용해 '월배출량'의 값이 상위 30%에 해당하고, '처리방법'이 '위탁'인 데이터만 추출하시오.

	A	B	C	D
1	상호명	사업장규모(m	월배출량(kg)	처리방법
3	이가갈비	610	2,000	위탁폐기
6	전주장작불곰탕	539	1,200	위탁재활용
18	미소육화	235	960	위탁폐기
27				

2 '8장_연습.xlsx' 파일의 '연습2' 시트를 열어 다음 조건에 맞게 작성하시오.

❶ ROW 함수를 이용하여 '순번' 필드에 순서대로 일련번호를 표시하시오.

❷ '군구명', '병원종별', '의료기관명' 순으로 모두 오름차순 정렬하시오.

❸ 고급 필터를 이용해 '계양구'나 '부평구'에 있는 한의원을 추출하시오. 필터 조건은 F2:G4 범위에 알맞게 작성하고, 필터 결과는 F8 셀부터 표시하시오.

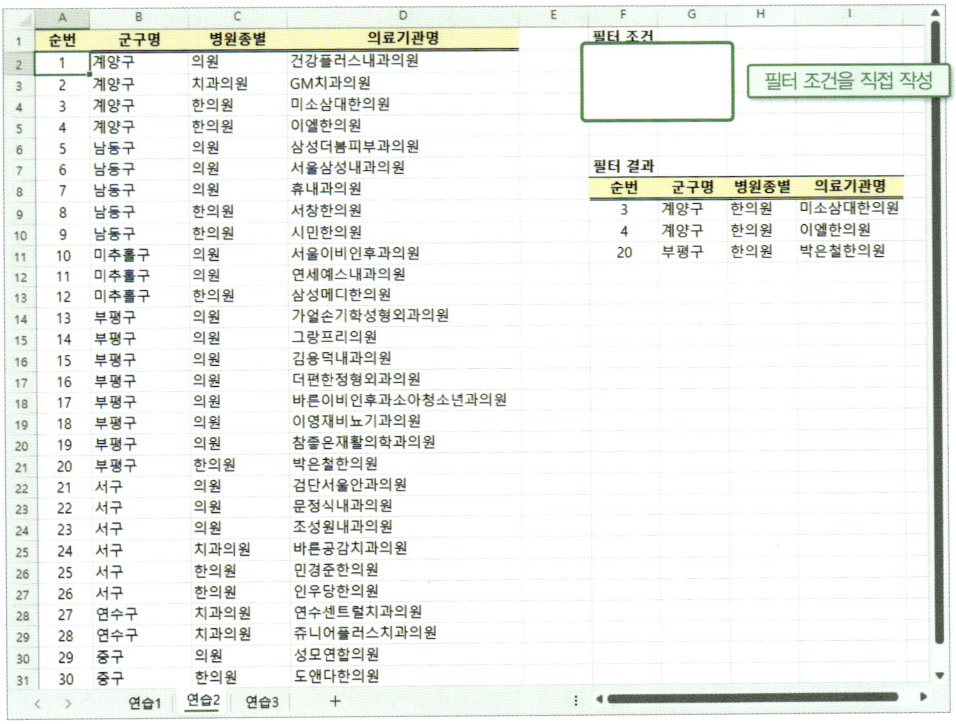

순번	군구명	병원종별	의료기관명
1	계양구	의원	건강플러스내과의원
2	계양구	치과의원	GM치과의원
3	계양구	한의원	미소삼대한의원
4	계양구	한의원	이엘한의원
5	남동구	의원	삼성더봄피부과의원
6	남동구	의원	서울삼성내과의원
7	남동구	의원	휴내과의원
8	남동구	한의원	서창한의원
9	남동구	한의원	시민한의원
10	미추홀구	의원	서울이비인후과의원
11	미추홀구	의원	연세예스내과의원
12	미추홀구	한의원	삼성메디한의원
13	부평구	의원	가얼손기학성형외과의원
14	부평구	의원	그랑프리의원
15	부평구	의원	김용덕내과의원
16	부평구	의원	더편한정형외과의원
17	부평구	의원	바른이비인후과소아청소년과의원
18	부평구	의원	이영재비뇨기과의원
19	부평구	의원	참좋은재활의학과의원
20	부평구	한의원	박은철한의원
21	서구	의원	검단서울안과의원
22	서구	의원	문정식내과의원
23	서구	의원	조성원내과의원
24	서구	치과의원	바른공감치과의원
25	서구	한의원	민경준한의원
26	서구	한의원	인우당한의원
27	연수구	치과의원	연수센트럴치과의원
28	연수구	치과의원	쥬니어플러스치과의원
29	중구	의원	성모연합의원
30	중구	한의원	도앤다한의원

필터 결과

순번	군구명	병원종별	의료기관명
3	계양구	한의원	미소삼대한의원
4	계양구	한의원	이엘한의원
20	부평구	한의원	박은철한의원

3 '8장_연습.xlsx' 파일의 '연습3' 시트를 열어 다음 조건에 맞게 작성하시오.

❶ C2:C31 범위에 있는 '관측일' 데이터에서 월을 계산(MONTH 함수)하고 B2:B31 범위('수송월')에 표시하시오.

❷ B2:B31 범위의 '수송월'에는 사용자 지정 표시 형식을 설정해 그림과 같이 표시하시오(~월).

❸ '역명'과 '수송월'을 오름차순 정렬한 후, 역명별 승하차인원수 합계를 부분합 도구로 계산하시오.

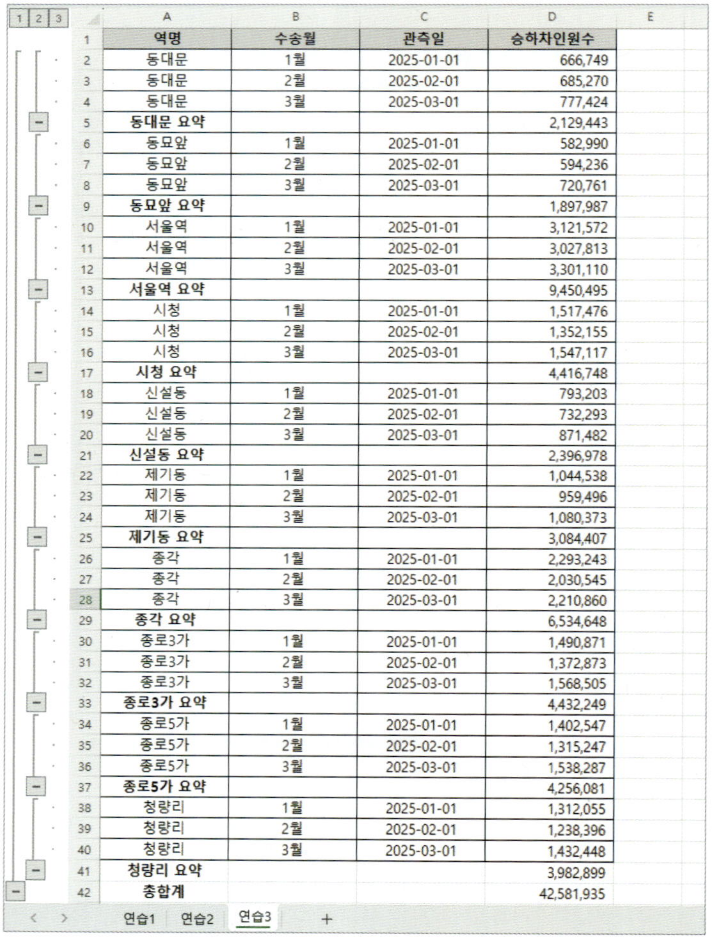

	A	B	C	D	E
1	역명	수송월	관측일	승하차인원수	
2	동대문	1월	2025-01-01	666,749	
3	동대문	2월	2025-02-01	685,270	
4	동대문	3월	2025-03-01	777,424	
5	**동대문 요약**			2,129,443	
6	동묘앞	1월	2025-01-01	582,990	
7	동묘앞	2월	2025-02-01	594,236	
8	동묘앞	3월	2025-03-01	720,761	
9	**동묘앞 요약**			1,897,987	
10	서울역	1월	2025-01-01	3,121,572	
11	서울역	2월	2025-02-01	3,027,813	
12	서울역	3월	2025-03-01	3,301,110	
13	**서울역 요약**			9,450,495	
14	시청	1월	2025-01-01	1,517,476	
15	시청	2월	2025-02-01	1,352,155	
16	시청	3월	2025-03-01	1,547,117	
17	**시청 요약**			4,416,748	
18	신설동	1월	2025-01-01	793,203	
19	신설동	2월	2025-02-01	732,293	
20	신설동	3월	2025-03-01	871,482	
21	**신설동 요약**			2,396,978	
22	제기동	1월	2025-01-01	1,044,538	
23	제기동	2월	2025-02-01	959,496	
24	제기동	3월	2025-03-01	1,080,373	
25	**제기동 요약**			3,084,407	
26	종각	1월	2025-01-01	2,293,243	
27	종각	2월	2025-02-01	2,030,545	
28	종각	3월	2025-03-01	2,210,860	
29	**종각 요약**			6,534,648	
30	종로3가	1월	2025-01-01	1,490,871	
31	종로3가	2월	2025-02-01	1,372,873	
32	종로3가	3월	2025-03-01	1,568,505	
33	**종로3가 요약**			4,432,249	
34	종로5가	1월	2025-01-01	1,402,547	
35	종로5가	2월	2025-02-01	1,315,247	
36	종로5가	3월	2025-03-01	1,538,287	
37	**종로5가 요약**			4,256,081	
38	청량리	1월	2025-01-01	1,312,055	
39	청량리	2월	2025-02-01	1,238,396	
40	청량리	3월	2025-03-01	1,432,448	
41	**청량리 요약**			3,982,899	
42	**총합계**			42,581,935	

CHAPTER 09

표와 차트

학습목표

- 표를 작성하고 편집할 수 있다.
- 차트를 만들고 차트 구성 요소를 활용할 수 있다.
- 스파크라인을 만들고 활용할 수 있다.

EXCEL 2021

SECTION 01

표 활용하기

엑셀의 표는 데이터를 체계적으로 관리하기 위한 기능으로, 속성을 나타내는 필드를 기준으로 개별 데이터를 구분할 수 있게 만든 데이터 집합이다. 표를 시트에 직접 삽입할 수도 있고 셀 범위를 표로 바꿀 수도 있다. 표에 저장된 데이터는 엑셀에서 제공하는 표 스타일 목록을 이용하여 손쉽게 꾸밀 수 있고 수식 자동 복사, 요약 정보 표시, 필터링 작업 등도 간편하게 할 수 있다.

1.1 표 작성

엑셀 워크시트에 표를 삽입하고 표 안에 데이터를 직접 입력할 수도 있지만, 셀에 입력된 데이터가 있다면 간단하게 표를 만들 수 있다. 표가 생성되면 표 이름과 기본 서식이 자동으로 지정되며, 표 도구를 이용해 다양한 스타일을 설정할 수 있다.

기본예제 9-1 표 이름과 스타일 설정하기

셀에 입력된 데이터를 표로 변환하고 이름과 스타일을 설정해 보자.

01 '9장_실습.xlsx' 파일의 '도서' 시트를 열고 [삽입] 탭 – [표] 그룹 – [표]를 누른다.

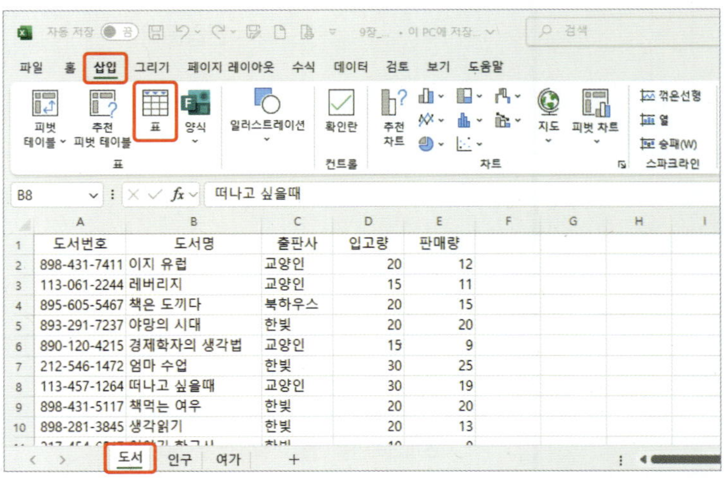

TIP 표 만들기는 단축키 Ctrl + T 를 이용해도 된다.

02 [표 만들기] 대화상자에서 표에 사용할 데이터의 범위는 **$A$1:$E$15**로 하고 [머리글 포함]을 선택한 후 [확인]을 누른다.

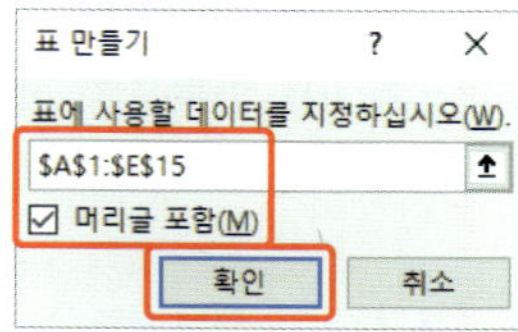

TIP 데이터 영역 내 임의의 셀을 선택한 상태에서 [표 만들기]를 실행하면 사용할 데이터가 자동 지정된다.

03 변환된 표가 선택된 상태에서 [테이블 디자인] 탭 – [속성] 그룹 – [표 이름]을 **도서목록**으로 수정한다.

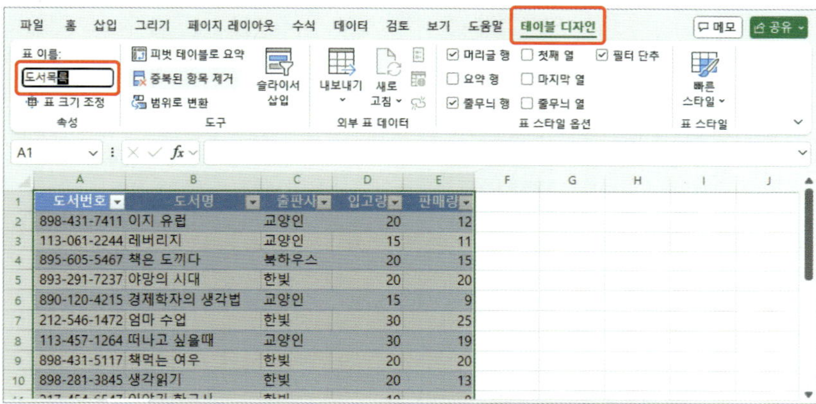

04 [테이블 디자인] 탭 – [표 스타일] 그룹 – [빠른 스타일] 목록에서 [흰색, 표 스타일 밝게 1]을 선택한다.

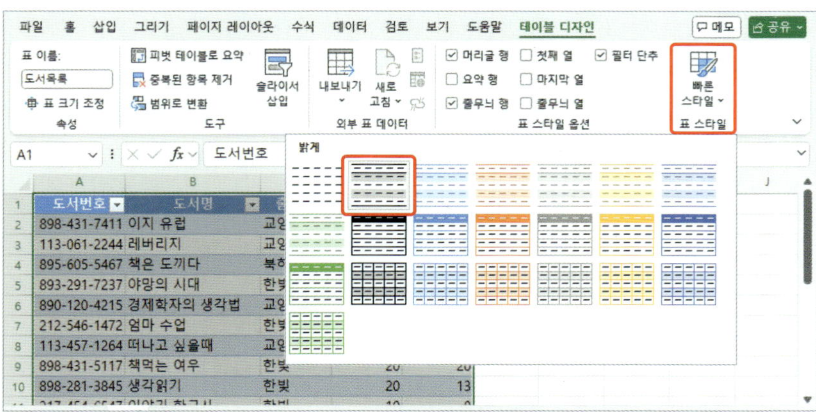

TIP 표를 선택하고 [테이블 디자인] 탭-[도구] 그룹에서 [범위로 변환]을 누르면 표가 다시 셀로 변환된다. 이때 적용된 서식과 데이터는 그대로 유지된다.

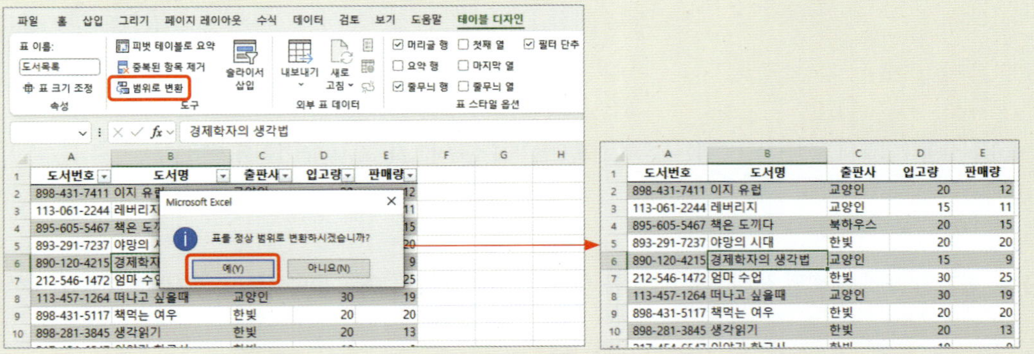

05 [테이블 디자인] 탭-[표 스타일 옵션] 그룹에서 [필터 단추] 선택을 해제하여 필드 이름 옆의 [▾ 필터] 단추를 제거한다.

TIP **표를 먼저 만들고 데이터 추가하기**

표에 사용할 데이터가 셀에 입력되어 있지 않으면 워크시트에 표를 먼저 만들고 데이터를 추가한다.

① [삽입] 탭-[표] 그룹-[표]를 누른다. [표 만들기] 대화상자에서 표에 사용할 데이터를 **$A$1**로 설정하고 [확인]을 누른다.

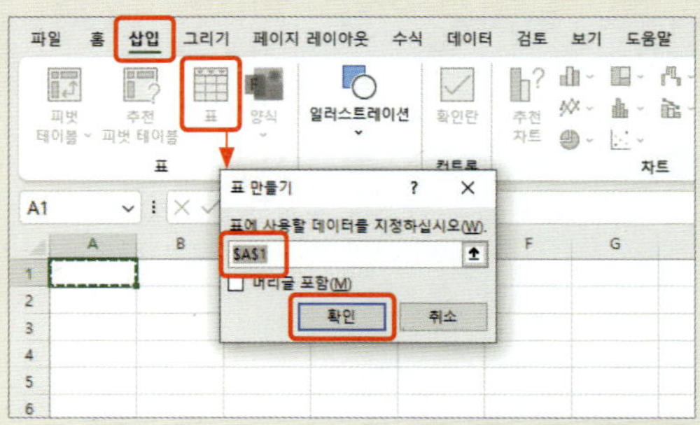

② 삽입된 표의 A1 셀에 **출판사**를 입력하고 Enter 나 Tab 을 누른다. '출판사' 필드가 만들어지면 값을 입력한다.

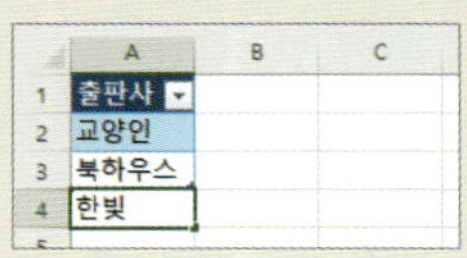

③ B1 셀에 **담당자**를 입력해 필드를 추가하고 '담당자' 필드의 값을 입력한다

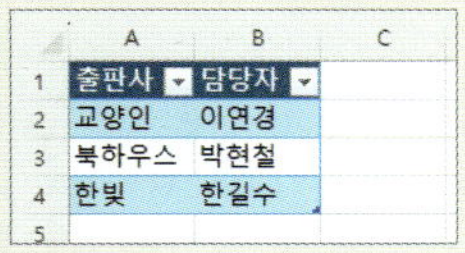

④ 행이나 열의 삽입·삭제·선택이나 내용 지우기 등 표 편집 작업은 표 범위를 마우스 오른쪽 단추로 누르면 나타나는 단축 메뉴에서 선택할 수 있다.

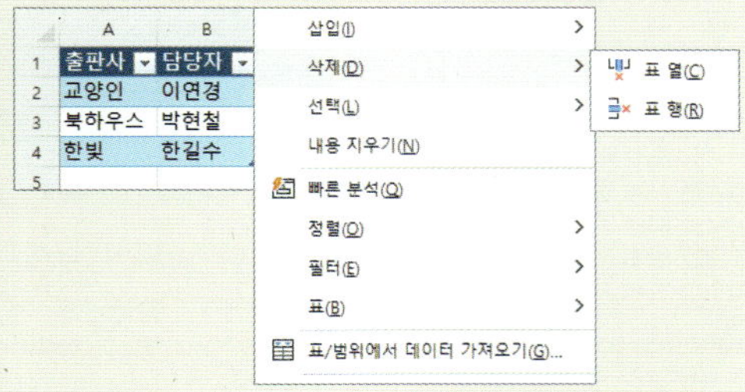

기본예제 9-2 표 편집하고 수식 계산하기

표에 행이나 열을 추가하고 합계나 개수 등을 간편하게 계산해 보자.

01 F1 셀에 **재고량**을 입력하고 Enter 를 누르면 표에 필드가 추가되어 표가 자동으로 확장된다.

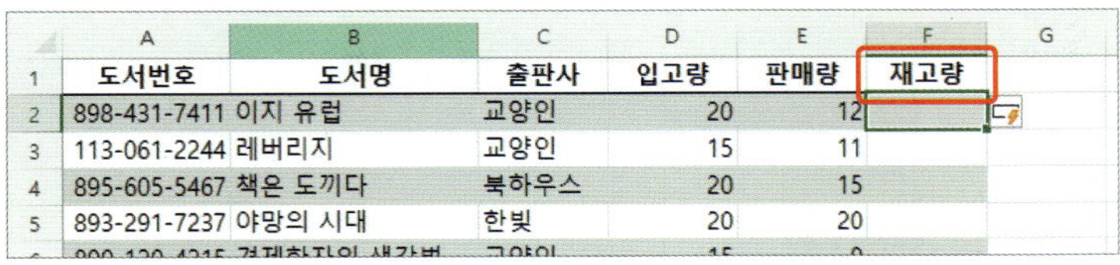

TIP 표에 인접한 셀에 데이터가 입력되면 표가 자동으로 확장된다. 표가 자동 확장되지 않는다면, [파일] 탭–[옵션]–[언어 교정]에서 [자동 고침 옵션]을 누른다. [자동 고침] 대화상자가 나타나면 [입력할 때 자동 서식] 탭–[표에 새 행 및 열 포함]을 선택한다.

02 F2 셀에 **=D2–E2** 수식을 입력하고 Enter 를 누르면 '재고량'이 모두 계산된다.

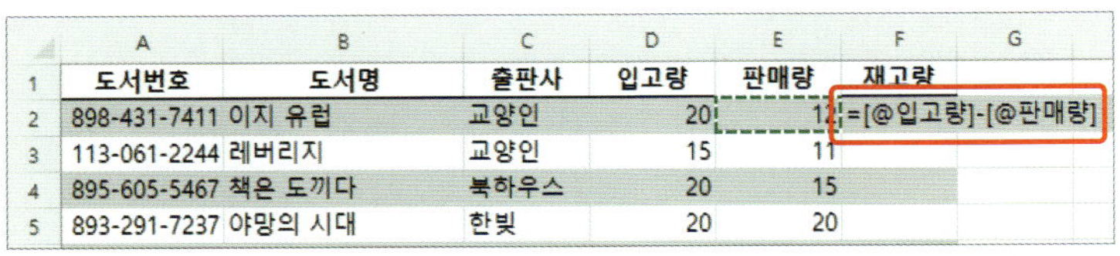

TIP 수식을 입력할 때 마우스로 D2 셀을 클릭하면 [@입고량]으로, E2 셀을 클릭하면 [@판매량]으로 자동 변환되어 입력한 수식은 =[@입고량]–[@판매량]형태가 된다. [@입고량]은 D2 셀과 동일하며, 필드 이름([입고량]) 앞에 현재 행 기호(@)를 붙여 수식이 입력된 셀과 같은 행(2행)의 '입고량' 값을 참조하게 된다.

03 [테이블 디자인] 탭 – [표 스타일 옵션] 그룹에서 [요약 행]을 선택하면 표 아래쪽에 행이 추가된다.

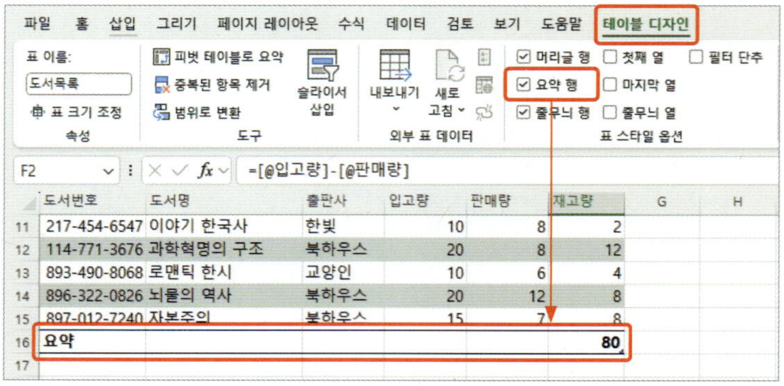

04 '도서명'은 [개수] 함수를 선택하고, '입고량', '판매량', '재고량'은 [합계] 함수를 각각 선택한다.

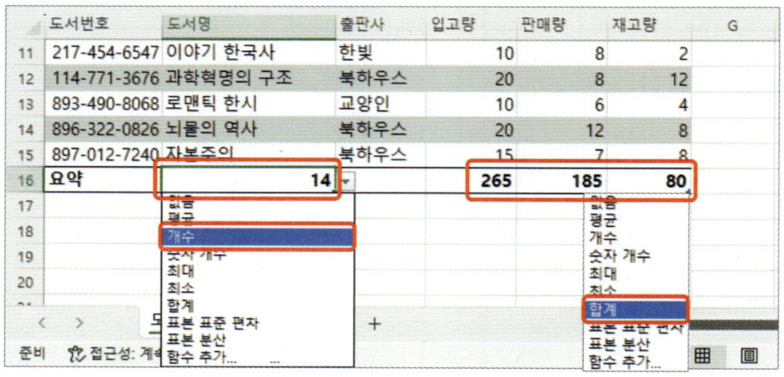

05 요약 행의 각 셀에 그림과 같이 표시 형식을 설정한다.

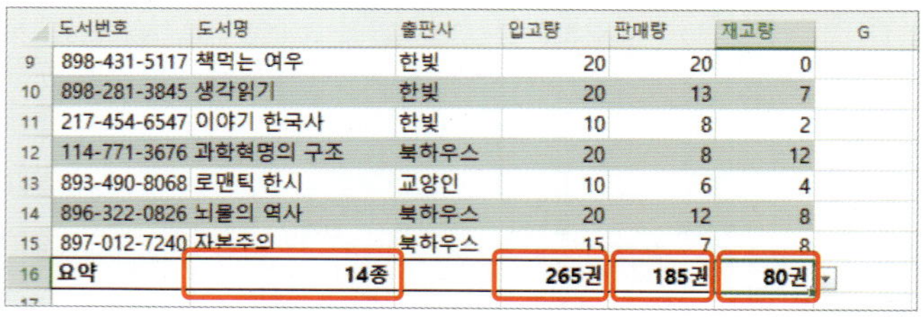

TIP '도서명'은 **G/표준"종"**, '입고량', '판매량', '재고량'에는 **G/표준"권"**으로 사용자 지정 표시 형식을 설정한다.

기본예제 9-3 슬라이서로 조건에 맞는 데이터 추출하기

엑셀의 표에는 슬라이서라는 기능이 있어서 필터 단추를 이용하지 않고도 조건에 맞는 결과만 추출할 수 있다. 슬라이서를 만들어 특정 출판사의 도서만 표시해 보자.

01 표 안에 있는 임의의 셀을 선택하고 [테이블 디자인] 탭 – [도구] 그룹 – [슬라이서 삽입]을 누른다.

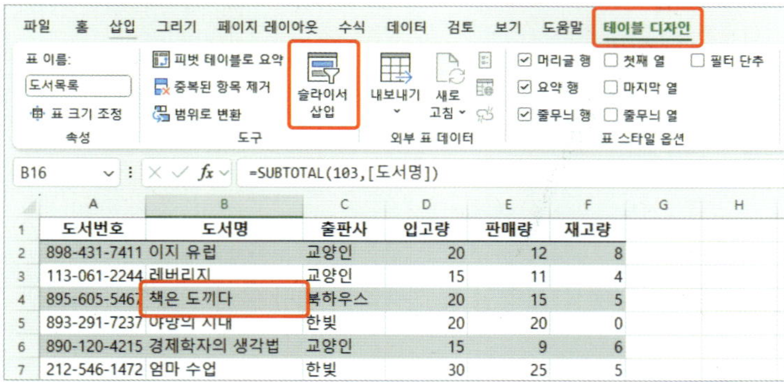

02 [슬라이서 삽입] 대화상자에서 '출판사'를 선택하고 [확인]을 누른다.

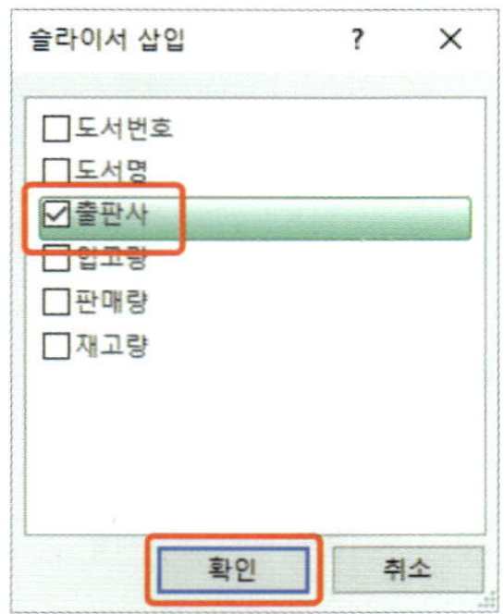

03 삽입된 슬라이서의 크기와 위치를 마우스로 조절한다. [슬라이서] 탭 – [옵션] 탭 – [슬라이서 스타일] 그룹 – [빠른 스타일] 목록에서 [연한 주황, 슬라이서 스타일 밝게 2]를 선택한다.

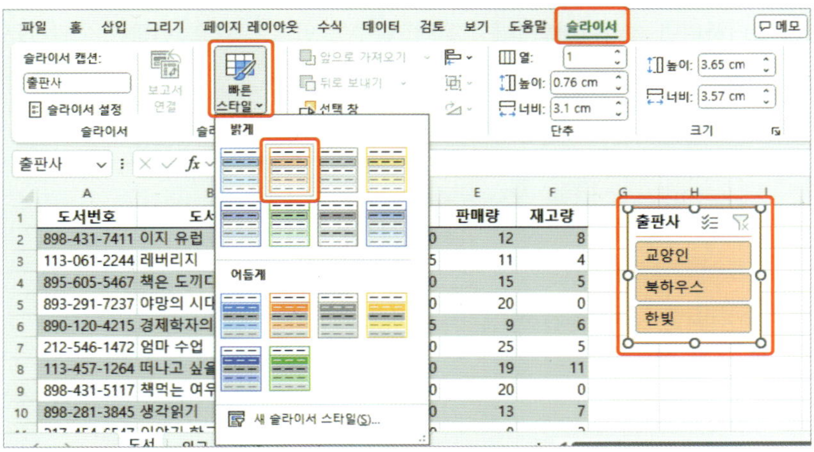

TIP 슬라이서를 삭제하려면 슬라이서 선택 후 Delete 키를 누르거나, 슬라이서를 마우스 오른쪽 단추로 눌러 ["출판사" 제거]를 선택한다.

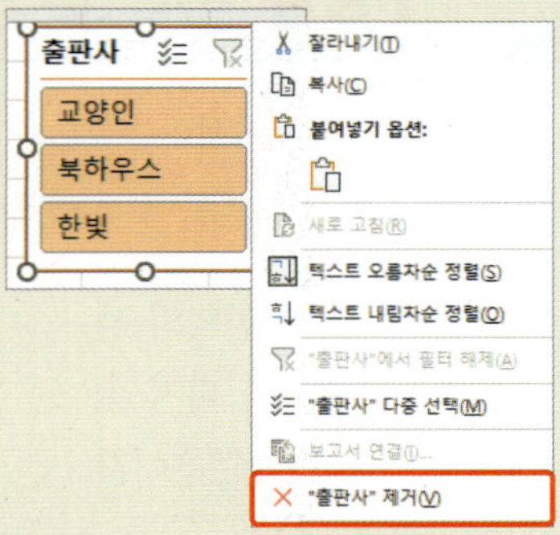

04 슬라이서에서 '교양인'을 선택하면 해당 출판사의 도서 목록만 표시된다.

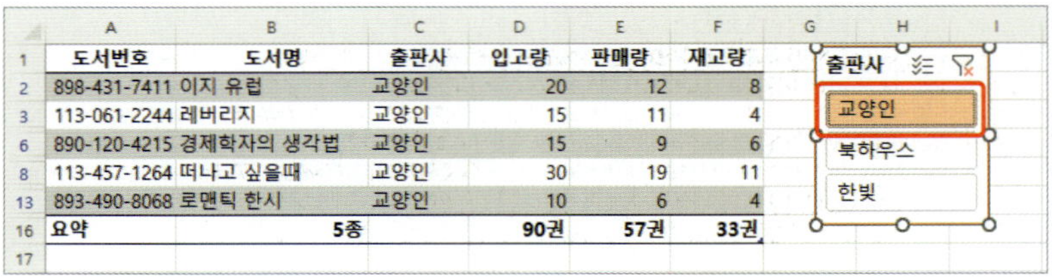

05 필터를 해제하려면 슬라이서에서 [필터 해제] 단추를 누른다.

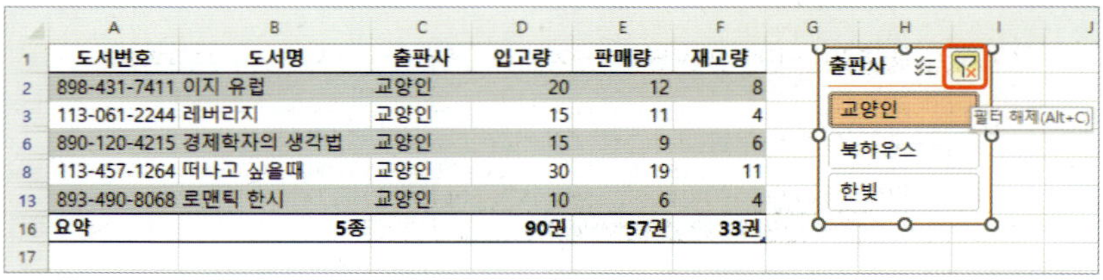

06 여러 출판사를 동시에 필터하려면 슬라이서의 [다중 선택] 단추를 먼저 누르고, 원하는 출판사를 선택한다.

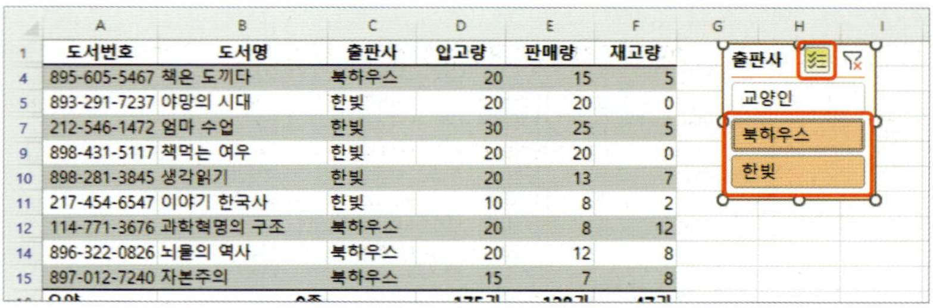

EXCEL 2021

SECTION 02

차트 만들기

차트는 숫자 데이터를 그래프로 시각화하는 도구이다. 셀이나 표는 정확한 수치는 알 수 있지만, 변화 추이나 항목 간 차이를 한눈에 파악하기는 어렵다. 차트를 사용하면 데이터의 흐름과 비교 관계를 직관적으로 볼 수 있으며, 범례나 레이블을 추가해 정보를 더 쉽게 해석할 수 있다. 엑셀에서는 다양한 유형의 차트를 제공하므로, 데이터를 효과적으로 분석하고 전달하는 데 유용하게 활용할 수 있다.

2.1 차트의 종류

엑셀에서 제공하는 차트는 세로 막대형, 가로 막대형, 꺾은선형, 원형 등 여러 형태로 구분되며, 나타내고자 하는 데이터의 특성이나 목적에 맞는 유형을 선택할 수 있다. 주요 차트의 특징과 주로 활용되는 분야는 다음과 같다.

- **세로 막대형:** 일정 기간의 데이터 변화를 표시하거나 여러 항목을 비교할 때 사용한다.

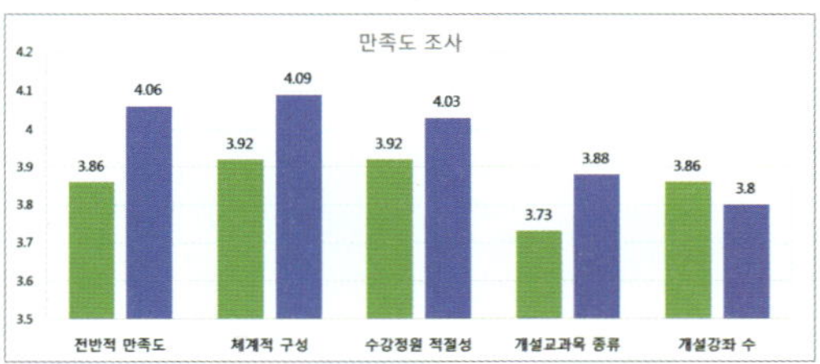

- **꺾은선형:** 일정 기간의 데이터 추세나 데이터 변화를 표시할 때 유용하다.

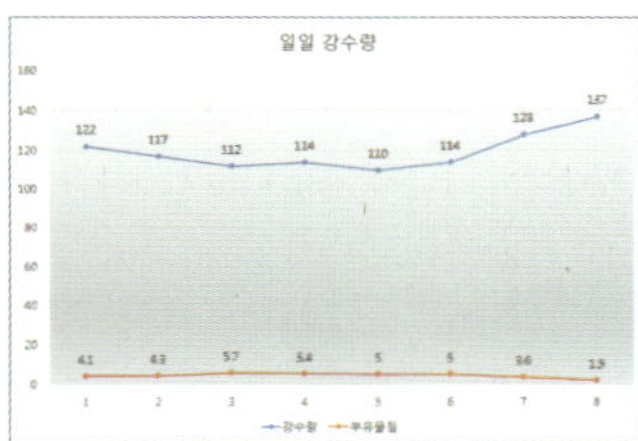

- **원형:** 전체에서 각 항목이 차지하는 비율을 나타낼 때 사용한다. 하나의 데이터 계열만 강조할 때 유용하다.

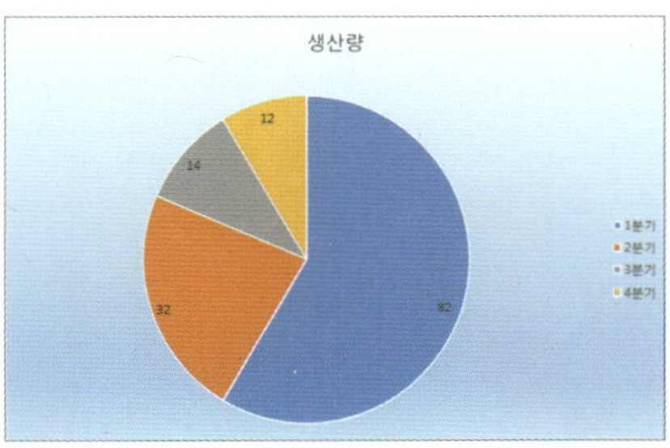

- **가로 막대형:** 항목 이름(축 레이블)이 길거나 기간에 대한 데이터를 나타낼 때 유용하다.

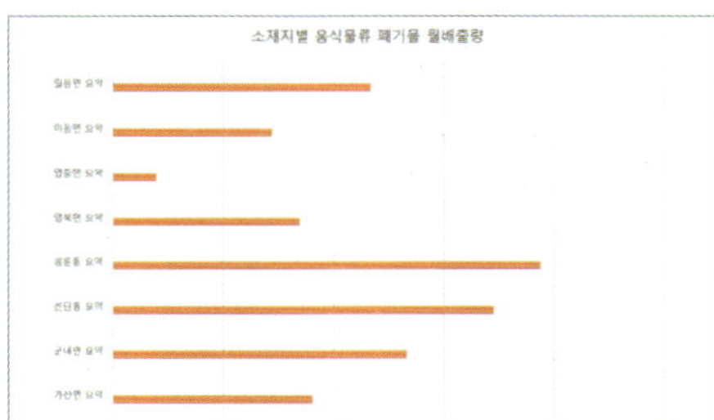

- **영역형:** 시간의 흐름에 따른 데이터의 전체적인 변화 추세를 보여주는 동시에, 개별 값이 전체에서 차지하는 비중이 어떻게 변하고 있는지 비교할 수 있다.

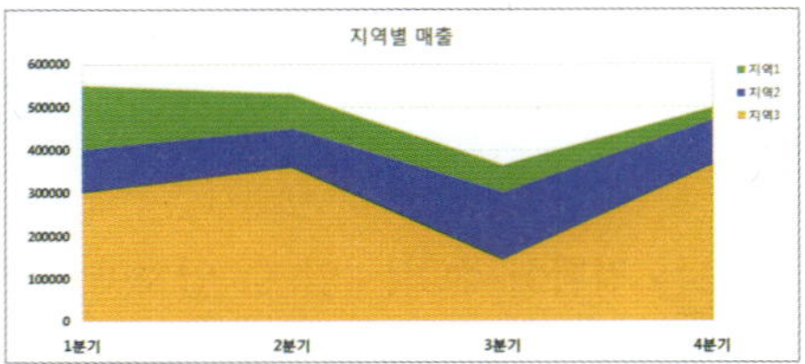

- **주식형:** 주가 변동이나 기온 변화와 같이 일정 기간 동안의 증감 추이를 표시할 수 있다.

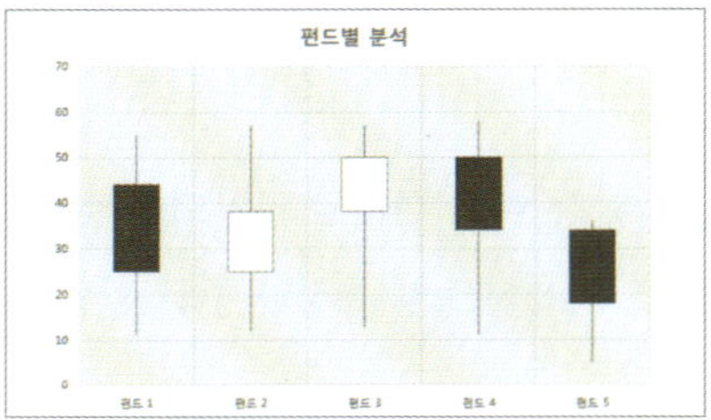

- **표면형:** 같은 값의 범위를 색상이나 무늬로 구분하여 두 데이터 집합 간 최적의 조합을 찾을 수 있다.

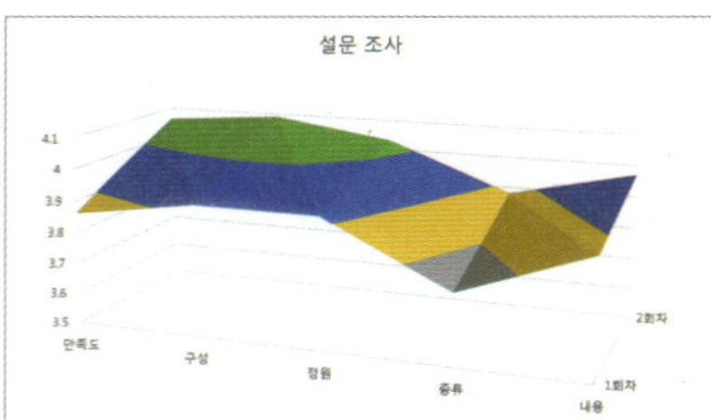

- **트리맵:** 데이터를 계층 구조로 표시하여 서로 다른 데이터 계열 안에서 비율을 비교할 수 있다.

- **분산형/거품형:** 두 데이터 그룹을 하나의 xy 좌표 계열로 그리는 차트로, 데이터의 불규칙한 간격이나 묶음을 표시할 수 있다. 거품형은 분산형 차트에 하나의 데이터 요소를 더 추가하여 거품의 크기로 그 값을 표시한다.

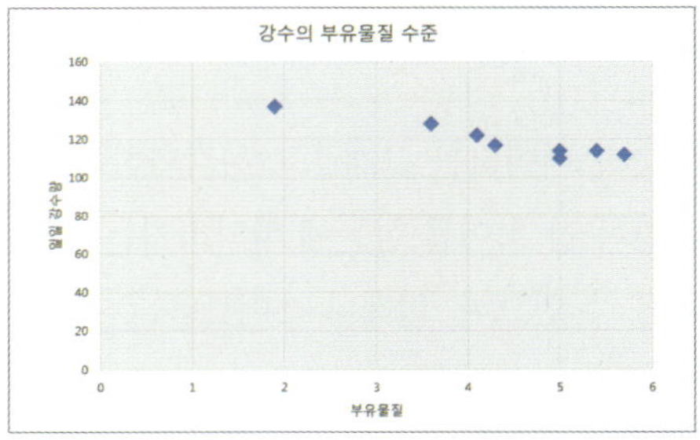

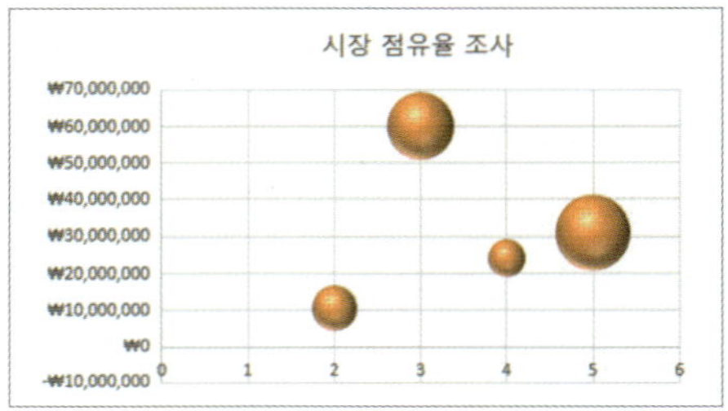

- **방사형:** 여러 데이터 계열의 값을 동일한 축에 배치하여 데이터 간의 균형과 차이를 비교할 수 있다.

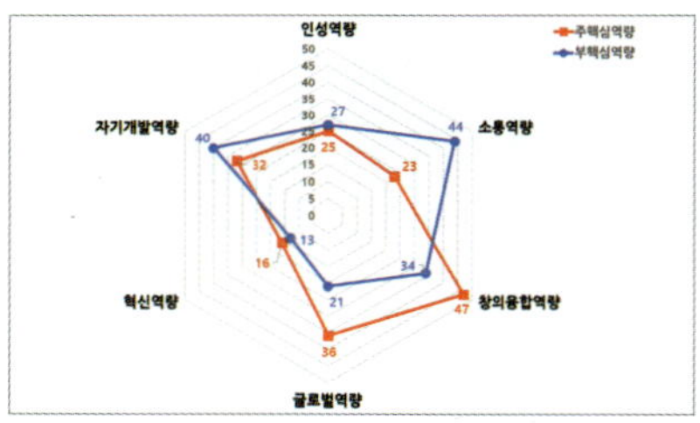

- **선버스트:** 계층 구조를 갖는 데이터를 여러 수준의 고리로 표시하는 차트로, 각 고리가 어떤 구성 요소로 이루어져 있는지 나타낼 수 있다.

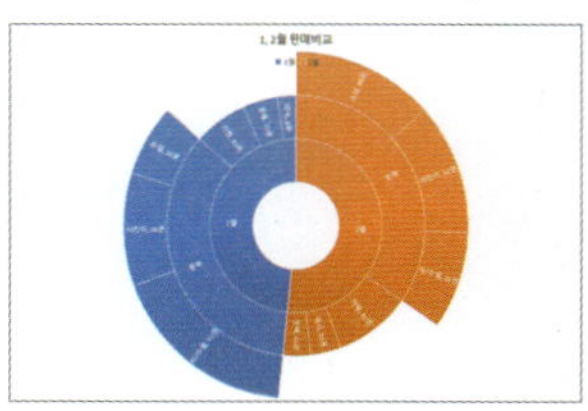

- **히스토그램:** 데이터의 분포와 빈도를 표시하는 차트로, 계급구간을 변경하면 데이터를 세부적으로 분석할 수 있다.

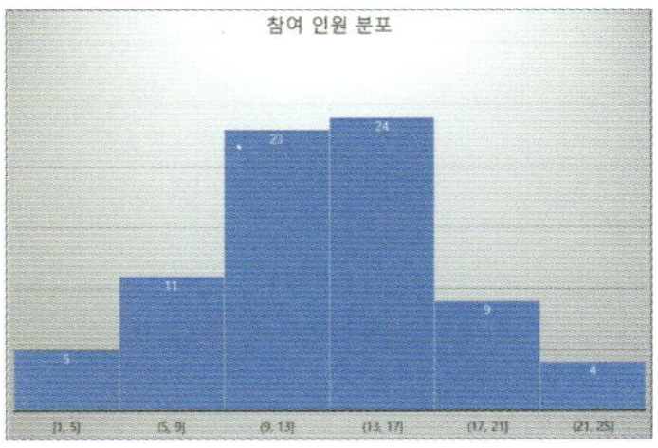

- **상자 수염:** 데이터 분포를 사분위수로 표시하는 차트로, 평균값 및 이상값을 강조할 수 있다.

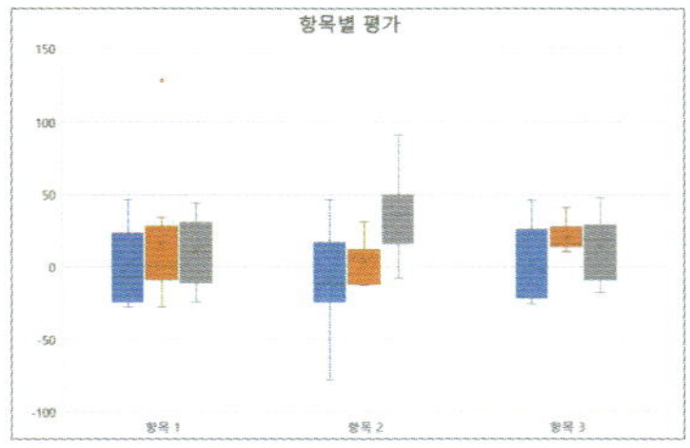

- **폭포:** 양수와 음수를 색이 다른 막대로 표시하여 값이 변화할 때 데이터 누계를 표시할 수 있다.

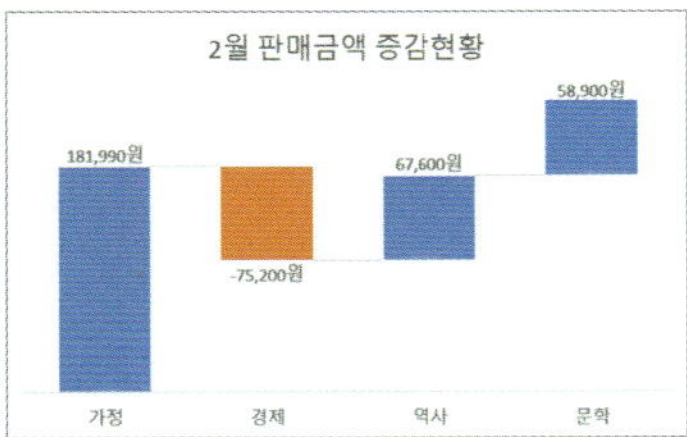

- **깔때기형:** 프로세스에 따른 여러 단계의 값을 표시할 수 있다.

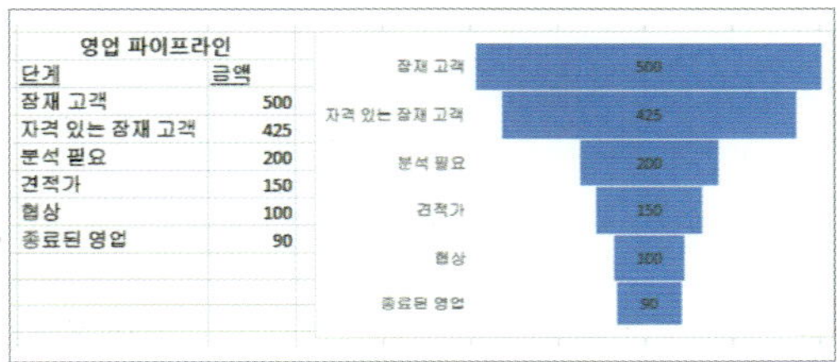

- **혼합:** 데이터 범위가 광범위한 경우에 두 개 이상의 차트 종류를 결합하여 보조 축과 함께 표시할 수 있다.

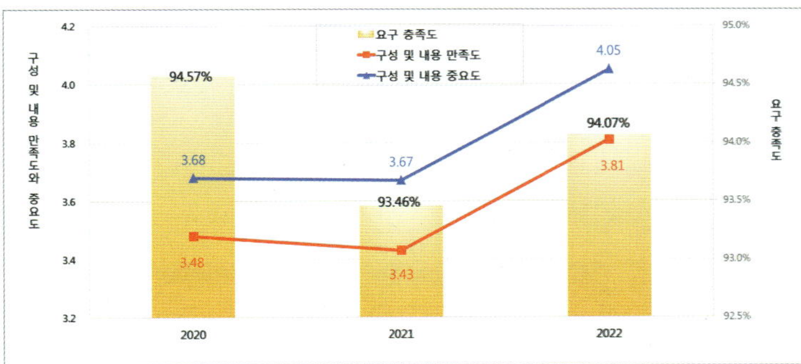

기본예제 9-4 추천 차트 삽입하기

여러 차트 중에서 목적에 맞는 차트가 무엇인지 선택하기 어려운 경우에는 차트로 나타내고자 하는 데이터를 선택하기만 하면 된다. 엑셀에는 선택한 데이터를 분석하여 데이터 유형에 맞는 차트를 추천하는 도구가 있다. 성별 인구 데이터로 추천 차트를 만들어 보자.

01 '9장_실습.xlsx' 파일의 '인구' 시트에서 A2:F5 범위를 선택하고 [삽입] 탭–[차트] 그룹–[추천 차트]를 누른다.

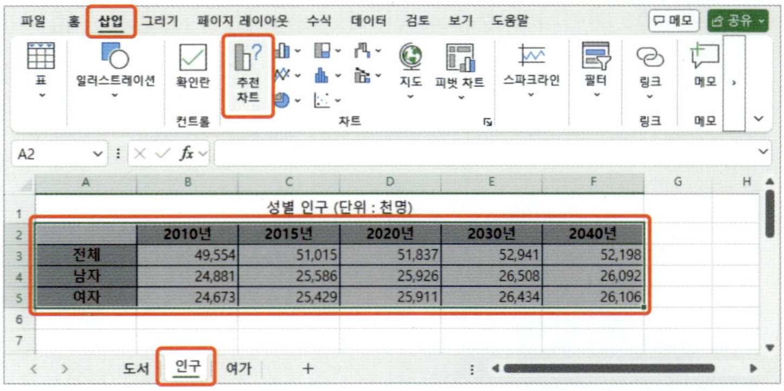

TIP 데이터가 있는 셀 범위를 모두 선택하지 않고 범위 내 임의의 셀 하나만 선택한 상태라도 영역이 자동 적용된다.

02 [차트 삽입] 대화상자의 [추천 차트] 탭에서 차트 목록을 확인할 수 있다. [묶은 세로 막대형]을 선택하고 [확인]을 누른다.

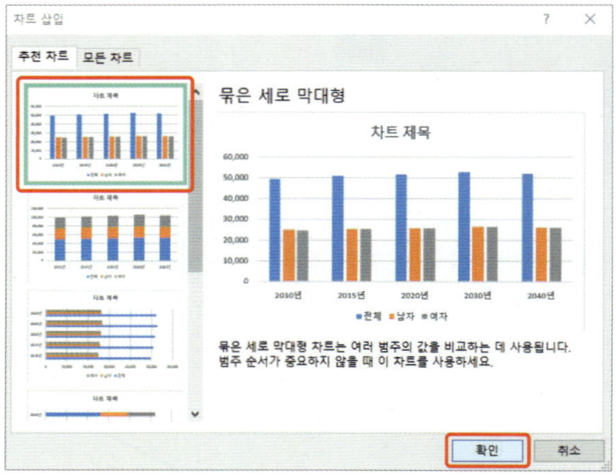

03 삽입된 차트를 선택하고 드래그하여 적당한 위치로 이동하고, 차트 조절점을 드래그하여 크기를 조절한다.

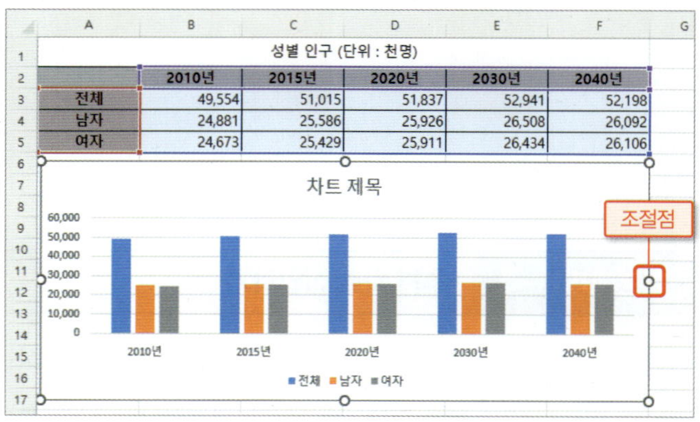

TIP 삽입된 차트를 삭제하려면 차트를 선택한 상태에서 [Delete]를 누른다.

04 차트 종류를 변경하려면 [차트 디자인] 탭 – [종류] 그룹 – [차트 종류 변경]을 누른다.

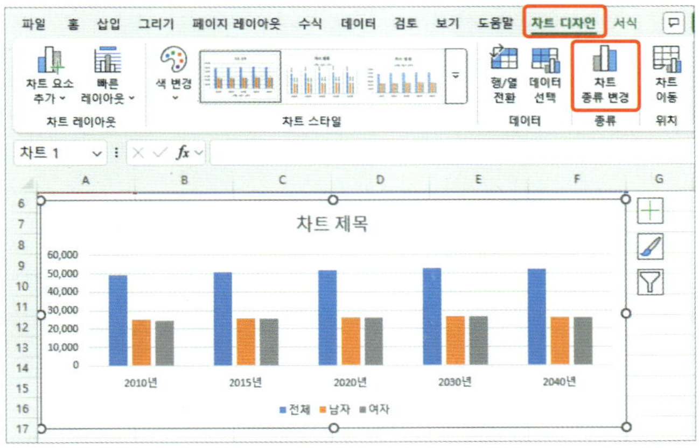

05 [차트 종류 변경] 대화상자의 [모든 차트] 탭에서 [혼합]을 선택한다. '전체' 계열은 [표식이 있는 꺾은선형]과 [보조 축]으로, '여자' 계열은 [묶은 세로 막대형]으로 설정하고 [확인]을 누른다.

> **TIP** 혼합 차트는 두 가지 이상의 유형을 하나의 차트로 구성하는 형태이다. 차트에 표시할 데이터 중 값의 범위나 종류가 유사하지 않은 항목을 보조 축으로 나타내면 항목 간 차이와 값을 더 정확하게 볼 수 있다.

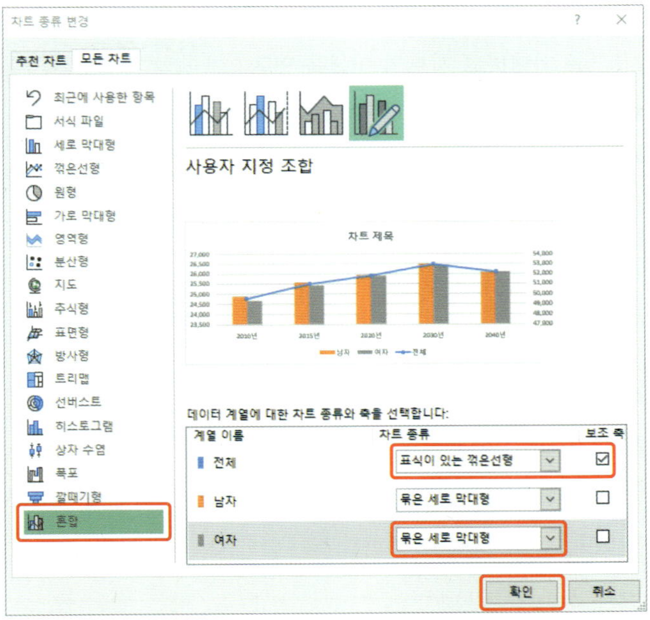

06 차트 스타일을 변경하기 위해 [차트 디자인] 탭 – [차트 스타일] 그룹 – [차트 스타일] 목록에서 [스타일 5]를 선택한다.

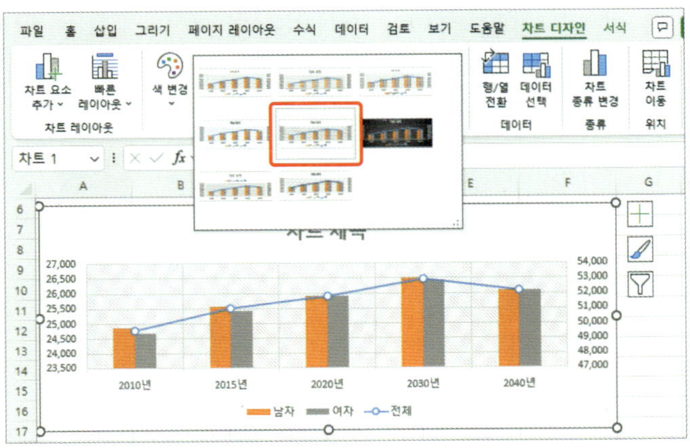

07 차트 제목을 선택하여 **성별 인구추계**로 수정하고, [차트 디자인] 탭 – [위치] 그룹 – [차트 이동]을 누른다.

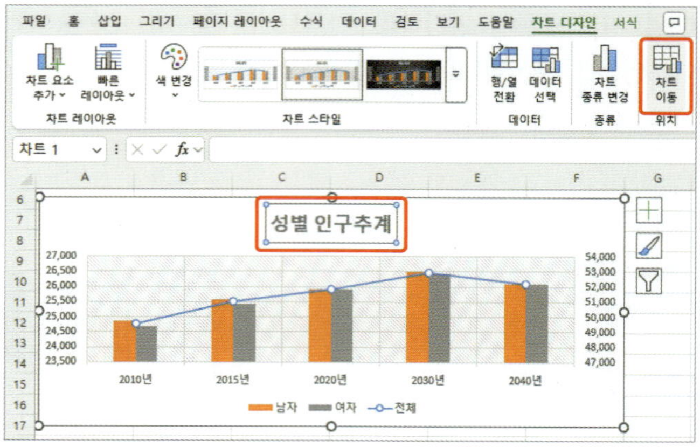

08 [차트 이동] 대화상자에서 [새 시트]를 선택하고 시트의 이름을 **인구 차트**로 입력한 후 [확인]을 누르면 새 시트가 추가된다.

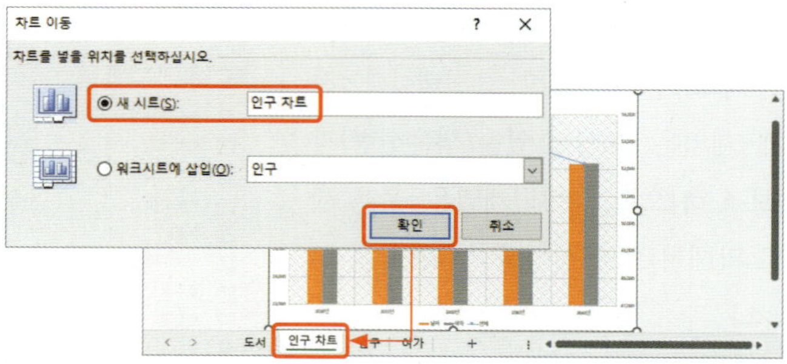

2.2 차트의 구성 요소

차트는 그래프가 표시되는 그림 영역과 제목, 데이터 계열, 축, 범례 등 여러 가지 구성 요소로 이루어져 있다. 차트 구성 요소를 구별하고 요소별 세부 옵션에 대한 서식 설정을 통해 원하는 모양으로 편집할 수 있다.

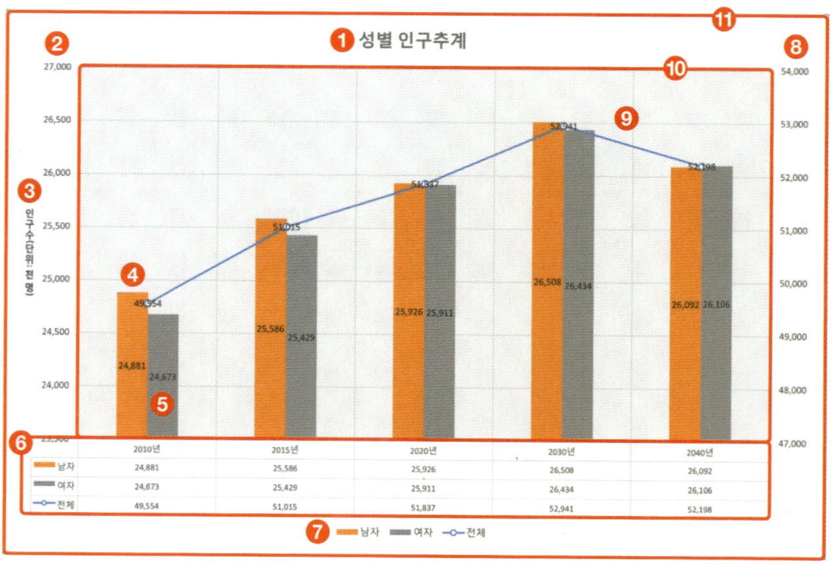

❶ 차트 제목
❷ 축
❸ 축 제목
❹ 데이터 계열/요소
❺ 데이터 레이블
❻ 데이터 표
❼ 범례
❽ 보조 축
❾ 눈금선
❿ 그림 영역
⓫ 차트 영역

2.3 차트의 서식 설정

다양한 차트 구성 요소에 대해 원하는 모양의 속성을 설정할 때 일반적으로 서식 작업 창을 이용한다. 서식 작업 창을 화면에 표시하려면 차트 구성 요소를 마우스 오른쪽 단추로 누르거나(방법 1), [서식] 탭을 이용하거나(방법 2), 차트 구성 요소를 더블클릭하면 된다(방법 3).

- **방법 1.** 차트 구성 요소를 마우스 오른쪽 단추로 눌러 서식 메뉴를 선택한다.

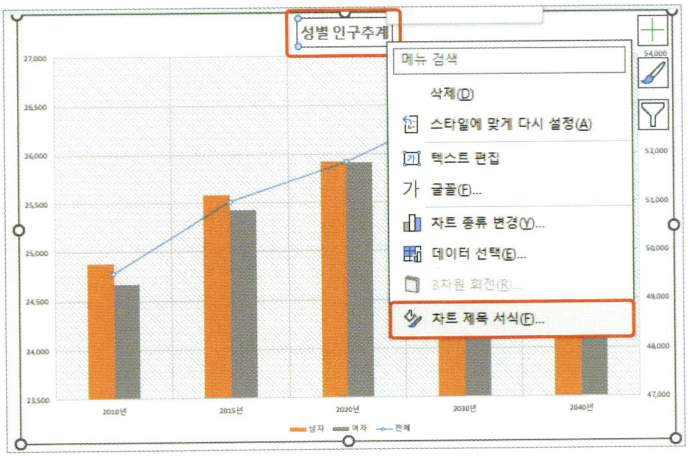

- **방법 2.** 차트를 선택하고 [서식] 탭－[현재 선택 영역] 그룹－[차트 요소] 목록에서 구성 요소를 선택하고 [선택 영역 서식]을 누른다.

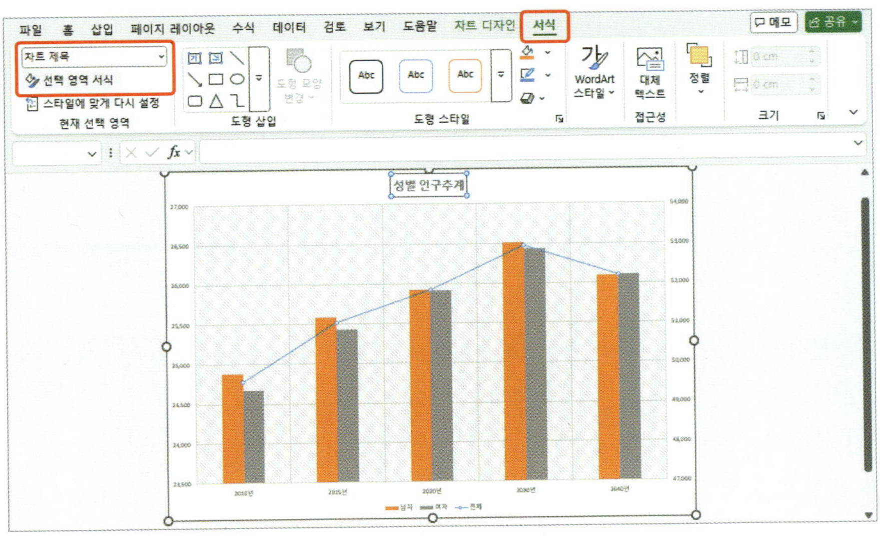

• **방법 3.** 차트의 구성 요소를 더블클릭한다.

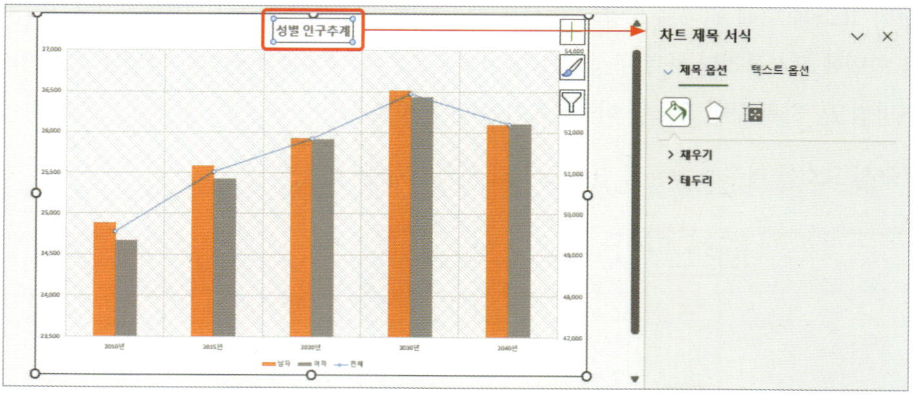

기본예제 9-5 3차원 차트 서식 설정하기

평균 여가시간 데이터를 이용하여 차트를 삽입하고 차트 서식을 설정해 보자.

01 '여가' 시트에서 A2:C9 범위를 선택하고, [삽입] 탭-[차트] 그룹-[세로 또는 가로 막대형 차트 삽입] 목록에서 [3차원 누적 가로 막대형]을 클릭한다.

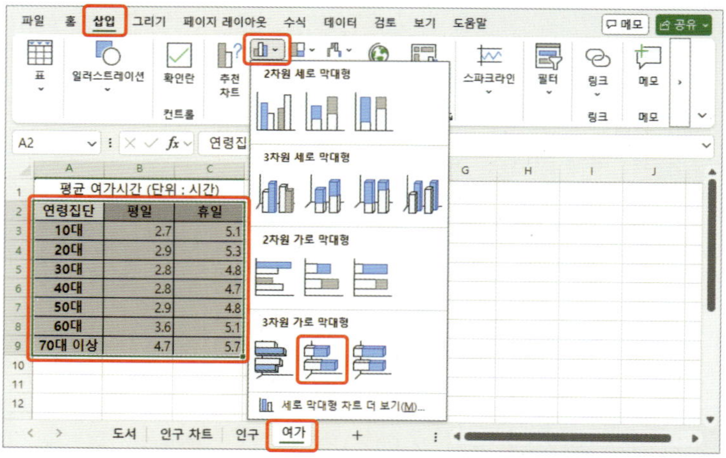

02 삽입된 차트를 선택하고 [차트 디자인] 탭-[차트 스타일] 그룹-[색 변경] 목록에서 [색상형]-[다양한 색상표 2]를 선택한다.

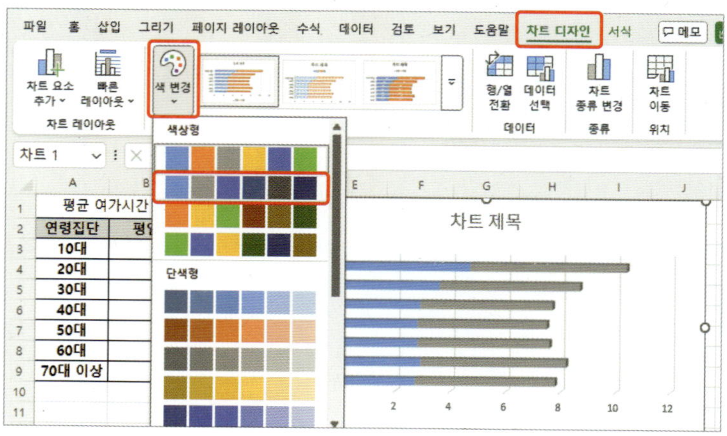

03 차트 하단의 [범례]를 더블클릭하면 오른쪽에 [범례 서식] 작업 창이 나타난다.

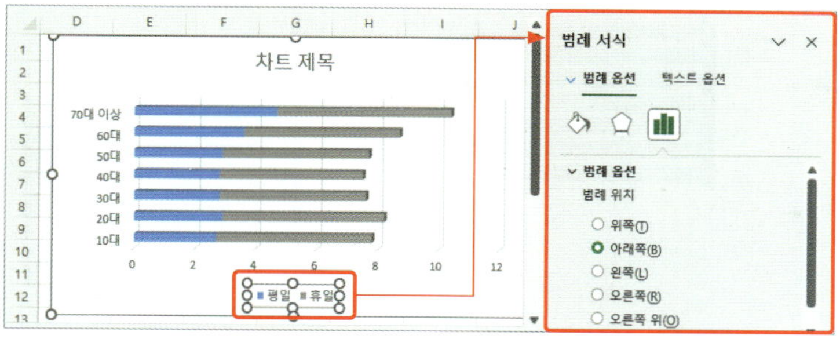

04 [범례 서식] 작업 창에서 [범례 옵션] 탭 – [범례 위치]를 [오른쪽 위]로 선택하고, [범례를 차트와 겹치지 않게 표시] 선택은 해제한다.

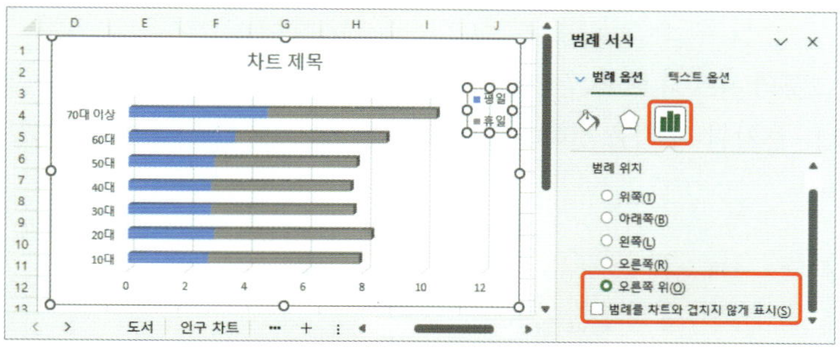

TIP [범례를 차트와 겹치지 않게 표시]를 선택하면 범례가 자리를 차지하여 그림 영역이 상대적으로 좁아진다.

05 [범례 서식] 작업 창에서 [차트 요소] 단추를 누르고 [밑면]을 선택하면 [밑면 서식] 작업 창으로 바뀐다. [밑면 옵션]의 [채우기 및 선] 탭 – [채우기]에서 [단색 채우기]를 선택하고 원하는 색상으로 [색]을 바꾼다.

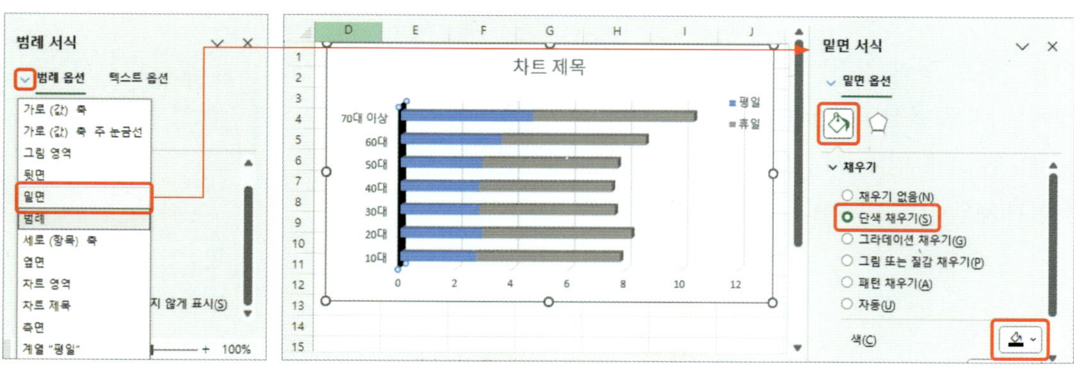

06 그래프의 막대를 클릭하면 [데이터 계열 서식] 작업 창으로 전환된다. [계열 옵션] 탭 – [간격 너비]는 **50%**로 변경하고, [세로 막대 모양]은 [원통형]을 선택한다.

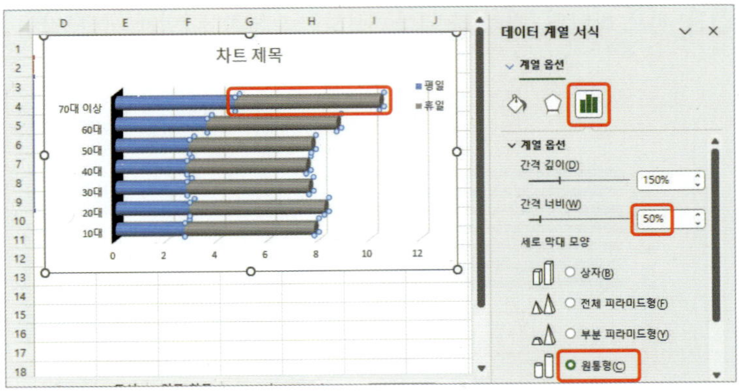

TIP 막대는 '평일' 또는 '휴일' 중 아무거나 선택해도 된다.

07 [서식] 탭 – [현재 선택 영역] 그룹의 차트 요소 목록에서 [차트 영역]을 선택한다. [차트 영역 서식] 작업 창에서 [차트 옵션]의 [효과] 탭 – [3차원 회전]을 선택하고 [X 회전]은 **50°**, [Y 회전]은 **20°**로 설정한다.

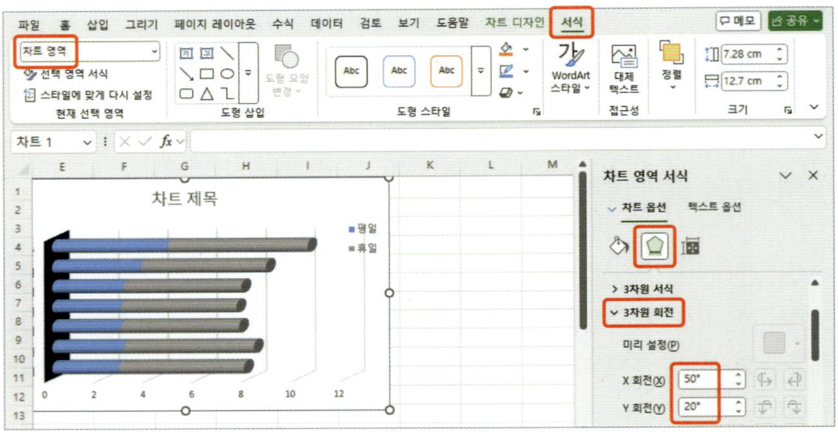

08 [차트 영역 서식] 작업 창에서 [차트 옵션]의 [채우기 및 선] 탭 – [채우기]에서 [그라데이션 채우기]를 선택한다.

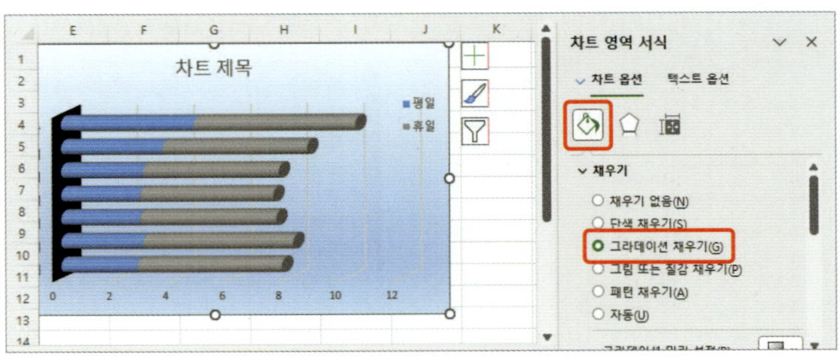

기본예제 9-6 차트 요소 변경과 필터 활용하기

축 제목과 데이터 레이블 등의 차트 구성 요소를 추가, 삭제하고 차트에 표시되는 데이터를 필터링하는 방법을 알아보자.

01 서식 작업 창을 닫고 차트를 선택한다. [차트 디자인] 탭 – [차트 레이아웃] 그룹 – [차트 요소 추가] 목록에서 [차트 제목] – [없음]을 선택해 차트 제목을 제거한다.

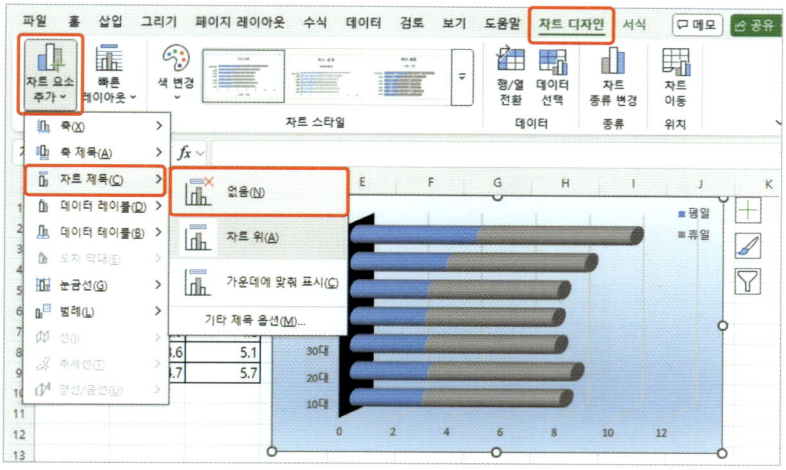

02 차트 오른쪽의 [차트 요소] 단추를 눌러 [축 제목] – [기본 가로]를 선택한다. 추가된 축 제목에 **여가시간**을 입력한다.

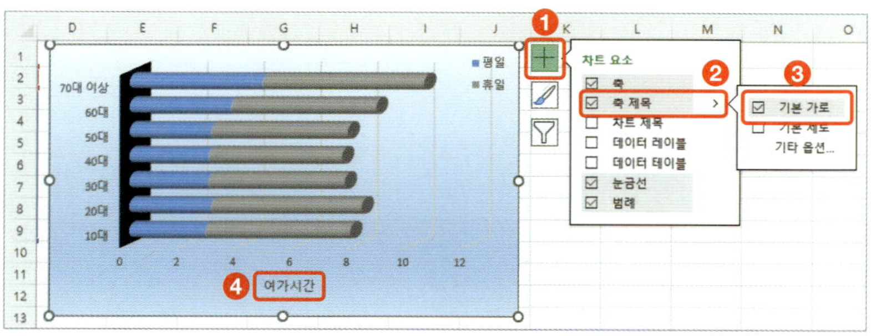

TIP [+ 차트 요소] 단추를 한 번 더 누르면 차트 요소 선택 메뉴가 화면에서 사라진다.

03 [차트 요소] 메뉴에서 [데이터 레이블]을 선택하여 막대 위에 값을 표시한다.

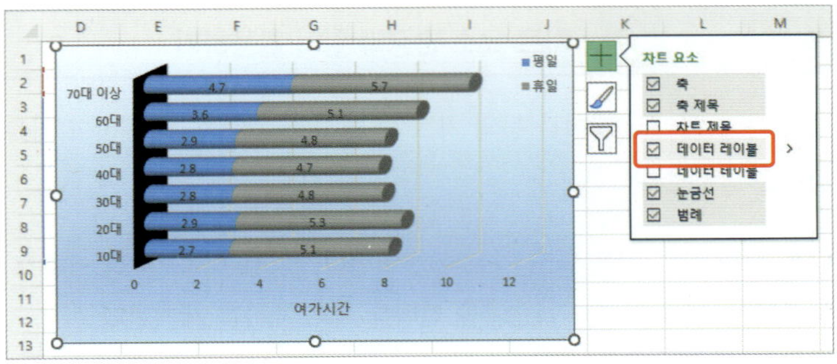

04 '휴일' 데이터 레이블의 값을 하나 클릭하면 '휴일' 계열의 모든 값이 선택된다. [홈] 탭–[글꼴] 그룹의 [채우기 색]과 [글꼴 색], [글꼴 크기]를 변경해서 강조하고 싶은 데이터 레이블이 잘 보이게 설정한다.

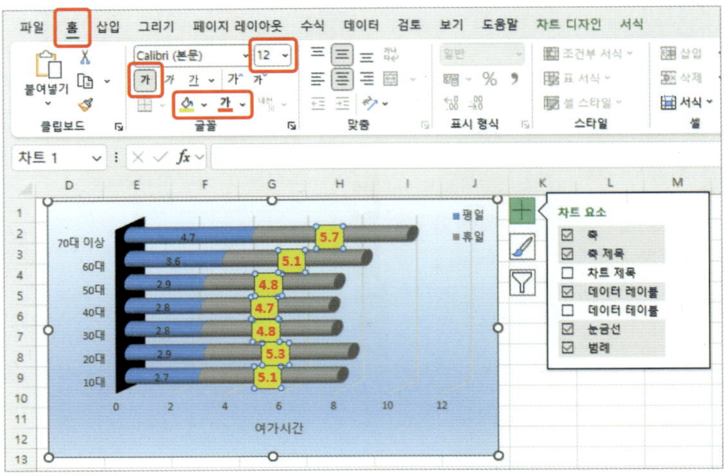

> **TIP** 막대 위에 표시된 데이터 레이블을 한 번 클릭하면 동일 계열이 모두 선택되는데, 그 상태에서 한 번 더 클릭하면 해당 값 하나만 선택할 수 있다.

05 차트에 표시할 데이터를 필터링하기 위해 [차트 필터] 단추를 누른다. [값] 탭–[계열]–[평일]과 [범주]–[70대 이상]의 선택을 해제하고 [적용]을 누른다.

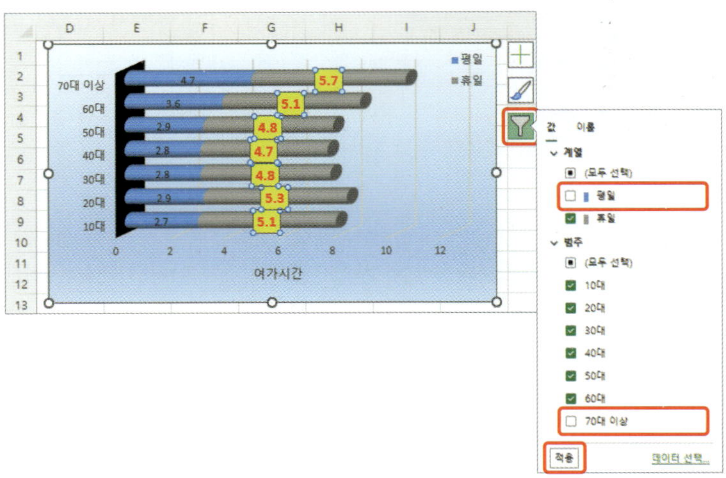

06 차트 필터로 데이터를 필터링하면 데이터를 편집하지 않고도 원하는 값만 차트에 표시할 수 있다.

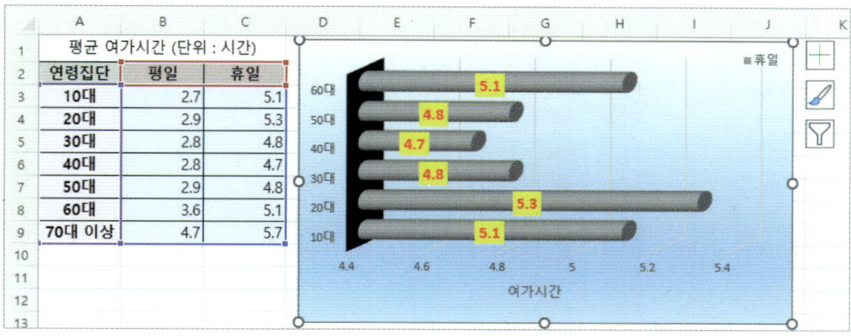

기본예제 9-7 데이터 분석에 추세선 활용하기

차트의 다양한 구성 요소 중 추세선은 데이터의 경향을 시각적으로 나타내며, 패턴 파악이나 미래 예측에 활용된다. 그래프에 선을 추가함으로써, 데이터의 변화나 전체적인 흐름을 통해 증가, 감소 패턴을 쉽게 이해할 수 있다. 분산형 차트의 추세선을 활용해 연령별로 평일과 휴일의 여가 시간이 유사한 패턴을 가지는지 파악해 보자.

01 '여가' 시트의 B2:C9 범위를 선택하고 [삽입] 탭-[차트] 그룹-[분산형(X, Y) 또는 거품형 차트 삽입] 목록에서 [분산형]을 클릭한다.

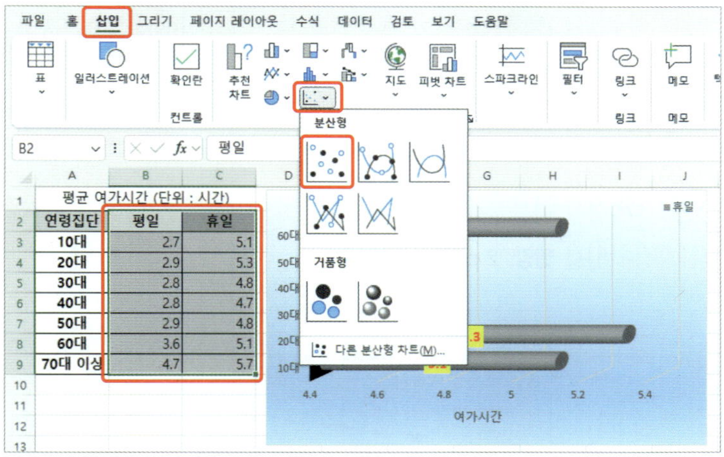

02 삽입된 차트를 드래그해 적당한 위치로 이동하고 크기도 조절한다. 차트 제목을 **평일 대 휴일 여가시간**으로 수정한다.

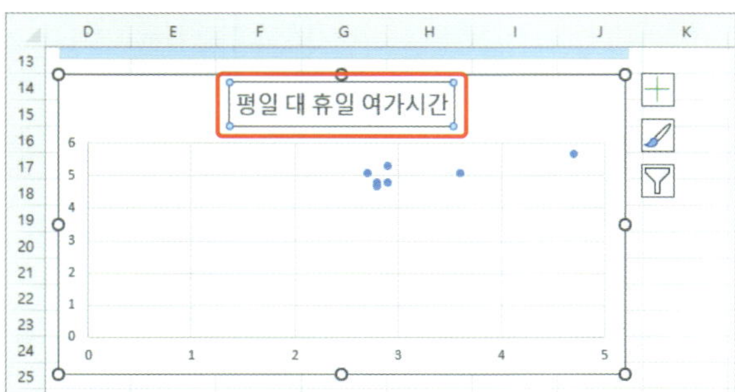

03 [차트 요소] 단추를 누르고 [축 제목]을 선택한다. 가로축과 세로축 제목에 각각 평일, 휴일을 입력한다.

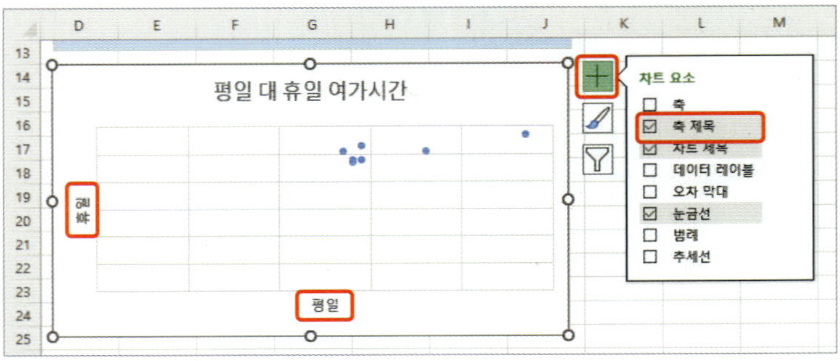

04 [차트 요소] 목록에서 [추세선]을 선택하면, 데이터 경향을 표현하는 선이 분산형 차트에 표시된다.

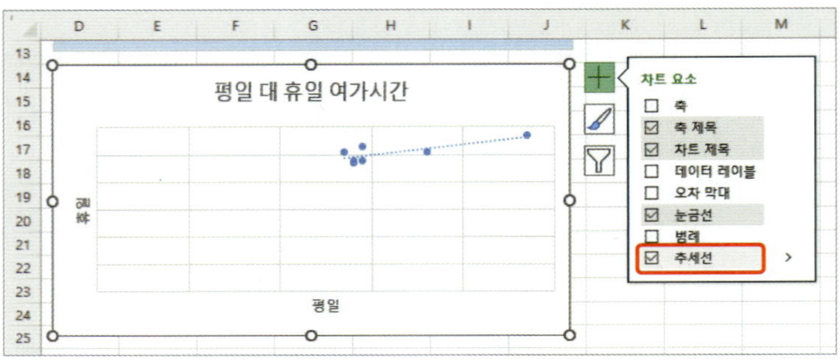

05 추세선을 더블클릭하여 [추세선 서식] 작업 창을 연다. [추세선 옵션]–[채우기 및 선] 탭–[선]의 [색]과 [너비]를 **빨강**, **2 pt**로 설정한다.

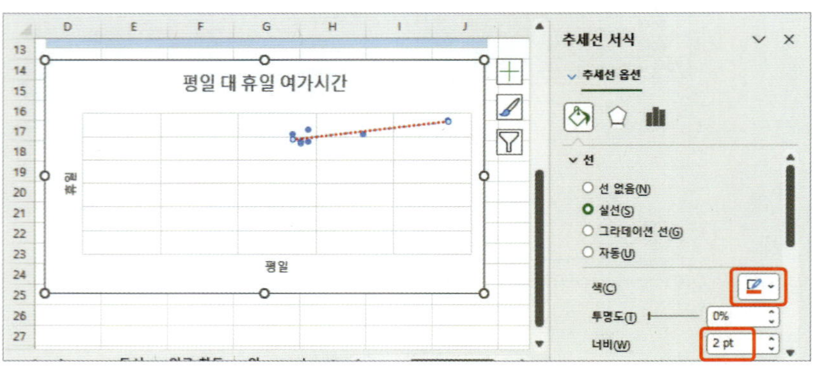

06 [추세선 옵션] 탭 – [수식을 차트에 표시]를 클릭한다. 평일 여가시간(x) 대비 휴일 여가시간(y)에 대한 수식이 차트에 표시된다.

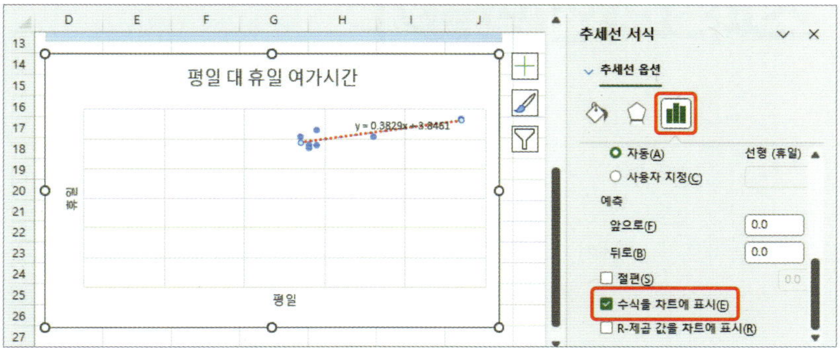

TIP 추세선 수식(y=0.3829x+3.8451)으로 나타난 두 값의 관계는 양의 선형 관계라 할 수 있다. 즉, 평일 여가시간이 많을수록 휴일에도 여가시간이 많다는 것을 의미한다.

EXCEL 2021

SECTION 03

스파크라인 만들기

스파크라인은 셀 안에 만드는 작은 차트를 말하며, 추세를 간단하게 분석하거나 크기를 비교할 때 유용하다. 또한 복잡한 표의 행이나 열별 데이터를 시각적으로 요약할 수 있어서 정보를 더 효율적으로 전달할 수 있다.

3.1 스파크라인의 특징

데이터를 시각적으로 표현해서 더 쉽게 이해하고 분석할 수 있다는 점은 차트와 유사하지만, 스파크라인은 차트처럼 워크시트에 삽입되는 개체가 아니라 셀에 포함되는 작은 차트라는 점이 다르다. 따라서 마치 배경처럼 셀 안에 텍스트와 함께 표시할 수 있으며, 데이터의 흐름을 간결하게 시각화할 수 있다.

남녀별 인구 (단위 : 천명)						
	2010년	2015년	2020년	2030년	2040년	추이
남자	24,881	25,790	26,044	26,508	26,092	남
여자	24,673	25,656	25,930	26,434	26,106	여
총인구	49,554	51,446	51,974	52,941	52,198	전체

기본예제 9-8 스파크라인 만들기

남녀별 인구 데이터를 이용하여 연도별 추이를 알 수 있게 셀 안에 스파크라인을 만들어 보자.

01 '9장_실습.xlsx' 파일의 '인구' 시트에서 G2 셀에 **추이**라고 입력한다. G2:G5 범위는 [홈] 탭-[글꼴] 그룹-[테두리] 목록에서 [모든 테두리]를 설정하고, 너비와 높이를 조절한다.

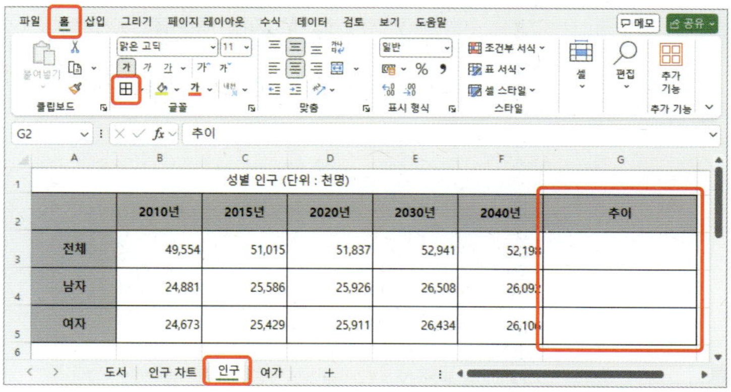

02 [삽입] 탭 – [스파크라인] 그룹 – [열]을 클릭한다.

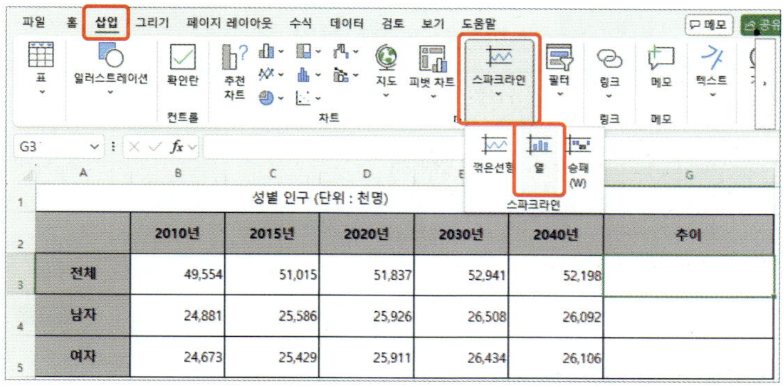

03 [스파크라인 만들기] 대화상자에서 [데이터 범위]는 **B3:F5**, [위치 범위]는 **$G$3:$G$5**로 설정하고 [확인]을 누른다.

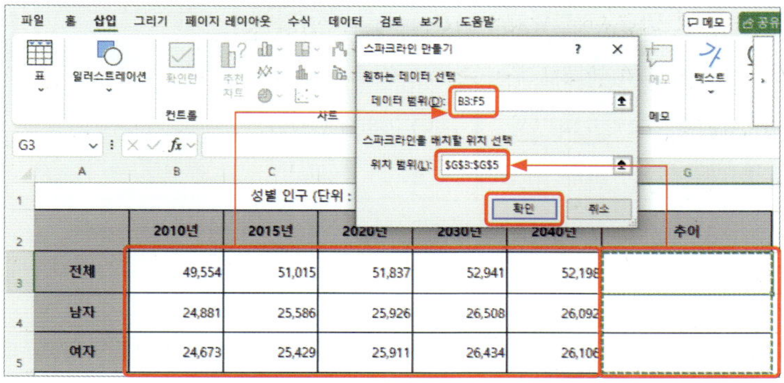

TIP 데이터 범위나 스파크라인을 배치할 위치는 마우스로 드래그하여 선택한다.

04 G3:G5 범위에 스파크라인이 만들어진다.

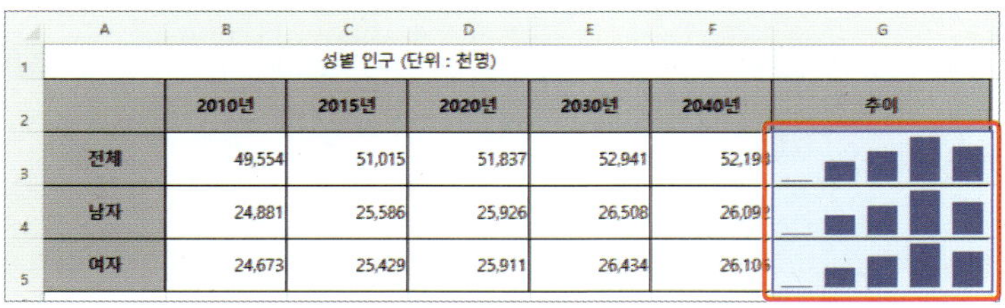

TIP 스파크라인을 제거하려면 [스파크라인] 탭 – [그룹] 그룹 – [지우기]를 누른다. 여러 셀을 범위로 지정하여 한 번에 스파크라인을 만들면 스파크라인 셀이 그룹화되므로, 그룹화된 스파크라인을 모두 지우려면 [선택한 스파크라인 그룹 지우기]를 선택한다. 반면, [선택한 스파크라인 지우기]는 스파크라인을 개별적으로 지울 때 사용한다.

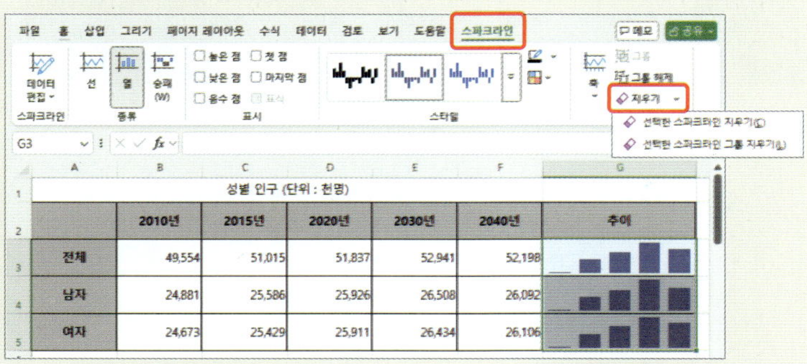

기본예제 9-9 스파크라인 편집하기

스파크라인 도구를 사용하여 스파크라인의 종류나 스타일, 색 등을 수정해 보자.

01 '인구' 시트에서 스파크라인 영역인 G3:G5 범위를 선택하고 [스파크라인] 탭-[종류] 그룹-[선]을 누른다.

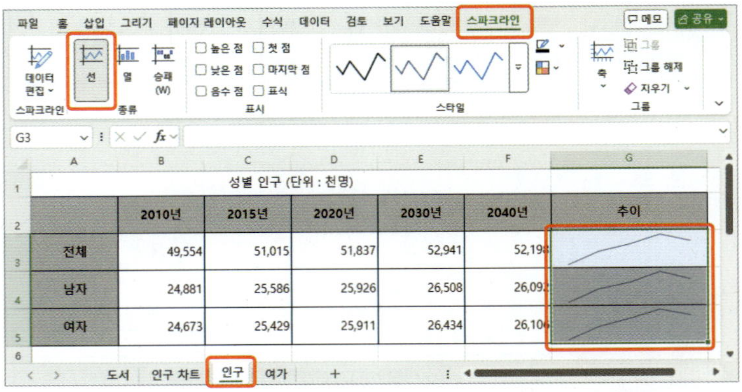

TIP 스파크라인이 그룹화된 경우 스파크라인 중 아무 셀이나 누르면 전체 영역이 모두 선택되고, 적용한 스타일이 모든 셀에 반영된다.

02 [스파크라인] 탭-[표시] 그룹-[표식]을 선택하고, [스타일] 그룹-[진한 파랑, 스파크라인 스타일 어둡게 #6]으로 설정한다.

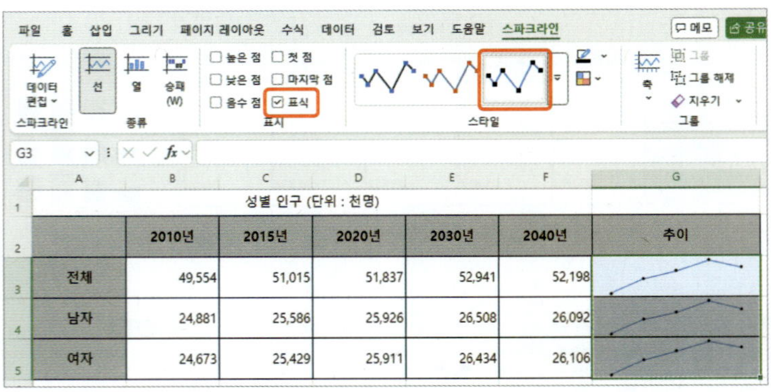

03 [스파크라인] 탭 – [스타일] 그룹 – [스파크라인 색] 목록에서 [두께] – [2¼pt]를 선택한다.

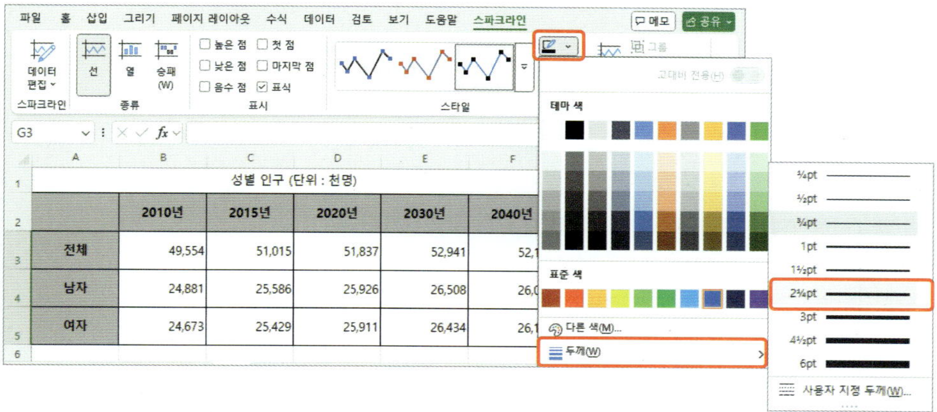

04 [스파크라인] 탭 – [스타일] 그룹 – [표식 색] 목록에서 [높은 점]을 [빨강]으로 설정한다.

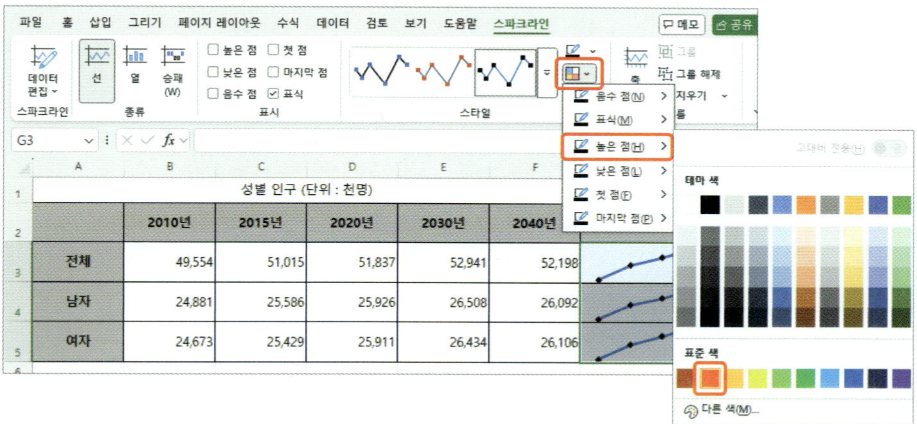

05 단계 **04**와 같은 방식으로 스파크라인의 [표식 색] 목록 – [낮은 점]을 [녹색]으로 설정한다.

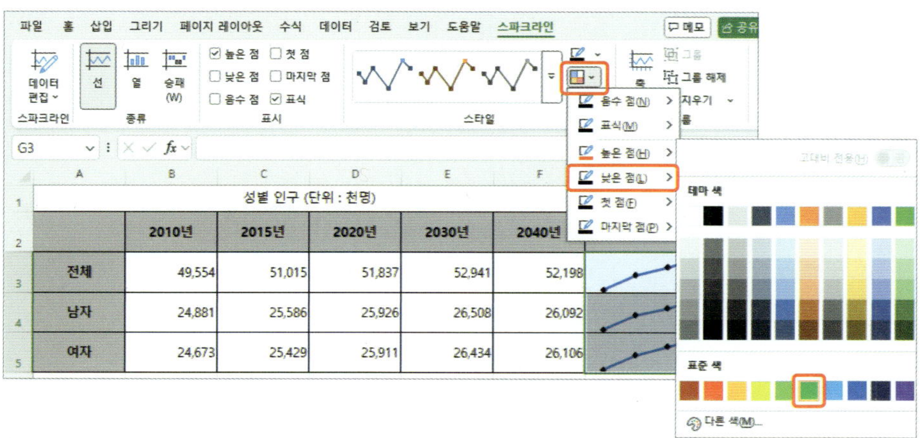

06 스파크라인과 함께 설명 텍스트를 입력하려면 셀에 데이터를 입력한 후 [홈] 탭-[맞춤] 그룹-[위쪽 맞춤]으로 텍스트를 배치한다.

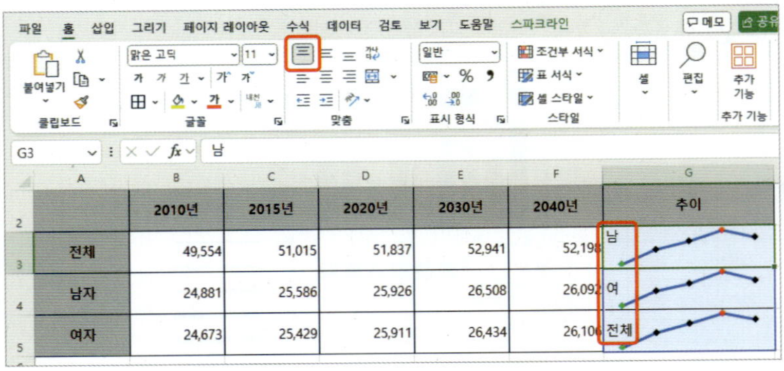

종합예제

엑셀에는 막대형이나 원형 등의 기본 차트 외에도 트리맵, 선버스트, 상자 수염, 폭포, 깔때기형 등 다양한 차트들도 제공되고 있다. 따라서 데이터의 성격과 목적에 맞는 차트를 선택하면 정보를 더 효과적으로 시각화할 수 있다. 이번에는 계층 구조 데이터를 표시하기 좋은 선버스트 차트와 데이터의 증감을 나타내기 좋은 폭포 차트를 만들어 보자.

1 월별 판매량을 선버스트 차트로 나타내기 위해 '9장_종합.xlsx' 파일의 '판매' 시트에서 A2:D14 범위를 선택한다.

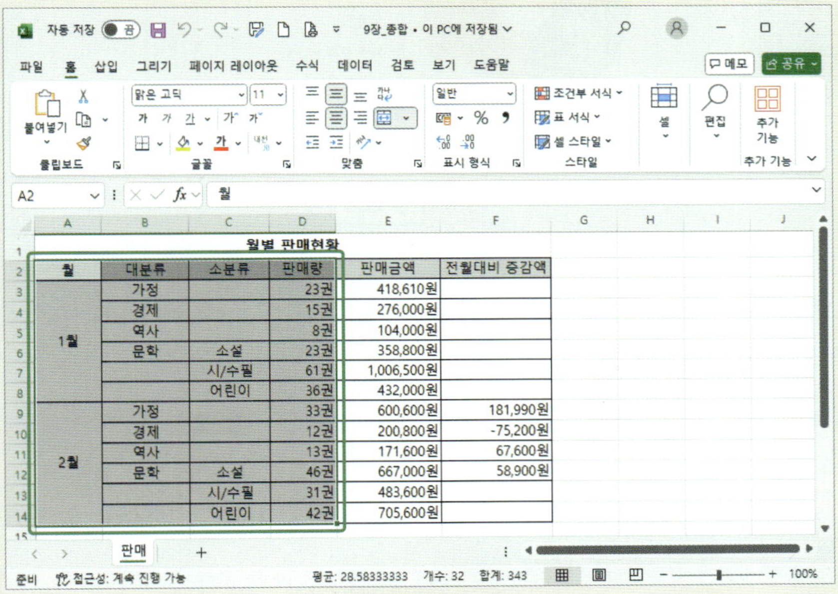

2 [삽입] 탭 – [차트] 그룹 – [계층 구조 차트 삽입] 목록에서 [선버스트]를 선택한다.

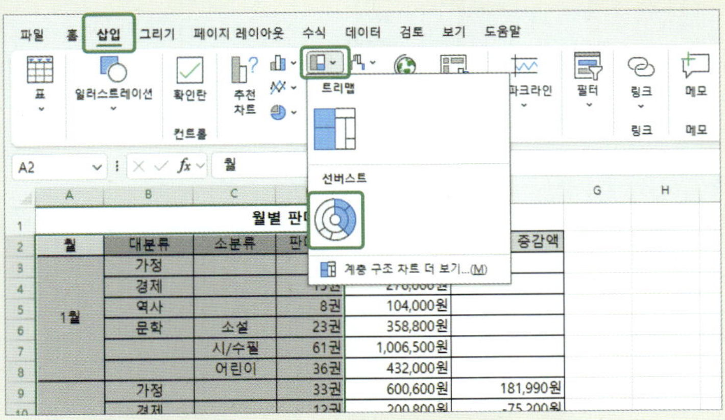

TIP 선버스트 차트는 여러 수준으로 이루어진 계층 구조를 표시하는 데 적합하다.

종합예제

3 차트 제목에 **1, 2월 판매비교**라고 입력한다. 임의의 데이터 레이블을 마우스 오른쪽 단추로 누르고 [데이터 레이블 서식]을 선택한다.

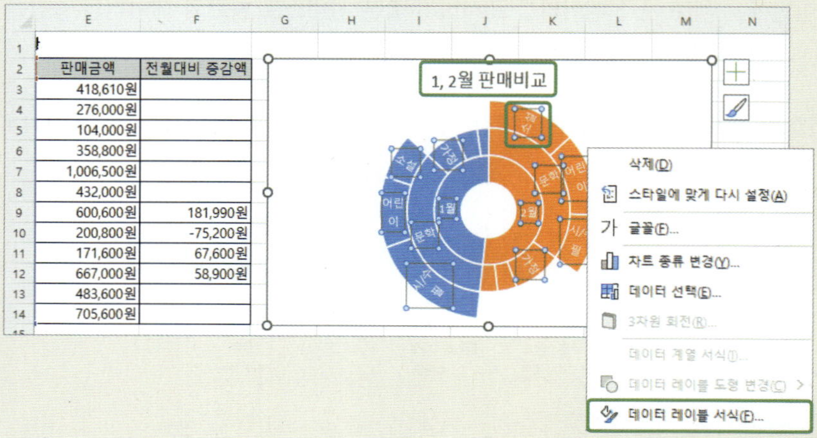

4 [데이터 레이블 서식] 작업 창에서 [레이블 옵션] – [레이블 내용] – [값]을 선택한다. 가독성을 높이기 위해 [홈] 탭 – [글꼴] 그룹 – [굵게]를 누른다.

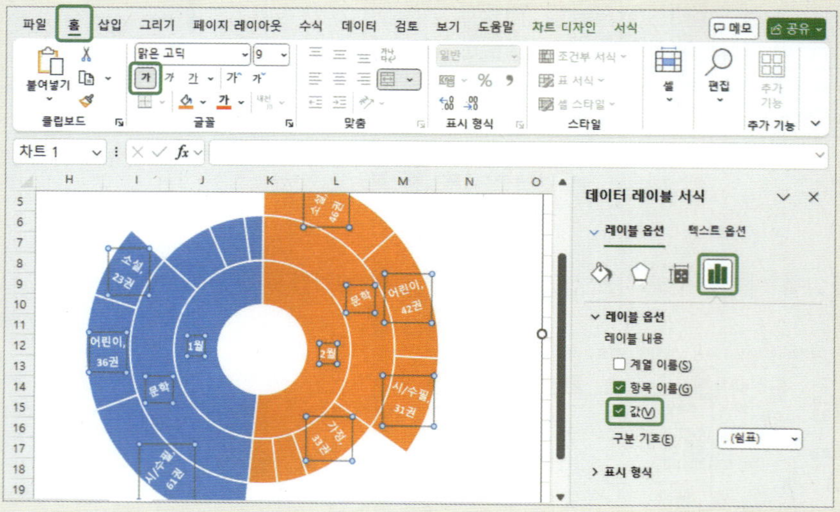

TIP 항목 이름과 값이 데이터 레이블에 모두 표시되지 않으면 차트를 더 크게 조정한다.

5 [차트 디자인] 탭 – [위치] 그룹 – [차트 이동]을 누른다. [차트 이동] 대화상자가 나타나면 [새 시트]를 선택하고, 시트 이름을 **판매차트**라고 입력한 후 [확인]을 누른다.

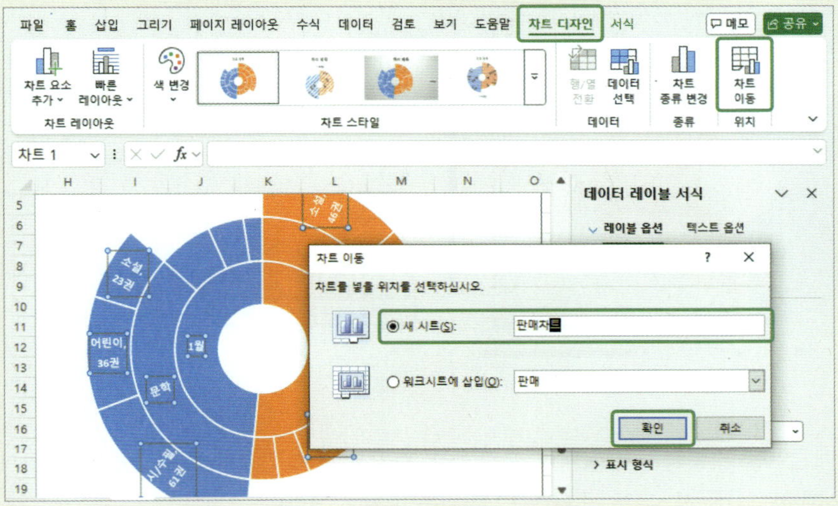

6 만들어진 '판매차트' 시트에서 [차트 디자인] 탭 – [차트 스타일] 그룹 – [스타일 3]을 선택한다.

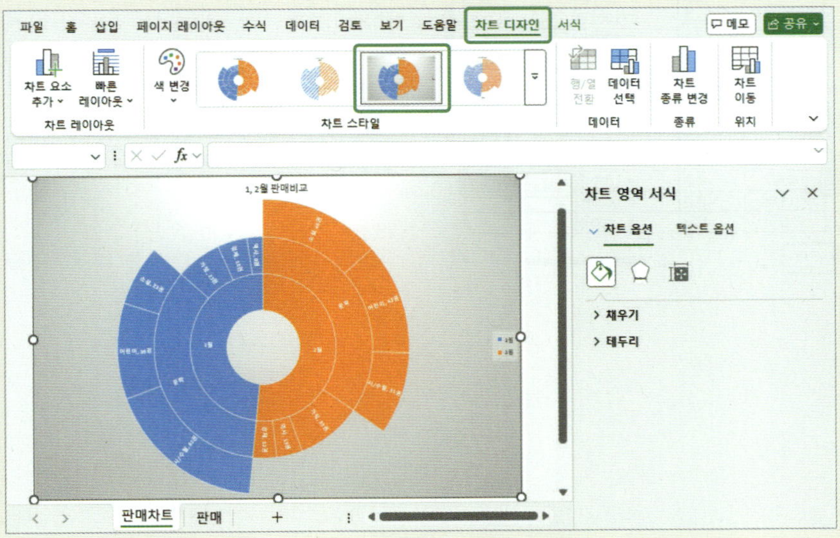

종합예제

7 범례를 클릭하고 [범례 서식] 작업 창에서 [범례 옵션] 탭 – [범례 위치] – [위쪽]으로 하고, [범례를 차트와 겹치지 않게 표시] 선택을 해제한다.

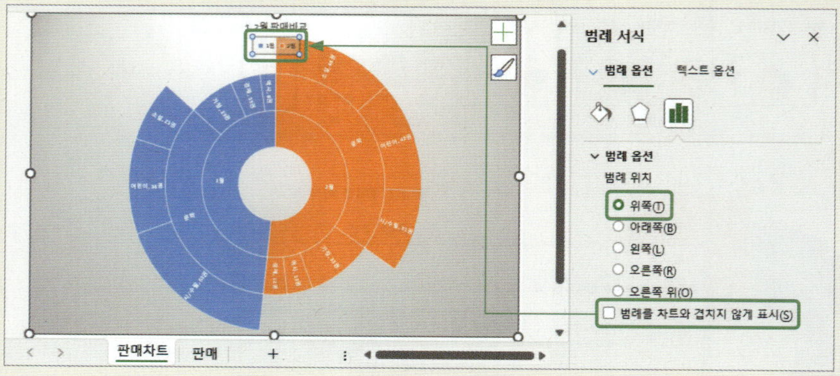

8 이번에는 2월 판매금액을 기준으로 전월대비 증감액을 폭포 차트로 만들어 보자. '판매' 시트에서 B9:B12 범위를 선택하고 Ctrl 을 누른 채 F9:F12 범위를 함께 선택한다.

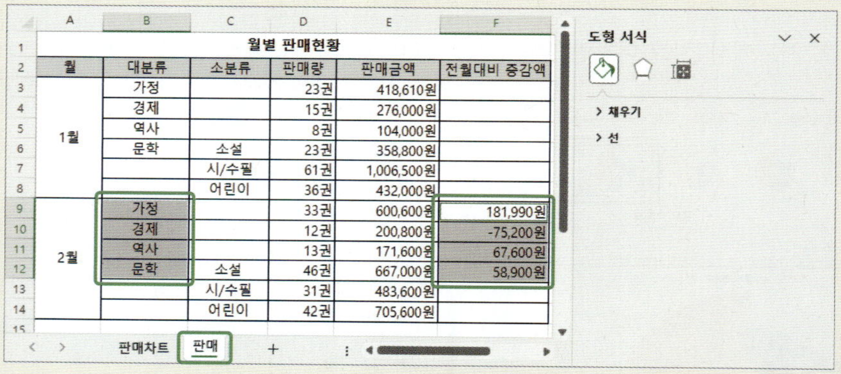

9 [삽입] 탭–[차트] 그룹–[폭포, 깔때기형, 주식형, 표면형, 또는 방사형 차트 삽입] 목록에서 [폭포]를 선택한다.

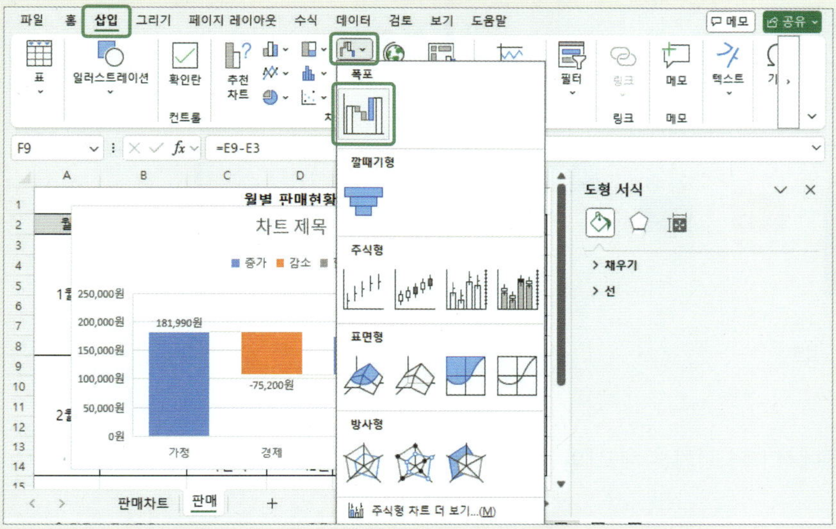

10 임의의 데이터 막대를 클릭하고 [데이터 계열 서식] 작업 창에서 [계열 옵션] 탭–[간격 너비]를 **70%**로 설정한다.

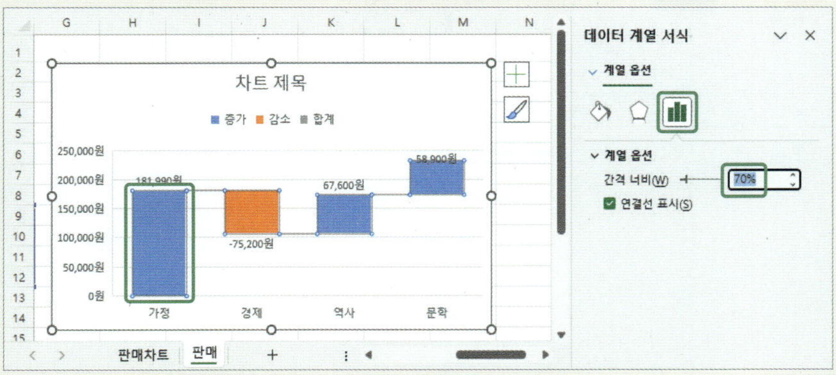

TIP 두 번째 막대부터는 축에서 시작하지 않고 이전 값 위에 떠 있는 부동 막대(float bar) 형태로 표시된다. 막대를 바로 앞 막대에 연결하고 양수와 음수의 색상을 다르게 하여 증감 변화를 명확하게 부각시키는 형태로, 다리형 차트라고도 한다.

종합예제

11 차트 제목에 **2월 판매금액 증감현황**을 입력한다. [차트 요소] 단추를 눌러 [눈금선]과 [범례] 선택을 해제한다.

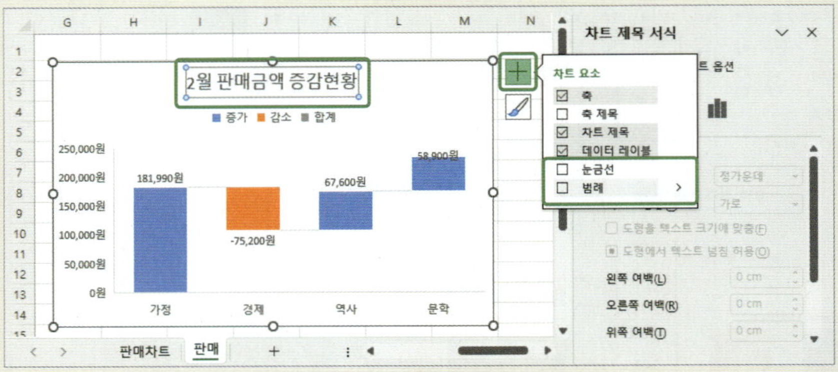

12 [차트 요소] 목록에서 [축]–[기본 세로]의 선택을 해제한다.

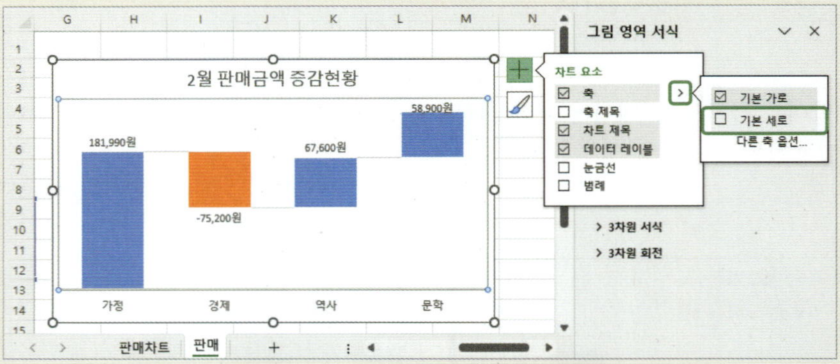

연습문제

1 '9장_연습.xlsx' 파일의 '연습1' 시트를 열고 다음과 같은 차트를 만드시오.

① 데이터 범위를 지정하거나 차트 필터 도구를 이용하여 그림과 같이 하반기(7~12월) 확진자수를 비교하는 [혼합] 차트를 만드시오.

② [차트 스타일]은 [스타일 4]로 설정하고 [차트 제목]과 [축 제목]을 입력하시오.

③ '확진자수(명)' 계열에 데이터 레이블을 그림과 같이 표시되도록 설정하시오.

④ '표식이 있는 꺾은선형'으로 표시되는 '인구수(명)' 계열의 [표식] 크기는 [10]으로 설정하시오.

⑤ [범례]는 차트와 겹치지 않게 표시 [위쪽]으로 표시하고, 기본 세로축의 [축 옵션] 단위는 [100]으로 설정하시오.

⑥ [차트 영역]은 [단색 채우기]로, [그림 영역]은 [패턴 채우기]로 설정하고 임의의 색상과 패턴을 선택하시오.

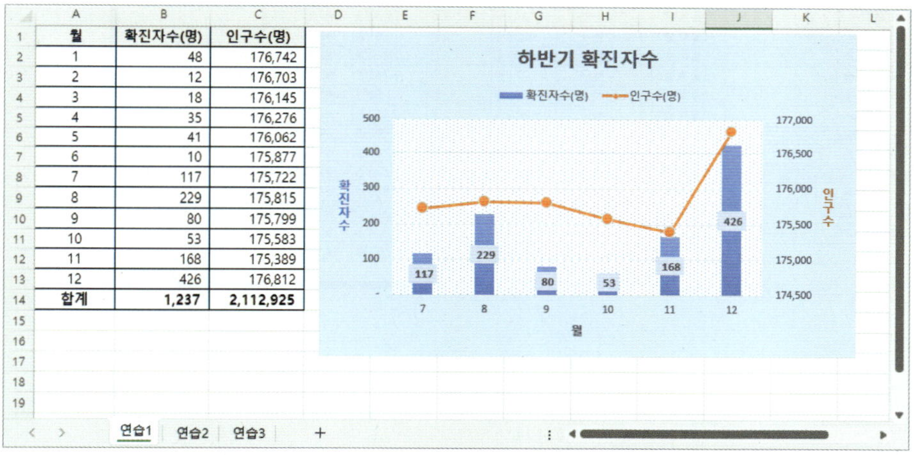

월	확진자수(명)	인구수(명)
1	48	176,742
2	12	176,703
3	18	176,145
4	35	176,276
5	41	176,062
6	10	175,877
7	117	175,722
8	229	175,815
9	80	175,799
10	53	175,583
11	168	175,389
12	426	176,812
합계	1,237	2,112,925

2 '9장_연습.xlsx' 파일의 '연습1' 시트를 열고 다음과 같이 표와 슬라이서를 만드시오.

❶ 도서관 데이터를 표로 바꾸고, [표 스타일]은 [흰색, 표 스타일 밝게 1]로 설정하시오.

❷ 표의 필터 단추는 제거하고 요약 행을 추가하시오. 요약 행에는 그림과 같이 각 열의 평균을 계산하시오.

❸ '시군구'를 기준으로 필터를 수행할 수 있게 슬라이서를 추가하시오.

순번	도서관명	행정구역	시군구	장서수	사서수	방문자수	도서예산
1	꿈발 작은도서관	서울특별시	강남구	7,642권	2명	365명	₩1,860,000
2	논현정보도서관	서울특별시	강남구	24,500권	10명	30,910명	₩24,430,014
3	다움 영어 도서관	서울특별시	강남구	6,906권	14명	522명	₩1,200,000
4	사피엔스 작은도서관	서울특별시	강남구	3,537권	8명	2,504명	₩1,200,000
5	삼성도서관	서울특별시	강남구	25,198권	12명	16,000명	₩22,613,994
6	글익는 작은도서관	서울특별시	강동구	11,495권	2명	2,202명	₩6,000,000
7	글향기작은도서관	서울특별시	강동구	7,265권	2명	937명	₩7,000,000
8	꿈누리작은도서관	서울특별시	강동구	8,500권	7명	2,400명	₩500,000
9	상상마루작은도서관	서울특별시	강동구	7,873권	7명	2,400명	₩6,950,000
10	서원마을작은도서관	서울특별시	강동구	3,208권	2명	91명	₩2,000,000
11	솔향기 북카페	서울특별시	강동구	9,779권	2명	2,272명	₩1,105,000
12	미아동 새마을문고	서울특별시	강북구	5,271권	2명	1,743명	₩3,150,000
13	밝은작은도서관	서울특별시	강북구	3,200권	2명	80명	₩1,000,000
14	번1동 새마을문고	서울특별시	강북구	6,316권	2명	2,610명	₩3,000,000
15	번2동 새마을문고	서울특별시	강북구	5,413권	2명	1,490명	₩3,000,000
16	푸른별 환경도서관	서울특별시	강북구	3,500권	36명	6,260명	₩1,324,300
17	하늘을 나는 작은도서관	서울특별시	강북구	2,010권	2명	1,305명	₩1,750,000
18	글벗누리 작은도서관	서울특별시	강서구	10,758권	13명	10,800명	₩4,000,000
19	꿀단지작은도서관	서울특별시	강서구	4,421권	2명	1,565명	₩1,800,000
20	꿈자람책놀이터 작은도서관	서울특별시	강서구	14,470권	5명	8,874명	₩5,000,000
요약				**8,563권**	**7명**	**4,767명**	**₩4,944,165**

선택
강남구
강동구
강북구
강서구

연습1 연습2 연습3

3 '9장_연습.xlsx' 파일의 '연습3' 시트를 열고, 영화 감상평 데이터를 차트로 표시하시오.

❶ 차트에 표시할 데이터 범위를 알맞게 선택하고, 차트 종류는 [표식이 있는 방사형]으로 선택하시오.

❷ [차트 스타일]은 [스타일 5]로 설정하고 [차트 제목]은 제거하시오.

❸ [항목 레이블]이 잘 표시되도록 글꼴 크기는 [10]으로, [굵게]로 설정하시오.

❹ [표식 옵션]의 [크기]는 [7]로, [채우기]는 [단색 채우기]로 선택하고 [채우기 색]을 [빨강]으로 설정하시오.

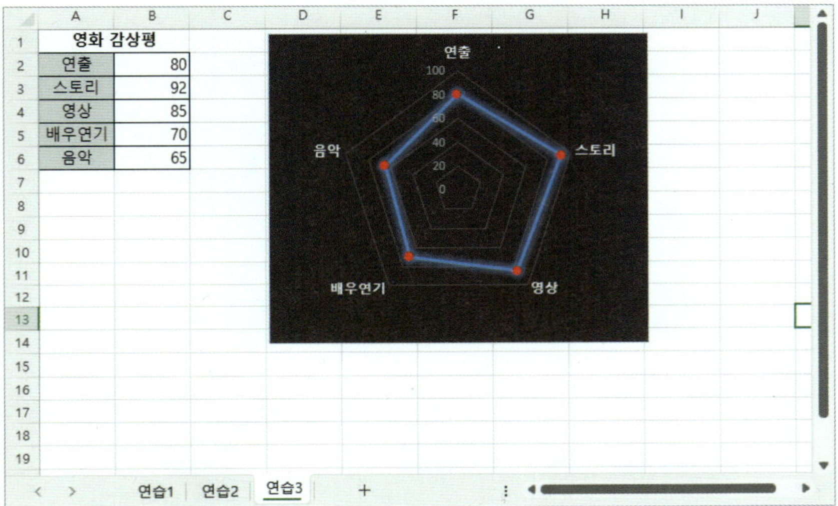

PART

03

엑셀 고급 기능

CHAPTER

10

데이터 전처리

학습목표

- 외부 데이터를 가져오고 데이터 유효성 검사를 할 수 있다.
- 데이터를 분리하고 통합할 수 있다.
- 파워 쿼리로 데이터를 관리할 수 있다.

SECTION 01 데이터 가져오기와 정제하기

엑셀을 이용하면 데이터를 체계적으로 정리하고 조건에 따라 필요한 데이터만 골라내거나 그룹화하는 등 많은 양의 데이터를 효율적으로 관리할 수 있다. 또 외부 프로그램으로 만들어진 텍스트 파일(.txt), CSV 파일(.csv) 등 다양한 형식의 데이터를 엑셀로 불러와 활용할 수 있으며, 중복된 항목을 제거하거나 데이터 유효성 검사를 통해 데이터의 정확성도 유지할 수 있다. 텍스트 파일을 이용하여 엑셀 워크시트를 작성하고 텍스트 나누기와 중복 데이터 제거하기 같은 데이터 도구를 사용하여 데이터 수집부터 정제까지 처리하는 방법을 알아본다.

1.1 데이터 가져오기

공공기관 웹사이트에서 필요한 데이터를 다운로드하거나 웹 페이지를 자동으로 수집하는 등 다양한 방법으로 수집되는 데이터는 텍스트 파일(.txt)이나 CSV(Comma Separated Values) 파일, HTML (HyperText Markup Language) 파일, 데이터베이스 파일 등 여러 형식으로 만들어져 있다. 이런 경우 엑셀의 데이터 가져오기 기능을 이용하면 해당 데이터를 편리하게 불러올 수 있다.

TIP 엑셀 2019 이후 버전에서는 데이터 가져오기 마법사를 사용하기 위해 레거시 옵션을 먼저 설정해야 한다. 엑셀을 실행한 후 [파일] 탭–[옵션]을 눌러 [Excel 옵션] 대화상자를 열고, [데이터] 옵션에서 [텍스트에서(레거시)]를 체크한 다음 [확인]을 누른다.

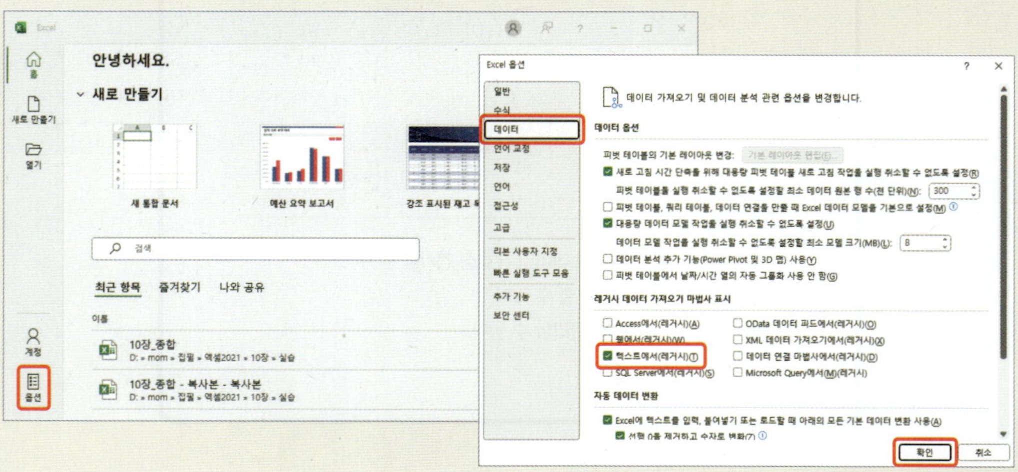

기본예제 10-1 텍스트 파일에서 데이터 가져오기

텍스트 파일로 저장된 물품 판매 현황 데이터를 가져와 엑셀 워크시트에 저장해 보자.

01 엑셀을 실행해 새 통합 문서를 열고 [데이터] 탭 – [데이터 가져오기 및 변환] 그룹 – [데이터 가져오기] 목록에서 [레거시 마법사] – [텍스트에서(레거시)]를 선택한다.

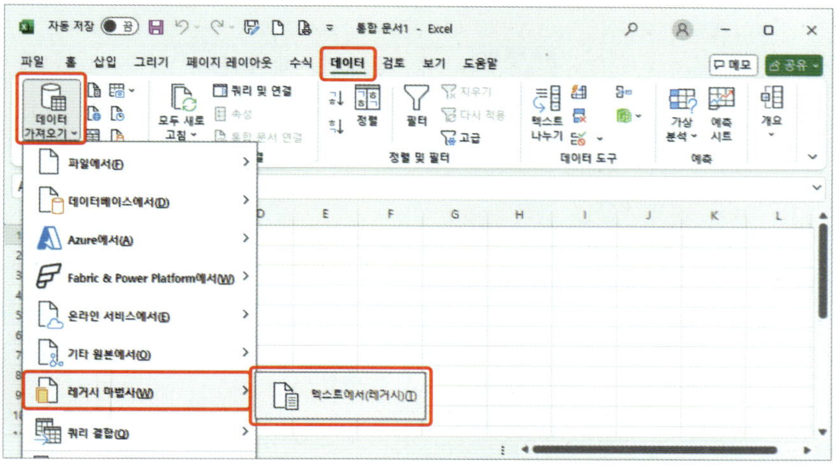

02 [텍스트 파일 가져오기] 대화상자에서 '판매목록.txt' 파일을 선택하고 [가져오기]를 누른다.

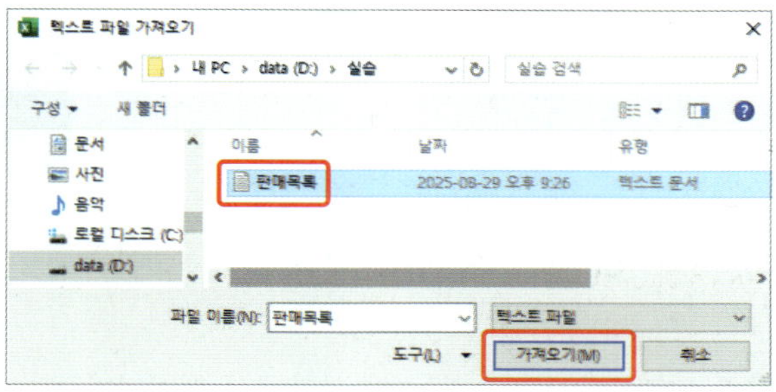

03 [텍스트 마법사] 1단계에서 [원본 데이터 형식]을 [구분 기호로 분리됨]으로 선택하고 [다음]을 누른다.

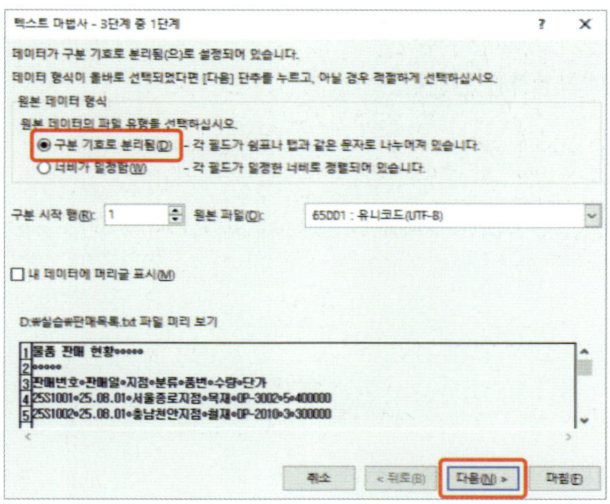

04 [텍스트 마법사] 2단계에서 [구분 기호]를 [탭]으로 선택하고 [다음]을 누른다.

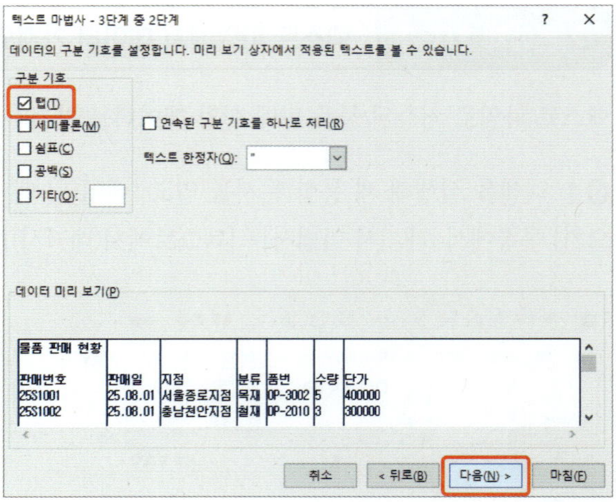

05 [텍스트 마법사] 3단계에서는 각 열의 데이터 서식을 지정할 수 있는데, 모든 열을 [일반]으로 선택하고 [마침]을 누른다.

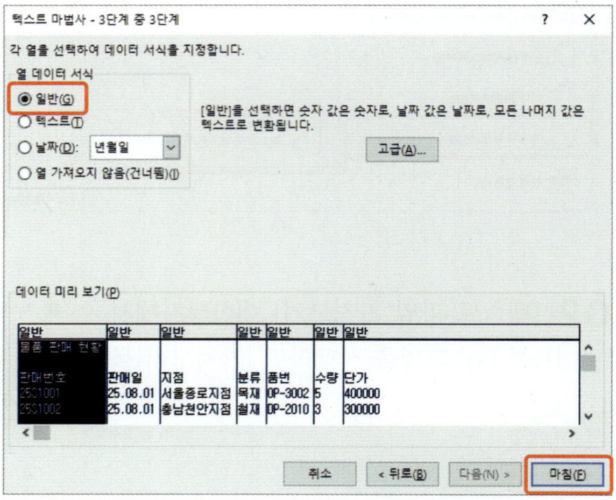

06 [데이터 가져오기] 대화상자에서 데이터가 들어갈 위치를 [기존 워크시트]로 선택하고, A1 셀을 선택하면 **=Sheet1!$A$1**로 표시된다. [확인]을 눌러 대화상자를 닫는다.

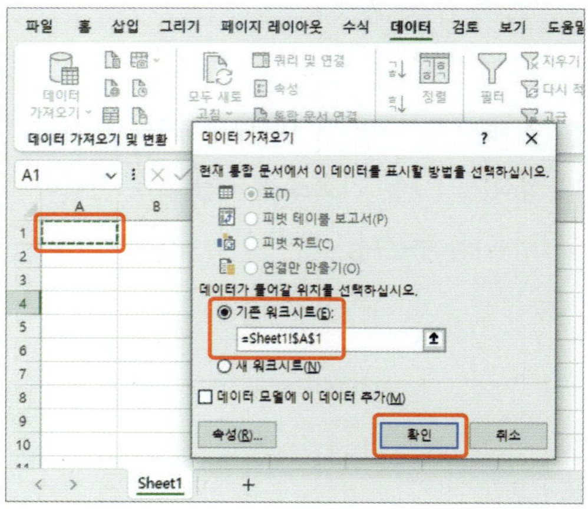

07 데이터가 입력된 워크시트의 이름을 '판매목록'으로 바꾸고, 통합문서를 '판매.xlsx'라는 이름으로 저장한다.

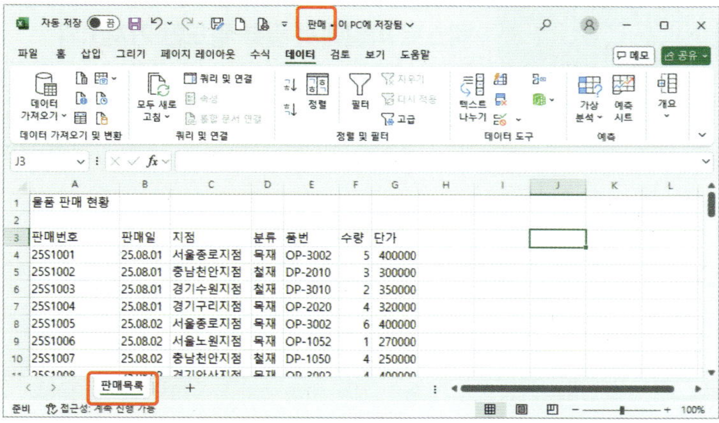

TIP [데이터 가져오기]로 자동 입력된 범위는 영역 이름이 자동으로 설정된다. 영역 이름은 원본 파일('판매목록.txt')의 이름과 같다.

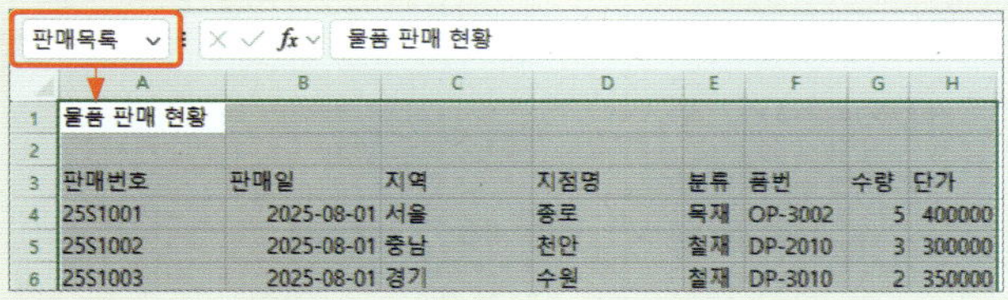

TIP **엑셀 2021의 텍스트 데이터 가져오기**

엑셀 2021에서 기본 제공하는 텍스트 데이터 가져오기는 [데이터] 탭–[데이터 가져오기 및 변환] 그룹–[텍스트/CSV]를 선택하면 된다. 가져올 원본 텍스트 파일을 선택하고 미리보기 창에서 [로드]를 누르면 워크시트에 테이블(표)이 만들어진다. 테이블 데이터는 원본 파일과 연결되어 있어서 원본이 변경되는 경우 [새로 고침]으로 자동 반영된다. 연결을 해제하려면 [링크 끊기]를 눌러 원본 파일과의 연결을 종료할 수 있다.

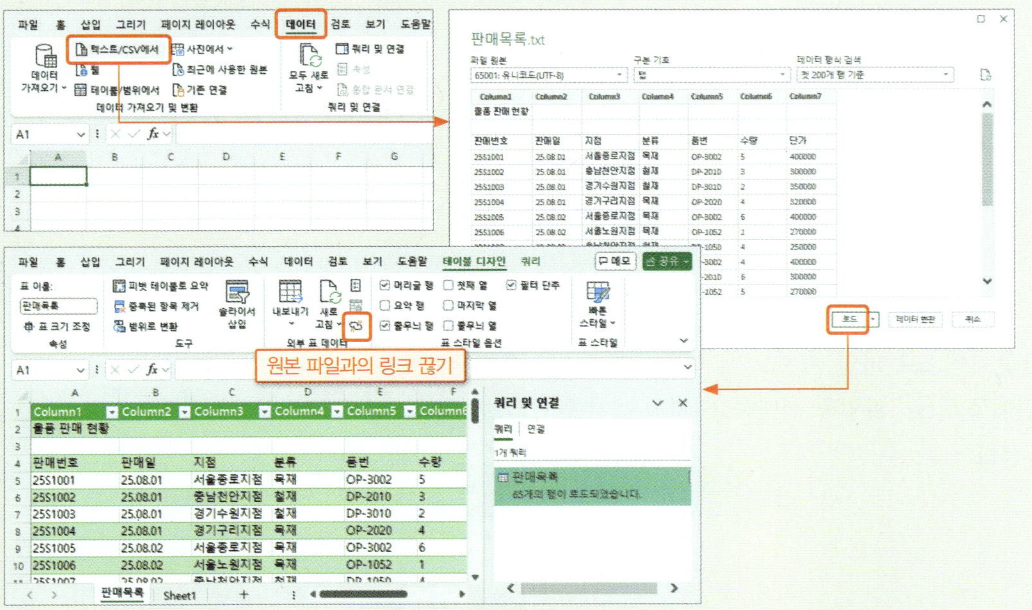

기본예제 10-2 텍스트 파일에서 일부 필드만 가져오기

텍스트 파일로 엑셀 데이터를 만들 때 불필요한 열을 제외하고 필요한 항목만 선택적으로 가져올 수 있다. 이번에는 단가 정보를 관리하기 위해 '판매목록.txt' 파일에 있는 '품번'과 '단가'만 가져와 새 워크시트를 만들어 보자.

01 '판매목록' 시트의 빈 셀을 선택한 상태에서 [데이터] 탭 – [데이터 가져오기 및 변환] 그룹 – [데이터 가져오기] 목록에서 [레거시 마법사] – [텍스트에서(레거시)]를 선택한다.

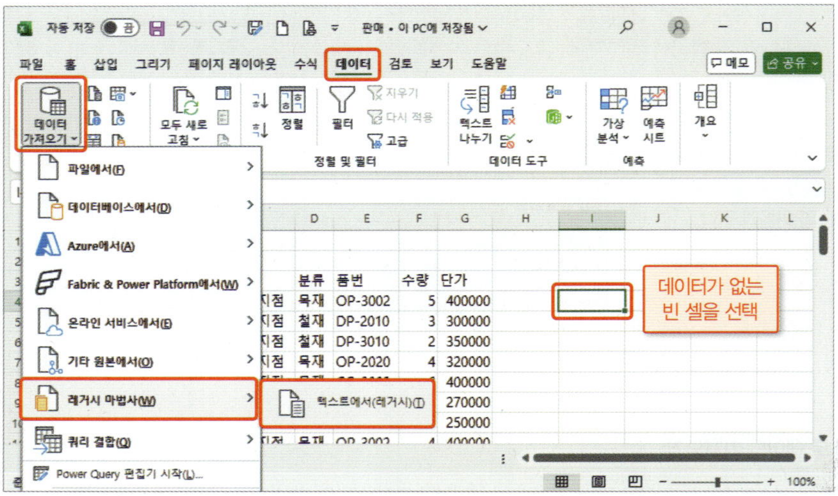

TIP 데이터가 입력된 셀에서는 [레거시 마법사]를 실행할 수 없으므로 빈 셀을 선택하고 진행해야 한다.

TIP [데이터 가져오기]로 만든 통합 문서를 닫은 후 다시 열면 보안 경고가 표시될 수 있다. [콘텐츠 사용]을 한 번 누르면 경고 메시지가 더 이상 나타나지 않는다.

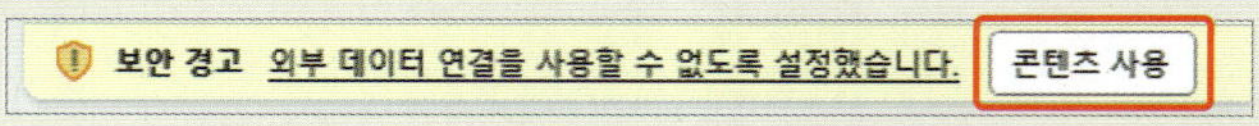

02 [텍스트 파일 가져오기] 대화상자에서 '판매목록.txt' 파일을 선택하고 [가져오기]를 누른다.

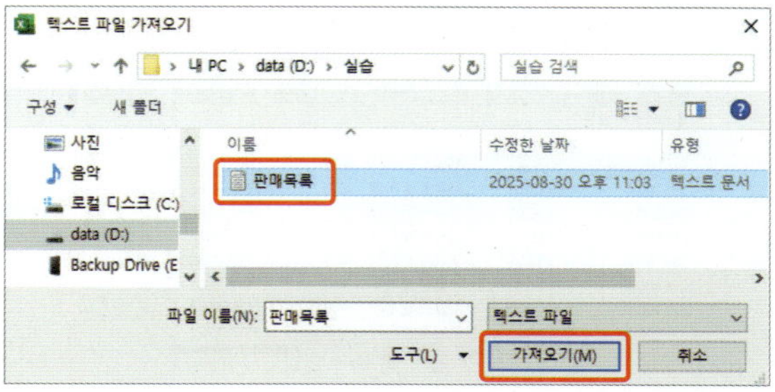

03 [텍스트 마법사] 1단계와 2단계에서 모두 [다음]을 누른다.

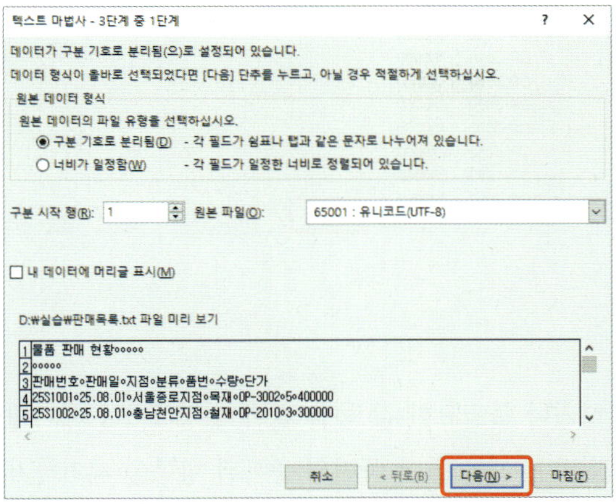

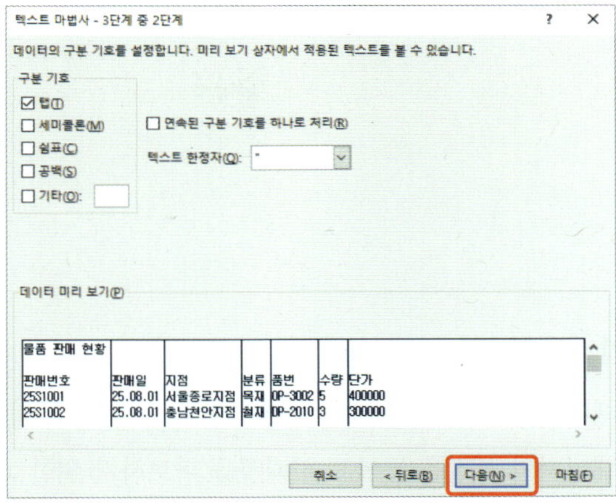

04 [데이터 미리 보기]에서 '판매번호'를 선택한 뒤 [열 데이터 서식]에서 [열 가져오지 않음(건너뜀)]을 클릭한다. 같은 방법으로 '판매일', '지점', '분류', '수량'도 차례로 [열 가져오지 않음]으로 설정한 다음 [마침]을 누른다.

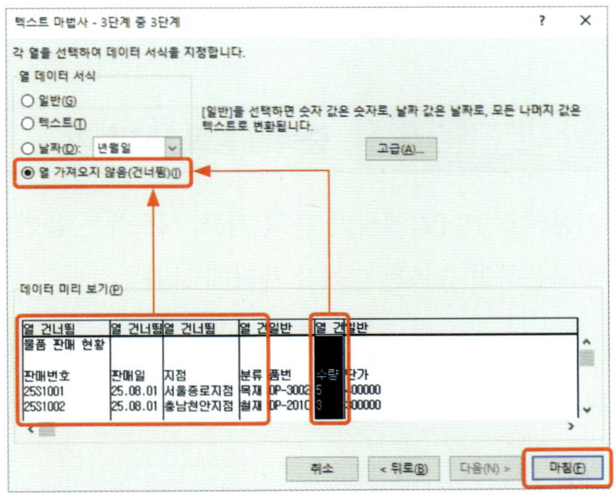

TIP '품번'과 '단가' 데이터만 필요하므로, 다른 열들은 가져오기에서 제외한다.

05 [데이터 가져오기] 대화상자에서 [새 워크시트]를 선택하고 [확인]을 누른다.

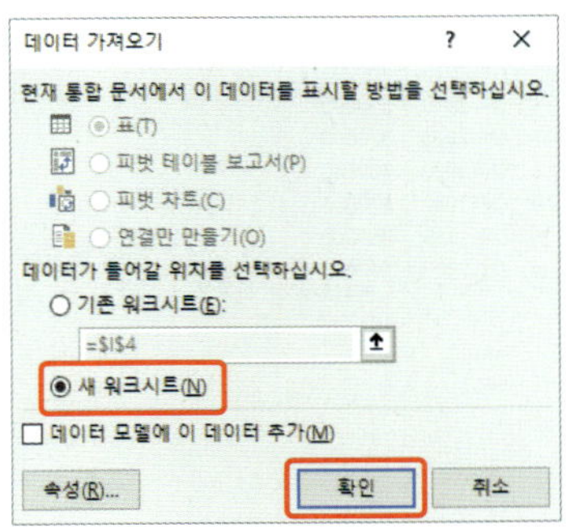

06 추가된 시트의 이름을 **단가표**로 수정하고 '판매목록' 시트 뒤로 위치를 이동시킨다.

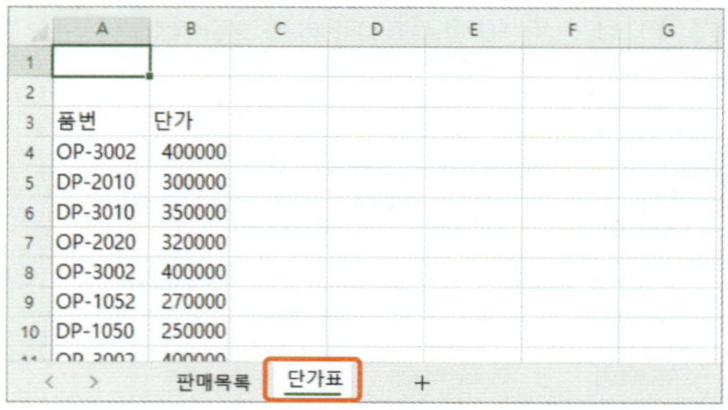

1.2 데이터 정제하기

데이터 정제란 원본 데이터에서 오류나 중복, 부정확하거나 불필요한 값 등을 찾아 수정하거나 제거해 데이터의 품질을 높이고 신뢰성을 확보하기 위한 과정이다. 예를 들어 품번의 중복된 항목을 제거하거나 판매 수량을 음수로 입력되지 않게 하고, 미등록 품번이 입력되지 않도록 하는 등의 작업이 이에 해당한다. 이러한 작업을 위해 엑셀의 데이터 도구를 활용하는 방법을 알아본다.

기본예제 10-3 중복된 항목 제거하기

[기본예제 10-2]에서 만든 '단가표' 시트에는 품번과 단가 정보가 중복으로 저장되어 있다. 데이터 도구를 사용하여 중복된 항목을 제거해 보자.

01 '단가표' 시트에서 데이터 영역 내 임의의 셀을 선택하고 [데이터] 탭–[데이터 도구] 그룹–[중복된 항목 제거]를 누른다.

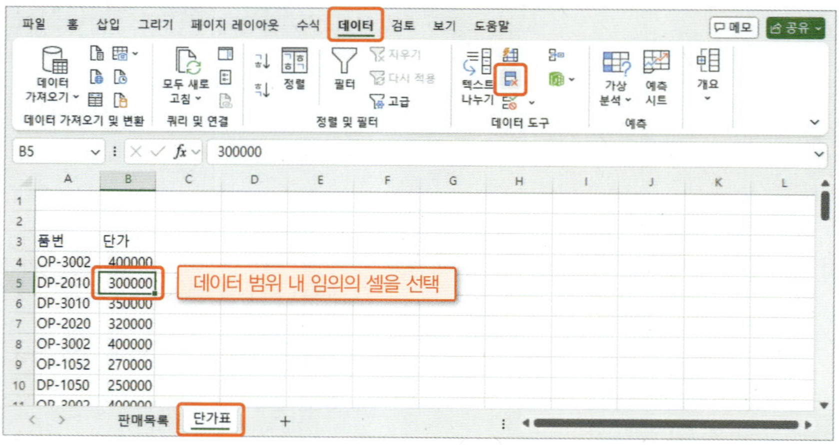

02 [중복 값 제거] 대화상자에서 [품번]만 선택하고 [확인]을 누른다.

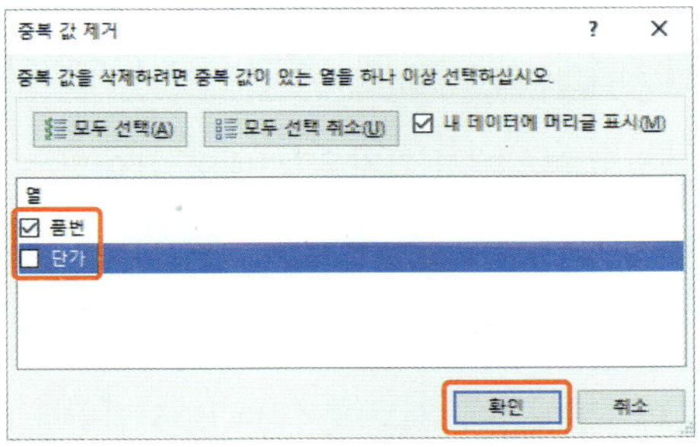

03 중복된 값이 제거되었다는 메시지가 나타나면 [확인]을 누른다.

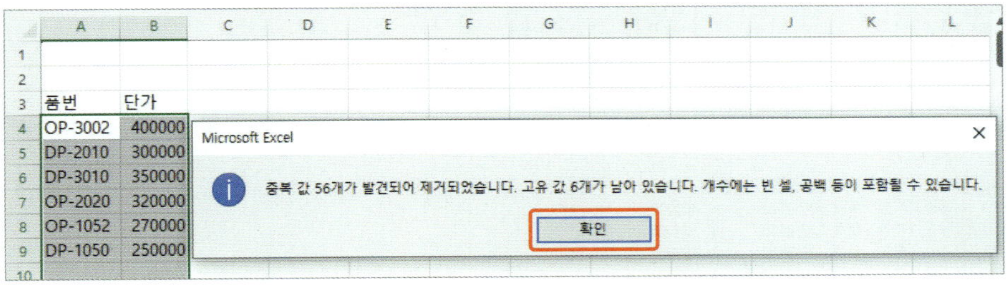

04 중복 데이터가 제거된 '단가표' 시트의 A4:B9 범위를 선택하고 이름을 정의한다. [이름 상자]에 **단가표**라고 입력하고 셀 테두리와 맞춤, 통화 등의 서식을 설정한다.

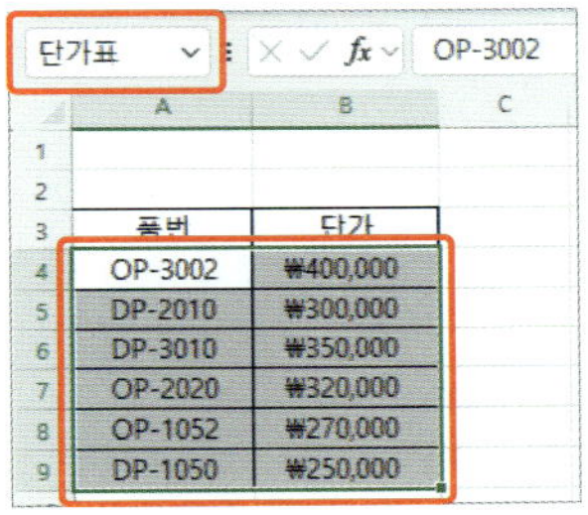

05 '판매목록' 시트의 '단가'는 '단가표'에서 찾아 표시하도록 한다. '판매목록' 시트의 G4 셀에 **=VLOOKUP(E4,단가표,2,FALSE)** 수식을 입력하고, 채우기 핸들을 더블클릭해 G65 셀까지 수식을 복사한다.

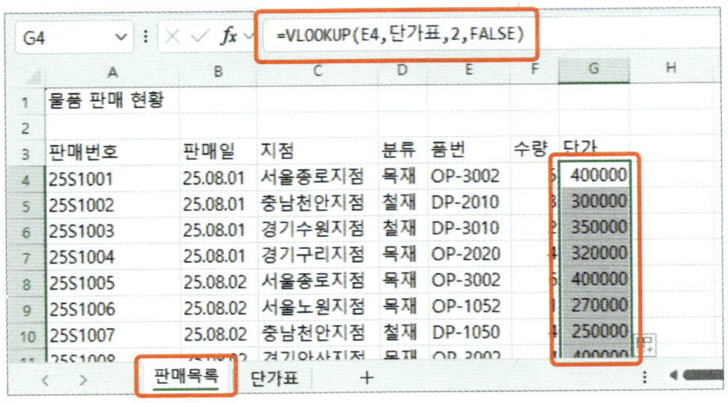

TIP '단가표' 시트처럼 단가 정보를 별도로 관리하면, 제품 단가가 변경되더라도 '판매목록' 시트의 모든 데이터를 일일이 수정할 필요 없이 단가표만 변경하면 된다.

기본예제 10-4 날짜 형식 변경하기

텍스트 파일에서 가져온 '판매일' 데이터는 엑셀에서 인식하는 날짜 형식이 아니므로, 월별이나 분기별로 그룹화하는 분석 작업에 바로 사용할 수 없다. 텍스트 마법사를 이용해 올바른 날짜 형식으로 변경해 보자.

01 '판매목록' 시트에서 B4:B65 범위를 선택하고 [데이터] 탭 – [데이터 도구] 그룹 – [텍스트 나누기]를 클릭한다.

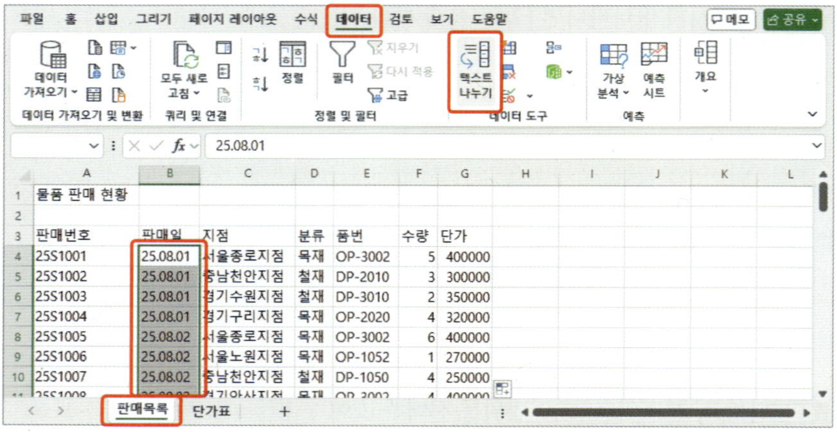

02 [텍스트 마법사] 1단계와 2단계에서는 설정을 변경하지 않고 [다음]을 누른다.

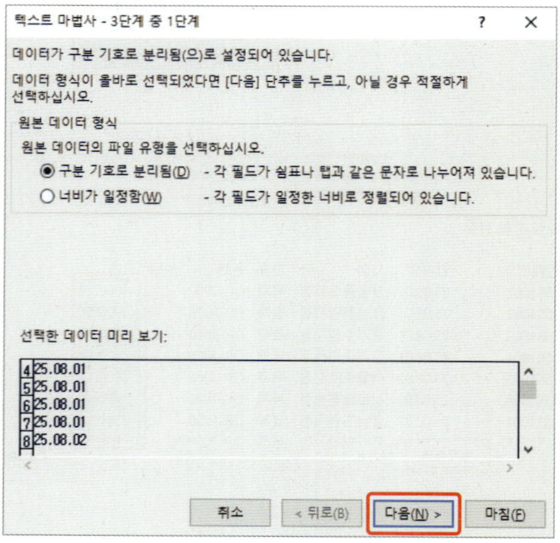

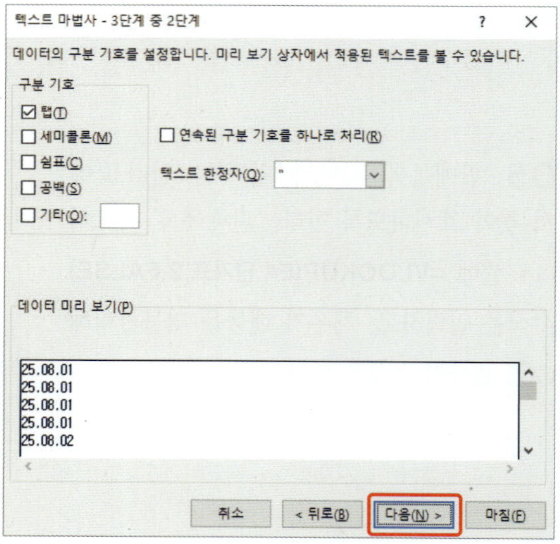

03 [텍스트 마법사] 3단계의 열 데이터 서식을 **[날짜]**, **[년월일]**로 선택하고 [마침]을 누른다.

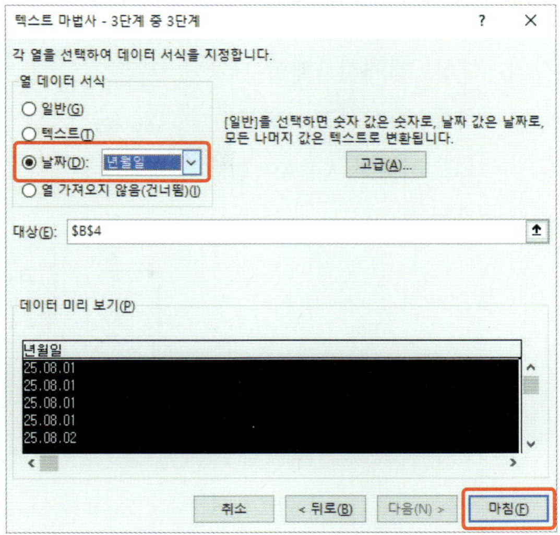

04 B열의 너비를 넓히면 엑셀 날짜 형식으로 바뀐 '판매일' 데이터를 확인할 수 있다.

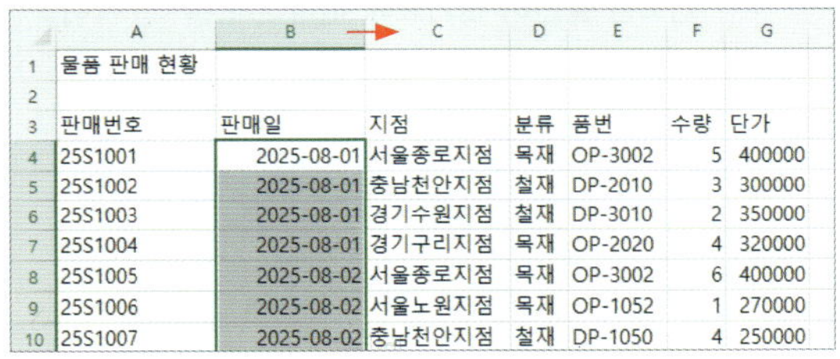

기본예제 10-5 데이터 유효성 검사하기

데이터를 입력할 때 품번을 잘못 입력하거나 판매 수량을 음수나 0으로 입력하는 등 입력 오류가 발생할 수 있다. 데이터 유효성 검사 기능을 사용하면 잘못된 값이 입력되는 것을 미리 방지할 수 있다.

01 '품번'에 잘못된 값이 입력되지 못하도록 목록을 만든다. '판매목록' 시트에서 E4:E65 범위를 선택하고 [데이터] 탭－[데이터 도구] 그룹－[데이터 유효성 검사]를 누른다.

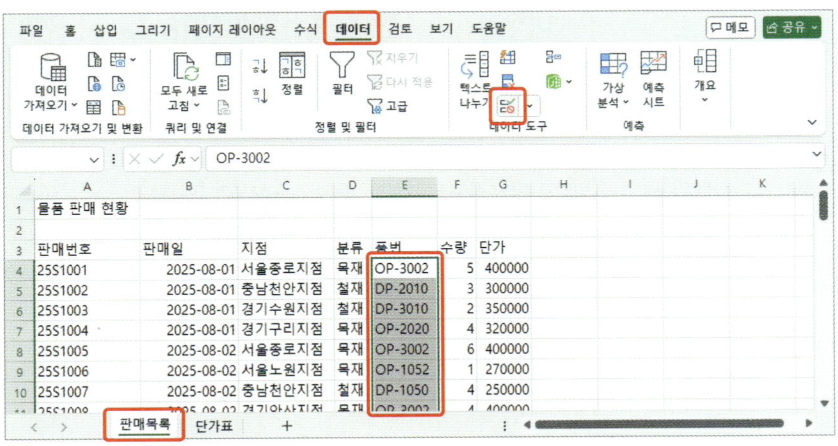

02 [데이터 유효성] 대화상자의 [설정] 탭에서 [제한 대상]은 [목록]으로 하고, [원본]은 '단가표' 시트의 A4:A9 범위를 선택한다.

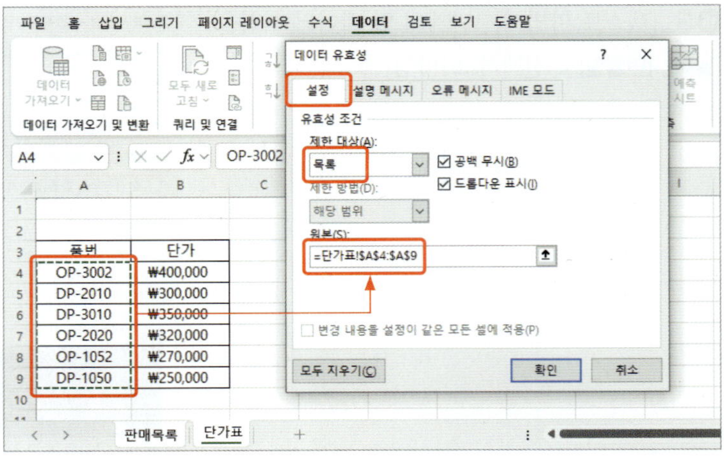

03 [오류 메시지] 탭의 [제목]에는 **품번 오류**, [오류 메시지]에는 **입력한 품번이 단가표에 없습니다.**를 입력하고 [확인]을 누른다.

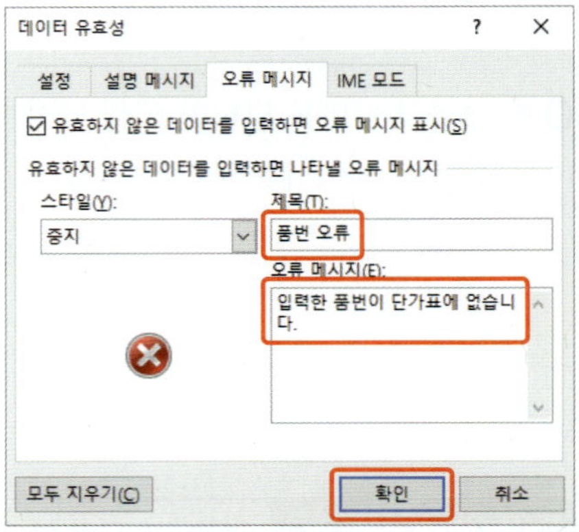

04 데이터 유효성 조건을 설정한 '품번'은 목록에서 값을 선택할 수 있어서 입력 오류를 방지할 수 있다.

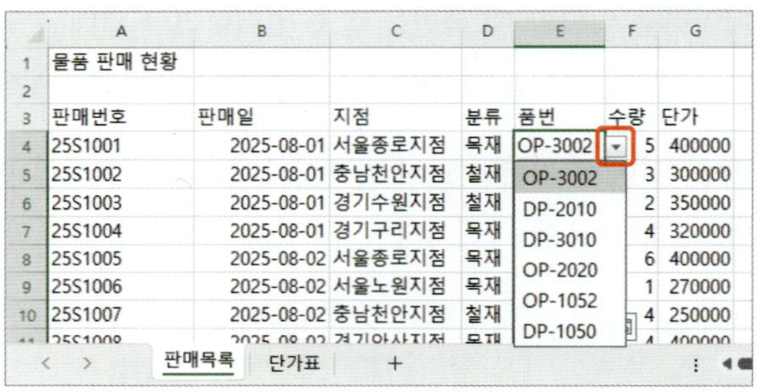

TIP 품번을 목록에서 선택하지 않고 직접 입력할 수도 있지만, 만약 잘못 입력하면 다음과 같은 오류가 표시된다.

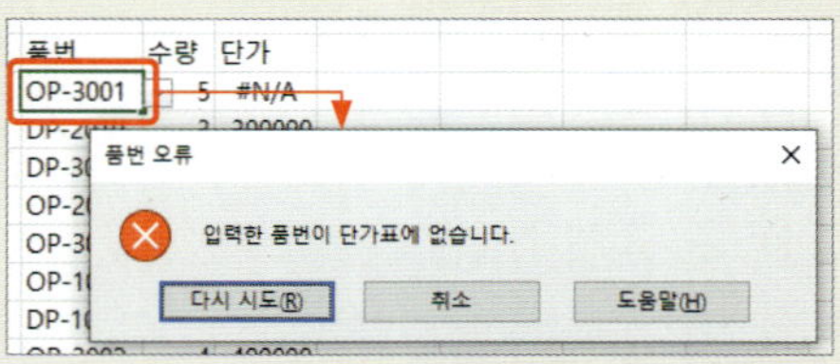

05 '수량'에는 양수만 입력되도록 데이터 유효성 검사를 설정한다. F4:F65 범위를 선택하고 [데이터] 탭–[데이터 도구] 그룹–[데이터 유효성 검사]를 누른다.

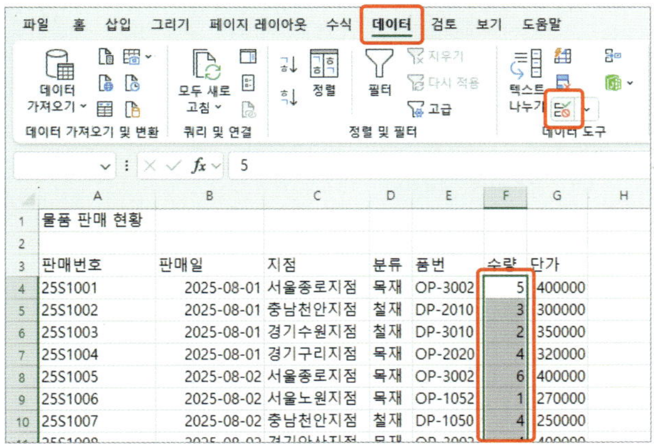

06 [데이터 유효성] 대화상자의 [설정] 탭에서 [제한 대상]은 [정수]로, [제한 방법]은 [>]로 선택하고, [최소값]에 **0**을 입력한다.

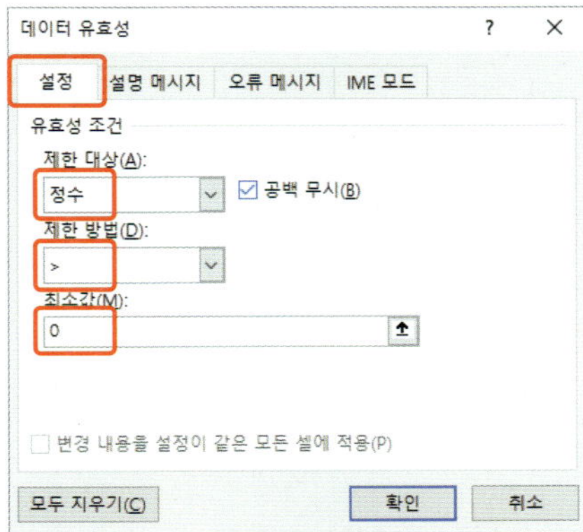

07 [오류 메시지] 탭의 [스타일]은 [경고]를 선택한다. [제목]에는 **수량 확인**, [오류 메시지]에는 **수량은 0보다 큰 정수로 입력하세요.**를 입력하고 [확인]을 누른다.

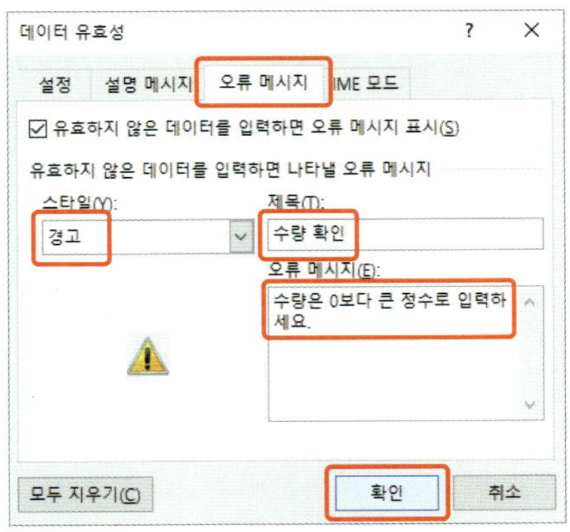

08 '수량'에 양의 정수가 아닌 값을 입력하면 경고 메시지 창이 나타난다.

TIP 오류 메시지 스타일이 '경고'인 경우 대화상자에서 [예]를 누르면 0이나 실수 등 양의 정수가 아닌 값도 저장할 수 있다.

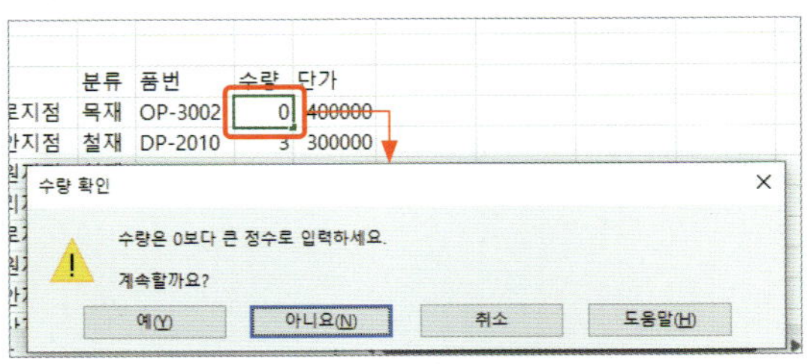

TIP 설정한 유효성 검사 조건을 해제하려면 해당 셀을 선택하고 [데이터 유효성] 대화상자의 [모두 지우기]를 누른 다음 [확인]을 누른다. 유효성 검사 조건을 해제할 셀이 여러 개라면 [변경 내용을 설정이 같은 모든 셀에 적용]을 먼저 선택한다.

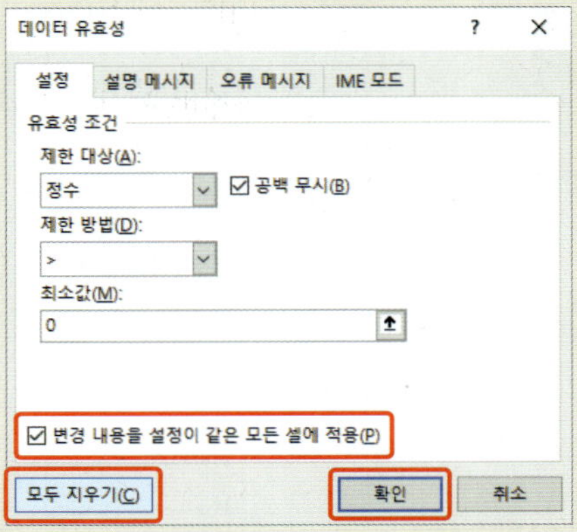

EXCEL 2021

SECTION 02

텍스트 나누기와 데이터 통합하기

데이터의 분리와 통합은 데이터 구조화를 통해 체계적인 분석을 가능하게 하는 중요한 작업이다. 외부에서 수집되거나 업무 현장에서 생성된 데이터는 집계나 비교 분석에 적합하지 않은 형태로 구성되는 경우가 많다. 하나의 셀에 여러 정보가 복합적으로 포함되거나 필요한 데이터가 여러 시트 또는 파일에 분산되어 있는 경우가 대표적이다. 정확하고 효율적인 정보 관리를 위해 엑셀의 텍스트 나누기와 데이터 통합 기능을 활용하는 방법을 알아본다.

2.1 텍스트 나누기

엑셀의 텍스트 나누기는 구분 기호나 글자 길이를 기준으로 하나의 셀에 있는 복합적인 데이터를 여러 열로 손쉽게 분리해 주는 기능이다. 긴 문자열이나 여러 정보가 혼합된 데이터를 항목별로 분리함으로써 가독성과 활용도를 높이고, 정렬이나 필터, 집계 등 다양한 분석 작업에 효율적으로 활용될 수 있다.

기본예제 10-6 텍스트 나누기

텍스트 나누기 기능을 사용해 '판매목록' 시트의 '지점' 필드를 '지역'과 '지점명'으로 분리해 보자.

01 '판매목록' 시트에서 D열의 임의의 셀을 선택하고 [홈] 탭-[셀] 그룹-[삽입] 목록에서 [시트 열 삽입]을 선택한다.

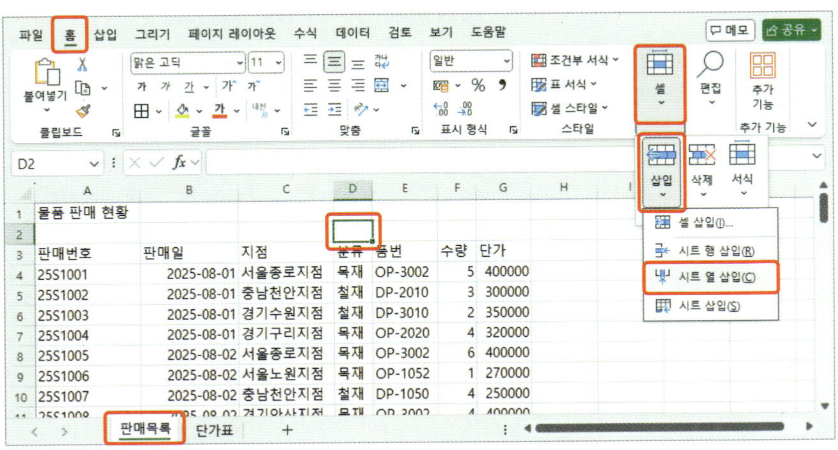

02 C4:C65 범위를 선택하고 [데이터] 탭–[데이터 도구] 그룹–[텍스트 나누기]를 누른다.

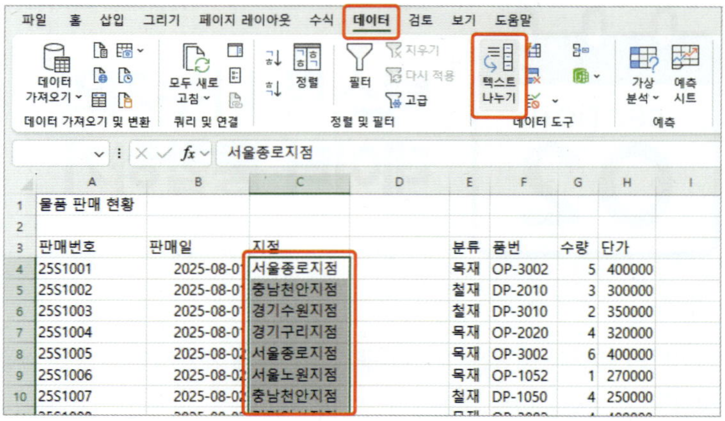

03 [텍스트 마법사] 1단계에서 [원본 데이터 형식]을 [너비가 일정함]으로 선택하고 [다음]을 누른다.

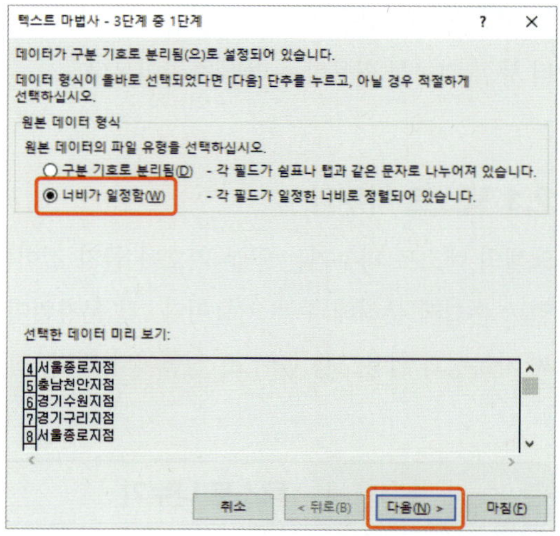

04 [텍스트 마법사] 2단계에서 [데이터 미리 보기]의 눈금자를 클릭하여 그림과 같이 두 개의 열 구분선을 지정하고 [다음]을 누른다.

> **TIP** 열 구분선은 화살표로 표시되며 열 구분선이 표시되는 곳을 경계로 열이 나누어진다. 열 구분선을 삭제하려면 더블클릭하고, 옮기려면 드래그한다.

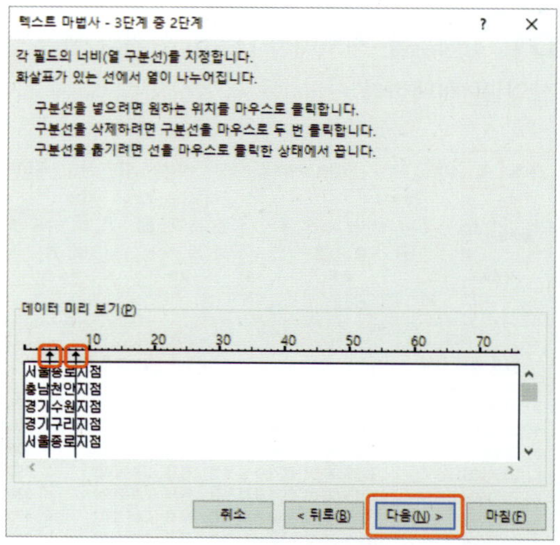

05 첫째 열과 둘째 열은 [열 데이터 서식]을 [일반]으로, 마지막 열은 [열 가져오지 않음(건너뜀)]을 선택한 후 [마침]을 누른다.

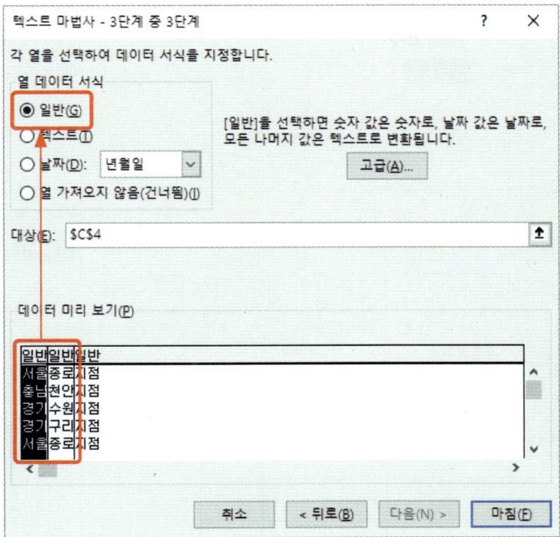

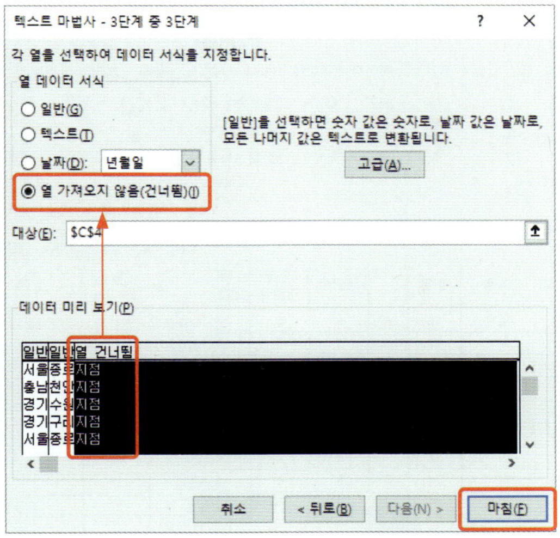

06 C3 셀은 **지역**, D3 셀은 **지점명**으로 입력해 필드명을 수정한다.

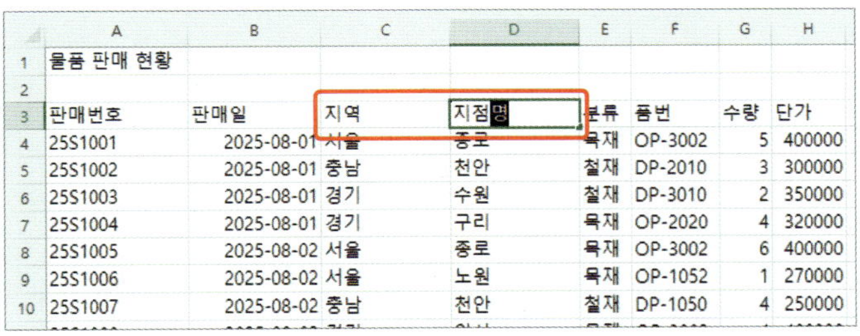

	A	B	C	D	E	F	G	H
1	물품 판매 현황							
2								
3	판매번호	판매일	지역	지점명	분류	품번	수량	단가
4	25S1001	2025-08-01	서울	종로	목재	OP-3002	5	400000
5	25S1002	2025-08-01	충남	천안	철재	DP-2010	3	300000
6	25S1003	2025-08-01	경기	수원	철재	DP-3010	2	350000
7	25S1004	2025-08-01	경기	구리	목재	OP-2020	4	320000
8	25S1005	2025-08-02	서울	종로	목재	OP-3002	6	400000
9	25S1006	2025-08-02	서울	노원	목재	OP-1052	1	270000
10	25S1007	2025-08-02	충남	천안	철재	DP-1050	4	250000

2.2 데이터 통합하기

엑셀의 데이터 통합 기능은 여러 시트나 파일에 분산된 데이터를 하나의 표로 집계해 전체 현황을 한눈에 파악할 수 있게 하는 도구이다. 서로 다른 부서나 팀에서 개별적으로 관리한 매출 데이터를 통합하거나, 여러 명의 심사위원이 개별 시트에 입력한 평가 점수를 합산 또는 평균 낼 때 활용할 수 있다.

기본예제 10-7 집계 데이터 만들기

엑셀의 데이터 통합 도구를 이용해 경진대회 출품작에 대한 심사위원 3명의 개별 심사 점수를 하나의 표로 통합한 집계표를 만들어 보자.

01 개별 심사점수가 입력된 '개별심사표.xlsx' 파일과 집계표가 있는 '10장_실습.xlsx' 파일을 모두 연다.

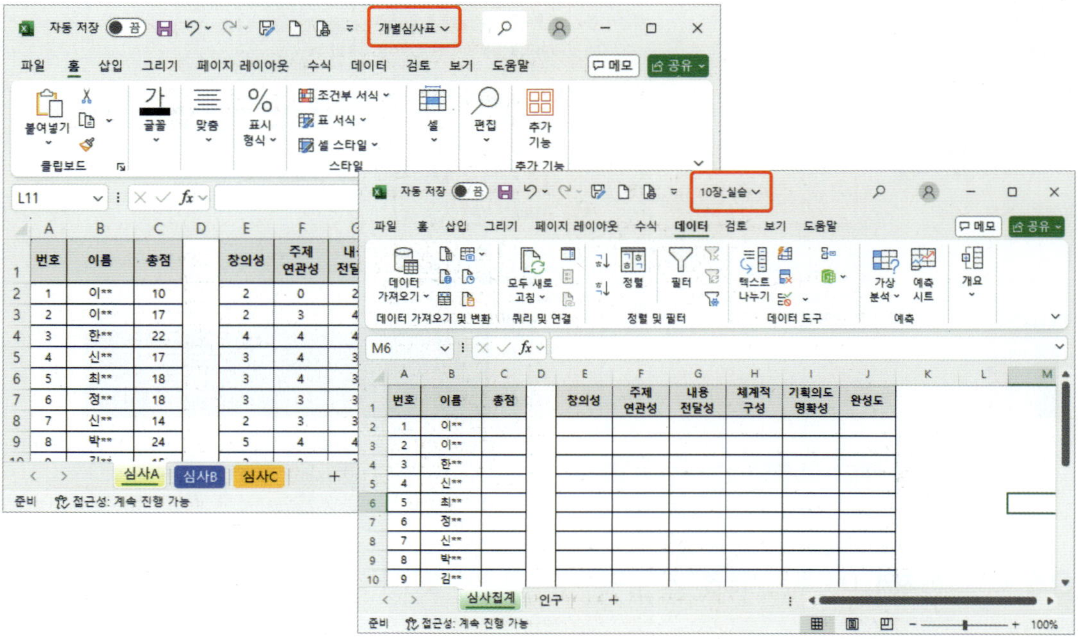

02 '10장_실습.xlsx' 파일의 '심사집계' 시트에서 E1:J21 범위를 선택하고, [데이터] 탭-[데이터 도구] 그룹-[통합]을 클릭한다.

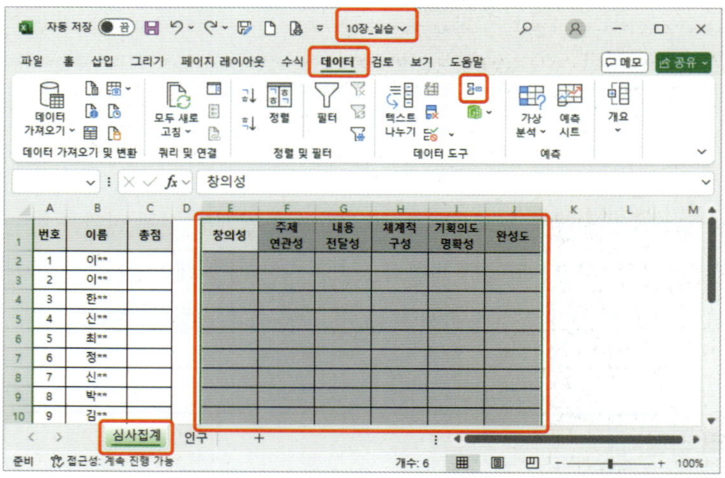

03 [통합] 대화상자에서 [참조] 입력란을 클릭하고 '개별심사표.xlsx' 파일의 '심사A' 시트에서 E1:J21 범위를 지정한다. [함수]는 [합계]로, [사용할 레이블]은 [첫 행]으로 설정한다.

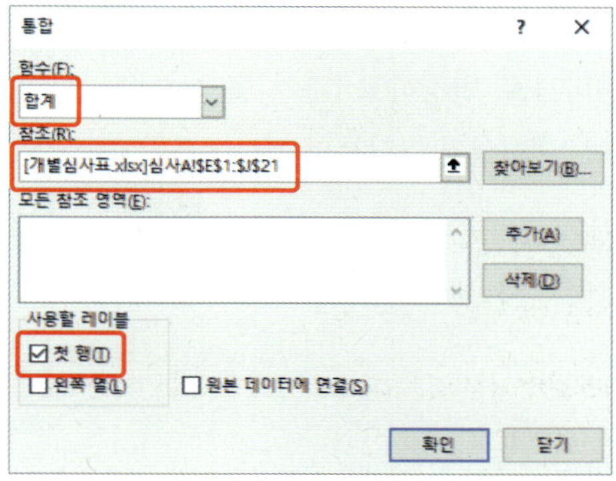

04 [추가]를 클릭하면 모든 참조 영역 목록에 지정한 범위가 추가된다.

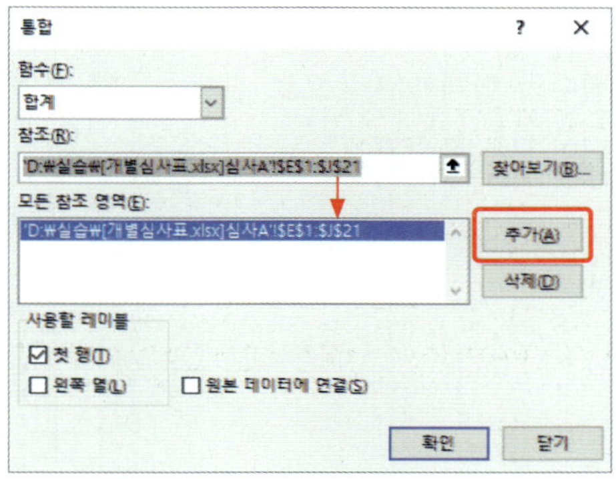

05 [참조]의 범위를 [개별심사표.xlsx]심사**B**!$E$1:$J$21로 변경하고 [추가]를 누른다.

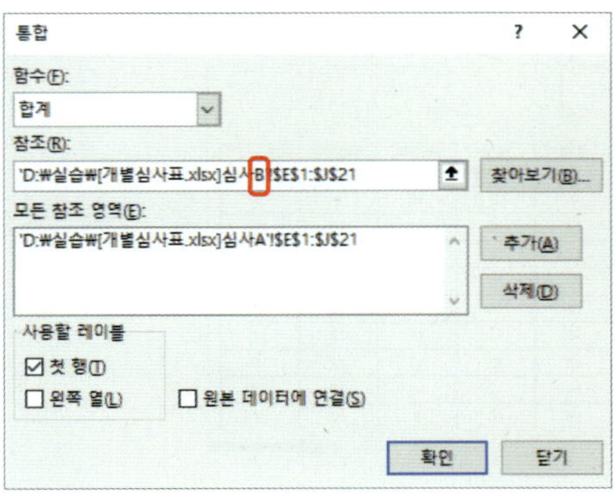

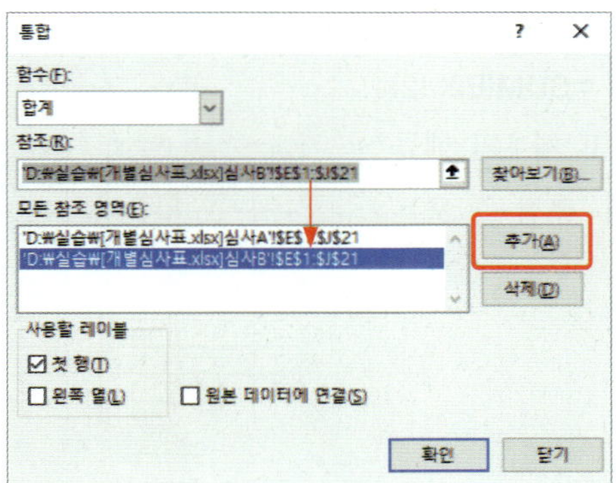

06 [참조]의 범위를 [개별심사표.xlsx]심사**C**!$E$1:$J$21로 변경하고 [추가]를 누른다. [확인]을 눌러 [통합] 대화상자를 닫는다.

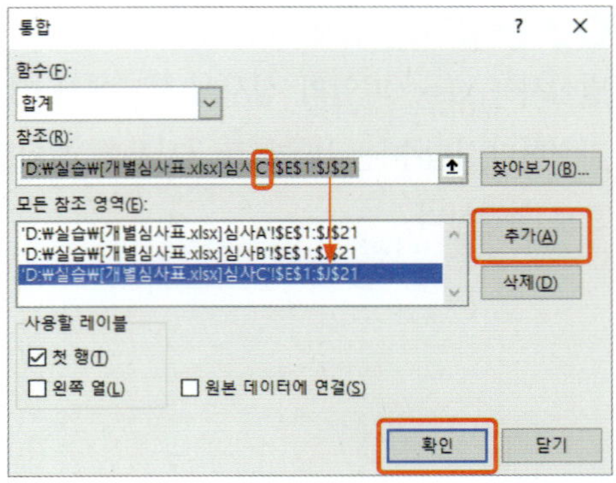

07 '심사집계' 시트에 개별 점수의 합계가 자동으로 집계되어 모두 표시된다.

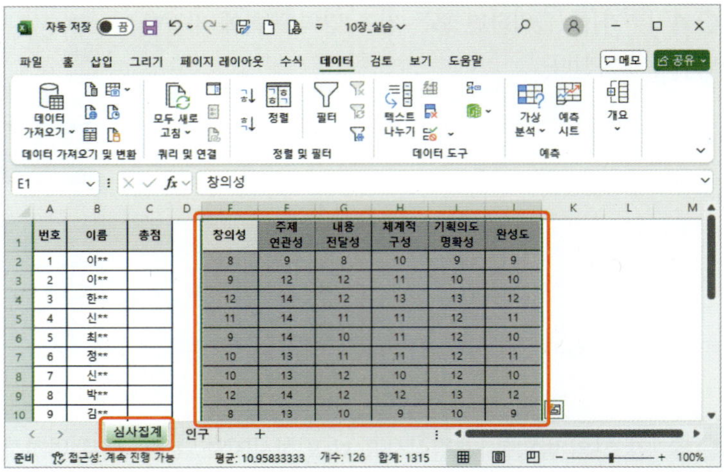

08 C2 셀에 **=SUM(E2:J2)** 수식을 입력하고 채우기 핸들을 더블클릭해 '총점'을 모두 계산한다.

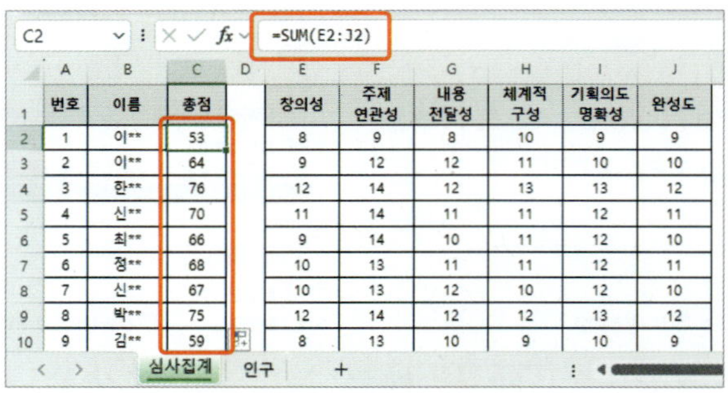

SECTION 03

파워 쿼리 활용하기

엑셀의 파워 쿼리(Power Query)는 데이터를 효과적으로 관리하고 통합할 수 있는 도구로, 엑셀 2016 버전부터 기본으로 제공되고 있다. 파워 쿼리를 활용하면 엑셀 파일, 텍스트 파일, CSV 파일 등 다양한 형식의 원본 데이터를 불러와 원하는 형태로 변환하거나 재구성할 수 있으며, 모든 작업 과정이 단계별로 기록되기 때문에 특정 작업을 개별적으로 수정하거나 반복 실행할 수 있다. 또한 여러 파일이나 시트에 흩어진 데이터를 연결하고 취합하여 데이터 검색 및 관리 작업을 자동화함으로써 업무 효율성을 크게 향상시킬 수 있다.

3.1 파워 쿼리의 동작

파워 쿼리는 원본 데이터에서 데이터를 가져와 원하는 형태로 변환한 후 워크시트에 내보내는 세 가지 동작으로 이루어진다. 원본 데이터는 엑셀 통합 문서를 포함한 다양한 파일 형식과 연결할 수 있고, 파워 쿼리 편집기에서 데이터를 변환하더라도 연결된 원본 데이터에는 영향을 주지 않는다. 편집기 내에서는 데이터 추출, 삭제, 형식 변경, 계산 등 다양한 작업을 수행할 수 있다. 특히 두 개 이상의 필드를 기준으로 데이터를 병합하거나 여러 시트에 분산된 데이터를 하나의 표로 통합하는 작업을 손쉽게 처리할 수 있다. 변환된 데이터는 필요에 따라 새 워크시트나 기존 워크시트에 다양한 형태로 내보낼 수 있다.

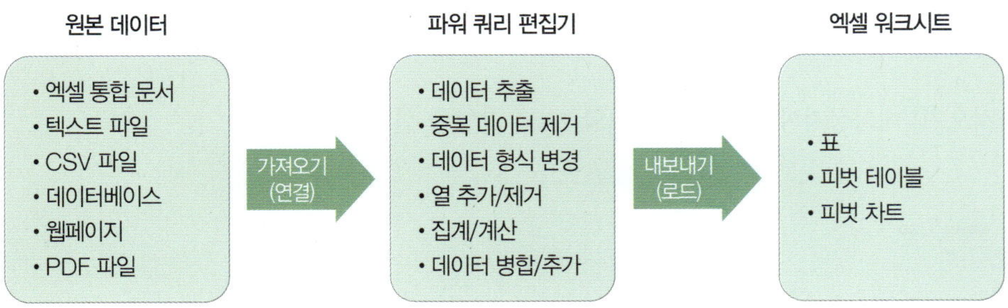

3.2 파워 쿼리의 활용

파워 쿼리 편집기는 데이터 처리를 위한 다양한 기능을 제공하여 실무에서 매우 유용하게 활용된다. 이 절에서는 파워 쿼리를 활용해 다른 엑셀 파일을 연결해 필요한 데이터를 가져오는 방법과 연관된 데이터를 하나의 표로 병합하는 방법을 알아보기로 한다.

TIP 다른 파일에 저장되어 있는 데이터를 가져와 필요한 정보를 추출하려면 [기본예제 10-1]과 [기본예제 10-2]에서처럼 텍스트 마법사를 사용해도 된다. 하지만 텍스트 마법사를 사용하는 경우, 원본 데이터가 수정되면 데이터 가져오기 작업을 처음부터 다시 해야 한다. 반면 파워 쿼리를 이용하면 새로 고침 기능을 이용해 원본 데이터의 수정 사항을 즉각 반영할 수 있다.

기본예제 10-8 파워 쿼리로 파일 연결하고 편집하기

행정구역별로 인구 대비 보안장비 현황을 분석해 추가 설치가 필요한 지역을 파악하려고 한다. '인구' 데이터와 '보안장비' 데이터가 두 개의 파일에 분산되어 있을 때, 파워 쿼리를 이용해 파일을 연결하고 필요한 정보를 추출해 보자.

01 '10장_실습.xlsx' 파일의 '인구' 시트를 열고 [데이터] 탭 – [데이터 가져오기] 목록의 [파일에서] – [Excel 통합 문서에서]를 누른다.

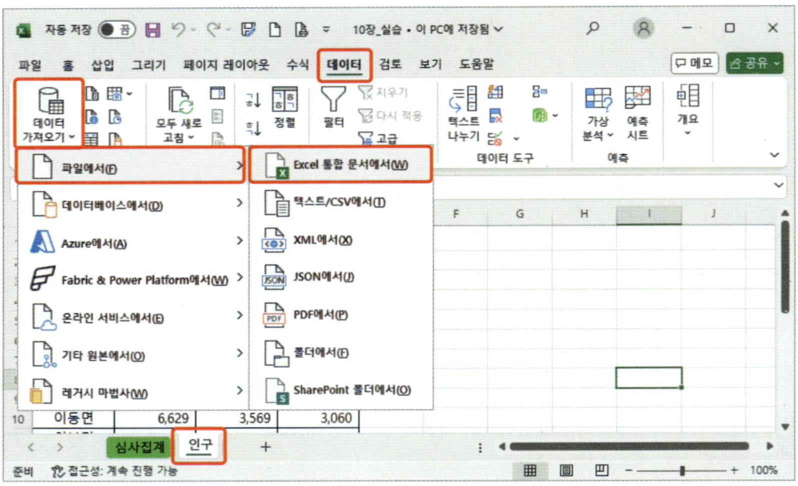

02 [데이터 가져오기] 대화상자에서 '보안장비현황.xlsx' 파일을 선택한다.

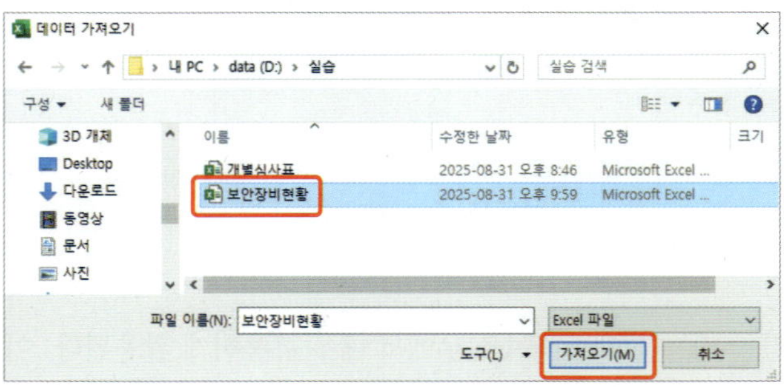

03 [탐색 창]이 나타나면 [보안장비현황.xlsx] 파일–[보안장비] 시트를 선택하고 [데이터 변환]을 누른다.

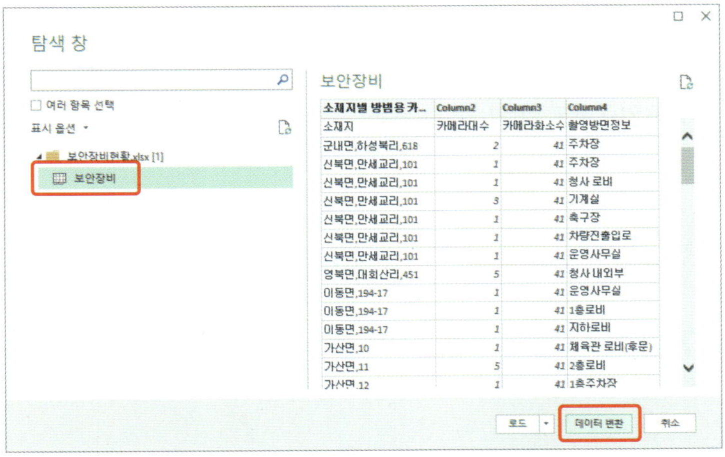

04 '소재지', '카메라대수' 등 첫 행을 열 머리글로 지정하기 위해 [Power Query 편집기] 대화상자가 나타나면 [홈] 탭–[첫 행을 머리글로 사용]을 누른다.

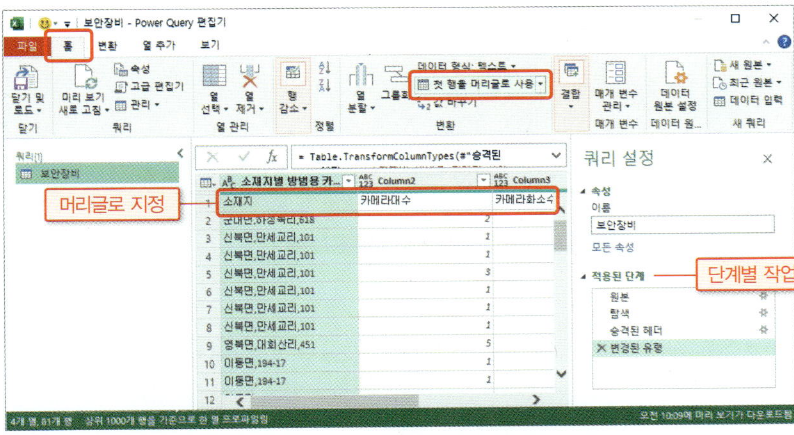

05 소재지 데이터 중에서 '~면' 정보만 추출하기 위해 첫 번째 열을 선택하고 [변환] 탭–[텍스트] 그룹의 [추출] 목록–[구분 기호 앞 텍스트]를 누른다.

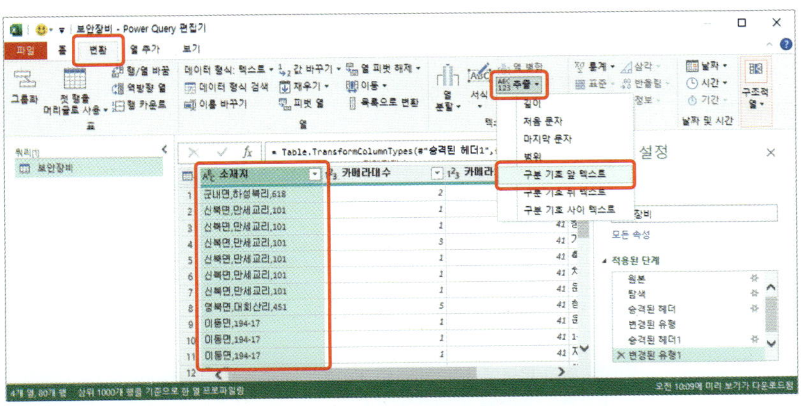

06 [구분 기호 앞 텍스트] 대화상자가 나타나면 [구분 기호]에 쉼표(,)를 입력하고 [확인]을 누른다.

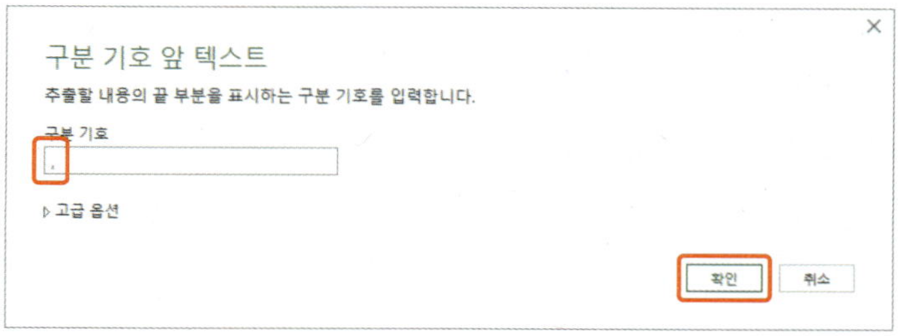

07 '소재지' 열에 필요한 정보만 추출되어 표시된다. 데이터 변환을 위하여 작성한 쿼리를 저장하기 위해 [홈] 탭 – [닫기 및 로드] – [닫기 및 다음으로 로드]를 누른다.

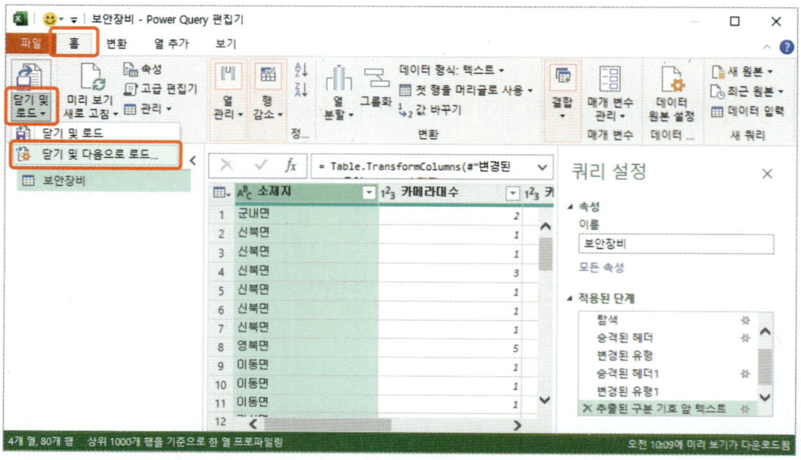

> **TIP** [닫기 및 로드]를 누르면 편집한 데이터가 새 시트에 표로 만들어진다. 이번 실습에서는 표를 따로 만들지 않고 다음 작업을 위해 쿼리만 저장해 둔다.

08 [데이터 가져오기] 대화상자에서 [연결만 만들기]를 선택하고 [확인]을 누른다. [쿼리 및 연결] 작업 창의 쿼리 목록에 작성한 '보안장비'가 연결 전용으로 표시된다.

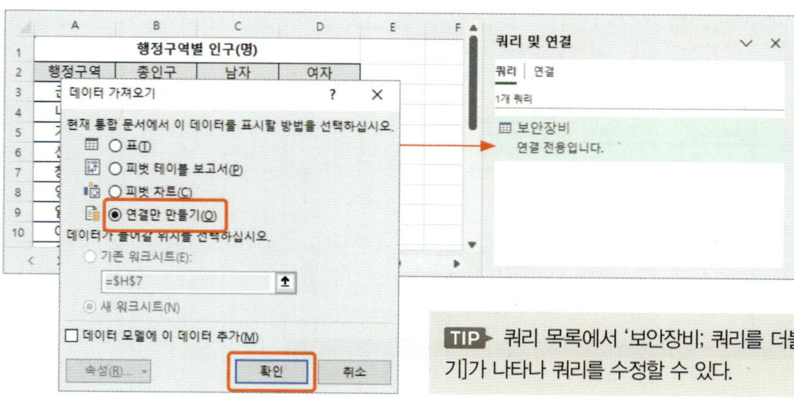

> **TIP** 쿼리 목록에서 '보안장비' 쿼리를 더블클릭하면 [Power Query 편집기]가 나타나 쿼리를 수정할 수 있다.

TIP 원본 데이터가 변경될 때 쿼리 새로 고침하기

원본 파일이 데이터 추가나 삭제 등으로 수정되면 쿼리 편집기의 새로 고침 기능을 이용해 변경 사항을 자동으로 적용할 수 있다. 그림과 같이 '보안장비' 쿼리에 연결된 원본 파일('보안장비현황.xlsx')에 데이터가 추가되는 경우 쿼리의 새로 고침을 사용하면 된다. 이때, 단순히 데이터 자체만 추가하는 것이 아니라 '소재지' 열의 '~면' 정보를 자동으로 추출한다. 쿼리에 기록된 단계별 작업이 추가된 데이터에 자동으로 적용되기 때문이다.

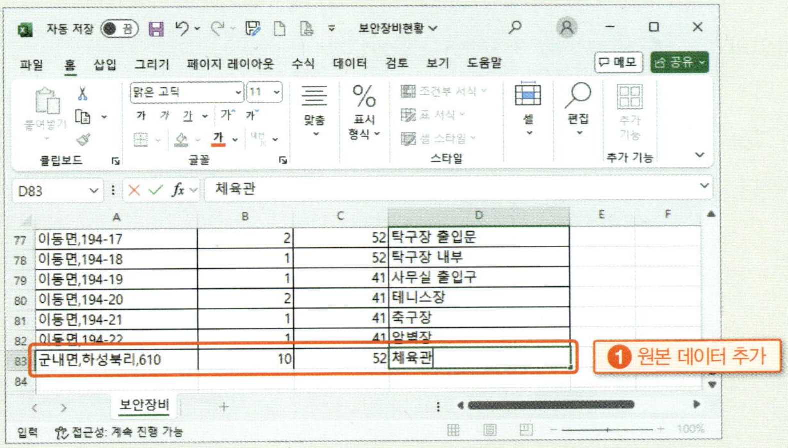

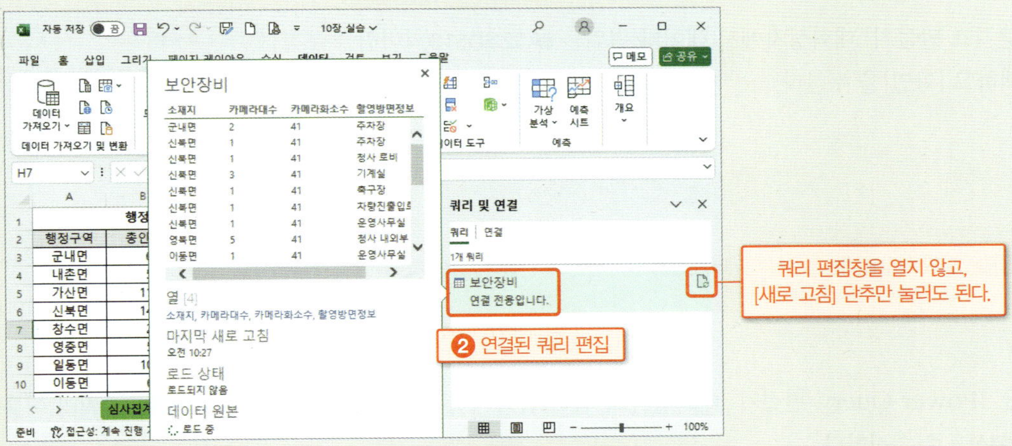

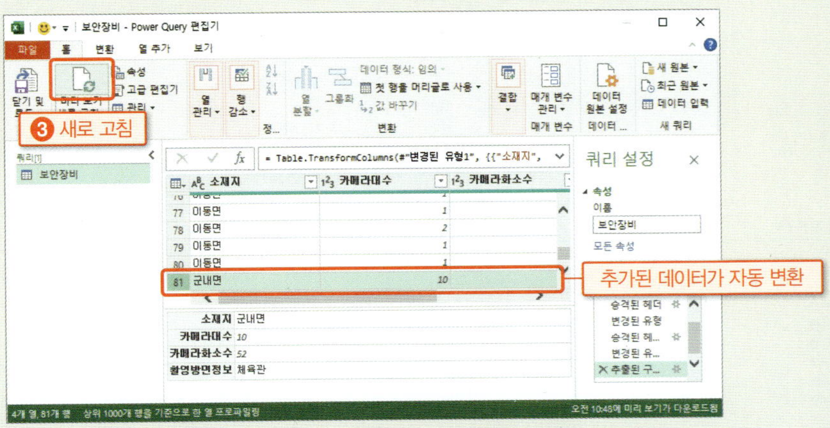

기본예제 10-9 쿼리 병합하고 편집하기

이전 실습에서 만든 '보안장비' 쿼리를 '인구' 데이터와 병합하여 행정구역별 인구 대비 보안장비 설치 현황을 분석해 보려고 한다. 파워 쿼리의 병합 기능을 이용해 분산되어 있는 두 가지 데이터를 통합하고 분석에 필요한 모양으로 편집해 보자.

01 '10장_실습.xlsx' 파일의 '인구' 시트에서 [데이터] 탭-[데이터 가져오기 및 변환] 그룹-[테이블/범위에서]를 누른다.

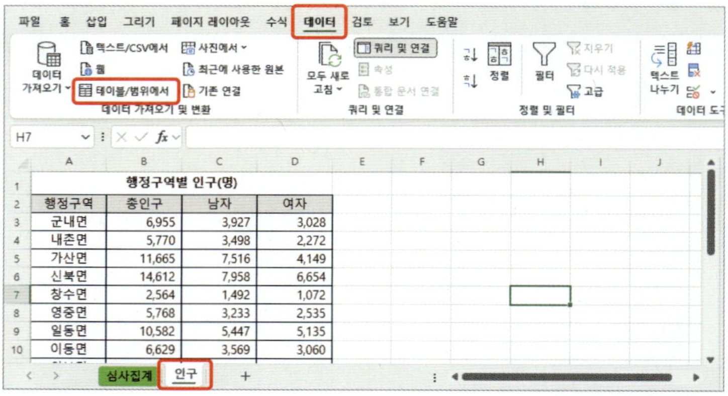

02 [표 만들기] 대화상자에서 데이터 범위는 **$A$2:$D$13**, [머리글 포함]을 선택하고 [확인]을 누른다.

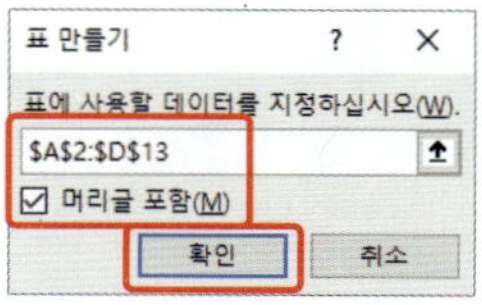

TIP 파워 쿼리에서는 사용할 데이터를 표로 먼저 만든 후 편집에 사용한다.

03 [Power Query 편집기] 대화상자의 쿼리 목록에서 현재 쿼리(표1)를 더블클릭하고 쿼리 이름을 **통합분석**으로 수정한다.

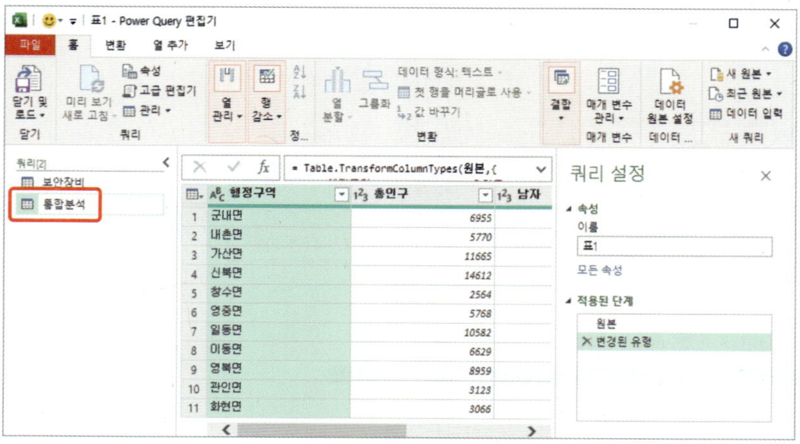

04 '통합분석' 쿼리를 선택하고 [홈] 탭 – [결합] 목록에서 [쿼리 병합]을 누른다.

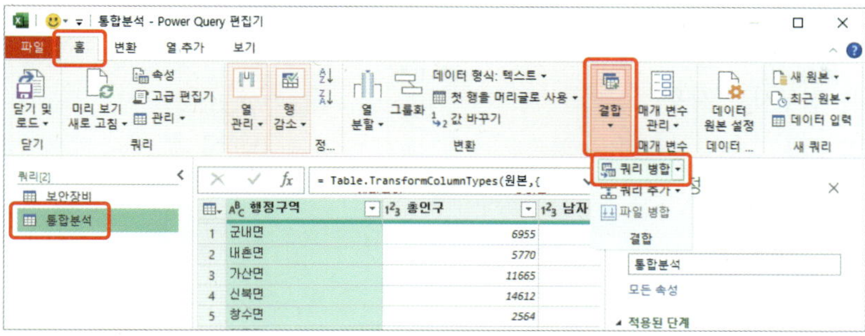

05 [병합] 대화 상자가 나타나면 병합할 쿼리 목록에서 '보안장비'를 선택한다.

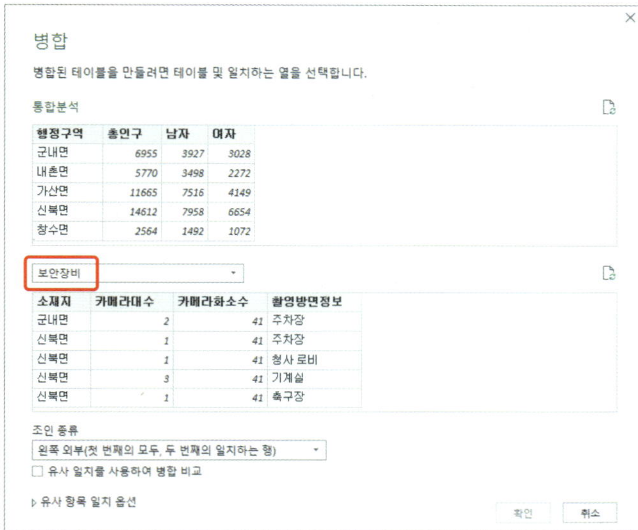

06 '통합분석' 쿼리의 '행정구역' 열과 '보안장비' 쿼리의 '소재지' 열을 마우스로 선택하고 [확인]을 누른다.

TIP 선택한 각 열이 데이터를 병합하는 기준이 된다.

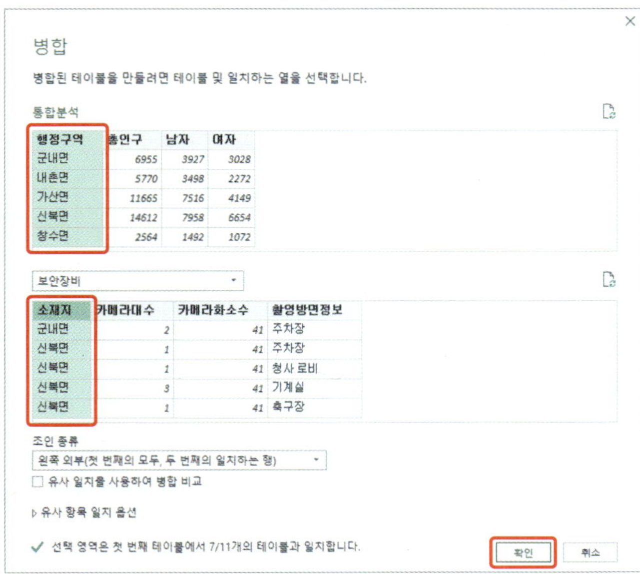

07 병합 결과가 미리 보기에 표시된다. 추가된 '보안장비' 열의 [확장] 단추를 누른다. [집계] 단추를 눌러 [Σ합계 카메라대수개]를 선택하고 [원래 열 이름을 접두사로 사용]을 선택 해제한 후 [확인]을 누른다.

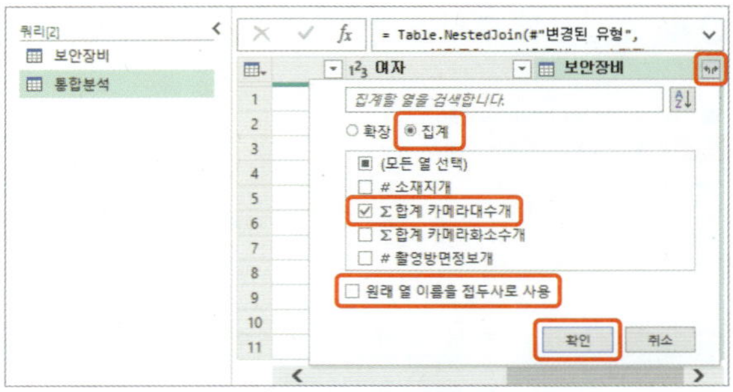

08 인구와 함께 행정구역별로 '카메라대수'가 집계되어 하나의 테이블로 표시된다.

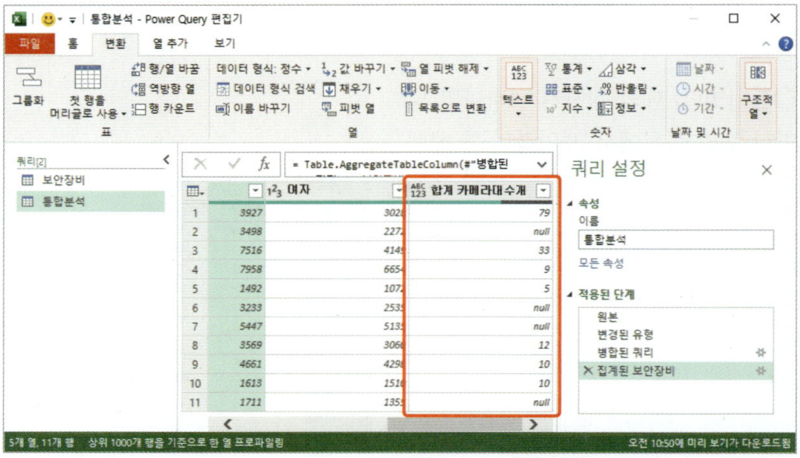

기본예제 10-10 열 편집과 수식 계산하기

이전 실습에서 만든 '통합분석' 쿼리에서 불필요한 열을 제거하고 분석에 필요한 수식이나 표시 형식 설정 등을 쿼리 편집창에서 작성해 보자.

01 데이터 분석에 필요하지 않은 '남자'와 '여자' 열을 선택하고 [홈] 탭–[열 관리] 그룹–[열 제거]를 눌러 제거한다.

TIP Ctrl 을 누른 채 '남자' 열과 '여자' 열을 마우스로 클릭하면 두 열이 모두 선택된다.

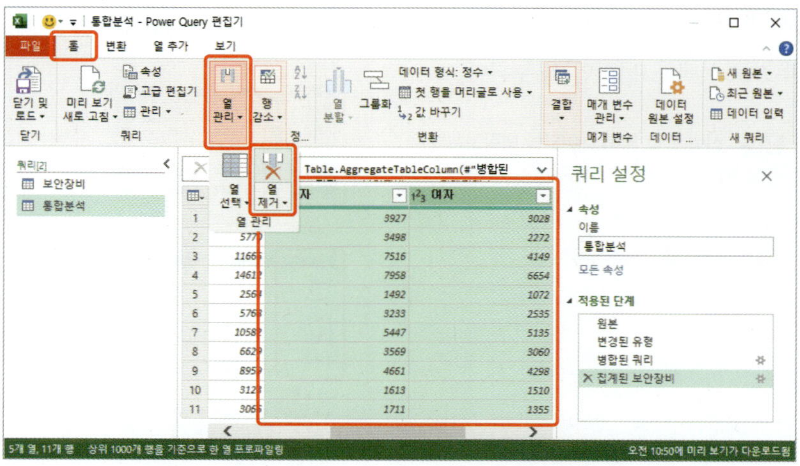

02 '합계 카메라대수개' 열의 열 머리글을 더블클릭해 **보안장비 개수**로 이름을 수정한다.

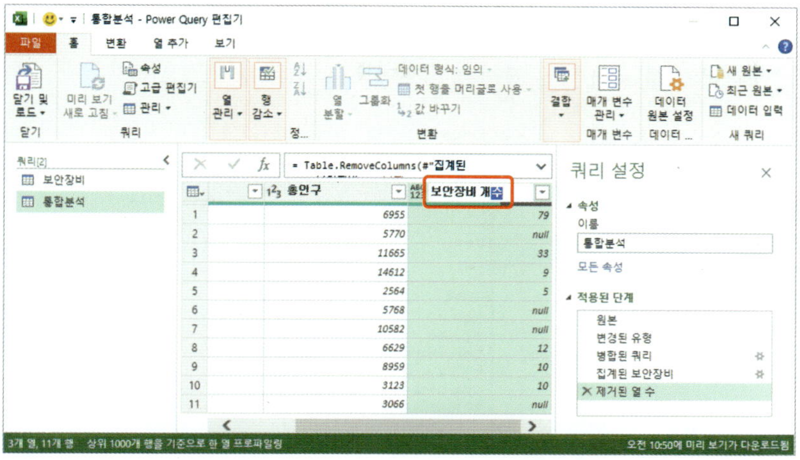

03 [열 추가] 탭 – [일반] 그룹의 [사용자 지정 열]을 선택한다.

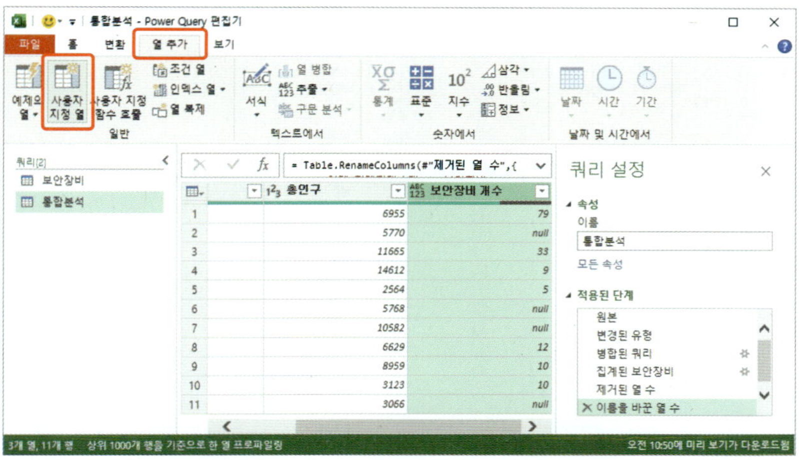

04 [사용자 지정 열] 대화상자의 [새 열 이름]에 **장비 대비 인구수**라고 입력하고, [사용자 지정 열 수식]은 **=[총인구]/[보안장비 개수]**를 입력한 후 [확인]을 누른다.

TIP [사용 가능한 열] 목록에서 열 이름을 더블클릭하거나, 열 이름을 선택하고 [삽입] 단추를 누르면 수식을 쉽게 작성할 수 있다.

05 '장비 대비 인구수' 열의 [ABC/123 열 데이터 형식] 단추를 누르고, 목록에서 [정수]를 선택한다.

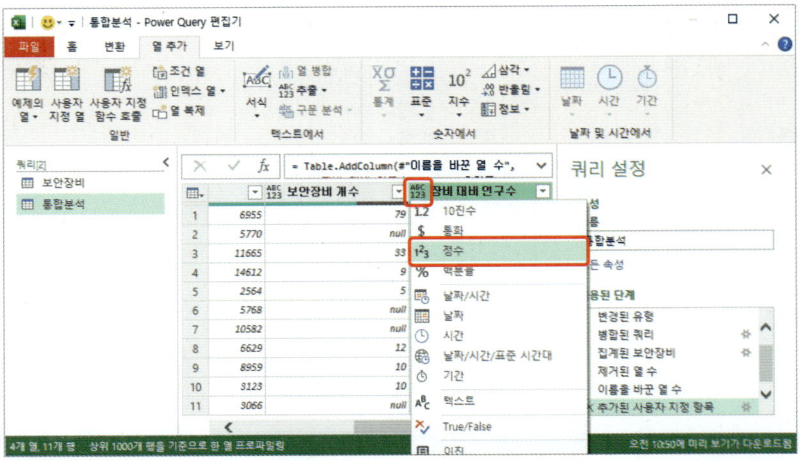

06 [홈] 탭 – [닫기] 그룹 – [닫기 및 로드]를 누르면 쿼리 결과가 새 시트에 표로 만들어진다.

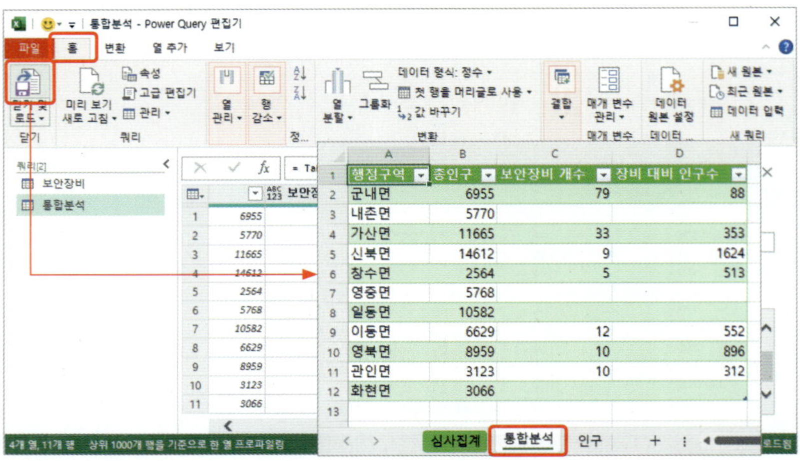

TIP 원본 데이터('보안장비'와 '인구' 시트)가 변경되더라도 '통합분석' 쿼리의 [새로 고침] 단추를 누르기만 하면 데이터를 추출하고 통합하는 모든 작업이 자동으로 처리된다.

종합예제

엑셀의 데이터 도구와 파워 쿼리를 활용하여 지역별 산업재해 현황 보고서를 만들어 보자.

1 '10장_종합.xlsx' 파일의 '재해건수' 시트에서 C열을 선택하고 [홈] 탭–[셀] 그룹–[삽입]을 누른다.

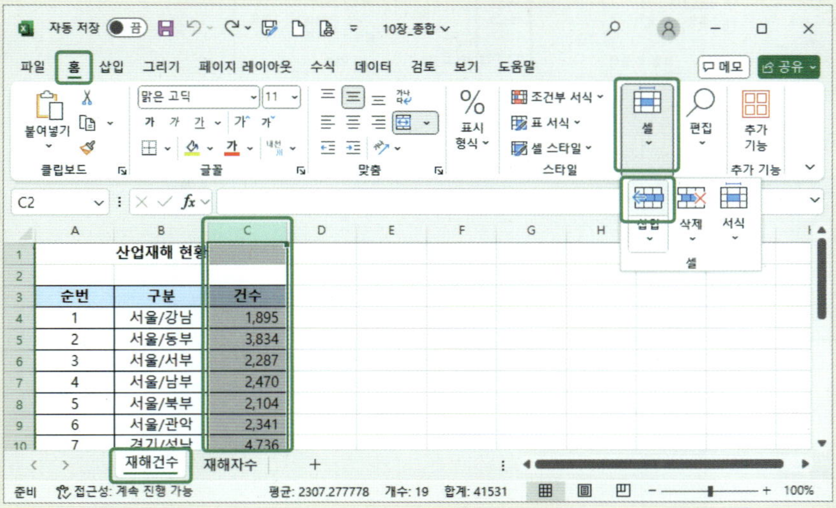

종합예제

2 B4:B21 범위를 선택하고 [데이터] 탭 – [데이터 도구] 그룹 – [텍스트 나누기]를 선택한다.

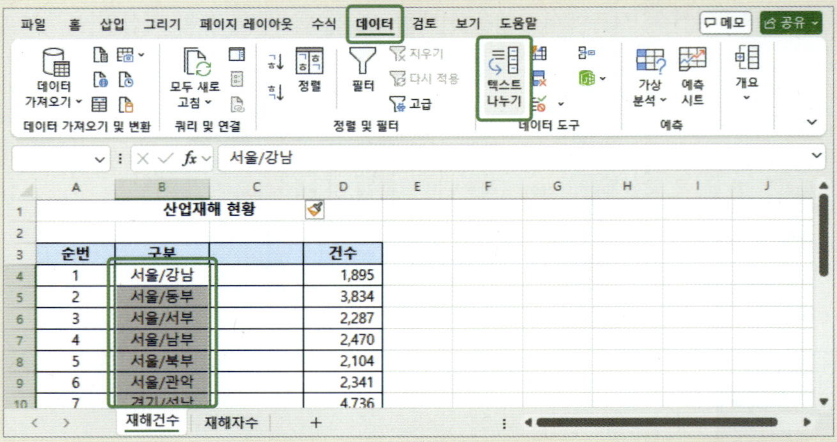

TIP 통합할 '재해자수' 시트의 지역 구분 형식에 맞추어 '구분' 열을 두 필드로 분리한다.

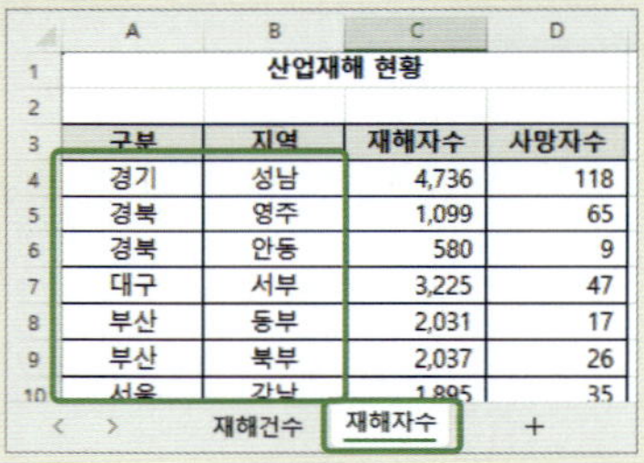

3 [텍스트 마법사] 1단계에서 [다음]을 누른다. 2단계 구분 기호에서 [기타]를 선택하고 슬래시(/)를 입력한 후 [마침]을 누른다.

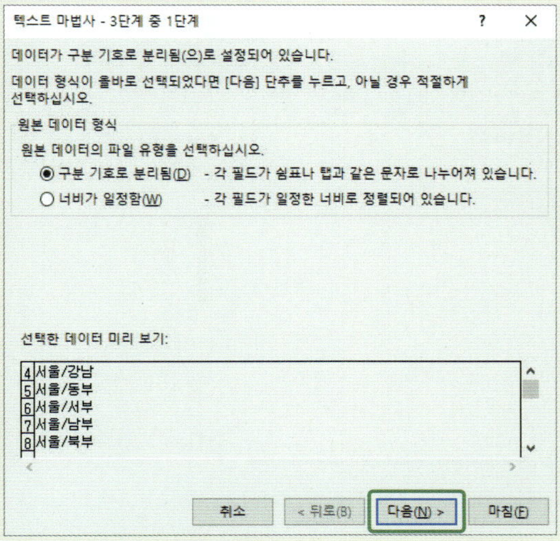

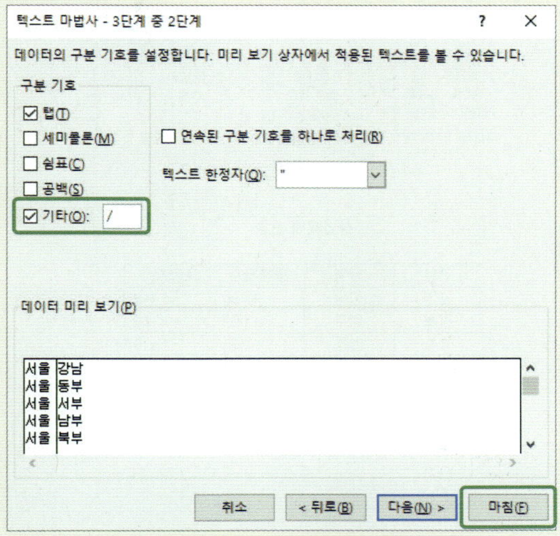

4 엑셀 대화상자의 [확인]을 누르면 텍스트가 분리되어 B, C열에 각각 표시된다. C3 셀을 선택하고 **지역**이라고 입력한다.

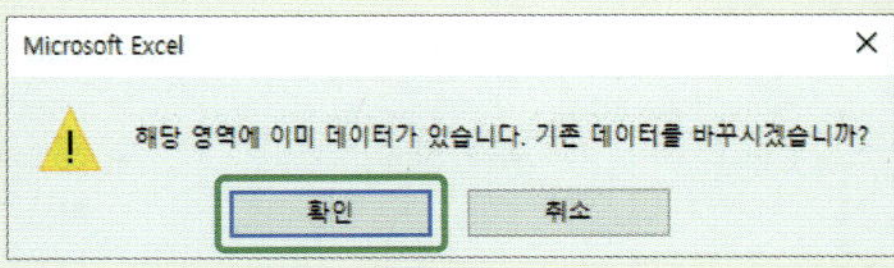

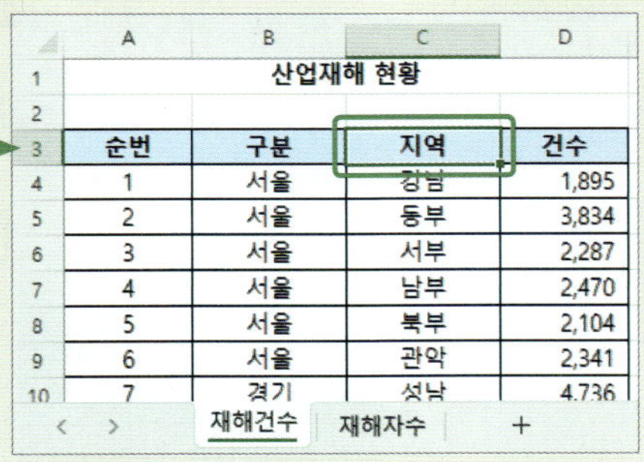

종합예제

5 통합하여 분석할 '재해자수' 시트를 선택하고 [데이터] 탭-[데이터 가져오기 및 변환] 그룹-[테이블/범위에서]를 누른다.

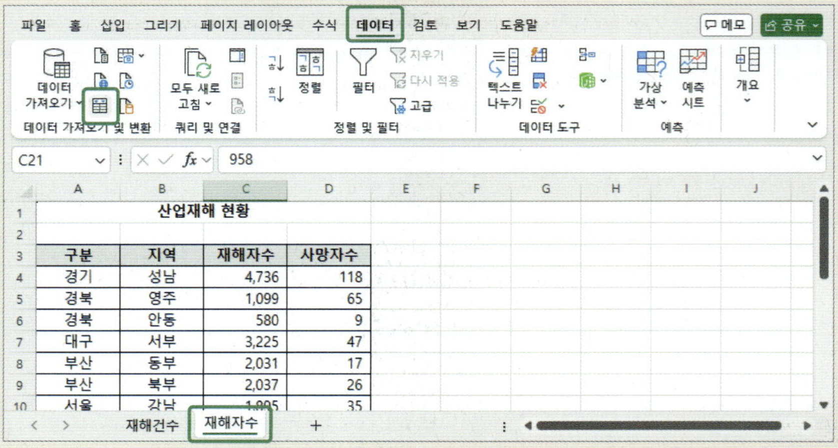

6 [표 만들기] 대화상자에서 A3:D21 범위를 설정하고 [확인]을 누른다. 데이터 범위가 표로 변환되면서 쿼리 편집기가 나타나는데, 쿼리 이름을 **재해사망자수**로 변경한다.

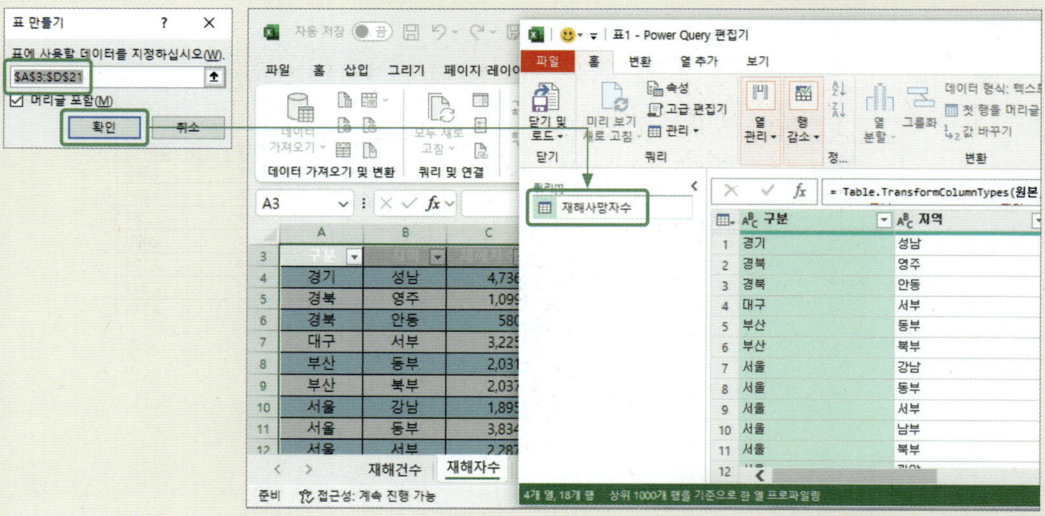

7 쿼리 편집기의 [홈] 탭–[닫기 및 로드] 목록–[닫기 및 다음으로 로드...]를 누른다. [연결만 만들기]를 선택하고 [확인]을 누른다.

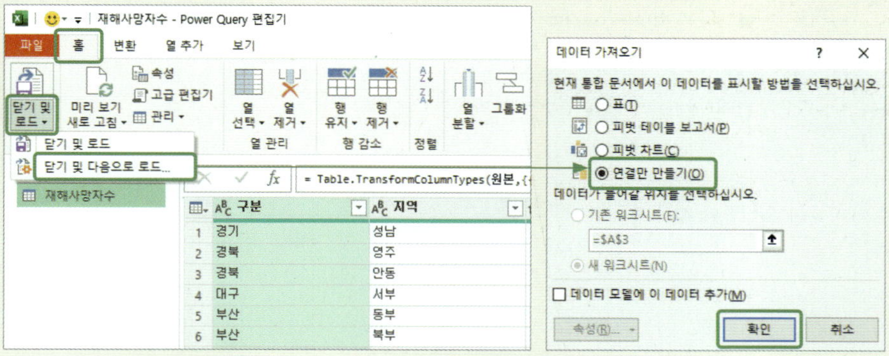

8 이번에는 '재해건수' 시트를 선택하고 [데이터] 탭–[데이터 가져오기 및 변환] 그룹–[테이블/범위에서]를 누른다.

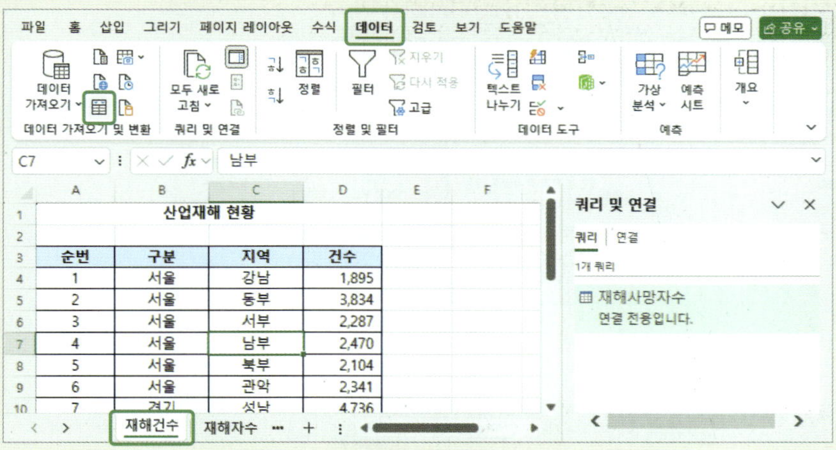

종합예제

9 [표 만들기] 대화상자에서 A3:D21 범위를 설정하고 [확인]을 누른다. 쿼리 편집기가 나타나면 쿼리 이름을 **통합분석**으로 변경한다.

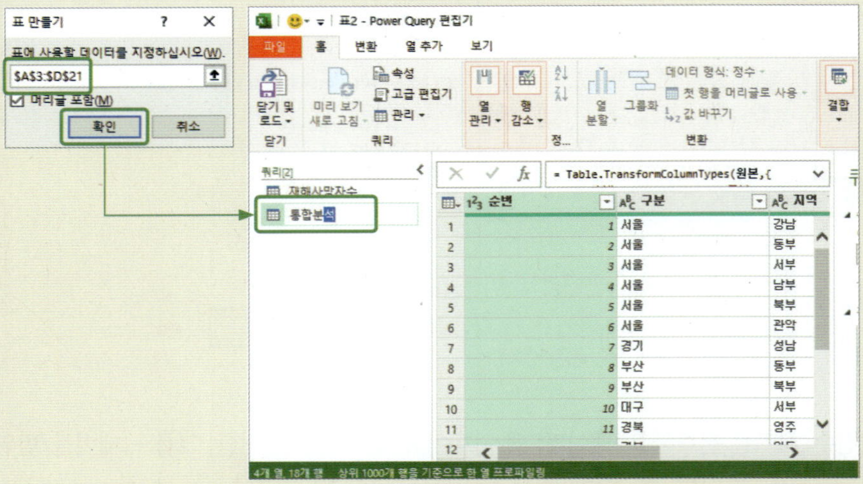

10 '통합분석' 쿼리를 선택하고 [홈] 탭 – [결합] 목록 – [쿼리 병합]을 누른다.

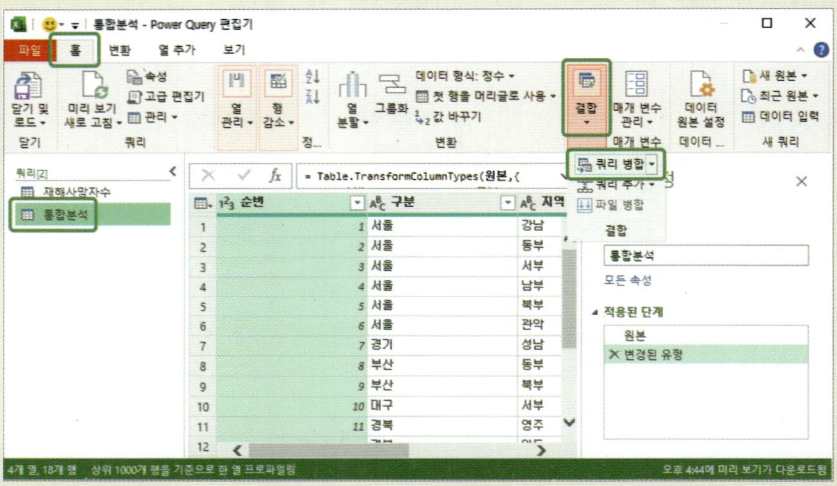

11 병합할 쿼리로 '재해사망자수'를 선택하고, '구분'과 '지역' 열을 각 쿼리에서 선택한 후 [확인]을 누른다.

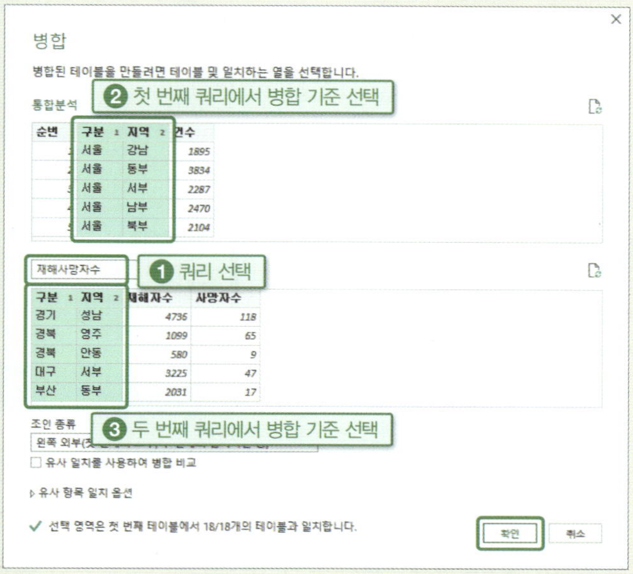

TIP Ctrl 을 누른 채 열을 마우스로 클릭하면 여러 열을 동시에 선택할 수 있다.

12 추가된 '재해사망자수' 열의 [확장] 단추를 누른다. 확장 항목에서 [사망자수]를 선택하고 [원래 열 이름을 접두사로 사용]은 선택 해제한 후 [확인]을 누른다.

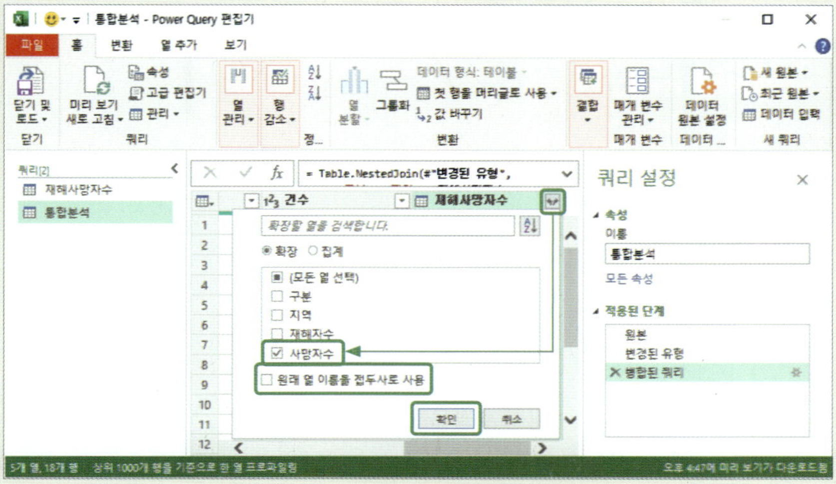

TIP '재해자수' 시트의 데이터는 이미 지역별로 집계되어 있으므로, [집계]가 아닌 [확장]으로 병합해야 한다.

종합예제

13 [닫기 및 로드]를 누르면 쿼리 결과 표가 '통합분석' 시트에 만들어진다.

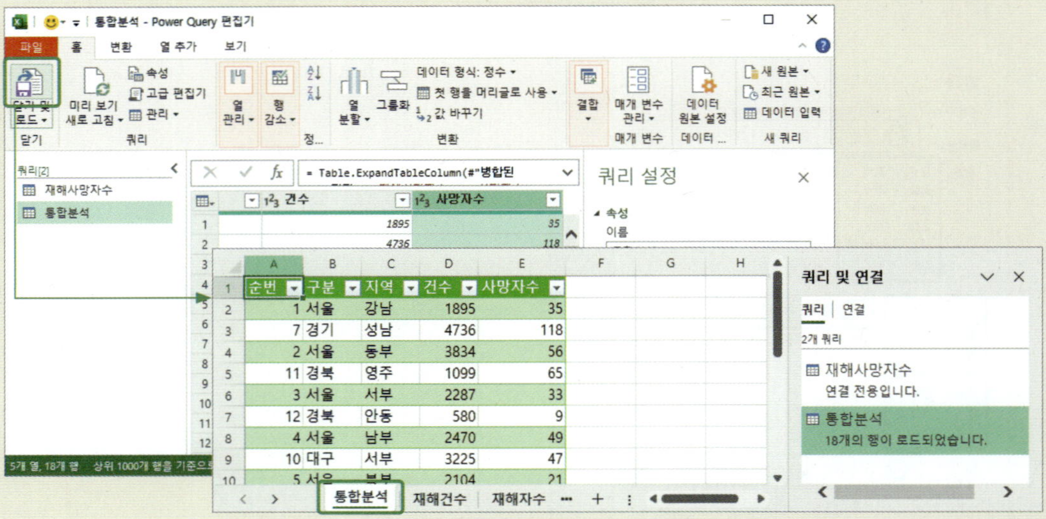

14 F1 셀에 **사망률**이라고 입력하면 열이 추가된다. F2 셀에 =E2/D2 수식으로 재해건수 대비 사망률을 구해 표시한다. [백분율] 스타일로 표시 형식을 변경하고 자릿수를 맞춘다.

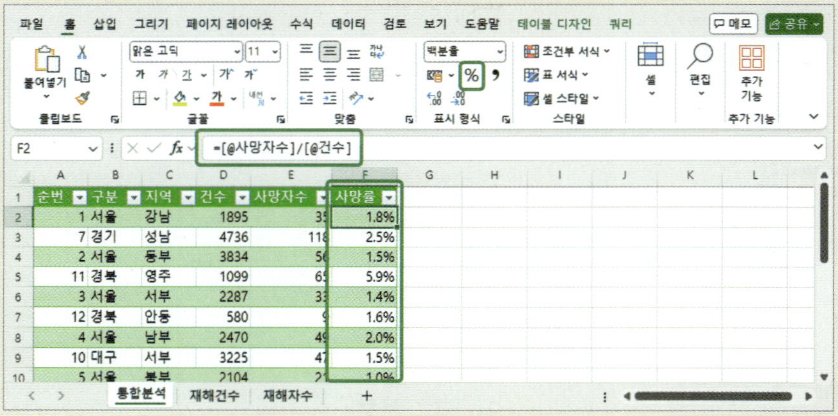

15 [표 스타일]과 [요약 행] 옵션을 활용해 그림과 같이 표를 수정하고, 차트를 추가해 지역별 재해건수와 사망률을 알기 쉽게 시각화한다.

순번	구분	지역	건수	사망자수	사망률
1	서울	강남	1,895	35	1.8%
2	서울	동부	3,834	56	1.5%
3	서울	서부	2,287	33	1.4%
4	서울	남부	2,470	49	2.0%
5	서울	북부	2,104	21	1.0%
6	서울	관악	2,341	23	1.0%
7	경기	성남	4,736	118	2.5%
8	부산	동부	2,031	17	0.8%
9	부산	북부	2,037	26	1.3%
10	대구	서부	3,225	47	1.5%
11	경북	영주	1,099	65	5.9%
12	경북	안동	580	9	1.6%
13	전남	광주	4,613	78	1.7%
14	전북	전주	2,531	104	4.1%
15	전북	익산	1,004	28	2.8%
16	전북	군산	958	55	5.7%
17	전남	목포	1,814	23	1.3%
18	전남	여수	1,972	39	2.0%
총합계(사망률은 평균)			41,531	826	2.2%

통합분석 | 재해건수 | 재해자수

❶ '순번'을 기준으로 표를 정렬하고 [표 스타일] 목록에서 원하는 모양을 선택한다. [요약 행]을 추가해 '건수'와 '사망자수'는 합계, '사망률'은 평균이 계산되도록 한다.

❷ 차트 데이터 범위는 '구분', '지역', '건수', '사망률' 열을 사용한다. 차트 종류는 [혼합]으로 하고, '건수'는 [묶은 세로 막대형]으로, '사망률'은 [표식이 있는 꺾은선형]으로 지정하고 [보조 축] 옵션을 설정한다.

연습 문제

1 '10장_연습.xlsx' 파일의 '연습1' 시트를 열어 다음 조건에 맞게 수정하시오.

❶ [텍스트 나누기]를 이용해 A1:A16 범위의 데이터를 6개 필드로 나누어 표시하시오.

❷ '의료기관명'은 최소 3글자 이상 입력하도록 [데이터 유효성 검사] 규칙을 설정하시오.

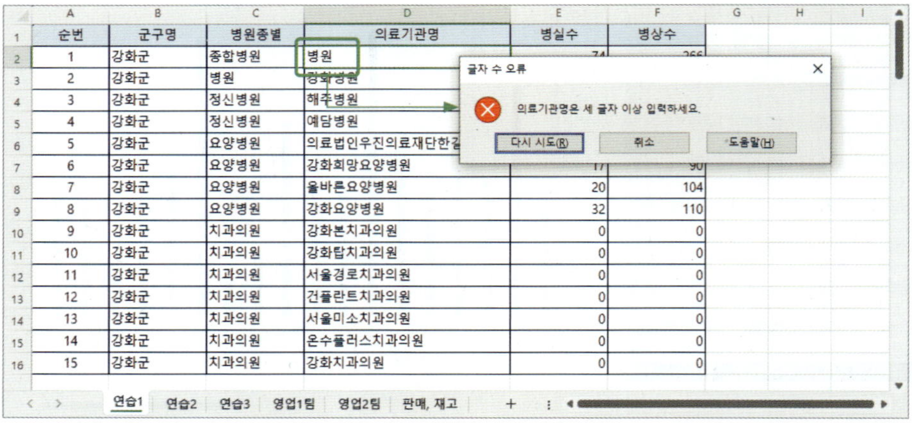

2 '10장_연습.xlsx' 파일의 '연습2' 시트를 열어 다음 조건에 맞게 작성하시오.

❶ 데이터 도구의 [통합] 기능을 활용하여 '영업1팀'과 '영업2팀' 시트의 실적 데이터를 집계하시오. 결과는 '연습2' 시트에 표시하시오.

❷ '연습2' 시트의 16행에 '계'를 추가하고, 집계 데이터에 대한 열별 합계를 계산하시오.

영업1팀 실적

월	신규고객	계약건수	매출(만원)	미팅수
1월	12	9	400	18
2월	15	11	450	20
3월	14	10	430	19
4월	13	9	410	17
5월	16	12	480	22
6월	18	14	520	24
7월	20	15	560	25
8월	19	14	540	23
9월	21	16	580	26
10월	22	17	600	27
11월	20	15	570	24
12월	23	18	620	28

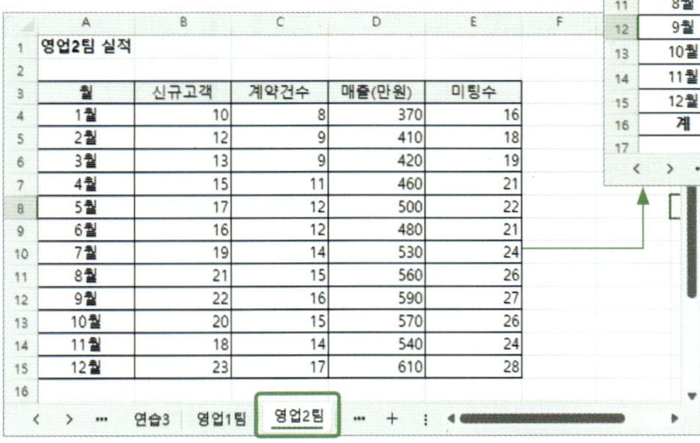

영업2팀 실적

월	신규고객	계약건수	매출(만원)	미팅수
1월	10	8	370	16
2월	12	9	410	18
3월	13	9	420	19
4월	15	11	460	21
5월	17	12	500	22
6월	16	12	480	21
7월	19	14	530	24
8월	21	15	560	26
9월	22	16	590	27
10월	20	15	570	26
11월	18	14	540	24
12월	23	17	610	28

영업1, 2팀 실적 집계

월	신규고객	계약건수	매출(만원)	미팅수
1월	22	17	770	34
2월	27	20	860	38
3월	27	19	850	38
4월	28	20	870	38
5월	33	24	980	44
6월	34	26	1,000	45
7월	39	29	1,090	49
8월	40	29	1,100	49
9월	43	32	1,170	53
10월	42	32	1,170	53
11월	38	29	1,110	48
12월	46	35	1,230	56
계	**419**	**312**	**12,200**	**545**

3 '10장_연습.xlsx' 파일의 '판매' 시트 데이터를 이용해 다음 지시대로 병합하시오.

❶ '판매' 시트의 〈표1〉과 〈표2〉의 데이터를 파워 쿼리를 이용하여 병합하고, 결과는 '연습3' 시트에 표시하시오.

❷ '연습3' 시트의 결과 테이블에 '판매금액' 열을 추가하고 **'판매수량'*'단가'** 수식으로 모두 계산하시오.

❸ '연습3' 시트의 결과 테이블에 '판매수량'과 '판매금액'의 합계를 계산하는 요약 행을 추가하시오.

제품코드	제품명	판매일자	판매수량	단가	판매금액
P001	마우스	08/01	10	25,000	250,000
P001	마우스	08/05	7	25,000	175,000
P002	키보드	08/02	5	45,000	225,000
P002	키보드	08/07	9	45,000	405,000
P003	모니터	08/03	3	350,000	1,050,000
P002	키보드	08/07	9	45,000	405,000
P004	헤드셋	08/08	8	55,000	440,000
P001	마우스	08/10	12	25,000	300,000
P002	키보드	08/12	7	45,000	315,000
P003	모니터	08/14	2	350,000	700,000
합계			72		4,265,000

<표1> 판매 현황

제품코드	제품명	판매일자	판매수량
P001	마우스	2025-08-01	10
P002	키보드	2025-08-02	5
P003	모니터	2025-08-03	3
P001	마우스	2025-08-05	7
P002	키보드	2025-08-07	9
P002	키보드	2025-08-07	9
P004	헤드셋	2025-08-08	8
P001	마우스	2025-08-10	12
P002	키보드	2025-08-12	7
P003	모니터	2025-08-14	2

<표2> 제품 단가

제품코드	단가
P001	₩25,000
P002	₩45,000
P003	₩350,000
P004	₩55,000

파워 쿼리를 사용해 두 개의 표를 병합

CHAPTER

11

데이터 분석

학습목표

- 피벗 테이블을 작성하고 편집, 활용할 수 있다.
- 가상 분석을 위해 목표값 찾기와 데이터 표, 시나리오 관리자를 활용할 수 있다.

SECTION 01

피벗 테이블 활용하기

피벗 테이블은 합계나 평균과 같이 요약한 값을 행과 열이 교차하는 곳에 표시하는 표이다. 특정 그룹이나 날짜를 기준으로 그룹화하여 부분합을 구하거나 필터링할 수 있어서 데이터 분석에 매우 다양하게 활용된다. 피벗 테이블을 사용하면 데이터를 서로 비교할 때 유용한 피벗 차트도 쉽게 만들 수 있다.

1.1 피벗 테이블 작성

엑셀에서 제공하는 추천 피벗 테이블 기능을 이용하면 데이터에 가장 적합한 레이아웃이 자동으로 만들어진다. 자동으로 만든 피벗 테이블을 수정하고 다양한 함수를 피벗 테이블에 적용해 본다.

기본예제 11-1 추천 피벗 테이블 활용하기

데이터를 자동으로 분석해 주는 추천 피벗 테이블 도구로 월별로 매출 건수를 요약해 보자.

01 '11장_실습.xlsx' 파일의 '매출' 시트에서 데이터 범위 내 임의의 셀을 선택하고 [삽입] 탭 – [표] 그룹 – [추천 피벗 테이블]을 누른다.

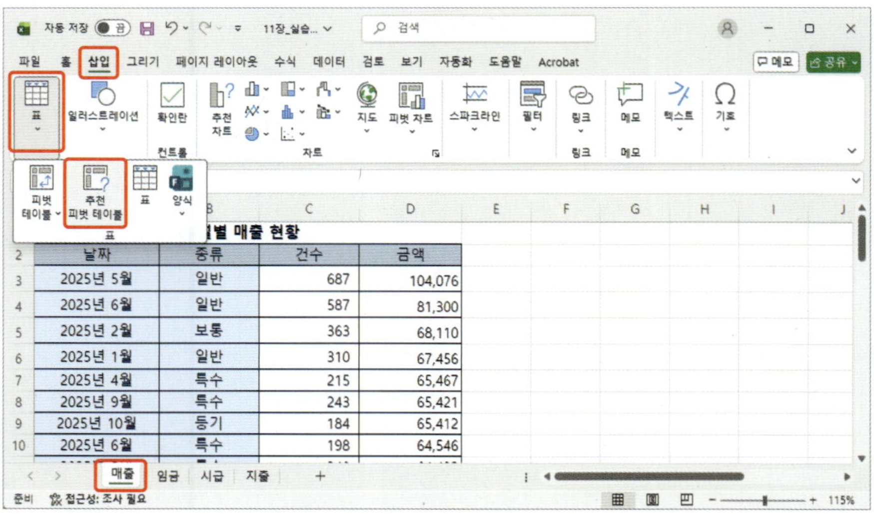

02 [권장 피벗 테이블] 대화상자에서 [합계 : 건수(종류 기준)]을 선택하고 [확인]을 누른다.

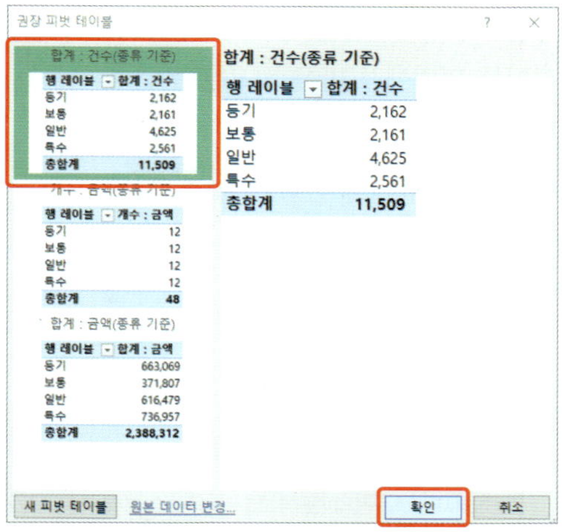

03 새 시트에 피벗 테이블이 만들어진다. [피벗 테이블 필드] 작업 창의 필드 목록에서 '날짜'를 마우스로 선택하여 [열] 영역으로 드래그한다.

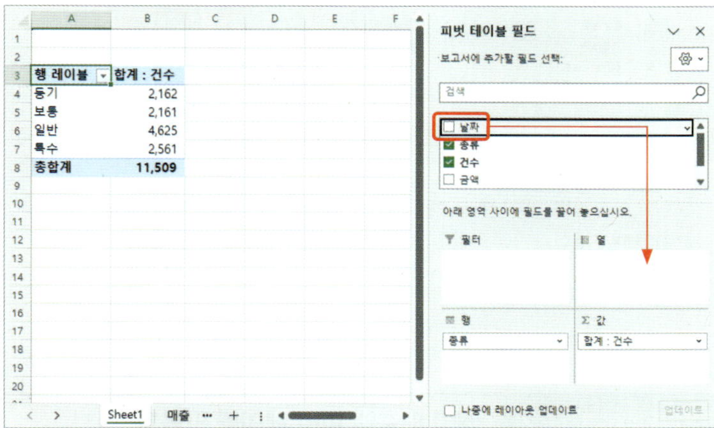

TIP [피벗 테이블 필드] 작업 창에서 필드를 선택하면 피벗 테이블에 해당 필드가 표시된다. 피벗 테이블의 레이아웃을 바꾸려면 필드 목록에 있는 필드를 드래그하여 [열]이나 [행], [필터]나 [값] 영역에 놓는다.

04 월별로 집계된 매출 건수가 피벗 테이블 열 영역에 표시된다. 시트 이름을 **피벗**으로 변경한다.

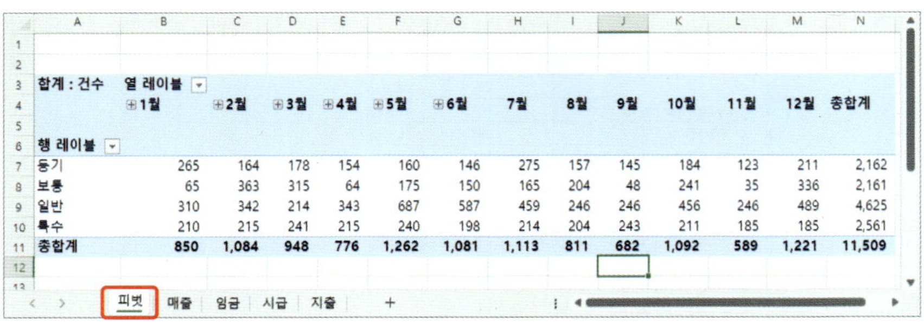

05 피벗 테이블을 삭제하려면 피벗 테이블 영역에서 마우스 오른쪽 단추를 눌러 피벗 테이블을 선택하고 [피벗 테이블 삭제]를 선택한다.

TIP 피벗 테이블 영역인 A3:N11 범위를 선택하고 Delete를 눌러도 된다.

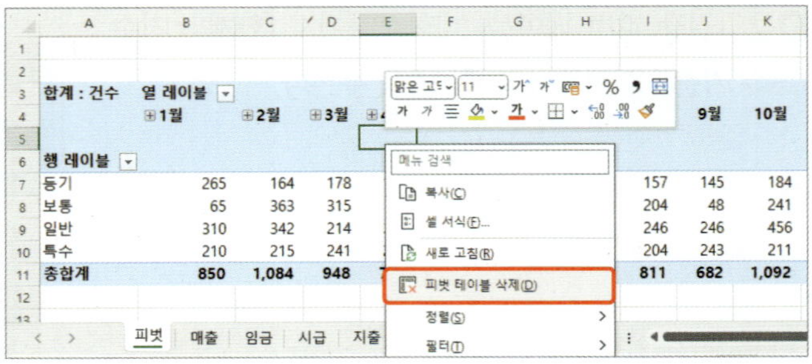

TIP 피벗 테이블의 내용만 지우기

[피벗 테이블 도구]의 [분석] 탭-[동작] 그룹에서 [지우기]-[모두 지우기]를 누르면 데이터 원본은 그대로 두고 피벗 테이블의 요약 결과만 초기화할 수 있다. 피벗 테이블을 새로 설정할 때 유용하다.

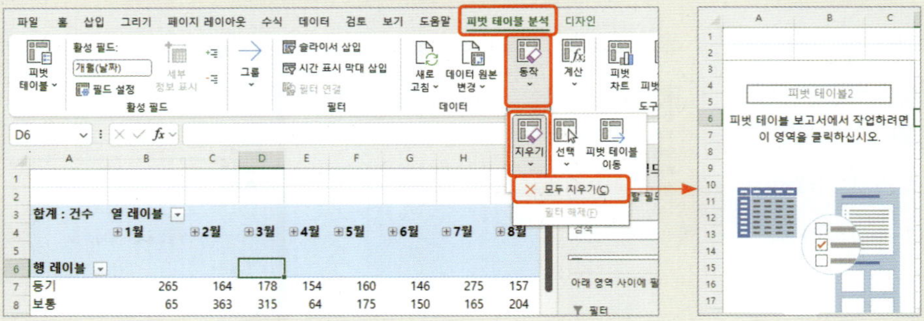

기본예제 11-2 월별 매출액 피벗 테이블 만들기

매출 데이터를 이용해 매출 금액을 월별로 요약하고 분석 자료로 활용할 수 있는 피벗 테이블을 만들어 보자.

01 '매출' 시트에서 데이터 범위 내 셀을 선택하고 [삽입] 탭-[표] 그룹-[피벗 테이블]-[테이블/범위에서]를 누른다.

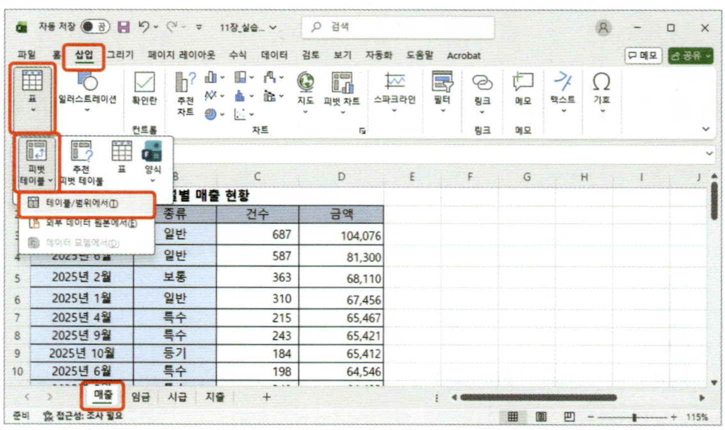

02 [표 또는 범위의 피벗 테이블] 대화상자에서 [표/범위]는 **매출!$A$2:$D$50**, 피벗 테이블 위치는 [기존 워크시트]의 **피벗!$A$2**로 설정하고 [확인]을 누른다.

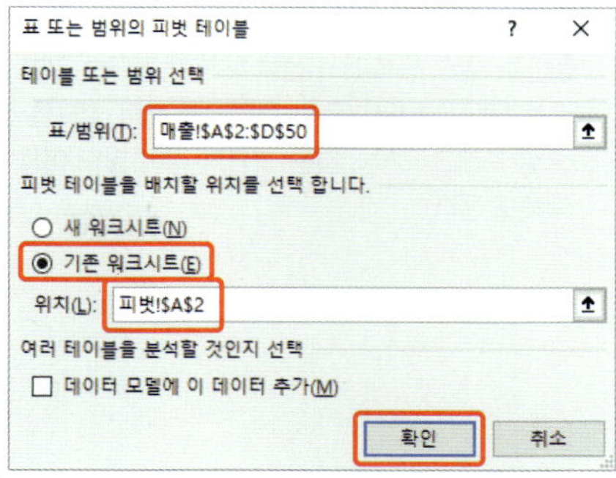

03 [피벗 테이블 필드] 작업 창의 필드 목록에서 '날짜', '종류', '금액'을 차례로 선택한다. 이때 '날짜'를 선택하면 '일(날짜)'와 '개월(날짜)'도 같이 선택된다.

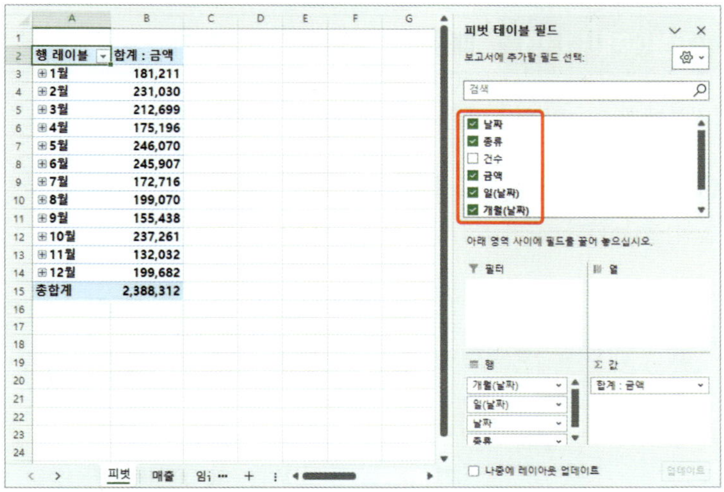

04 [피벗 테이블 필드] 작업 창의 필드 목록에서 '날짜'와 '일(날짜)' 선택을 해제하고 '개월(날짜)'은 [열] 영역으로 드래그한다.

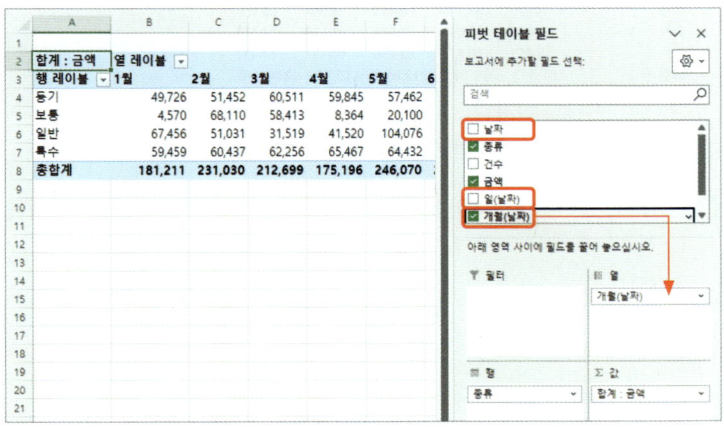

TIP 필드 목록에서 선택 해제한 필드는 피벗 테이블에 표시되지 않는다. 다른 방법으로는 [행]이나 [열] 등 각 영역에서 해당 필드를 선택해 [피벗 테이블 필드] 작업 창 바깥으로 드래그하거나, 다음 그림과 같이 필드 이름 옆 [목록] 단추를 눌러 [필드 제거]를 선택해도 된다.

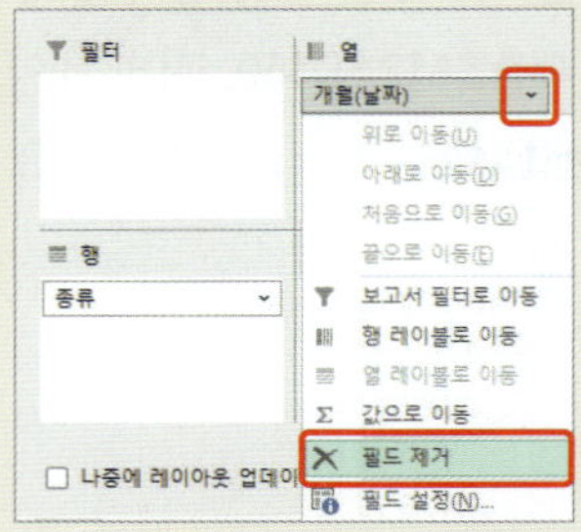

기본예제 11-3 매출액을 분기별로 요약하기

[기본예제 11-2]에서 만든 피벗 테이블을 월별 요약 대신 분기별로 그룹화하여 요약해 보자.

01 '피벗' 시트의 3행에서 임의의 월을 선택하고 [피벗 테이블 분석] 탭 – [그룹] 그룹 – [선택 항목 그룹화]를 누른다.

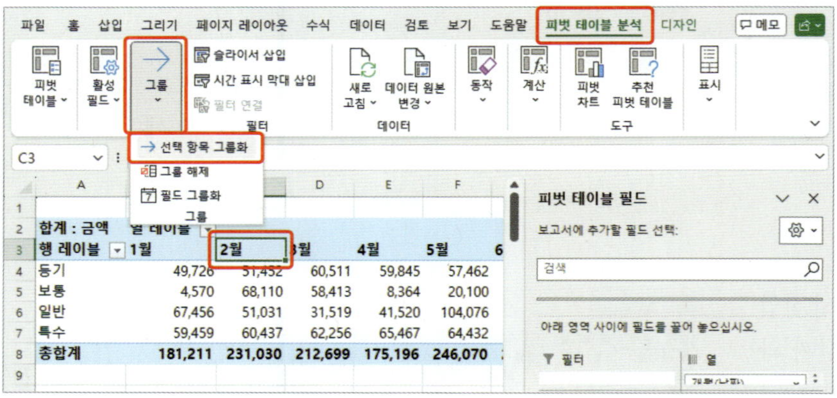

02 [그룹화] 대화상자의 [단위] 목록에서 '분기'만 선택하고 [확인]을 누른다.

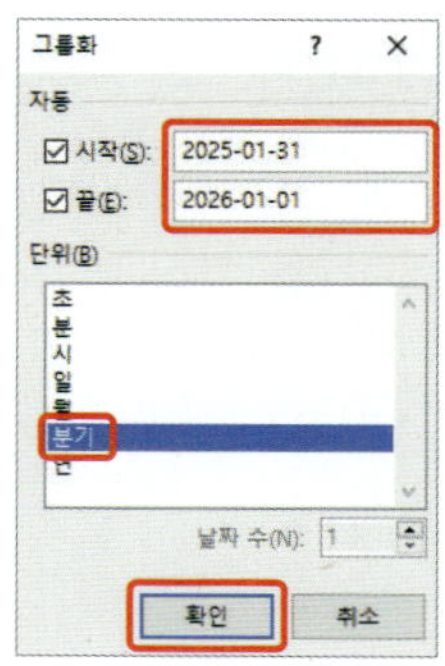

TIP 분기 단위로 데이터를 그룹화할 때는 임의의 열 레이블을 마우스 오른쪽 단추로 눌러 [그룹]을 선택해도 된다. 반대로 분기 단위를 다시 월 단위로 묶어 표시하려면 [그룹 해제]를 누른다.

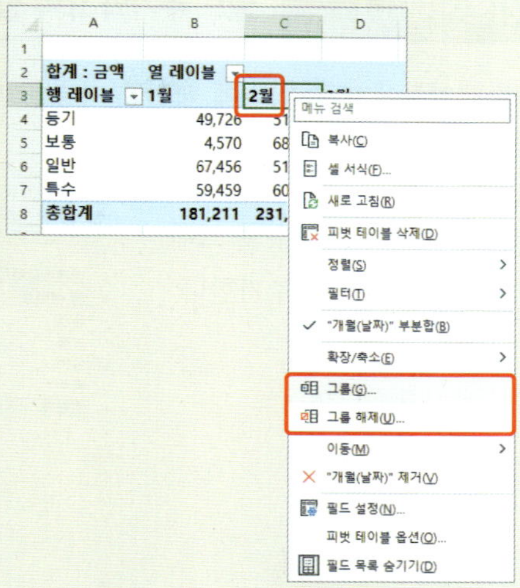

03 F3 셀의 '총합계'를 마우스 오른쪽 단추로 눌러 [합계 제거]를 선택하면 우편종별 합계가 표시되지 않는다.

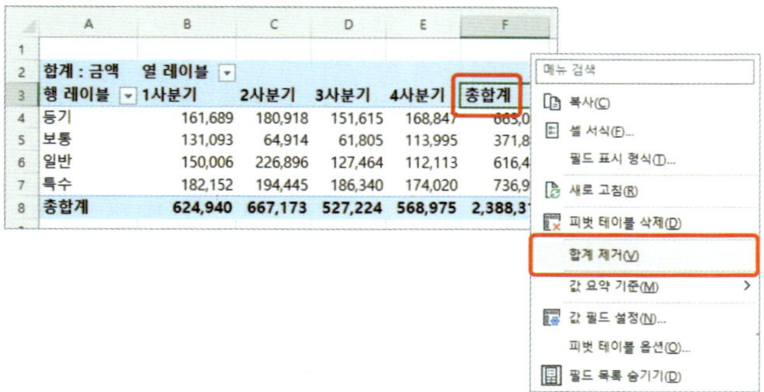

04 [피벗 테이블 분석] 탭 – [피벗 테이블]을 눌러 [피벗 테이블 이름]을 **분기별 매출**로 수정한다.

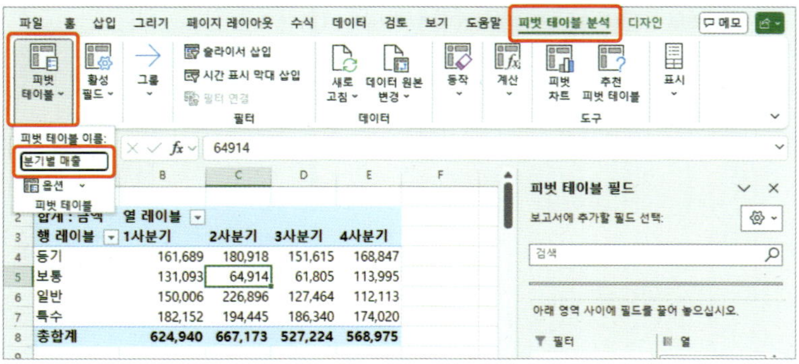

TIP 피벗 테이블을 만든 후 원본 데이터가 변경되어도 피벗 테이블에 자동으로 적용되지 않는다. [피벗 테이블 분석] 탭 – [데이터] 그룹에서 [새로 고침]을 눌러야 최신 값으로 다시 계산된다.

기본예제 11-4 필드 추가와 요약 함수 변경하기

피벗 테이블에 매출 건수에 대한 분기별 요약도 함께 표시하고, 건수 데이터는 평균 함수로 계산하도록 설정해 보자.

01 필드 목록의 '건수'를 드래그하여 [값] 영역에 추가한다.

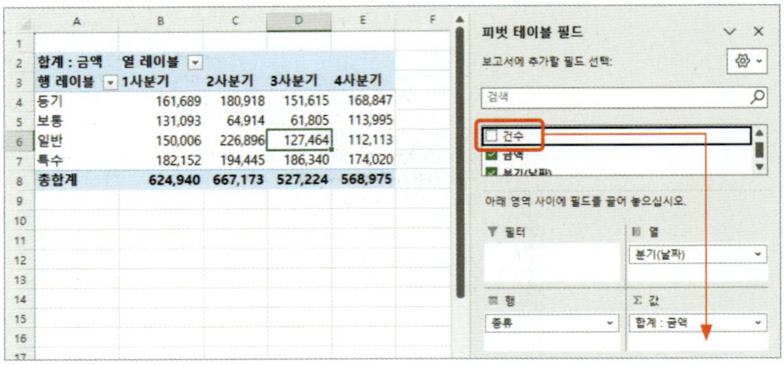

02 분기별 매출 금액과 건수의 합계가 피벗 테이블에 함께 표시된다.

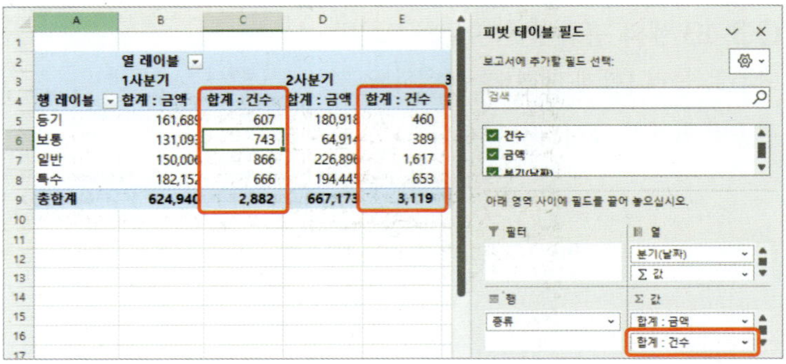

03 '건수'에 대한 합계 대신 평균을 계산하기 위해 [값] 영역의 '합계 : 건수'를 눌러 [값 필드 설정]을 선택한다.

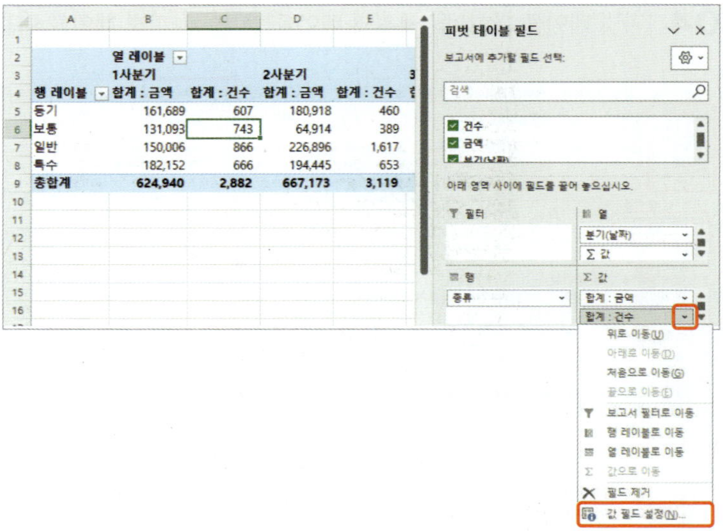

04 [값 필드 설정] 대화상자에서 [값 필드 요약 기준]을 [평균]으로 선택하고 [확인]을 누른다.

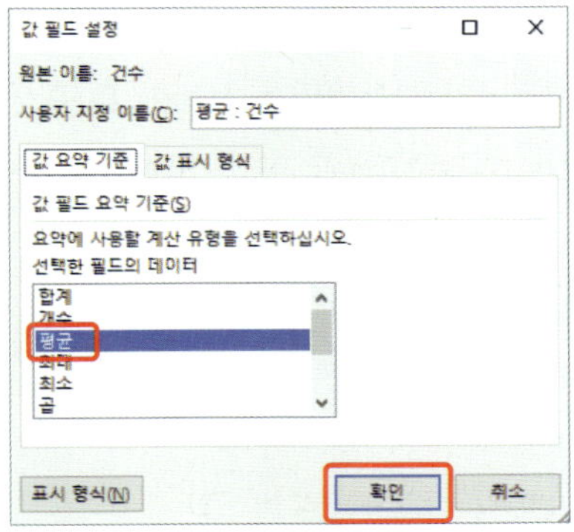

05 B4 셀을 선택하고 **매출액**으로 수정하고, C4 셀은 **평균건수**로 이름을 수정한다.

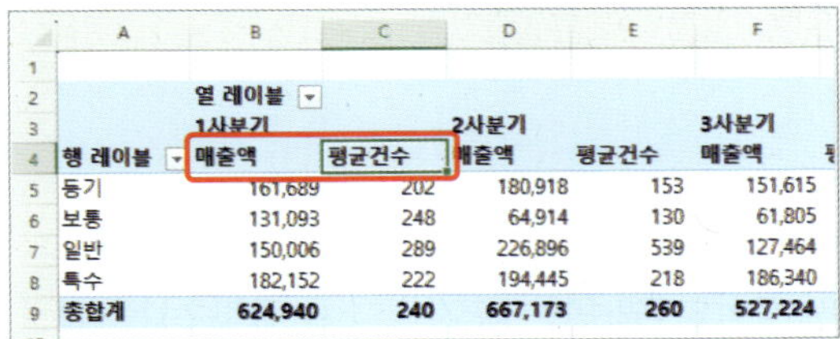

기본예제 11-5 피벗 테이블 편집하기

데이터의 표시 형식과 피벗 테이블 스타일을 설정해 가독성 높고 깔끔한 표로 편집해 보자.

01 필드 목록 창은 닫고, '매출액' 필드의 임의의 값을 마우스 오른쪽 단추로 눌러 [필드 표시 형식]을 선택한다.

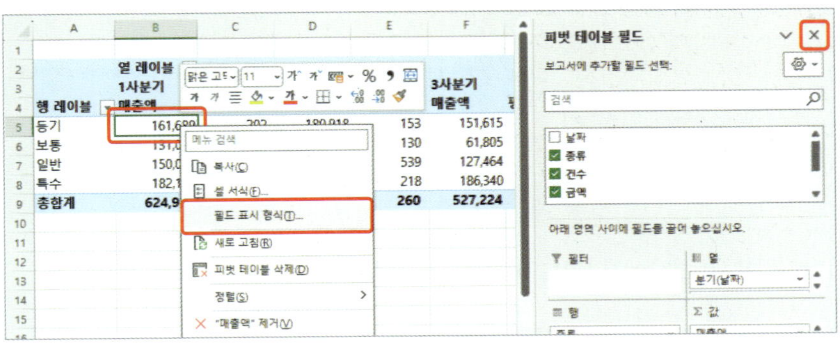

02 [셀 서식] 대화상자의 [범주]에서 [회계]를 선택하고 [기호]는 [₩]를 선택한 후 [확인]을 누른다.

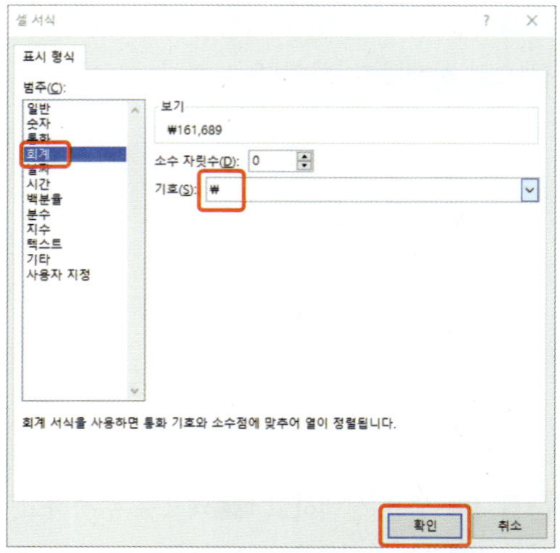

03 '평균건수' 필드에서도 임의의 셀을 마우스 오른쪽 단추로 눌러 [필드 표시 형식]을 설정한다. 표시 형식의 [범주]는 [숫자], [소수 자릿수]는 [1]로 설정하고 [확인]을 누른다.

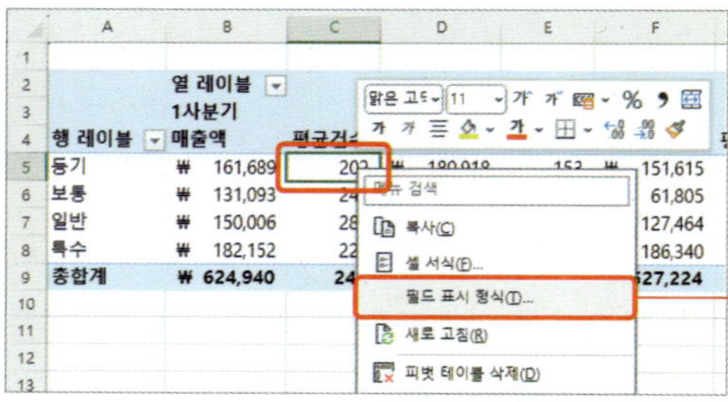

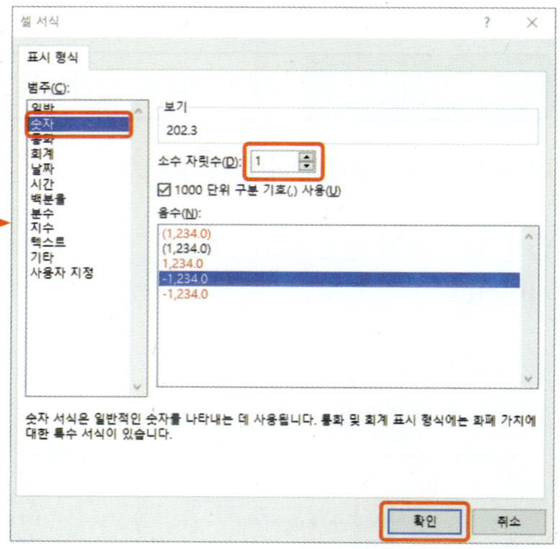

04 [피벗 테이블 분석] 탭 – [표시] 그룹에서 [필드 머리글]의 선택을 해제한다.

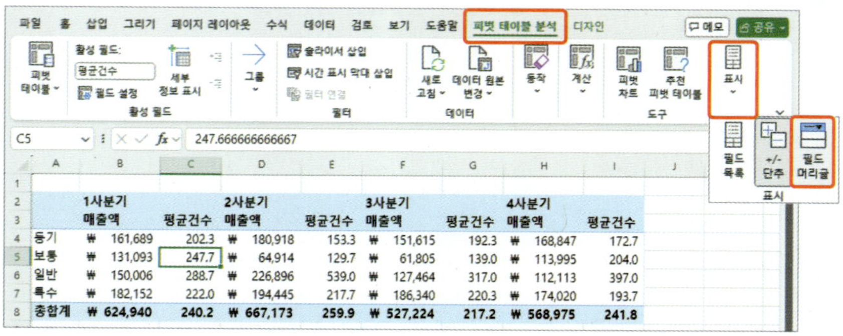

05 [디자인] 탭 – [피벗 테이블 스타일] 그룹의 목록에서 [흰색, 피벗 스타일 보통 15]를 선택한다.

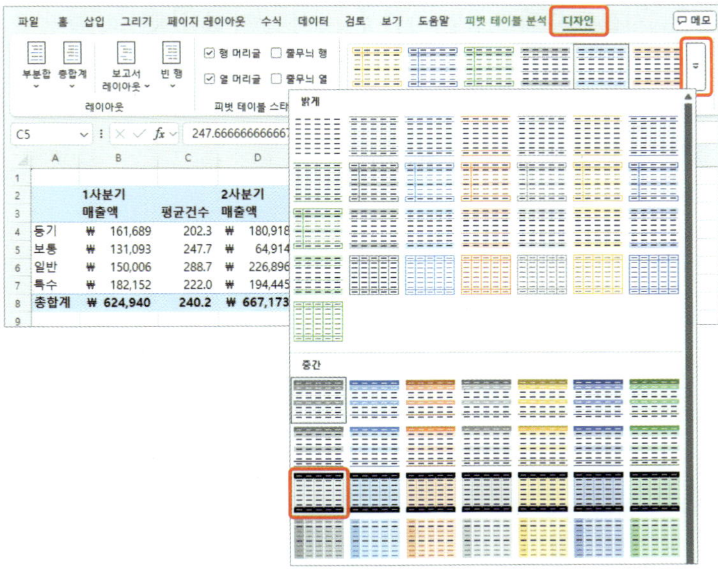

06 [디자인] 탭 – [피벗 테이블 스타일 옵션] 그룹 – [줄무늬 열]을 선택한다.

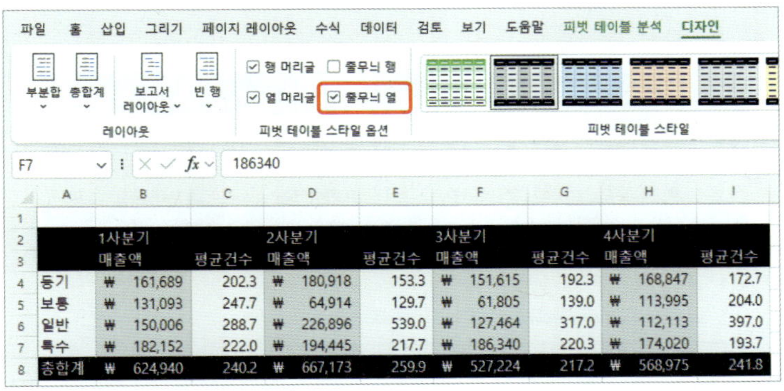

기본예제 11-6 시간 표시 막대와 슬라이서 삽입하기

날짜를 기준으로 필터링할 수 있는 시간 표시 막대와 특정 항목별로 데이터를 필터링할 수 있는 슬라이서를 피벗 테이블에 삽입해 필요한 데이터만 추출해 보자.

01 [피벗 테이블 분석] 탭 – [필터] 그룹에서 [시간 표시 막대 삽입]을 누른다.

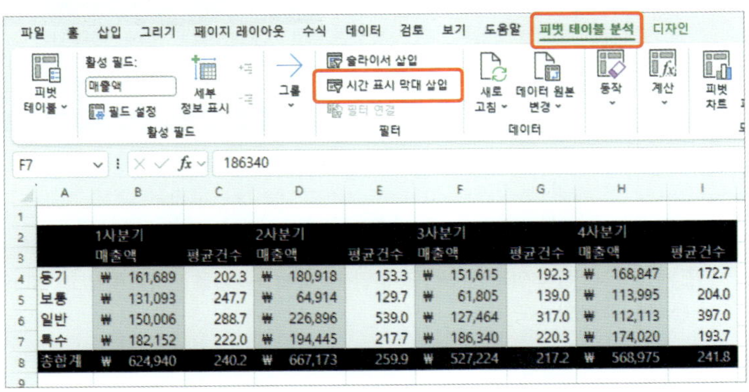

02 [시간 표시 막대 삽입] 대화상자에서 '날짜'를 선택하고 [확인]을 누른다.

03 삽입된 시간 표시 막대를 선택하고 [타임라인] 탭의 [표시] 그룹에 있는 모든 항목의 선택을 해제하고 [크기] 그룹에서 [높이]는 [3cm], [너비]는 [12cm]로 설정한다.

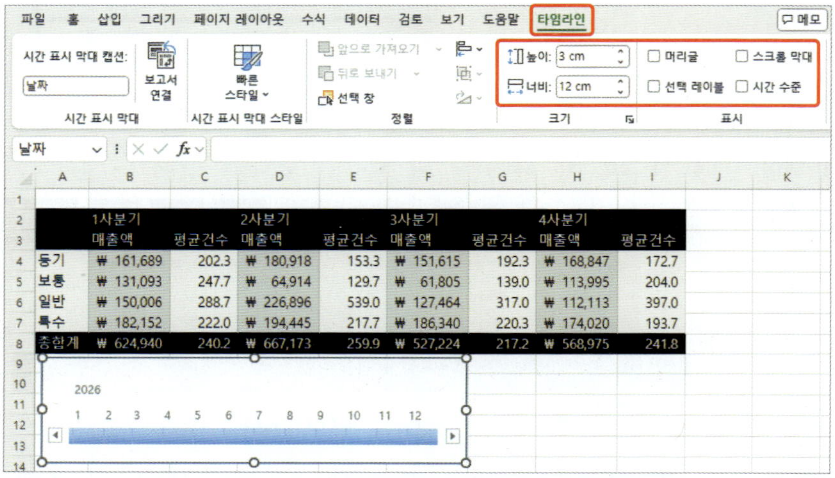

04 [타임라인] 탭–[시간 표시 막대] 그룹–[보고서 연결]을 누른다. [보고서 연결(날짜)] 대화상자에서 분기별 매출을 선택하고 [확인]을 누른다.

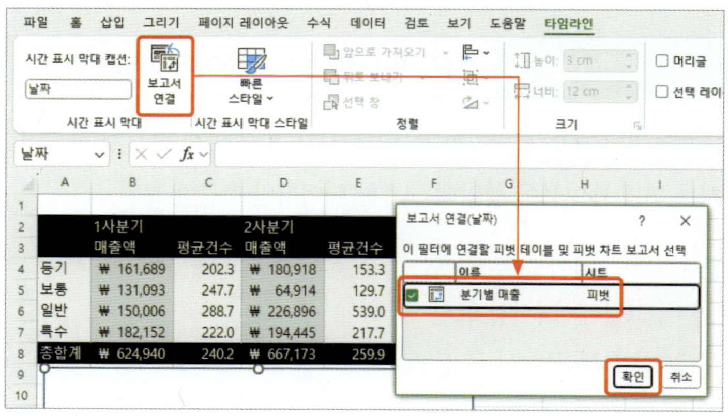

TIP 피벗 테이블이 여러 개 있는 경우 연결할 피벗 테이블을 선택할 수 있고, 하나의 시간 표시 막대로 여러 개 피벗 테이블을 동시에 필터링할 수도 있다.

05 시간 표시 막대를 클릭하거나 드래그하면 필터 구간이 선택되고, 선택한 기간의 데이터만 피벗 테이블에 표시된다.

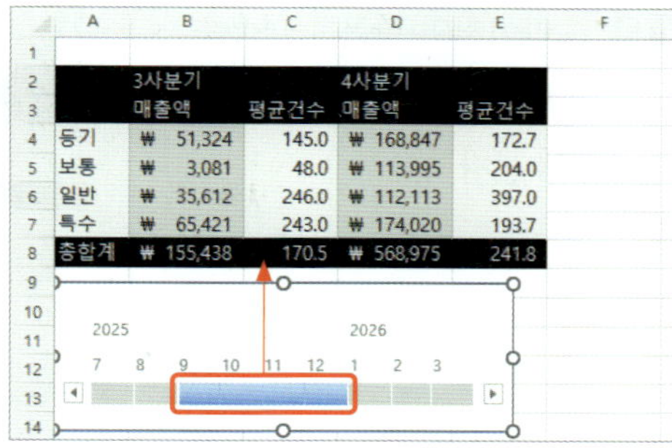

06 슬라이서 삽입을 위해 피벗 테이블을 선택하고, [피벗 테이블 분석] 탭 – [필터] 그룹 – [슬라이서 삽입]을 누른다.

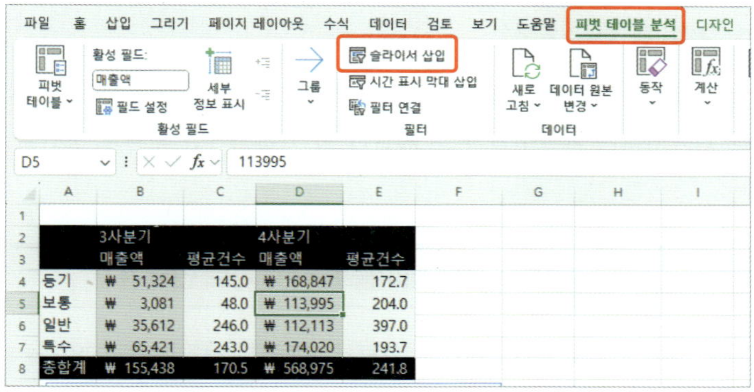

07 [슬라이서 삽입] 대화상자에서 '종류'를 선택하고 [확인]을 누른다.

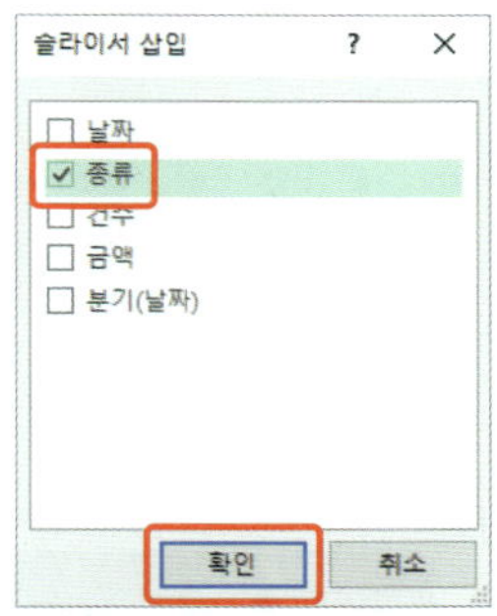

08 [슬라이서] 탭 – [단추] 그룹에서 [열]은 [4], [높이]는 [0.8cm], [너비]는 [1.5cm]로 설정한다. [크기] 그룹의 [높이]는 [2cm]로 설정한 후 드래그하여 배치한다.

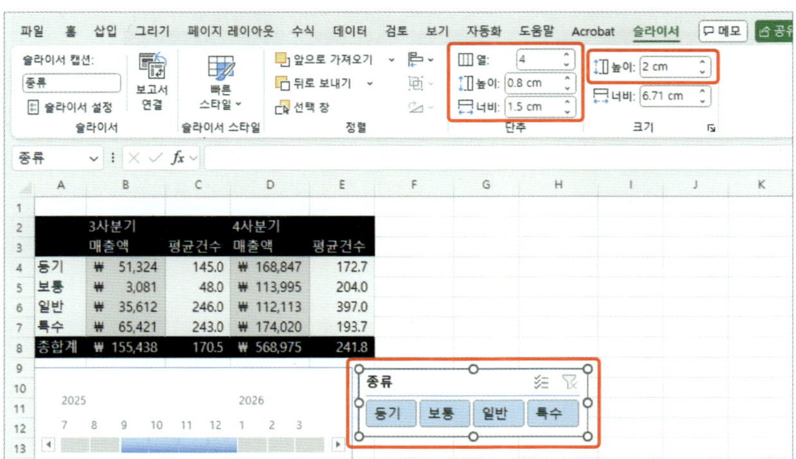

09 슬라이서의 항목을 마우스로 눌러 데이터를 필터링한 결과를 표시해 본다.

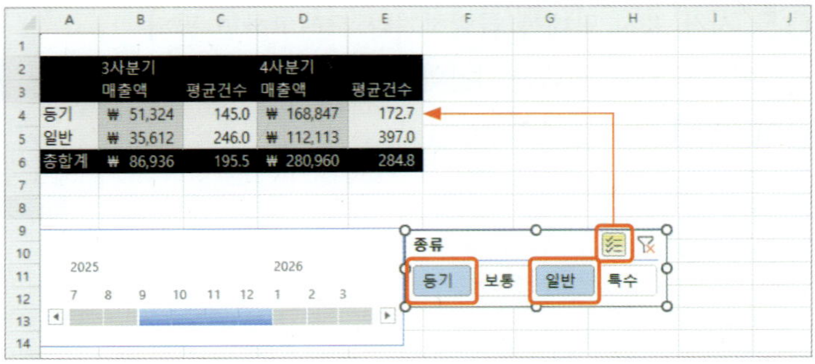

1.2 피벗 차트 작성

피벗 테이블은 데이터를 요약해서 구조화하므로 데이터 분석 작업에 매우 유용하다. 또 이를 피벗 차트로 시각화하면 숫자만으로 볼 때보다 더 직관적으로 정보를 파악할 수 있다.

기본예제 11-7 피벗 테이블로 피벗 차트 만들기

피벗 테이블의 요약된 데이터는 차트로 손쉽게 시각화할 수 있다. 피벗 차트를 만들고 차트 도구를 활용해 보자.

01 '분기별 매출' 피벗 테이블을 선택하고 [피벗 테이블 분석] 탭–[도구] 그룹–[피벗 차트]를 누른다.

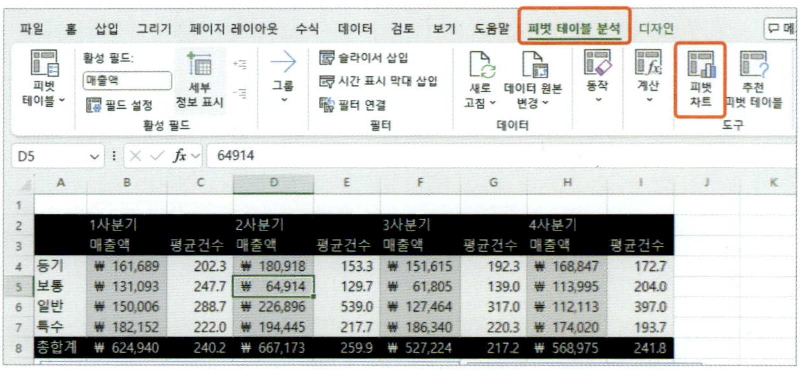

TIP 이전 실습에서 피벗 테이블에 적용한 시간 표시 막대와 슬라이서의 필터 조건은 모두 해제한다.

02 [차트 삽입] 창에서 [세로 막대형]-[묶은 세로 막대형]을 선택하고 [확인]을 누른다.

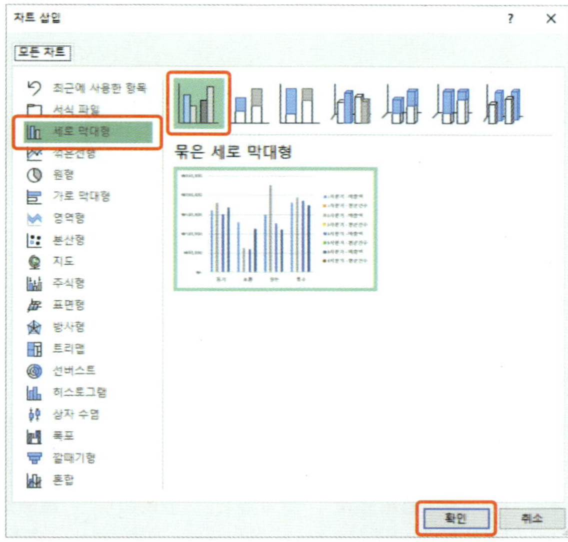

03 삽입된 피벗 차트의 크기와 위치를 조절한다. 차트 왼쪽 상단의 '평균건수' 필드를 마우스 오른쪽 단추로 눌러 [필드 제거]를 선택한다.

> **TIP** 피벗 차트로 '매출액' 데이터만 비교해 보기 위해 '평균건수' 필드는 삭제한다.

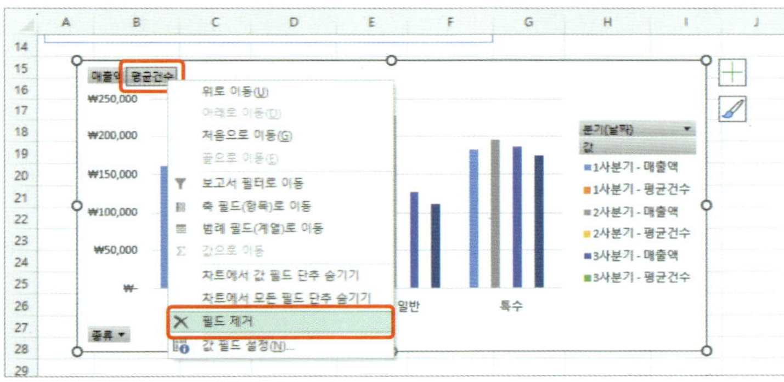

04 [피벗 차트 분석] 탭-[표시/숨기기] 그룹의 [필드 단추] 선택을 해제하면, 필터 단추들이 차트에 표시되지 않는다.

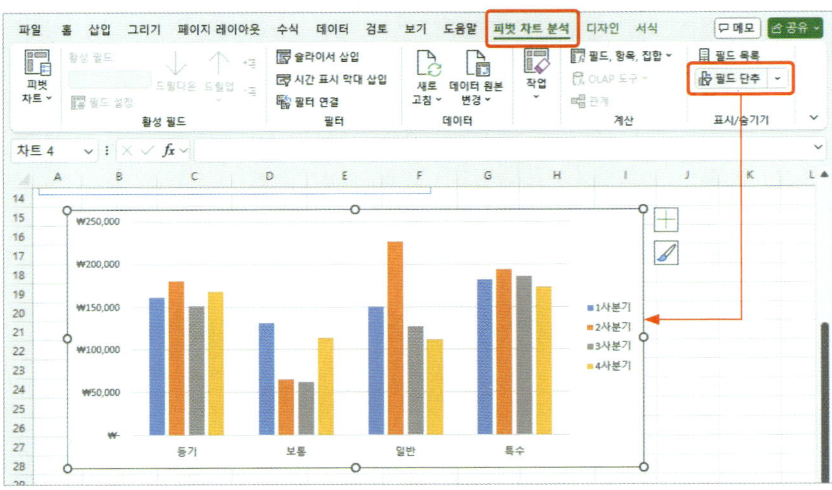

05 [디자인] 탭 – [데이터] 그룹 – [행/열 전환]을 눌러 차트에 표시되는 데이터 그룹을 변경한다.

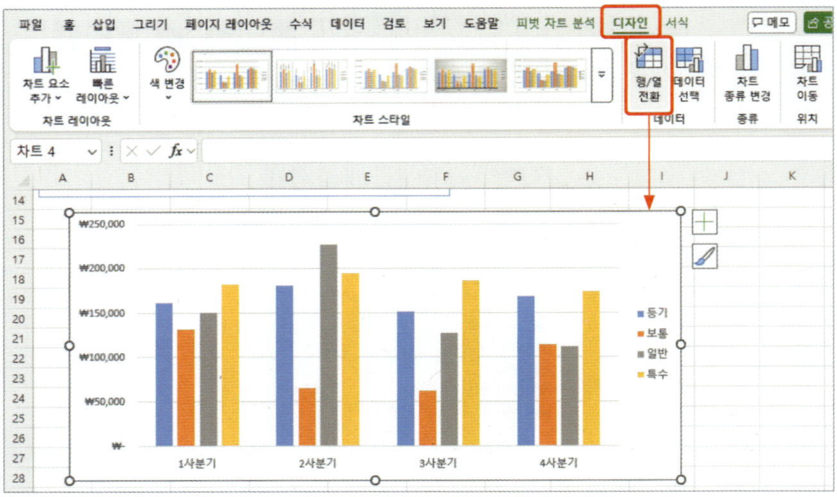

06 [디자인] 탭 – [차트 스타일] 목록에서 [스타일 7]을 선택한다.

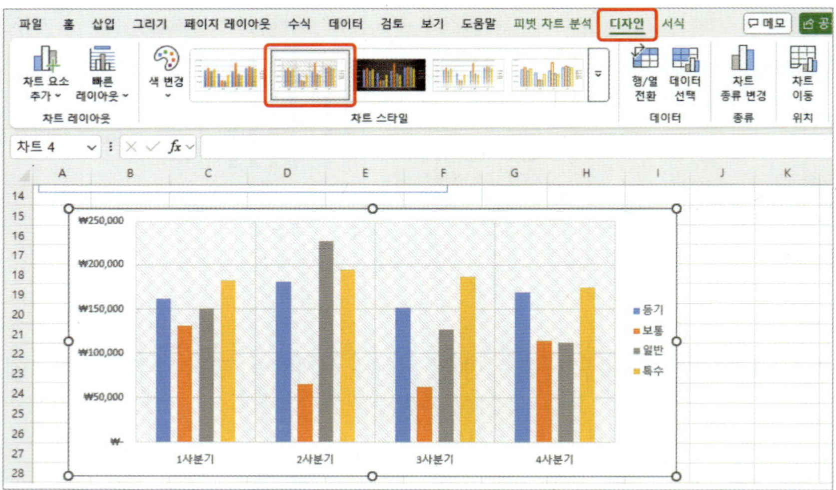

SECTION 02 가상 분석 활용하기

엑셀에서 목표값 찾기와 데이터 표, 시나리오 관리자는 결과값을 먼저 정해놓고 그 결과를 만들어 내는 입력값(변수)이 무엇인지 역으로 탐색하는 가상 분석 도구이다. 일반적으로 엑셀 작업은 입력된 데이터에 수식을 적용해서 결과를 계산하지만, 가상 분석 도구를 이용하면 결과를 먼저 정하고 그 결과에 맞게 입력값을 무엇으로 할지 자동으로 계산해 준다. 만약 수식에 영향을 주는 변수가 여러 개인 경우, 변수에 따라 달라지는 결과를 표나 요약 보고서 형태로 작성할 수도 있다.

2.1 목표값 찾기

목표값 찾기는 수식의 결과를 기준으로 해당 결과를 만드는 입력값을 역으로 계산하는 기능이다. 가령 임금총액을 산출하기 위해 필요한 항목에는 기본급 외 각종 수당과 상여금이 있다고 가정하자. 임금총액이 연간 수입이라면 월평균보수는 임금총액을 12개월로 나눈 값이 된다. 이때 목표로 하는 월평균보수를 받기 위해 기본급은 얼마가 되어야 하는지 계산하려면 수식을 역으로 탐색해야 하는데, 엑셀의 목표값 찾기를 이용하면 간단하게 찾을 수 있다.

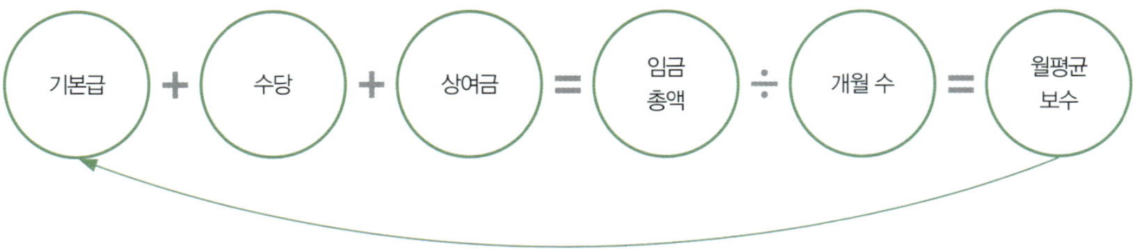

목표로 하는 월평균보수를 받으려면
기본급은 얼마가 되어야 할까?

기본예제 11-8 목표액을 받기 위한 기본급 찾기

임금총액 계산 데이터를 이용해 '남가을' 사원이 350만 원의 월평균보수를 받으려면 기본급은 얼마가 되어야 하는지 탐색해 보자.

01 '임금' 시트의 G3 셀에 **=SUM(B3:E3)*12+SUM(B3:E3)*F3** 수식을 입력한다. 채우기 핸들을 더블클릭하여 '임금총액'을 모두 표시한다.

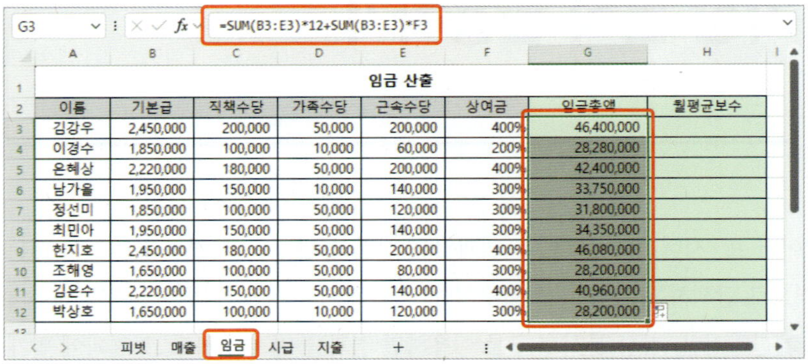

G3 | =SUM(B3:E3)*12+SUM(B3:E3)*F3

임금 산출

이름	기본급	직책수당	가족수당	근속수당	상여금	임금총액	월평균보수
김강우	2,450,000	200,000	50,000	200,000	400%	46,400,000	
이경수	1,850,000	100,000	10,000	60,000	200%	28,280,000	
온혜상	2,220,000	180,000	50,000	200,000	400%	42,400,000	
남가을	1,950,000	150,000	10,000	140,000	300%	33,750,000	
정선미	1,850,000	100,000	50,000	120,000	300%	31,800,000	
최민아	1,950,000	150,000	50,000	140,000	300%	34,350,000	
한지호	2,450,000	180,000	50,000	200,000	400%	46,080,000	
조해영	1,650,000	100,000	50,000	80,000	300%	28,200,000	
김은수	2,220,000	150,000	50,000	140,000	400%	40,960,000	
박상호	1,650,000	100,000	10,000	120,000	300%	28,200,000	

02 H3 셀에 **=G3/12** 수식을 입력하여 '월평균보수'를 계산하고, 채우기 핸들을 더블클릭하여 모두 표시한다.

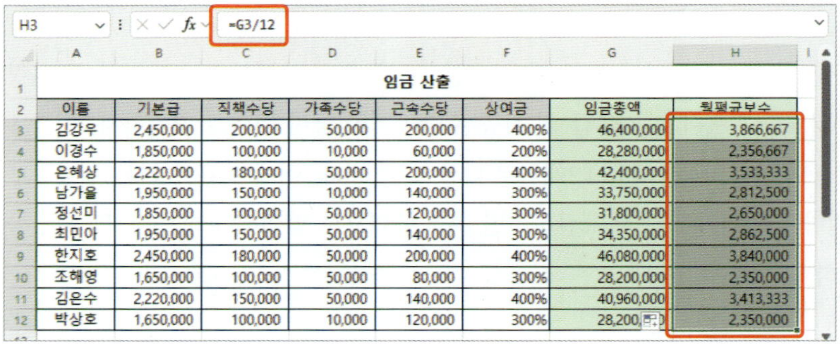

H3 | =G3/12

임금 산출

이름	기본급	직책수당	가족수당	근속수당	상여금	임금총액	월평균보수
김강우	2,450,000	200,000	50,000	200,000	400%	46,400,000	3,866,667
이경수	1,850,000	100,000	10,000	60,000	200%	28,280,000	2,356,667
온혜상	2,220,000	180,000	50,000	200,000	400%	42,400,000	3,533,333
남가을	1,950,000	150,000	10,000	140,000	300%	33,750,000	2,812,500
정선미	1,850,000	100,000	50,000	120,000	300%	31,800,000	2,650,000
최민아	1,950,000	150,000	50,000	140,000	300%	34,350,000	2,862,500
한지호	2,450,000	180,000	50,000	200,000	400%	46,080,000	3,840,000
조해영	1,650,000	100,000	50,000	80,000	300%	28,200,000	2,350,000
김은수	2,220,000	150,000	50,000	140,000	400%	40,960,000	3,413,333
박상호	1,650,000	100,000	10,000	120,000	300%	28,200,000	2,350,000

03 '남가을' 사원의 '월평균보수'인 H6 셀을 선택하고, [데이터] 탭 – [예측] 그룹 – [가상 분석] 목록에서 [목표값 찾기]를 선택한다.

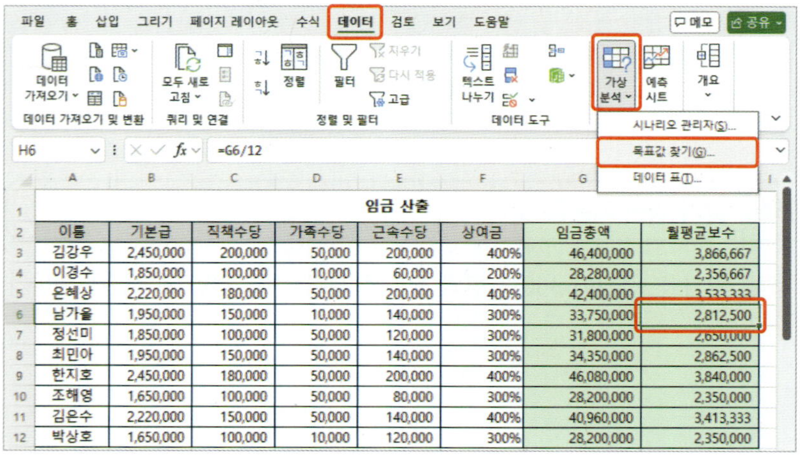

H6 | =G6/12

임금 산출

이름	기본급	직책수당	가족수당	근속수당	상여금	임금총액	월평균보수
김강우	2,450,000	200,000	50,000	200,000	400%	46,400,000	3,866,667
이경수	1,850,000	100,000	10,000	60,000	200%	28,280,000	2,356,667
온혜상	2,220,000	180,000	50,000	200,000	400%	42,400,000	3,533,333
남가을	1,950,000	150,000	10,000	140,000	300%	33,750,000	2,812,500
정선미	1,850,000	100,000	50,000	120,000	300%	31,800,000	2,650,000
최민아	1,950,000	150,000	50,000	140,000	300%	34,350,000	2,862,500
한지호	2,450,000	180,000	50,000	200,000	400%	46,080,000	3,840,000
조해영	1,650,000	100,000	50,000	80,000	300%	28,200,000	2,350,000
김은수	2,220,000	150,000	50,000	140,000	400%	40,960,000	3,413,333
박상호	1,650,000	100,000	10,000	120,000	300%	28,200,000	2,350,000

04 [목표값 찾기] 대화상자에서 [찾는 값]은 **3500000**, [값을 바꿀 셀]은 **$B$6**을 입력하고 [확인]을 누른다.

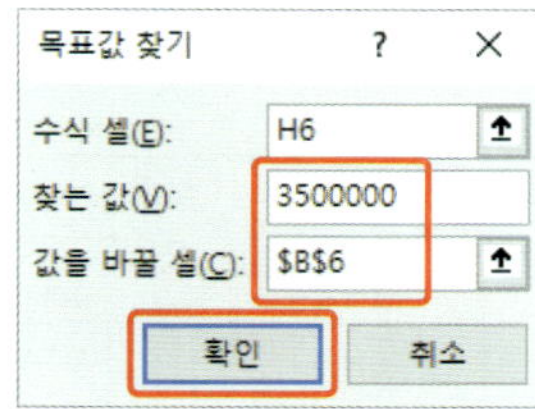

TIP [값을 바꿀 셀]을 입력할 때는 '남가을' 사원의 '기본급' 값이 있는 B6 셀을 마우스로 클릭한다.

05 [목표값 찾기 상태] 대화상자에 값을 찾았다는 메시지가 표시되고, B6 셀과 H6 셀의 값이 변경되어 있다. 원래 값으로 되돌리려면 [취소]를 누른다.

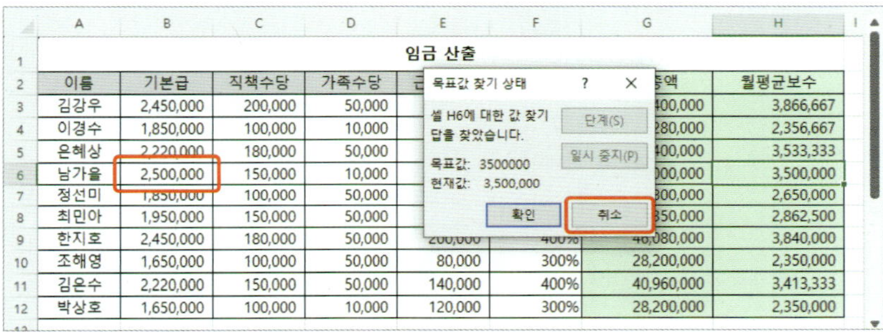

TIP 목표값 찾기 계산으로 변경된 셀 값을 유지하려면 [확인]을 누른다.

2.2 데이터 표 활용

가상 분석 도구 중 데이터 표는 특정 수식 결과를 다양한 변수 값에 따라 자동 계산해 주는 기능으로, 변수에 따라 결과가 어떻게 달라지는지 한눈에 확인할 수 있다. 환율에 따른 매출액 변동이나 이자율에 따른 대출 상환액을 산정하는 경우 등에 활용할 수 있다.

기본예제 11-9 데이터 표로 급여 총액 산출하기

시급과 근무일수를 변수로 가정하고, 이 두 가지 값이 달라질 때의 급여 총액을 데이터 표를 이용하여 계산해 보자.

01 '11장_실습.xlsx' 파일의 '시급' 시트에서 B5 셀에 **=PRODUCT(B2:B4)** 수식을 입력한다.

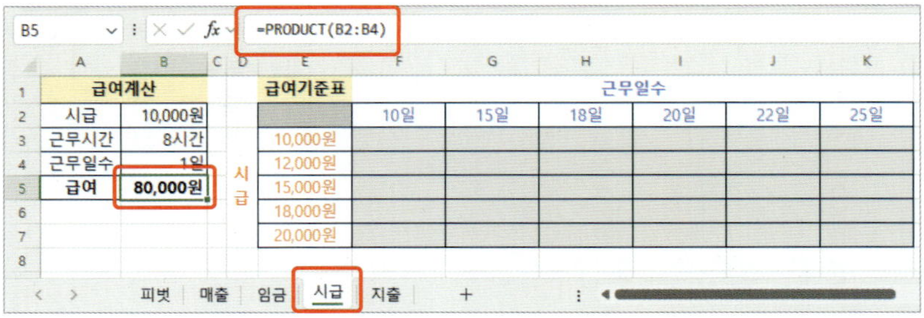

TIP 시급과 근무일수에 따라 급여를 계산하는 수식을 먼저 만들어 둔다. 근무시간은 하루 8시간 고정된 값으로 가정한다

02 E2 셀을 선택하고 B5 셀에 사용한 **=PRODUCT(B2:B4)** 수식을 동일하게 입력한다.

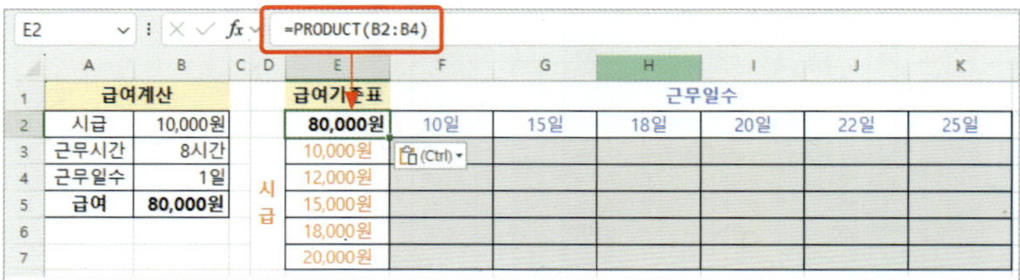

TIP B5 셀에 입력한 수식을 단축키 Ctrl+C로 복사한 후, E2 셀에 Ctrl+V로 붙여넣어도 된다.

03 E2:K7 범위를 선택하고 [데이터] 탭－[예측] 그룹－[가상 분석] 목록에서 [데이터 표]를 선택한다.

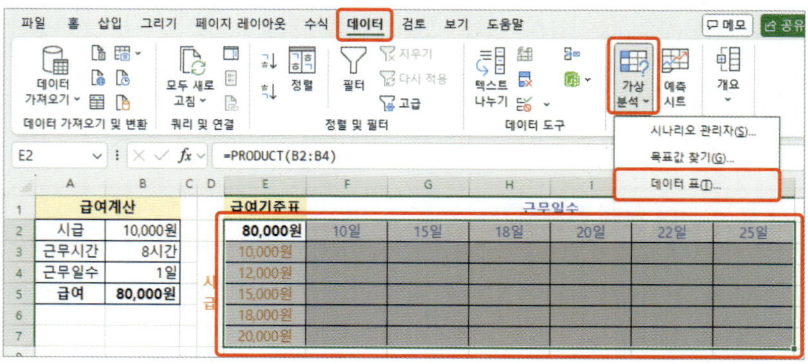

04 [데이터 테이블] 대화상자가 나타나면 [행 입력 셀]에 **$B$2**, [열 입력 셀]에 **$B$4**를 입력하고 [확인]을 누른다.

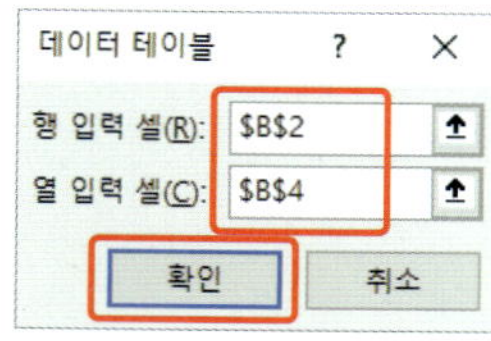

TIP [행 입력 셀]에는 '근무일수', [열 입력 셀]에는 '시급'을 지정하기 위해 E2 셀에 입력한 **=PRODUCT(B2:B4)** 수식이 참조된다. 수식에서 '근무일수'는 B2 셀, '시급'은 B4 셀을 참조하고 있다.

05 '시급'과 '근무일수'라는 두 개의 변수에 따라 계산된 급여 총액이 지정된 범위에 모두 표시된다.

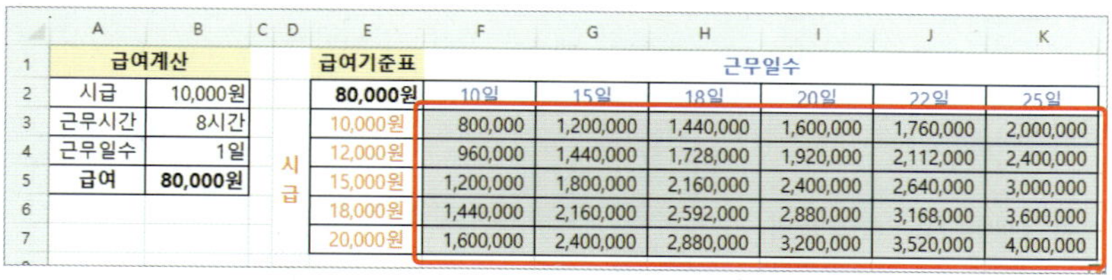

	A	B	C	D	E	F	G	H	I	J	K
1	급여계산				급여기준표	근무일수					
2	시급	10,000원			80,000원	10일	15일	18일	20일	22일	25일
3	근무시간	8시간			10,000원	800,000	1,200,000	1,440,000	1,600,000	1,760,000	2,000,000
4	근무일수	1일		시급	12,000원	960,000	1,440,000	1,728,000	1,920,000	2,112,000	2,400,000
5	급여	80,000원			15,000원	1,200,000	1,800,000	2,160,000	2,400,000	2,640,000	3,000,000
6					18,000원	1,440,000	2,160,000	2,592,000	2,880,000	3,168,000	3,600,000
7					20,000원	1,600,000	2,400,000	2,880,000	3,200,000	3,520,000	4,000,000

2.3 시나리오 작성

값이 고정적이지 않은 항목이 여러 개 있다면 입력값에 따라 여러 가지 결과가 나올 수 있다. 엑셀의 시나리오 작성 도구를 사용하면 변수의 값을 바꿨을 때 결과가 어떻게 달라지는지 분석할 수 있다. 데이터를 직접 변경하면서 반복 계산할 필요 없이 여러 경우의 수를 자동 분석하여 요약 보고서나 피벗 테이블 형태로 확인할 수 있다.

기본예제 11-10 시나리오 작성하고 실행하기

지출 관리를 통해 총수입 대비 최대 순이익과 최소 순이익을 파악해 보자. 지출 항목은 고정지출과 변동지출로 나뉘며, 변동지출 항목을 변수로 하여 예상 순이익을 계산하는 시나리오를 작성해 보자.

01 '11장_실습.xlsx' 파일의 '지출' 시트에서 [데이터] 탭 – [예측] 그룹 – [가상 분석] 목록의 [시나리오 관리자]를 선택한다.

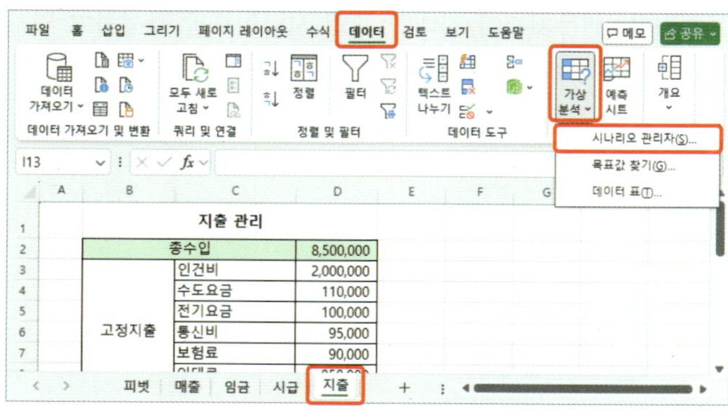

02 [시나리오 관리자] 대화상자에서 [추가]를 누른다.

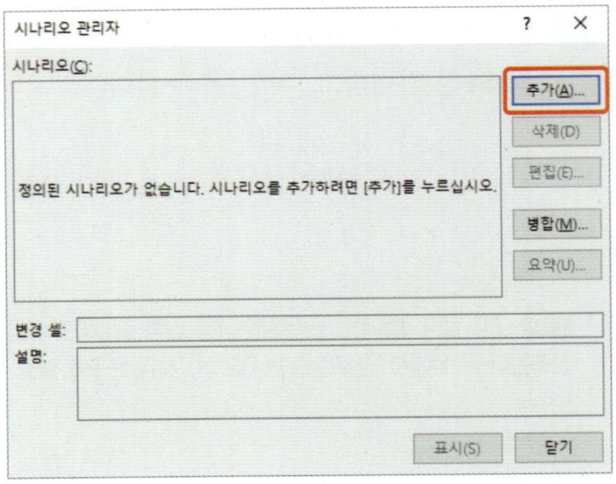

03 [시나리오 이름]에 **최소지출**을 입력하고 [변경 셀]은 **$D$10:$D$12**로 설정한다. [설명]에는 **최소 변동 지출에 대한 예상 순이익**을 입력한 후 [확인]을 누른다.

> **TIP** [변경 셀]을 설정할 때는 '지출' 시트의 D10:D12 범위를 마우스로 선택하면 입력란에 표시된다.

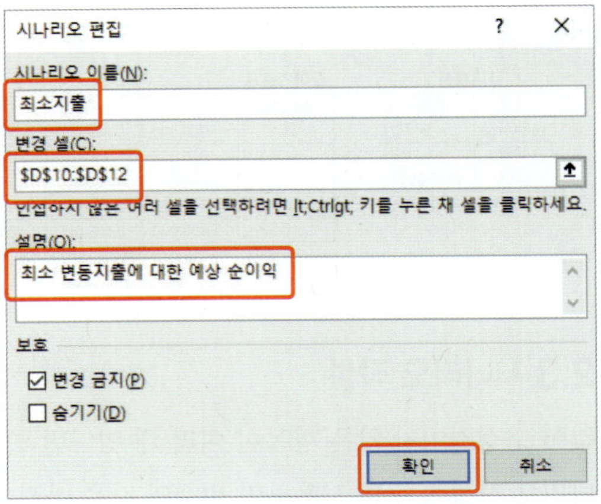

04 변동지출 항목별로 예상되는 최소값을 그림과 같이 [시나리오 값] 대화상자에 입력하고 [확인]을 누른다.

> **TIP** $D$10에는 1,000,000, $D$11에는 170,000, $D$12에는 45,000을 입력한다.

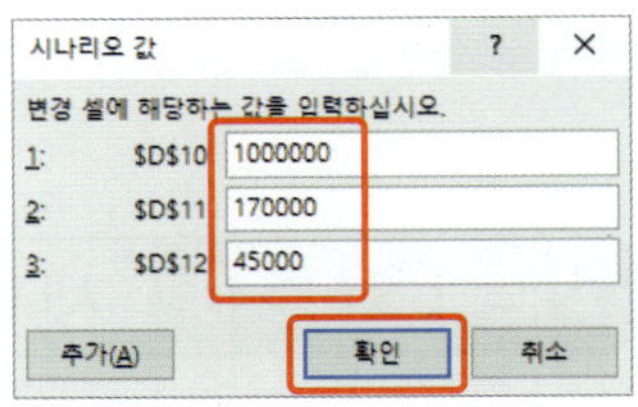

05 [시나리오 관리자] 대화상자의 [시나리오] 목록에 '최소지출'이 표시된다. 변동지출이 최대일 때의 시나리오를 작성하기 위해 [추가]를 누른다.

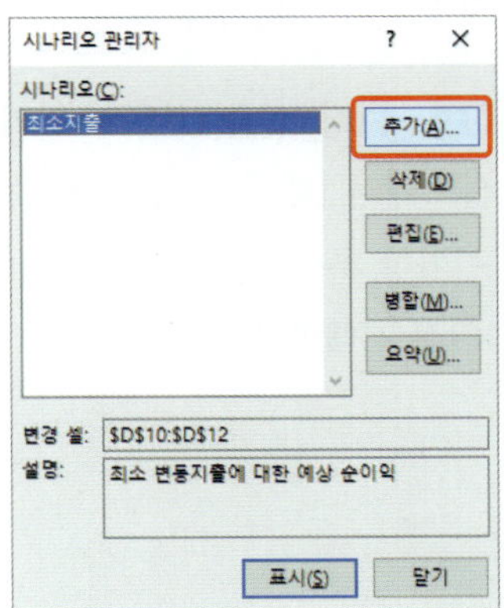

TIP [표시]를 누르면 '지출' 시트에 있는 변동지출 항목의 값을 최소지출 시나리오에서 지정한 값으로 변경되고, 순이익이 자동으로 다시 계산된다.

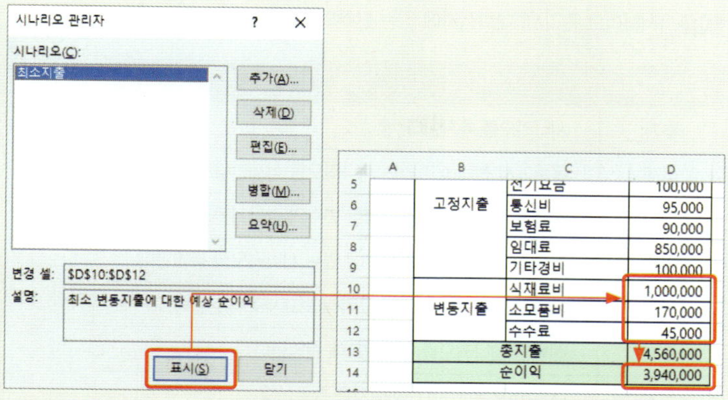

06 [시나리오 이름]은 **최대지출**, [변경 셀]은 **D10:D12**, [설명]은 **최대 변동지출에 대한 예상 순이익**을 입력한 후 [확인]을 누른다.

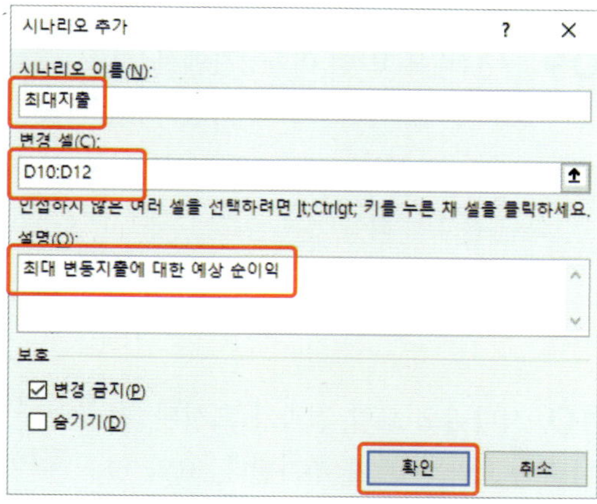

07 [시나리오 값] 대화상자에 변동지출 항목별로 예상되는 최대값을 각각 입력하고 [확인]을 누른다.

TIP $D$10에는 1,500,000, $D$11에는 300,000, $D$12에는 75,000을 입력한다.

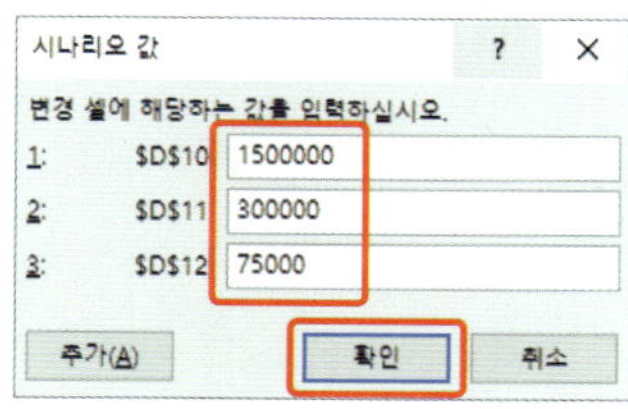

08 [시나리오] 목록에 '최대지출'이 추가된다. 작성한 시나리오를 실행해 요약 보고서를 작성하려면 [요약]을 선택한다.

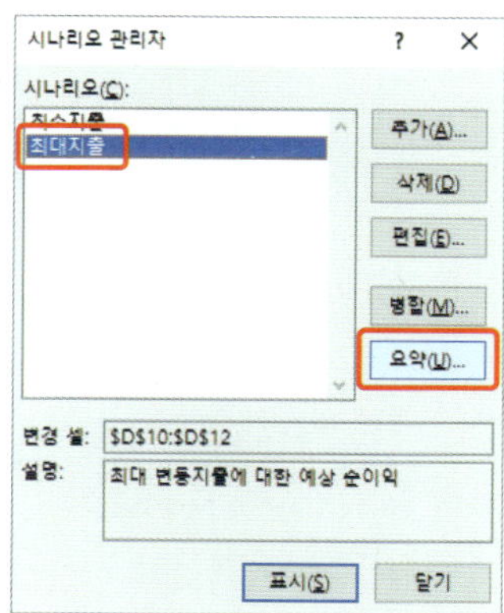

TIP [시나리오 관리자] 대화상자에 있는 단추의 기능은 다음과 같다.

단추 이름	기능
추가	시나리오를 추가한다.
삭제	목록에서 선택하고 있는 시나리오를 삭제한다.
편집	선택한 시나리오에서 설정한 변수의 값을 수정한다.
병합	다른 통합문서나 워크시트에 있는 시나리오와 통합한다.
요약	목록에 있는 시나리오를 요약해 보고서로 작성한다.
표시	선택한 시나리오를 워크시트에 반영한다.
닫기	[시나리오 관리자] 대화상자를 종료한다.

09 [시나리오 요약] 대화상자에서 [보고서 종류]는 [시나리오 요약], [결과 셀]은 '순이익' 값이 있는 **D14** 셀로 설정하고 [확인]을 누른다.

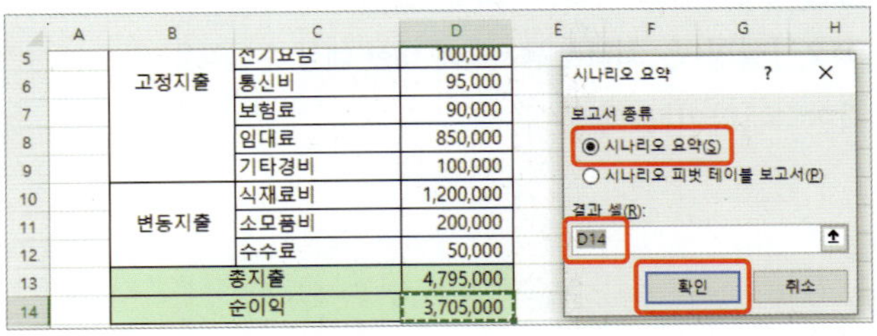

10 시나리오 요약 결과가 표시된 '시나리오 요약' 시트가 추가된다. 요약 결과의 셀 번호 대신 항목 이름을 입력해 이해하기 쉽게 수정한다.

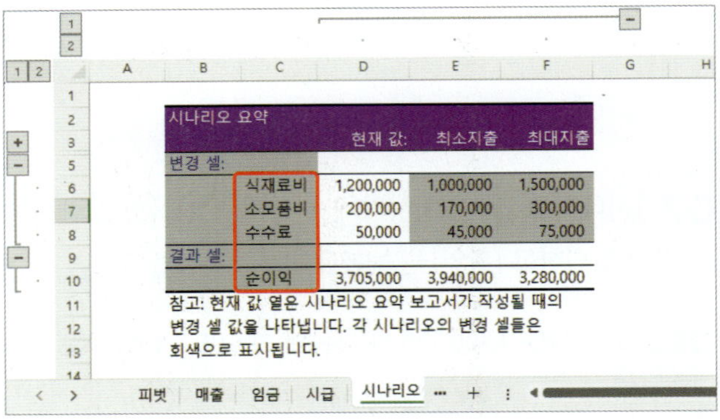

종합예제

이번 장에서 학습한 피벗 테이블을 활용하여 도서 판매 현황에 대한 요약 보고서를 만들어 보자. 피벗 테이블에 요약해 놓은 데이터를 보고서 양식에 자동으로 표시하기 위해 GETPIVOTDATA 함수를 이용한다.

TIP GETPIVOTDATA 함수는 피벗 테이블에서 특정 조건에 맞는 데이터를 선택적으로 추출하는 함수이다. 피벗 테이블의 구조가 변경되더라도 해당 조건에 맞는 값을 자동으로 찾아 표시할 수 있어, 필요한 데이터만 실시간으로 활용할 수 있다.

1 '11장_종합.xlsx' 파일의 '도서' 시트를 열고 A2:E12 범위를 선택한다. 단축키 Ctrl+T를 눌러 [표 만들기] 대화상자가 나타나면 [확인]을 누른다.

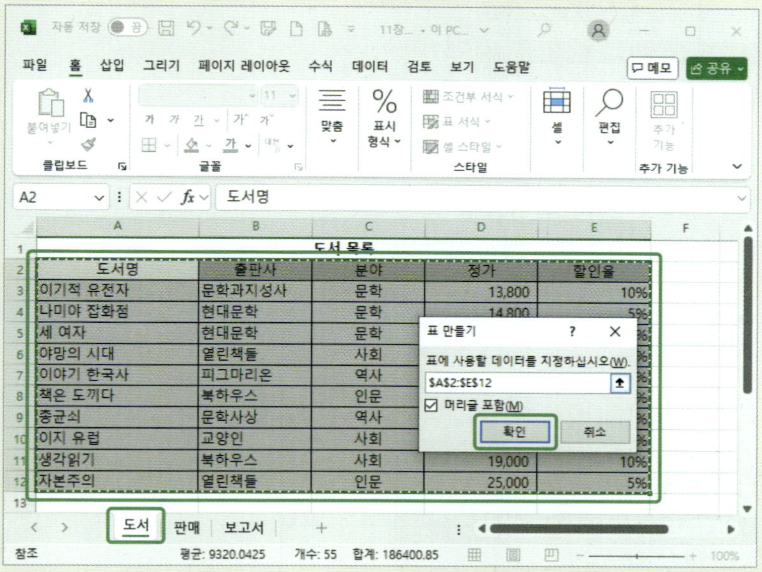

TIP 도서 판매 현황에서 도서 정보를 참조하기 위해 도서 목록을 표로 먼저 만들어둔다. 목록을 표로 만들어 두면 수식을 간단하게 작성할 수 있을 뿐 아니라, 새로운 도서가 목록에 추가되더라도 범위가 자동 확장되므로 수식을 변경하지 않아도 된다.

종합예제

2 표가 만들어지면 [테이블 디자인] 탭-[속성] 그룹-[표 이름]을 도서목록으로 수정하고, [표 도구]의 [표 스타일] 그룹-[빠른 스타일] 목록에서 [흰색, 표 스타일 밝게 1]을 선택한다.

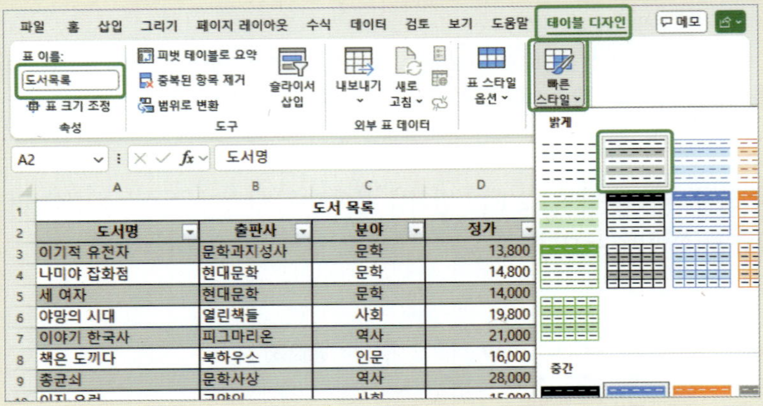

3 '판매' 시트를 열고 '출판사', '분야', '정가', '할인율'을 '도서목록' 표에서 찾아 표시한다. '정가'는 [쉼표 스타일], '할인율'은 [백분율 스타일]로 표시 형식을 설정한다.

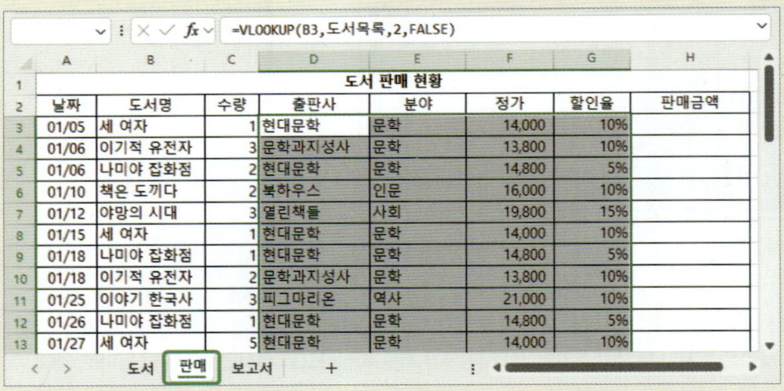

TIP D3 셀에는 **=VLOOKUP(B3,도서목록,2,FALSE)**, E3 셀에는 **=VLOOKUP(B3,도서목록,3,FALSE)**, F3 셀에는 **=VLOOKUP(B3,도서목록,4,FALSE)**, G3 셀에는 **=VLOOKUP(B3,도서목록,5,FALSE)**을 입력하고, 수식을 자동 채우기로 복사해 다른 행도 모두 계산한다.

4 H3 셀에 **=C3*F3*(1-G3)** 수식을 입력해 '판매금액'을 구하고 채우기 핸들을 더블클릭해 다른 행도 모두 계산한다. 그림과 같이 표시 형식을 [회계]로 설정하고, 소수 자릿수 없이 나타내도록 한다.

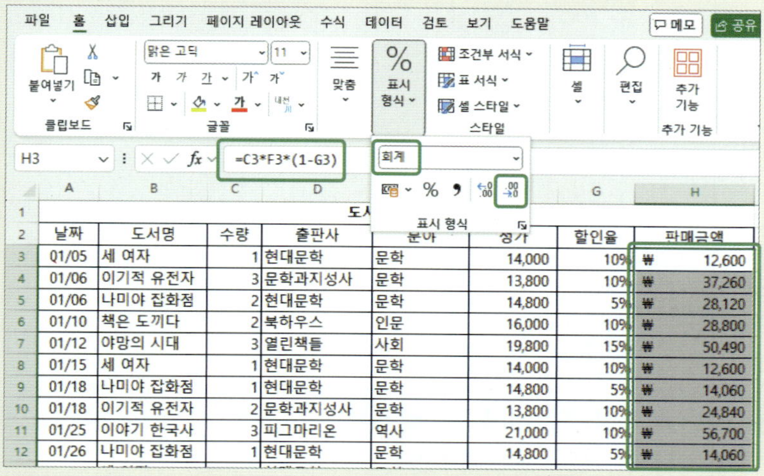

TIP 판매금액을 구하는 식은 **=수량*정가*(1-할인율)**이다.

5 데이터 영역 내 임의의 셀을 선택하고 [삽입] 탭-[표] 그룹-[피벗 테이블]을 누른다.

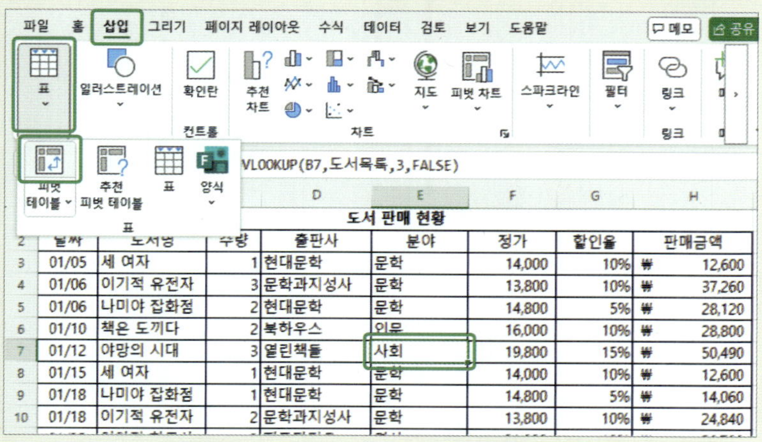

종합예제

6 [표 또는 범위의 피벗 테이블] 대화상자에서 [표/범위]를 '판매' 시트의 A2:H42로 범위를 설정하고 [확인]을 누른다.

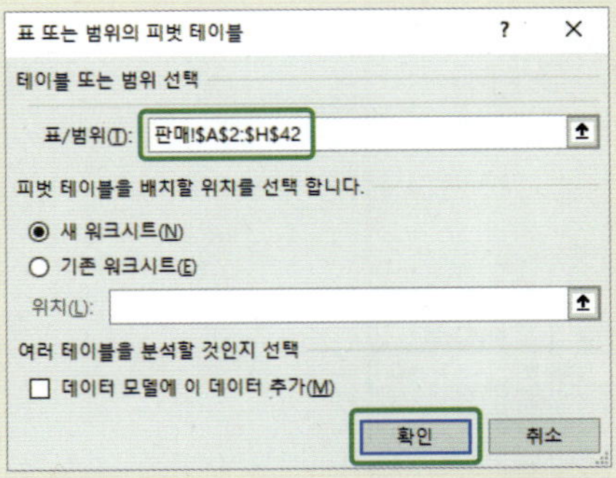

7 추가된 시트의 이름은 **월별요약**으로 수정한다. [피벗 테이블 필드] 작업 창에서 [필터] 영역에는 '출판사', [열] 영역에는 '날짜', [행] 영역에는 '분야'를 드래그한다.

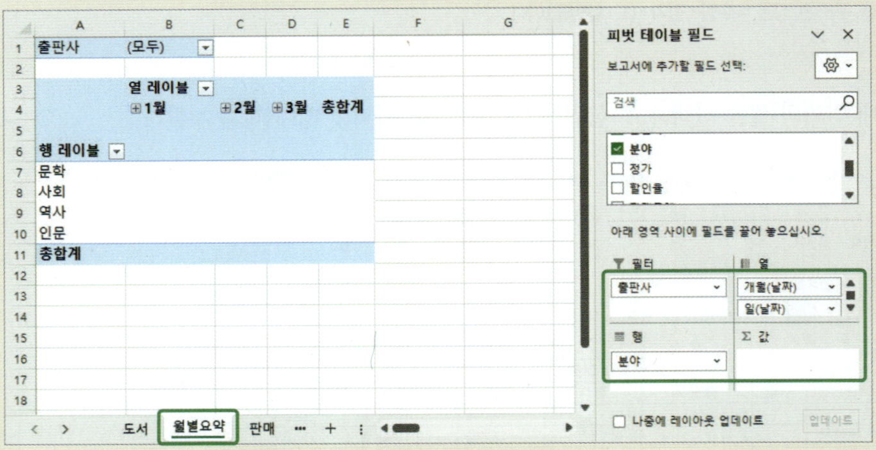

8 [피벗 테이블 필드] 작업 창의 [열] 영역에서 '일(날짜)'와 '날짜'는 제거하고, [값] 영역에 '수량'과 '판매금액'을 드래그한다.

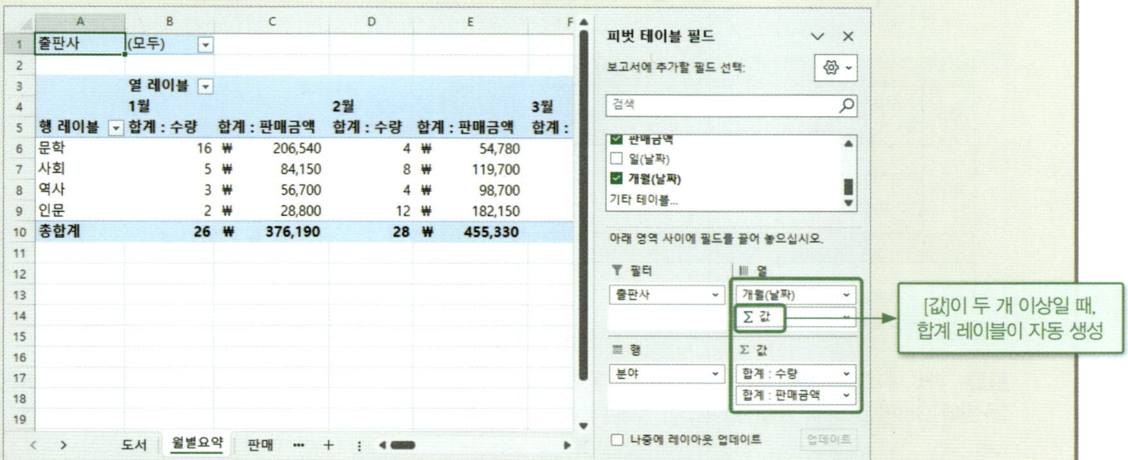

9 피벗 테이블에 있는 월별 요약 값을 가져와 보고서 양식에 맞게 표시해 보자. 보고서 양식이 입력되어 있는 '보고서' 시트를 열고 C5 셀을 선택한다.

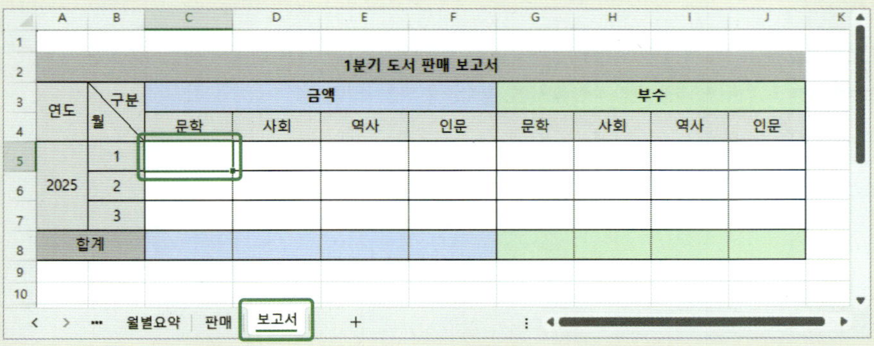

종합예제

10 피벗 테이블의 값을 가져오기 위해 '보고서' 시트의 C5 셀에 =을 입력하고 '월별요약' 시트의 C6 셀을 선택한 후 Enter를 누른다.

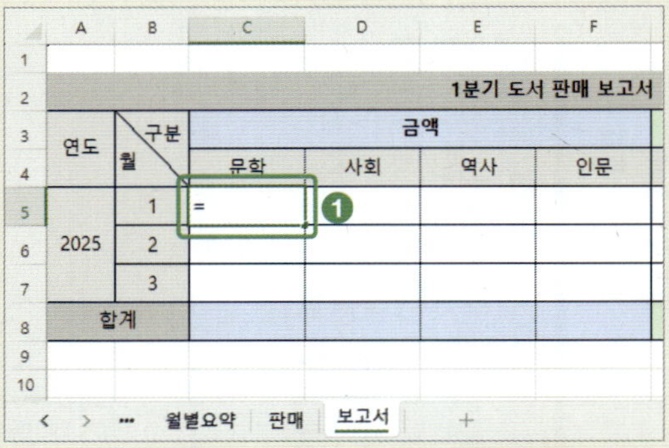

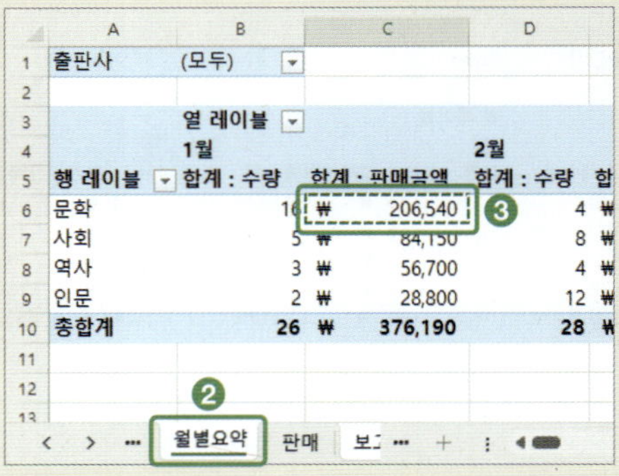

TIP 피벗 테이블에 있는 '문학', '1월', '판매금액'을 가져오는 GETPIVOTDATA 함수는, [피벗 테이블 분석] 탭–[피벗 테이블]–[옵션]에 [GetPivotData 생성]이 선택되어 있어야 단계 **10**과 같이 작성할 수 있다.

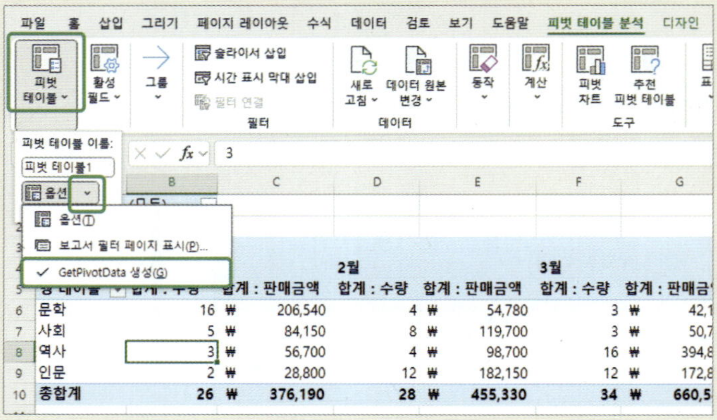

11 '보고서' 시트의 C5 셀에 GETPIVOTDATA 함수를 사용한 수식이 자동으로 만들어진다. C5 셀의 수식을 **=GETPIVOTDATA("합계 : 판매금액",월별요약!$A$3,"분야",C$4,"개월(날짜)",$B5)**로 수정한다.

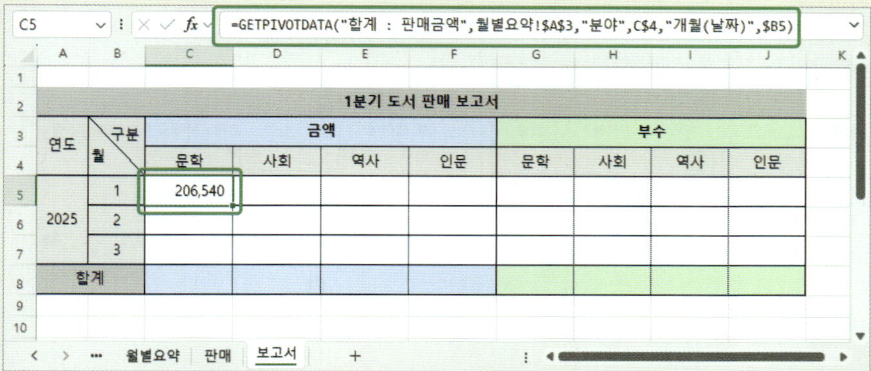

TIP 자동 생성되는 수식은 **=GETPIVOTDATA("합계 : 판매금액",월별요약!$A$3,"분야","문학","개월(날짜)",1)**인데, "문학"은 **C4** 셀로, 1은 **B5** 셀로 수정한다. 또, 수식을 복사해 사용하기 위해 F4를 눌러 C$4(행 고정)와 $B5(열 고정)의 혼합 참조 형식으로 바꾼다.

12 C5 셀의 채우기 핸들을 드래그해 각 분야의 1~3월 판매금액을 모두 표시한다.

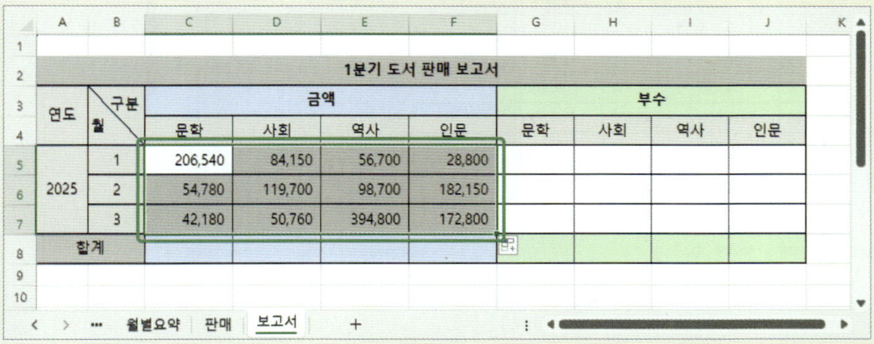

TIP 피벗 테이블에 있는 데이터가 바뀌면 GETPIVOTDATA 함수로 가져온 값도 자동으로 변경되므로, 보고서를 번거롭게 수정할 필요가 없다.

종합예제

13 피벗 테이블의 '판매수량' 데이터를 가져오기 위해 '보고서' 시트의 G5 셀에 **=**을 입력하고 '월별요약' 시트의 B6 셀을 선택한 후 Enter를 누른다.

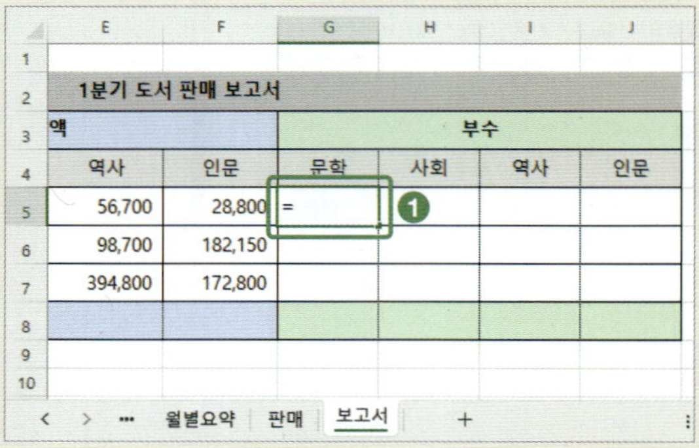

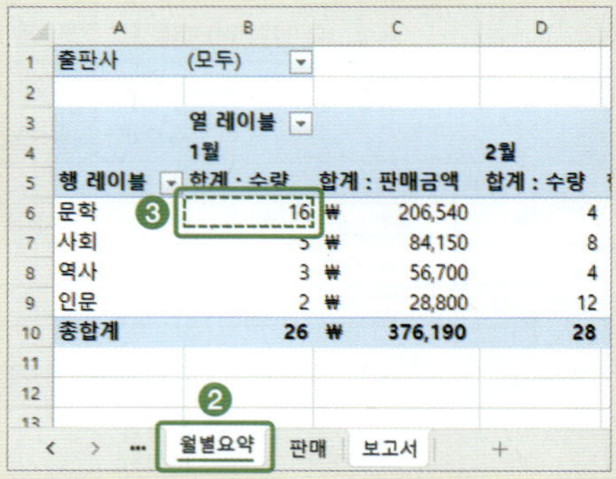

14 '보고서' 시트의 G5 셀의 수식을 **=GETPIVOTDATA("합계 : 수량",월별요약!$A$3,"분야",G$4,"개월(날짜)",$B5)**로 수정하고, 채우기 핸들을 드래그해 모두 표시한다.

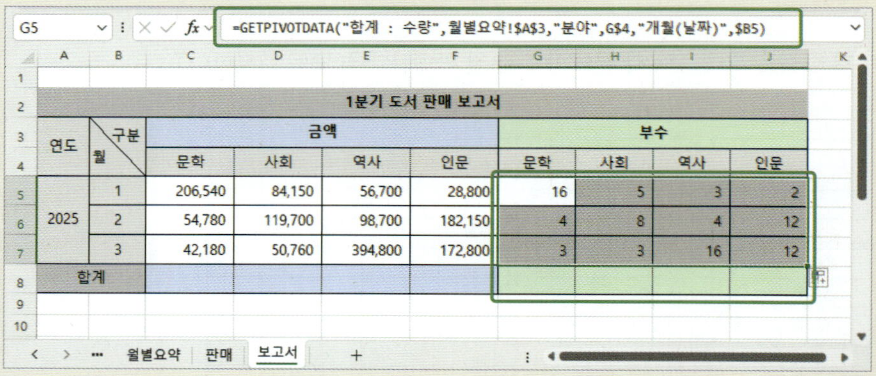

15 C8:J8 범위를 선택하고 [수식] 탭–[함수 라이브러리] 그룹–[자동 합계]를 눌러 합계를 모두 구한다.

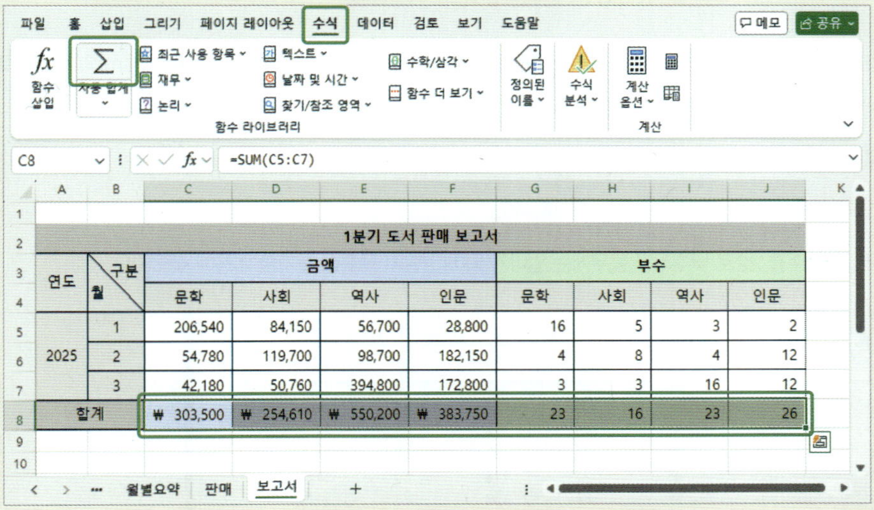

연습문제

1 '11장_연습.xlsx' 파일에 있는 '연습1' 시트의 건강검진 결과 데이터를 표로 만들고 목표값 찾기를 실행해 보자.

❶ H열에 체질량지수(BMI)를 계산하여 그림과 같이 결과를 표시하시오. 체질량지수는 몸무게(kg)를 키(m)의 제곱으로 나눈 값이다. 수식 작성 시, 키를 미터 단위로 환산하고 제곱 연산자(^)를 활용한다.

❷ 데이터를 표로 변환하고 표 스타일(흰색, 표 스타일 밝게 1)을 설정하시오.

❸ 그림과 같이 요약 행을 추가해 각 열의 평균을 계산하시오.

❹ 1번 '이*'의 체질량지수를 22로 낮추려면 몸무게는 얼마가 되어야 할지 목표값 찾기를 이용해 찾으시오.

	A	B	C	D	E	F	G	H
1	순번	이름	키(cm)	몸무게(kg)	허리둘레	최고혈압	최저혈압	체질량지수
2	1	이*	175	90	96	126	81	29.4
3	2	박*	170	65	85	122	85	22.5
4	3	최*	160	80	99	158	83	31.3
5	4	홍*	160	55	78	114	68	21.5
6	5	김*	170	70	91	123	69	24.2
7	6	안*	160	45	71	116	80	17.6
8	7	나*	170	70	84	139	89	24.2
9	8	송*	160	80	92	131	64	31.3
10	9	임*	170	90	93	140	96	31.1
11	10	유*	165	75	90	123	83	27.5
12	11	정*	170	80	88	120	80	27.7
13	12	우*	180	85	80	135	104	26.2
14	13	남*	165	80	96	133	78	29.4
15	14	윤*	160	60	82	123	86	23.4
16	15	여*	170	65	75	130	70	22.5
17	평균		167.0	72.7	86.7	128.9	81.1	26.0

연습1 연습2 연습3

2 '11장_연습.xlsx' 파일의 '연습2' 시트를 열고 다음 조건에 맞게 피벗 테이블을 작성하시오.

❶ 폐기물 처리 데이터로 피벗 테이블을 만들어 '연습2' 시트의 H2 셀에 삽입하시오.

❷ 다음 그림과 같이 구성되도록 [행], [열], [값] 영역에 필드를 배치하고, [필드 머리글] 표시는 해제하시오.

❸ '일배출량'과 '월배출량' 필드의 [값 요약 기준]은 [평균]으로 설정하고, 행 요약 정보는 제거하고 열 요약 정보만 '전체 평균'으로 나타나도록 하시오.

❹ '일배출량'과 '월배출량'의 [필드 표시 형식]은 [숫자]-[1000 단위 구분 기호(,) 사용]으로 설정하시오.

❺ [피벗 테이블 도구]의 [피벗 테이블 스타일 옵션]에서 [줄무늬 행]을 추가하고, [피벗 테이블 스타일] 목록에서 [밝은 회색, 피벗 스타일 밝게 15]로 설정하시오.

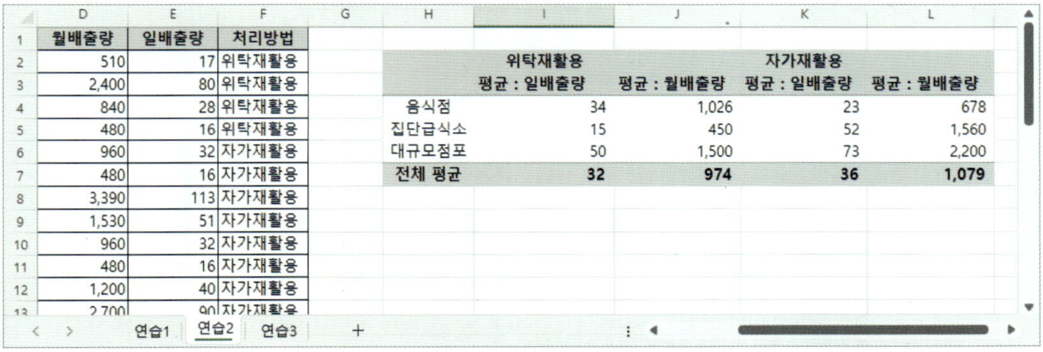

	D	E	F	G	H	I	J	K	L
1	월배출량	일배출량	처리방법						
2	510	17	위탁재활용			위탁재활용		자가재활용	
3	2,400	80	위탁재활용			평균 : 일배출량	평균 : 월배출량	평균 : 일배출량	평균 : 월배출량
4	840	28	위탁재활용		음식점	34	1,026	23	678
5	480	16	위탁재활용		집단급식소	15	450	52	1,560
6	960	32	자가재활용		대규모점포	50	1,500	73	2,200
7	480	16	자가재활용		**전체 평균**	**32**	**974**	**36**	**1,079**
8	3,390	113	자가재활용						
9	1,530	51	자가재활용						
10	960	32	자가재활용						
11	480	16	자가재활용						
12	1,200	40	자가재활용						
13	2,700	90	자가재활용						

3 '11장_연습.xlsx' 파일의 '연습3' 시트를 열고 다음 조건에 맞게 작성하시오.

❶ F8 셀의 '금액' 합계에 D10 셀의 '할인율'을 적용해 '최종 결제금액'을 계산하고 F10 셀에 표시하시오.

❷ '할인율'이 10%, 20%, 30%일 때의 시나리오를 만들어 할인율 조정에 따른 '최종 결제금액'에 대한 요약 보고서를 다음 그림과 같이 새 시트에 작성하시오.

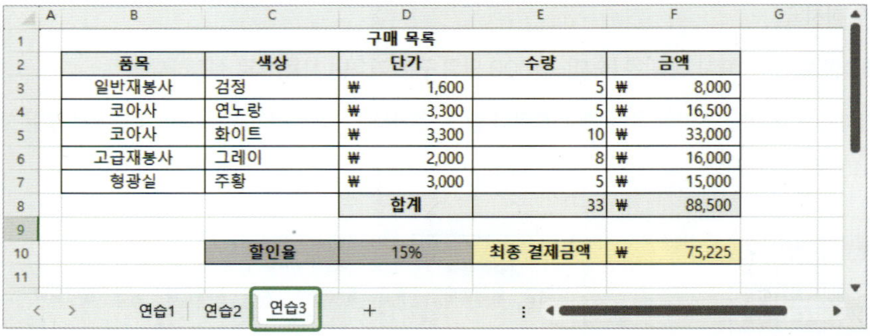

구매 목록

품목	색상	단가	수량	금액
일반재봉사	검정	₩ 1,600	5	₩ 8,000
코아사	연노랑	₩ 3,300	5	₩ 16,500
코아사	화이트	₩ 3,300	10	₩ 33,000
고급재봉사	그레이	₩ 2,000	8	₩ 16,000
형광실	주황	₩ 3,000	5	₩ 15,000
		합계	33	₩ 88,500
	할인율	15%	최종 결제금액	₩ 75,225

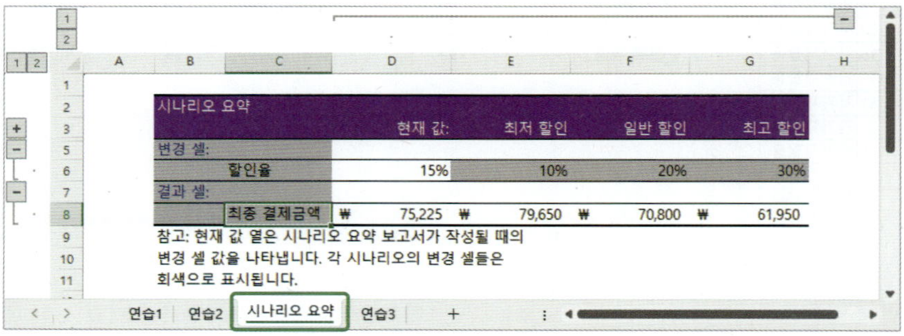

시나리오 요약					
		현재 값:	최저 할인	일반 할인	최고 할인
변경 셀:					
	할인율	15%	10%	20%	30%
결과 셀:					
	최종 결제금액	₩ 75,225	₩ 79,650	₩ 70,800	₩ 61,950

참고: 현재 값 열은 시나리오 요약 보고서가 작성될 때의 변경 셀 값을 나타냅니다. 각 시나리오의 변경 셀들은 회색으로 표시됩니다.

CHAPTER 12

매크로 활용

학습목표

- 매크로를 기록하고 실행할 수 있다.
- 매크로를 편집하고 삭제할 수 있다.

SECTION 01 매크로 만들기

데이터를 관리할 때는 반복 작업이 필요한 경우가 종종 있다. 값이 입력되지 않은 빈 셀을 제거하거나 보고서를 매번 같은 형식으로 정리하는 등 다양한 반복 작업이 있을 수 있다. 이렇게 반복적인 작업을 여러 번 실행하는 경우 엑셀의 매크로(Macro)를 활용하는 것이 유용하다. 매크로는 동작을 기록해 놓고 필요할 때마다 재생하여 작업을 실행하는 도구로, 사용자가 직접 만들어 사용하는 메뉴라 할 수 있다. 매크로에서는 입력이나 클릭, 서식 설정 등 대부분의 사용자 작업을 모두 기록할 수 있다.

1.1 매크로 기록

매크로는 사용자의 동작을 단계별로 캡처하듯이 기록하여 VBA(Visual Basic for Applications) 코드로 자동 변환한 뒤 저장한다. VBA 코드를 알지 못하더라도 엑셀에서 제공하는 [개발 도구]를 이용하면 매크로를 쉽게 만들고 활용할 수 있다. 단, [개발 도구]는 엑셀의 기본 메뉴에는 표시되지 않으므로 [Excel 옵션]에서 메뉴에 먼저 등록해야 한다. 엑셀 메뉴에 [개발 도구]를 표시하는 방법과 작업에 필요한 동작을 매크로에 기록하는 방법을 알아본다.

기본예제 12-1 메뉴에 개발 도구 표시하기

매크로를 기록하려면 리본 메뉴에 [개발 도구] 탭을 표시해야 한다. 엑셀의 환경 설정 옵션에서 개발 도구를 리본 메뉴에 추가해 보자.

01 '12장_실습.xlsx' 파일을 열고 [파일] 탭 – [옵션]을 선택한다.

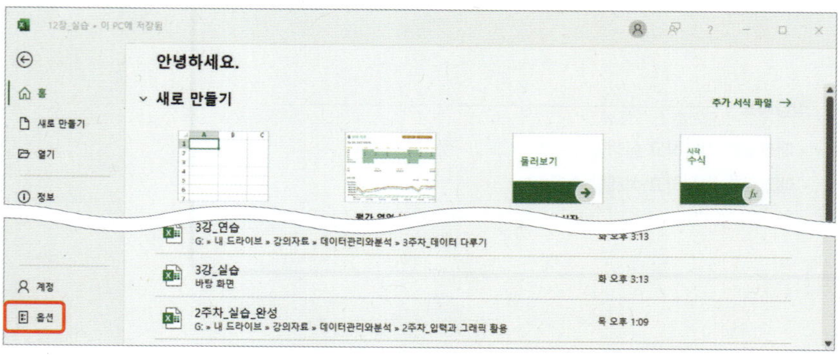

02 [Excel 옵션] 대화상자에서 [리본 사용자 지정]을 누른다. [리본 메뉴 사용자 지정]-[기본 탭] 목록에서 [개발 도구]를 선택하고 [확인]을 누른다.

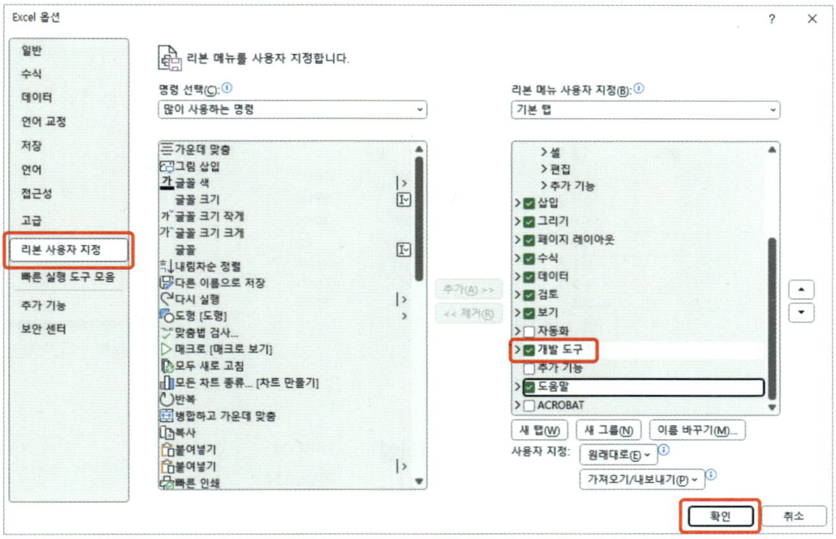

03 리본 메뉴에 [개발 도구] 탭이 나타난다. 이제 [코드] 그룹에서 매크로 관련 도구를 선택할 수 있다.

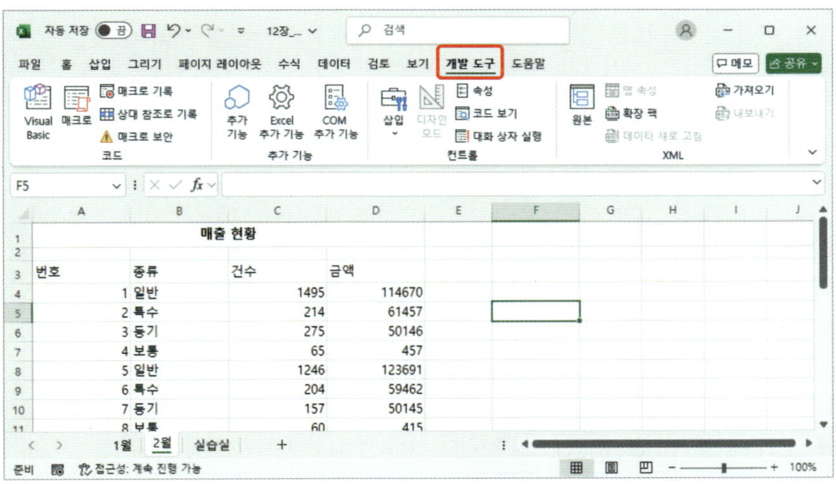

기본예제 12-2 서식 설정 매크로 만들기

매월 작성하는 매출 현황 보고서의 서식을 자동으로 설정하려고 한다. 숫자에 세 자리마다 쉼표를 추가하고, 셀의 채우기 색이나 맞춤, 테두리 설정 등을 한 번에 처리하도록 매크로를 만들어 보자.

01 '12장_실습.xlsx' 파일의 '1월' 시트에서 [개발 도구] 탭 – [코드] 그룹 – [매크로 기록]을 누른다.

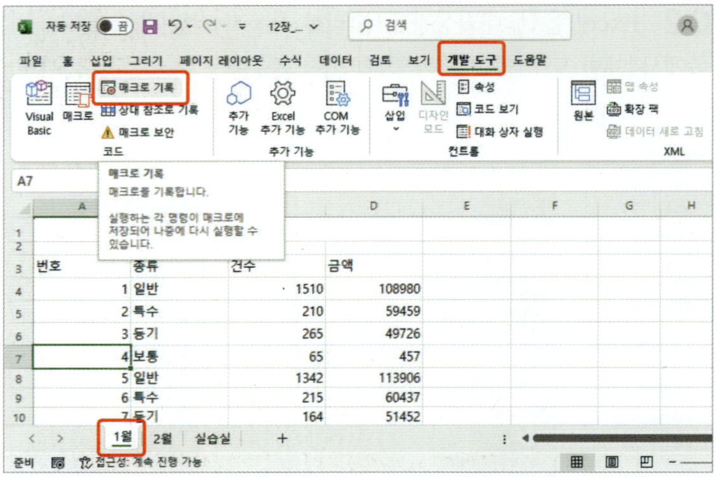

02 [매크로 기록] 대화상자가 나타나면 [매크로 이름]에 **서식설정**, [바로 가기 키]에는 w를 입력한다. [설명]에는 **보고서 서식 설정하기**라고 입력하고 [확인]을 누른다.

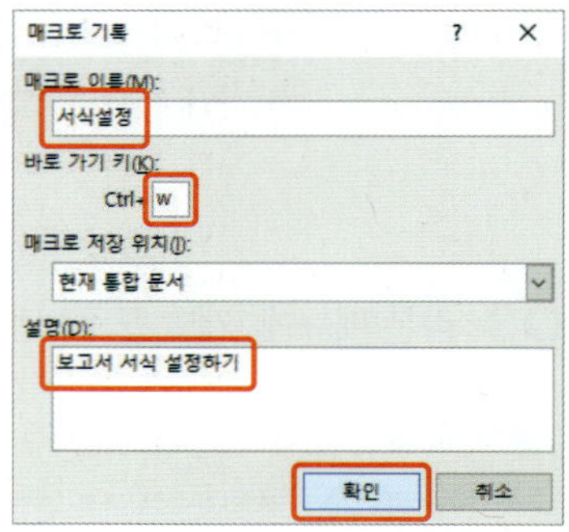

TIP [매크로 기록] 대화상자의 각 항목은 다음과 같이 설정할 수 있다.

항목 이름	설정 방법
매크로 이름	문자로 시작하고 공백과 특수문자(*, &, $ 등)를 제외한 숫자나 밑줄(_)을 사용해야 한다.
바로 가기 키	매크로를 빠르게 실행하기 위한 단축키를 설정한다.
매크로 저장 위치	매크로가 저장되는 위치를 [현재 통합 문서]나 [새 통합 문서]로 선택하면 해당 문서에서만 매크로를 실행할 수 있다. [개인용 통합 문서]로 설정하면 모든 엑셀 문서에서 매크로를 공통으로 사용할 수 있다.
설명	매크로 기능에 대한 설명을 입력한다.

03 매크로 기록이 시작된다. 데이터 영역 내의 셀을 클릭하고 Ctrl+A를 눌러 전체 데이터 범위를 선택한다.

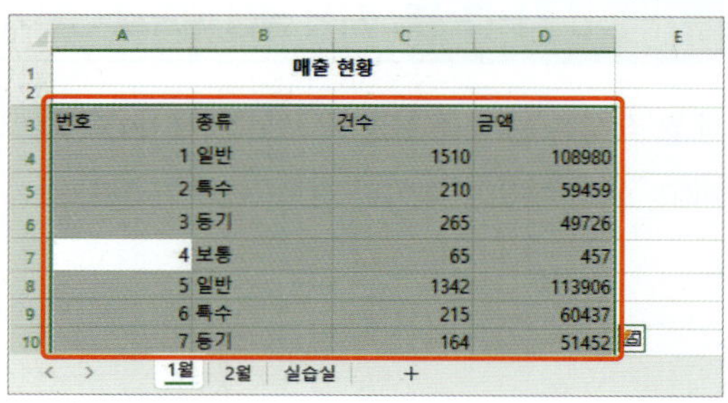

04 [홈] 탭-[글꼴] 그룹-[모든 테두리]를 눌러 선택한 범위에 테두리를 설정한다.

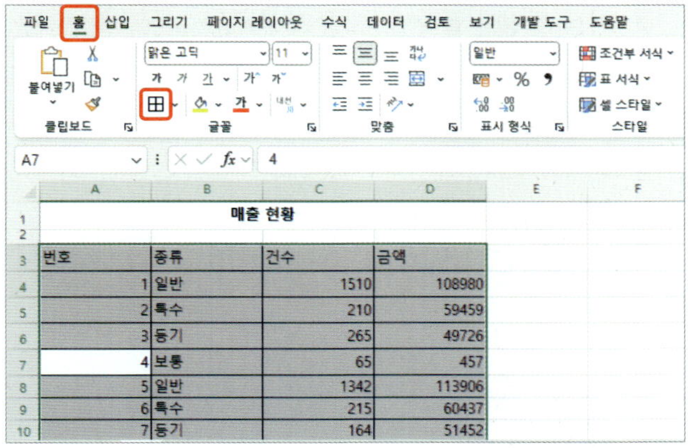

05 A3:D3 셀을 선택하고 [홈] 탭-[글꼴] 그룹-[채우기 색]을 임의로 선택하고 [맞춤] 그룹-[가운데 맞춤]을 클릭한다.

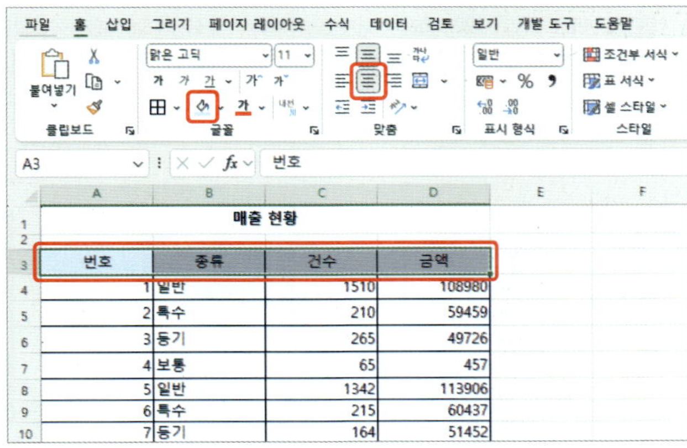

06 C4:D27 범위를 선택하고 [홈] 탭-[표시 형식] 그룹-[쉼표 스타일]을 클릭한다.

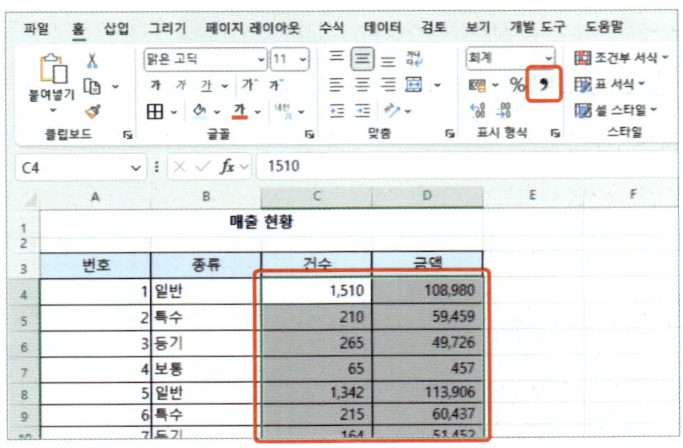

07 서식 설정이 끝나면 [개발 도구] 탭–[코드] 그룹–[기록 중지]를 눌러 매크로 기록을 중지한다.

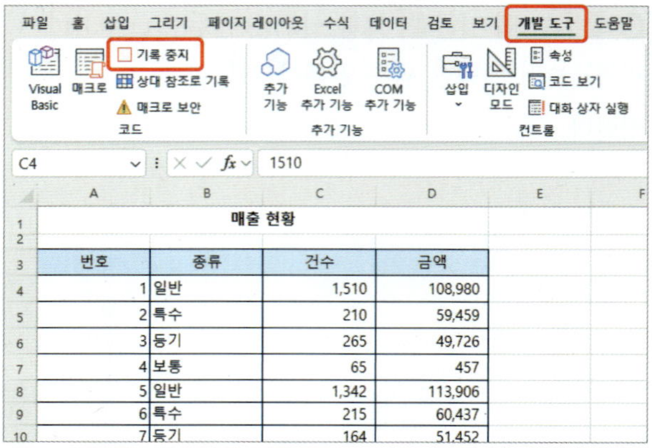

TIP 엑셀 2021 버전부터는 매크로 기록이 종료되면 [작업 레코딩]이라는 창이 나타나, Office 스크립트의 기능을 안내한다. 매크로가 VBA(Basic for Applications) 기반 자동화 도구라면, Office 스크립트는 JavaScript 기반으로 웹 기반 자동화나 공유 작업에서도 사용할 수 있다. [작업 레코딩] 창은 Office 스크립트에 대한 참고 내용이므로 [다시 표시 안 함]과 [닫기] 단추를 눌러 작업 창을 닫으면 된다.

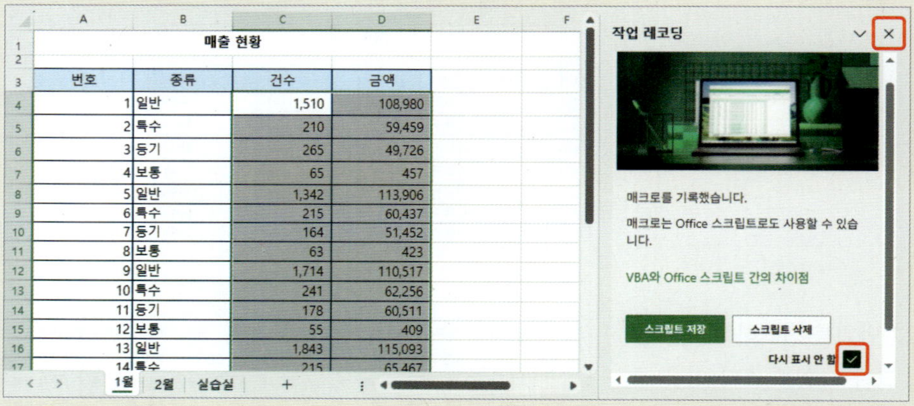

08 [개발 도구] 탭–[코드] 그룹–[매크로]를 누르면 작성한 '서식설정' 매크로를 확인할 수 있다. [매크로] 대화상자를 닫으려면 [취소]를 누른다.

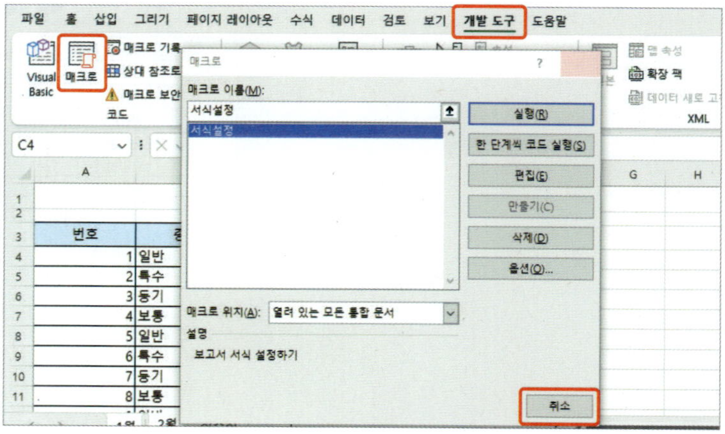

기본예제 12-3 서식 제거 매크로와 파일 저장하기

보고서에 설정한 모든 서식을 자동으로 제거하는 매크로도 만들어 보자. 또, 작성한 매크로를 엑셀 통합 문서에 함께 포함하여 저장하는 방법도 알아보자.

> **TIP** 엑셀 프로그램에서는 보안 위협이나 파일 호환성 등의 문제로 매크로를 기본으로 저장하지 않는다. 매크로를 단순한 자동화 코드가 아닌 바이러스 등 악성코드로 악용하거나, 매크로를 지원하지 않는 모바일 기기에서 파일을 열 때 오류나 제한이 생길 수 있기 때문이다.

01 '1월' 시트에서 [개발 도구] 탭 – [코드] 그룹 – [매크로 기록]을 누른다.

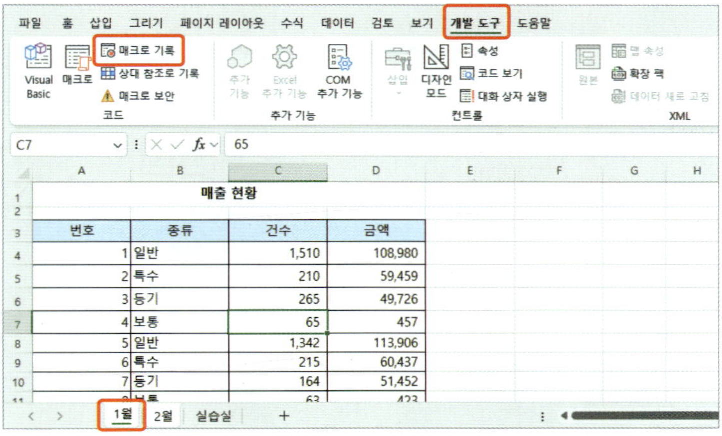

02 [매크로 기록] 대화상자에서 [매크로 이름]은 **서식제거**, [바로 가기 키]는 **e**를 입력한다. [설명]에는 **보고서 서식 제거하기**라고 입력하고 [확인]을 누른다.

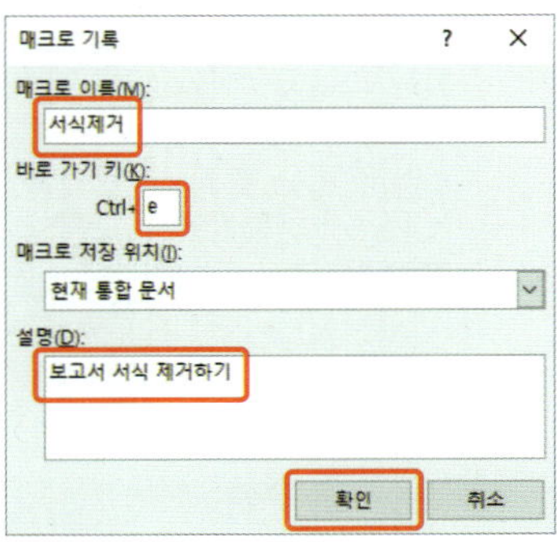

03 데이터 영역 내 임의의 셀을 클릭하고 Ctrl+A를 눌러 전체 데이터 범위를 선택한다. [홈] 탭-[편집] 그룹-[지우기]를 눌러 [서식 지우기]를 선택한다.

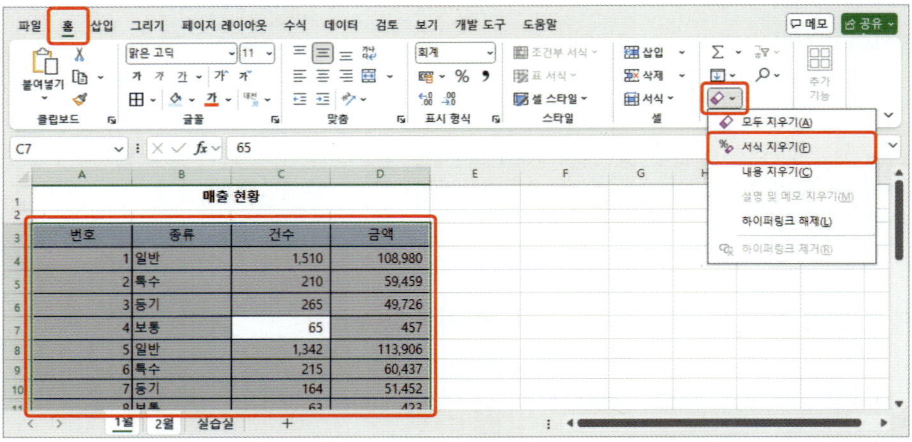

04 서식이 모두 제거되면 [개발 도구] 탭-[코드] 그룹-[기록 중지]를 누른다.

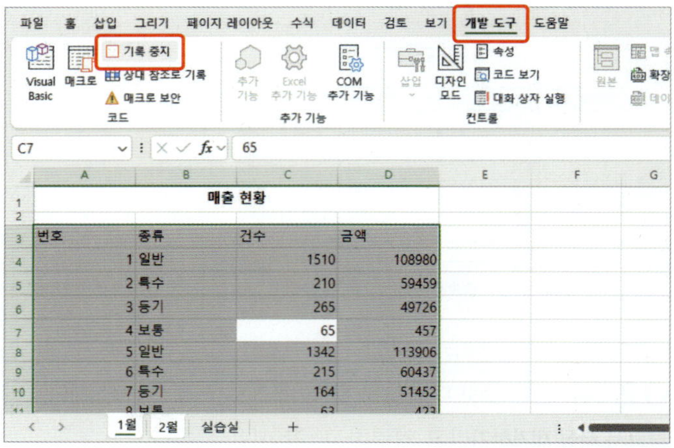

05 F12를 눌러 [다른 이름으로 저장] 대화상자가 나타나면, [파일 형식]을 [Excel 매크로 사용 통합 문서]로 변경하고 [저장]을 누른다.

> **TIP** 엑셀 통합 문서의 기본 저장 형식은 '.xlsx'이며, 이 형식에는 매크로를 포함할 수 없다. 기록한 매크로를 엑셀 통합 문서에 함께 저장하려면 파일 형식을 '.xlsm(매크로 사용 통합 문서)'으로 바꿔서 저장해야 한다.

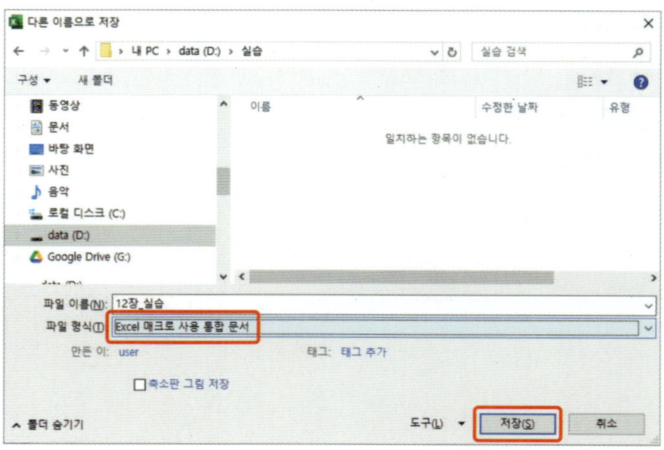

2.2 매크로 실행

기록한 매크로를 실행하려면 [개발 도구] 탭을 이용하거나 매크로 작성 시 설정한 바로 가기 키를 사용한다. 또, 실행 단추나 옵션 단추, 그림이나 도형과 같은 개체에 매크로를 연결해 두고 개체를 선택할 때마다 매크로가 실행되게 만들 수도 있다.

기본예제 12-4 매크로 실행하기

자동화 작업에 사용할 매크로를 다양한 방법으로 실행해 보자.

01 '1월' 시트를 선택하고 [개발 도구] 탭-[코드] 그룹-[매크로]를 누른다.

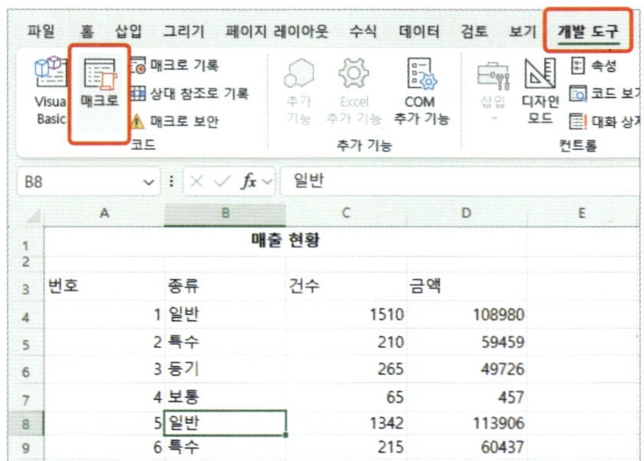

TIP 매크로 보안 수준

매크로가 포함된 통합 문서를 열 때 매크로를 사용할 수 없게 설정되어 있다면 [보안 경고] 메시지 줄이 메뉴 아래에 표시된다. 여기서 [콘텐츠 사용]을 눌러야 해당 파일에 있는 매크로를 사용할 수 있다. 매크로가 포함된 파일을 열 때마다 경고 메시지가 나타나 번거롭다면 [개발 도구] 탭-[코드] 그룹-[매크로 보안]을 눌러 모든 매크로 파일에 대한 보안 수준을 변경할 수도 있다.

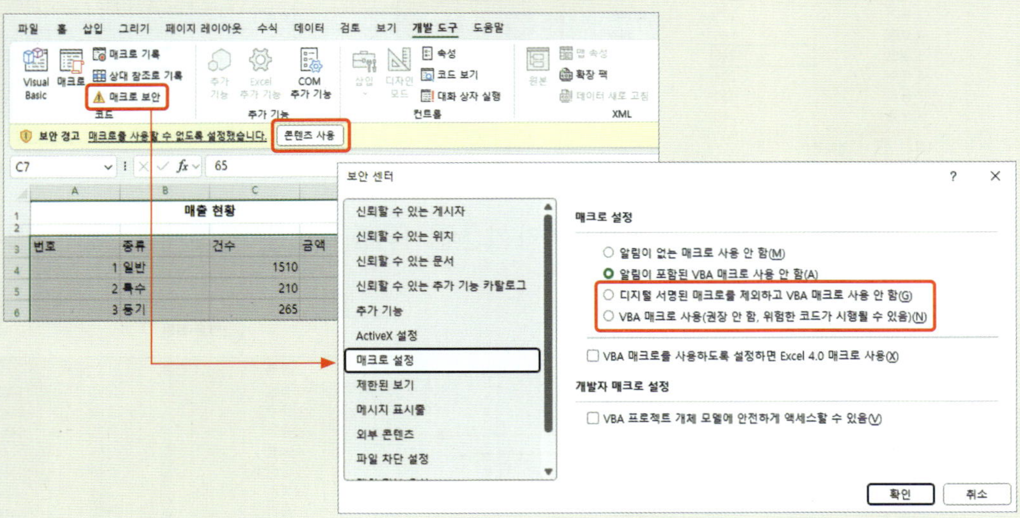

02 [매크로] 대화상자의 [매크로 이름] 목록에서 '서식설정'을 선택하고 [실행]을 누른다.

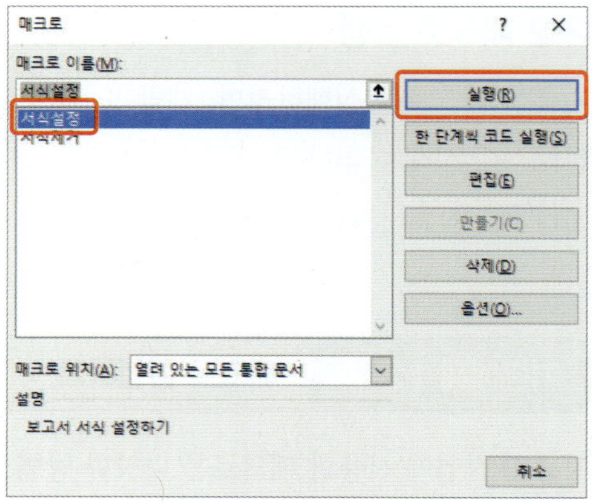

03 '1월' 시트의 데이터에 자동으로 서식이 설정되어 변경된 것을 확인할 수 있다.

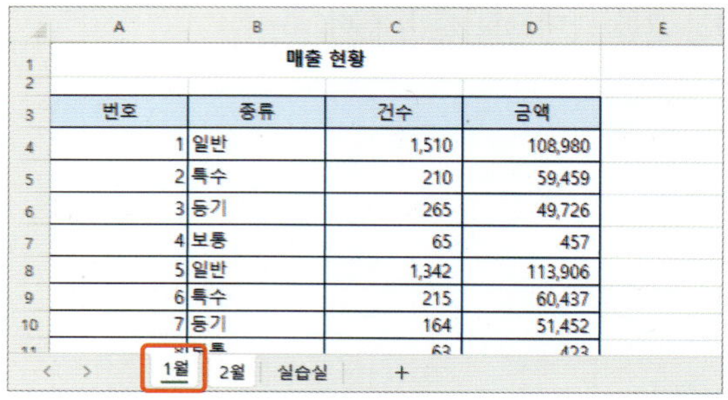

04 '2월'을 선택하고 '서식설정' 매크로의 바로 가기 키 Ctrl+w를 눌러 서식을 설정한다.

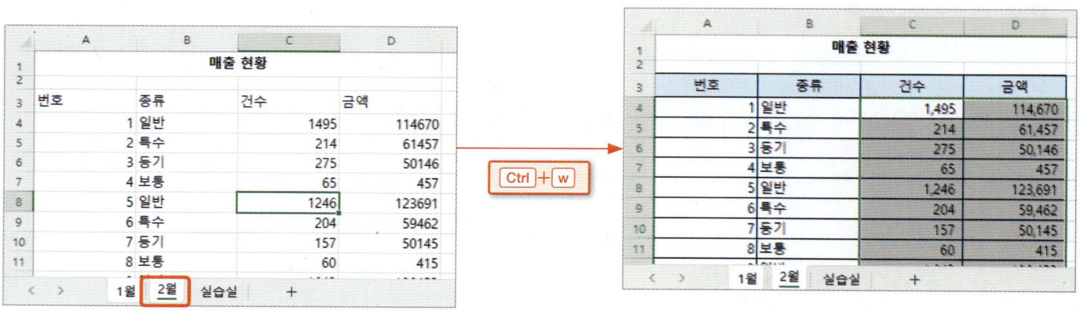

05 '2월' 시트에서 '서식제거' 매크로의 바로 가기 키 Ctrl+e를 눌러 서식을 제거해 본다.

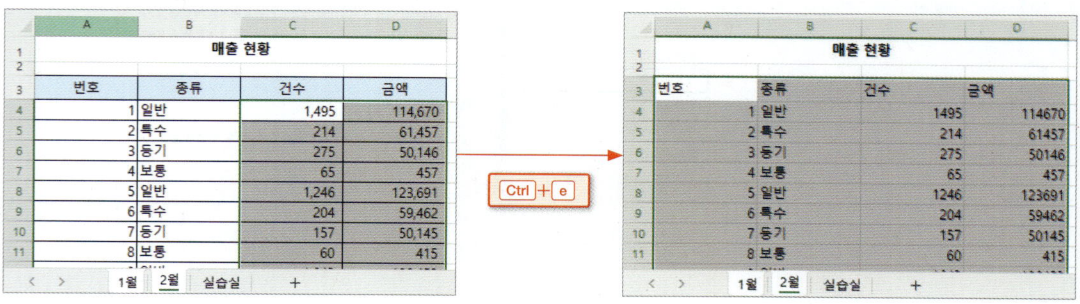

기본예제 12-5 실행 단추에 매크로 연결하기

양식 컨트롤 중 단추를 워크시트에 삽입하고 매크로를 연결해 둔 다음, 단추를 누르면 매크로에 기록된 동작이 실행되도록 해 보자.

01 '2월' 시트를 선택하고 [개발 도구] 탭–[컨트롤] 그룹–[삽입] 목록에서 [▭ 단추(양식 컨트롤)]을 선택한다.

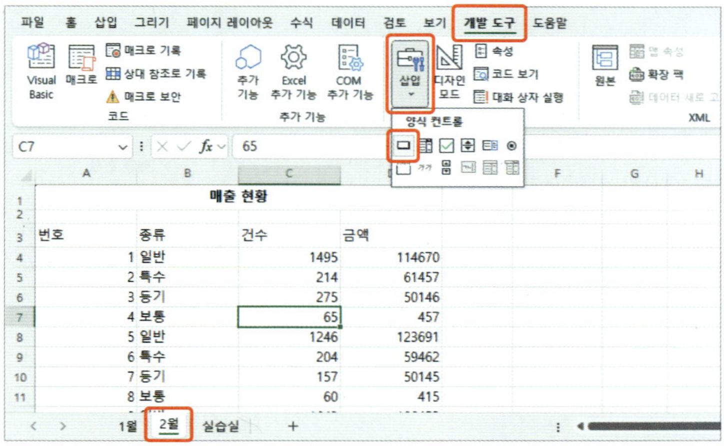

02 F3 셀을 드래그하면 [매크로 지정] 대화상자가 나타난다. [매크로 이름] 목록에서 '서식설정'을 선택하고 [확인]을 누른다.

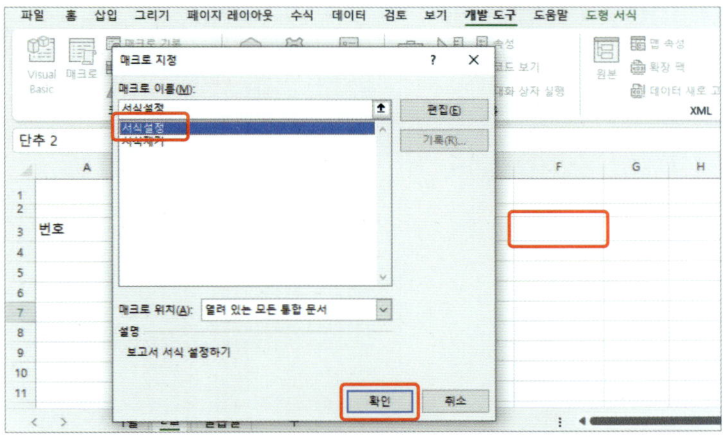

03 생성된 단추를 마우스 오른쪽 단추로 눌러 [텍스트 편집]을 선택한다.

> **TIP** 단추를 왼쪽 클릭하면 연결된 매크로가 실행되므로, 오른쪽 클릭으로 단추를 선택해야 이름 편집이나 크기 조절이 가능하다.

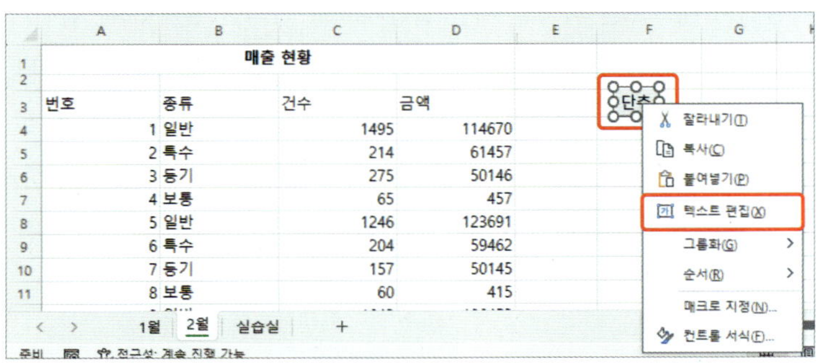

04 단추 이름을 **서식 설정**으로 수정하고, 단추 조절점을 드래그해 크기도 조절한다. Esc를 누르면 단추 편집이 종료된다.

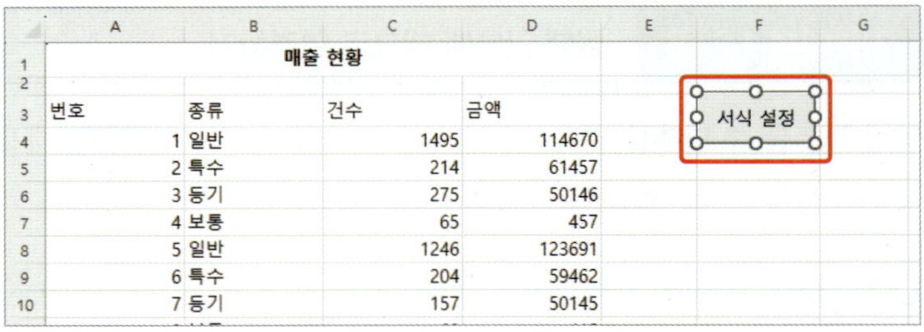

05 [서식 설정] 단추를 누르면 지정한 모양으로 서식이 자동 설정된다.

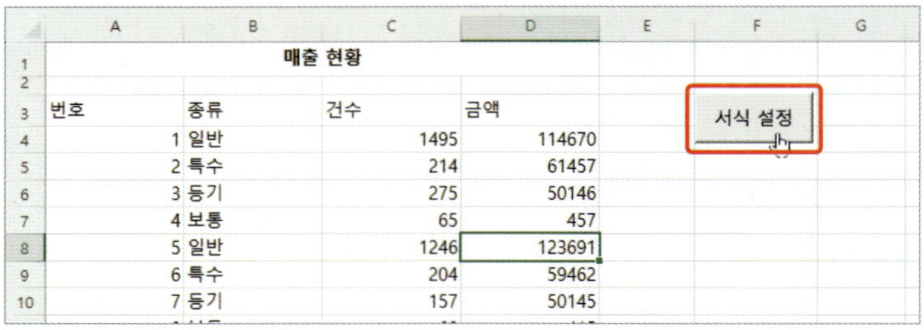

06 단계 **01~05**를 반복해 '서식제거' 매크로를 연결한 [서식 제거] 단추도 만든다.

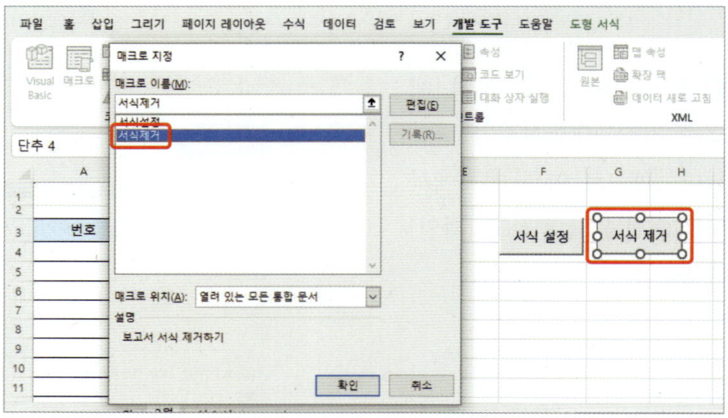

2.3 상대 참조로 기록

엑셀에서 매크로를 기록할 때는 일반적으로 선택한 셀 주소나 범위가 절대 참조로 지정된다. 따라서 매크로를 실행하면 기록 당시와 동일한 셀에서 동일한 동작이 반복된다. 그러나 특정 셀을 고정하지 않고, 현재 선택한 셀을 기준으로 상대적인 위치에서 동작을 수행하도록 설정할 수도 있다. 이 경우 상대 참조로 기록해야 한다. 이렇게 작성된 매크로는 셀 주소나 범위를 고정하지 않고 실행 시점의 위치를 기준으로 동작한다. 즉, 상대 참조 매크로는 어떤 셀을 선택하더라도 동일한 패턴의 동작을 수행한다.

기본예제 12-6 상대 참조 매크로 기록하기

실습실 이용 현황 데이터의 빈 셀을 정리해 입실과 퇴실 시간을 한 행으로 만드는 작업을 자동화하려고 한다. 실행 시점의 상대적인 위치에서 동작을 실행하도록 상대 참조 매크로를 만들어 보자.

01 '12장_실습.xlsm' 파일의 '실습실' 시트를 선택하고 [개발 도구] 탭–[코드] 그룹–[상대 참조로 기록]을 누른다.

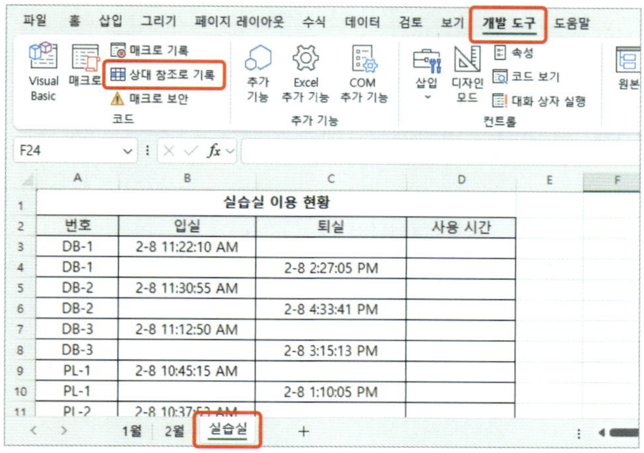

02 C4 셀을 선택하고 [개발 도구] 탭–[코드] 그룹–[매크로 기록]을 누른다.

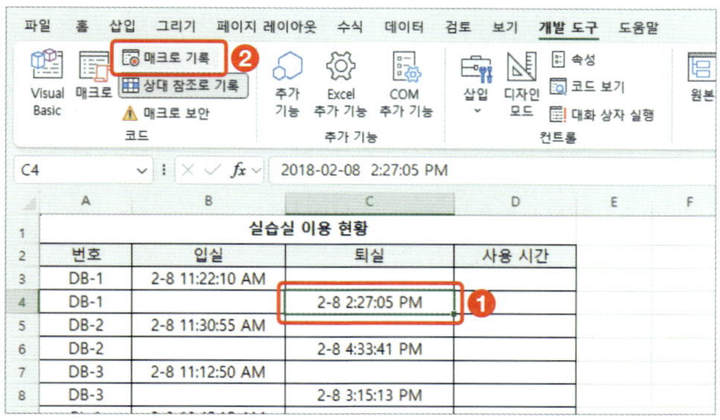

03 [매크로 기록] 대화상자의 [매크로 이름]에 **행정리**라고 입력하고 매크로 저장 위치는 [현재 통합 문서]로 설정한다. [설명]에는 **입실과 퇴실 시간을 한 행으로 만들기**를 입력하고 [확인]을 누른다.

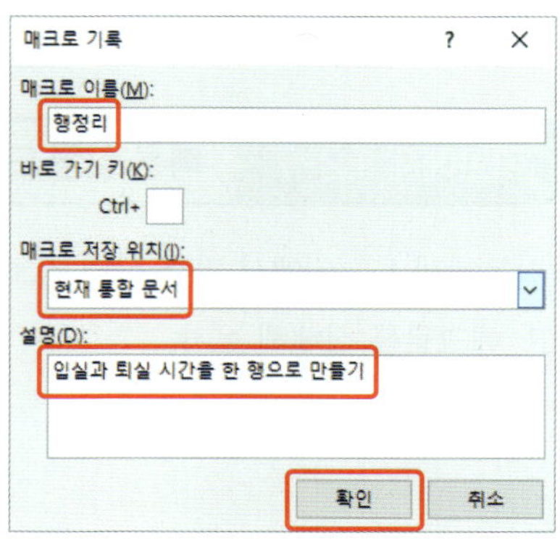

04 C4 셀의 경계선을 마우스로 드래그하여 C3 셀로 이동시킨다.

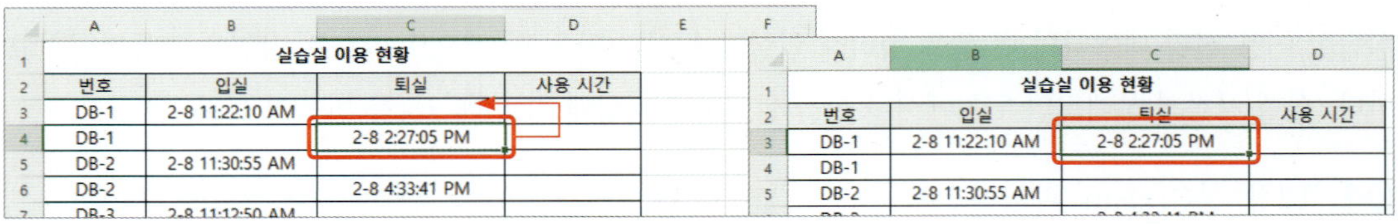

05 행 머리글 영역에서 4행을 선택하고 단축키 Ctrl+-를 눌러 행을 삭제한다.

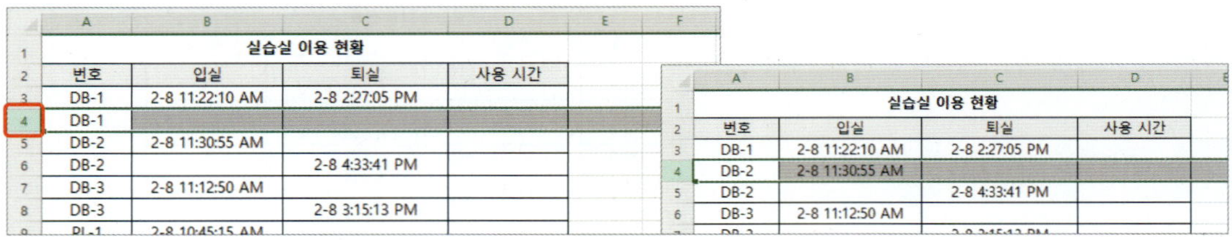

06 C5 셀을 선택하고 [개발 도구] 탭 – [코드] 그룹 – [기록 중지]를 누른다.

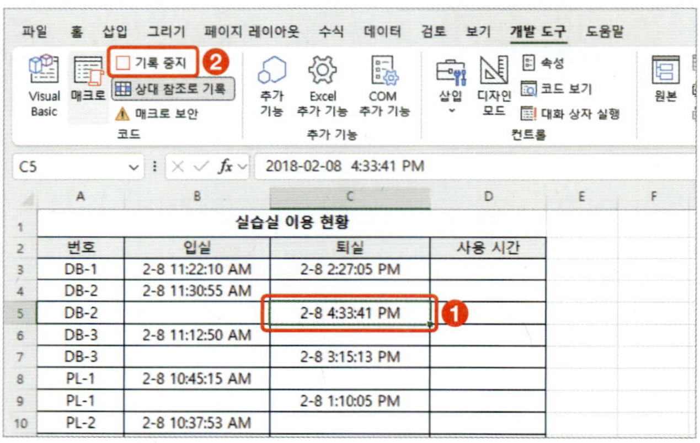

기본예제 12-7 빠른 실행 도구 모음에 매크로 추가하기

[기본예제 12-6]에서 만든 상대 참조 매크로를 간편하게 실행할 수 있게 빠른 실행 도구 모음에 추가하고, 매크로를 실행해 보자.

01 기록한 매크로를 빠른 실행 도구 모음에 추가하기 위해 [빠른 실행 도구 모음 사용자 지정] 단추를 누르고 [기타 명령]을 선택한다.

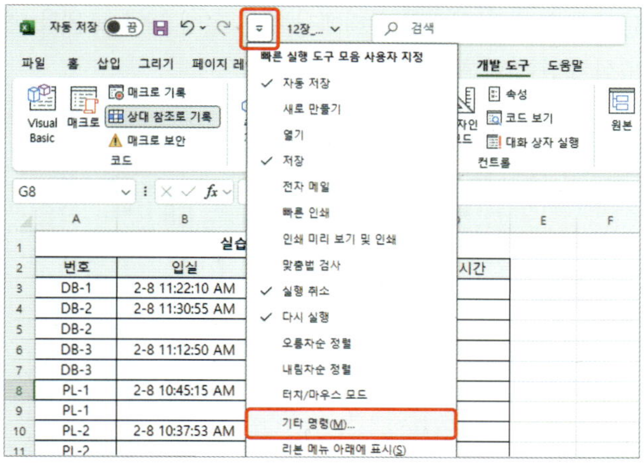

02 [명령 선택]의 목록 단추를 눌러 [매크로]를 선택한다.

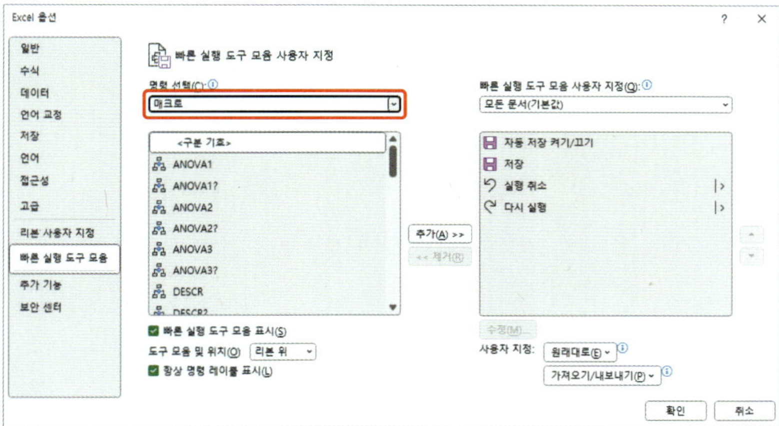

03 매크로 목록의 '행정리'를 선택한다. [추가]를 눌러 빠른 실행 도구 모음 사용자 지정 목록에 표시되면 [확인]을 누른다.

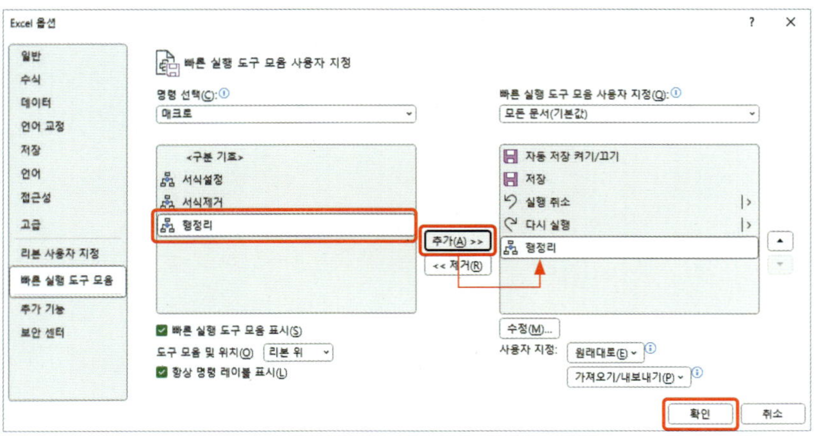

04 C5 셀이 선택된 상태에서 빠른 실행 도구 모음의 [행정리] 단추를 누르면 해당 실습실의 입실과 퇴실 시간이 한 행으로 정리된다.

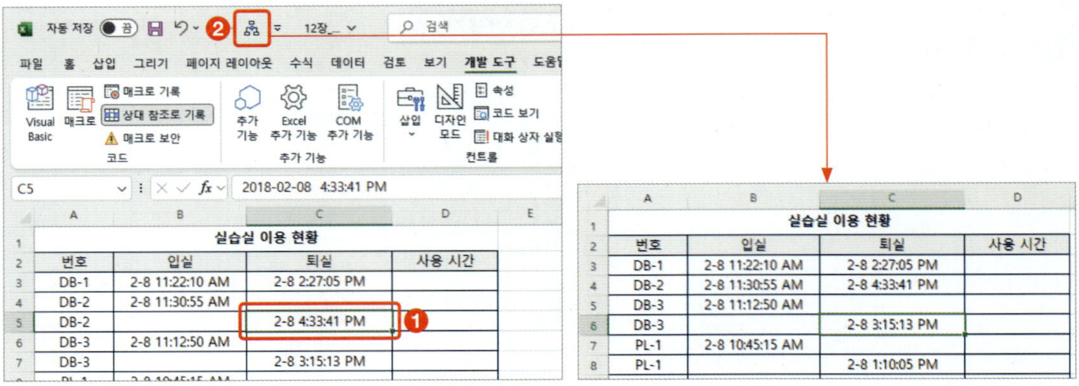

SECTION 03

매크로 편집하기

매크로로 기록된 사용자의 모든 동작은 VBA 코드로 저장되며, VBA 편집기를 이용하면 이 코드를 직접 수정해 원하는 형태로 만들 수 있다. 기록 과정에서 셀을 잘못 선택하거나 값을 잘못 입력하는 등의 실수도 매크로에 모두 포함되지만, VBA 편집기를 이용하면 잘못 기록된 코드를 손쉽게 삭제하거나 수정할 수 있다.

3.1 VBA 편집기의 구성

VBA 코드를 수정하기 위한 편집기는 다음과 같이 세 개의 창으로 구성된다.

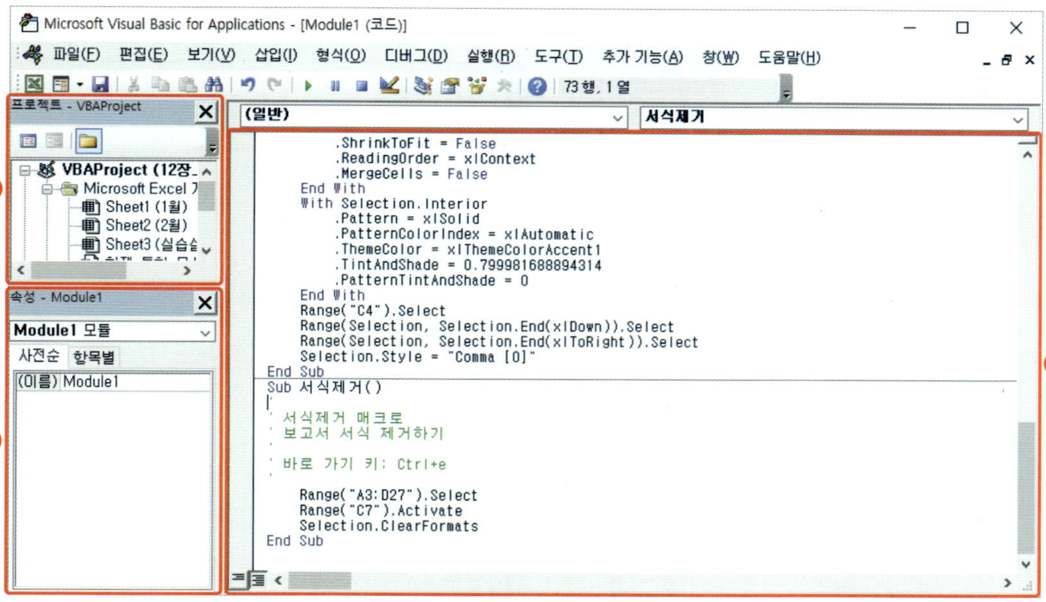

❶ **프로젝트 탐색기:** 실행 중인 엑셀 통합 문서에 포함된 워크시트와 매크로로 기록된 모듈 등을 탐색하고 선택한다.

❷ **속성 창:** 프로젝트 탐색기에서 선택한 항목의 속성을 표시한다.

❸ **코드 창:** 선택한 항목에 대한 VBA 코드를 표시하고 편집할 수 있다.

VBA 편집기를 이용하여 매크로 기록으로 만든 모듈을 수정 및 삭제하는 등의 코드 편집 방법을 알아본다.

기본예제 12-8 VBA 편집기로 매크로 만들기

[기본예제 12-7]에서 만든 '행정리' 매크로를 VBA 편집기에서 수정해 모든 행을 한 번에 정리하는 코드로 만들어 보자.

01 '12장_실습.xlsm' 파일의 '실습실' 시트에서 [개발 도구] 탭-[코드] 그룹-[Visual Basic]을 누른다.

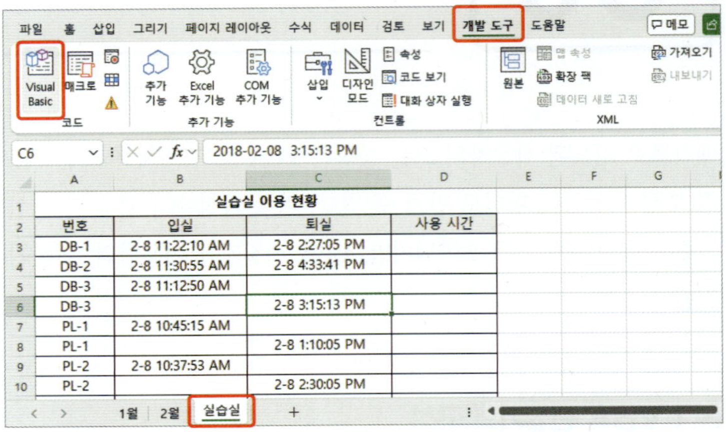

02 VBA 편집기의 프로젝트 탐색기에서 '12장_실습.xlsm'의 'Module1'을 더블클릭한다.

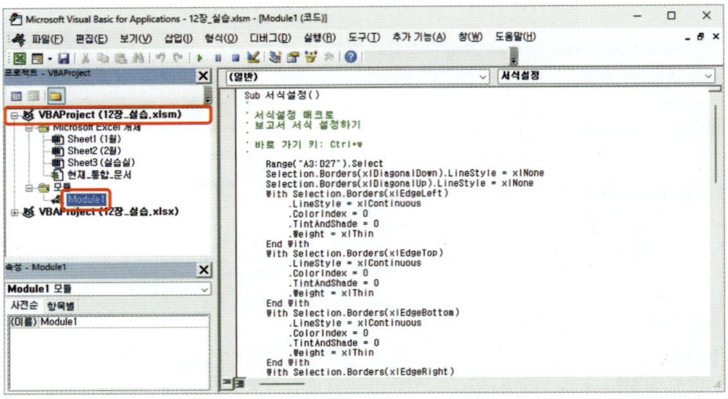

03 코드 창에서 '행정리' 코드를 모두 선택하고 단축키 Ctrl+C로 복사한다.

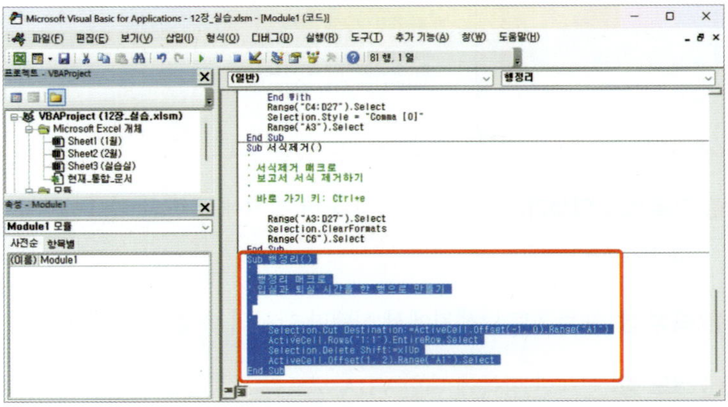

04 코드 창의 마지막 줄에서 단축키 Ctrl+V를 눌러 복사한 코드를 붙여넣는다.

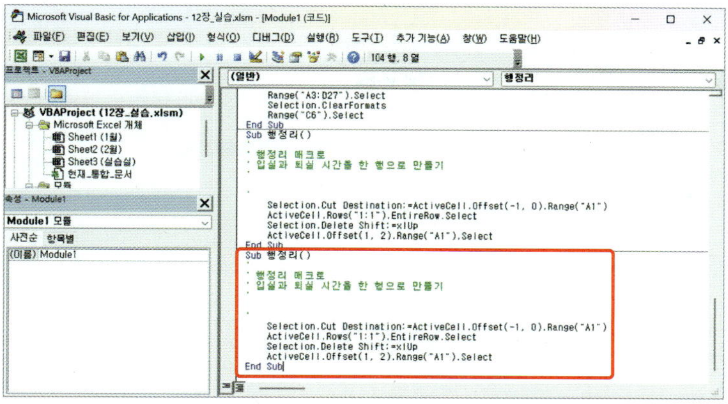

05 붙여넣은 코드의 내용을 다음과 같이 수정하고 저장한 후 창을 닫는다.

❶ 매크로 이름 수정: **모든행정리**

❷ 매크로 설명 수정: **모든 행을 한 번에 정리하는 매크로**

입실과 퇴실 시간을 한 행으로 만들기(반복)

❸ 코드 추가: **Do While ActiveCell <> ""**

❹ 코드 추가: **Loop**

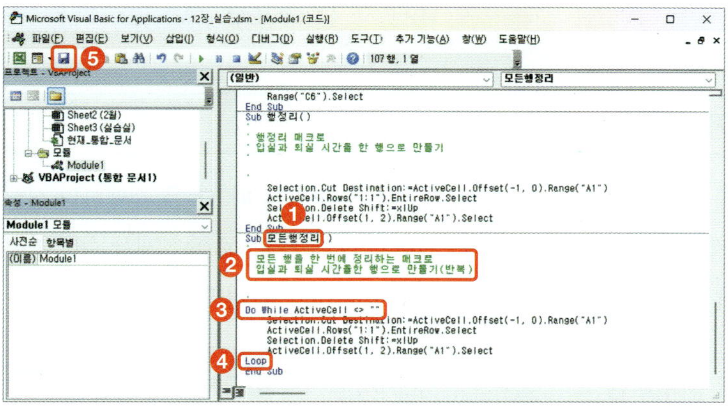

TIP '모든행정리' 매크로는 '실습실' 시트의 '퇴실' 필드에 값이 있는지 검사하면서 '입실'과 '퇴실' 시간을 한 행으로 정리하는 동작을 반복해서 실행한다. 셀 값을 검사하고 그 결과가 참일 때(셀에 값이 입력된 상태) 동작을 반복하기 위해 Do While Active Cell <> "" ~ Loop 코드를 사용한다.

06 C6 셀을 선택하고 [개발 도구] 탭 – [코드] 그룹 – [매크로]를 눌러 [매크로] 대화상자의 매크로 목록에서 '모든행정리'를 선택하고 [실행]을 누른다.

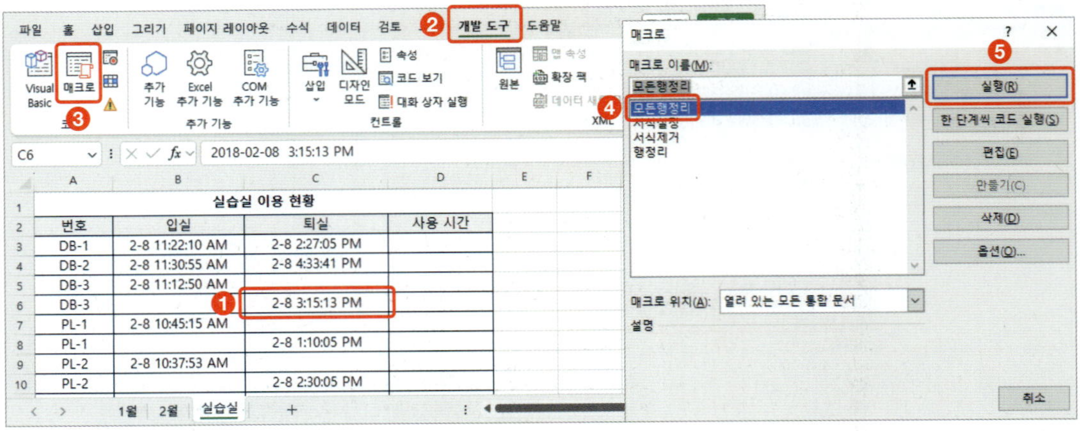

07 시트의 모든 행을 검사하면서 입실과 퇴실 시간을 하나의 행으로 한 번에 정리할 수 있다.

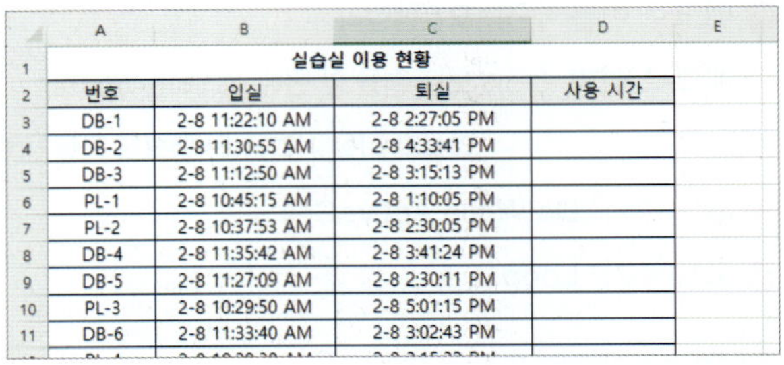

기본예제 12-9 매크로 삭제하기

작성한 매크로는 [매크로] 대화상자에 모두 표시된다. 매크로 목록에서 원하는 매크로를 선택하면 실행 또는 편집할 수 있으며, 코드를 단계적으로 실행하는 것도 가능하다. 선택한 매크로를 삭제할 수도 있는데, 여러 매크로를 동시에 삭제해야 하는 경우 VBA 편집기를 사용하는 것이 더 편리하다.

01 '12장_실습.xlsm' 파일을 열고 [개발 도구] 탭 – [코드] 그룹 – [매크로]를 선택한다.

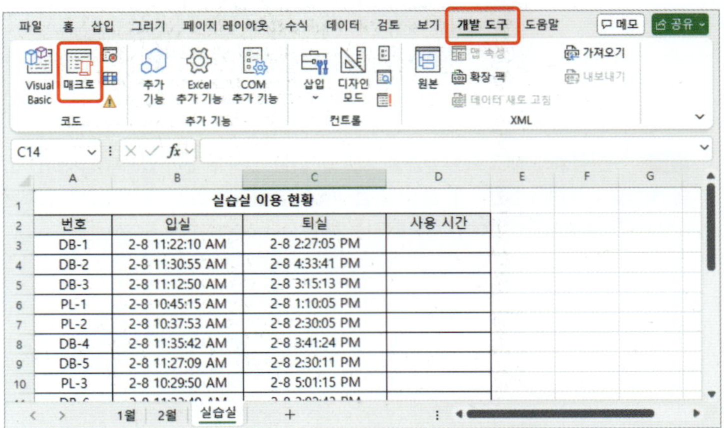

02 [매크로] 대화상자의 [매크로 이름] 목록에서 '행정리' 매크로를 선택하고 [삭제]를 누른다.

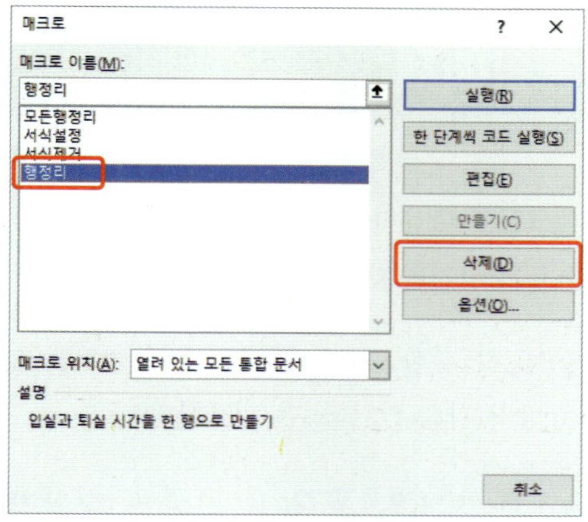

03 삭제 여부를 확인하는 메시지 창이 나타나면 [예]를 누른다.

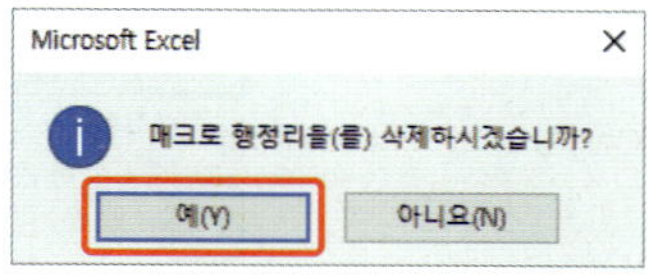

TIP VBA 편집기에서 매크로를 삭제하려면 [개발 도구] 탭-[코드] 그룹-[Visual Basic]을 눌러 VBA 편집기를 열고 코드 창에서 삭제할 부분을 선택하여 Delete 를 누르면 된다.

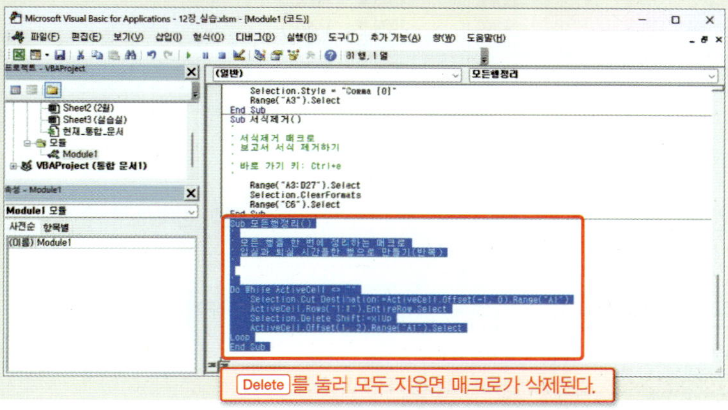

종합예제

매크로를 활용하여 도서 판매 현황 데이터의 필터링과 필터 해제 동작을 하는 매크로를 만들어 양식 컨트롤과 연결해 보자.

1 '12장_종합.xlsx' 파일의 '판매' 시트를 열고 [개발 도구] 탭－[컨트롤] 그룹－[삽입] 목록에서 [그룹 상자(양식 컨트롤)]을 선택한다.

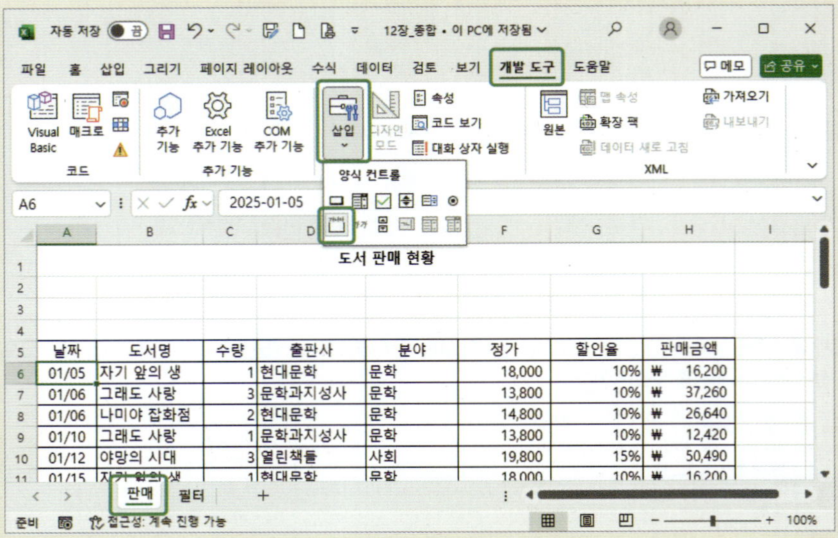

2 마우스를 드래그하여 그룹 상자를 그려 넣고, 표시 텍스트를 더블클릭하여 **분야 선택**으로 수정한다.

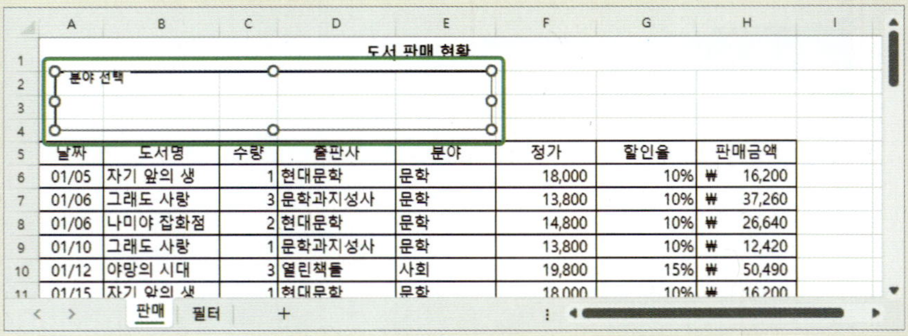

3 [개발 도구] 탭 – [컨트롤] 그룹 – [삽입] 목록에서 [옵션 단추(양식 컨트롤)]을 선택하고, 그룹 상자 안쪽을 드래그해 추가한다.

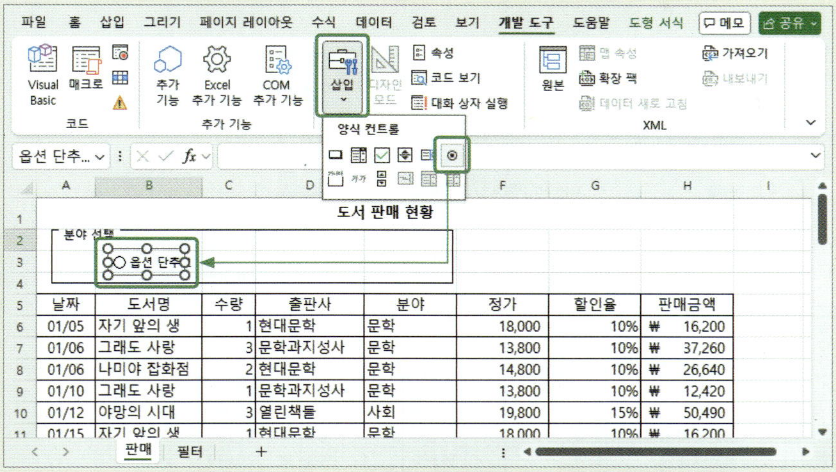

4 옵션 단추를 마우스 오른쪽 단추로 눌러 [텍스트 편집]을 선택하고 **문학**으로 변경한다.

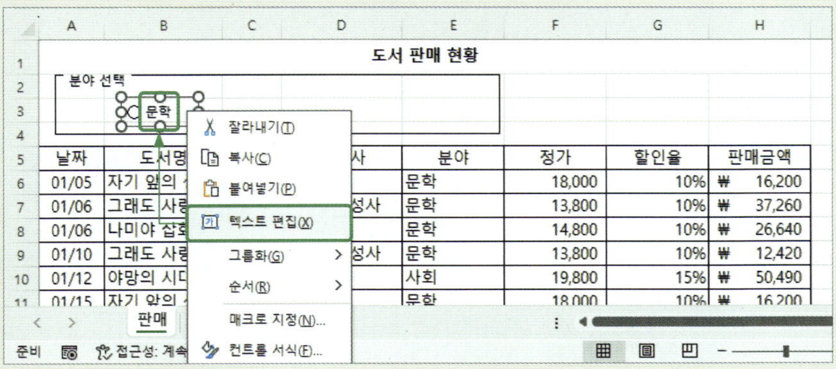

종합예제

5 같은 방식으로 사회, 역사, 인문 옵션 단추를 그룹 상자 안에 삽입한다. Ctrl을 누른 채로 옵션 단추를 클릭해 모두 선택하고 [도형 서식] 탭－[크기] 그룹에서 [높이]－[0.8 cm], [너비]－[1.5 cm]로 설정한다.

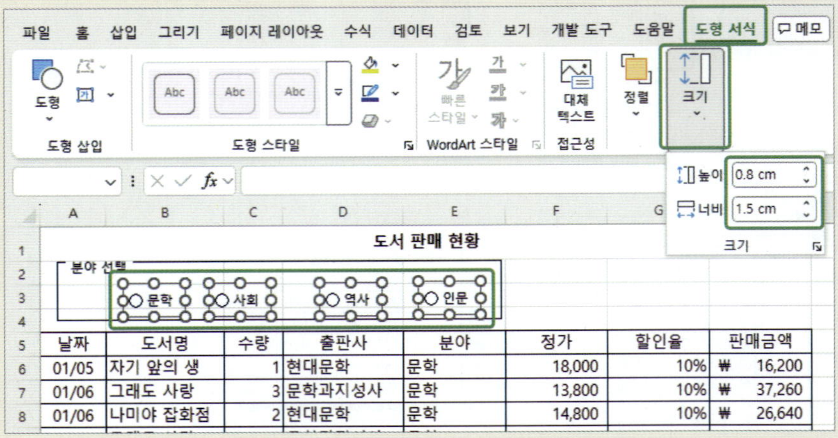

TIP 옵션 단추를 그룹 상자 바깥에 삽입하지 않도록 유의한다. 옵션 단추는 특정 옵션이 선택되면 다른 옵션이 해제되도록 배타적으로 선택되어야 하는데, 옵션 단추들이 하나의 그룹으로 묶여 있을 때만 올바르게 동작할 수 있다.

6 옵션 단추를 모두 선택한 상태에서 [도형 서식] 탭－[정렬] 그룹－[맞춤] 목록에서 [중간 맞춤]과 [가로 간격을 동일하게]를 선택한다.

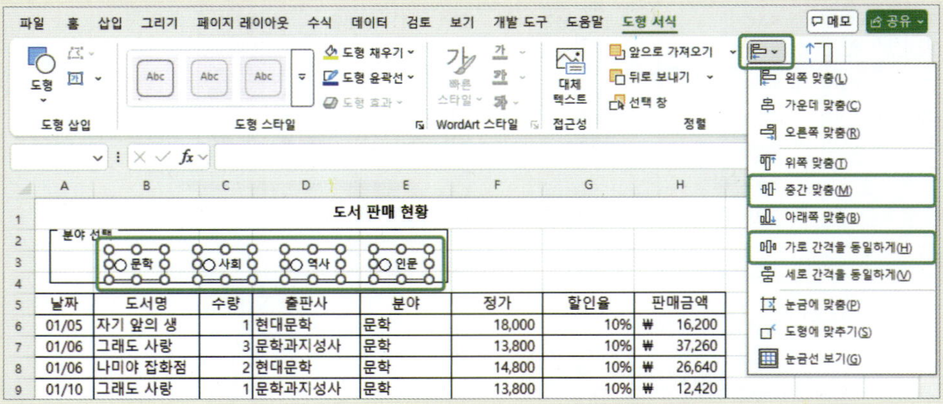

7 옵션 단추 중 하나를 마우스 오른쪽 단추로 눌러 [컨트롤 서식] 메뉴를 선택한다. [컨트롤 서식] 대화상자의 [컨트롤] 탭 – [셀 연결]은 **필터!$A$4** 셀로 선택하고 [확인]을 누른다.

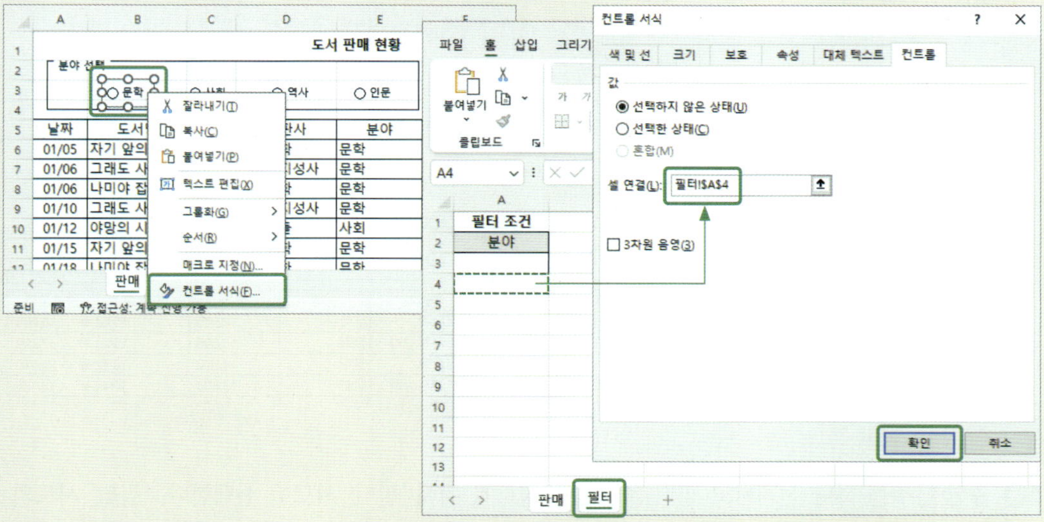

TIP '필터' 시트의 A4 셀을 클릭해서 [셀 연결]에 설정한다. 이 셀에는 옵션 단추를 선택할 때, 선택된 단추 번호(1~4)를 저장해 둔다.

8 [개발 도구] 탭 – [컨트롤] 그룹 – [삽입] 목록에서 [단추(양식 컨트롤)]을 선택하고 '판매' 시트에 삽입한다. [매크로 지정] 대화상자가 나타나면 [취소]를 누르고, 단추에 표시되는 텍스트를 **선택분야 보기**로 수정한다.

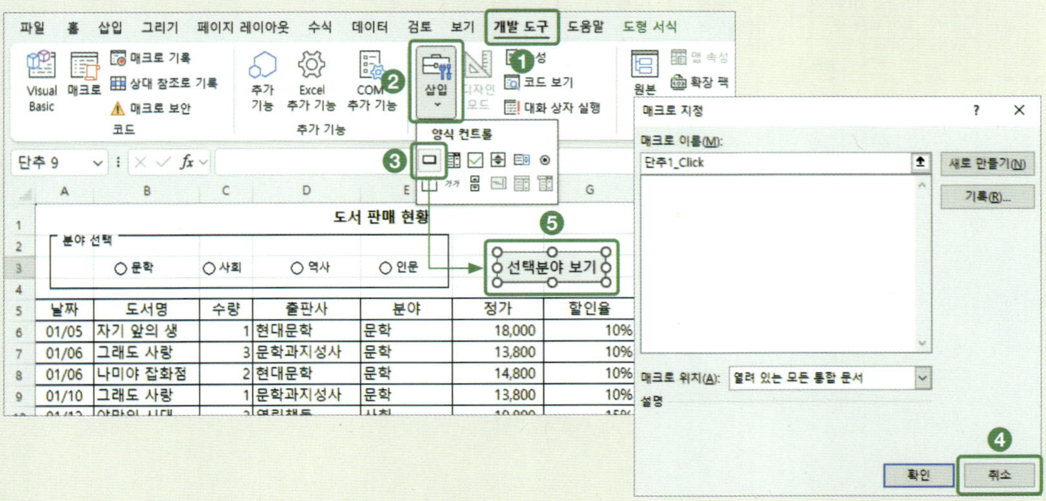

종합예제

9 단계 **8**과 같은 방법으로 **전체 보기** 단추도 '판매' 시트에 삽입한다.

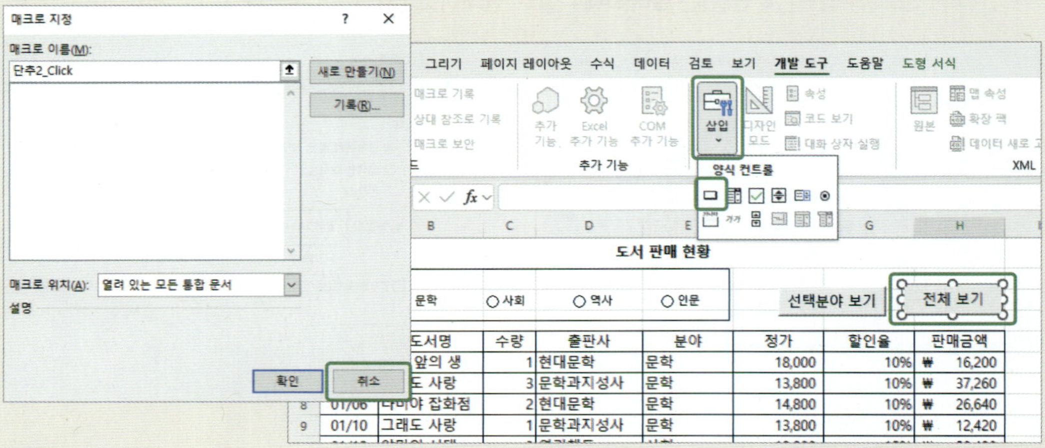

10 옵션 단추를 하나 선택하고 필터 조건을 설정하기 위해 '필터' 시트를 선택한다. '필터' 시트의 A3 셀에 **=CHOOSE(A4,"문학","사회","역사","인문")** 수식을 입력한다.

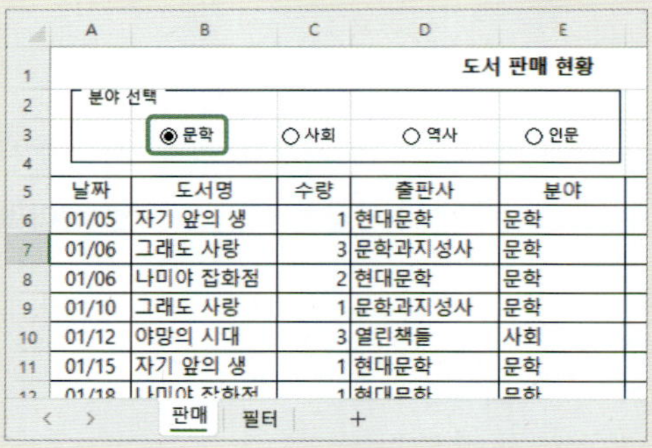

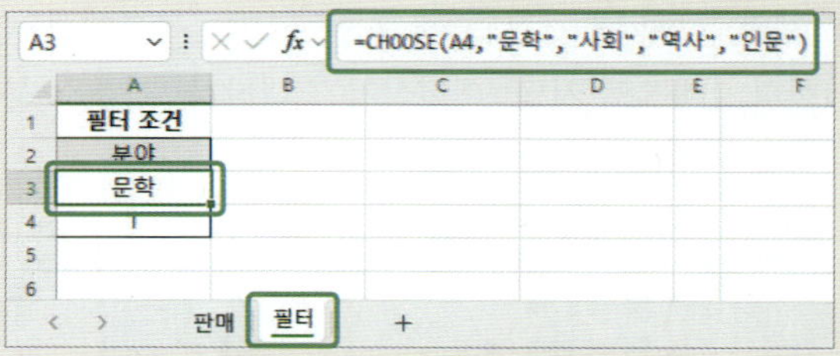

11 선택한 조건에 맞는 데이터만 필터링하는 매크로를 만들어 보자. '판매' 시트로 돌아와 [개발 도구] 탭 - [코드] 그룹 - [매크로 기록]을 누른다.

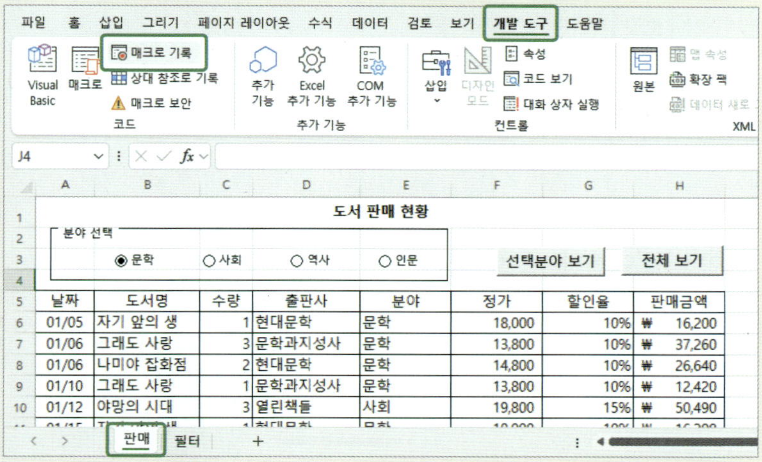

12 [매크로 기록] 대화상자에서 [매크로 이름]에는 **분야필터**, [설명]에는 **선택한 분야에 해당하는 데이터만 표시**라고 입력하고 [확인]을 누른다.

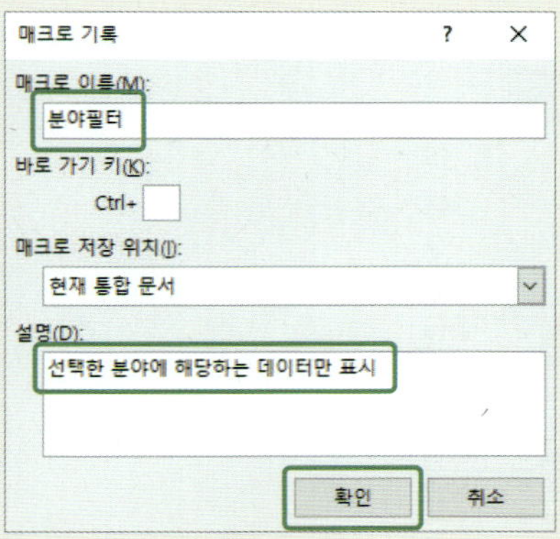

종합예제

13 [데이터] 탭－[정렬 및 필터] 그룹－[고급]을 누른다. [고급 필터] 대화상자에서 [목록 범위]는 **판매!$A$5:$H$45**, [조건 범위]는 **필터!$A$2:$A$3**으로 설정하고 [확인]을 누른다.

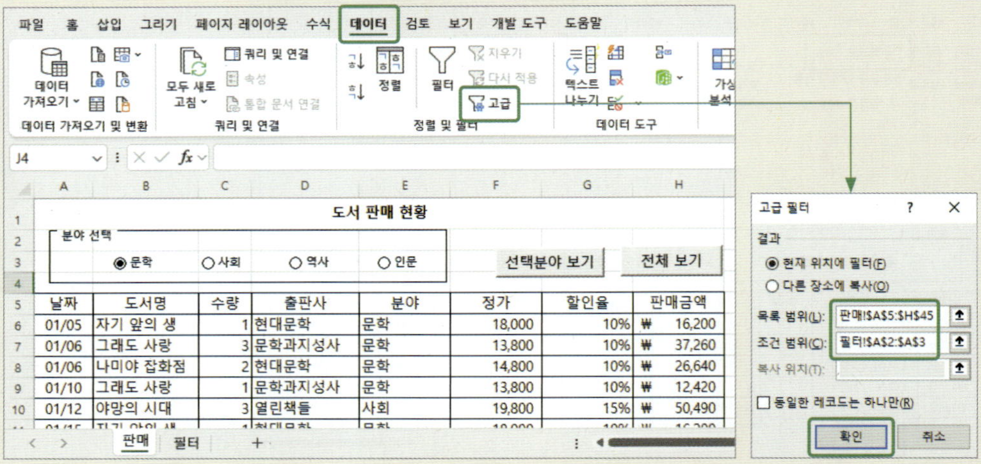

14 시트에 필터 결과가 표시된다. [개발 도구] 탭－[코드] 그룹－[기록 중지]를 눌러 매크로 기록을 종료한다.

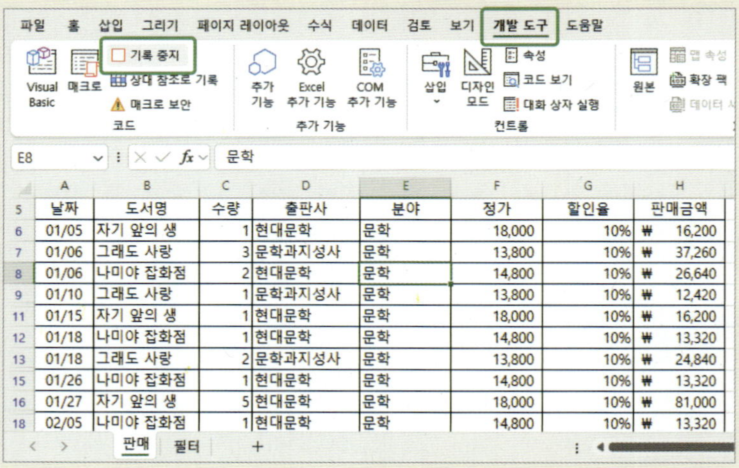

15 '선택분야 보기'를 마우스 오른쪽 단추로 눌러 [매크로 지정]을 선택한다. [매크로 지정] 대화상자의 [매크로 이름] 목록에서 '분야필터'를 선택하고 [확인]을 누른다.

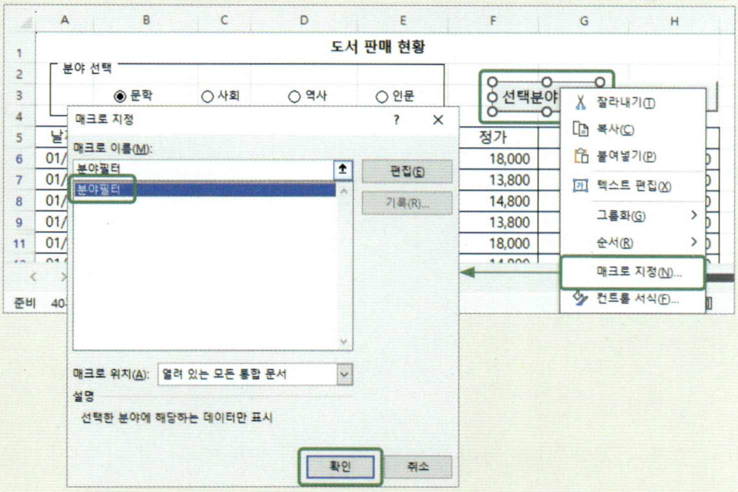

16 필터를 제거하고 원본 데이터를 모두 표시하는 매크로도 만들어 보자. [개발 도구] 탭-[코드] 그룹-[매크로 기록]을 누른다.

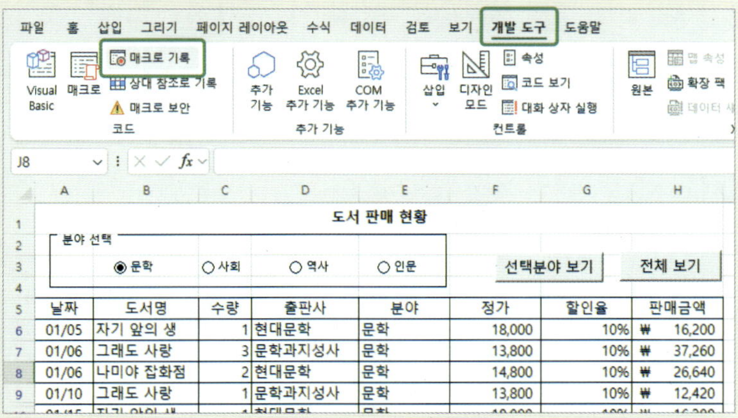

종합예제

17 [매크로 기록] 대화상자에서 [매크로 이름]은 **필터제거**, [설명]에는 **필터를 지우고 전체 데이터 표시**를 입력하고 [확인]을 누른다.

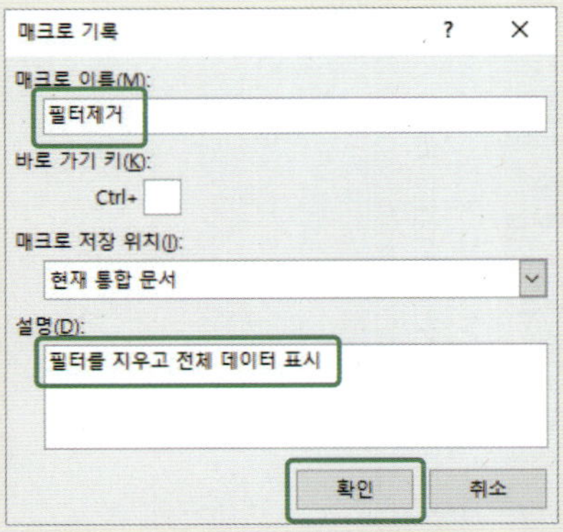

18 [데이터] 탭–[정렬 및 필터] 그룹–[지우기]를 눌러 필터를 지운다. [개발 도구] 탭–[코드] 그룹–[기록 중지]를 눌러 매크로 기록을 중지한다.

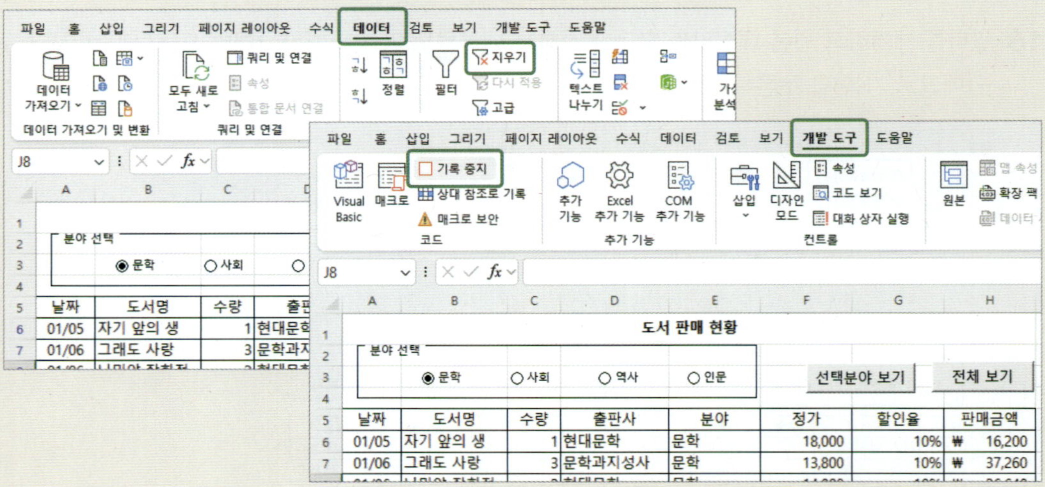

19 '전체보기'를 마우스 오른쪽 단추로 눌러 [매크로 지정]을 선택한다. [매크로 지정] 대화상자의 [매크로 이름] 목록에서 '필터제거'를 선택하고 [확인]을 누른다.

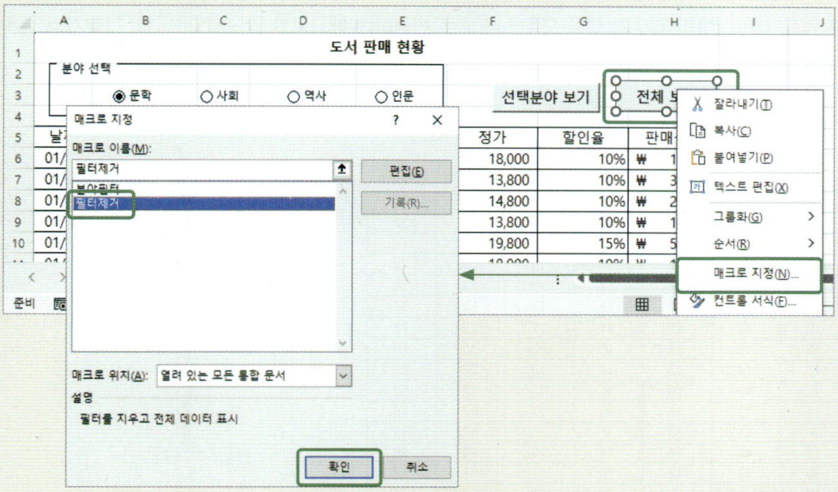

20 작성한 매크로를 통합 문서에 함께 저장해 보자. [파일] 탭–[다른 이름으로 저장]을 누르고 저장할 위치를 선택한다. [다른 이름으로 저장] 대화상자에서 [파일 형식]–[Excel 매크로 사용 통합 문서]로 선택하고 [저장]을 누른다.

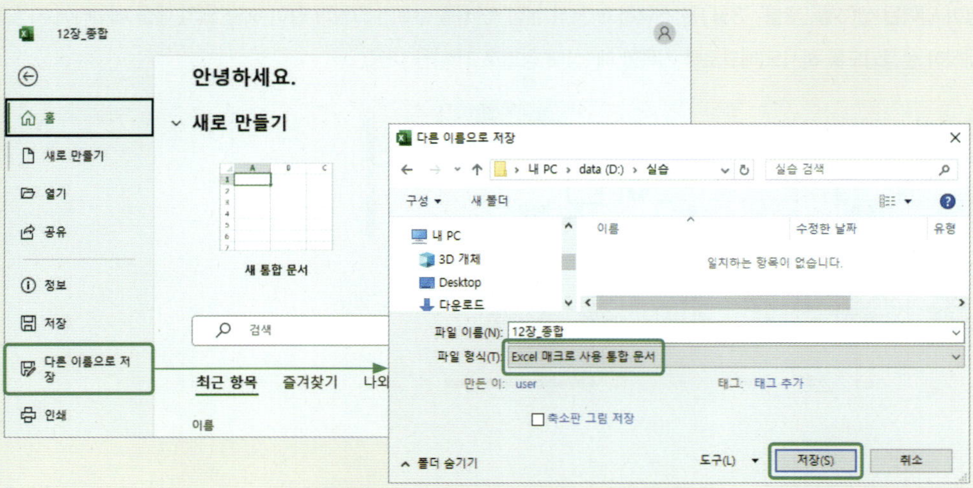

연습문제

1 '12장_연습.xlsx' 파일의 '연습1' 시트를 열고 다음과 같이 매크로를 만들어 단추에 연결하시오.

❶ 단추 양식 컨트롤을 삽입하고 이름을 '결측치 표시'로 수정하시오.

❷ 데이터가 입력되지 않은 셀(빈 셀)의 채우기 색을 모두 노랑으로 변경하는 매크로를 만드시오(빈 셀은 [찾기 및 선택]–[이동 옵션]을 이용).

❸ 기록한 매크로를 단추 양식 컨트롤에 연결하시오.

번호	이름	출석	과제1	과제2	퀴즈	발표	시험	총점
1	강소희	8	9	8	10	9	15	59
2	김민욱	9	12	12	11	10	18	72
3	나문영	12	14	12		13	22	73
4	문영희	11		11	11	12	14	59
5	박수지	9	14	10	11	12	21	77
6	박철국	10	13	11	11	12	16	73
7	송은희	10	13	12	10		15	60
8	은지우	12	14	12	12	13	20	83
9	이수진	8	13	10	9	10	16	66
10	임재진	13	13	11	10	12	17	76
11	전희주	9	11	10	9	10	19	68
12	정지연	11	15	14	13	13	23	89
13	최성수	10	12	12	10	12	17	73
14	최수명	10		7	9	9		35
15	홍경화	12	10	14	11	15	21	83

2 '12장_연습.xlsx' 파일의 '연습2' 시트에서 다음과 같이 동작하는 매크로를 만드시오.

❶ 월이 입력된 셀('1월', '2월', '3월')을 선택하고 '서식 설정' 단추를 누르면 그림과 같이 해당 월의 매출 데이터에 자동으로 서식이 설정되도록 하시오(매크로를 기록할 때 [상대 참조로 기록]을 이용).

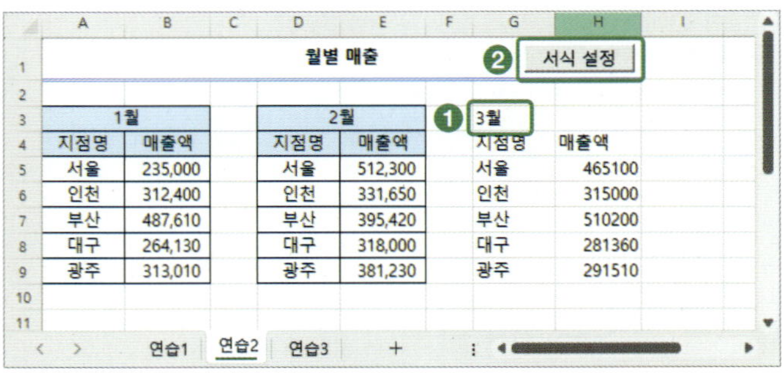

월별 매출

1월			2월			3월	
지점명	매출액		지점명	매출액		지점명	매출액
서울	235,000		서울	512,300		서울	465100
인천	312,400		인천	331,650		인천	315000
부산	487,610		부산	395,420		부산	510200
대구	264,130		대구	318,000		대구	281360
광주	313,010		광주	381,230		광주	291510

3 '12장_연습.xlsx' 파일의 '연습3' 시트에서 다음과 같이 동작하는 매크로를 만드시오.

❶ '이름'을 기준으로 오름차순 정렬하는 '이름정렬' 매크로와 '직급'을 기준으로 오름차순 정렬하는 '직급정렬' 매크로를 각각 만드시오.

❷ 단추 양식 컨트롤을 두 개 삽입한 후, 그림과 같이 텍스트를 편집하고 글꼴 색상을 설정하시오.

❸ 각 단추에 '이름정렬' 매크로와 '직급정렬' 매크로를 각각 연결하시오.

이름	직급	목표량	판매량	목표달성
강보현	대리	22	20	미달성
김다원	사원	23	32	달성
김재훈	대리	25	27	달성
김정아	사원	20	21	달성
박희연	과장	32	35	달성
송주연	사원	30	33	달성
이경희	과장	35	35	달성
이다은	대리	20	23	달성
이승연	부장	28	25	미달성
이정희	사원	15	13	미달성
이주와	과장	30	30	달성
정승현	사원	12	10	미달성
정재호	부장	25	26	달성
하민영	사원	15	23	달성
한지원	대리	17	15	미달성

찾아보기